KOSMETIK 1

Redaktion: Annette Lindner-Focke
Technische Umsetzung: sign, Berlin
Umschlag: Katrin Nehm
Layout: Petra Jentschke
Titelfoto: IFA Bilderteam

 http://www.cornelsen.de

Die Internetadressen und -dateien, die in diesem Lehrwerk angegeben sind, wurden vor Drucklegung geprüft (Stand: Februar 2005). Der Verlag übernimmt keine Gewähr für die Aktualität und den Inhalt dieser Adressen und Dateien oder solcher, die mit ihnen verlinkt sind.

2. Auflage, 1. Druck 2005

Alle Drucke dieser Auflage können im Unterricht
nebeneinander verwendet werden.

© 2005 Cornelsen Verlag, Berlin

Das Werk und seine Teile sind urheberrechtlich geschützt.
Jede Nutzung in anderen als den gesetzlich zugelassenen Fällen bedarf der vorherigen schriftlichen Einwilligung des Verlages.
Hinweis zu §52a UrhG: Weder das Werk noch seine Teile dürfen ohne eine solche Einwilligung eingescannt und in ein Netzwerk eingestellt werden.
Dies gilt auch für Intranets von Schulen und sonstigen Bildungseinrichtungen.

Druck: CS-Druck CornelsenStürtz, Berlin

ISBN 3-464-45001-5

Bestellnummer 450015

Gedruckt auf säurefreiem Papier,
umweltschonend hergestellt aus chlorfrei gebleichten Faserstoffen.

KOSMETIK 1

Fachkunde

von

Dr. Sabine Gütt
Prof. Dr. Eberhard Heymann
Dr. Uwe Rossow

unter Mitarbeit von

Ute Drucks
Margot Hellner
Piérelle Prével
Regina Spyra-Fricke

Vorwort

Der Beruf *Kosmetiker/Kosmetikerin* trägt dem menschlichen Bedürfnis nach Körper- und Schönheitspflege Rechnung. Im Mittelpunkt der Behandlungen steht die äußere Hülle des Menschen: die Haut. Um die Haut genau beurteilen und gezielt pflegen zu können, ist eine ganzheitliche Betrachtung notwendig. Deshalb ist der Gesamtzusammenhang von körperlicher und seelischer Verfassung, Ernährungs- und Bewegungsverhalten sehr wichtig. Eine fundierte fachliche Grundbildung verleiht die Fähigkeit, den Beruf verantwortungsbewusst, aufgeschlossen, aber auch kritisch auszuüben und motiviert dazu sich weiterzubilden.

Die Arbeit am und mit dem Menschen und damit die Nähe zur Medizin erfordert gleichsam das Wissen um die Grenzen des Berufes. Diese sind nach den neuesten gesetzlichen Regelungen dargestellt. Obwohl der Kosmetiker/die Kosmetikerin die menschlichen Lebensvorgänge und deren Wechselwirkungen kennen muss, handelt es sich nicht um einen Heilberuf, da nur am gesunden Menschen gesundheitsfördernd gearbeitet werden darf.

Das vorliegende Buch *Kosmetik 1 Fachkunde* vermittelt die erforderlichen naturwissenschaftlichen Grundlagen und schafft Verbindungen zur beruflichen Praxis. Ausgehend von den gesetzlichen Grundlagen und den lernfeldübergreifenden Themen zu Bau und Funktion des menschlichen Körpers, der Haut und deren Anhangsgebilde, werden Behandlungsabschnitte detailliert dargestellt. Eine Vielzahl von Abbildungen, Tabellen, Übersichten, Merksätzen und fachlichen Exkursen ermöglichen einen schnellen Zugang zu den Informationen.

Zusätzlich zu den fachlichen Kenntnissen bedarf es jedoch neben manueller Geschicklichkeit auch an Einfühlungsvermögen für die körperliche und seelische Verfassung der Kunden. Denn, es besteht eine enge Beziehung zwischen Haut und Psyche. Daher werden im Buch die Kundenberatung und der Kundenumgang bei den Arbeitsvorgängen, z. B. Beurteilen der Haut, Pflegen der Haut und Maniküre, stark mit einbezogen.

Die dargestellten Inhalte orientieren sich an typischen beruflichen Handlungen, sodass Theorie und Praxis Hand in Hand gehen. Praxistipps verhelfen zu Erfolgserlebnissen bei der Anwendung der erarbeiteten Behandlungen. Mithilfe der Anleitungen zu Schülerexperimenten werden Sachverhalte mit allen Sinnen erfahrbar gemacht.

Im Folgeband werden weitere Grundkenntnisse sowie Spezialbehandlungen der beruflichen Praxis vermittelt. Neben der Pflege, den kosmetischen Massagen, den Schutzmaßnahmen für die Haut, der kosmetischen Fußpflege, der Dekoration der Haut werden auch die Verfahren der apparativen Spezialbehandlungen dargestellt.

Das Autorenteam und der Verlag bedanken sich bei den vielen Firmen und Universitäten für die geleistete Unterstützung, ganz besonders bei der Firma *Hildegard Braukmann Kosmetik* für die Bereitstellung der umfangreichen Testmusterbox.

Berlin, im Juni 2005

Inhalt

Vorwort

I Kosmetik – eine Einführung 9
1 Der Beruf 9
2 Körperpflege und Kosmetik – Geschichte und Gegenwart 11
   2.1 Einführung 11
   2.2 Kosmetik in der Zeitgeschichte 13
   2.2.1 Kosmetik in den frühen Hochkulturen, Altertum und Antike 14
   2.2.2 Kosmetik im Mittealter (500 bis 1500 n. Chr.) 17
   2.2.3 Kosmetik in der Neuzeit (etwa ab 1500) 19
   2.2.4 Kosmetik im 20. Jahrhundert 23

II Rechtliche Grundlagen für den Beruf 27
1 Produkte – Gesetze, Verordnungen, Richtlinien 28
   1.1 Kosmetische Mittel 31
      1.1.1 Definition „kosmetisches Mittel" 31
      1.1.2 Rohstoffe, Stofflisten, Zulassungsverfahren 32
      1.1.3 Herstellung 35
      1.1.4 Kennzeichnung 35
      1.1.5 Werbung 40
      1.1.6 Sicherheit und Haftung 41
      1.1.7 Dokumentations- und Mitteilungspflichten 44
      1.1.8 Tierschutz und kosmetische Mittel 44
      1.1.9 Entsorgung von Abfällen 45
      1.1.10 Überwachungsbehörden 45
   1.2 Weitere relevante Gesetze und Verordnungen 46
   1.3 Naturkosmetik 47
2 Arbeits-, Unfall- und Gesundheitsschutz 48
   2.1 Gesetze und Vorschriften 48
   2.2 Arbeits-, Unfall- und Gesundheitsschutz in der Berufspraxis 48
   2.3 Infektionsverhütende Maßnahmen 49
3 Umweltschutz 50

III Berufshygiene und Arbeitsschutz 53
1 Hygiene – Grundvoraussetzungen für die Ausübung des Berufs 53
2 Rechtliche Grundlagen 54
   2.1 Hygiene-Verordnung 54
   2.2 Weitere gesetzliche Regelungen 55
3 Grundlagen der Mikrobiologie 55
   3.1 Mikroorganismen 55
      3.1.1 Viren 56
      3.1.2 Bakterien 57
   3.3 Pilze und Hefen 58
   3.4 Parasiten 60
   3.5 Infektionen – Infektionskrankheiten 61
4 Hygienemaßnahmen bei kosmetischen Dienstleistungen 63
   4.1 Individualhygiene 63
   4.2 Arbeitshygiene 64
      4.2.1 Infektionsschutz am Arbeitsplatz 65
      4.2.2 Öffentliche Hygiene – Umwelthygiene 69
5 Der Hygieneplan 69

IV Der menschliche Körper 71
1 Zellen und Gewebe 71
   1.1 Zellen als selbstständige Lebewesen 71
   1.2 Zellmembran und Stoffaustausch 74
   1.3 Zelltypen und Gewebe 75
2 Bau und Funktion des menschlichen Körpers 77
   2.1 Das Skelett 77
   2.2 Die Muskulatur 78
   2.3 Bindegewebe und Haut 82
   2.4 Gehirn, Nerven und Sinnesorgane 85
      2.4.1 Das Gehirn 85
      2.4.2 Das Nervensystem 86

Lernfeld 1

Grundlagen

Lernfeld 2

		2.4.3	Die Sinnesorgane	86
	2.5		Fortpflanzung und Entwicklung	91
	2.6		Das Hormonsystem	94
	2.7		Atmung und Blutkreislauf	96
	2.8		Die Organe zur Nahrungsverwertung	101
		2.8.1	Nahrung und Nährstoffe	101
		2.8.2	Die Verdauungsorgane	103

V Die Haut und ihre Anhangsgebilde ... 105

1		**Die Schichten der Haut**	**106**
2		**Die Oberhaut**	**107**
	2.1	Struktur der Oberhaut	107
	2.2	Aufgaben der Oberhaut	107
	2.3	Entstehung der Oberhaut	107
	2.4	Eigenschaften der Hornschicht	109
	2.5	Haare	111
	2.6	Nägel	113
	2.7	Talgdrüsen	115
	2.8	Farbe und Lichtempfindlichkeit der Haut	116
	2.9	Andere Aufgaben der Oberhaut	119
3		**Lederhaut und Unterhaut-Fettgewebe**	**120**
	3.1	Struktur der Lederhaut	120
	3.2	Die Schweißdrüsen	122
	3.3	Das Unterhaut-Fettgewebe	123
4		**Die Haut als Teil des Immunsystems**	**125**
	4.1	Organe des Immunsystems	125
	4.2	Arbeitsweise des Immunsystems	125
	4.3	Allergie	127

VI Hautveränderungen und -erkrankungen ... 129

1			**Ursachen für Hautveränderungen und -krankheiten**	**130**
	1.1		Angeborene Veränderungen und Erkrankungen der Haut	130
	1.2		Erworbene Veränderungen und Erkrankungen der Haut	131
2			**Erkrankungen und Veränderungen der Hornschicht**	**132**
	2.1		Angeborene Verhornungsstörungen	132
		2.1.1	Keratose	132
		2.1.2	Ichthyose	132
		2.1.3	Psoriasis	132
		2.1.4	Dyskeratose	133
	2.2		Gutartige Hornschichtwucherungen	133
		2.2.1	Hornschichtwucherungen durch mechanischen Druck	134
		2.2.2	Warzen	134
		2.2.3	Milien	136
3			**Erkrankungen und Veränderungen der Bindegewebes**	**136**
	3.1		Angeborene Bindegewebsstörungen	136
		3.1.1	Fibrodysplasie	136
	3.2		Gutartige Wucherungen des Bindegewebes	137
4			**Narben**	**138**
5			**Pigmentierungsstörungen**	**139**
	5.1		Angeborene Pigmentstörungen	139
		5.1.1	Hypomelanosen	139
		5.1.2	Hypermelanosen	139
	5.2		Nävi	140
		5.2.1	Melanozytische Nävi – Nävuszellnävi	140
	5.3		Gutartige Veränderungen des Pigmentsystems	141
6			**Veränderungen und Erkrankungen der Blutgefäße**	**142**
	6.1		Varikosen	142
	6.2		Hämangiome	143
	6.3		Teleangiektasien	144
	6.4		Livedoerkrankungen	145
	6.5		Purpurea pigmentosa	145
	6.6		Chronische venöse Insuffizienz (CVI)	145
7			**Veränderungen und Erkrankungen der Schweißdrüsen**	**146**
8			**Veränderungen und Erkrankungen der Talgdrüsen**	**147**
	8.1		Akne	147
	8.2		Akneähnliche Erkrankungen der Talgdrüsen	148

Inhaltsverzeichnis

7

9	**Überempfindlichkeitsreaktionen**	**149**
	9.1 Nicht allergische Unverträglichkeitsreaktionen	149
	9.2 Allergische Reaktionen	151
10	**Autoimmunkrankheiten**	**153**
	10.1 Bullöse Dermatosen	153
	10.2 Kollagenosen	154
	10.3 Sklerodermien	154
11	**Hautveränderungen und -erkrankungen durch physikalische und chemische Einflüsse**	**155**
	11.1 Mechanisch bedingte Hautveränderungen und -erkrankungen	155
	11.2 Chemisch bedingte Erkrankungen der Haut	155
	11.3 Thermische bedingte Erkrankungen der Haut	156
	11.4 Erkrankungen der Haut durch Strahlung	157
12	**Lichtbedingte Hautveränderungen und -schäden**	**157**
13	**Infektionskrankheiten**	**160**
	13.1 Viren	160
	13.2 Bakterien	161
	13.3 Pilze	163
14	**Hormonell bedingte Hautveränderungen**	**164**
15	**Stoffwechselerkrankungen und Ernährungsstörungen**	**165**
	15.1 Stoffwechselerkrankungen	165
	15.2 Ernährungsstörungen	165
16	**Bösartige Neubildungen der Haut – Karzinome**	**166**
	16.1 Präkanzerosen	166
	16.2 Hautkrebs	168
17	**Sonstige wichtige Hauterkrankungen**	**169**
	17.1 Epidermolyse	169
	17.2 Lichen ruber	169
	17.3 Periorale Dermatitis	170
	17.4 Rosacea	170
	17.5 Bösartige (maligne) Neubildungen des Bindegewebes	170

VII	**Das Beurteilen der Haut**	**171**
1	**Methoden zur Beurteilung**	**171**
	1.1 Die ganzheitliche Beurteilung	173
2	**Hautfunktionen und Eigenschaften**	**176**
	2.1 Hautfeuchtigkeit (Turgor)	176
	2.2 Aktivität der Talgdrüsen (Hautfett)	177
	2.3 Haut-pH-Wert	179
	2.4 Barrierefunktion (Topografie der Hautoberfläche)	180
	2.5 Hautdicke	182
	2.6 Reaktivität der Haut (Reaktionsbereitschaft)	184
	2.7 Hautfarbe und Mikrozirkulation (periphere Hautdurchblutung)	184
	2.8 Viskoelastizität (Tonus)	185
3	**Hautzustände und Einflussfaktoren**	**186**
	3.1 Einflussgrößen	186
	3.2 Die Hautzustände	187
4	**Analysebogen**	**200**
5	**Kundenberatung**	**204**

VIII	**Stoffe, kosmetische Rohstoffe und Präparate**	**205**
1	**Stoffe**	**205**
	1.1 Atome und Moleküle – chemische Elemente und Verbindungen	206
	1.2 Stoffmischungen	207
	1.3 Besondere Eigenschaften wichtiger Stoffklassen	208
	1.4 Stoffe des menschlichen Körpers	209
2	**Rohstoffe für kosmetische Präparate**	**212**
	2.1 Hautbestandteile	212
	2.2 Wirkstoffe	215
	2.3 Zusatzstoffe – Hilfsstoffe	218
3	**Produktgrundlagen kosmetischer Präparate**	**220**
	3.1 Emulsionen	221
	3.2 Suspensionen	223
	3.3 Gele	223
	3.4 Flüssige Präparate	224
	3.5 Präparate, die im Gemisch angewendet werden	225

Lernfeld 2

Lernfeld 3

4	**Präparate für kosmetische Anwendungen**	**226**
	4.1 Hautreinigung mit waschaktiven Substanzen	226
	4.2 Hautreinigung mit Emulsionen und Ölen	228
	4.3 Mittel zur Intensivreinigung der Haut	229
	4.4 Nagelpflegemittel	230

IX Apparative Verfahren – Basisgeräte in der Kosmetik 231

1	**Unfallgefahren durch elektrischen Strom und deren Verhütung**	**233**
2	**Basisgeräte – Grundausstattung für Hautdiagnose und apparative Behandlungsverfahren**	**235**
	2.1 Die Lupenleuchte	235
	2.2 Bedampfungsgeräte	236
	2.3 Schleifgeräte – Bürstenmassagegeräte – Bürstenreinigungsgeräte	239
	2.4 Sauggeräte – zur Reinigung und Massage	242
	2.5 Infrarotstrahler und Rotlichtstrahler	244
	2.6 Wärme- und Kältegeräte	248
3	**Gesetzesvorgaben beim Einsatz elektrischer Geräte**	**249**

X Reinigen der Haut 253

1	**Kundenberatung**	**253**
2	**Der Arbeitsplatz**	**254**
3	**Arbeitsablauf der Hautreinigung**	**257**
4	**Die Gesichtsreinigung (Cleansing)**	**265**
	4.1 Aufbau und Typen von Tensiden	266
	4.2 Zusammensetzung von Hautreinigungsprodukten	267
5	**Verfahren zur Intensivreinigung**	**272**
	5.1 Physikalische Reinigungsverfahren	272
	5.2 Biologische Peelingverfahren (Enzympeelings/Enzymschälkuren)	224

XI Pflege und Gestaltung der Hände und Nägel (Maniküre) 279

1	**Das Beurteilen der Nägel**	**280**
	1.1 Methoden zur Beurteilung	280
	1.2 Analysebogen für die Hand- und Nagelpflege	281
2	**Nagelzustand – Anomalien, Krankheiten, Symptome**	**284**
	2.1 Einflussfaktoren	284
	2.1.1 Lebensalter	285
	2.1.2 Lebensumstände, Beruf	285
	2.1.3 Schuppenflechte	286
	2.1.4 Pilzbefall	287
	2.1.5 Neubildungen des Gewebes (Tumoren) im Nagelbereich	289
	2.1.6 Sonstige	290
	2.2 Kennzeichen (Symptome, Nagelerscheinung)	291
3	**Pflegen und Gestalten der Hände und Nägel (Maniküre)**	**300**
	3.1 Der Arbeitsplatz	300
	3.2 Hygiene und Verordnungen	302
	3.3 Kundenberatung	307
	3.4 Arbeitsablauf der Maniküre und Hilfsmittel	309
	3.4.1 Maniküre im Praxisablauf	309
	3.4.2 Arbeitsablauf	309
	3.5 Besondere Arbeitstechniken	316
	3.5.1 Feiltechnik - Formen der Nägel	316
	3.5.2 Lackiertechnik – Verschönerung der Nägel	317
	3.6 Behandlungskonzepte in der Kabine	320
	3.7 Nagelpflege für den Mann	323
4	**Hand- und Nagelpflegeprodukte**	**324**
	4.1 Präparate für die Hände	324
	4.2 Präparate für die Nägel	325
5	**Nail Design – Nagelmodellage**	**329**
	5.1 Nagelverlängerung – Tip-Technik	330
	5.2 Nagelverlängerung in Schablonentechnik	331
	5.3 Verarbeitungssysteme bei der Nagelmodellage	332

Bildquellenverzeichnis 336
Sachwörterverzeichnis 337

I Kosmetik – eine Einführung

1 Der Beruf

Der Beruf der Kosmetikerin ist nach dem Berufsbildungsgesetz (BBiG, Stand 08/2003) ein anerkannter Ausbildungsberuf und der **Berufsgruppe „Körperpfleger/Körperpflegerin"** zugeordnet. Gesundheitsbezogene Dienstleistungen am Menschen umfassen im Wesentlichen **gesunderhaltende**, **pflegende** und **dekorative Tätigkeiten**.

Aufgaben und Tätigkeiten der Kosmetikerin

In Abgrenzung zum Friseurhandwerk, zu den Heilpraktikern und den Berufen des Gesundheitswesens beschäftigt sich die Kosmetik vorrangig mit
- **der Reinigung,**
- **der Pflege,**
- **dem Schutz und**
- **der Gestaltung der gesunden menschlichen Haut.**

Kosmetikerinnen wenden Dampfbäder an, führen kosmetische Massagen durch und tragen Masken und Packungen mit den für die Haut angemessenen Wirkstoffen auf. Die exakte Beurteilung der Haut wird durch eine Analyse vorgenommen. Sie ist eine immens wichtige berufliche Fähigkeit, zumal dadurch die Behandlung und Auswahl der angemessenen Präparate bestimmt werden.

www.bmbf.de → suche: Kosmetik

www.bibb.de

http://www.bfd-ev.com
Bundesberufsverband der Fachkosmetikerinnen in Deutschland e.V. (BfD). Der BfD ist die offizielle Berufsorganisation der Kosmetikerinnen und Kosmetiker aller Branchen.

http://www.bdk-kosmverb.de
Angeschlossen an den Hauptverband ist die Arbeitsgemeinschaft Deutscher Kosmetik-Verbände, Düsseldorf.

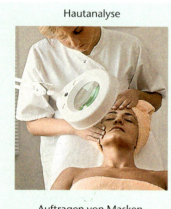
Hautanalyse

Hautreinigung

Massage

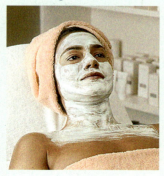
Auftragen von Masken

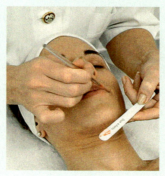
Dekoration der Haut

Tätigkeiten der Kosmetikerin

In der **Ganzkörperkosmetik** stehen außerdem Bäder und Körpermassagen auf dem Programm. Zur Entfernung störender Körperbehaarung wird mit Haarentfernungscremes, Wachsstreifen oder elektrischen Geräten (Epiliergeräten) gearbeitet.

http://www.verdi.de: ver.di – Vereinte Dienstleistungsgewerkschaft e. V.

http://ki-online.de: der Kosmetikführer im Internet

http://arbeitskreis-gesundheit.de

In der **Hand- und Nagelpflege (Maniküre)** sowie der kosmetischen **Fußpflege (Pediküre)** behandelt die Kosmetikern die Nägel und die gesunde Haut. Sie führt manuelle Massagen durch, formt und gestaltet die Nägel. Dabei kommen gelegentlich auch künstliche Nägel aus verschiedenen Kunststoffmaterialien zum Einsatz (**Nagelmodellage**).

Tätigkeitsbereiche der Kosmetikerin

Schmückende oder dekorative Kosmetik

Elementarstufe der Schönheitspflege; Verschönerung der Haut und der Nägel:
- farbgebende und farbverändernde Maßnahmen
- im weiteren Sinne Bodypainting, Nail Design und Piercing

Pflegende und erhaltende Kosmetik

Gesundheitspflege, Hygiene und Schutz von Haut, Haaren und Nägeln:
- reinigende, pflegende und schützende Maßnahmen
- physikalische Behandlungsverfahren
- kosmetische Massagen

Medizinische Kosmetik

Wachsendes Tätigkeitsfeld mit Aspekten der ästhetischen Dermatologie und kosmetischen Chirurgie:
- gezielte Vor- und Nachbehandlung der Haut im Rahmen ästhetischer Eingriffe

Zum Abschluss einer kosmetischen Gesichtsbehandlung gehört das **typgerechte Make-up**. Dies erfordert gute Kenntnisse aus der Farb- und Stillehre. Viele Kosmetikinstitute bieten auch **Permanent Make-up** an. Dabei werden Augen- oder Lippenkonturen mit einer speziellen Tätowiertechnik dauerhaft „geschminkt".

Neben der eigentlichen Behandlung **berät** die Kosmetikerin **ihre Kunden** auch über die sachgerechte Heimpflege von Haut, Haaren und Nägeln. Sie gibt **Tipps zur gesunden Ernährung** und zum **gesundheitsförderlichen Bewegungsverhalten**. Zu ihrer Tätigkeit gehört ebenso der **Verkauf kosmetischer Mittel** und Parfümerieartikel.

Relativ neu sind die Weiterbildung zum „Wellness-Berater" (IHK) und „Wellness-Trainer" sowie die Zusatzausbildung zur „Kosmetikerin mit Qualifikation in plastisch-ästhetischer Vor- und Nachsorge", die in Kooperation mit der World Society of Aesthetic Surgery (WASS) abgehalten werden. Neue Module der Fort- und Weiterbildung sind gegenwärtig in Planung.

2 Körperpflege und Kosmetik – Geschichte und Gegenwart

2.1 Einführung

Der Begriff **Kosmetik** ist im mitteleuropäischen Sprachraum erst seit dem 17. Jahrhundert nachweisbar, jedoch findet er bereits in einem griechischen Papyrus des 4. Jahrhunderts Verwendung. Im Deutschen bürgerte sich der Begriff erst im 19. Jahrhundert ein.

Kosmetik
griech. *kosmein*
schmücken

Ein gepflegtes Äußeres ist eine wichtige Voraussetzung, um als schön zu gelten. Dabei dient die **Kosmetik** nicht nur der Schönheit. Die Geschichte verdeutlicht uns, dass Kosmetik über die Kunst des Schmückens und der **Dekoration** des äußeren Erscheinungsbildes hinausgeht.
Aufschlussreich ist bereits die begriffliche Ableitung vom griechischen Wort „kosmein" (schmücken). Sinngemäß bedeutet das **Schönheitspflege**, die aber auch die „**Schönheit, die aus der Ordnung kommt**" (abgeleitet von „Ho kósmos") und die Harmonie mit dem eigenen Körper einbezieht.

Dekoration
farbige Verzierung, Ausschmückung, etwas künstlerisch ausgestalten

In der Gegenwart wird diesem Streben nach Ordnung – im Sinne einer Harmonie zwischen körperlichem Wohlbefinden und Erscheinungsbild – bei der Pflege von Haut und Anhangsgebilden Rechnung getragen: Kosmetische Produkte und Behandlungen werden mit dem Ziel eingesetzt, einen geordneten Zustand zu erhalten und sie helfen auch, ihn wieder herzustellen. Da die künstlerische Gestaltung von Haut, Haaren und Nägeln ebenso zum persönlichen Wohlbefinden des Menschen beiträgt, ist das übergeordnete Ziel der pflegenden und dekorativen Kosmetik die **Erhaltung der Gesundheit**.

Die Kosmetik zielt auf die Gesunderhaltung von Haut und Anhangsgebilden ab und ist als **Präventivmedizin** anzusehen.

Präventivmedizin
lat. *prevenire* zuvorkommen
Vorsorgemedizin; Teilgebiet der Medizin, das sich mit der Verhütung von Krankheiten und der Krankheitserkennung befasst

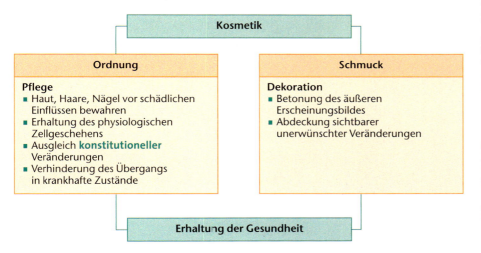

Konstitution
lat. *constitutio*
Beschaffenheit, Zustand
Summe aller angeborenen Hauteigenschaften einschließlich der Reaktionsbereitschaft

Lange Zeit galt die Kosmetik als fester Bestandteil der Medizin. Man vertrat z. B. in der hellenistischen Zeit (Antike) die Auffassung, dass es keine Unterscheidung zwischen Innerem und Äußerem des Menschen gibt. Deshalb wurde keine strenge Trennung zwischen Kosmetik und Medizin vorgenommen.
Es gibt eine interessante und umfangreiche Rezeptursammlung des berühmten griechischen Arztes und Begründers der Medizin, Hippokrates (4. Jh. v. Chr.), der nicht nur die heilende Wirkung von Pflanzen bei Frauen- oder Altersleiden beschrieb, sondern auch zahlreiche Rezepturen zur Schönheitspflege bereitstellte.

Ganzheitskosmetik
Ganzheitliche Betrachtung, die einbezieht: kosmetische Pflege, Dekoration, Ernährung, Bewegung des Menschen

Gerne wird heute der Begriff **Ganzheitskosmetik** gebraucht. Damit möchte man verdeutlichen, dass neben der pflegenden und dekorativen Kosmetik ebenso die Ernährung und die Lebensweise der Kunden in die kosmetische Beratung und Behandlung einbezogen werden. Diese ganzheitliche Sichtweise liegt auch diesem Lehrbuch zu Grunde, wobei nicht ausdrücklich der Begriff Ganzheitskosmetik benutzt wird.

Schönheit – früher als ein Geschenk des Himmels angesehen – ist in unserem Zeitalter zu einem „Muss" oder gar zu einer Besessenheit geworden. Das gilt sowohl für Frauen wie auch für Männer, für junge wie für alte Menschen, im privaten wie im beruflichen Leben. Ein Mensch mit einem stark bis übermäßig ausgeprägten Schönheitssinn (**Ästhet**) lässt nichts unversucht, um sein äußeres Antlitz makellos erscheinen zu lassen. Dabei wird dem Aussehen der Haut große Aufmerksamkeit gewidmet. Im Idealfall zart, glatt, besonders geschmeidig und attraktiv, offenbart sich die Haut als ein Organ von ganz besonderer Bedeutung. Ihr Profil, ihr Teint und ihre kleinen Fehler prägen sich auf den ersten Blick und beim ersten Kontakt ein.

Ästhet
griech. aisthetes „der Wahrnehmende"; Mensch mit (übermäßig) stark ausgeprägtem Schönheitssinn

Ästhetik
Wissenschaft vom Schönen, Lehre von der Gesetzmäßigkeit und von der Harmonie; das stilvoll Schöne

ästhetisch
stilvoll-schön, geschmackvoll, ansprechend, überfeinert nach den Gesetzen der Ästhetik

Dass die Psyche auf den Zustand der Haut und ihrer Anhangsgebilde einen Einfluss nimmt und zum persönlichen Wohlbefinden maßgeblich beiträgt, ist allgemein akzeptiert. Dies berücksichtigt vor allem die **Aromakosmetik** und, es schlägt sich gegenwärtig im **Wellness**-Trend nieder.
Die Aromakosmetik nutzt Düfte und ätherische Öle zur Hautpflege und für Wohlfühlzwecke. Die Entspannung des Kunden und ein ansprechendes Ambiente stehen im Mittelpunkt der Behandlung. Im Gegensatz zur Aromatherapie werden die Essenzen aber nicht zu Heilzwecken eingesetzt.

Wellness
engl. Zustand von Wohlbefinden und guter Gesundheit

Aromakosmetik
nutzt Düfte und ätherische Öle zur Pflege und Entspannung

Entspannen und Wohlfühlen beim Baden mit ätherischen Ölen

Die Verschönerung der Haut ist ein Urbedürfnis des Menschen.

Kosmetologie
Forschung für die Praxis der Schönheitspflege auf Grundlage der Erkenntnisse naturwissenschaftlicher Disziplinen und der Psychologie

Die wissenschaftliche Ausrichtung der Kosmetik nennt man **Kosmetologie**. Hier wird auf der Grundlage von Erkenntnissen aus der Psychologie, Chemie und Biologie, Pharmakologie und Toxikologie, Medizin, Naturheilkunde und der pflanzlichen Therapie (Phytotherapie), der Physik und Ernährungslehre interdisziplinär geforscht. Komplexe Zusammenhänge aus all diesen Bereichen und Wechselwirkungen werden intensiv untersucht und die Ergebnisse fließen in die kosmetische Praxis ein.

2.2 Kosmetik in der Zeitgeschichte

Motive, kulturelle und religiöse Einflüsse

Die historische Entwicklung der Körperpflege lässt Rückschlüsse auf die **Motive** der Menschen zur Änderung ihres Erscheinungsbildes sowie die Einstellung zum **Körperkult** zu. Sie gibt uns Anregungen für die eigene künstlerische Gestaltung und Kreation neuer Behandlungskonzepte.

 Die Betrachtung einzelner Kulturepochen und ihrer Besonderheiten ist für die schöpferische Tätigkeit der Kosmetikerin von großem Wert.

Religionen und kulturelle Strömungen hatten von jeher einen großen Einfluss auf die Kosmetik. Die Pflege und Gestaltung des Körpers ist das Resultat des menschlichen Grundbedürfnisses, die eigene Person herauszustellen. Dabei waren und sind auch heute die individuelle Akzentuierung, der persönliche Geschmack und die Beweggründe anfechtbar.

Verschönerungen und kunstvolle Hautverzierungen sind Merkmale persönlicher Lebensweise. Bemalungen und Zeichen auf der Haut dienen seit dem Altertum als **Symbol** der Zugehörigkeit oder Abgrenzung. Sie sind damit gleichzeitig politische Zeitzeugen der jeweiligen historischen Epoche. Dazu einige Beispiele:

Mit Henna bemalte Hände

- In prähistorischer Zeit haben Frauen ihre Gesichter mit roter Farbe bemalt. Ähnliche Praktiken haben sich bei Naturvölkern in Reservaten bis heute erhalten.
- Bei **Initiation**sriten zahlreicher afrikanischer Völker werden Gesichter oder Körper von Mädchen und Jungen weiß bemalt, um damit das Absterben, den Tod der Kindheit und daran anschließend die Wiedergeburt zu symbolisieren.
- Die Totenkulte verschiedener Völker zeigen, dass ein Weiterleben nach dem Tod mit der Unversehrtheit der Körperhülle in Zusammenhang gebracht wird. Aus dieser Vorstellung heraus entwickelten die Ägypter der Pharaonenzeit eine ausgefeilte **Nekro**kosmetik mit Balsamierungstechniken, die bis in die Gegenwart erhalten geblieben sind.

Die Tätowierung der Haut, aber auch verschiedene Gestaltungselemente von Kopf- und Barthaaren, sind in vielen Kulturepochen als **Symbol des Aufbegehrens** gegen die geistlich-klerikale Vorherrschaft genutzt worden. So galt beispielsweise langes Haar als Zeichen des Widerstandes, als Auflehnung gegen den **Klerus**, und wurde zum Protest gegen eine religiöse Unterwerfung.

 Kosmetik war schon in der frühen Menschheitsgeschichte
- Ausdruck der persönlichen Lebensart,
- Wunsch nach Individualität,
- Symbol, das Macht und Status verkörpert, oder
- Zeichen des Protests.

Motiv
Beweggrund, Antrieb, Leitgedanke

Körperkult
lat. cultus Pflege; an feste Vollzugsformen gebundene Ausübung der Körperpflege einer Gemeinschaft

Symbol
lat. symbolum Kennzeichen, Erkennungszeichen

Initiation
lat. initiatio durch bestimmte Bräuche geregelt; Aufnahme in eine Standes- oder Altersgemeinschaft; bes. die Einführung der Jugendlichen in den Kreis der Männer oder Frauen bei Naturvölkern

nekro
griech. necros tot

Klerus
griech. kleros Geistlichkeit; katholische Geistlichkeit, Priesterschaft

2.2.1 Kosmetik in den frühen Hochkulturen, Altertum und Antike

In den frühen Hochkulturen Südamerikas, Indiens, Chinas, Ägyptens und im Zweistromland entwickelte sich schon sehr früh (ab 3500 v. Chr.) ein hoher medizinischer Wissensstand. Hier wurden wichtige Grundlagen für Hygiene, Bäder, Hautpflege und Schminke geschaffen.

Der Ursprung von Lidstrich und Lidschatten soll in antiseptischen Augenarzneien liegen. Diese waren infolge der verwendeten Mineralien rot, grün oder schwarz gefärbt. Archäologen fanden sehr alte Schminkpaletten (etwa 3100 v. Chr.), auf denen diese Mineralien vermutlich zerrieben wurden.

Dieses Wissen wurde dann in der römisch-griechischen Antike wieder verfeinert. Hier wurden Schönheitssalons errichtet und im Laufe der Zeit entstand ein regelrechter Körperkult mit riesigen Bädern und Bassins, mit Schönheitspflege, Massagen und Gymnastik – eigentlich die Vorläufer heutiger SPAs.

Zum Einsatz kamen Cremes, z. B. mit Lanolin, Honig, Oliven- und Sesamöl mit Myrrhe, Rosenöl und Eselsmilch zum Baden.

Bereits in der Antike und den Hochkulturen des Orients setzte man Düfte ein. Aromatische Substanzen wie Weihrauch wurden verbrannt, um den Göttern zu huldigen. Die große Bedeutung des **Parfums** in dieser Zeit spiegelt sich in kunstvoll gearbeiteten Fläschchen und Gefäßen wider.

Parfum oder **Parfüm**
lat. per fumum „durch den Rauch"

Das Altertum (3000 v. Chr. bis 500 n. Chr.)

| 3000 v. Chr. | Ägypten | 300 v. Chr. |

Bereits in der hoch entwickelten ägyptischen Kultur (aber auch im antiken Griechenland) war die Hautpflege Grundlage der Körper- und Schönheitspflege. Dazu gehörte die tägliche Reinigung der Haut von Schmutz und Staub ebenso wie die Verwendung kostbarer Öle und Balsame. Der religiöse Zusammenhang zwischen äußerer Vollkommenheit, Reinheit und ewigem Leben war so eng, dass sogar Götterbildnisse gesalbt und gewaschen wurden.

Das Schönheitsideal der alten ägyptischen Hochkultur entsprach der Vorstellung, die man von der äußeren Erscheinung der Götter hatte. Zahlreiche Kosmetikutensilien machen deutlich, wie viel Wert auf diese künstliche Verschönerung und Dekoration der Haut gelegt wurde.

Ägypten, 15. bis 14. Jh. v. Chr.; Darstellung und Symbole der Gottheiten Hathor und Bes sowie Fabelwesen

Das alte Ägypten gilt als die eigentliche Wiege der Kosmetik. Aufgefundene Schriften sowie zahlreiche Darstellungen in Tempeln und Grabkammern geben eine Vorstellung über die kulturellen Leistungen und Körperpflegegewohnheiten jener Zeit.

Lippen und Wangen wurden in verschiedenen Rottönen geschminkt. Verwendet wurden fetthaltige zinnoberrote Pasten, die man in hohlen, weichen Pflanzenstängeln aufbewahrte und die sich dadurch gut herausdrücken ließen.

Die unteren Augenlider wurden mit pulverisiertem Malachit geschminkt und Augenbrauen sowie Wimpern mit schwarzer Bleiglanzschminke nachgezogen.

Eine helle Haut galt als vornehm und war Ausdruck für Reichtum und Wohlstand. Deshalb war die Gesichtshaut – je nach aktuellem Modetrend – goldglänzend oder bleiweiß gefärbt. Zum Bleichen von Zehen- und Fingernägeln diente Henna.

Alle Gebrauchsgegenstände, welche die Ägypter zu Lebzeiten zur Verfügung hatten, gaben sie den Toten für das Leben im Jenseits mit ins Grab. Die erhaltenen Grabbeigaben zeigen uns heute, dass Rasiermesser aus Kupfer, Gold oder Bronze, elegante Bronzespiegel, steinerne Waschgefäße, Tiegel aus Bronze, Kämme aus Elfenbein, Rasiermesser und Salbölgefäße aus Ton oder Bronze verwendet wurden.

Bei Ausgrabungen fand man ebenfalls Schminkbehälter aus Speckstein, Schminktöpfe und -paletten aus Kalkstein oder Schiefer sowie Reibsteine für Schminke.

Die Ägypter legten nicht nur größten Wert auf Gestaltungselemente, sondern vor allem auch auf die Pflege von Haut und Haaren. Sie verwendeten z. B. zum Schutz vor Austrocknung der Haut natürliche Öle und Wachse, denen Bienenhonig und Duftstoffe zur Verfeinerung zugesetzt waren. Heilerde, Birkenkraut, Maulbeersaft oder Wein wurden zu Masken angerührt. Überliefert sind auch Zusammensetzungen (Formulierungen) aus Eigelb, Honig, Milch und Kieselerde. Die Ägypter wurden überwiegend von Sklavinnen gepflegt. Diese badeten, kämmten, massierten und schminkten die Wohlhabenden und Privilegierten.

Römisch, 1. Jh. v. Chr.; Schminktisch

| 1500 v. Chr. | **Griechen** | 100 v. Chr. |

Im antiken Griechenland war die Hautpflege die Grundlage der Schönheitspflege. Die griechische Kultur hatte eine große Auswirkung auf den Körperkult anderer Völker, z. B. auf Sport, Kosmetik und Haartrachten.

Die Harmonie vom gesunden Geist im gesunden Körper war das erstrebte Lebensideal. Nach Auffassung der Griechen war für einen wohlgeformten Körper vor allem die sportliche Betätigung und gesunde Ernährung entscheidend. Der Leitsatz „**Schönheit kommt von innen**" ist also eine Erkenntnis, die mehr als zweitausend Jahre alt ist!

Kosmetik begann stets mit der täglichen Reinigung. Der Körper wurde intensiv mit Wasser von Staub und Schmutz befreit. Schon in den Schriften des griechischen Arztes Hippokrates (etwa 430 bis 370 v. Chr.) lassen sich Hinweise auf die Heilkraft des Wassers und die Behandlung des Körpers mit selbigem finden. Die Hautpflege war immens wichtig, denn eine trockene Haut oder trockenes Haar galten als unästhetisch. Die kostbaren Öle, zumeist auf der Basis von Olivenöl, sowie Balsame wurden in verzierten Salbölgefäßen aufbewahrt.

Das Eincremen und Balsamieren der Haut war für die Griechen von größter Bedeutung.

Modezentrum und Hochburg der griechischen Kosmetik war Athen, ein Umschlagplatz für Spiegel, Schminktöpfe, Hautsalben und parfümierte Seifen aus Ägypten und Phönizien.

Auch die Griechen ließen sich durch geschulte Sklavinnen, den so genannten **Kosmeten**, bei der Pflege und Gestaltung ihrer Haut und Haare helfen.

Für die Haut wurden überwiegend helle Farbtöne bevorzugt. Sie wurde mit einem kräftigen Auftrag von Bleiweiß-Schminke aufgehellt. Hingegen dunkelte man die Augenbrauen mit Schwärze nach und betonte die Lippen farbig.

Ein Spiegel, der in seiner runden oder ovalen Form die Sonne nachahmte, war ein wichtiges Utensil und diente der Kontrolle persönlicher Verschönerung.

| 500 v. Chr. | **Römer** | 500 n. Chr. |

Caldarium (Heißbad) im Alten Rom

Im Römischen Reich erreichte die Badekultur ihren Höhepunkt. Im Laufe der Geschichte veränderte sich die Lebensweise der Römer vom Asketisch-Einfachen hin zum Angenehmen, zum Luxuriösen und schließlich Extremen. Senat und Kaiser schenkten dem Volk großartig ausgestattete Bäder, so genannte „Caldarien" (Dampf- oder Heißbäder).

Diese Thermen waren mit Sitzbädern, Schwimmbecken, Kalt- und Warm-Wechselduschen, Schwitz- und Abkühlräumen ausgestattet und sind mit unseren heutigen Badelandschaften durchaus vergleichbar.

Aus dieser Zeit sind auch Anwendungen von kostspieligen Pflegebädern aus Ziegen- und Eselsmilch bekannt. Weniger vermögende Römerinnen verwendeten Molke als Badezusatz, die als Nebenprodukt bei der Herstellung von Käse abfiel.

Römisches Ölgefäß (so genannte Ampulla Oleria) aus grünem Glas Kleinasien, 2.–3. Jh. v. Chr.

Auch bei den Römern war die Kosmetik immer noch ein **fester Bestandteil der Medizin**. Plinius der Ältere (24 bis 79 n.Chr.) schrieb eine Enzyklopädie, die nicht nur das chemische, botanische und pharmazeutische Wissen der damaligen Zeit zusammenfasste, sondern auch ausführlich auf kosmetische Formulierungen und Parfumkompositionen einging. Der berühmteste Arzt der damaligen Zeit, Galenus von Pergamon (129 bis 199 n. Chr.), wurde der Begründer der Galenik (Kunst der pharmazeutischen und kosmetischen Zubereitungen). Seine Kaltcreme (Unguentum refriger) aus Bienenwachs, Rosenwasser und Olivenöl war bei römischen Frauen als Mittel gegen trockene Haut außerordentlich beliebt.

> Von den Römern wurde die Seifenkugel „sapo" genannt und u. a. gegen Hautflecke und Muttermale verwendet. Als Wurzel dieses Wortes dient das germanische „saipon", im althochdeutschen „seifar" (Schaum), woraus sich das heutige „Seife" ableitet.

| 1600 v. Chr. | **Germanen** | 800 n. Chr. |

Bei den Germanen hatte die Schönheits- und Körperpflege im Vergleich zu den anderen Kulturen der Antike keine besondere Bedeutung, mit Ausnahme der Haare. Langes Haar galt als Zeichen der Freiheit. Sklaven und unehrenhaften Menschen wurde der Kopf kahl geschoren, was ein „Abschneiden der Ehre" symbolisierte.

Nur den Göttern wurde das lange Haar geopfert. So wie bis in die Gegenwart das Kahlscheren der Nonnen oder die Tonsur der Mönche, die religiöse Unterwerfung symbolisiert.

Die Germanen benutzten Seifenkugeln, die aus Wiesbadener Thermalquellen stammten. Diese dienten nicht nur der Reinigung des Haares, sondern auch zur Rotfärbung. Damit wollten sie sich im Kampf ein furchterregendes Aussehen verschaffen. Hergestellt wurde die Seife aus Talg und Asche, wobei besonders Buchenasche und Ziegentalg als Rohstoffe dienten. Diese Mittel gab es in fester und flüssiger Form und sie wurden von Männern und Frauen gleichermaßen benutzt. Es wird angenommen, dass diesen Seifenkugeln mineralische und pflanzliche Stoffe wie Mennige, Ocker oder Zinnoberrot beigemengt waren.

2 Körperpflege und Kosmetik – Geschichte und Gegenwart

Zum Bleichen der Haare verwendeten dunkelhaarige Germaninnen eine seifenartige Beize aus geronnener Milch und Kalilauge.

> **1** Suchen Sie in Fachzeitschriften, Museen, Theater- oder Schauspielführern nach Abbildungen, die typische Schminktechniken wiedergeben. Inszenieren Sie ein Ratequiz: Wählen Sie sich dazu eine Epoche des Altertums aus und schminken Sie sich Ihr Gesicht entsprechend der Stilelemente. Können Ihre Mitschüler die gewählten Stilelemente der Zeitepoche korrekt zuordnen?

2.2.2 Kosmetik im Mittelalter (500 bis 1500 n. Chr.)

500 n. Chr.	**Frühes Mittelalter**	900 n. Chr.
900 n. Chr.	**Romanik**	1230 n. Chr.
1250 n. Chr.	**Gotik**	1500 n. Chr.

Etwa ab dem 4. Jahrhundert zerfiel die Kultur der antiken Welt; die Zeit der Völkerwanderung begann. Das Wissen um die Kosmetik und Schönheitspflege geriet für das alte Europa in Vergessenheit, denn die Kirche hatte Gebrauchsverbote für kosmetische Mittel erlassen. Für den größten Teil der Bevölkerung war Kosmetik unbekannt: der Gebrauch von Seife, das Baden und häufiger Kontakt mit Wasser galten als schädlich.
Erst mit den Kreuzzügen im 11. Jahrhundert wurde dieses alte Wissen zum Teil wieder aus dem Orient nach Europa eingeführt. Etwa zur selben Zeit begann in Venedig, Marseille und Alicante die Herstellung von Seife. Die Kosmetik erlebte einen neuen Aufschwung. Haare wurden gefärbt, Schminke verwendet, in öffentlichen Badestuben wurde gebadet, es gab Rasier- und Wundsalons, in denen „zur Ader gelassen wurde".

Aufgabe des Baders war die Zubereitung von Bädern, die Massage der Badegäste, Behandlung kleiner Wunden und die Gestaltung von Frisuren und Bärten.

Baden galt nicht nur als Mittel der Körperpflege, sondern auch als Gesundheitstherapie. Im Mittelalter erfüllten **Bader** und **Barbiere** in den Badehäusern vielfältige Aufgaben. Neben der Körperpflege behandelten sie Wunden, waren für Aderlass und Schröpfen zuständig oder entfernten kranke Zähne.
Bis zum Ende des 17. Jahrhunderts ging die öffentliche Badekultur zurück, denn es bildete sich einerseits ein neues Schambewusstsein heraus. Andererseits entstand die Angst vor ansteckenden Krankheiten. Baden galt zeitweise sogar als gesundheitsgefährdend. Infolge der sich schnell ausbreitenden Geschlechtskrankheiten wurden öffentliche Salons und Bäder wieder geschlossen.
Im Mittelalter sollten Duftstoffe wie Salpeter oder Schwefel gegen die Pest schützen. Spezielle Behälter, so genannte Pomander, sorgten für eine gleichmäßige Duftausströmung.

| 500 n. Chr. | **Frühes Mittelalter** | 900 n. Chr. |

Im **Abendland** gewann bei der Verschmelzung von unterschiedlichen Kulturen und Weltanschauungen das Christentum die Oberhand. Auf die Kosmetik wirkte sich besonders negativ die betonte Leibfeindlichkeit aus, die von der Kirche gepredigt wurde. Beispielsweise wurden öffentliche Bäder verboten. Kosmetische Mittel, insbesondere Lippenstifte und Rouge, wurden als heidnisch verdammt. Eine Frau, die ihr Gesicht bemalte, galt als Hure.

Wegen dieser Engstirnigkeit im westlichen Kulturkreis verlagerten sich viele wissenschaftliche Aktivitäten ins **Morgenland**. Orientalische und vor allem arabische Einflüsse gewannen zunehmend an Bedeutung.

Die arabische Welt wurde zur Hauptträgerin des damaligen Wissens – auch auf den kosmetikbezogenen Gebieten der Physiologie, Hygiene, Ernährung, Gymnastik und Massage.

| 900 n. Chr. | **Romanik** | 1230 n. Chr. |

Kulturelle Zentren des Hohen Mittelalters (Romanik) waren neben den Kirchen und Klöstern die Höfe und wehrhaften Burgen des Adels. Maßgeblichen Einfluss auf die Entwicklung der Körperpflege, und damit auch auf die Kosmetik, hatten die Kreuzritter, die ihr Wissen über die antike Kultur mit nach Westeuropa brachten. Das beeinflusste z. B. die Haarmode und die Badekultur.

Die Kreuzritter hatten im Orient das Warmbaden kennen gelernt und wollten in ihrer Heimat nicht darauf verzichten. Deshalb kamen bald öffentliche Badestuben auf, in denen Bader mehrmals pro Woche heißes Wasser bereitstellten.
Zum Arbeitsbereich des Baders gehörten neben dem Barbieren und Haareschneiden auch Aderlass, Schröpfen, Hühneraugenbehandlung, Wundpflege, Zahnziehen und kleine Chirurgie. Zudem massierte und salbte er die Badegäste mit verschiedenen Ölen. Die Ausbildung der Bademeister wurde durch die damals gegründeten **Zünfte** (Zusammenschluss von Handwerkern verschiedener Gewerke) streng überwacht.

Als das öffentliche Bad in den Holzzubern der Badehäuser moralisch entartete, gerieten die Bader in einen schlechten Ruf und sie galten bis weit in das 16. Jahrhundert als unehrenhaft.
Neu eröffnete Barbier-Stuben kamen dem Wunsch vieler Bürger entgegen, sich ohne Bad bedienen zu lassen. Die in einer eigenen Zunft vereinigten Barbiere, die sich auch Balbiere nannten, rasierten und formten Haare und Bärte, behandelten Wunden und stellten Perücken her.

Kennzeichnend für das Mittelalter in Europa sind Kriege, Armut und Hungersnöte. Durch die Völkerwanderung wurden Seuchen wie Cholera, Pest und Pocken eingeschleppt, die ganze Landstriche ausrotteten. Aus Angst vor Ansteckung suchten die Menschen die Badestuben nicht mehr auf. Statt einer Körperreinigung überdeckten sie den Körpergeruch mit Duftstoffen (z. B. Ambra, Moschus, Zibet), die die Ritter von ihren Kreuzzügen mitbrachten. Dadurch wurden Seuchen und Krankheiten weiter begünstigt.

Aus jener Zeit sind nicht nur tierische Duftstoffe, sondern auch Pflanzenextrakte überliefert worden, die wir zum Teil bis heute in der Aromakosmetik verwenden.

Hildegard von Bingen
„Ein heilsamer Duft, der das Gesicht von allen Übeln befreit und dabei wundersam lieblich macht: Nimm eine Hand voll Lindenblüten und Rosmarin, auch von Salbei, das gut reinigt, auch ein wenig Fenchel, so dass es ein glattes Gesicht macht. Alles muss vor Morgentau gesammelt werden, damit keine Kraft verloren geht." Rezept der Nonne „die Heilige Hildegard" (1098 bis 1179).

2 Körperpflege und Kosmetik – Geschichte und Gegenwart

| 1250 n. Chr. | **Gotik** | 1500 n. Chr. |

Diese, durch den Orient beeinflusste Stilepoche des späten Mittelalters reichte etwa bis in das 16. Jahrhundert hinein. Mit dem raschen Erkenntniszuwachs und der allmählichen Entwicklung eines neuen Wirklichkeitsverständnisses wurden viele Wissensgebiete selbstständig, so auch die Kosmetik. Erste Ansätze dazu finden sich bei Henri de Mondeville zu Beginn des 14. Jahrhunderts n. Chr. Er schrieb ein umfangreiches Lehrbuch der Chirurgie und unterschied darin klar zwischen
- krankhaften Veränderungen der Haut, die medizinische Therapie benötigen, und
- verschönernden Behandlungen der Haut, für die kosmetische Mittel angebracht sind.

Von diesem Zeitpunkt an entwickelten sich die Kosmetik und die Medizin (Dermatologie) zu unterschiedlichen Disziplinen.

Bereits zu jener Zeit war das Thema „Hautalterung" sehr aktuell und so trieben viele Scharlatane (z. B. Guiseppe Balsame) ihr Unwesen, indem sie behaupteten, sie seien im Besitz einer wirksamen Rezeptur zur Erlangung ewiger Jugend. Scharen von Gläubigen fielen darauf herein oder versuchten anderweitig mit Tricks ihr Antlitz zu verjüngen, indem sie beispielsweise ihre Haut an Stirn und Schläfen straff nach hinten spannten, um Falten zu kaschieren.

 1 Kreieren Sie ein kurzes mittelalterliches Theaterstück, in dem ein Dialog zwischen Vertretern der Zünfte und Anhängern öffentlicher Badestuben die Aufgaben sowie das öffentliche Ansehen des Baders verdeutlicht.

2.2.3 Kosmetik in der Neuzeit (etwa ab 1500)

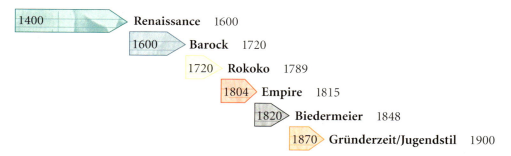

Die Erfindung des Buchdrucks im 15. Jahrhundert brachte eine neue Dimension in die Aufzeichnung und Verbreitung von schriftlichen Inhalten. Deshalb sind uns erst seit dem 16. Jahrhundert ausführlichere Dokumentationen über die Herstellung, Zusammensetzung und Anwendung verschiedener Kosmetikprodukte überliefert, z. B. zu damaligen Rezepturen und über die Körperpflege.
In der Epoche der Neuzeit entwickelte sich ein ständig wachsender Konkurrenzkampf zwischen dem gehobenen Bürgertum und dem Adel um die politische sowie gesellschaftliche Macht. Der Höhepunkt war die französische Revolution. Bis dahin war der französische Hof in ganz Europa tonangebend, und zwar sowohl in Sachen Kosmetik als auch für die Mode.
Die Kosmetik diente oft auch medizinischen Zwecken. Für die Haare gab es Puder, Färbemittel, Pflegeöle sowie Enthaarungsmittel. Die Haut wurde gepudert und gebleicht. Produkte gegen Sommersprossen fanden großen Absatz. Gegen unreine Haut wendete man Kosmetikprodukte an, anstatt das Ungeziefer zu bekämpfen oder die Hygiene zu verbessern.

Viele **Wirkstoffe waren sehr giftig**, wie z. B. Quecksilber, Blei, Arsen und Antimoniumverbindungen.

In der Neuzeit unterlagen Mode und Schönheitsideale der Veränderung. Typisch für diese Epoche war die Verehrung bleicher Haut als Zeichen der Abgrenzung zu der in der Sonne arbeitenden Bevölkerungsschicht.

| 1400 | Renaissance | 1600 |

Toilettenkästchen in der Zeit der Renaissance (3. Viertel des 16. Jh.)

In Europa fanden besonders in der Zeit der Renaissance (Wiedergeburt) auf allen Gebieten tief greifende Veränderungen statt. Der Mensch löste sich mehr und mehr von der kirchlichen Bevormundung und entdeckte sich selbst. Nahezu alle Gebiete der Wissenschaft erfuhren eine Blütezeit, einschließlich der Kosmetik.

Der Europäer orientierte sich an der Lebensart der Antike und damit an griechischen und römischen Idealen. Allerdings war das Verhältnis zur Körperpflege der Menschen dieser Zeit ganz anders als bei den hoch entwickelten Kulturen des Altertums.

Die Reinigung des Körpers mit Wasser wurde ausschließlich von den unteren (ärmeren) Bevölkerungsschichten betrieben. Der Adel und die wohlhabenden Bürger lehnten das Baden als „unfein" ab. Es herrschte die Auffassung, das Badewasser dringe in den Körper ein und verunreinige ihn. Statt sich zu reinigen, benutzte man Parfums (stark aromatisierte Essenzen) zum Überdecken unangenehmer Körpergerüche.

Die Vorliebe für starke Düfte beherrschte das 16. und 17. Jahrhundert. So versuchte man auch, mit Parfum den unangenehmen Gestank von Innenräumen zu überdecken.

| 1600 | Barock | 1720 |

Kreuzpomander, *mehrfach aufschraubbar aus Silber, 17. bis 18. Jh.*

Der Barock ist die Epoche des Absolutismus und der Gegenreformation. Das Bestreben nach Repräsentation spiegelte sich sowohl in prunkvollen Bauten als auch in der Lebensweise wider.

Die Frauen des Barock schminkten ihre Augen mit kräftigen Farben und die Augenbrauen wurden mit dunkler Schminke nachgezogen. Wangen wurden rötlich gepudert und die Lippen mit einem kräftigen Rot betont. Auch im Barock badeten die Menschen der höher gestellten Schichten noch nicht. Sie betupften lediglich mit den Fingerspitzen ihr Gesicht und verwendeten dazu parfümiertes Wasser.

Die Gesichtshaut wurde mit kosmetischem Puder aus Reismehl verhältnismäßig dick abgedeckt. Die fehlende Hygiene und die dicken Puderschichten förderten die Entstehung von Hautunreinheiten. Diese Unebenheiten überklebten die Damen mit seidenen Schönheitspflästerchen. Die Produktion kosmetischer Puder und verschiedener Parfümartikel nahm durch diese Mode enorm zu.

Im 18. Jh. änderten sich die Vorstellungen von Hygiene und damit auch der verschwenderische Gebrauch von Duftstoffen. Die Vorliebe für Parfüm als persönliches Accessoire blieb jedoch bis heute.

Am Anfang des 17. Jh. waren bereits schwarze Schönheitspflästerchen in Mode, so genannte **Mouches**. Diese sollten zum einen von schlechten Zähnen oder Narben im Gesicht ablenken, zum anderen den Teint des Gesichtes noch stärker in Szene setzen.

Mouches
franz. Fliegen

1720 Rokoko 1789

Entsprechend der Mode und ihrem Motto „Zeige niemals das eigene Gesicht" gehörte die Schminke ab dem Rokoko (18. Jh.) zur persönlichen Garderobe. Künstlich-puppenhaft verfremdete Gesichter mit weißem, porzellanartigen Teint galten in dieser Zeit als besonders schön.
Dieser „Putz" sollte Jugend und den hohen gesellschaftlichen Stand der Person zum Ausdruck bringen. Die verwendeten Mittel enthielten jedoch stark gesundheitsschädigende Inhaltsstoffe, wie z. B. Zinn, Quecksilber, Blei und Wismut. Oft waren Bleikoliken, Nervenschwäche sowie Zahn- und Haarausfall der Preis für die vermeintliche Schönheit.

Den scharfen Kontrast zum Weiß des Gesichtes bildeten die mit kräftigem Rouge bemalten Wangen, die roten Lippen und schwarzen Augenbrauen.

Im 18. Jh. hielt man es weiterhin für gesundheitsschädlich, die Haut mit Wasser in Berührung zu bringen. Da bekannt war, dass Wasser die Poren öffnet, befürchteten die Menschen, sich durch Baden mit Krankheiten anzustecken.
Aus diesem Grund wusch man sich lediglich die Hände und Füße mit kaltem Wasser – den Körper rieb man nur trocken ab.

Den Damen standen Schönheitspflästerchen in verschiedenen Farben und Formen zur Verfügung. Sie galten als erotisches Utensil und wurden deshalb großzügig und sichtbar auf Gesicht und Dekolleté geklebt.

Nach der Zeit des Rokoko brachte die politische Entwicklung verschiedene Zeitabschnitte mit ihren modischen Eigentümlichkeiten, auf die an dieser Stelle verzichtet wird.
- Französische Revolution (1789 bis 1795)
- Direktorium (1795 bis 1799)
- Konsultatzeit (1799 bis 1804)

Dame des Rokoko

Flohfalle aus Elfenbein, 18. Jh.; winzige Tropfen Honig oder Sirup sollten Flöhe anlocken, die sich in der Kleidung befanden.

Puderzerstäuber, Leder, 18. Jahrhundert

Toilettenkasten der Kaiserin Josephine de Beauharnais, Palisander mit Messingeinlagen, Paris, 1795

1804 ▶ Empire 1815

Im 19. Jh. verbesserte sich die Hygienesituation allmählich wieder. Waschschüssel und Wasserkrug, 1803

Im 19. Jh. entwickelte sich eine neue, natürliche Auffassung von Schönheit, die auch mit dem **Bedürfnis nach pflegenden und schützenden Kosmetikprodukten** einherging. Bis zu diesem Zeitpunkt wurde der größte Teil in Handarbeit hergestellt – die professionelle Produktion kosmetischer Mittel setzte erst zu Beginn des 20. Jh. ein.

Nach über 500 Jahren Waschabstinenz badeten die Menschen ab dem Empire wieder und die Hygienesituation verbesserte sich allmählich. Die Menschen waren gegenüber dekorativer Kosmetik eher zurückhaltend.

1820 ▶ Biedermeier 1848

Waschen wurde zum Mittelpunkt der täglichen Hygiene. Fußbad, um 1850

Ausgangspunkt zur Neuordnung Europas war der Wiener Kongress (1814/15) unter der Leitung des österreichischen Fürsten Metternich. Während des Kongresses wurden viele gesellschaftliche Veranstaltungen abgehalten, z. B. auch Tanzvergnügungen, und es entwickelte sich in Wien der erste bürgerliche Kunststil: Das Biedermeier. Der neue Stil der biederen Bürger – eines gemütlichen, soliden Mittelstandes.

Exzessives Auftreten und überzogene Selbstdarstellung passten nicht in diese Zeit. Deshalb standen Bescheidenheit und Zurückhaltung im Vordergrund, weshalb sich die Frauen auch kaum schminkten.

Neue Maßstäbe für die Badekultur und Körperpflege setzte der 1821 geborene Pfarrer **Sebastian Kneipp**. Er empfahl Bäderkuren, Wassergüsse und Wickel, aber auch Bewegung, Abhärtung, gesunde Ernährung und Heilkräuter, die zum Teil bis heute Anwendung finden. Er wurde zu einem der bekanntesten Väter der Naturheilkunde und machte die Wasserheilkunde populär.

Im Laufe des 19. Jh. entdeckte man wieder die reinigende und heilende Kraft des Wassers. Mit der Entdeckung von Krankheitserregern und der allgemeinen Verbesserung der Wasserqualität wurde häufiges Waschen zum Mittelpunkt täglicher Personalhygiene.

Mietbadewanne auf einem Karren, Paris um 1821

| 1870 | **Gründerzeit/Jugendstil** | 1900 |

Die Unruhen der Revolution von 1848 beendeten die bisherigen Lebensumstände. Den neuen Zeitgeist prägten u. a. die Erkenntnisse der Naturwissenschaften und der Technik. Die Menschen waren überwiegend nüchtern und realistisch eingestellt. Nach dem Deutsch-Französischen Krieg (1870/71) vollzog sich in Deutschland die Wende vom Agrar- zum Industriestaat. Fabriken und andere Wirtschaftsunternehmen wurden in großer Zahl gegründet (Gründerzeit). So wundert es nicht, dass eine blasse, durchscheinende Haut Ausdruck für Reichtum und gehobene Stellung war. Die Damenwelt benutzte Schirme und Tücher zum Schutz vor Sonnenstrahlen und dekorierte ihre Gesichtshaut mit hellen Porzellantönen. In dieser Epoche wurde ein schlichtes Make-up bevorzugt.

Im Verlaufe des 19. Jahrhunderts wurde Reinlichkeit wieder zur Tugend erhoben und es entwickelte sich eine neue, natürliche Auffassung von Schönheit. Die Hersteller bemühten sich um die **Produktion von gesunden, die Haut schützenden und pflegenden Präparaten ohne gesundheitsschädigende Inhaltsstoffe**. Auch wagten sich die Damen an die Zubereitung von hauseigenen Produkten.

Etwa ab Mitte des 19. Jahrhunderts erweiterten neuartige Stoffe, die aus Mineralien gewonnen wurden, die Rohstoffpalette, und die Herstellungstechniken für Arzneimittel und Kosmetika änderten sich grundlegend. Es ging auf ein neues Zeitalter zu.

Toilettengarnitur aus Bronze, vergoldet mit Miniaturen, Paris um 1870

Waschgarnitur, Schüssel und Kanne, Jugendstil, 1895 bis 1905

2.2.4 Kosmetik im 20. Jahrhundert

Zu Beginn des 20. Jahrhunderts setzte die **Industrialisierung der Kosmetikbranche** ein und die Wissenschaften erlebten einen riesigen Aufschwung.

Wichtige medizinische Erkenntnisse, wie Sauberkeit des Körpers und der Umgebung, waren entscheidend für das Vorbeugen von Infektionskrankheiten. Eine ständig verbesserte medizinische Versorgung ließ die Lebenserwartung steigen. Deshalb wurden neue Anforderungen an die Medizin und Kosmetik gestellt.

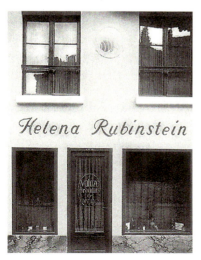

Schönheitsinstitut Helena Rubinstein St. Honoré, Frankreich, 1919 bis 1930

Waschen und Schminken gehören zum Alltag; Deutschland um 1905

Puderdose und Parfümflakons der 20er Jahre in einem edlen Design

Besonders beliebt waren zu jener Zeit Puderdosen, die für eine rasche Korrektur des Make-ups in der Handtasche fast jeder Dame zu finden waren. Die frischen und originellen Designs des **Art deco** – wie zum Beispiel eine Puderdose in Form einer Telefonwählscheibe – orientierten sich an den damaligen Erscheinung der schnelllebigen Zeit.

In den „Goldenen 20er Jahren" kam der dekorativen Kosmetik eine große Bedeutung zu. Mit Hilfe von Schminke wollten die Frauen nicht nur ihre natürliche Schönheit unterstreichen, sondern vor allem ihre Selbstständigkeit bzw. Unabhängigkeit demonstrieren.

Feste Regeln für die Verwendung dekorativer Kosmetik gab es nicht. Aus Frankreich bekam man Anregungen aus der **Charleston-Mode** mit betont dunkel geschminkten Augen und dunkelroten Lippen.

Während des Zweiten Weltkrieges war das Schminken aus politischen Gründen unerwünscht und wurde erst in der Nachkriegszeit, besonders unter dem Einfluss der Amerikaner, wieder populär. Seit dieser Zeit wechseln die Modestile und Kosmetiktrends häufig, lassen aber immer wieder historische Vorbilder in den Gestaltungselementen erkennen. Was im Trend liegt, ist weniger Ausdruck der politischen oder religiösen Gesinnung, sondern mehr Zeichen des individuellen Geschmacks, der auf kulturellen Wurzeln basiert.

Helena Rubinstein im Kreis der Mitarbeiterinnen, etwa um 1950

Die Kosmetikerin – damals **Schönheitspflegerin** – hatte besonders während der Herrschaft der Nationalsozialisten einen schweren Stand. Kosmetik, und hier vor allem die dekorative Kosmetik, war verpönt. Deshalb wurde in versteckten Kämmerchen gearbeitet und in den Abendstunden sowie nachts wurden heimlich Behandlungen durchgeführt.

Nach dem Zweiten Weltkrieg waren vor allem Amerika und Frankreich in der Kosmetik führend und galten als Vorbilder.

In Deutschland entwickelte sich in den 60er Jahren die Ganzheitskosmetik sprunghaft und **Ganzkörperbehandlungen** kamen in Mode. Deutlich wird dies u. a. an der Gründung und dem damaligen Behandlungsangebot der ersten Schönheitsfarmen in Deutschland. Der Besuch bei einer Kosmetikerin und vor allem der Aufenthalt auf einer Beautyfarm galt als exklusiv und etwas Besonderes. Frauen demonstrierten damit ihren gesellschaftlichen Status.

> Vorbilder war u. a. Elisabeth Arden, die bereits 1930 in New York ein Haus nur für Schönheitszwecke erstand. Hier unterrichtete sie in mehreren Stockwerken und richtete Behandlungs- und Gymnastikräume, Massage-Kabinen und Räume für Stepptanz- und Fechtunterricht ein.

In den 80er Jahren wurde durch Fortschritte in der Gerätetechnologie das Angebot in der **apparativen Kosmetik** stark erweitert. Elektrische Geräte für die Gesichts- und Körperbehandlung wie der Hochfrequenzstab, die Iontophorese oder verschiedene Reizstromgeräte verbreiteten sich in den Kosmetikkabinen. Allmählich – und vor allem in den 90er Jahren – kristallisierten sich zwei Strömungen heraus: Die Kosmetikerinnen spezialisierten sich entweder mehr im Bereich „Beauty" oder in Richtung medizinische Kosmetik. Letztgenannte benennt man heute auch mit dem Begriff **Dermokosmetik**.

Werbeplakat des Elisabeth Arden Schönheitsprogramms

Produktwerbung von Helena Rubinstein, 1959 zur Aufbaucreme Skin Life

Kosmetik der Gegenwart und Trends

In der Gegenwart ist das Interesse an Spezialprodukten, maßgeschneiderten Behandlungskonzepten sowie apparativen Verfahren zur Regeneration und Restrukturierung der Haut besonders groß.

Die Hersteller versuchen den Markt ständig durch Innovationen anzukurbeln.

Marktführend sind Anti-Aging-Produkte, die das vorzeitige Altern der menschlichen Haut verzögern helfen. In den Kosmetikstudios steigt die Nachfrage nach individuellen Lösungen für spezielle Haut-, Nagel- und Haarprobleme. Gleichzeitig nimmt die Angebotspalette in der Ästhetischen Dermatologie zu: Hautverjüngung durch Wirkstoffcocktails, Lasereinsatz, Faceliftings, Haartransplantationen u. a. Dadurch ergeben sich mittlerweile Überschneidungen und Kompetenzprobleme zwischen Kosmetik und Medizin (→ Kapitel II/3).

Demgegenüber formiert sich deutlich eine **natürlich ausgerichtete Gegenströmung** in der Kosmetik, die Ausdruck im „Wellness-Trend" findet:
- Rückbesinnung auf alte Werte und Sinngehalte und
- die Zentralisierung ureigenster Bedürfnisse und Emotionen.

Die Kosmetik wird zum Kernmarkt des Wellness-Trends. In den Studios steigt die Nachfrage nach Behandlungsmethoden zur Entspannung sowie Vitalisierung.

> **Kundin und Kunde**
> Die kosmetische Praxis zeigt, dass Kundinnen im Kosmetikinstitut vorrangig Anti-Falten-Behandlungen und „Wohfühl- bzw. Entspannungsbehandlungen" in Anspruch nehmen.

Eine relativ neue Zielgruppe sind Männer. Schwerpunktmäßig sind bei ihnen Kosmetikbehandlungen zur Intensivreinigung der Haut, Pflege der Nägel oder Ganzkörpermassagen gefragt. Männer möchten entsprechend dem aktuellen Gesundheitstrend über ihr äußeres Erscheinungsbild Vitalität und Fitness demonstrieren.

Biotechnologie
Wissenschaft, die sich mit der Produktion oder Umwandlung von Stoffen durch Enzyme, Mikroorganismen oder durch pflanzliche oder tierische Zellen befasst.

Nanotechnologie
griech. nānos Zwerg, Sammelbegriff für Technologien, die Werkstoffe im Nanometer – Bereich (10^{-9} m) formen und verarbeiten

Wirksamkeitsnachweise
engl. technical claims

Nanotechnologie
http://de.wikipedia.org/wiki/Nanotechnologie

Die Entwicklung und Produktion kosmetischer Mittel wird durch die **Biotechnologie** und die Fortschritte in der Verfahrenstechnik beeinflusst. Hilfs- oder Wirkstoffe lassen sich gegenwärtig natürlich, halbsynthetisch, synthetisch oder biotechnologisch fertigen. Daneben werden kosmetische Grundlagen (→ Kapitel VIII) immer weiter optimiert. Die **Nanotechnologie** (Einsatz von Mikro-, Submikro- und Nanopartikeln) wird zur Schlüsseltechnologie des 21. Jahrhunderts erklärt.
Formulierungs-, produktions- und messtechnische Verbesserungen, aber auch klinische **Nachweise der Wirksamkeit**, führen zu Professionalisierung und Sicherheit der kosmetischen Produkte.

Die Existenzberechtigung kosmetischer Mittel ist unbestritten. Oft wurde aber gerade in der Vergangenheit die Seriosität der Präparate wegen der unhaltbaren Wirksamkeitsversprechen mancher Hersteller und unqualifizierter Berater (oder Verkäufer) in Zweifel gezogen. Neue Anforderungsrichtlinien der aktuellen Kosmetikverordnung schaffen hier Abhilfe (→ Kapitel II/2).

> **Qualitätsmanagement bei der Herstellung von Kosmetika**
> Die Marktsituation hat sich durch die Verabschiedung der 6. und 7. Änderungsrichtlinie der Kosmetikverordnung erheblich verbessert. An kosmetische Produkte werden weitaus strengere Anforderungen gestellt als früher. Dadurch will man z. B. falsche Werbeversprechen und das Auftreten von Unverträglichkeitsreaktionen verhindern.

Mit der Neuregelung können sich Kosmetikanwender sicher fühlen. Durch die exakte Deklarierung der Inhaltsstoffe erkennt die Kosmetikerin genau, was in dem Produkt enthalten ist und kann Werbeaussagen besser überprüfen.

> Mit der Ausübung ihres Berufs übernimmt die Kosmetikerin eine große Verantwortung für die Produktberatung sowie Gesunderhaltung und das Wohlbefinden der Kunden.

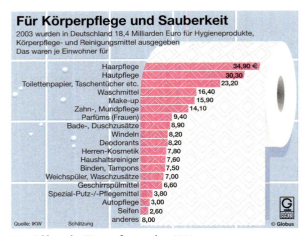

Entwicklung des Körperpflegemarktes 2003

Voraussetzung für eine optimale Behandlung ist ein breites Fachwissen, eine fundierte Erstausbildung aber auch die immerwährende Weiterbildung. Die Flut an Behandlungsvariationen und das steigende Angebot an Produkten überfordert den Endverbraucher. Hier leistet die Kosmetikerin als kompetente Beraterin eine wichtige Hilfestellung bei der Entscheidung

- zu vernünftiger Haut**reinigung**,
- zu sinnvoller Haut- und Nagel**pflege** und
- zum erforderlichen Haut**schutz**.

Kosmetik erfüllt einen gesundheitlichen und ästhetischen Zweck. Ihr Hauptanliegen ist die Gesunderhaltung der Haut und nicht die oberflächliche „Dekoration", mit der immer noch viele Menschen den Begriff Kosmetik verbinden.

■ II Rechtliche Grundlagen für den Beruf

Die Arbeit am Menschen – Grenzen des Berufs

Der Beruf der Kosmetikerin ist seit August 2003 ein handwerklicher Ausbildungsberuf. Die Arbeit der Kosmetikerin kann man als Dienstleistungstätigkeit am Menschen ansehen, die in der Beratung und Behandlung von Kunden besteht. „Behandlung" ist ein sehr weitläufiger Begriff. Auch Ärzte und Heilpraktiker beraten und behandeln ihre „Kunden". Ebenso werden wir z. B. durch den Apotheker beraten. Trotzdem besteht ein großer Unterschied zwischen einer Kosmetikerin und z. B. einem Arzt.

Ärzte, Heilpraktiker und Apotheker dürfen ausdrücklich Krankheiten behandeln, heilen und lindern. Die Behandlung einer Kosmetikerin hingegen darf nur rein „kosmetisch" sein. Mitunter kann eine Kosmetikerin aber eine medizinische Behandlung „kosmetisch unterstützen" oder sie arbeitet direkt mit einem Arzt zusammen.

Grundsätzlich dürfen Kosmetikerinnen keine medizinischen Tätigkeiten ausüben. Hierzu zählen besonders die Behandlung von Haut- und Nagelkrankheiten.

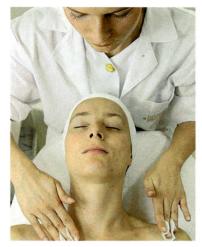

Behandlungssituation

In der Verordnung über die Berufsausbildung zum Kosmetiker/zur Kosmetikerin werden die Aufgabengebiete genau beschrieben. Zu den typischen Aufgaben einer Kosmetikerin gehören:

- das Beurteilen und Reinigen der Haut,
- kosmetische Massagen,
- allgemein pflegende und dekorative Kosmetik.

Darüber hinaus regelt die Verordnung auch Ernährungsberatung, Gesundheitsförderung, Lymphdrainage oder Hydrotherapie als Tätigkeiten in einem Kosmetikstudio.

Mit der Festlegung, dass Kosmetiker/Kosmetikerin ein Handwerksberuf ist, sind die Handwerkskammern u. a. auch für die Ausbildung zuständig. Auch die Kammern beschreiben, was aus ihrer Sicht kosmetische Tätigkeiten sind.

 Die Handwerkskammer Flensburg nennt als Arbeitsgebiete der Kosmetikerin zum Beispiel:

- Behandlung bei anlagebedingten oder umweltbedingten Hautveränderungen,
- Behandlung von Funktionsstörungen der Haut,
- Verödung von Warzen und gutartigen Muttermalen,
- Behandlung von Akne.

Diese Tätigkeiten kann man auch dem medizinischen Bereich zuordnen, denn für den überwiegenden Teil der Kunden wäre hier wohl eher der Arzt zuständig.

Es ist deshalb genau abzuwägen, wo die Kosmetik aufhört und wo die Medizin anfängt.

 Die Abgrenzung zwischen kosmetischen Tätigkeitsbereichen und medizinischen Behandlungen ist schwierig. Die Bereiche haben fließende Übergänge. Als Faustregel gilt:
Eine Kosmetikerin arbeitet im vorärztlichen Bereich, am lebenden Menschen.

Es ist für jede Kosmetikerin wichtig, die Grenzen des Erlaubten genau zu (er)kennen.

Berufsausbildung zum Kosmetiker/zur Kosmetikerin:
www.bmwa.bund.de → Beruf und Karriere → Ausbildungsberufe

Handwerksordnung Gesetz zur Ordnung des Handwerks
www.bmwi.de/
Suche: Handwerksordnung

Kosmetikerinnen arbeiten in einer hautärztlichen Praxis.
Dort sind ihre Aufgaben noch deutlicher in Richtung Medizin ausgerichtet. Beispiele: kosmetische Nachsorge
- bei Laserbehandlungen
- bei hautärztlichen Operationen

Hier ist die Grenze zwischen Kosmetik und Medizin vollständig verwischt.

Bundesministerium der Justiz
http://bundesrecht.juris.de/bundesrecht/gg/

Gründungsvertrag der Europäischen Wirtschaftsgemeinschaft:
http://www.documentarchiv.de/in/ewg.html

Gründungsvertrag der Europäischen Gemeinschaft
http://europa.eu.int/abc/obj/treaties/de/detoc29.htm

Europäische Gesetzgebung
http://europa.eu.int/institutions/index_de.htm

EG-Kosmetikrichtlinie (76/768/EWG)
http://www.europa.eu.int/eur-lex/de/ → Amtsblatt → Jahr der Veröffentlichung: 1976, Abl.-Reihe: L, Monat: 9, Abl.-Nr.: 262, Seite 169

Kosmetikverordnung
Verordnung über kosmetische Mittel

1 Produkte – Gesetze, Verordnungen, Richtlinien

Für das Berufsfeld Kosmetik gibt es umfangreiche gesetzliche Regelungen. Einerseits ist die Verwendung von Präparaten geregelt, andererseits bestehen Vorschriften zur Abgrenzung von kosmetischen Maßnahmen zu medizinischen Behandlungen.

Die trockenen Gesetzestexte haben auf den ersten Blick nicht viel gemeinsam mit praktischer Arbeit am Kunden. Bei näherer Betrachtung findet man jedoch einige gute Gründe, sich mit deutschem und europäischem Recht auseinander zu setzen.
Der berühmte Satz „Unwissenheit schützt vor Strafe nicht" gilt auch für Kosmetikerinnen. Verstößt man gegen eine Rechtsvorschrift, ist es für den Gesetzgeber unwichtig, ob man dies bewusst gemacht hat oder nicht.

Gesetze und Verordnungen sind Sammlungen von Rechtsvorschriften zu bestimmten Themen.

Sie enthalten wichtige Regeln und Grundsätze, die das Zusammenleben der Bürger eines Rechtsstaates regeln. Gesetze sind in erster Linie Rahmenregeln, die durch Verordnungen genauer beschrieben werden. Gesetze und Verordnungen gelten sowohl für den einzelnen Bürger als auch für staatliche Behörden.

Die Grundordnung Deutschlands wird durch das Grundgesetz bestimmt. Auf der Basis des Grundgesetzes beschließt das deutsche Parlament nationale Gesetze.

Im Jahr 1957 wurde die Europäische Wirtschaftgemeinschaft (EWG) gegründet. Aus ihr entstand im Jahre 1997 die Europäische Gemeinschaft (EG). Ziel der EG ist eine gemeinsame Politik der EG-Mitgliedsstaaten in verschiedenen Bereichen der Wirtschaft.

In der EG beschließt das Europäische Parlament Gesetze, die für alle EG-Mitgliedsstaaten gelten. Europäische Gesetze werden in Form von EG-Verordnungen und EG-Richtlinien verabschiedet:
- EG-Verordnungen sind Gesetze, die sofort nach ihrer Veröffentlichung in jedem Mitgliedsstaat gültig sind.
- EG-Richtlinien sind Rahmengesetze, die nach ihrer Veröffentlichung erst in jedem Mitgliedsstaat in nationales Recht umgesetzt werden müssen.

Eine Richtlinie einer Staatengemeinschaft ist ein Gemeinschaftsgesetz. Sie muss in jedem Staat der Gemeinschaft in das nationale Gesetz umgesetzt werden.

Deutschland ist Mitglied der Europäischen Gemeinschaft (EG) und EG-Richtlinien sind somit Gemeinschaftsgesetze, die auch in Deutschland gelten.

Auch der Bereich der Kosmetik wird durch Gesetze, Verordnungen und andere rechtliche Regeln bestimmt. In Deutschland werden kosmetische Mittel durch das **Lebensmittel- und Bedarfsgegenständegesetz** (LMBG) und die **Kosmetikverordnung (KVO)** geregelt.

Auf europäischer Ebene gibt es eine spezielle EG-Kosmetikrichtlinie, die für alle EG-Mitgliedsstatten gleichermaßen gültig ist.

Das Lebensmittel- und Bedarfsgegenständegesetz (LMBG) wird voraussichtlich 2005 durch das Lebensmittel- und Futtermittel-Gesetzbuch (LFGB) abgelöst.

Die grundlegenden Regelungen zu kosmetischen Mitteln bleiben allerdings auch in diesem neuen Gesetz erhalten.

Von der Europäischen Wirtschaftsgemeinschaft (EWG) wurde im Jahre 1976 die erste europäische Kosmetik-Richtlinie (EG-Richtlinie 76/768/EWG) verabschiedet. Ziel dieser Richtlinie war die Vereinheitlichung der Rechtsvorschriften für kosmetische Mittel in allen EWG-Mitgliedsstaaten.

Die EG-Kosmetikrichtlinie wird in regelmäßigen Abständen überprüft und aktualisiert. Überarbeitungen werden über **Anpassungsrichtlinien** bzw. **Änderungsrichtlinien** durchgeführt.

1993 erfolgte mit der 6. Änderungsrichtlinie (Richtlinie 93/35/EWG) die umfangreichste Änderung der EG-Kosmetikrichtlinie.

Eine weitere große Änderung trat erst im Februar 2003 mit Veröffentlichung der 7. Änderungsrichtlinie (Richtlinie 2003/15/EG) ein. Die Umsetzung in nationales Recht muss erst noch erfolgen. Die Umsetzungsfrist für die Mitgliedsstaaten endet im März 2005.

Insgesamt wurde die ursprüngliche EG-Kosmetikrichtlinie (Richtlinie 76/768/EWG) aus dem Jahre 1976 bislang durch 30 Anpassungsrichtlinien und 7 Änderungsrichtlinien aktualisiert.

Wie wird das europäische Kosmetikrecht in ein nationales Kosmetikrecht umgesetzt? Wird die europäische Kosmetikrichtlinie geändert, muss auch die nationale Kosmetikverordnung geändert werden. Dies erfolgt in Deutschland über Änderungsverordnungen, ihr In-Kraft-Treten wird im Bundesgesetzblatt veröffentlicht.

> Änderungsverordnungen dienen der Umsetzung von europäischem Recht in nationales Recht.

Anpassungsrichtlinie
Anpassen der aktuellen EG-Kosmetikrichtlinie an den technischen Fortschritt

Änderungsrichtlinie
Durchführung tiefgreifender Veränderungen der EG-Kosmetikrichtlinie, z. B. neue Regelungen zum Tierschutz

6. Änderungsrichtlinie (93/35/EWG)
http://www.europa.eu.int/eur-lex/de/ → Amtsblatt → Suche mit Fundstelle im Amtsblatt → Jahr der Veröffentlichung: 1993, Abl.-Reihe: L, Monat: 6, Abl.-Nr.: 151, 12. Stichpunkt

7. Änderungsrichtlinie (2003/15/EG)
http://www.europa.eu.int/eur-lex/de/ → Amtsblatt → Suche mit Fundstelle im Amtsblatt → Jahr der Veröffentlichung: 2003, Abl.-Reihe: L, Monat: 3, Abl.-Nr.: 66, Seite 26

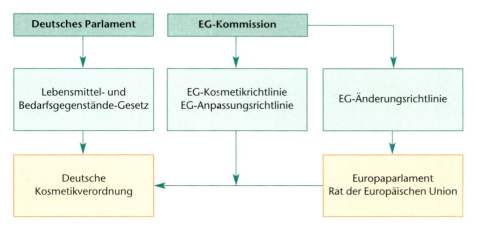

Ablaufschema der Kosmetikgesetzgebung in Deutschland und der EU

Die deutsche Kosmetikverordnung und die EG-Kosmetikrichtlinie sind strukturell und inhaltlich sehr ähnlich aufgebaut. Nachfolgend wird daher immer nur auf eine der beiden Rechtsvorschriften verwiesen.

Neben dem LMBG und der KVO gibt es noch eine Vielzahl weiterer Gesetze und Verordnungen, die die Herstellung, Kennzeichnung und die Vermarktung von kosmetischen Mitteln regeln. Die nachfolgende Tabelle soll einen Überblick über die wichtigsten Gesetze und Verordnungen geben.

Tabelle II/1 *Rechtsvorschriften für kosmetische Mittel (Auswahl)*

Geregelte Inhalte	Nationales Recht	Internationales Recht
Definition kosmetisches Mittel	■ Lebensmittel- und Bedarfsgegen-ständegesetz (§ 4)	■ EG Kosmetikrichtlinie (76/768/EWG)
Einsetzbare Rohstoffe Verbotslisten, Einschränkungen, Reinheitsanforderungen, Sicherheit	■ Kosmetikverordnung (§§ 1–3b, 5b, 5c, Anlagen 1–7) ■ Lebensmittel- und Bedarfsgegen-ständegesetz (§ 25) ■ Arzneimittelgesetz (§ 2) ■ Verordnung über verschreibungs-pflichtige Arzneimittel ■ Gefahrstoffverordnung (Anhang I) ■ Chemikaliengesetz	■ EG Kosmetikrichtlinie (76/768/EWG) ■ EG-Gefahrstoffrichtlinie (67/548/EWG)
Herstellung Hygiene, gute Herstellpraxis	■ Kosmetikverordnung (§ 5c)	■ EG Kosmetikrichtlinie (76/768/EWG)
Kennzeichnung Herstellerangabe, Füllmengenangabe, Inhaltsstoffangabe, Mindesthaltbar-keitsdatum, Verwendungszweck, grüner Punkt	■ Kosmetikverordnung (§ 5, 5a) ■ Fertigpackungsverordnung (§§ 6–10, 18, 20, 21, 30) ■ Eichgesetz (§ 7)	■ EG Kosmetikrichtlinie (76/768/EWG) ■ EG-Richtlinie Abfüllung bestimmter Erzeugnisse nach Gewicht oder Volumen (78/891/EWG) ■ EG-Richtlinie Nennfüllmengen/ Nennvolumen auf Behältnissen/ Fertigverpackungen (80/232/EWG)
Werbung irreführende Werbung, Werbung mit Selbstverständlichkeiten, nicht zuläs-sige Werbeaussagen, Nachweis bewor-bener Wirkung, Mogelpackung	■ Kosmetikverordnung (§ 5b) ■ Lebensmittel- und Bedarfsgegen-ständegesetz (§ 27) ■ Eichgesetz (§ 7) ■ Gesetz gegen den unlauteren Wettbewerb (§ 3)	■ EG Kosmetikrichtlinie (76/768/EWG) ■ EG-Richtlinie über irreführende Werbung (84/450/EWG) ■ EG-Richtlinie über vergleichende Werbung (97/95/EG)
Sicherheit, Gesundheitsschutz Sicherheitsbewertung, Angaben zum Schutz der Gesundheit, Anwendungs-, Sicherheits-, Warnhinweise	■ Kosmetikverordnung (§§ 4, 5a–d) ■ Lebensmittel- und Bedarfsgegen-ständegesetz (§ 24) ■ Aerosolpackungsverordnung ■ Technische Regel Druckgase [TRG 300]	■ EG Kosmetikrichtlinie (76/768/EWG) ■ EG-Aerosolrichtlinie (75/324/EWG)
Haftung Haftung bei Produktschäden, Haftung für Schäden durch fehlerhafte Produkte	■ Bürgerliches Gesetzbuch (§ 823) ■ Produkthaftungsgesetz (§§ 1, 3)	
Dokumentation Bereithaltung von Unterlagen für behördliche Kontrollen	■ Kosmetikverordnung (§ 5b)	■ EG Kosmetikrichtlinie (76/768/EWG)
Meldepflichten Meldung des Herstell-/Einfuhrortes, Giftmeldezentralen	■ Kosmetikverordnung (§ 5d)	■ EG Kosmetikrichtlinie (76/768/EWG)
Tierschutz Verbot von Tierversuchen, Schutz von Versuchstieren, Vorschriften zur Entwicklung und zum Einsatz von Alternativmethoden	■ Kosmetikverordnung ■ Tierschutzgesetz (§ 7)	■ EG Kosmetikrichtlinie (76/768/EWG) ■ EG-Richtlinie zum Schutz von Versuchstieren (86/609/EWG)
Umwelt	■ Verpackungsverordnung (§ 2): Rücknahmepflicht von Verpackungen ■ Wasch- und Reinigungsmittel-gesetz (§ 2)	
Überwachung Zuständigkeit der Überwachungs-behörden, Art der Überwachung	■ Kosmetikverordnung (§ 5b) ■ Lebensmittel- und Bedarfsgegen-ständegesetz (§§ 26a, 40, 41)	■ EG Kosmetikrichtlinie (76/768/EWG)

1 Produkte – Gesetze, Verordnungen, Richtlinien

1.1 Kosmetische Mittel

Tabelle II/1 macht deutlich, wie viele Rechtsvorschriften allein für kosmetische Mittel gelten (→ Kapitel VIII).
Nachfolgend werden alle Stationen des Werdegangs von kosmetischen Mitteln von der Definition bis zu den Zulassungsbehörden erläutert.

1.1.1 Definition „kosmetisches Mittel"

In der EG-Kosmetikrichtlinie (siehe auch LMBG § 4) wird der Begriff „kosmetisches Mittel" näher definiert:

> **Artikel 1 der EG-Kosmetikrichtlinie (76/768/EWG)**
> Kosmetische Mittel sind **Stoffe** oder **Zubereitungen**, die dazu bestimmt sind, äußerlich mit den verschiedenen Teilen des menschlichen Körpers (Haut, Behaarungssystem, Nägel, Lippen und intime Regionen) oder mit den Zähnen und den Schleimhäuten der Mundhöhle in Berührung zu kommen, und zwar zu dem ausschließlichen oder überwiegenden Zweck, diese zu reinigen, zu parfümieren, ihr Aussehen zu verändern und/oder den Körpergeruch zu beeinflussen und/oder um sie zu schützen oder in gutem Zustand zu erhalten.

EG-Kosmetikrichtlinie (76/768/EWG)
http://www.europa.eu.int/eur-lex/de/ → Amtsblatt → Suche Jahr der Veröffentlichung: 1976, Abl.-Reihe: L, Monat: 9, Abl.-Nr.: 262, Seite 169

Kosmetische Mittel lassen sich demnach eindeutig von Nahrungsmitteln, **Bedarfsgegenständen**, Arzneimitteln oder Nahrungsergänzungsmitteln abgrenzen.

Stoffe
chemische Substanzen (lt. Gesetzgebung)

Zubereitungen
Mischungen aus verschiedenen Stoffen

Kosmetische Mittel dürfen nur äußerlich angewandt werden. Eine von innen anzuwendende Kosmetik, z. B. in Form von Dragees oder Kapseln, ist rechtlich nicht zulässig. Die äußere Anwendung bezieht sich ausschließlich auf die Darreichungsform des Produktes. Die Anwendung in der Mundhöhle, z. B. Zahnpflege, gilt laut Definition auch als äußere Anwendung.

Bedarfsgegenstand
Gegenstand des täglichen Bedarfs, z. B. Schmuck, Kamm, Perücke, Zahnbürste, Kleidung

> Ein chemisches Peeling wirkt äußerlich, auch wenn es z. T. in tiefere Hautschichten eindringt, ebenso Vitamine oder andere Wirkstoffe. Peelings sind somit eindeutig kosmetische Behandlungen.
> Für chemische Peelings gelten nur stoffliche Einschränkungen. Zum Beispiel ist Vitamin-A-Säure als chemische Peelingsubstanz bei Kosmetikerinnen verboten.
>
> Permanent-Make-up ist zur Zeit rechtlich nicht zuzuordnen. Es gilt nicht als kosmetisches Mittel, weil es in der Haut angewandt wird. Einen medizinischen Nutzen hat es auch nicht. Es gibt somit einen rechtsunsicheren Raum.
> Weil Permanent-Make-up eher in den Bereich der Kosmetik gehört, wird es der Gesetzgeber 2005 über das neue LFGB regeln. Nach der Definition des § 4 LMBG/§ 1 EG-Richtlinie gehört es zwar nicht zu den kosmetischen Mitteln, wird aber ab 2005 rechtlich zu diesen gezählt. Somit bildet Permanent-Make-up eine Ausnahme in Deutschland.

Kosmetische Mittel sind Stoffe und Zubereitungen. Gegenstände wie Kämme oder Massagebürsten, Applikatoren, Scheren, Pinzetten usw. zählen nicht dazu.

Kosmetische Mittel dürfen die Haut oder deren Anhangsgebilde
- reinigen,
- parfümieren,
- im Aussehen verändern,
- schützen,
- in einem guten Zustand erhalten.

Darüber hinaus dürfen sie den Körpergeruch beeinflussen.

> **Entscheidung: Ist ein Deospray ein kosmetisches Mittel?**
> Ein Deospray dient in erster Linie der Verhinderung von unangenehmen Körpergerüchen. Nebenbei enthalten Deosprays auch häufig pflegende und hautberuhigende Wirkstoffe.
> Ein Deospray ist somit eindeutig ein kosmetisches Mittel.

Medizinische Wirkungen wie z. B. Heilung oder Schutz vor Krankheiten sind für kosmetische Mittel nicht zulässig.

Die sehr ungenaue Funktionsbeschreibung in Artikel 1 der EG-Kosmetikrichtlinie schließt solche Wirkungen für Kosmetika jedoch nicht eindeutig aus. Oft ist die Grenze zwischen dem (noch) Erlaubten und (schon) Verbotenen fließend.

In einigen Fällen dürfen kosmetische Mittel jedoch einen Zweitnutzen haben. Der überwiegende Zweck des kosmetischen Präparates muss aber ein kosmetischer Nutzen sein. Dies lässt sich häufig schon an der Aufmachung und Beschreibung des Produktes erkennen.

> **Beispiel für Erstnutzen/Zweitnutzen eines kosmetischen Mittels**
> In einer Produktbeschreibung wird ein Spray mit deodorierender Wirkung (Geruchshemmung) und einer Wirkung gegen Geruchsbakterien (Keimhemmung) ausgewiesen.
>
> Produkte mit einer keimhemmenden Wirkung fallen im Normalfall unter das Biozidgesetz. Kosmetische Produkte sind von der Biozid-Regelung grundsätzlich ausgenommen.
> Ob es sich bei dem Spray um ein kosmetisches Produkt oder ein Biozidprodukt handelt, richtet sich einzig nach der überwiegenden Funktion.
>
> **Kosmetisches Produkt** – ein Spray zur Beeinflussung des Körpergeruches mit zusätzlich keimhemmender Wirkung.
> **Biozidprodukt** – ein keimhemmendes Spray, das gleichzeitig eine gewisse geruchshemmende Wirkung besitzt.

Biozidprodukt/-gesetz
→ Kapitel II/1.2 Weitere relevante Gesetze

Roche Lexikon Medizin
http://www.gesundheit.de/roche/

toxikologisch, Toxikologie
engl. toxicology; die Lehre von der Wirkung der Gifte auf den Organismus

Positivlisten
Sie schränken den Einsatz von Rohstoffen ein. Nur solche Stoffe werden für kosmetische Produkte freigegeben, die nach kritischer Analyse ihrer Eigenschaften als unbedenklich für den Menschen und sicher gelten.

Negativlisten
Sie enthalten Rohstoffe, die in kosmetischen Mitteln verboten sind.

1.1.2 Rohstoffe, Stofflisten, Zulassungsverfahren

Bei der Entwicklung eines kosmetischen Produktes muss vorher geklärt werden, welche Stoffe bzw. Zubereitungen verwendet werden dürfen.
Sofern Stoffe nicht über Gesetze oder Verordnungen anderweitig geregelt werden, sind sie zunächst grundsätzlich für den Einsatz in kosmetischen Mitteln erlaubt.

 Ein Sicherheitsbewerter entscheidet nach eingehender Prüfung des **toxikologischen** Profils eines Rohstoffes, ob er eingesetzt werden darf oder nicht.

Geregelte Rohstoffe sind beispielsweise alle **verschreibungspflichtigen Arzneimittelwirkstoffe**, die zurzeit grundsätzlich für den Einsatz in kosmetischen Mitteln verboten sind.

Es ist geplant, den Einsatz von verschreibungspflichtigen Arzneimittelwirkstoffen in kosmetischen Mitteln zu erlauben. Sie würden dann zu den nicht geregelten Rohstoffen zählen.

Die Kosmetikverordnung (KVO) enthält ebenfalls verschiedene Stofflisten (so genannte Anlagen), in denen Einzelstoffe geregelt werden.
Die Anlagen der KVO sind als **Positivlisten** bzw. **Negativlisten** angelegt.

1 Produkte – Gesetze, Verordnungen, Richtlinien

Die nachfolgende Tabelle gibt einen Überblick über die Stoffe/Stoffgruppen, die über die Kosmetikverordnung geregelt werden.

Tabelle II/2 Anlagen der Kosmetikverordnung (Stofflisten)

Anlage Nr.	Inhalt
Anlage 1: Verbotene Stoffe	Einzelstoffe oder Stoffgruppen, die beim Herstellen oder Behandeln kosmetischer Mittel verboten sind: ■ toxische Substanzen und Zubereitungen ■ Stoffe mit Hormonwirkung ■ kritische Parfuminhaltsstoffe (Moschus Mosken, Moschus Tibeten) ■ bedenkliche tierische Stoffe, z. B. in Hinblick auf BSE
Anlage 2: Eingeschränkt zugelassene Stoffe	Eingeschränkt zugelassene Stoffe, unter Berücksichtigung von ■ Einsatzkonzentrationen ■ Verbot bestimmter Produktgruppen (z. B. Augenpflegeprodukte) oder Anwendergruppen (z. B. Präparate für Kinder) Zusätzlich können Warnhinweise auf den Packmitteln des kosmetischen Mittels vorgeschrieben werden.
Anlage 3: Farbstoffe	Zugelassene Farbstoffe, mit Ausnahme von 72 Haarfarben, die in Anlage 2 aufgenommen wurden. Auflistung folgender Daten: ■ chemische Bezeichnung des Farbstoffs ■ zugehörende **CI-Nummer** ■ der Farbton ■ der zugelassene Anwendungsbereich ■ die Reinheitsanforderungen
Anlage 6: Konservierungsmittel	Zugelassene Konservierungsstoffe; festgelegt werden zusätzlich ■ maximale Einsatzkonzentrationen ■ Anwendungsbeschränkungen ■ Anwendungs-, Sicherheits- und Warnhinweise, die auf dem Packmittel des kosmetischen Fertigproduktes aufgebracht werden müssen
Anlage 7: Lichtschutzfilter	Zugelassene Lichtschutzfilter; festgelegt werden zusätzlich ■ maximale Einsatzkonzentrationen ■ Anwendungsbeschränkungen

CI-Nummer
Color **I**ndex: ein einmaliger, international festgelegter Nummerncode für einen Farbstoff

Für die Einhaltung der Vorschriften ist immer der Hersteller verantwortlich. Eine Kosmetikerin wendet die Produkte nur an oder vertreibt sie. Sie muss sich auf die Korrektheit der Produkte verlassen können.

Es kommt schon mal vor, dass Untersuchungsbehörden bei Kontrollen in Kosmetikstudios Produkte auch beim Betreiber des Instituts beanstanden.
Verweisen Sie die Beamten in solchen Situationen ruhig, aber bestimmt an den Hersteller der Produkte.

Nachfolgend ist das **Zulassungsverfahren** für einen neuen Stoff in eine **Positivliste** vereinfacht dargestellt:

Toxikologische Daten des Rohstoffes
⬇
IKW (Industrieverband Körperpflege- und Waschmittel e. V.) oder COLIPA (Europäischer Dachverband der Kosmetikindustrie)
⬇
Beantragung der Zulassung bei der Europäischen Kommission
⬇
Weiterleitung der Daten zur Prüfung und Bewertung an das SCCNFP (wissenschaftliches Beratergremium der Europäischen Kommission)
⬇
ad-hoc Working Party. Beschluss: Zustimmung oder Ablehnung (Regierungsvertreter der Mitgliedsstaaten und deren Sachverständige)
⬇
Veröffentlichung im Amtsblatt der EG
⬇
Aufnahme in die Positivliste

Zulassungsverfahren für einen Stoff in die Positivliste der KVO

Geregelte und ungeregelte Rohstoffe in Deosprays
Geregelte Rohstoffe: Bei der Entwicklung eines Deosprays muss man zunächst die Stofflisten der Kosmetikverordnung prüfen. Hier sind alle Stoffe aufgeführt, die in kosmetischen Mitteln nicht bzw. mit bestimmten Einschränkungen verwendet werden dürfen. Weiterhin findet man dort auch Stoffe, die speziell in Deosprays nicht eingesetzt werden dürfen.
Ungeregelte Rohstoffe: Bei der Auswahl nicht geregelter Stoffe muss vor allem beachtet werden, dass Deosprays eine besondere Produktform darstellen. Deosprays werden üblicherweise als so genannte **Aerosole** hergestellt.

Aerosole
in Gas sehr fein verteilte Feststoff- oder Flüssigkeitsteilchen; natürliche Aerosole: Nebel (Gas/Flüssigkeit) oder Rauch (Gas/Feststoff)

Natürliche Aerosole wie Nebel entstehen, wenn sich in der Luft winzige Wassertröpfchen bilden. Die Flüssigkeitströpfchen/Feststoffteilchen eines Aerosols sind so klein und leicht, dass sie einige Zeit in der Luft schweben können.
Künstlich hergestellte (technische) Aerosole sind zunächst einfache Flüssigkeiten oder **Suspensionen**. Sie werden in spezielle Spraydosen abgefüllt. Über ein Treibgas wird ein Überdruck in der Spraydose erzeugt. Beim Sprühen wird der Inhalt der Spraydose als feiner Sprühnebel verteilt.

Suspension
Aufschwemmung nicht mischbarer Teilchen in einem Lösungsmittel, z. B. Nagellack. Dort sind unlösliche Farbpartikel in Wasser suspendiert.

Da Aerosole eingeatmet werden können, müssen Rohstoffe für Aerosole besonders geprüft werden. Beim Einatmen des Sprühnebels dürfen keine Gesundheitsschäden entstehen. Aus diesem Grund sind einige kosmetische Rohstoffe in Aerosolen nicht zugelassen.

Beispiel für verbotene Stoffe in Aerosolen, z. B. Deosprays
Die Konservierungsstoffe Formaldehyd und Dehydracetsäure (und seine Salze) sind gemäß Anlage 6 der KVO für kosmetische Aerosole verboten.

1.1.3 Herstellung

An die Herstellung kosmetischer Mittel werden einige Anforderungen gestellt, die zusammengefasst als GMP (**G**ood **M**anufacturing **P**ractice) oder als Gute Herstellpraxis bezeichnet werden. Die GMP befasst sich unter anderem mit Hygiene, der Qualifikation von Mitarbeitern, Arbeitsabläufen, Qualitätsprüfungen und der Dokumentation von Prüfergebnissen (Näheres zum Thema Hygiene → Kapitel III „Berufshygiene und Arbeitsschutz").

1.1.4 Kennzeichnung

Nachdem ein kosmetisches Mittel (z. B. unser kosmetisches Deospray) ordnungsgemäß hergestellt und verpackt wurde, soll das fertige Produkt nun vermarktet werden. Für kosmetische Mittel gelten besondere Kennzeichnungsvorschriften. Für den Verbraucher sind z. B. der Verwendungszweck und die Anwendung sehr wichtig. Vorschriften zur Kennzeichnung von kosmetischen Mitteln sind in verschiedenen Gesetzen und Verordnungen festgelegt (→ Tabelle II/2).

Verpackungen sind zu kennzeichnen mit
- Verwendungszweck,
- Mindesthaltbarkeitsdatum,
- Mindesthaltbarkeitsdatum nach Öffnen (ab März 2005),
- Liste der Bestandteile,
- Füllmenge, EWG-Zeichen,
- Chargencodierung,
- Anwendungs-, Sicherheits- und/oder Warnhinweisen,
- Hinweis auf Packungsbeilage, sofern dort weitere wichtige Informationen zu finden sind,
- Firmensitz.

Kennzeichnung eines Deosprays

Rechtsvorschrift: § 5 KVO (Verwendungszweck)

In der Regel reichen Produktnamen wie „Shampoo" oder „Body Lotion" aus, um den Verwendungszweck eines Produktes zu beschreiben. Kann der Verbraucher nicht erkennen, wie ein Produkt anzuwenden ist, muss z. B. ein Hinweis zur Anwendung auf der Verpackung erkennbar sein.

Verwendungszweck

Ausreichende Kennzeichnung: Ein Deospray ist mit der Produktbezeichnung „Deospray" gekennzeichnet. Der Verwendungszweck ist eindeutig.
Unzureichende Kennzeichnung: Ein Deospray ist mit einem Phantasienamen oder einer fremdsprachlichen Produktbezeichnung, z. B. „Flowerworld", bezeichnet.
Die Verwendung als Deospray ist nicht erkennbar. Das Produkt muss zusätzlich mit dem Zusatz „Deospray" oder einer genauen Beschreibung des Verwendungszwecks, z. B. einem Hinweis zur Anwendung, gekennzeichnet werden.

Rechtsvorschrift: § 5 KVO (Mindesthaltbarkeitsdatum)

Das Mindesthaltbarkeitsdatum eines Produktes gibt an, wie lange ein Produkt im ungeöffneten Zustand haltbar ist.

Produkte, die ungeöffnet länger als 30 Monate haltbar sind, brauchen kein Mindesthaltbarkeitsdatum.

7. Änderungsrichtlinie (2003/15/EG)
http://www.europa.eu.int/eur-lex/de/ → Amtsblatt → Suche mit Fundstelle im Amtsblatt → Jahr der Veröffentlichung: 2003, Abl.-Reihe: L, Monat: 3, Abl.-Nr.: 66, Seite 26

Aerosole sind im Normalfall länger als 30 Monate haltbar. Ein Deospray braucht daher kein Mindesthaltbarkeitsdatum.

Rechtsvorschrift: § 5 KVO (Mindesthaltbarkeitsdatum nach Öffnen)

Die Mindesthaltbarkeit nach dem Öffnen ist erst durch die 7. Änderungsrichtlinie (Richtlinie 2003/15/EG) eingeführt worden.

 Produkte, die ungeöffnet länger als 30 Monate haltbar sind, müssen seit dem 11. März 2005 mit einem Mindesthaltbarkeitsdatum nach dem Öffnen gekennzeichnet werden.

 Die Frist 11. März 2005 für die Angabe des Mindesthaltbarkeitsdatums nach Öffnen gilt nur für Hersteller und Importeure.
Waren, die vom Handel vor dem 11. März 2005 vom Hersteller gekauft wurden, müssen auch nach dem 11. März 2005 kein Mindesthaltbarkeitsdatum nach Öffnen tragen. Wichtig! Nachweis des Wareneingangs.
Das Haltbarkeitsdatum wird dabei in Monaten (M) oder Jahren (A) angegeben.
Die Kennzeichnung des Mindesthaltbarkeitsdatums nach Öffnen erfolgt über das Sonderzeichen „offener Cremetopf". Das Symbol ist in Anlage 8a der KVO enthalten.

 Die Mitgliedsstaaten der EU haben sich darauf geeinigt, dass bestimmte Produkttypen kein Mindesthaltbarkeitsdatum nach Öffnen erhalten müssen. Dies gilt für

- praktisch nicht zu öffnende Produkte (z. B. Aerosole),
- wasserfreie Produkte (Lippenstifte, Puder usw.),
- Produkte mit einem hohen Alkoholgehalt,
- Produkte mit extremen pH-Werten (pH 2, pH 12).

Diese Ausnahmeregelung ist im Gesetzestext nicht zu finden, sie ist aber rechtsgültig.

Symbol „offener Cremetopf"
6 M = 6 Monate nach Öffnen haltbar

 Unser Deospray ist ungeöffnet länger als 30 Monate haltbar. Trotzdem muss es kein Mindesthaltbarkeitsdatum nach Öffnen tragen, weil Aerosole unter die Ausnahmeregelung fallen.

Rechtsvorschriften: § 5 KVO (Kennzeichnung) und § 5a KVO (Liste der Bestandteile)

Die Liste der Bestandteile dient dem Verbraucher zur Prüfung, ob das Produkt Bestandteile enthält, gegen die er allergisch ist oder mit Unverträglichkeiten reagiert. Die Liste muss nur auf dem äußeren Packmittel angegeben werden.

Deklaration
lat. Inhalts- oder Wertangabe

Die Kennzeichnung (**Deklaration**) der Bestandteile eines kosmetischen Mittels muss über ihre **INCI**-Bezeichnungen erfolgen.

INCI
International **N**omenclature **C**osmetic **I**ngredients

Jedem kosmetischen Bestandteil wird ein eindeutiger Name zugeordnet, der innerhalb der EU zu verwenden ist. 1996 wurde im EG-Amtsblatt eine Liste aller gültigen INCI-Bezeichnungen, das so genannte Inventar, veröffentlicht. Das Inventar wird ständig aktualisiert und enthält alle kosmetischen Rohstoffe mit ihren zugehörigen INCI-Bezeichnungen.

CTFA
Bezeichnung des amerikanischen Kosmetikverbandes; **C**osmetic, **T**oiletry and **F**ragrance **A**ssociation

Bevor die Kennzeichnung mit INCI-Bezeichnungen erfolgte, wurden kosmetische Rohstoffe mit ihren **CTFA-Bezeichnungen** deklariert. CTFA steht für **C**osmetic, **T**oiletry and **F**ragrance **A**ssociation und ist die Bezeichnung des amerikanischen Kosmetikverbandes.

Für viele Inhaltsstoffe sind CTFA- und INCI-Bezeichnung identisch. Unterschiede bestehen hauptsächlich bei Farbstoffen und pflanzlichen Inhaltsstoffen.

Die Deklaration der Bestandteile muss in der Reihenfolge ihrer Konzentration im kosmetischen Produkt erfolgen. Alle Bestandteile mit einer Konzentration unterhalb von 1 % können in ungeordneter Reihenfolge an die übrigen Bestandteile angehängt werden. Farbstoffe dürfen immer am Ende aufgeführt werden.

> INGREDIENTS: ALCOHOL DENAT, DIMETHYL ETHER, BUTANE, AQUA, OCTYLACRYLAMIDE/ACRYLATES/BUTYLAMINOETHYL METHACRYLATE COPOLYMER, PEG-14 DIMETHICONE, AMINOMETHYL PROPANOL, PARFUM, PEG-25 PABA, TOCOPHERYL ACETATE, PANTHENOL, ISOPROPYL MYRISTATE, PRUNUS DULCIS

Beispiel für eine Deklaration eines Aerosols

Farbstoffe müssen mit ihrer CI-Nummer deklariert werden. Hat ein Farbstoff keine CI-Nummer, muss er mit einer anderen, festgelegten Bezeichnung deklariert werden (→ Tabelle II/2 Anlagen der Kosmetikverordnung → Anlage 3). Bei Produktserien, die bis auf die Farben gleich sind (z. B. Nagellacke, Lippenstifte) können alle in der Serie verwendeten Farben gemeinsam aufgeführt werden. Die Deklaration muss in diesem Fall zwischen den Worten „kann … enthalten" oder der Zeichenkombination [+/– …] erfolgen. In besonderen Fällen darf die Deklaration bestimmter Inhaltsstoffe aus Gründen der Vertraulichkeit in Form einer Registrierungsnummer erfolgen.

Deklaration
www.ikw.org → Körperpflegemittel → Infos für Verbraucher

> **Farbstoffdeklaration**
> [+/– CI 16035, CI 16255, CI 19140, CI 77491, CI 77492, CI 77499, CI 77489]

Parfums werden zur Zeit nur mit dem Begriff „Parfum" in der Deklaration angegeben. Mit der Umsetzung der 7. Änderungsrichtlinie (2003/15/EG) sind Hersteller kosmetischer Mittel verpflichtet, zusätzlich zum Begriff „Parfum" auch bestimmte Parfuminhaltsstoffe zu deklarieren, wenn diese bestimmte Grenzkonzentrationen im Fertigprodukt (kosmetischen Mittel) überschreiten. Die Deklarationspflicht gilt für alle Produkte, die nach dem 10. März 2005 produziert im Lager stehen. Im Moment gilt diese Regelung für 26 Parfuminhaltsstoffe, die als besonders allergieauslösend angesehen werden. Näheres finden Sie in einer speziellen IKW-Broschüre zu diesem Thema.

 Fragen Sie Ihre Kundin vor einer Behandlung nach Allergien oder Unverträglichkeiten. Hat Ihre Kundin eine Allergie oder Unverträglichkeit, gehen Sie gemeinsam mit ihr die Deklarationen der Produkte durch, die Sie verwenden möchten. Prüfen Sie, ob Stoffe enthalten sind, auf die Ihre Kundin möglicherweise reagiert. Liegt ein Allergiepass vor, vergleichen Sie die Eintragungen mit der Deklaration. Häufig sind im Allergiepass keine INCI-Namen aufgelistet, sondern nur chemische Bezeichnungen oder Handelsnamen von Rohstoffen. Wenn Sie Zweifel haben, rufen Sie beim Hersteller des kosmetischen Produktes an. Nennen Sie ihm die Eintragungen im Allergiepass.

Sind Sie allergisch oder besonders empfindlich?

Rechtsvorschrift: Fertigpackungsverordnung

Auf jeder Verpackung eines Produktes muss die Füllmenge angegeben werden. Je nach Produkttyp ist die Füllmenge als Gewicht oder Volumen aufzuführen. Zusätzlich muss das EWG-Zeichen „e" in unmittelbarer Nähe der Füllmenge stehen. Aerosolverpackungen müssen das Sonderzeichen „3" tragen.

 Ein Deospray ist ein flüssiges Produkt, die Inhaltsangabe muss daher in Milliliter (ml) erfolgen.

Kennzeichnung einer Aerosoldose

Charge
Eine bestimmte Menge von Produkten eines Herstellungsvorgangs. Werden z. B. 5-mal 200 kg eines Produktes hergestellt, so sind dies 5 verschiedene Chargen. Jede Charge bekommt eine eigene Chargencodierung.

Rechtsvorschrift: § 4 KVO (Gesundheitsschutz)

Folgende Angaben müssen zum Schutz des Verbrauchers auf Verpackungen aufgebracht werden:
- eine **Charge**ncodierung, die eine Identifizierung des Herstellpostens ermöglicht (von entscheidender Bedeutung z. B. bei Rückrufaktionen);
- bestimmte Angaben, die in den Anlagen 2, 6 und 7 der KVO für bestimmte Rohstoffe vorgeschrieben sind (→ Tabelle II/2 Anlagen der Kosmetikverordnung)
- besondere Anwendungs-, Sicherheits- und/oder Warnhinweise zur Verhütung von Gesundheitsgefährdungen. Für diese Hinweise gibt es keine Vorgaben, d. h., der Hersteller muss entscheiden, welche Hinweise wichtig sind und wie sie angegeben werden.

Beispiel für Sicherheitshinweise durch den Hersteller
Bei der Anwendung eines kosmetischen Aerosols wird ein feiner Sprühnebel erzeugt.

- Das versprühte Produkt kann beim Einatmen größerer Mengen zu Gesundheitsstörungen führen.
- Das Produkt kann zu Augenreizungen führen, wenn es in die Augen gesprüht wird.
- Das Produkt kann bei falscher Anwendung zu Unterkühlung und Verletzungen der Haut führen.

Der Hersteller eines Deosprays könnte folgende Hinweise zum Schutze des Verbrauchers auf der Verpackung aufbringen:

- Sprühnebel nicht einatmen!
- Produkt nicht in die Augen sprühen!
- Aus ca. 30 cm Entfernung direkt unter die Achsel sprühen! Anwendungsdauer ca. 5 Sekunden.

Eine Unterkühlung entsteht durch die so genannte Verdunstungskälte. Die Treibgase in der Aerosoldose sind durch den Druck teilweise flüssig. Sie werden erst durch die Wärme der Umgebungsluft angewärmt. Wird das Produkt auf die Haut aufgesprüht, entziehen die verflüssigten Treibgase der Haut Wärme, um zu verdunsten. Man spürt dies als Verdunstungskälte.

Rechtsvorschriften: Aerosolprodukte

Technische Regel Druckgase (TRG 300) und EG-Aerosolrichtlinie (EG-Richtlinie 75/324/EWG)

Aerosole sind eine Form von Produkten, die eine besondere Kennzeichnung benötigen. In ihnen werden häufig brennbare Treibgase wie Propan oder Butan eingesetzt. Diese Treibgase erzeugen in der Aerosoldose einen gewissen Überdruck. Aerosolverpackungen müssen daher besonders konstruiert sein, damit sie dem starken Innendruck standhalten können.
Aerosolverpackungen müssen folgende Warnhinweise tragen:

Warnhinweis: Aerosol!
Behälter steht unter Druck. Vor Sonnenbestrahlung und Temperaturen über 50 °C schützen. Auch nach Gebrauch nicht gewaltsam öffnen oder verbrennen.

Enthalten Aerosole brennbare Gase als Treibmittel, müssen zusätzlich folgende Hinweise auf die Verpackung:

Warnhinweis: Brennbare Treibmittel!
Nicht gegen Flamme oder glühenden Gegenstand sprühen. Von Zündquellen fernhalten – nicht rauchen. Darf nicht in die Hände von Kindern gelangen.

Warnhinweis auf brennbare Treibmittel

Beispiele für Aerosole im Kosmetikbereich sind Haarsprays, Deosprays oder Rasierschäume.

Rechtsvorschrift: § 5 KVO (Firmensitz)

Bei Fragen zum Produkt sollte sich der Verbraucher, z. B. die Kosmetikerin, direkt an die Adresse auf der Verpackung eines Produktes wenden. Die Adresse gibt den Hersteller oder den Vertreiber (**In-Verkehr-Bringer**) des Produktes an.

Die Adresse muss sich innerhalb der Europäischen Gemeinschaft oder eines Vertragsstaates der EU befinden. Sie darf abgekürzt werden, wenn das Unternehmen aus der Abkürzung erkennbar ist.
Bei Prüfungen und Beanstandungen wenden sich die Untersuchungsbehörden ebenfalls an die Adresse auf der Verpackung.

In-Verkehr-Bringer
eine Person oder ein Unternehmen, unter dessen Namen ein Produkt in den Handelsverkehr gebracht, sprich verkauft, wird

> **Hersteller / In-Verkehr-Bringer**
> Die Firma AB stellt ein kosmetisches Produkt für das Handelsunternehmen XY her. XY möchte, dass ausschließlich seine Adresse auf der Verpackung aufgebracht wird. Somit ist AB der Hersteller des Produktes und XY der In-Verkehr-Bringer.
>
> Bei Reklamationen oder behördlichen Prüfungen ist folglich XY der Ansprechpartner für den Kunden bzw. die Untersuchungsbehörde.
> Würde die Adresse von AB auf der Verpackung angebracht, wäre AB gleichzeitig Hersteller und In-Verkehr-Bringer.

Rechtsvorschrift: Eichgesetz

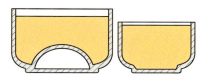
Beide Cremetöpfe haben dieselbe Füllmenge

> **§ 7 Absatz 2 Eichgesetz**
> Fertigpackungen müssen so gestaltet und befüllt sein, dass sie keine größere Füllmenge vortäuschen, als in ihnen enthalten ist.

Man spricht in diesem Zusammenhang auch von „Mogelpackungen".

 Mogelpackungen täuschen den Verbraucher über den tatsächlich vorhandenen Inhalt.

Ob eine Mogelpackung vorliegt hängt davon ab, wie groß der Unterschied zwischen Verpackungsgröße und Inhalt ist. Eine Richtlinie legt fest, wann es sich um eine Mogelpackung handelt.

Es wurden jedoch einige Ausnahmen zugelassen. Dazu gehören
- Fertigpackungen mit besonderem Aufwand (z. B. Schmuckverpackungen);
- Packungen, die aus technischen Gründen keine andere Gestaltung zulassen (z. B. Schleppkolbensysteme);
- transparente Umverpackungen, wenn die Größe der Innenverpackung erkennbar ist;
- Parfumverpackungen.

„Wichtige Sicherheitsinformationen finden Sie in der Packungsbeilage"

Kennzeichnung bei Platzmangel

Häufig ist der Platz auf einer Verpackung zu klein, um alle Hinweise aufbringen zu können. In diesem Fall dürfen die Informationen auch an anderer Stelle, z. B. auf einer Packungsbeilage, stehen.

Der Verbraucher wird entweder schriftlich oder durch ein Symbol darauf hingewiesen. Dieses Symbol ist in Anlage 8 der KVO hinterlegt und wird als **„Hand mit Buch"**-Symbol bezeichnet.

„Hand mit Buch"

Haben Sie dazu Vertrauen?

1.1.5 Werbung

Die Werbung ist das zentrale Mittel zur Verkaufsförderung. Durch Werbung soll das (Kauf-)Interesse für Produkte geweckt werden. Der Hersteller/Vertreiber erhält über Werbung die Möglichkeit, Eigenschaften seiner Produkte besonders hervorzuheben. Beim Kunden soll ein Kaufreiz ausgelöst werden.

Die Werbung entscheidet oft über Erfolg oder Misserfolg eines Produktes am Markt. Dies führt häufig dazu, dass es in der Werbung zu Übertreibungen und zweifelhaften Aussagen kommt.

In § 27 des Lebensmittel- und Bedarfsgegenständegesetzes (LMBG) wird das Verbot zum Schutz vor Täuschung behandelt.

> **§ 27 LMBG: Verbote zum Schutz vor Täuschung**
> Es ist verboten, kosmetische Mittel unter irreführender Bezeichnung, Angabe oder Aufmachung gewerbsmäßig in den Verkehr zu bringen oder für kosmetische Mittel allgemein oder im Einzelfall mit irreführenden Darstellungen oder sonstigen Aussagen zu werben. Eine Irreführung liegt insbesondere dann vor, wenn kosmetischen Mitteln Wirkungen beigelegt werden, die ihnen nach den Erkenntnissen der Wissenschaft nicht zukommen oder die wissenschaftlich nicht hinreichend gesichert sind.

Auch die Kosmetikverordnung (§ 5b KVO) schreibt den Nachweis der Wirkung vor, wenn in der Werbung besonders darauf hingewiesen wird.

> Eine Irreführung des Verbrauchers liegt immer dann vor, wenn eine beworbene Wirkung nicht vorhanden ist oder diese wissenschaftlich nicht belegt werden kann.

Nicht alle Werbeaussagen müssen über wissenschaftliche Tests nachgewiesen werden. Für einige Wirkungen reicht die Bestätigung in einem Anwendertest als Wirkungsnachweis aus. Dies gilt vor allem für Wirkungen, die vom Anwender direkt feststellbar sind.

Industrieverband Körperpflege und Waschmittel e. V.
http://www.ikw.org →
Körperpflegemittel

> **Beispiele für Wirkungsnachweise über Anwendertests**
> - erfrischende Wirkung (z. B. Gesichtswasser)
> - kühlende Wirkung (z. B. After Shave)
> - vitalisierende Wirkung (z. B. Duschgel)
> - beruhigende Wirkung (z. B. Gesichtscreme)

Bestimmte Produkteigenschaften müssen überhaupt nicht nachgewiesen werden. Allein die Verwendung bestimmter Inhaltsstoffe reicht hier als Wirkungsnachweis aus.

> **Produkteigenschaften, die nicht durch Tests nachgewiesen werden müssen**
> Wirkungen, die sich aus der Verwendung bestimmter Inhaltsstoffe ergeben, z. B.
> - Reinigungswirkung eines Duschgels (waschaktive Substanzen)
> - Duftwirkung eines Parfums (Duftstoffe)
> - erfrischende Wirkung eines alkoholhaltigen Rasierwassers (Alkohol)
> - pflegende Wirkung von natürlichen Pflanzenölen (Jojobaöl, Sesamöl usw.)
>
> **Wirkungen durch Wirkstoffe, deren Wirkung hinreichend belegt wurde, z. B.**
> - Reizlinderung und Beruhigung (D-Panthenol, Aloe vera)
> - Hautschutz (Vitamin A und verwandte Substanzen)

Bei allgemein formulierten Werbeaussagen ist in der Regel kein Wirkungsnachweis erforderlich, es entscheidet die Verbraucher-Erwartung.

Beispiele für allgemeine Werbeaussagen
- Werbeaussage ohne Nachweispflicht
Für Werbeaussagen wie „Mit Jojobaöl" oder „Mit Baumwollsamen-Extrakt" ist kein spezieller Wirkungsnachweis erforderlich, da der Verbraucher keine spezielle Erwartung an den Inhaltsstoff hat. Hier reicht das Vorhandensein des beworbenen Stoffes im Produkt aus.

- Werbeaussage ohne Nachweispflicht bei entsprechender Einsatzkonzentration des Wirkstoffes
Bei Aussagen wie „Mit Vitamin A und C" oder „Mit Meeresmineralien" erwartet der Verbraucher eine spezielle Wirkung durch die eingesetzten Vitamine bzw. Mineralien. Ist die Konzentration der Wirkstoffe im Produkt zu gering, um eine Wirkung erwarten zu können, liegt eine Irreführung des Verbrauchers vor.

www.kosmetik-und-recht.de
Sammlung aller Rechtsvorschriften für die Kosmetikbranche

Gesetz gegen den unlauteren Wettbewerb (UWG)

Das UWG regelt, ob eine Wettbewerbshandlung lauter (rechtmäßig) oder unlauter (rechtswidrig) ist. Bewertungsgrundlage ist der vage Begriff der guten Sitten. Es gibt keine eindeutige Auslegung, ab wann ein Verstoß gegen das UWG vorliegt. Im Prinzip gelten die gleichen Regeln wie im § 27 LMBG.

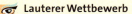 **Lauterer Wettbewerb**
Ein kosmetisches Deospray wird mit einer 24-Stunden-Wirkung, einer hautberuhigenden und einer erfrischenden Wirkung beworben. Zum Wirkungsnachweis reicht ein Anwendertest aus.

Die hautberuhigende und erfrischende Wirkung müsste direkt durch die Anwender bestätigt werden. Die 24-Stunden-Wirkung würde über einen so genannten Sniff-Test nachgewiesen, bei dem die Verhinderung der Geruchsbildung durch einfaches Riechen festgestellt wird.

Der Sniff-Test

1.1.6 Sicherheit und Haftung

Der Verbraucherschutz prüft ständig, ob kosmetische Mittel als sicher gelten können. Dadurch wird gewährleistet, dass die kosmetischen Mittel bei vorgesehenem Gebrauch sicher und unbedenklich sind. Im § 24 des Lebensmittel- und Bedarfsgegenständegesetzes (LMBG) steht dazu

§ 24 LMBG: Verbote zum Schutz der Gesundheit
Es ist verboten, kosmetische Mittel für andere derart herzustellen oder zu behandeln, dass sie bei bestimmungsgemäßem oder vorauszusehendem Gebrauch geeignet sind, die Gesundheit zu schädigen.

Der Begriff „bestimmungsgemäßer Gebrauch" wird in § 24 Absatz 2 des LMBG näher beschrieben. Der bestimmungsgemäße Gebrauch eines Produktes ergibt sich aus
- der Aufmachung,
- der Kennzeichnung,
- Hinweisen zur Anwendung,
- sonstigen begleitenden Angaben.

Alle kosmetischen Mittel werden mit größter Sorgfalt geprüft.

Der Begriff „vorauszusehender Gebrauch" ist nicht so eindeutig definiert. Häufig entscheidet das Empfinden des Einzelnen darüber, ob noch ein vorauszusehender Gebrauch oder schon ein Missbrauch vorliegt.

> **Vorauszusehende/missbräuchliche Anwendung**
> Vorauszusehende Anwendung: Ein Verbraucher verwendet eine Tagescreme sowohl morgens als auch abends.
> Missbräuchliche Anwendung: Ein Verbraucher wendet eine Gesichtscreme als Körpercreme an, obwohl die Bezeichnung und die Anwendungshinweise das Produkt eindeutig als Gesichtscreme kennzeichnen.

Fußcreme richtig angewendet?

Ein Hersteller kann auf die bestimmungsgemäße Verwendung des Kosmetikproduktes hinweisen.

> **Hinweise auf den bestimmungsgemäßen Gebrauch**
> - Eindeutige Kennzeichnung: z. B. Gesichtscreme, Shampoo
> - Anwendungsbedingungen: z. B. „Nach der Reinigung gleichmäßig auf die Gesichtshaut auftragen."
> - Sicherheitshinweise: z. B. „Nicht mit den Augen in Berührung kommen lassen!"

> **Kundenberatung**
> Die Kosmetikerin sollte bei der Beratung für die Heimpflege unbedingt auf den bestimmungsgemäßen Gebrauch hinweisen, damit der Erfolg der Behandlung nicht gefährdet wird.

Keine Verwechslung von kosmetischen Mitteln mit Lebensmitteln

Um Verwechslungen kosmetischer Mittel mit Lebensmitteln zu vermeiden, schränkt § 8 des LMBG die Gestaltung von kosmetischen Mitteln ein.

> **§ 8 Absatz 3 LMBG: Verbote zum Schutz der Gesundheit**
> Es ist verboten, Erzeugnisse derart herzustellen oder zu behandeln, dass sie aufgrund ihrer Form, ihres Geruchs, ihrer Farbe, ihres Aussehens, ihrer Aufmachung, ihrer Etikettierung oder ihrer Größe/ihres Volumens mit Lebensmitteln verwechselt werden können und aus dieser Verwechslung eine Gesundheitsgefährdung resultiert.

Die Hersteller kosmetischer Erzeugnisse werden rechtlich verpflichtet, nur sichere Produkte auf den Markt zu bringen.
Die Forderung in § 8 LMBG hat besondere Bedeutung in Hinblick auf den Schutz von Kindern.

> **Gesundheitsgefährdende Aufmachung eines Produktes**
> Ein Kindershampoo hat den charakteristischen Orangenduft, auf dem Etikett sind sehr deutlich und großflächig Orangen abgebildet.

Gesundheitsgefährdung!
Es besteht Verwechslungsgefahr!

In der Vergangenheit ist es bereits zu Fehlanwendungen durch Kinder gekommen, weil Shampoos oder Badezusätze mit einem Getränk verwechselt und getrunken wurden.
Fehlanwendungen durch Kinder können verringert werden durch
- kindersichere Verschlüsse,
- Sicherheits- und Warnhinweise,
- Vermeidung irreführender Packmittelformen (Cola-Dose, Milchflasche),
- Vermeidung irreführender Darstellungen auf dem Etikett (Lebensmittel),
- Einsatz von Bitterstoffen im Produkt, die ein Trinken verhindern.

Bewertung der Sicherheit von kosmetischen Präparaten

Die Sicherheit kosmetischer Mittel wird durch einen Sicherheitsbewerter geprüft. Diese Bewertung ist sehr umfassend und erfordert eine hohe fachliche Qualifikation. Der Gesetzgeber hat in § 5c der KVO eine Mindestanforderung an die Qualifikation eines Sicherheitsbewerters festgeschrieben.

Haftung für Schäden

Die Haftung für Schäden infolge fehlerhafter Produkte oder Anwendungen wird durch grundlegende Gesetze geregelt. Das Bürgerliche Gesetzbuch (BGB) regelt in § 823 BGB den so genannten **deliktischen** Schadensersatz.

> **Aus dem BGB § 823: Deliktischer Schadensersatz**
> Wer vorsätzlich oder fahrlässig das Leben, den Körper, die Gesundheit, die Freiheit, das Eigentum oder ein sonstiges Recht eines anderen widerrechtlich verletzt, ist dem anderen zum Ersatze des daraus entstandenen Schadens verpflichtet.

Im § 823 BGB werden Schadensersatzansprüche für Schäden durch kosmetische Produkte, aber auch durch kosmetische Behandlungen geregelt.
Das **Produkthaftungsgesetz** behandelt die Haftungsfrage bei fehlerhaften Produkten.

> **Aus dem ProdHaftG § 1:**
> Wird durch den Fehler eines Produktes jemand getötet, sein Körper oder seine Gesundheit verletzt oder eine Sache beschädigt, so ist der Hersteller des Produktes verpflichtet, dem Geschädigten den daraus entstehenden Schaden zu ersetzen.

Auch hier ist eine Anwendung auf kosmetische Mittel denkbar. Es muss allerdings nachgewiesen werden, dass das Produkt fehlerhaft war. Der Begriff „Fehler" wird in § 3 ProdHaftG genauer definiert:

> **Aus dem ProdHaftG § 3: Produktfehler**
> (1) Ein Produkt hat einen Fehler, wenn es nicht die Sicherheit bietet, die unter Berücksichtigung aller Umstände, insbesondere
> a) seiner Darbietung
> b) des Gebrauchs, mit dem billigerweise gerechnet werden kann,
> c) des Zeitpunktes, in dem es in den Verkehr gebracht wurde, berechtigterweise erwartet werden kann.
> (2) Ein Produkt hat nicht allein deshalb einen Fehler, weil später ein verbessertes Produkt in den Verkehr gebracht wurde.

deliktisch
Gegenteil von vertraglich. Es wird nach allgemeinen Verhaltensregeln geurteilt, die ohne vorherige Absprache von jedermann einzuhalten sind.

vertraglich
Alle Regeln werden in einem Vertrag festgehalten.

Produkthaftungsgesetz
http://bundesrecht.juris.de/bundesrecht/prodhaftg/index.html

Instruktionsfehler?

Produktfehler

- **Konstruktionsfehler** bei einem Aerosol-Deospray (mit Treibgas):
  Die Verpackung ist für Druckgase ungeeignet bzw. das Produkt enthält für Aerosole nicht zugelassene Inhaltsstoffe.
- **Fabrikationsfehler:**
  Mangelhafte Fertigung der Verpackung (z. B. ungenügende Bördelung des Dosenrandes) oder des Inhaltes (z. B. fehlerhaft hergestellte Deo-Formulierung).
- **Instruktionsfehler:**
  Ein von der Konstruktion und Fabrikation her sicheres Produkt ist ungenügend gekennzeichnet. Beispiel: Auf einem Deospray fehlen Anwendungs- oder Warnhinweise.

1.1.7 Dokumentations- und Mitteilungspflichten

 Hersteller kosmetischer Mittel sind verpflichtet, bestimmte Dokumente und Unterlagen bereitzuhalten und den Behörden auf Verlangen vorzulegen.

Die Dokumentationspflicht wird sowohl in der Kosmetikverordnung (§ 5b KVO) als auch im Lebensmittel- und Bedarfsgegenständegesetz (§ 26a LMBG) festgelegt. Die Unterlagen müssen an dem Ort zugänglich sein, der auf der Verpackung als Herstellungsort angegeben ist. Sind mehrere Orte angegeben, so ist der Ort der Herstellung besonders zu kennzeichnen.

Meldepflicht – Informationen für Ärzte, Krankenhäuser und Unfallzentren bei Unfällen mit kosmetischen Produkten

Um den Schutz der Verbraucher zu erhöhen, müssen Hersteller kosmetischer Mittel bestimmte Informationen an das Bundesministerium für Risikobewertung (BfR) mitteilen. Das BfR leitet diese an spezielle Informations- und Behandlungszentren weiter. Ziel dieser Meldepflicht ist eine schnelle medizinische Behandlung bei Gesundheitsstörungen durch kosmetische Mittel (z. B. ein Kind trinkt missbräuchlich ein Shampoo).

Meldeverfahren
http://www.ikw.org
→ Körperpflegemittel →
Infos für Hersteller →
Meldeverfahren kosmetischer Rezepturen

Werden Waren innerhalb der Europäischen Gemeinschaft exportiert, muss die Meldung zusätzlich an die jeweils zuständige nationale Behörde des Exportlandes erfolgen. Der Hersteller hat darüber hinaus der örtlich zuständigen Überwachungsbehörde einmalig den Herstellort mitzuteilen. Im Fall des Imports muss der für die Einfuhr Verantwortliche der Behörde den Einfuhrort mitteilen.

 Erleidet eine Kundin trotz fachgerechter Behandlung einen gesundheitlichen Schaden, weil sie z. B. eine allergische Reaktion nicht bekannt gemacht hat, muss sie von der Kosmetikerin sofort zum Arzt geschickt werden.

1.1.8 Tierschutz und kosmetische Mittel

Der Tierschutzgedanke wirkte sich in den letzten Jahren erheblich auf die Gesetzgebung aus. In Deutschland wird der Schutz der Tiere durch das **Tierschutzgesetz (TierSchG)** geregelt. Es legt u. a. Richtlinien für die Durchführung von Tierversuchen fest und fordert gleichzeitig die Entwicklung alternativer Methoden zum Ersatz von Tierversuchen. Auf europäischer Ebene wird der Schutz von Versuchstieren durch die Richtlinie 86/609/EWG bestimmt.
In Bezug auf kosmetische Fertigartikel sind Tierversuche zur Absicherung **nicht nötig**.

Tierschutzgesetz (TierSchG)
http://bundesrecht.juris.de/bundesrecht/tierschg/

 Nach § 7 Absatz 5 TierSchG sind Tierversuche zur Entwicklung von Kosmetika in Deutschland verboten.

In der europäischen Gemeinschaft soll eine vergleichbare Regelung in nächster Zeit mit der Umsetzung der 7. Änderungsrichtlinie in Kraft treten.
Die meisten kosmetischen Rohstoffe werden gegenwärtig noch mittels Tierversuchen getestet. Diese Versuche sind sowohl in Deutschland als auch in der Europäischen Gemeinschaft derzeit noch zugelassen.

Schutz von Versuchstieren (86/609/EWG)
http://www.europa.eu.int/eur-lex/de/ → Amtsblatt → Suche mit Fundstelle im Amtsblatt → Jahr der Veröffentlichung: 1986, Abl.-Reihe: L, Abl.-Nr.: 358, Seite 157

Die Untersuchungen kosmetischer Rohstoffe im Tierversuch werden von verschiedenen Rechtsvorschriften gefordert. Sie sind zur toxikologischen Absicherung der Stoffe nötig. Auch die Kosmetikverordnung schreibt vor, dass bei der Sicherheitsbewertung kosmetischer Produkte die toxikologischen Profile der Bestandteile zu berücksichtigen sind.

Tierversuche für kosmetische Rohstoffe sollen gemäß 7. Änderungsrichtlinie bis zum Jahr 2009 durch tierversuchsfreie Alternativen ersetzt werden. Lediglich für drei Tests wird eine Frist bis 2013 eingeräumt.

Hauptproblem bei der Entwicklung von tierversuchsfreien Alternativmethoden ist die so genannte **Validierung**.
Dies erklärt, warum trotz einer mit Hochdruck betriebenen Forschung bisher nur wenige anerkannte Alternativmethoden entwickelt wurden.
Die Anerkennung einer alternativen Testmethode erfolgt über das **E**uropäische **Z**entrum zur **V**alidierung **a**lternativer **M**ethoden (**ECVAM**) oder die Organisation für wirtschaftliche Zusammenarbeit und Entwicklung (OECD).
Einen Überblick zum aktuellen Status bietet ein Memorandum des wissenschaftlichen Gremiums SCCNFP vom Juni 2002.

1.1.9 Entsorgung von Abfällen

Die Verpackungsverordnung hat das Ziel, Auswirkungen von Abfällen aus Verpackungen auf die Umwelt zu vermeiden oder zu verringern. Nach § 2 gilt die Verpackungsverordnung für „alle im Geltungsbereich des Kreislaufwirtschafts- und Abfallgesetzes in Verkehr gebrachten Verpackungen".
Sie gilt unabhängig, wo diese Verpackungen anfallen und aus welchem Material sie bestehen.
Für kosmetische Mittel hat die Verpackungsverordnung Einfluss auf die Rücknahmepflicht von Verkaufsverpackungen.

Das Wasch- und Reinigungsmittelgesetz regelt den Schutz der Gewässer. Dabei werden besonders der Naturhaushalt und die Trinkwasserversorgung beachtet.

> **§ 2 WRMG: Definition Wasch-/Reinigungsmittel**
> Wasch- und Reinigungsmittel sind Erzeugnisse, die zur Reinigung bestimmt sind oder bestimmungsgemäß die Reinigung unterstützen und erfahrungsgemäß nach Gebrauch in Gewässer gelangen können.

Hinweis: Das WRMG wird im Oktober 2005 durch die **EG-Tensidverordnung** (EG-Verordnung 648/2004/EG) abgelöst.

Bestimmte kosmetische Mittel wie Shampoos, flüssige Seifen, Duschgele usw. müssen bestimmte Anforderungen des WMRG erfüllen. Dies gilt hauptsächlich für die biologische Abbaubarkeit von organischen Stoffen wie **Tensiden**.

1.1.10 Überwachungsbehörden

Die Überwachung zur Einhaltung der rechtlichen Bestimmungen wird durch das LMBG geregelt. Nach § 40 LMBG sind die Bundesländer für die Durchführung der Überwachungsmaßnahmen zuständig. Jedes Bundesland bestimmt für sich, welche Behörde die Überwachung durchführt. Dies kann von Bundesland zu Bundesland sehr unterschiedlich sein.
In § 41 LMBG werden die zuständigen Behörden verpflichtet, die Einhaltung der Rechtsvorschriften in regelmäßigen Abständen zu überprüfen.

Dies erfolgt durch
- die Überprüfung von Produktionsstätten kosmetischer Mittel, z. B. durch Überprüfung der bereitgehaltenen Unterlagen.
- regelmäßige Kontrollen im Markt. Die Behörden entnehmen Produkte, die im Handel sind, und überprüfen, ob die gesetzlichen Vorgaben (Produktstabilität, Kennzeichnungspflicht usw.) eingehalten wurden.

Validierung
Nachweis der Vergleichbarkeit, Reproduzierbarkeit (Wiederholbarkeit) und Anwendbarkeit der Methode als Ersatz für das bestehende Testverfahren.
Es muss sichergestellt werden, dass die angewandte Methode immer zu vergleichbaren Ergebnissen führt. Ein Beispiel aus der Praxis: die TÜV-Prüfung.

Verpackungsverordnung
http://bundesrecht.juris.de/bundesrecht/verpackv_1998

EG-Tensidverordnung (648/2004/EG)
http://www.europa.eu.int/eur-lex/de/
→ Amtsblatt → Suche mit Fundstelle im Amtsblatt → Jahr der Veröffentlichung: 2004, Monat: 4. ABL.-Reihe: L, Abl.-Nr.: 104, Seite 1.

Tenside
waschaktive Substanzen

1.2 Weitere relevante Gesetze und Verordnungen

Es gibt eine Reihe allgemein gültiger Rechtsvorschriften, die nur unter bestimmten Voraussetzungen auf kosmetische Mittel anwendbar sind.

Arzneimittelgesetz (AMG)

Arzneimittel sind nach §2 Absatz 1 AMG Stoffe oder Zubereitungen, die dazu bestimmt sind
- Krankheiten, Leiden oder krankhafte Beschwerden zu heilen, zu lindern, zu verhüten oder zu erkennen;
- Krankheitserreger, Parasiten oder körperfremde Stoffe abzuwehren, zu beseitigen oder unschädlich zu machen;
- die Beschaffenheit, den Zustand oder die Funktion des Körpers zu beeinflussen.

Hieraus ergeben sich deutliche Unterschiede zwischen kosmetischen Mitteln und Arzneimitteln.

Werbeaussagen mit medizinischen Begriffen wie „heilen", „entzündungshemmend" oder „immunstärkend" sind für kosmetische Produkte nicht erlaubt.

Beispiel für kosmetische und medizinische Werbeaussagen
- Pharmazeutische Produkte: Diese Salbe mit D-Panthenol wirkt entzündungshemmend und beschleunigt die Wundheilung.
- Kosmetische Produkte: Diese Hautcreme mit D-Panthenol wirkt hautberuhigend und reizlindernd.

Verordnung über verschreibungspflichtige Arzneimittel

Verschreibungspflichtige Stoffe dürfen nur durch den Arzt über ein Rezept verordnet werden. Sie sind zurzeit grundsätzlich nicht für kosmetische Mittel zugelassen.

Einige Substanzen sind erst ab einer bestimmten täglich aufgenommenen Menge (Tagesdosis) verschreibungspflichtig. Unterhalb dieser Tagesdosis dürfen diese Wirkstoffe in kosmetischen Mitteln verwendet werden.

Chemikaliengesetz, EG-Gefahrstoffrichtlinie, EG-Zubereitungsrichtlinie, Gefahrstoffverordnung

Das Chemikaliengesetz, die EG-Gefahrstoffrichtlinie (EG-Richtlinie 67/548/EWG), die EG-Zubereitungsrichtlinie (EG-Richtlinie 1999/45/EG) und die Gefahrstoffverordnung gelten nicht für kosmetische Mittel. Für kosmetische Rohstoffe sind sie allerdings gültig.

EG-Biozidrichtlinie

Biozide (Biozidprodukte) sind spezielle Produkte zur Bekämpfung von Schadorganismen. Die EG-Biozidrichtlinie (EG-Richtlinie 98/8/EG) definiert Biozide wie folgt:

Artikel 2 Absatz 1 der EG-Biozidrichtlinie: Definition Biozid
Wirkstoffe und Zubereitungen, die dazu bestimmt sind, auf chemischem oder biologischem Wege Schadorganismen zu zerstören, abzuschrecken, unschädlich zu machen, Schädigungen durch sie zu verhindern oder in anderer Weise zu bekämpfen.

Schadorganismen
Dazu gehören: Mikroorganismen (Viren, Bakterien, Pilze), Insekten, Wirbeltiere.

Typische Biozidprodukte sind Holzschutzmittel, Insektizide oder Desinfektionslösungen, z. B ein Spray zum Abwehren von Zecken oder Mücken.

Ein kosmetisches Produkt kann nicht gleichzeitig ein Biozidprodukt sein. Es könnte allenfalls eine biozide Wirkung als Zweitnutzen haben (Zweitnutzen → Kapitel II/1.1.1).

> **Unterschied Biozid und Kosmetikum mit biozider Wirkung**
> - **Kosmetisches Produkt mit biozider Wirkung**
> Ein kosmetisches After-Sun-Produkt mit Feuchtigkeit spendenden und pflegenden Eigenschaften und einer zusätzlichen Repellent-Wirkung (Abwehr von Insekten).
> Der überwiegende Zweck des Produktes ist eindeutig kosmetisch. Die biozide Wirkung (Insektenabwehr) ist lediglich ein Zweitnutzen.
> - **Biozidprodukt mit kosmetischer Wirkung**
> Ein Produkt zur Insektenabwehr mit zusätzlich pflegenden Eigenschaften.
> Der überwiegende Zweck des Produktes ist eindeutig die Abwehr von Insekten. Die pflegende Wirkung ist lediglich ein Zweitnutzen.

DIN 77600

Im Juli 2004 wurde die DIN-Norm 77600 „Kosmetik-Dienstleistungen in Parfümerien" veröffentlicht. Diese DIN-Norm ist keine gesetzlich bindende Norm, sondern eine freiwillige Regelung, die durch den Bundesverband Parfümerien e. V. ins Leben gerufen wurde. Viele renommierte Kosmetikunternehmen sowie die Stiftung Warentest waren bei der Erstellung der DIN-Norm 77600 beteiligt.
Sie enthält schwerpunktmäßig Anforderungen an folgende Bereiche:
- fachliche und soziale Kompetenz des Personals,
- technische Ausstattung,
- räumliche Gegebenheiten,
- Organisation,
- Qualität der Dienstleistung,
- Beschwerdemanagement.

Die DIN 77600 gilt als der zukünftige Qualitätsmassstab für Kosmetikstudios. Will man den Forderungen der Norm entsprechen, muss das Kosmetikinstitut für all diese Bereiche einen Mindeststandard erfüllen.

www2.din.de

1.3 Naturkosmetik

Es existiert bis heute kein Gesetz zum Thema Naturkosmetik. Der Verbraucher verwechselt häufig Kosmetik mit natürlichen Wirkstoffen und Naturkosmetik.
Aus diesem Grund hat das Bundesministerium für Gesundheit (BMG) 1992 den Begriff Naturkosmetik näher beschrieben.

kontrollierte Naturkosmetik
www.kontrollierte-naturkosmetik.de

Der Bundesverband deutscher Industrie- und Handelsunternehmen für Arzneimittel, Reformwaren, Nahrungsergänzungsmittel und Körperpflegemittel e. V. (BDIH) hat Ende der 90er Jahre eine Verbandsrichtlinie zum Thema Naturkosmetik herausgegeben. Die Einhaltung der Richtlinie wird vom BDIH mit einem speziellen Siegel „kontrollierte Naturkosmetik" bestätigt.

Naturkosmetik
http://www.ikw.org
→ Körperpflegemittel
→ Infos für Hersteller

Im Jahr 2000 wurde **Naturkosmetik** schließlich durch den Europarat (nicht zu verwechseln mit dem Rat der Europäischen Union) definiert.
Hauptkriterien für die Einstufung eines kosmetischen Produktes als Naturkosmetikum sind:
- natürliche Herkunft der Rohstoffe,
- weitestgehend natürliche Rohstoffgewinnung,
- Riechstoffe, die bestimmte Normen erfüllen,
- Einsatz nur vorgeschriebener „natürlicher" Konservierungsmittel.

Die hier aufgeführten Definitionen für den Begriff Naturkosmetik sind nur Empfehlungen und keine Gesetze. Trotzdem werden sie von den Behörden zur Beurteilung von kosmetischen Mitteln genutzt, die als Naturkosmetik ausgelobt werden.

2 Arbeits-/Unfall- und Gesundheitsschutz

2.1 Gesetze und Vorschriften

Vorschriften zum Arbeits-, Unfall- und Gesundheitsschutz sollen Beschäftige vor Gefahren bei der Arbeit oder durch die Arbeit schützen. Der Gesetzgeber hat entsprechende Gesetze und Verordnungen erlassen, die den Schutz von Beschäftigten in Betrieben regeln sollen.

Die Gesetze und Verordnungen sind in erster Linie für den Beschäftigten in einem Betrieb gedacht. Sie gelten aber genauso für Arbeitgeber oder Einzelpersonen, die ein Gewerbe betreiben.

http://www.bmwi.de
→ Arbeit → Arbeitsschutz
→ „Downloads" → Arbeitsschutz und Unfallverhütung

Das Bundesministerium für Wirtschaft hat in einer Verbraucherinformation einige typische Arbeitsschutzvorschriften zusammengefasst:
- das Arbeitszeitgesetz – regelt die maximale tägliche Höchstarbeitszeit und die Mindestruhezeiten;
- das Jugendarbeitsschutzgesetz – schützt Kinder und Jugendliche vor Überlastungen im Beruf;
- das Mutterschutzgesetz – schützt werdende Mütter und ihre Kinder vor Gesundheitsschäden und Überlastungen;
- das Arbeitsschutzgesetz – verpflichtet den Arbeitgeber, den Arbeitsplatz zu beurteilen und entsprechende Schutzmaßnahmen zu treffen;
- das Gerätesicherheitsgesetz – legt fest, dass nur Geräte eingesetzt werden, die sicherheitstechnisch einwandfrei sind;
- die PSA-Benutzungsverordnung – regelt die Bereitstellung von persönlicher Schutzausrüstung für Beschäftigte;
- die Bildschirmarbeitsplatzverordnung – regelt die Gestaltung von Arbeitsplätzen für Beschäftigte, die an Bildschirmen arbeiten.

2.2 Arbeits-/Unfall- und Gesundheitsschutz in der Berufspraxis

Prüfzeichen für elektrische Geräte

Was bedeuten diese Regelungen im Einzelnen für eine(n) Kosmetiker(in), der/die ein Kosmetikstudio eröffnen will? Worauf muss er/sie achten?

Der Arbeitgeber/Gewerbetreibende muss dafür sorgen, dass die Gefahren für Leben und Gesundheit seiner Beschäftigten am Arbeitsplatz möglichst gering gehalten werden. Das gilt für ein Kosmetikstudio mit einem Beschäftigten genauso wie für Firmen mit vielen Mitarbeitern.

Vorschriften, die beim Betreiben von Kosmetikstudios von Bedeutung sind, betreffen
- die Einrichtung der Arbeitsstätte (Kosmetikstudio, Praxis usw.);
- den einzelnen Arbeitsplatz (Büro, Behandlungsraum, Kabine, Fußpflegestation usw.);
- den persönlichen Schutz (Kittel, Handschuhe, Schutzbrille usw.);
- elektrische Geräte (Heizbad, Depiliergerät, Bedampfungsgerät, Computer, Bildschirme usw.).

Hautschutz ist wichtig!

Wie bereits erläutert sind Gesetze eher allgemeine Rechtsgrundlagen. Der Begriff „Gefahr für Leben oder Gesundheit" z. B. ist sehr weit gefasst. Was eine Gefahr für einen Mitarbeiter darstellt, hängt ganz entscheidend vom Arbeitsplatz des Mitarbeiters ab.

2 Arbeits-/Unfall- und Gesundheitsschutz

Tragen einer Schutzbrille

Ein Dreher in einer mechanischen Werkstatt ist besonders gefährdet durch mögliche Splitter, die beim Bearbeiten von Werkstücken herumfliegen können. Bei solchen Arbeiten ist daher eine besondere Schutzbrille vorgeschrieben.
Das Tragen einer Schutzbrille ist auch in einem Kosmetik- oder Nagelstudio teilweise erforderlich, z. B. bei Infektionsgefahr durch übertragbare Krankheiten, beim Schleifen der Hornschichten während der kosmetischen Fußpflege oder beim Fräsen von Nägeln.

Tragen eines Mundschutzes

Die Kosmetikerin sollte zu ihrem eigenen Schutz bei allen Schleifarbeiten einen Mundschutz tragen. So wird vermieden, dass sie kleinste Staub- oder Hornpartikel einatmet.

Arbeits- und Gesundheitsschutz

Spezielle Verordnungen für die Kosmetik-Branche

Spezielle Informationen zu den Themen Unfallverhütung und Gesundheitsschutz erhält der Gewerbetreibende von den Berufsgenossenschaften (BG).
Für den Bereich Kosmetik ist die **Berufsgenossenschaft für Gesundheit und Wohlfahrtspflege (bgw)** verantwortlich.
Hier wurden beispielsweise herausgegeben:
- Unfallverhütungsvorschrift BGV A1: Grundsätze der Prävention. Januar 2004
- Unfallverhütungsvorschrift BGV A2: Elektrische Anlagen und Betriebsmittel. April 1998
- Merkblatt M 864: Friseur Hautschutz für Beschäftigte. April 1984
- Merkblatt M 865: Hautschutz im Friseurhandwerk für Ausbilder. April 1984
- Merkblatt M 866: Sicherheit im Friseursalon – Prüflisten. 1997
- BG-Regel BGR 209: Umgang mit Reinigungs- und Pflegemitteln.

In den Unfallverhütungsvorschriften sind die wichtigsten Punkte der gesetzlichen Regelungen zusammengefasst. Die speziellen Merkblätter informieren über Maßnahmen und Verhaltensweisen im Beruf, die Unfälle verhindern sollen.

 Falls Sie Fragen zur Unfallverhütung und zum Arbeitsschutz haben, wenden Sie sich an Ihre Berufsgenossenschaft. Dort erhalten Sie umfangreiches Infomaterial.

In den Bundesländern gibt es außerdem besondere Behörden für den Bereich Arbeitsschutz. Zuständig sind die Ämter für Arbeitsschutz und die Gewerbeaufsichtsämter. Beide sind über das öffentliche Telefonnetz einfach erreichbar und geben Auskunft.

Berufsgenossenschaft für Gesundheit und Wohlfahrtspflege (bgw)

www.bgw-online.de/
suchenfinden oder
BGW Hauptverwaltung
Pappelallee 35–37
22089 Hamburg

Hautschutz
http://www.ikw.org →
Broschüren → Suche
„Hautschutz"

2.3 Infektionsverhütende Maßnahmen

Mit dem Arbeits- und Gesundheitsschutz eng verbunden ist die Verhütung von Infektionen. Näheres zu diesem Thema und zur Hygiene im Kosmetikstudio finden Sie in Kapitel II Hygiene.

 Zum Schutz vor Infektionen am Arbeitsplatz ist es bei verschiedenen Tätigkeiten erforderlich, Schutzhandschuhe zu tragen. Arbeitshandschuhe aus Naturlatex können jedoch krank machen – sie können Allergien auslösen.
Alternativ können Handschuhe aus Ersatzmaterialien verwendet werden: Handschuhe aus
- Kunstgummi, z. B. Polychloropren (Neopren®),
- Kunststoffen, z. B. Polyethylen (PE) – Folie, Polyvinylchlorid (Vinyl, PVC).

Medizinische Einmalhandschuhe müssen den Qualitätskriterien der Europäischen Norm DIN EN 455 genügen. Es wird vor allem eine ausreichende Dichtigkeit gefordert.

3 Umweltschutz

Der Umweltschutz (z. B. sorgfältiger Umgang mit den Energieressourcen, kontrollierte Abfallentsorgung) hat in den letzten Jahren zunehmend an Bedeutung gewonnen.

 Jeder kann einen Beitrag zum Umweltschutz leisten!

Schon bei der Einrichtung eines Kosmetikstudios kann auf die Schonung der Umwelt geachtet werden. Durch einfache Maßnahmen lässt sich an vielen Stellen Energie einsparen. Ebenso können durch eine vernünftige Planung Abfälle und Abwasser vermieden werden.
Einige Beispiele sollen das verdeutlichen:

www.bund.net

- Warmwasser möglichst mit Gasheizkesseln oder Solaranlage erzeugen. Warmwasser über Strom (Durchlauferhitzer, Boiler) ist teuer und umweltbelastend.
- Die Warmwassertemperatur nicht unnötig hoch einstellen. Das spart Energie und man muss das heiße Wasser nicht mit kaltem Wasser herunterkühlen.
- Thermostat-Einhebelmischer statt getrennte Kalt- und Warmwasserregler am Wasserhahn verwenden. Die gewünschte Wassertemperatur lässt sich leichter einstellen und man vermeidet längere Einstellzeiten.
- Moderne Waschmaschinen arbeiten energie- und wassersparend.
- Auf die Verwendung von umweltfreundlichen Wasch- und Putzmitteln achten. Starke Mittel verursachen oft eine hohe Umweltbelastung.
- Kleinere Handtücher bedeuten weniger Wäsche.
- Auf eine gute Beleuchtung durch Tageslicht achten. Tageslicht ersetzt teure elektrische Beleuchtung.
- Energiesparen durch sinnvolles Lüften. Kurzfristige starke Belüftung bei komplett geöffneten Fenstern ist besser als ständig gekippte Fenster.
- Die Belastung des Abwassers kann durch richtiges Dosieren von auszuspülenden Produkten wie Shampoos oder Dusch- und Badeprodukten gesenkt werden.
- Soweit es von Herstellern angeboten wird, sollten Mehrwegbehälter eingesetzt werden. Das spart Müll und schont die Umwelt.
- Möglichst keine Einwegprodukte verwenden. Umhänge, Handtücher oder Maskenschälchen können wiederholt eingesetzt werden.

1. Welche Arbeiten dürfen in einem Kosmetikinstitut nicht durchgeführt werden?
   - Ausreinigen der Haut
   - Behandlung eines Sonnenbrandes mit einem kühlenden Spray
   - Desinfizieren von kleineren Verletzungen
   - Abdecken von Pigmentstörungen mit einem kosmetischen Make-up

2. Welche Informationen müssen auf der Verpackung eines kosmetischen Mittels aufgebracht sein, damit es gesetzeskonform gekennzeichnet ist?

3. Wie gehen Sie vor, wenn Ihnen eine Kundin einen Allergiepass vorlegt?

4. Wann darf ein(e) Kosmetikerin medizinische Tätigkeiten ausüben?

5. Welche Arten von kosmetischen Produkten kennen Sie? Erstellen Sie eine Liste mit Produkttypen kosmetischer Mittel (Beispiel: Shampoo).

6. Erklären Sie kurz den Unterschied zwischen einer nationalen (deutschen) Verordnung und einer EG-Verordnung.

Müllvermeidung = aktiver Umweltschutz

3 Umweltschutz

7 Suchen Sie im Markt nach Produkten, die mit dem Symbol „offener Cremetopf" gekennzeichnet sind.
Stellen Sie eine Liste mit Produkttypen und den angegebenen Mindesthaltbarkeitsdaten nach Öffnen auf. Welche Produkte sind am längsten nach dem Öffnen haltbar, welche am kürzesten?

8 Erstellen Sie von 5 kosmetischen Produkten jeweils eine Liste der INCI-Bestandteile. Prüfen Sie, ob alle Inhaltsstoffe im Inventar der kosmetischen Inhaltsstoffe enthalten sind (Das Inventar finden Sie auf der Homepage des IKW unter Körperpflegemittel [Kosmetika – Inhaltsstoffe – Funktion 1998]).
Tragen Sie hinter jedem Inhaltsstoff die Funktion gemäß der Inventarliste ein.
Welche Inhaltsstoffe sind in Positivlisten der KVO geregelt?

9 Suchen Sie auf den Homepages führender Hersteller von Sonnenschutzprodukten nach Informationsmaterial zum Thema „Sonne".
Vergleichen und bewerten Sie die Informationen über insgesamt 5 Produkte unter folgenden Gesichtspunkten:

- Wie gut sind die Anwendungshinweise für Sonnenprodukte beschrieben?
- Wird das richtige Verhalten in der Sonne beschrieben?
- Gibt es besondere Hinweise auf die Gefahren bei zu langem Aufenthalt in der Sonne?
- Werden Tipps zum Vermeiden von Hautschäden durch Sonne gegeben?
- Gibt es besondere Verhaltenshinweise zum Thema Sonne und Kinder?
- Werden Begriffe wie „Lichtschutzfaktor" oder „Australischer Standard" ausreichend erklärt?
- Wie würden Sie die Homepage als Gesamtheit beurteilen (informativ, verständlich, umfassend, verwirrend, nicht logisch aufgebaut, usw.)

Fertigen Sie dazu eine Tabelle an und vergleichen Sie Ihre Ergebnisse mit denen anderer Mitschüler.

10 Suchen Sie im Handel oder auf Internetseiten nach Produkten, die Ihrer Meinung nach mit übertriebenen oder zweifelhaften Werbeaussagen werben.
Diskutieren Sie die Werbeaussagen in Ihrer Klasse.

11 Suchen Sie im Handel nach kosmetischen Produkten, die mit Lebensmitteln verwechselt werden können.
Worin besteht Ihrer Meinung nach die Verwechslungsgefahr?

12 Informieren Sie sich bei Ihrer zuständigen Berufsgenossenschaft zum Thema Arbeitsschutz und Hygiene.
Sind die Unterlagen ausreichend?
Gibt es Unterlagen die speziell auf den Arbeitsschutz und die Hygiene in kosmetischen Instituten eingehen?
Wie werden die Empfehlungen in Ihrem kosmetischen Institut umgesetzt?

13 Wo liegen in Ihrem Ausbildungsbetrieb die Vorschriften zur Unfallverhütung und Hygiene aus?
In welchen Abständen erfolgen Schulungen zu diesen Themen?
Gibt es einen detaillierten Hygieneplan?

14 Welche Maßnahmen werden in Ihrem kosmetischen Institut ergriffen wenn es zu einem Unfall mit kosmetischen Mitteln (Fehlanwendung, fahrlässiger Missbrauch durch Kinder) kommt?
Haben Sie im Institut medizinische Ansprechpartner oder Notfallnummern sofort verfügbar?
An wen wenden Sie sich?
Welche Sofortmaßnahmen treffen Sie?
Wonach entscheiden Sie, welche Sofortmaßnahmen Sie treffen?
Gibt es für verschiedene Not-/Unfälle Verhaltensmaßregeln?

15 Was ist nach dem Gesetz gegen den unlauteren Wettbewerb (UWG) verboten?
Sie finden den Gesetzestext des UWG im Internet (Suchbegriff „UWG").
Nennen Sie jeweils 5 praktische Beispiele für

- unlautere Werbung
- irreführende Werbung
- vergleichende Werbung, die nach dem UWG verboten sind.
  (Beispiel für verbotene vergleichende Werbung: Markenpiraterie durch Nachahmung von Markenzeichen.)

16 Nach § 24 LMBG müssen kosmetische Mittel bei bestimmungsgemäßem und vernünftigerweise vorhersehbarem Gebrauch sicher sein und dürfen die Gesundheit nicht schädigen.
Beschreiben Sie für folgende Produkte den bestimmungsgemäßen Gebrauch (Nutzen Sie dabei auch die Anwendungsbedingungen auf den Produkten):

- Shampoo
- Duschgel
- Fußgel
- Deospray
- Wimpernfarbe
- Reinigungsmilch

Welchen vernünftigerweise vorhersehbaren Gebrauch können Sie sich bei den einzelnen Produkten vorstellen?
Welche missbräuchliche Anwendung können Sie sich bei den einzelnen Produkten vorstellen?
Stellen Sie eine Tabelle auf und diskutieren Sie die Ergebnisse in Ihrer Klasse.

■ III Berufshygiene und Arbeitsschutz

1 Hygiene – Grundvoraussetzung für die Ausübung des Berufs

Der Begriff **Hygiene** ist den meisten Menschen geläufig. Viele denken bei Hygiene spontan an Arztpraxen, Krankenhäuser oder Sanitärräume (Toiletten, Waschräume). Auch im Lebensmittelbereich (Bäckereien, Metzgereien) wird Hygiene vorausgesetzt. In einem Kosmetikinstitut bzw. einem Nagelstudio gehört professionelle Hygiene zum Alltag. Hygienemaßnahmen sind unverzichtbar bei der täglichen Arbeit.
Hygiene bedeutet Gesunderhaltung, die wiederum im Vordergrund der Ganzheitskosmetik steht.

Aufgaben der Hygiene

 Hygiene dient der Verhütung von Krankheiten und Gesundheitsschäden, der Infektionsprophylaxe.

Beschränken sich diese Maßnahmen auf einzelne Personen, spricht man von **Individualhygiene**. Allgemeinhygiene hingegen ist besonders wichtig für das Zusammenleben der Menschen (z. B. Verhütung von ansteckenden Krankheiten). Im Arbeitsleben ist vor allem die **Berufshygiene** bedeutsam. Sie soll die Berufstätigen vor Erkrankungen schützen, die bei der Ausübung ihres Berufs entstehen können.
Diese Beschreibungen machen sehr schnell deutlich, dass bei der Hygiene der Schwerpunkt auf der Vorbeugung (**Prävention**) liegt.

Im Kosmetikinstitut sind v. a. Individualhygiene und Arbeitsplatzhygiene wichtig. Das Beachten und Einhalten der Grundregeln der Hygiene bestimmen die Qualität und das Image eines Kosmetikinstituts. Die ersten Eindrücke, die ein Kunde beim Betreten eines Kosmetikinstituts hat, sind entscheidend. Er fühlt sich wohl und erlangt Vertrauen, wenn er erkennt, dass
- Sauberkeit und Ordnung in den Räumen vorherrschen und
- das Erscheinungsbild der Mitarbeiterinnen sauber und gepflegt ist.

www.net-lexikon.de;
www.quality.de;
www.pantheon.org

Hygiene
griech. Hygieia Tochter des griechischen Gottes der Heilkunde, Asklepios (Äskulap); Sinnbild für Gesundheit

Infektion
→ S. 54

Prophylaxe
griech. Vorbeugung

Individualhygiene
lat. individuus unteilbar; der Einzelne

Prävention
lat. praevenire zuvorkommen

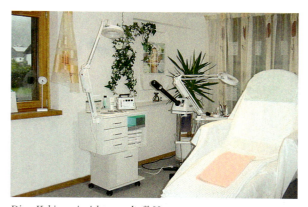
Diese Kabineneinrichtung schafft Vertrauen.

 Hygienemaßnahmen schützen die Kosmetikerin ebenso wie die Kunden vor Infektionen. Sie schaffen aber auch Vertrauen beim Kunden und vermitteln Kompetenz. Damit wird die Kundenbindung gestärkt.

In welchem Institut würden Sie sich gerne behandeln lassen?

Epidemie
griech. epi über, *demos* das Volk; ein massenhaftes Auftreten einer Krankheit (über das gesamte Volk)

Infektion
lat. in hinein, *facere* machen; das Eindringen von Krankheitskeimen in einen Organismus

In früheren Zeiten war mangelnde Hygiene die Ursache für verheerende **Epidemien**. Teilweise wurde die Bevölkerung ganzer Landstriche von einer ansteckenden Krankheit befallen. Dies war möglich, weil die Krankheitserreger direkt von einer Person auf die andere übertragen wurden.

Vielfach reicht ein einfacher Kontakt mit einer erkrankten Person aus, um selbst zu erkranken. Man spricht von Ansteckung oder **Infektion**. Ansteckende Krankheiten bezeichnet man daher auch als Infektionskrankheiten.

 Wie kommt es zur Infektion?
Schnupfenviren werden durch feinste Tröpfchen verteilt, wie sie beispielsweise beim Niesen entstehen. Personen, die solche Tröpfchen einatmen, nehmen die Schnupfenviren auf und können sich anstecken. Die Infektion erfolgt hier sogar ohne direkten Kontakt mit der erkrankten Person. Man nennt diese Form der Ansteckung Tröpfcheninfektion.

Mit entsprechenden Hygienemaßnahmen kann man die Verbreitung von ansteckenden Krankheiten verringern.

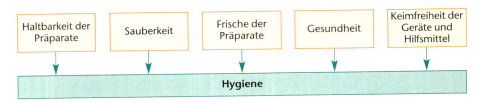

2 Rechtliche Grundlagen

Gesetz zur Verhütung und Bekämpfung von Infektionskrankheiten beim Menschen (Infektionsschutzgesetz)
http://www.m-ww.de/krankheiten/infektionskrankheiten/infektionsschuge.html

epidemiologische Wissenschaft
Wissenschaft von der Entstehung, Verbreitung, Bekämpfung und den sozialen Folgen von Epidemien

Infektionskrankheiten können immer dort auftreten, wo Menschen direkten Kontakt miteinander haben. Der Schutz vor Infektionskrankheiten ist für den Gesetzgeber ein sehr wichtiges Ziel.

 Infektionsschutzgesetz (IfSG) § 1: Zweck des Gesetzes
(1) Zweck des Gesetzes ist es, übertragbaren Krankheiten beim Menschen vorzubeugen, Infektionen frühzeitig zu erkennen und ihre Weiterverbreitung zu verhindern.
(2) Die hierfür notwendige Mitwirkung und Zusammenarbeit von Behörden des Bundes, der Länder und der Kommunen, Ärzten, ... sowie sonstigen Beteiligten soll entsprechend dem jeweiligen Stand der medizinischen und **epidemiologischen** Wissenschaft und Technik gestaltet und unterstützt werden. Die Eigenverantwortung der Träger und Leiter von Gemeinschaftseinrichtungen, ... sowie des Einzelnen bei der Prävention übertragbarer Krankheiten soll verdeutlicht und gefördert werden.

Das IfSG ist ein Bundesgesetz und gültig für viele Bereiche. Die Präzisierung erfolgt in länderbezogenen Hygiene-Verordnungen.

2.1 Hygiene-Verordnung

www.nrw.de → Die Ministerien → Gesundheit, Soziales, Frauen und Familie (nach wenigen Sekunden öffnet sich eine neue Seite) → Suche → Hygieneverordnung → Go

Jedes Bundesland hat eine eigene Hygiene-Verordnung. Diese Verordnungen sind sich zwar ähnlich, können sich aber in einigen Punkten durchaus unterscheiden.
Inhaber von Kosmetikstudios müssen die jeweils gültige Hygiene-Verordnung ihres Bundeslandes bei ihrem ortsansässigen Gesundheitsamt anfordern.

 Die Einhaltung der Hygiene-Verordnung dient dazu, sich selbst und den Kunden vor Infektionen zu schützen!

Die Hygiene-Verordnung dient allgemein dazu, übertragbare Krankheiten wie z. B. AIDS oder Hepatitis B und C zu verhüten. Sie gilt für alle Berufsbilder, bei denen die Möglichkeit besteht, die Körperoberfläche eines Menschen zu verletzen. Dies sind in erster Linie medizinische Berufe, in zweiter Linie trifft es aber auch auf das Friseurhandwerk oder die Kosmetikerin und Fußpflegerin zu.

Für die Durchführung von Überwachungsmaßnahmen sind ebenfalls die Bundesländer verantwortlich.

Infektionsschutz
http://www.rki.de

Den Beamten des Gesundheitsamtes ist jederzeit Auskunft über die Einhaltung der Hygiene-Verordnung in Ihrem Institut zu erteilen. Die Beamten müssen ihre Prüfungen nicht anmelden!

Infektionsgefahren bei kosmetischen Behandlungen
Beim Ausreinigen der Haut, dem Anbringen eines Piercings oder bei bestimmten Fußpflegearbeiten kommt es oft zu Verletzungen der Haut.
Eine entsprechende Hygiene am Arbeitsplatz kann die Verbreitung von Infektionskrankheiten bei solchen Arbeiten vermindern.

2.2 Weitere gesetzliche Regelungen

Beim Einrichten und Betreiben eines Kosmetikinstituts oder einer Parfümerie mit kosmetischen Dienstleistungen ist auch die DIN 77600 (06/2004) zu beachten. Hier werden ebenfalls Grundsätze der Hygiene, z. B. bei der Behandlungsvorbereitung, vorgeschrieben.

DIN 77600
zu bestellen bei:
http://www.din.de

Diese gesetzlichen Auflagen erhöhen natürlich die Kosten für die Einrichtung und das Betreiben eines Instituts. Hygiene wird daher oft als ein lästiger Mehraufwand empfunden, der nur Kosten verursacht. Erst auf den zweiten Blick werden die Vorteile eines hygienisch einwandfreien Instituts deutlich.

Hygiene im Kosmetikinstitut ist keine lästige gesetzliche Auflage. Sie ist eine sinnvolle Forderung, die der Gesunderhaltung der Kunden und der Kosmetikerin dient.

3 Grundlagen der Mikrobiologie

Infektionen werden durch Krankheitskeime verursacht. In der Regel werden ansteckende Krankheiten durch Mikroorganismen wie Bakterien, Pilze und Viren hervorgerufen. Einige Krankheiten werden auch von Parasiten übertragen.

3.1 Mikroorganismen

Mikroorganismen sind, wie der Name bereits andeutet, mikroskopisch kleine Organismen. Sie sind mit dem bloßen Auge oder einer Lupe nicht zu erkennen. Das erschwert ihre Bekämpfung bei der Hygiene enorm.

Durch Schmutz verunreinigte Geräte sind leicht zu erkennen. Man sieht jedoch nicht, ob ein Gerät oder eine Oberfläche mit schädlichen Bakterien oder Viren verunreinigt ist. Bei den Mikroorganismen werden vier große Gruppen unterschieden:
- Viren
- Bakterien
- Schimmelpilze
- Hefen

> Viren, Bakterien und Schimmelpilze werden meist für ausschließlich schädliche Organismen gehalten. Man verbindet mit ihnen unweigerlich Krankheiten und Verderbnis, z. B. im Lebensmittelbereich. Fast jeder hat schon einmal eine Virusinfektion gehabt, verschimmeltes Brot gesehen oder über Salmonellenvergiftungen gelesen.
> Es wird jedoch vergessen, dass gerade Bakterien und Schimmelpilze schon lange von der Menschheit genutzt werden, z. B. bei der Käseherstellung.
> Umgekehrt werden Hefen stets mit Bier und Brot in Verbindung gebracht. Nur wenige wissen, dass es durchaus auch Hefen gibt, die Krankheiten verursachen können.

In Tabelle III/1 sind einige typische Beispiele für den industriellen Nutzen von Mikroorganismen aufgezählt. Diese Aufzählung könnte beliebig fortgesetzt werden.

Tabelle III/1 Industrielle Nutzung der Mikroorganismen

Mikroorganismus	Anwendungsgebiet	Produkt
Hefe	Alkoholische Gärung	Wein, Bier, Backwaren
Milchsäurebakterium	Fermentation	Joghurt
Schimmelpilz	**Fermentation**	Zitronensäure, Antibiotikagewinnung/Produktion

Fermentation
Erzeugung eines Produkts mit Mikroorganismen

Wie es in der lebenden Natur üblich ist, gibt es nicht nur schlechte oder gute Mikroorganismen. Viele Organismen haben, je nachdem wo sie gerade auftreten, nützliche oder schädliche Eigenschaften.

> **Nützlich oder schädlich?**
> Milchsäurebakterien sind unentbehrlich, wenn es um die Herstellung von Joghurt geht. Hier sind diese Organismen sehr nützlich.
> In frischer Milch, die als solche verkauft werden soll, sind Milchsäurebakterien jedoch absolut unerwünscht, weil sie die Milch in Joghurt umwandeln.
> Das menschliche Leben wäre ohne Mikroorganismen nicht denkbar. Man findet Bakterien z. B. auf der Haut, wo sie den Hydro-Lipid-Film der Haut stabilisieren.

Auf der Haut und in Mundhöhle/Darm leben häufig Mischkulturen von Mikroorganismen, die in einem ausgewogenen Gleichgewicht nebeneinander existieren und einander benötigen. Solche Systeme gegenseitiger Abhängigkeit werden auch **Symbiosen** genannt. Wie empfindlich solche Symbiosen reagieren, zeigt sich, wenn durch Einnahme von Medikamenten das Gleichgewicht gestört wird.

Symbiose
griech. sym zusammen, *bios* das Leben; die enge Form des Zusammenlebens zwischen zwei oder mehreren verschiedenen Arten von Organismen.
Die Symbiose ist für alle beteiligten Organismen notwendig und nützlich.

3.1.1 Viren

Viren sind winzige Partikel, die nur aus einer Virushülle und dem Erbmaterial bestehen. Sie besitzen keinen eigenen Stoffwechsel und werden daher auch nicht zu den Lebewesen gezählt. Für ihre Vermehrung benötigen Viren lebende Zellen. Die befallenen Zellen werden zur Produktion von neuen Viren missbraucht. Die Wirtszelle wird dabei häufig zerstört.

■ 3 Grundlagen der Mikrobiologie

Viele Viren können außerhalb der Wirtszellen nur kurze Zeit „bestehen". Es gibt jedoch auch einige recht hartnäckige Vertreter, die längere Zeit z. B. in der Luft oder im Wasser stabil überdauern können.
Nur eine entsprechende Hygiene kann verhindern, dass man sich mit Viren infiziert.

3.1.2 Bakterien

Bakterien sind mikroskopisch kleine Lebewesen, die überall zu finden sind. Man nennt das in der Fachsprache ein **ubiquitäres** Vorkommen.
Bakterien sind urtümliche Organismen und im Vergleich zu höheren Lebewesen sehr einfach aufgebaut.
Bakterien leben grundsätzlich als Einzeller. Das bedeutet, dass jede einzelne Zelle ein eigener Organismus ist. Im Gegensatz dazu bestehen höhere Lebewesen aus sehr vielen Zellen mit sehr unterschiedlichen Aufgaben.

> In einer Bakterienzelle laufen alle notwendigen Vorgänge ab, die zum Überleben des Bakteriums wichtig sind. Dazu gehört die Ernährung ebenso wie die Produktion einer Schutzhülle oder die Bildung von Härchen zur Fortbewegung.
> In einem höheren Organismus, z. B. dem Menschen, teilen sich viele Zellen diese verschiedenen Aufgaben. Die Darmzellen sind beispielsweise für die Aufnahme der Nährstoffe verantwortlich. Die Hautzellen bilden die Schutzhülle, und die Muskelzellen sind wichtig für die Fortbewegung.

Alle Bakterien sind aufgrund ihrer Größe (0,3 bis 5 **μm**) nur unter dem Mikroskop sichtbar. Es gibt unterschiedliche Formen, z. B. Stäbchen, Kugeln (Kokken) und Schrauben (Spirillen).
Bakterien liegen oft als Einzelzellen vor. Bei einigen Arten bilden mehrere Zellen auch typische Formen. Man findet dann Pakete aus acht Zellen, traubenförmige Gebilde aus vielen runden Zellen oder Ketten aus runden oder länglichen Zellen. Trotz dieser mehrzelligen Formen bleiben auch diese Bakterien Einzeller.

Man kann Bakterien an den Zellformen schon grob einordnen. Zur genauen Bestimmung der Art müssen jedoch noch einige aufwendige Tests durchgeführt werden (**Differenzierung**). Dabei werden z. B. verschiedene Stoffwechseleigenschaften oder die Zusammensetzung der äußeren Hülle untersucht. Nur über solche Zusatztests lassen sich die Keime eindeutig identifizieren.

Bei Erkrankungen durch Bakterien sind solche Differenzierungen oft sehr wichtig. Nur so kann ein Arzt das genau passende Medikament für die Bekämpfung der Krankheit bestimmen. Dies erklärt auch, warum bei komplizierten bakteriellen Erkrankungen häufig erst der Erreger bestimmt werden muss.

Bakterien sind ungeschlechtliche Lebewesen. Das bedeutet, dass sie sich ausschließlich durch Zweiteilung der Zelle vermehren können. Sind die Bedingungen optimal, können sich Bakterien allerdings außerordentlich schnell vermehren.

ubiquitär
lat. ubique wo auch immer, überall

μm
Mikrometer, μ (sprich mü): griechischer Buchstabe „M". Ein Mikrometer ist ein millionster Meter.

Bakterien
http://de.wikipedia.org/wiki/Bakterien

Differenzierung
lat. differentia die Verschiedenheit, der Unterschied

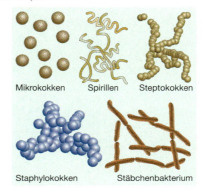
Bakterienformen; Auswahl

Das Bakterium Escherichia coli, ein typisches Darmbakterium, teilt sich bei optimalen Bedingungen alle 20 Minuten. Nach 8 Stunden können aus einem Darmbakterium somit bereits über 1 Million Bakterien entstanden sein.

Auch in der Mundhöhle und auf der Haut findet man eine Vielzahl verschiedener Bakterien. Sie ernähren sich von unserer Nahrung oder von Stoffen, die auf der Haut zu finden sind. Die meisten dieser „Mitbewohner" sind harmlos und sogar nützlich. Gefährlich sind hauptsächlich solche Bakterien, die sich als Krankheitserreger unter die nützlichen Keime mischen.

Einige wenige Krankheitserreger sind dabei in der Regel nicht problematisch. Erst wenn sie in großen Massen auftreten oder wenn sie auf einen geschwächten Organismus treffen, entstehen gesundheitliche Probleme.
Beispiele für bakterielle Erkrankungen → Kapitel VI/13.2.

Als Nahrung können Bakterien die verschiedensten Stoffe nutzen. Es gibt fast nichts, was Bakterien nicht verwerten können. Die wichtigsten Wachstumsfaktoren für Bakterien sind:

- Wasser,
- Kohlenhydrate als Kohlenstoff und Stickstoff-Quelle,
- Eiweiße, Aminosäuren,
- Temperatur (etwa 37 °C) und
- pH-Wert 7 (neutrales Medium) oder alkalisch.

Bakterien siedeln sich in der Regel dort an, wo es feucht ist und nicht sauber gearbeitet wird. Dort können sie sich rasend schnell vermehren. Ohne Wasser sind nur spezielle Arten von Bakterien überlebensfähig.
Für die kosmetische Behandlung ist es wichtig zu wissen, dass auch der Mensch Überträger von Keimen sein kann.

 Für gesunde Menschen sind die meisten Keime wichtig und nützlich. So benötigen wir Bakterien z. B. für die Aktiverhaltung unseres Immunsystems. Bei geschwächten Menschen können diese Keime jedoch leicht zu Infektionen führen.

Keimverteilung auf der menschlichen Haut

- Kopfhaut: $1,5 \cdot 10^6$ je cm²
- Speichel: 10^6 bis 10^8 je m²
- Fingerkuppe: 20 bis 100 je cm²
- Hand: 103 bis $6 \cdot 10^3$ je cm²
- bedeckte Haut: $5 \cdot 10^2$ bis 10^3 je cm²

Keimverteilung auf der menschlichen Haut

Tabelle III/2 Bakterien auf der normalen Hautflora des Menschen

Art	Vorkommen		
	Haut	Mundhöhle	Darm
Staphylokokken	+++	+	+
Pseudomonas			+
Pilze (Hefen)	++	+	+
Enterobacteriaceen	(+)	(+)	+++

+++ zahlreich   ++ häufig   + mäßig   (+) gelegentlich

3.3 Pilze und Hefen

Pilze und Hefen gehören im Gegensatz zu den Bakterien bereits zu den höher entwickelten Mikroorganismen. Obwohl auch sie noch sehr urtümlich sind, sind sie mit höheren Lebewesen schon wesentlich näher verwandt.

Pilze

Pilze sind keine Einzeller mehr, sie wachsen in Zellverbänden in Form von winzigen Zellfäden (**Hyphen**). Die Pilzfäden sind in der Regel durchsichtig und nur unter dem Mikroskop zu erkennen. Pilze können sich sowohl ungeschlechtlich als auch geschlechtlich vermehren. Die ungeschlechtliche Vermehrung erfolgt über so genannte Sporen. Diese werden auf speziellen Pilzfäden, den Sporenträgern, gebildet. Im Gegensatz zu den normalen Hyphen sind Sporen meist intensiv gefärbt.

Hyphen
griech. Pilzfaden, fadenförmige Grundstruktur der Pilze

> Das, was wir landläufig als Pilze bezeichnen, ist in den meisten Fällen nur der sichtbare Sporenträger. Dies gilt auch für die essbaren Pilze, z. B. unseren Champignon. Der eigentliche Pilz wächst unsichtbar im Erdboden. Der Champignon, den wir essen, ist nur der Fruchtkörper des Pilzes. In den Lamellen an der Unterseite des Hutes befinden sich die Sporen des Pilzes.

Pilze wachsen in der Regel nicht an der Oberfläche. Sie dringen mit ihren Hyphen vielmehr in die Stoffe ein, von denen sie sich ernähren. Von außen ist es deshalb oft nicht zu erkennen, ob z. B. Nahrungsmittel von Pilzen befallen wurden. Da die Sporen in der Regel über die Luft verbreitet werden, wachsen zuerst die Sporenträger sichtbar nach außen. Man erkennt verschimmelte Lebensmittel deshalb erst dann recht gut, wenn die Sporenträger mit den gefärbten Sporen auf der Oberfläche sichtbar werden. Im Kosmetikinstitut können folgende Belastungen durch Pilze auftreten:

Schimmelpilz auf einem Kulturmedium

- Infektionsgefahr bei der Hand- und Fußpflege (Maniküre/Pediküre) durch Dermatophyten (Pilzerkrankungen der Haut und der Nägel → Kapitel VI/3.1.3),
- Schimmelpilzbildung in schlecht durchlüfteten Räumen, da feuchte und warme Luft optimale Bedingungen für Pilze sind.

> Räume regelmäßig lüften und kritisch auf schwarzen Schimmelbelag hin prüfen. In den Fliesenfugen oder an den Dichtungen von Duschen können sich bei länger andauernder Feuchtigkeit Schimmelpilze ansiedeln.
> Vorsicht bei der Behandlung von Kunden mit Pilzerkrankungen (→ Kapitel XI)!

Hefen

Hefen sind mit den Pilzen eng verwandt. In der Regel wachsen Hefen jedoch als Einzeller und nicht als fadenförmige Organismen. Daher werden Hefen häufig nur als eine besondere Wuchsform der Pilze betrachtet. Trotzdem sind sie eine eigene Gruppe von Mikroorganismen. Eine besonders bekannte Hefe ist unsere Backhefe, nahe Verwandte sind die Wein- und die Bierhefe.

> **Fußpilz und andere Pilzerkrankungen** (→ Folgeband)
> Der Verursacher des Fußpilzes ist eine Hefe. Fußpilz wächst besonders gut an warmen, feuchten Stellen. Fehlende Atmungsaktivität der Schuhe und Strümpfe führen häufig zu Fußpilz, weil die Füße nicht genug belüftet werden. Meist findet man Fußpilz in den Zwischenräumen der Zehen. Beim Spreizen der Zehen reißt hier häufig die Haut sehr schmerzhaft ein. Fußpilz ist nicht die Folge mangelhafter Individual-Hygiene.
> Auch die Nägel können von Pilzen befallen werden. Pilzerkrankungen der Haut und der Nägel müssen medizinisch behandelt werden. Im Kosmetikinstitut dürfen Fuß- und Nagelpilzerkrankungen nicht behandelt werden. Beim Verdacht auf diese Erkrankung ist der Kunde an einen Facharzt zu verweisen.

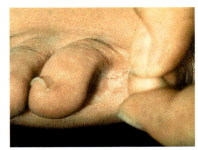
Fußpilz tritt meist in den Zwischenräumen der Zehen auf.

3.4 Parasiten

Parasiten gehören nicht zu den Mikroorganismen, sie sollen nur der Vollständigkeit halber erwähnt werden, da man ihnen im Berufsalltag begegnen kann.

Zecken

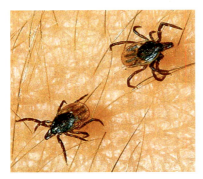

Zecken

Zecken sind kleine Spinnentiere, die zu den Milben gehören. Man findet sie überwiegend in den Sommermonaten, bevorzugt in Wäldern und höheren Wiesen. Zecken beißen sich mit ihren Mundwerkzeugen in der Haut fest und saugen sich mit Wirtsblut voll. Ihr Körpervolumen nimmt dabei um ein Vielfaches zu. Da Zecken relativ kleine Tiere sind, nimmt man sie meist erst wahr, wenn sie sich schon voll gesogen haben.

Zeckenbisse beim Menschen sollten grundsätzlich ärztlich überprüft werden. Durch Zecken werden gefährliche Krankheiten übertragen, z. B.
- die Borreliose, die durch ein Bakterium verursacht wird,
- eine Form der Hirnhautentzündung, die durch Viren ausgelöst wird.

Milben

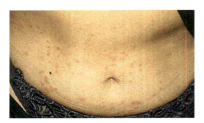

Krätze, ausgelöst durch Milben

Milben sind winzige Spinnentiere, die überall zu finden sind. Bekannt ist vor allem die Hausstaubmilbe, deren Kot bei vielen Menschen Allergien auslöst. Auch die Krätze, eine unangenehme Hauterkrankung, wird durch Milben verursacht. Die Milben legen ihre Eier an dünnen, feuchtwarmen Stellen unter der Haut ab. Meistens kommt es zu einem extremen Juckreiz. Das ständige Kratzen an den befallenen Stellen hat der Krätze ihren Namen gegeben.

Flöhe

Flöhe gehören zu den blutsaugenden Insekten. Charakteristisch sind die stark ausgeprägten Sprungbeine. Flöhe stechen ihre Wirte. An den Einstichstellen kommt es zu starkem Juckreiz.
Man unterscheidet Menschen- und Tierflöhe. Letztere gehen auch auf den Menschen über. Durch Hunde- bzw. Katzenflöhe können z. B. Bandwürmer auf Menschen übertragen werden. Auch der Erreger der Pest, ein Bakterium, wurde im Mittelalter von Flöhen übertragen.

Floh/„Flohstraße" – typische Einstiche

Läuse

Läuse gehören, wie die Flöhe, zu den blutsaugenden Insekten. Die Kopflaus lebt zwischen den Kopfhaaren, ihr Stich löst einen starken Juckreiz auf der Kopfhaut aus. Hinweis auf einen Läusebefall geben die gut erkennbaren Eier (Nissen), die sich an den Haaren des Wirtes befinden. Ein weiterer Parasit aus der Familie der Läuse ist die Kleiderlaus. Kleiderläuse sind Überträger des Fleckfiebers.

Kopfläuse

Nissen im Haar

3.5 Infektionen – Infektionskrankheiten

Infektionskrankheiten werden durch bestimmte krankheitserregende Mikroorganismen verursacht. Keime, die Krankheiten auslösen können, werden auch als **pathogene** Keime bezeichnet. Ob pathogene Keime eine Krankheit auslösen können, hängt von deren Menge und dem Immunsystem des Betroffenen ab. Dringen nur wenige Keime in einen gesunden Organismus ein, können sie relativ leicht von der Immunabwehr überwältigt werden. Erst wenn viele Keime den Körper befallen, kommt es zum Ausbruch einer Krankheit. Bei geschwächten oder bereits erkrankten Menschen können selbst wenige Keime schon eine Krankheit auslösen, weil das Immunsystem nicht funktioniert oder bereits überlastet ist.

pathogen
griech. pathos Krankheit, *genein* entstehen; eine Krankheit hervorrufend

Vielfach schützt sich der Körper bereits dadurch, dass er das Eindringen von Krankheitskeimen durch Schutzbarrieren, z. B. unsere Haut, verhindert. Ist die Haut gesund, ist auch die Schutzschicht äußerst wirksam und effektiv. Ebenso können Schleimhäute oder Flimmerhärchen oft ein Eindringen von Fremdorganismen verhindern.

Inkubationszeit
lat. incubare brüten; die Zeit, bis die Krankheit „ausgebrütet" ist

> Die Mund- und Nasenschleimhäute sollen das Eindringen von Krankheitserregern in Bronchien und Lunge verhindern. Das funktioniert sehr gut, wenn die Schleimhäute gesund sind. Sind sie jedoch geschädigt, können pathogene Mikroorganismen eindringen. Das geschieht häufig in den Wintermonaten, wenn die Schleimhäute durch überheizte Räume ausgetrocknet und infolgedessen durchlässig sind.
> Es beginnt mit einem Kratzen im Hals und endet oft mit einer Erkältung.

Wenn Krankheitserreger in einen Organismus eingedrungen sind, lösen sie nicht sofort eine Krankheit aus. Zuerst muss das Immunsystem überwunden werden. Vielfach vermehren sich die Keime im Organismus und schädigen ihn dann auf diese Weise. Die Zeit von der Infektion bis zum Ausbruch der Krankheit wird als **Inkubationszeit** bezeichnet. Sie ist von dem jeweiligen Erreger, der eingedrungen ist, abhängig. Es werden folgende **Infektionswege** unterschieden:
- direkter Infektionsweg
  - Kontaktinfektion, z. B. durch Berühren
  - Tröpfcheninfektion, z. B. beim Sprechen, Niesen
- indirekter Infektionsweg (Schmierinfektion)
  - Krankheitserreger gelangen über infektiöse Materialien oder Gegenstände in den Körper, z. B. beim Verschmieren von Blut oder bei Verletzungen durch eine mit Blut verunreinigte Lanzette.
- direkte Übertragung von Tier (Insekten) zu Mensch, z. B. Borreliose
- indirekte Übertragung von Tier zu Mensch, z. B. beim Streicheln

Inkubationszeiten
- Lebensmittelvergiftung: ca. 1 bis 3 Tage
- Grippe: ca. 1 bis 3 Tage
- AIDS hat eine Inkubationszeit von 6 Monaten bis zu 10 Jahren.

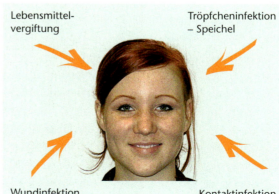
Infektionswege

Prüfen Sie Ihren Impfausweis auf Aktualität. Besprechen Sie mit Ihrem Hausarzt, welche Impfungen sinnvollerweise aufzufrischen sind, z. B. Tetanus, Hepatitis B usw.
Schützen Sie sich und Ihre Kunden und lassen Sie sich jährlich gegen Grippe impfen.

Durch die Einführung von Schutzimpfungen konnten Epidemien in den Zivilisationsländern drastisch reduziert werden. Viele Seuchen sind daher in unseren Breiten nahezu in Vergessenheit geraten. So wurde z. B. in den 70er Jahren die Verbreitung der Pocken durch breit angelegte Schutzimpfungen verhindert. In der Bundesrepublik besteht kein Impfzwang mehr. Jedoch sollten Berufsgruppen mit einem starken Publikumsverkehr die umfangreichen Impfangebote annehmen. Mit regelmäßigen Impfungen kann eine Immunisierung gegen Infektionskrankheiten erreicht werden.

Die Globalisierung und der nahezu grenzenlose Massentourismus ermöglichen es den Keimen, auch Ländergrenzen zu überschreiten und bei uns „einzureisen". Wie schnell sich Infektionskrankheiten auch in unserer Zeit noch verbreiten können, zeigen die Beispiele von AIDS, SARS und Vogelgrippe.

Infektionen können nicht nur von Mensch zu Mensch oder vom Tier auf den Menschen übertragen werden. Auch über unbelebtes Material wie z. B. Behandlungsgeräte können Krankheitserreger übertragen werden.

http://www.m-ww.de
http://medizininfo.de

Unser Körper kann sich gegen einfache Infektionen wehren. Gegen eine Vielzahl von Keimen wurden vom Immunsystem bereits entsprechende Abwehrmechanismen aufgebaut. Dringen jedoch Keime ein, die entsprechend aggressiv sind, kann es zu einer Infektion kommen. Die **Immunabwehr** schafft es nicht schnell genug, die eingedrungenen Keime zu vernichten.

Infektionskrankheiten bewirken oftmals eine erhöhte Körpertemperatur, das Fieber. Fieber ist eine Methode des Körpers, die Krankheitskeime zu bekämpfen. Viele Keime vertragen keine höheren Temperaturen und werden geschwächt.
Fieber kann aber auch von den Krankheitserregern selbst ausgelöst werden, denn einige Mikroorganismen enthalten Giftstoffe, die zu Fieber führen.

Bei der kosmetischen Behandlung ergeben sich u. a. folgende **Infektionsmöglichkeiten:**

- bei beabsichtigter oder unbeabsichtigter Verletzung der Haut des Kunden, z. B. beim Nagelhautentfernen oder bei der Pflege eingewachsener Nägel.
- bei Verunreinigung von Schleimhäuten, Wunden, kleinen Verletzungen (Bagatellverletzungen).
- bei **akzidentellen** Verletzungen des Personals durch Berührung mit erregerhaltigem Kundenmaterial, z. B. mit einer benutzten Lanzette.
- bei Verunreinigung (Kontamination) gesunder Hautoberflächen mit Pilzen, Viren o. ä., z. B. Warzen.

akzidentell
lat. *accidere* sich ereignen, zufällig (eintretend, hinzutretend), unwesentlich

Infektionsprophylaxe
Vorbeugen von Infektionen

 Kosmetikerinnen mit übertragbaren Hautkrankheiten sollten während der Ansteckungsgefahr keine Arbeiten an Kunden vornehmen.

Um die Infektionsgefahr möglichst gering zu halten, gehört eine **Infektionsprophylaxe** selbstverständlich zur Arbeit.

 Betrachten Sie sterile Handschuhe und Desinfektionsmittel in der Kabine als Selbstverständlichkeit.

Die Benutzung von sterilen Handschuhen bei der Tiefenreinigung der Haut ist kein Vertrauensbruch zwischen Ihnen und Ihrem Kunden. Stellen Sie es als ein selbstverständliches Qualitätsmerkmal Ihrer Behandlung dar.

Zeigen Sie, dass Sie die Zusammenhänge und Risiken bestimmter Behandlungen kennen und dementsprechend handeln.

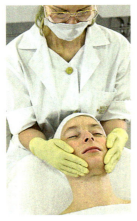
Infektionsprophylaxe

4 Hygienemaßnahmen bei kosmetischen Dienstleistungen

Zur Vermeidung von Infektionen sind Hygienemaßnahmen unerlässlich. In einem Kosmetikinstitut gibt es verschiedenste Infektionsquellen.

Tabelle III/3 Infektionsquellen im Kosmetikinstitut

Infektionsquellen	Infektion durch	Gefährdete Personen
Beschäftigte des Instituts	Atemluft und Speichel Blut	Kunden/Klientel Beschäftigte des Instituts
Kunden/Klientel	Hände Kleidung Atemluft	Beschäftigte des Instituts
Geräte/Instrumente	Kontakt mit Haut, Nägeln, ggf. Blut (Infektionsträger)	Kunden/Klientel Beschäftigte des Instituts
Fußböden/Wände/Möbel	vorhandene Keime auf Oberflächen oft schwer zu reinigen	Kunden/Klientel Beschäftigte des Instituts
Sanitärbereich	Keimübertragung durch Berühren	Kunden/Klientel Beschäftigte des Instituts
Abfälle	Keimübertragung durch Berühren	Kunden/Klientel Beschäftigte des Instituts

4.1 Individualhygiene

Die Infektionsprophylaxe beginnt bei der persönlichen Hygiene. Sie ist Bestandteil der täglichen Arbeit und von allen Beschäftigten unbedingt wahrzunehmen. Damit sich keine Nachlässigkeiten einschleichen, sollte mit Hilfe eines Hygieneplans (→ Kapitel III/5) kontrolliert werden.

Die persönliche Hygiene umfasst folgende Grundsätze:
- Die Arbeitskleidung ist kochfest, sauber und gebügelt.
- Die Haare sind sauber und gepflegt. Lange Haare sind zusammenzubinden, damit sie bei der Behandlung nicht in den Arbeitsbereich fallen können.
- Von den Händen ist jeglicher Schmuck abzulegen, also keine Ringe, Armreifen oder Armbanduhren. Die Hände sind vor jeder Behandlung und nach jedem Toilettengang oder Naseputzen gründlich zu waschen und ggf. zu desinfizieren.
- Die Fingernägel sind maniküĸt. Auf Nagellack und künstliche Fingernägel sollte verzichtet werden.
- Die tägliche mehrmalige Zahnpflege, und damit verbunden die Mundhygiene, verhindert unangenehmen Mundgeruch.
- Tägliches Duschen und regelmäßiges Desodorieren verhindern einen unangenehmen Körpergeruch.

Wichtig ist ein neutraler Körpergeruch bzw. Duft. Bei einer 1- bis 2-stündigen Behandlung können unangenehme Düfte, z. B. Essengerüche, vom Kunden als störend empfunden werden.

Sorgfältig desinfizieren

Die Hände sind das wichtigste „Werkzeug" der Kosmetikerin.

> In Berufen der Körperpflege ist die persönliche Hygiene zwingend erforderlich, da ein sehr enger Körperkontakt zu den Kunden aufgebaut wird. Durch Hygiene wird den Kunden Kompetenz vermittelt.

Nehmen Sie keine warmen Speisen in Ihrer Berufsbekleidung zu sich. Kleidungsstücke können unangenehme Gerüche über einen sehr langen Zeitraum festhalten.

4.2 Arbeitshygiene

Es wird vorausgesetzt, dass bei jeder kosmetischen Behandlung die allgemeinen Regeln des Hygiene-Standards (Hygiene-Verordnungen der Bundesländer) eingehalten werden.

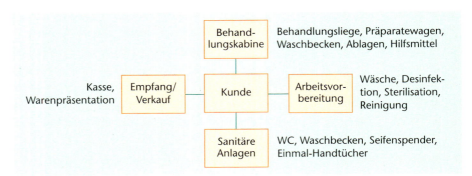

Bereiche der Arbeitshygiene

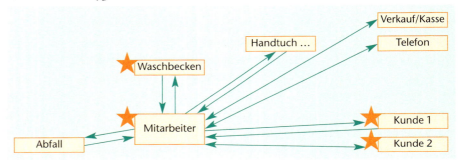

Infektionswege in der Behandlungskabine

Trennung von Behandlungsräumen und Verkaufsbereich

 Aus der Hygiene-Verordnung NRW (09.01.2003)
Räume:
- Trennung von Wartebereich, Behandlungsraum und Instrumentenaufbereitung.
- Ausreichende Beleuchtung, Belüftung und Beheizung.
- Arbeitsplatznahes Waschbecken mit fließend kaltem und warmem Wasser. Zur Vermeidung von Spritzwasser muss der Arbeitsplatz vom Behandlungsbereich soweit entfernt sein, dass eine Verbreitung von Nasskeimen vermieden wird.
- Getrennte Aufbewahrung von Privat- und Arbeitskleidung.

Fußböden:
- Keine textilen Fußbodenbeläge im Behandlungsraum.
- Fußböden sollen nass zu reinigen und zu desinfizieren, glatt, fugenarm und trittsicher sein.
- Fußböden mindestens einmal täglich feucht reinigen.

Einrichten der Räumlichkeiten

Ablageflächen (horizontale Flächen) sollten in der Behandlungskabine auf ein Minimum beschränkt werden. Horizontale Flächen neigen dazu zu verstauben und sind pflegeintensiv. Die Behandlungskabine ist kein Verkaufsraum. Für die Pediküre ist ein separater Raum einzurichten, da beim Behandeln feinste Stäube entstehen.

Die Reinigung, Desinfektion und Sterilisation der Hilfsmittel sollte nicht in der Behandlungskabine erfolgen. Besser ist es, einen eigenen Raum zur Arbeitsvor- und -nachbereitung einzurichten. Dort können Geräte wie Waschmaschine, Wäschetrockner, Ablagefläche mit Desinfektionsbad, Waschbecken, Sterilisator usw. aufgebaut werden.

Der Arbeitsplatz

Am Arbeitsplatz sollten nur die Möbel und Geräte stehen, die für die Arbeit erforderlich sind. Alle Möbel sollten abwaschbar und leicht zu reinigen sein. Die Arbeitsfläche sollte lösungsmittelbeständig sein. Auf ihr sind die für die Behandlung erforderlichen Materialien (auch ein Abfallbehälter) und Instrumente griffbereit angeordnet.

Der kochbare Bezug der Liege und die Handtücher sind nach jeder Behandlung zu wechseln. Die Wäsche ist kochbar. Für die Bespannung einer normalen Behandlungsliege wird der Bezug mit einem Vollwaschmittel bei 60 °C gewaschen, um alle kritischen Keime abzutöten. Ein Desinfektionsmittel ist lediglich bei der Wäsche erforderlich, die bei der Fußpflege anfällt.

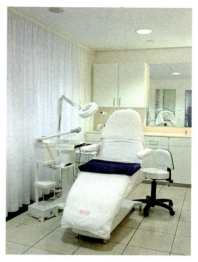

Der Arbeitsplatz

 Verbreiten Sie keine Unruhe beim Einrichten des Arbeitsplatzes. Bitten Sie die Kundin kurz auf die Wartefläche und bieten Sie eine Erfrischung an. Sie haben so ausreichend Zeit, den Arbeitsplatz vorzubereiten.

Das Waschbecken

Das Waschbecken mit fließend warmem und kaltem Wasser befindet sich in unmittelbarer Nähe des Arbeitsplatzes. Zur Ausstattung gehören
- Seifen- und Händedesinfektionsspender,
- Einweg-Handtuchhalter und
- Abwurfbehälter.

Wenn Sie die Behandlung wegen einer Störung (Telefonat, Kunde im Verkauf) unterbrechen, müssen Sie sich anschließend erneut die Hände desinfizieren.
Durch Kontakt mit einem weiteren Kunden, dem Telefonhörer oder Geld sind Ihre Hände erneut mit Keimen verschmutzt worden.

Das Waschbecken am Arbeitsplatz

4.2.1 Infektionsschutz am Arbeitsplatz

Mikroorganismen kommen überall vor. Sie sind zudem recht anspruchslos und können beinahe überall leben und überleben. Im Kosmetikinstitut müssen daher Maßnahmen ergriffen werden, die verhindern, dass
- sich Keime ausbreiten und vermehren können und
- der Mensch (Kosmetikerin und der Kunde) sich infiziert.

Nachfolgend werden einige unterschiedliche Verfahren beschrieben, mit denen eine ausreichende Arbeitshygiene erreicht werden kann.

Desinfektion

Bei der Desinfektion wird ein Gegenstand oder eine Fläche (Hände, Haut, Arbeitsfläche) so behandelt, dass alle pathogenen Keime deaktiviert oder am Wachstum gehemmt werden. Zur Desinfektion dürfen nur zugelassene Desinfektionsmittel verwendet werden. Eine Liste der zugelassenen Desinfektionsmittel und deren Bezugsadresse erhält man bei der DGHM (Deutsche Gesellschaft für Hygiene und Mikrobiologie).

 online

Liste der zugelassenen Desinfektionsmittel
http://www.rki.de
http://www.dghm.org

Händedesinfektion

Das Ziel der Desinfektion ist, die Keimübertragung durch Hände, Haut, Oberflächen und Instrumente zu reduzieren und zu unterbrechen. Sie wird angewendet bei der

- Flächendesinfektion (z. B. Fußboden, Arbeitsflächen, Türklinken, Sanitärbereich),
- Händedesinfektion der Kosmetikerin,
- Hautdesinfektion der Kundin vor der Behandlung,
- Gerätedesinfektion.

 Beim Einsatz von Desinfektionsmitteln sind die Anweisungen des Herstellers (Einsatzkonzentration, Einwirkzeit) genau einzuhalten.

Flächendesinfektion
Flächen werden mit dem Desinfektionsmittel gewischt und gescheuert. Alle Flächen, die mit der unbekleideten Haut in Berührung kommen, werden danach mit einer Textil- oder Papierauflage abgedeckt. Diese werden nach jedem Kunden und bei sichtbaren Verschmutzungen ausgetauscht.

Händedesinfektion
Bei Beginn der Behandlung sind die Hände gründlich mit Flüssigseife aus Spendern (keine Stückseife) zu waschen und zu trocknen. Anschließend sind sie mit einem zugelassenen Händedesinfektionsmittel zu desinfizieren.

Das Händedesinfektionsmittel (ca. 5 ml) wird in die trockenen Hände eingerieben. Fingerkuppen, Nagelfalze und Fingerzwischenräume sind besonders sorgfältig zu behandeln. Während der Einwirkzeit des Desinfektionsmittels müssen die Hände feucht gehalten werden.

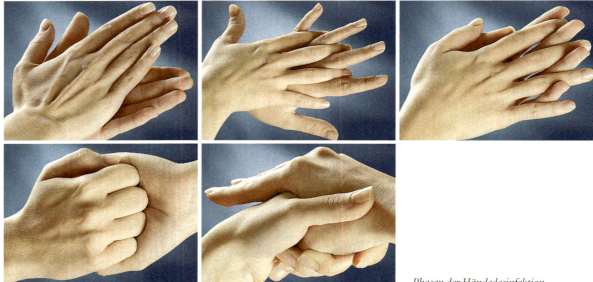

Phasen der Händedesinfektion

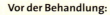

Vor der Behandlung:
1. mit Flüssigseife gründlich waschen
2. desinfizieren mit zugelassenem Händedesinfektionsmittel

Nach der Behandlung:
1. desinfizieren mit zugelassenem Händedesinfektionsmittel
2. mit Flüssigseife gründlich waschen

Desinfektionsverfahren für Instrumente
Es werden zwei Verfahren unterschieden

- Thermisch: – Kochen mit Wasser mindestens drei Minuten;
  – Dampfdesinfektionsverfahren und weitere Verfahren nach der Liste der vom Robert-Koch-Institut geprüften und anerkannten Desinfektionsmittel und -verfahren
- Chemisch: – Eintauchen der Instrumente in DHGM-geprüfte chemische Desinfektionsmittel (Konzentration und Einwirkzeit genau beachten!)
  – Reinigung und Desinfektion in einem Arbeitsgang

Regeln für die Desinfektion
- Instrumente vollständig bedecken.
- Gelenkinstrumente (wie Scheren) öffnen.
- Bei Desinfektionsmittelwannen den Deckel fest verschließen, damit die Dämpfe nicht unnötig die Atemluft belasten.
- Nach Beendigung der Einwirkzeit Instrumente mit Wasser nachspülen.
- Sichtbar verschmutzte Instrumente nach der Desinfektion gründlich reinigen, danach die Desinfektion in einer frisch angesetzten Lösung wiederholen, da Verunreinigungen das Desinfektionsmittel beeinträchtigen können. Anschließend Nachspülung und Trocknung der Instrumente.

Desinfektion und Sterilisation von Instrumenten und Hilfsmitteln

Sterilisation

Im Gegensatz zur Desinfektion werden bei der **Sterilisation** alle Mikroorganismen abgetötet. Die Methoden der Sterilisation eignen sich allerdings nur für Gegenstände und nicht für Hände oder Hautflächen. Die Sterilisation sollte grundsätzlich bei Fußpflege-Instrumenten und Hilfsmitteln, die der gezielten Verletzung der Haut dienen (Hautausreinigung), eingesetzt werden. Alternativ zum Sterilisations-Verfahren können sterile Einmal-Instrumente eingesetzt werden, z. B. sterile Injektionsnadeln, Blutlanzetten (Hilfsmittel beim Ausreinigen der Haut), sterile Skalpelle (Hornhautentfernung bei der Pediküre).

Sterilisation
Verfahren zum Entkeimen, keimfrei machen

 Sterilisierte Gegenstände sind keimfrei (steril).

Heißluftsterilisation
Bei diesem Verfahren werden die zu sterilisierenden Instrumente zunächst desinfiziert und gereinigt. Nach dem Trocknen werden sie in eine Edelstahlbox (Sterilisierbehälter) gelegt. Die Sterilisation erfolgt durch 180 °C heiße Luft, die 30 Minuten auf die Geräte einwirkt. Das Ganze geschieht in speziellen Geräten, den so genannten Heißluft-Autoklaven. Die Instrumente können bis zu ihrer Verwendung in der Box steril aufbewahrt werden. Auf diese Weise wird eine nachträgliche Verkeimung, z. B. mit Luftkeimen, vermieden. Heißluftsterilisation ist nur für hitzebeständige Materialien, z. B. Glas oder Metalle, anwendbar.

Dampfsterilisation
Bei der Dampfsterilisation werden die Instrumente bei 1 bar Überdruck durch 121 °C heißen Wasserdampf für 20 Minuten sterilisiert. Die gereinigten Geräte werden in eine dampfdurchlässige Sterilisierfolie gewickelt und in einen speziellen Dampfdruckkessel gegeben. Im Kessel ist etwas Wasser enthalten, das bei 1 bar Überdruck genau bei 121 °C kocht. Die Temperatur muss für die erforderlichen 20 Minuten gehalten werden. Nur so können alle Keime abgetötet werden.

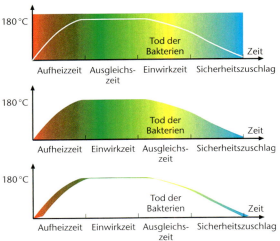

Der Dampfsterilisator muss 20 Minuten die erforderliche Temperatur halten.

> Die Edelstahlbox bzw. die Alufolie, in der die Instrumente sterilisiert werden, sind vor dem Sterilisieren mit einem so genannten Behandlungsindikator zu kennzeichnen. Das ist eine Klebefolie, die nach der Sterilisation die Farbe wechselt. Auf diese Weise kann jeder Mitarbeiter im Institut sofort erkennen, ob die Instrumente sterilisiert worden sind.

Welche Methode für welches Einsatzgebiet?

- **Desinfektion**
  – Händedesinfektion
  – Hautdesinfektion
  – Flächendesinfektion
  – Bodendesinfektion

- **Sterilisation**
  – Fußpflegeinstrumente
  – Instrumente zur Verletzung der Haut (Milienmesser)
  – sterile Einmal-Materialien
    ◦ sterile Blutlanzetten
    ◦ sterile Kanülen
    ◦ sterile Handschuhe
  Nach der Behandlung erfolgt die sachgerechte Entsorgung.

Instrumentenaufbereitung und -lagerung

Die richtige Handhabung der Instrumente ist entscheidend für den Erfolg der Aufbereitung:

- Nach der Behandlung sind zuerst die Instrumente zu desinfizieren.
- Dann erfolgt die Reinigung. Starke Verschmutzungen werden evtl. durch aktives mechanisches Reinigen mit Bürste und Spülwasser entfernt.
- Danach muss nochmals eine Desinfektion und eine Schlussreinigung erfolgen. Nur so kann eine schnelle Keimverbreitung im Institut vermieden werden.
- Instrumente, mit denen die Haut bestimmungsgemäß verletzt wird, müssen besonders aufbewahrt werden. Sie werden in geeigneten Sets verpackt, sterilisiert und steril gelagert.

> Bis zu ihrer Verwendung sind die Instrumente staubfrei und trocken in geschlossenen Behältnissen zu lagern. Auch die Behältnisse zur Aufbewahrung müssen regelmäßig gereinigt und desinfiziert werden.

Abfallentsorgung

Zum Aufnehmen der anfallenden Abfälle ist ein gut zu reinigender und zu desinfizierender Abfalleimer mit Müllbeutel und Deckel ausreichend. Er sollte sich in unmittelbarer Arbeitsplatznähe befinden.

Scharfe, spitze oder zerbrechliche Gegenstände (z. B. Nadeln, abgenutzte Hornhauthobel-Klingen oder Skalpelle) dürfen nur in stich- oder bruchfesten und verschließbaren Einwegbehältern entsorgt werden. Als Sammelgefäße eignen sich z. B. spezielle Kanülenabwurfboxen oder leere Desinfektionsmittelbehälter, die fest verschlossen mit dem Hausmüll entsorgt werden. Um Verletzungen zu vermeiden, dürfen benutzte Nadeln bzw. Kanülen nicht mehr in die Schutzkappen zurückgeführt werden. Das Desinfizieren dieser Abfälle ist nicht erforderlich. Der übrige Abfall, einschließlich der mit Blut kontaminierten Gegenstände, ist in undurchsichtigen, flüssigkeitsdichten und widerstandsfähigen Kunststoffsäcken zu sammeln, zu transportieren und nicht gestaucht dem Hausmüll beizugeben.

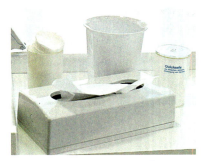

Arbeitsplatz mit Kanülenabwurfbox

4.2.2 Öffentliche Hygiene – Umwelt-Hygiene

Die Öffentliche Hygiene ist Teil des Umweltschutzes, da sie sich auf die Wechselwirkung der Gesundheit aller Bürger mit Umweltfaktoren wie z. B. Wasser, Boden und Luft bezieht. Hierzu zählen:
- Wasserreinhaltung, z. B. durch Kläranlagen
- Bodenreinhaltung, z. B. durch Müllentsorgung
- Reinhaltung der Luft, z. B. durch Eingrenzung der Schadstoffabgaben
- Lärmschutz, z. B. durch Schallschutz

Die Gemeinden sorgen zusätzlich präventiv für die Gesunderhaltung der gesamten Bevölkerung:
- Gesundheitsämter (Impfungen, Prophylaxeuntersuchungen, Prävention)
- Krankenhäuser (Krankheitsversorgung, Seucheneindämmung)
- Erholungseinrichtungen (Sportanlagen, Schwimmbäder)

Obwohl die Öffentliche Hygiene staatlich geregelt ist, sollte jeder Bürger seinen Beitrag dazu leisten: Eine mangelnde Öffentliche Hygiene belastet nicht nur die Umwelt, sondern hat auch Auswirkungen auf die Gesundheit des Einzelnen.

Adressen der Gesundheitsämter
http://www.loegd.nrw.de/links/g_aemter/gabula.html

 Informieren Sie sich über die Leistungen Ihres zuständigen Gesundheitsamtes (Adresse → Internet oder örtliches Telefonbuch) und erstellen Sie eine Übersicht.

5 Der Hygieneplan

Die Leiterin eines Kosmetikinstituts bzw. eines Nagelstudios trägt die Verantwortung für die Einhaltung der Hygiene-Verordnung. Das Hygienemanagement umfasst
- die regelmäßige Belehrung (jährlich) der Mitarbeiter,
- das Erstellen und Aktualisieren eines Hygieneplans,
- das regelmäßige Kontrollieren der Einhaltung der festgelegten Maßnahmen.

Der aktuelle Hygieneplan muss jederzeit zugänglich und einsehbar sein. Die interne Hygieneüberwachung wird schriftlich festgehalten. Damit wird erreicht, dass alle Mitarbeiter und Angestellten den gleichen Kenntnisstand haben. Sie wissen, was wie zu reinigen und zu desinfizieren ist.

Im Hygieneplan sollten folgende Punkte festgelegt sein:
- **Was** soll gereinigt/desinfiziert werden (z. B. Fußboden, Gerätewagen, Behandlungsinstrumente ...)?
- **Wie** soll gereinigt/desinfiziert werden (Kurzbeschreibung der Methode)?
- **Womit** soll gereinigt/desinfiziert werden (Angabe des Reinigungs-/Desinfektionsmittels)?
- **Wie oft** soll gereinigt/desinfiziert werden?
- **Wer** ist für die Maßnahme verantwortlich?

Der nachfolgende Reinigungs- und Desinfektionsmittelplan erhebt keinen Anspruch auf Vollständigkeit. Er soll lediglich ein Gespür dafür vermitteln, wie man sinnvollerweise einen solchen Plan aufstellen kann.

Hygieneplan

Hautreinigung: vor Pausen und nach der Arbeit, nach sichtbaren Verschmutzungen
Hautschutz: vor Arbeitsbeginn, nach Pausen oder zwischendurch
Hautpflege: Nach Arbeitsende, ggf. nach Hautreinigung und bei Bedarf bzw. morgens und abends
Händedesinfektion: vor und nach Kundenkontakt und nach Kontakt mit kontaminiertem Arbeitsmaterial

WAS	WANN	WOMIT	WIE	WER
Händedesinfektion hygienisch	vor und nach der Behandlung			
Desinfektion kleiner Hautpartien	vor der Behandlung			
Hautverletzungen	vor dem Pflaster			
Hände und Kleinflächen	unterwegs (ambulante Fußpflege)			
Allgemeine Instrumente	sofort nach Gebrauch desinfizieren, reinigen, trocknen, ggf. sterilisieren			
Maschinelle Instrumentendesinfektion	Einsortieren sofort nach der Behandlung; Lagerung im Gerät vor der Desinfektion nicht über 6 Stunden; hygienisch lagern			
Sterilisation	nach der Desinfektion, soweit erforderlich			
Thermolabile Instrumente	sofort nach Gebrauch desinfizieren und reinigen			
Rotierende Präzisions-Instrumente	nach jeder Behandlung			
Kleine Flächen oder Reinigung	nach jeder Behandlung			
Große Flächen (Behandlungsstuhl usw..)	nach Dienstschluss und nach Bedarf			
Wäsche	Arbeitskittel möglichst täglich wechseln	Waschmaschine		
Abfall	Abfalleimer täglich mit Grobdesinfektionsmittellösung desinfizieren	Spitze, scharfe oder zerbrechliche Gegenstände nur sicher umschlossen in den Abfall geben! Praxisabfall wie Hausmüll entsorgen.		

▪ IV Der menschliche Körper

Man kann das Aussehen des menschlichen Körpers nur dann erfolgreich beeinflussen, wenn man versteht, wie er biologisch gebaut ist. Der Körper besteht aus vielen Organen, die zusammenwirken und sich gegenseitig beeinflussen. Alle **Organe** sind aus **Geweben** und diese wieder aus **Zellen** aufgebaut. Da sich der ganze Körper aus Organen zusammensetzt, wird er auch Organismus genannt.

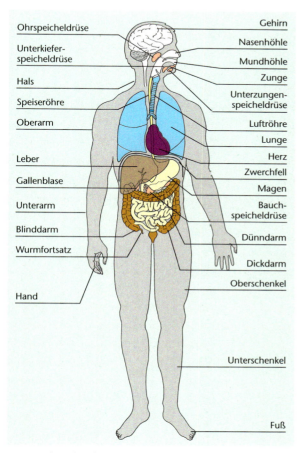

Die Wissenschaften, welche den menschlichen Organismus erforschen, heißen **Anatomie**, Physiologie und Biochemie. Die Anatomie beschreibt das Aussehen der Organe, Gewebe und Zellen, auch der kleinsten, nur unter dem Mikroskop erkennbaren Strukturen. Das **Physiologie** genannte Teilfach der Medizin beschreibt die Arbeitsweise der Organe und ihr Zusammenspiel bei Vorgängen im Körper. Die **Biochemie** erklärt die Vorgänge in den Zellen als chemische Reaktionen zwischen Molekülen.

Heute arbeiten die Wissenschaften Anatomie, Physiologie und Biochemie eng zusammen, um die letzten noch ungeklärten Fragen zur Arbeitsweise des menschlichen Organismus aufzuklären.

Körperteile und wichtige Organe des Menschen

Organ
ein Teil des Körpers mit einer bestimmten Aufgabe, z. B. ist das Herz ein Organ, das den Blutkreislauf antreibt

Gewebe
eine Struktur aus vielen gleichartigen Zellen, die miteinander verbunden sind oder ein Netz aus Kollagenfasern, in das Zellen eingelagert sind, z. B. Oberhaut

Zelle
kleinste selbständige Form des Lebens. Der menschliche Körper besteht aus sehr vielen Zellen verschiedener Typen, z. B. Nervenzelle

Anatomie
griech. anatemno zerschneiden; Lehre vom Körperbau und der Struktur der Organe und Zellen

Physiologie
Lehre von den normalen Lebensvorgängen

Biochemie
Wissenschaft, welche die den Lebensvorgängen zu Grunde liegenden chemischen Stoffe und chemischen Reaktionen erforscht

1 Zellen und Gewebe

1.1 Zellen als selbständige Lebewesen

Jedes Lebewesen besteht aus mindestens einer Zelle. Bakterien, Amöben oder Hefezellen sind **Einzeller**. Bei diesen ist jede Zelle ein kleines Lebewesen, das sich selbständig ernähren und bewegen kann. Wenn genug Nährstoffe vorhanden sind, teilen sich die Einzeller: aus einem Lebewesen werden dann zwei. Einzeller kann man nur unter dem Mikroskop erkennen, weil sie so klein sind.

Viele Lebewesen bestehen aus sehr viel mehr als einer Zelle. Bei diesen Vielzellern haben sich die Zellen auf bestimmte Aufgaben spezialisiert. Dadurch bekommt der Vielzeller bessere Möglichkeiten, sich in der Umwelt zu behaupten. Wenn man eine einzelne Zelle aus einem vielzelligen **Organismus** herauslöst, hat sie in freier Natur meist keine Überlebenschance.

Einzeller
Lebewesen, die nur aus einer einzigen Zelle bestehen

Organismus
ein aus vielen Zellen bestehendes Lebewesen, z. B. ein Mensch oder eine Pflanze

Eine Zelle, die auf Abwehr von feindlichen Einflüssen spezialisiert ist, könnte sich nicht ausreichend ernähren. Umgekehrt könnte eine Zelle aus einem Vielzeller, die für die Aufnahme von Nährstoffen spezialisiert ist, sich nicht verteidigen.

Trotz ihrer unterschiedlichen Aufgaben sind sich die meisten der Zellen des menschlichen Organismus in ihrer Form ähnlich. Sie sind von einem dünnen Häutchen umschlossen, der **Zellmembran**.

Im Inneren haben alle Zellen den Zellkern, der für die Zellteilung sehr wichtig ist. Unter dem Elektronenmikroskop erkennt man im Inneren der Zelle weitere Teilchen, z. B. die Mitochondrien und die Lysosomen. Auch einige Membranen findet man im Zellinneren, wie z. B. den Golgi-Apparat.

Zellmembran
ein sehr dünnes Häutchen, welche jede Zelle umgibt

Tabelle IV/1 Einzeller und Vielzeller

Einzeller	Vielzeller
Bakterien	Pflanzen
Amöben	Tiere
Hefen	Pilze
	Mensch

Zellteilung
(Schema der Mitose)
Beginn der Kernteilung

verdoppelte DNA wird auf zwei neue Kerne verteilt Teilung

Zellzyklus: Mitose (Verdopplung der DNA → Kernteilung → Zellteilung) → Arbeitsphase (Interphase) → nächste Mitose

DNA
engl. *desoxyribonucleic acid*; sehr kompliziertes, riesiges Molekül in den Zellkernen, in dem alle Erbmerkmale gespeichert sind (→ Kapitel IV/2.5)

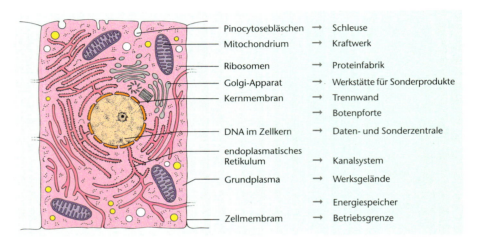

Typischer Bau einer Zelle (Schema)

Pinocytosebläschen → Schleuse
Mitochondrium → Kraftwerk
Ribosomen → Proteinfabrik
Golgi-Apparat → Werkstätte für Sonderprodukte
Kernmembran → Trennwand
→ Botenpforte
DNA im Zellkern → Daten- und Sonderzentrale
endoplasmatisches Retikulum → Kanalsystem
Grundplasma → Werksgelände
→ Energiespeicher
Zellmembram → Betriebsgrenze

Das Innere aller Zellen ist mit einer wässrigen Flüssigkeit gefüllt, die man Zytoplasma (Zellsaft) nennt. Im Zytoplasma sind viele Proteine (Eiweiße) gelöst, die den komplizierten Ablauf der Lebensvorgänge steuern.

Zellen vermehren sich durch Teilung. Um sich teilen zu können, müssen sie sehr gut mit Nährstoffen versorgt werden. Beim Erwachsenen teilen sich Zellen nur noch, um absterbende Zellen zu ersetzen.

In manchen Geweben, z. B. der Oberhaut oder der Magenschleimhaut, teilen sich die Zellen auch beim Erwachsenen noch ständig. In bestimmten Organen, Muskeln, Knochen oder dem Bindegewebe wird die Zellteilung wieder in Gang gesetzt, wenn ein Teil des Gewebes durch eine Verletzung beschädigt worden ist.

In anderen Geweben, z. B. in Gehirn und Nerven, sind Zellteilungen eher selten. Aus diesem Grund kann der Körper verletzte Nerven nicht reparieren.

Der Zellkern enthält Nukleinsäuren, oft als **DNA** oder DNS bezeichnet, auf der sämtliche Erbmerkmale des Menschen verzeichnet sind. Wenn eine Zelle einen Teil ihrer Substanz erneuern will, so findet sie den Bauplan für diese Reparatur in der Nukleinsäure des Zellkerns.

Bei Zellteilungen muss zuerst der Bauplan im Zellkern kopiert werden. Jede Kopie formt dann einen eigenen Zellkern, erst dann kann sich die Zelle in zwei fast identische Tochterzellen aufteilen, von denen jede von einer vollständigen Zellmembran umgeben ist (→ nebenstehenden Exkurs).

Zellteilungen sind notwendig, wenn der Mensch noch wächst, oder beim Erwachsenen, wenn benachbarte Zellen abgestorben sind.

1 Zellen und Gewebe

Viele Arten von menschlichen Zellen erreichen nur ein recht geringes Alter. Sie sterben dann ab und müssen durch Teilung von Nachbarzellen wieder ersetzt werden. Die Zellen der Oberhaut leben nur etwa 15 bis 30 Tage, die der Schleimhäute noch weniger. Rote Blutkörperchen leben etwa 3 Monate.

Die Zellen des Organismus haben unterschiedliche Aufgaben (→ Tabelle IV/2). Sie können diese Aufgaben nur erfüllen, wenn sie ausreichend mit Nährstoffen versorgt werden. Außerdem brauchen sie Sauerstoff, um einen Teil der Nährstoffe verbrennen zu können. Sowohl die Nährstoffe als auch der Sauerstoff werden den Zellen über den Blutkreislauf zugeführt.

Tabelle IV/2 Beispiele für Zelltypen und deren Aufgabe

Zelltyp	Aufgaben
Drüsenzellen	■ Produktion und Abgabe von Sekreten, z. B. Schweiß, Tränen, Speichel, Milch, Hormonen
Knochenzellen	■ Aufbau der Knochensubstanz
Muskelzellen	■ Erzeugung einer Bewegung durch **Kontraktion**
Nervenzellen	■ Verarbeitung und Weiterleitung von Sinneseindrücken ■ Leitung von Befehlen an die Muskeln ■ Denken
Oberhautzellen (Keratinozyten)	■ Produktion von Hornhaut, Haaren und Nägeln
Weiße Blutkörperchen (z. B. Lymphozyten)	■ Schutz vor Infektionen

Kontraktion
lat. contrahere zusammenziehen, z. B. von Muskeln

Cristae
lat. Leiste, Kamm

Mitochondrien
griech. mitos Faden; im Zellplasma liegende ovale Partikel

 Die Zelle ist das kleinste lebende Teilchen eines Organismus. Zellen können sich durch Teilung vermehren.

Die meisten Zellen bleiben ihr Leben lang an dem Ort im Körper, an dem sie entstanden sind. Ausnahmen sind die roten Blutkörperchen (→ Kapitel IV/2.7) und viele Zellen des Immunsystems (→ Kapitel V/4).

Mitochondrien sind komplizierte kleine Teilchen, die man in jeder menschlichen Zelle finden kann. Man kann sie als Kraftwerke der Zelle bezeichnen. Sie haben die Aufgabe, Nährstoffe (wie Traubenzucker oder Fettsäuren) mit Sauerstoff zu verbrennen. Bei der Verbrennung entsteht Wärme, die unsere Körpertemperatur von 37 °C aufrecht erhält.

Der größte Teil der Energie, die bei dieser Verbrennung freigesetzt wird, dient dem Körper aber für andere Aufgaben, z. B. für die Bewegung der Muskulatur, den Aufbau körpereigener Stoffe oder die Denkleistung des Gehirns.

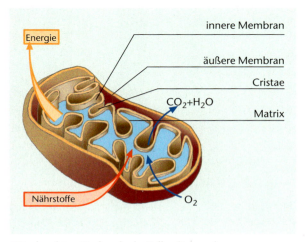

Mitochondrien: Kraftwerke der Zellen (Schema)

Das **endoplasmatische Retikulum** findet man vor allem in Drüsenzellen. Hier entstehen Proteine, welche von den Zellen an das Blut abgegeben werden.

Lysosomen
kleine Partikel im Zellplasma, die verbrauchte Zellbestandteile abbauen

Golgi-Apparat
ein von Membranen gebildetes Kanalsystem, das ständig kleine von einer Membran umschlossene Bläschen bildet

amphiphil
griech. amphi- auf beiden Seiten; chemische Eigenschaft von Stoffen; sie sind sowohl wasserliebend als auch wasserabstoßend

Zytoplasma
Flüssigkeit im Inneren einer Zelle

Hormon
ein Stoff, der von einer Drüse produziert wird, dann durch das Blut zu anderen Organen transportiert wird und dort eine Wirkung auslöst
(→ Kapitel IV/2.6)

Mit Hilfe der **Lysosomen** hat jede Zelle die Möglichkeit, schadhafte Bestandteile abzubauen, so dass sie entsprechend dem oben genannten Bauplan durch neue ersetzt werden können.

Der **Golgi-Apparat** ist bei Drüsenzellen sehr wichtig. Seine Funktion wird bei den Farbstoff produzierenden Melanozyten der Haut oder bei den Schweißdrüsen näher erklärt.

1.2 Zellmembran und Stoffaustausch

Jede Zelle ist mit einer Zellmembran umgeben. Die Zellmembran ist ein dünnes Häutchen aus **amphiphilen** Stoffen, vor allem aus Lezithin (→ Kapitel VIII/2). Sie wird von Proteinen stabilisiert.

Die Zellmembran verhindert, dass der Zellsaft (**Zytoplasma**) aus der Zelle herausläuft und dass fremde Flüssigkeit in die Zelle eindringt. Selbst die Nährstoffe, welche von der Zelle dringend gebraucht werden, können nicht ohne weiteres in die Zelle hinein. Zur Aufnahme der Nährstoffe, z. B. von Traubenzucker, sind in die Zellmembran kleine verschließbare „Durchlassventile" oder „Pumpen" eingebaut, die oft von der Zelle selbst gesteuert werden. Auf diese Weise kann die Zelle entsprechend ihrem Bedarf bestimmen, was in sie hinein gelangt und was nicht. Manche dieser Pumpen werden durch **Hormone** gestartet oder abgeschaltet.

Die Pumpen in der Zellmembran sorgen auch dafür, dass Abfallstoffe und anderes, für die Zelle unbrauchbare Material, aus der Zelle heraus befördert werden. Alle „Durchlassventile" oder „Pumpen" in der Zellmembran sind spezielle Proteinmoleküle.

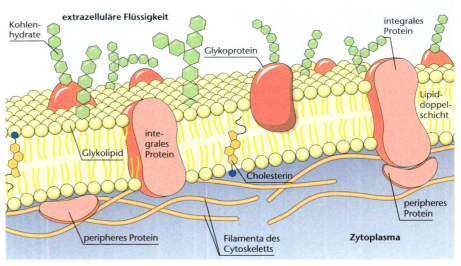

*Querschnitt durch eine **Zellmembran**. Die Lezithin-Moleküle bilden eine Doppelschicht, die im Inneren lipophil ist.*
Lezithin-Moleküle *gelb*; Protein-Moleküle *altrosa*; Polysaccharid-Ketten an der Außenseite *grün*

Die Außenseite der Zellmembran ist mit hydrophilen Kohlenhydratketten (Polysacchariden) besetzt. Diese sorgen dafür, dass große Fremdmoleküle (z. B. Enzyme) nicht an die Membran herankommen und diese eventuell zerstören.

Die Polysaccharide auf der Zelloberfläche dienen auch als Erkennungsmerkmale. Durch sie wird verhindert, dass die körpereigenen Zellen durch Zellen des Immunsystems zerstört werden (→ Kapitel V/4).

Eine Beschädigung der Zellmembran ist für die Zelle meist tödlich. Die Zellen achten deshalb darauf, dass jede kleine Veränderung der Membran sofort repariert wird. Die Bausteine für den Aufbau der Membran bekommen wir aus bestimmten Nahrungsfetten, auf die wir deshalb in unserer Nahrung nicht verzichten können.

Bestimmte Stoffe wie **Detergenzien** können die Zellmembran zerstören. Trotzdem sind viele Detergenzien für uns unschädlich, weil die äußerste Schicht unseres Körpers nicht aus lebenden Zellen, sondern aus totem Hornmaterial besteht (→ Kapitel V/2.3).

Detergenzien
lat. detergere abwischen; Wasch- und Reinigungsmittel

1.3 Zelltypen und Gewebe

Gewebe aus gleichartigen Zellen

Im menschlichen Organismus gibt es verschiedenartige Zellen, die sich auf ganz bestimmte Aufgaben spezialisiert haben.
- Nervenzellen können Sinneseindrücke sammeln und ans Gehirn weiterleiten.
- Das Gehirn kann über Nervenzellen der Muskulatur Befehle erteilen.
- Muskelzellen führen diese Befehle aus, indem sie sich zusammenziehen.
- Zellen der Oberhaut produzieren die undurchlässige Hornhaut.
- Zellen der Leber verarbeiten die aus der Nahrung aufgenommenen Stoffe.

Dies sind nur wenige Beispiele aus der Vielfalt der spezialisierten Zellen, die für einen funktionierenden menschlichen Organismus notwendig sind.

Alle Zellen des menschlichen Körpers entstehen aus einer befruchteten Eizelle. Diese teilt sich nach der Befruchtung in zwei gleiche Tochterzellen, die sich auch wieder teilen. Dieser Teilungsvorgang wiederholt sich ständig und der entstehende Mensch wird im Mutterleib immer größer. Nach Ablauf einiger Teilungen sind die neu entstehenden Zellen nicht mehr alle gleich. Sie entwickeln bestimmte Merkmale, die schon erkennen lassen, dass sie sich später bei weiteren Teilungen zu einer Leberzelle, einer Nervenzelle oder einem anderen Zelltyp entwickeln. Man sagt, die Zellen differenzieren sich.

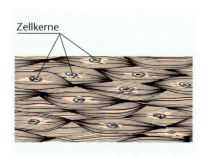
Muskelgewebe (glatte Muskulatur)

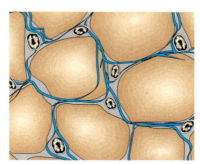
Bindegewebe

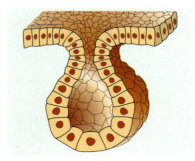
Drüsengewebe

Aus den differenzierten Zellen kann bei weiterer Teilung ein **Gewebe** aus gleichartigen Zellen entstehen. In einem Gewebe dieser Art haben alle Zellen die gleiche Aufgabe. Einige Beispiele für solche Gewebe sind in Tabelle IV/3 genannt.

Viele Gewebe aus gleichartigen Zellen sind als Hohlkörper, z. B. als Röhren, geformt. Im Inneren solcher Röhren werden Stoffe transportiert. Bekannte Beispiele solcher Gewebe sind die Adern (Blutgefäße), die Lymphgefäße, die Bronchien und die Lungenbläschen in der Lunge, die Magenwand, die Darmwand sowie viele Drüsen.

 Ein Zell-Gewebe besteht aus vielen gleichartigen Zellen, die miteinander verbunden sind.

Tabelle IV/3 *Aus Zellen bestehende Gewebe*

Zellgewebe	Aufgabe
Leber	Verarbeitung von Nährstoffen
unterste Schicht der Oberhaut (Basalzellschicht)	Produktion von Hornschicht
Knochenmark	Herstellung von Blutzellen
Muskel	Herzschlag, Bewegung
Drüsengewebe	Produktion von Sekreten (z. B. Hormonen, Speichel, Verdauungssäften, Tränen, Hauttalg)
Nervengewebe	Sinnesorgane, Denkleistung im Gehirn

Gewebe aus Kollagenfasern

Es gibt auch Gewebe, die nicht aus einer Anhäufung von gleichartigen Zellen bestehen, sondern aus einem Netzwerk von Kollagenfasern. Gewebe dieser Art sind das Bindegewebe, die Lederhaut, die Knochen oder der Knorpel. In ein solches Netzwerk sind meist verschiedene Zellen eingelagert, z. B. spezialisierte Zellen, die dieses Netzwerk produzieren und reparieren können.

Im **Bindegewebe**, in der Lederhaut und im Knorpel sind die Hohlräume zwischen den Kollagenfasern weitgehend mit Wasser gefüllt, welches durch gequollene Polysaccharide (→ Kapitel VIII/1.4) angedickt ist und deshalb nicht herausfließen kann.

Man kann sich das lockere, mit Wasser gefüllte Bindegewebe wie einen nassen Schwamm vorstellen. Wenn es gedrückt wird, gibt es Wasser ab, lässt der Druck nach, saugt es das Wasser wieder auf. Das zurückströmende Wasser bringt Nährstoffe mit, deshalb trägt dieser Vorgang wesentlich zur Versorgung des Bindegewebes bei. Bindegewebe, das lange Zeit nicht gedrückt oder bewegt wird, erhält nicht genügend Nährstoffe.

Dies erklärt auch den belebenden Effekt, den eine Massage (→ Folgeband) auf das Bindegewebe hat. In den Knochen werden Kristalle aus Kalk und Kalziumphosphaten in die Hohlräume zwischen dem Fasernetz eingelagert. Dadurch bekommen die Knochen ihre besondere Festigkeit.

Bindegewebe
ein hauptsächlich aus Kollagenfasern bestehendes Gewebe, welches alle Organe des Körpers umhüllt und miteinander verbindet

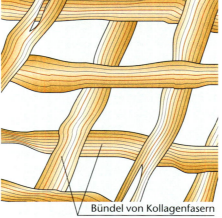

Netzartiges Fasergewebe der Lederhaut (Schema)

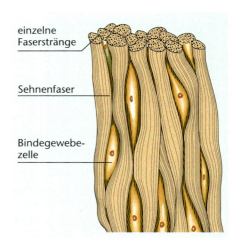

Sehne (Schema)

2 Bau und Funktion des menschlichen Körpers

Die menschlichen Organe bestehen immer aus mehreren Typen verschiedener Gewebe, die hier zur Erfüllung bestimmter Aufgaben zusammenarbeiten. Alle Organe, die hauptsächlich aus zellulärem Gewebe bestehen, wie Leber, Herz oder Niere, werden von einem dichten Netz aus Kollagenfasern umschlossen. Diese Hülle aus Kollagen gibt den Organen Form und Stabilität. Gleichzeitig werden diese Organe mit Kollagenfasern auch im umgebenden Bindegewebe verankert.

2.1 Das Skelett

Eigentlich kann man jeden einzelnen Knochen als ein Organ auffassen, denn jeder hat eine eigene Aufgabe. Der Knochen eines Fingerglieds kann nicht als Kniescheibe dienen und umgekehrt ginge es auch nicht. Die verschiedenen Knochen sind sich aber im inneren Aufbau ähnlich, und sie sind fast alle über Gelenke miteinander verbunden. Man hat sich deshalb angewöhnt, die Gesamtheit der Knochen als das **Skelett** zu bezeichnen. Das Skelett gibt unserem Körper die Form. Es gibt uns auch die Möglichkeit, kontrollierte Bewegungen auszuführen (im Zusammenspiel mit Muskeln und anderen Organen). Ohne Skelett wären wir nicht in der Lage zu laufen, zu klettern oder Dinge mit der Hand zu ergreifen. Im **Schädel** sind die meisten Knochen miteinander verwachsen, so dass ein recht stabiler Hohlkörper gebildet wird. Nur der Unterkiefer ist ein beweglicher Knochen am Kopf.

In der **Hand** sind die einzelnen Knochen durch Gelenke und Bänder miteinander verbunden. Dadurch bekommen die Hand und die Finger eine große Beweglichkeit. Wir können damit komplizierte Bewegungen ausführen.

Das **Skelett des Fußes** ist ähnlich angelegt wie das der Hand. Da die Zehen aber erheblich kürzer als die Finger sind, eignet sich der Fuß nicht als Greifwerkzeug.

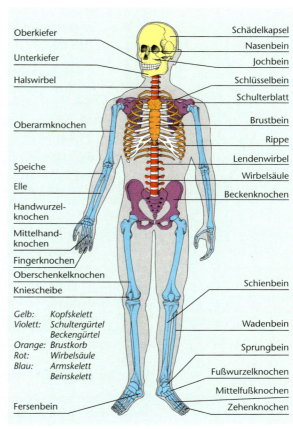

Menschliches Skelett

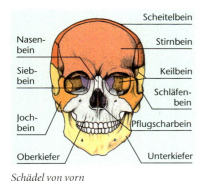

Schädel von vorn

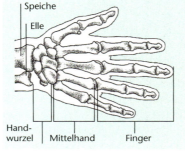

Skelett der Hand

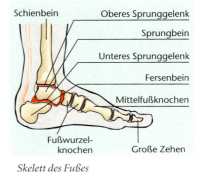

Skelett des Fußes

Die Knochen verdanken ihre Form einem dichten Geflecht aus Kollagenfasern, in welches steinartige Kristalle aus weißem Kalk und aus Kalziumphosphaten eingelagert sind.

Knorpel
Bindegewebe, das hauptsächlich in den Gelenken zwischen den Knochen zu finden ist. Das Gerüst der Ohrmuschel und der vorderen Nase besteht auch aus Knorpel.

Der Knochen enthält Zellen, die Knochenmaterial aufbauen können, und solche, die es abbauen und auflösen können. Diese Zellen befinden sich beim Erwachsenen meist im Ruhezustand. Wenn aber ein Knochen durch Gewalteinwirkung bricht, so werden diese Zellen aktiv:
- die abbauenden Zellen können Knochensplitter auflösen,
- die aufbauenden Zellen können Bruchstellen wieder verkitten.

Die Gelenke verbinden die einzelnen Knochen miteinander. Das Verbindungsgewebe besteht aus **Knorpel** und dicken Bändern aus Kollagen.

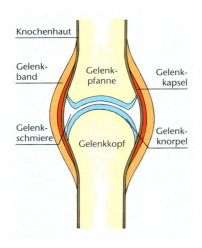

Bau eines Gelenks

In einem länglichen Hohlraum im Inneren vieler Knochen befindet sich das **Knochenmark**. Seine Aufgabe hat mit der des Skeletts nichts zu tun.
Im Knochenmark entstehen ständig neue Zellen für das Blut: rote und weiße **Blutkörperchen**. Die roten Blutkörperchen transportieren den Sauerstoff. Die weißen Blutkörperchen (Leukozyten) sind zur Abwehr von Infektionen wichtig. Sie halten sich im Blut, in der Lymphe und im Bindegewebe auf. Blutzellen müssen ständig neu gebildet werden, weil sie nur eine Lebensdauer von einigen Tagen oder Wochen haben.

Die **Zähne** sind eine spezielle Unterart der Knochen. Ihre aus dem Zahnfleisch herausragende Oberfläche ist durch den Zahnschmelz bedeckt. Zahnschmelz ist eine besonders dichte Knochenmasse aus Kalziumphosphaten. Er ist besonders hart und eignet sich deshalb gut zum Zerkleinern der Nahrung beim Kauen. Der Körper erneuert die Zähne nur einmal im Leben, etwa im sechsten Lebensjahr. Die danach entstehenden Zähne sollen ein Leben lang halten und müssen deshalb sorgfältig gepflegt werden.

Blutkörperchen
Zellen, die mit dem Blut durch den Körper fließen

1 Wie viel verschiedene Knochen kann man durch Betasten von außen an einer Hand zählen?
2 Stimmt es, dass die Frau eine Rippe mehr hat als der Mann?

2.2 Die Muskulatur

Es gibt in unserem Körper verschiedene Typen von Muskeln. Wir unterscheiden die Skelettmuskeln von den Ringmuskeln und vom Herzmuskel.
Das Skelett und die Skelettmuskulatur bestimmen weitgehend die äußere Form und das allgemeine Aussehen eines Menschen. Darüber befindet sich nur noch die Haut mit dem Unterhautfettgewebe. Diese Schicht ist aber normalerweise nur wenige Millimeter dick.

Die Skelettmuskulatur

Sehne
ein hauptsächlich aus Kollagenfasern bestehender Strang, der einen Muskel mit einem Knochen verbindet

Die Skelettmuskeln sind meist lang gestreckte, spindelförmige Organe, die sich zusammenziehen und dadurch verkürzen können. Sie haben die Aufgabe, einzelne Knochen des Skeletts gegeneinander zu bewegen. Zu diesem Zweck ist jeder Muskel an seinen beiden Enden über Kollagenstränge (**Sehnen**) mit je einem Knochen verbunden. Wenn sich der Muskel zusammenzieht, werden die beiden Knochen über das zwischen ihnen liegende Gelenk gegeneinander bewegt. Die Kontraktion (das Zusammenziehen) eines Muskels ist physikalisch gesehen eine Arbeit. Die hierfür nötige Energie produziert die Muskelzelle selbst, indem sie Nährstoffe wie Glucose oder Fettsäuren mit Sauerstoff verbrennt (→ Kapitel IV/2.7 und 2.8). Der Muskel kann nur arbeiten, wenn ihm ständig Nährstoffe und Sauerstoff über das Blut zugeführt werden. Nur ein wenig Glucose und sehr wenig Sauerstoff können direkt im Muskel gespeichert werden.

2 Bau und Funktion des menschlichen Körpers

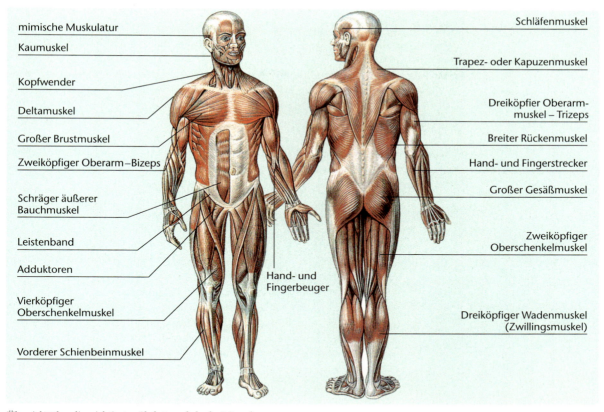

Übersicht über die wichtigsten Skelettmuskeln des Menschen

Besonders wichtig für Beweglichkeit, sportliche Leistung und für die äußere Form des Körpers sind die großen Muskeln an Armen, Beinen, Brust und Bauch. Wenn sie nicht von einer dicken Schicht Fett überdeckt sind, kann man die Beuge- und Streckvorgänge an diesen Muskeln von außen sehen oder fühlen. An fast jedem Gelenk gibt es je einen Muskel für die Beugebewegung und die Streckbewegung. Das ist notwendig, denn ein Muskel kann sich ja nur in einer Richtung zusammenziehen, aber nicht aktiv wieder strecken.

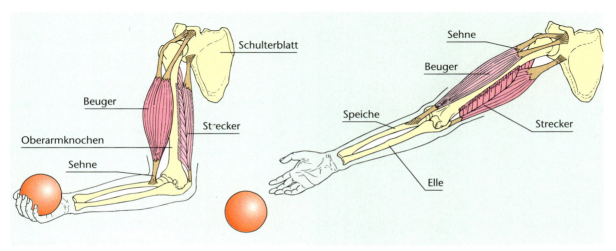

Arbeitsweise von Beuge- und Streckmuskeln

> **Muskelarbeit**
>
> Wenn ein Skelettmuskel arbeitet, können wir fühlen, wie er dicker wird. Ziehen wir z. B. den Unterarm hoch, können wir feststellen, dass sich der „Bizeps" genannte Muskel im Oberarm zusammenzieht und verdickt.
> Der Bizeps ist ein Beugemuskel, der den Unterarm gegen den Oberarm beugt. Soll der Unterarm wieder gestreckt werden, so wird ein Streckmuskel tätig, der sich ebenfalls im Oberarm befindet. Für jede Bewegung, die wir mit unserem Skelett ausführen können, gibt es einen eigenen Muskel.

Anabolika
Medikamente, die den Aufbau der Muskulatur fördern, mit gefährlichen Nebenwirkungen, z. B. das männliche Geschlechtshormon Testosteron.

Die Skelettmuskeln ziehen sich in der Regel nur zusammen, wenn sie über die Nerven einen Befehl vom Gehirn erhalten. Deshalb können wir unsere Körperbewegungen bewusst steuern.

 Der Aufbau der Skelettmuskulatur durch Training ist nur innerhalb gewisser Grenzen möglich. Ein Skelettmuskel ist umso dicker, je kräftiger er ist.

Durch Training kann man Skelettmuskeln gezielt kräftigen. Werden Muskeln nicht genutzt, so verkümmern sie. Dies kann man bereits beobachten, wenn ein Arm oder Bein einige Wochen eingegipst werden muss.
Die Entwicklung der Skelettmuskulatur wird vom Typ des Körperbaus mitbestimmt. Männer entwickeln beim Training kräftigere Muskeln als Frauen. Dies hängt mit den männlichen Geschlechtshormonen zusammen, von denen der Körper des Mannes mehr produziert als der der Frau.

Gut trainierter Körper

> Durch zusätzliches Verabreichen von männlichen Geschlechtshormonen (**Anabolika**) kann man den Aufbau von Muskeln fördern. Die muskulösen Supermänner, die ihre Figur angeblich nur dem „Bodybuilding" im Fitness-Studio verdanken, erreichen ihre übertriebene und unnatürliche Muskelbildung in erster Linie durch Einnahme von Anabolika.
> Auch Frauen können durch Einnahme von Anabolika eine männlich wirkende Muskulatur bekommen.
>
> Da die künstlich verabreichten Hormone schwere Nebenwirkungen haben, wird vor der Verwendung von Anabolika immer wieder gewarnt. Der Verkauf solcher Stoffe ist deshalb verboten.

Die mimische Muskulatur

Außer den genannten großen Muskeln, mit deren Hilfe wir laufen sowie körperliche Arbeiten und Sport betreiben können, gibt es auch sehr viele kleinere Muskeln. Nachfolgend werden hier nur die am Kopf befindlichen Muskeln einzeln erwähnt.
Die **Zunge** ist ein sehr beweglicher Muskel, mit dessen Hilfe wir sprechen und essen.
Die **Kaumuskeln** sind die stärksten Muskeln, mit denen der Unterkiefer beim Zubeißen nach oben gezogen wird. Sie sind so stark, dass wir damit ohne weiteres unsere Zähne kaputtbeißen könnten.
Im Bereich des Gesichts gibt es viele kleine Muskeln, die beim Lachen, Weinen und den verschiedensten Grimassen eine Rolle spielen. **In den Lippen** befinden sich sehr bewegliche Muskeln, die uns beim Essen, Trinken, Sprechen und Küssen behilflich sind.

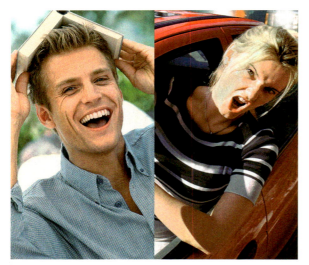
Bewegungen der Gesichtsmuskulatur

Wenn wir die Stirn runzeln, ziehen sich **kleine Muskeln oberhalb der Augenbrauen** zusammen. Wenn wir solche Bewegungen des Gesichts sehr oft ausführen, so prägen sich die dabei entstehenden Falten dauerhaft in die Haut ein. Wir können deshalb in fortgeschrittenem Alter die Lachfalten oder Stirnfalten auch dann erkennen, wenn wir nicht lachen oder zornig sind.

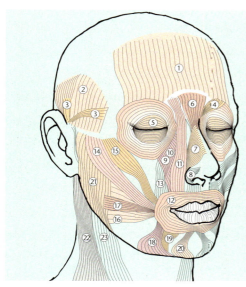

1	Muskel zum Runzeln der Stirn (Hochziehen der Augenbrauen), darunter liegt ein Muskel, der die Stirn über der Nasenwurzel in senkrechte Falten ziehen kann (siehe Nr. 6)
2	Schläfenmuskel
3	Ohrmuskeln
4	Muskel zum Herabziehen der Augenbraue
5	Augenringmuskel zur Bewegung der Augenlider
6	Muskel zum Herabziehen der Stirnhaut
7, 8	Nasenmuskeln
9 bis 11	Muskeln zum Heraufziehen der Oberlippe
12	Lippenringmuskel
13	Muskel zum Hochziehen der Mundwinkel
14 bis 17	Muskeln, die den Mund breit ziehen
18	Muskel zum Herabziehen des Mundwinkels
19, 20	Muskeln zum Herabziehen der Unterlippe
21	Kaumuskel
22, 23	Muskeln zum Drehen des Kopfes

Muskeln des Gesichts und des Halses (→ Folgeband)

Botox
Um zu verhindern, dass sich Stirnfalten und Lachfalten dauerhaft einprägen, lassen sich manche Frauen ein Nervengift unter die Haut spritzen. Dieses Gift wird aus Botulinus-Bakterien gewonnen und meist kurz Botox genannt. Es bewirkt eine Lähmung der Muskeln in der Nähe der Einspritzstelle. Die Nervenimpulse zur Kontraktion dieser Muskeln bleiben wirkungslos.
Da die Stirn infolge einer solchen Injektion nicht mehr gerunzelt werden kann, bleiben auch die entsprechenden Falten aus oder sie glätten sich langsam wieder. Botox-Injektionen sind nicht ungefährlich. Wenn die Dosierung nicht genau stimmt oder die Spritze nicht exakt platziert ist, können auch Muskeln betroffen sein, die eigentlich nicht gelähmt werden sollten.
Nach einer Injektion von Botox unter die Haut der Stirn kommt es z. B. gelegentlich vor, dass auch die oberen Augenlider nicht mehr bewegt werden können. Da dieser Effekt mehrere Wochen bestehen bleibt, hat dies fatale Folgen.
Im Ausland werden Botox-Injektionen auch in Kosmetik-Instituten ausgeführt. Wegen der Gesundheitsrisiken sollte man das besser Ärzten überlassen.

Botox
Abkürzung für Botulinumtoxin

In bestimmten schlauchförmigen Organen wie dem Darm, dem Magen oder den Blutgefäßen gibt es noch einen weiteren Typ von Muskeln. Sie werden als Ringmuskeln oder **glatte Muskulatur** bezeichnet.

 Die glatte Muskulatur wird im Gegensatz zu den Skelettmuskeln nicht vom Gehirn gesteuert, sie arbeitet automatisch, wenn sie gebraucht wird.

Die Muskeln von Magen und Darm fangen selbständig an zu arbeiten, sobald Nahrung darin angekommen ist. Die glatten Muskeln der Blutgefäße verengen sich in bestimmten Bereichen des Körpers, wenn andere Bereiche besser mit Blut versorgt werden sollen. Alle diese Vorgänge werden durch Hormone gesteuert (→ Kapitel IV/2.6).

glatte Muskulatur
ein Typ der Muskeln, welcher nicht bewusst durch das Gehirn gesteuert wird, z. B. die Ringmuskeln des Magens, der Darmwand oder der großen Blutgefäße

Der **Herzmuskel** ist ein dritter Typ der Muskulatur. Der Herzmuskel ist zwar ähnlich aufgebaut wie ein Skelettmuskel, aber er arbeitet das ganze Leben lang vollautomatisch und lässt sich vom Gehirn nicht bewusst steuern. Zur Aufgabe des Herzens → Kapitel IV/2.7.

1. Welche Bewegungen kann man mit dem Oberarm ausführen? Wo sind die für die Bewegungen des Oberarms zuständigen Muskeln?
2. Früher warnten Mütter ihre Kinder, sie sollten nicht so viele Grimassen schneiden, weil diese sonst stehen bleiben würden. War das nur ein Spruch, mit dem die Kinder zu mehr Ernst und weniger Albernheit ermahnt werden sollten, oder ist etwas Wahres daran?
3. Welche Muskeln ziehen sich zusammen, wenn wir den Fuß in verschiedene Richtungen bewegen? Wo sitzen die Muskeln für die Bewegungen des Daumens und der einzelnen Finger?
4. Versuchen Sie durch Tasten festzustellen, wo die Muskeln verlaufen, die wir zum Lachen (Lächeln) brauchen. Wo sitzen die Muskeln, die wir benötigen, um die Stirn in senkrechte oder waagerechte Falten zu legen?

2.3 Bindegewebe und Haut

Das Bindegewebe

Das Bindegewebe ist im gesamten Körper verteilt. Es umgibt die Knochen, Muskeln und inneren Organe. Seine Aufgabe ist es, diese Organe an ihrem Ort im Körper festzuhalten.

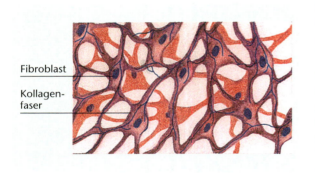

Struktur des lockeren Bindegewebes

Das Bindegewebe schützt auch die darunter liegenden Organe vor mechanischer Beschädigung. Auch der größte Teil der Haut, nämlich die Lederhaut (→ Kapitel V/3), besteht aus Bindegewebe.

Hauptbestandteil des Bindegewebes sind Fasern aus langgestreckten Proteinmolekülen, dem Kollagen. Gereiftes Kollagen löst sich weder in Wasser noch in Öl. Die Fasern aus Kollagen sind meist sehr dünn, so dass man sie mit bloßem Auge nicht sehen kann. An einigen Stellen treten sie aber zu dicken Bündeln zusammen, die man als Sehnen bezeichnet. Sehnen verbinden die Skelettmuskulatur mit dem Skelett.

Fibroblasten
Zellen des Bindegewebes, welche das Füllmaterial des Bindegewebes produzieren (hauptsächlich Kollagen und Proteoglykane)
(→ Kapitel VIII/1.4)

Die dünnen Kollagenfasern sind untereinander zu einem räumlichen Netzwerk verfilzt. Dieses Netz ist in der Umgebung der Organe und in der Lederhaut besonders dicht und stabil. In den Hohlräumen des Netzwerks sind einzelne Zellen eingelagert, hauptsächlich **Fibroblasten** und Zellen des Immunsystems (→ Kapitel V/4). Die Fibroblasten haben das Kollagen-Netz hergestellt und können es bei Bedarf auch wieder erneuern, z. B. nach einer Verletzung. Allerdings gelingt ihnen die Reparatur nach größeren Verletzungen nicht perfekt, es entsteht Narbengewebe, das man oft als Narbe von außen deutlich erkennen kann.

Der größte Teil des Hohlraums im Kollagen-Netz des Bindegewebes ist mit Wasser gefüllt. Dieses Wasser ist mit bestimmten Stoffen, vor allem den Proteoglykanen, zu einem puddingartigen Gel angedickt. Deswegen kann das Wasser nicht einfach aus dem Bindegewebe herauslaufen. Wenn man aber von außen auf Bindegewebe drückt, so wird ein Teil des Wassers wie aus einem nassen Schwamm herausgequetscht. Dies geschieht z. B. bei einer Massage.

Die verschiedenen Arten von Bindegewebe unterscheiden sich durch ihre Festigkeit, je nach Aufgabe.
- Das Bindegewebe der Lederhaut ist ein lockeres Bindegewebe, das sich leicht verformen lässt; trotzdem ist es sehr reißfest.
- Das Bindegewebe der Sehnen ist sehr viel dichter und extrem reißfest.
- Der Knorpel ist ein druckbeständiges Bindegewebe.
- Auch die Knochen sind eigentlich Bindegewebe, das aber durch Einlagerung von unlöslichen anorganischen Mineralien (Kristalle aus Kalziumphosphat oder Kalk) verhärtet ist.

 Den **Knorpel** kann man sowohl zum Bindegewebe als auch zum Skelett rechnen. Er ist aufgebaut wie das Bindegewebe, nämlich aus Kollagen und Proteoglykanen.

Im Gegensatz zu den Knochen enthält der Knorpel keine anorganischen Kristalle. Er ist deshalb nicht so hart wie die Knochen. Trotzdem ist Knorpel wesentlich fester als das übrige Bindegewebe. Knorpel gibt es in allen Gelenken des Skeletts, zwischen den Rippen sowie im vorderen Bereich der Nase und in den Ohrmuscheln. Auch unsere Luftröhre und die Augäpfel sind im Wesentlichen spezielle Knorpel.

1 Wie sehen Narben aus und was kann die Kosmetikerin tun, um Narben unsichtbar zu machen?
2 Wie würde ein Mensch aussehen, in dessen Bindegewebe das Wasser nicht ausreichend durch Proteoglykane festgehalten wird?
3 An welchen Stellen des Körpers kann man Knorpel bequem mit den Fingern ertasten? Beschreiben Sie seine Beschaffenheit im Vergleich zum Bindegewebe an der Wange.

Die Haut

Die **Haut** ist ein kompliziertes Organ, das den ganzen Körper umhüllt. Zum größten Teil ist die Haut ein Bindegewebe. Sie schützt den Körper vor Bakterien und anderen Mikroorganismen, indem sie verhindert, dass diese in den Körper eindringen. Da der Mensch zum größten Teil aus Wasser besteht, muss die Haut zuverlässig dafür sorgen, dass der Körper nicht austrocknet. Umgekehrt dürfen Duschwasser oder andere Stoffe, mit denen wir in Berührung kommen, nicht in den Körper eindringen. Bei kühler Außentemperatur verhindert die Haut einen zu starken Wärmeverlust des Körpers. Umgekehrt kann die Haut bei höheren Temperaturen auch zur Abkühlung des Organismus beitragen.

Den Schutz vor Austrocknung und vor Eindringen von Mikroorganismen und Fremdstoffen garantiert uns die **Oberhaut**. Hauptaufgabe der Oberhaut ist es, eine Hornhaut zu bilden, die unseren Körper nach außen abgrenzt (→ Kapitel V).
Unter der Oberhaut liegt die **Lederhaut**, welche für die mechanische Festigkeit der Haut verantwortlich ist. Die Lederhaut ist ein Bindegewebe. In die Lederhaut sind zahlreiche winzige Organe eingebettet, die Haarwurzeln, die Organe des Tastsinns, die Schweißdrüsen und ein kompliziertes System von Blutgefäßen und Lymphgefäßen.

Das **Unterhaut-Fettgewebe** ist die dritte Schicht der Haut. Auch diese ist ein spezielles Bindegewebe. Die Beschaffenheit dieser Fettgewebs-Schicht ist ganz wesentlich für das Aussehen eines Menschen. Es entscheidet darüber, ob sich Falten in der Haut zeigen, ob sich Knochen, Muskeln oder dicke Adern durch die Haut abzeichnen. Das Fettgewebe dient uns als Wärmeisolierung, als Stoßpolster und als Nahrungsspeicher.

Haare und Nägel bezeichnet man als **Anhangsgebilde** der Haut. Wegen ihrer besonderen Bedeutung für die Kosmetik wird die Haut in Kapitel V ausführlich besprochen.

Normale Haut (stark vergrößert)

Schleimhäute

Schleimhäute finden wir an vielen Körperöffnungen und in den Verdauungsorganen. Sie kleiden das Innere der größeren Hohlorgane aus, z. B. Mund, Speiseröhre, Magen, Darm, Lunge, Vagina. Sie sind im Prinzip ähnlich aufgebaut wie die äußere Haut. Die Schleimhäute bestehen aus einem der Lederhaut entsprechenden Bindegewebe und einem **Epithel**, welches der Oberhaut entspricht.

Anders als bei der äußeren Haut bildet das Epithel der Schleimhäute meist keine Hornschicht. Die äußeren Schichten des Schleimhaut-Epithels bestehen überwiegend aus lebenden Zellen. Trotzdem werden auch hier die obersten Schichten ständig abgestoßen und erneuert.

Epithel
ein zelluläres Gewebe, welches die Oberfläche von Bindegewebe oder die Oberfläche von Organen bedeckt

Tabelle IV/4 Vorkommen und Eigenschaften von mehrschichtigen Plattenepithelen

Mehrschichtiges Epithel	Vorkommen	Aufgaben / Eigenschaften
Verhorntes Plattenepithel	■ äußere Haut (Oberhaut)	■ Schutz vor mechanischen, mikrobiellen und chemischen Einflüssen ■ Die unteren Zellen dienen der Erneuerung, die neuen Zellen wandern nach oben, der Zellkern löst sich auf, die Zellen verhornen und werden abgestoßen.
Unverhorntes Plattenepithel	■ Teile der Mundhöhle (Schleimhaut) ■ Speiseröhre	■ Schutz vor mechanischen, mikrobiellen und chemischen Einflüssen ■ Die Zellen haben bis in die oberste Schicht einen Zellkern, d. h. sie leben.

Die Schleimhäute schützen sich vor mechanischen Einflüssen auf zweierlei Art:
- In die Schleimhäute sind kleine Drüsen eingebettet, die ständig einen aus Wasser und **Polysacchariden** bestehenden Schleim absondern. Dieser wirkt auf der Oberfläche wie ein Schmiermittel und verhindert eine Verletzung durch Reibung an härteren Stoffen (z. B. der Nahrung).
- Der zweite Schutz besteht darin, dass sich die Zellen des Epithels ständig teilen und dadurch das Epithel erneuern.

Polysaccharide
Mehrfachzucker, z. B. Proteoglykane (→ Kapitel VIII), Zellulose

Die Schleimhäute der verschiedenen Organe sind stets an ihre speziellen Aufgaben angepasst. So ist z. B. das Epithel der Lungenschleimhaut mit kleinen Flimmerhärchen besetzt, die durch ihre ständige Bewegung Staub aus der Lunge herausbefördern. Die Schleimhaut des Darms ist mit Enzymen zur Verdauung der Nährstoffe besetzt (→ Kapitel IV/2.8).

Die Schleimhäute gehören nicht zum Arbeitsfeld der Kosmetikerin. Es muss aber möglichst sorgfältig vermieden werden, dass kosmetische Mittel mit den empfindlichen Schleimhäuten in Kontakt kommen. Gefährdet sind vor allem die Bindehaut des Auges (durch Augen-Kosmetika, Reinigungsmittel und Sprays) und die Schleimhäute der Atemwege und der Lunge (durch Sprays).

2.4 Gehirn, Nerven und Sinnesorgane

2.4.1 Das Gehirn

Das Gehirn ist ein Organ im oberen Teil des Kopfes. Es ist von den Schädelknochen rundherum eingeschlossen. Durchgang zum Gehirn haben nur die Nerven und die Blutgefäße, welche das Gehirn mit Nährstoffen versorgen.

Im Gehirn sitzt unser Bewusstsein. Den größten Teil des Gehirns bezeichnet man als **Endhirn** oder **Großhirn**. Hier laufen alle Meldungen aus den Sinnesorganen zusammen. Die von den Augen gelieferten Bilder erkennt das Hirn als farbige Gegenstände, als Buchstaben, als Wörter, als bekannte oder unbekannte Gesichter usw. Die von den Ohren gelieferten Geräusche werden im Gehirn als Rede, als Musik oder als Lärm gedeutet. Das Gehirn entscheidet, ob eine Berührung der Haut als angenehm oder als schmerzhaft empfunden wird.

Das Gehirn kann der Muskulatur bewusste Befehle geben, z. B. kann es dem Zeigefinger unserer rechten Hand befehlen, sich zu strecken, und gleichzeitig dem Arm befehlen, mit dem gestreckten Zeigefinger auf eine Person zu zeigen.

Viele Befehle des Gehirns sind wesentlich komplizierter als das eben genannte Beispiel.

Um einen einfachen Satz zu sagen, wie „Ich liebe dich", muss das Gehirn in kürzester Zeit Tausende von Befehlen an die Muskeln von Zunge, Lippen, Kehlkopf und Lunge geben. Aber auch solch komplizierte Befehle können wir bewusst beeinflussen: Man kann diesen Satz mit unterschiedlichen Betonungen aussprechen, laut oder leise; wenn man will, kann man ihn auch singen.

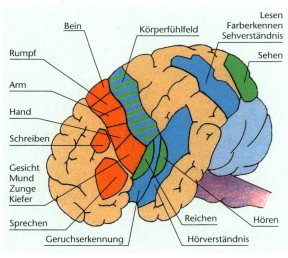

Wahrnehmungs-, Erinnerungs- und Bewegungsfelder im Gehirn

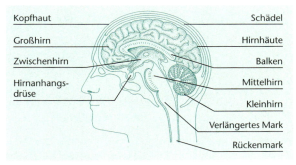

Lage und Bau des menschlichen Gehirns

> **Bestandteile des Gehirns**
> In der äußeren Schicht des Endhirns – auch „graue Rinde" oder „Großhirnrinde" genannt – sitzen zahlreiche Nervenzellen, die durch dünne Faserfortsätze (**Dendriten**) miteinander verknüpft sind. Dies ist der Bereich des Gehirns mit dem wir denken und in dem das Gedächtnis und das Bewusstsein sitzen.
>
> Unter dem Großhirn befinden sich noch andere wichtige Teile des Gehirns, vor allem Zwischenhirn, Kleinhirn und einige Hormondrüsen.
> Das **Zwischenhirn** steuert manche Vorgänge im Körper, die wir nicht bewusst beeinflussen können, z. B. die Regulierung der Körpertemperatur oder die Entstehung von Hunger- oder Durstgefühlen.
>
> Das **Kleinhirn** koordiniert die Befehle, die vom Großhirn an die Muskulatur gesendet werden. Dies ist nötig, weil das Großhirn bei komplizierten und schnellen Bewegungen, z. B. laufen, sprechen, Klavier spielen, nicht jedem der beteiligten Muskeln einzeln Befehle erteilen kann.

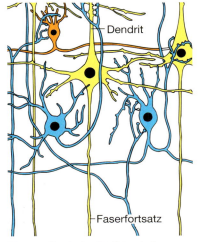

Dendrit
kurzer Faserfortsatz der Nervenzellen

Nervenzellen in der Großhirnrinde

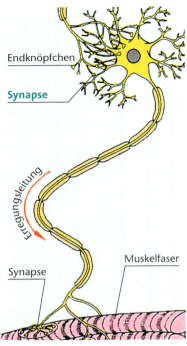

Nervenzellen mit Axon und Dendriten
Verbindung vom Gehirn zu einer Muskelfaser. Das Axon ist von schützenden Zellen umgeben. Es verzweigt sich am Ende zu verdickten „Endknöpfchen"; hier wird der Erregungsimpuls auf die Muskelfaser übertragen.

Axon
langer Fortsatz einer Nervenzelle, der z. B. die Sinneseindrücke von den Sinnesorganen zum Gehirn oder die Befehle vom Gehirn an die Muskulatur weiterleitet

Synapse
Übergang vom Nerv auf die Muskelfaser

Nerv
ein Bündel von Axonen

vegetatives Nervensystem
(auch autonomes Nervensystem genannt) ein System von Nervenzellen und Nerven, die automatisch arbeiten und nicht vom Willen beeinflusst werden können

2.4.2 Das Nervensystem

Jede Nervenzelle hat mehrere fadenförmige Fortsätze. Die kürzeren Fortsätze (Dendriten) dienen zur Verknüpfung der Nervenzellen untereinander. Ein langer, von der Nervenzelle ausgehender Faden wird **Axon** oder Nervenfaser genannt. Die Nervenfasern sind sehr lang. Mehrere Axone von Nervenzellen können sich zu einem Faserbündel vereinen, das man als **Nerv** bezeichnet. Die Nerven werden von speziellen Zellen umgeben, welche die Axone schützen.

Die Nerven beginnen immer an einer Nervenzelle und enden an einem Muskel oder einem Sinnesorgan. Es gibt auch „freie Nervenendigungen", wo die Nervenfaser ohne ein bestimmtes Ziel plötzlich endet. Tatsächlich sind diese freien Enden Sinnesorgane, wir finden sie häufig in der Lederhaut (→ Abbildung Seite 89).

Die zum Gehirn führenden Nerven haben zwei verschiedene Aufgaben:
- Sie leiten Befehle weiter, die das Gehirn an andere Organe schickt und
- sie senden die Eindrücke der Sinnesorgane an das Gehirn.

Man kann die Nerven mit Telefonkabeln vergleichen. Ähnlich wie in solchen Kabeln fließen auch in den Nerven die Mitteilungen als schwache elektrische Ströme.

Die meisten der Nerven, die vom Gehirn kommen oder zum Gehirn führen, sind zu einem großen Strang gebündelt, der im Inneren der Wirbelsäule verläuft. Man nennt diesen Nervenstrang das Rückenmark.

 Rückenmark und Gehirn zusammen werden auch Zentralnervensystem genannt.

Aus dem Rückenmark zweigen Nerven ab zur Muskulatur und zur Haut der Arme, der Beine und des Rumpfes sowie zu einigen inneren Organen. Die relativ kurzen Nerven vom Gehirn zu den anderen Organen des Kopfes führen nicht über das Rückenmark. Besonders wichtig sind die Nervenverbindungen zu den Sinnesorganen des Kopfes: den Augen, den Ohren, dem Riechorgan und der Zunge.

Die vom Zentralnervensystem abzweigenden Nerven gehören zum peripheren Nervensystem, es leitet die Sinneseindrücke zum Zentralnervensystem und die Befehle an die Muskulatur weiter. Über diese beiden Systeme transportierte Meldungen werden uns bewusst oder sind von unserem Willen beeinflussbar.

Daneben gibt es noch ein weiteres System, welches unbewusst arbeitet und nicht von unserem Willen gesteuert werden kann. Man nennt es das **vegetative Nervensystem**.

Das vegetative Nervensystem kann z. B. den Herzschlag beeinflussen, die Durchblutung mancher Organe steigern oder drosseln, die Darmtätigkeit anregen oder die Schweißproduktion steigern. Das vegetative Nervensystem ist nicht völlig unabhängig vom Zentralnervensystem, sondern kann von diesem indirekt beeinflusst werden.
Beispiele für diesen indirekten Einfluss erfahren wir, wenn wir vor Scham erröten oder wenn wir bei Prüfungsangst in den Handflächen schwitzen.

2.4.3 Die Sinnesorgane

Bekanntlich hat der Mensch fünf Sinne. Damit sind die wichtigsten Sinnesorgane gemeint, nämlich Augen, Ohren, Nase (Geruchssinn), Zunge (Geschmackssinn) und Haut (Tastsinn). Tatsächlich sind mit dieser Aufzählung noch nicht alle Möglichkeiten erfasst, Sinneseindrücke wahrzunehmen.

Die Haut beispielsweise kann mehr als nur Tastreize wahrnehmen. Die Schmerzempfindung ist nicht an ein bestimmtes Organ gebunden, man kann mit fast allen Organen Schmerzen empfinden.

Augen

Die Augen sind für den Menschen die wichtigsten Sinnesorgane. Die beiden Augäpfel sitzen in Höhlen des Schädels. Sie besitzen nach vorn eine Öffnung (**Pupille**), die von einer sehr glatten, durchsichtigen Hornhaut verschlossen wird. Durch die Pupille kann Licht in das Auge eindringen. Das Licht wird von einer Linse (**Augenlinse**) gebrochen, ähnlich wie in einem Fotoapparat. Die Lichtstrahlen durchdringen dann den ebenfalls durchsichtigen **Glaskörper** und fallen auf die im Hintergrund des Auges befindliche **Netzhaut**. Durch die Wirkung der Linse entsteht auf der Netzhaut ein Bild der Gegenstände, die sich vor dem Auge befinden.

Die Linse wird zum Teil von der **Iris** verdeckt. Die Iris hat eine typische Färbung, meist graublau oder braun. Die Öffnung in der Mitte der Iris (Pupille) wird eng, wenn es sehr hell ist, und weitet sich im Halbdunkel, damit mehr Licht auf die Netzhaut gelangt. Wir sehen schärfer, wenn die Pupille eng ist. In der Netzhaut befinden sich sehr viele lichtempfindliche Sinneszellen. Diese melden Farbe und Intensität des auftreffenden Lichts über den Sehnerv an das Gehirn weiter. Hier wird das Bild mit schon bekannten Mustern verglichen und erkannt. Am Augapfel setzen kleine Muskeln an, mit deren Hilfe das Auge in verschiedene Richtungen gedreht werden kann. Sie müssen bei beiden Augen genau synchron arbeiten; tun sie das nicht, so schielen wir und sehen alles doppelt.

Pupille
durchsichtige Öffnung an der Vorderseite des Augapfels; wird von der Iris begrenzt

Augenlinse
ein durchsichtiges, mit geliertem Wasser gefülltes Bindegewebs-Säckchen, das etwa die Form einer Linse hat

Glaskörper
Hauptteil des Augapfels; ein knorpelähnliches, durchsichtiges Gewebe, das von Kollagen-Fasern fest umschlossen ist

Netzhaut
Gewebe aus lichtempfindlichen Sinneszellen im Hintergrund des Glaskörpers

Iris
auch Regenbogenhaut genannt, eine vor der Augenlinse befindliche Scheibe, in deren Mitte sich eine verstellbare Öffnung befindet

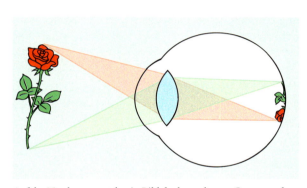

Auf der Netzhaut entsteht ein Bild des betrachteten Gegenstands.

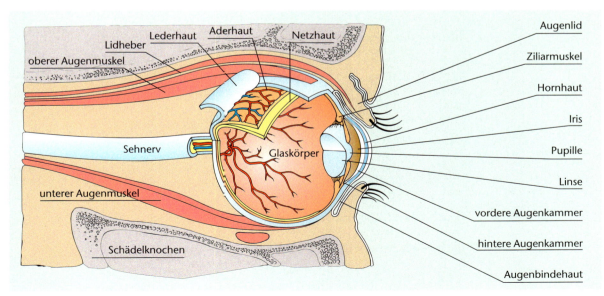

Das Auge im Querschnitt

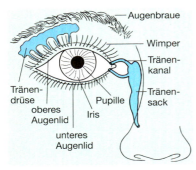

Schutz und Reinigung des Auges

Damit wir stets klare Sicht haben, besitzt das Auge eine „Scheibenwaschanlage". Die beiden Augenlider (Oberlid und Unterlid) sind die Wischer, und die Tränendrüsen liefern die Waschflüssigkeit. Die Augenbrauen und die Wimpern sollen verhindern, dass Schweiß oder andere Fremdstoffe ins Auge gelangen.

Eine wichtige Schutzvorrichtung für das Auge ist die Bindehaut. Dies ist eine spezialisierte Hornhaut, die an den Rändern der Augenlider beginnt, dann unter den Lidern eine Tasche bildet und schließlich den vorderen Teil des Augapfels bedeckt. Wenn Fremdkörper oder augenreizende Stoffe in die Bindehaut-Tasche gelangen, führt dies zu einer schmerzhaften Bindehaut-Entzündung.

Ohren

Unsere Ohren sind die Organe, mit denen wir Geräusche wahrnehmen. Dies können sehr einfache Geräusche sein wie Donner oder ein Schrei, aber auch sehr komplizierte Geräusche wie Sprache oder Musik kann unser Ohr analysieren.

Geräusche breiten sich als Schallwellen in der Luft aus. Um diese Schallwellen aufzufangen, haben wir zwei trichterförmige Öffnungen am Kopf, die Ohrmuscheln genannt werden. Von der Ohrmuschel aus führt der Gehörgang in den Schädel hinein. Das Ende des Gehörgangs wird vom **Trommelfell** abgeschlossen.

Trommelfell
Häutchen am Ende des Gehörgangs, welches an der Übertragung der Schallwellen in das Innenohr beteiligt ist

Den Teil des Ohres, der von der Ohrmuschel bis zum Trommelfell reicht, nennt man **Außenohr**. Hinter dem Trommelfell beginnen das **Mittelohr** und das **Innenohr**. Mittelohr und Innenohr bilden das eigentliche Hörorgan. Hier werden die Schallwellen in Nervenimpulse umgewandelt und zum Gehirn weitergeleitet.

Das Trommelfell ist recht empfindlich. Wenn es durch mechanische Berührung oder durch zu laute Geräusche beschädigt wird, ist man schwerhörig.

 Entspannende leise Musik während der kosmetischen Behandlung wird von den Kunden als beruhigend wahrgenommen.

Im Innenohr sitzt auch ein Organ, mit dem wir oben und unten unterscheiden können: der **Gleichgewichtssinn**. Ohne diesen Sinn könnten wir nicht aufrecht gehen.

Riechorgan

Das Riechorgan des Menschen befindet sich in der Nasenhöhle. Es ist die so genannte Riechschleimhaut. Hier befinden sich zahlreiche Sinneszellen, die mit der Atemluft in Kontakt kommen. Wenn sich in der Atemluft Moleküle befinden, die sich an einen bestimmten Typ von Riechzellen binden, so senden diese einen Nervenimpuls ans Gehirn. Das Gehirn wiederum erkennt den Geruch und bewertet ihn als angenehm oder unangenehm.

 Die Kosmetikerin kann zum Wohlbefinden der Kundin beitragen, wenn sie Duftstoffe verwendet, die von der Kundin als angenehm empfunden werden.

Die Riechschleimhaut ist bei den einzelnen Menschen sehr unterschiedlich ausgestattet. Deshalb kommt es vor, dass jeder etwas anderes riecht, wenn mehreren Personen eine Mischung verschiedener Riechstoffe vorgesetzt wird (→ Kapitel VIII/2.2.3).

 Unangenehm riechende Stoffe sind immer auch giftig.

Geschmackssinn

Im Vergleich zu den anderen Sinnesorganen ist der Geschmackssinn recht primitiv. Die auf der Oberfläche der Zunge befindlichen Sinneszellen können einige wenige Stoffe erkennen, die in unseren Speisen vorkommen (im Wesentlichen nur fünf Typen von Stoffen).

Tabelle IV/5 Wichtige Geschmackswahrnehmungen

Geschmack	auslösende Stoffe	signalisieren die Bedeutung
süß	z. B. Zucker, Glycerol	▪ nahrhaft, essbar
sauer	Säuren, z. B. Essig	▪ in höherer Konzentration verdorbene Nahrung
umami (*japanisch*)	Aminosäuren, z. B. Glutamat	▪ nahrhaft, essbar
salzig	Kochsalz (Natriumchlorid)	▪ in geringer Konzentration *nahrhaft*, in hoher Konzentration *schädlich*
bitter	viele hydrophobe Stoffe	▪ giftig, unbekömmlich

Den typischen „Geschmack" vieler Speisen erkennen wir nur, weil gleichzeitig unser Riechorgan die von den Speisen aufsteigenden Düfte untersucht.

Tast- und Temperatur-Sinn der Haut

In der Lederhaut und zum Teil auch in der Unterhaut befinden sich viele Nervenenden, die Sinnesorgane für den Tast- und den Temperatursinn sind. Im Vergleich zu allen anderen Sinnesorganen sind die Sinnesorgane der Haut noch wenig erforscht. An der Grenze zwischen Lederhaut und Oberhaut stehen manche Nervenfasern in

> Man kann unter dem Mikroskop bis zu zehn Typen von Nervenenden unterscheiden, die unterschiedliche Formen haben, z. B. freie Fasern, unterschiedlich geformte Kolben oder in Kollagenlamellen gehüllte Nervenenden (**Pacini-Körperchen**). Es ist aber noch nicht vollständig erforscht, welche Aufgaben diese unterschiedlichen anatomischen Strukturen im Einzelnen haben.

Pacini-Körperchen
im oberen Bereich des Unterhaut-Fettgewebes befindliche, bis 3 mm lange Sinnesorgane zur Wahrnehmung von Druckreizen

Kontakt zu den Merkelzellen (→ Kapitel V/9), dies sind Organe des Tastsinns. Mit dem Tastsinn können wir sehr unterschiedliche Berührungen der Haut wahrnehmen und unterscheiden. Eine ganz **leichte Berührung** erkennt man schon, wenn nur ein einzelnes der aus der Haut ragendes Flaumhärchen berührt wird. Das Haar selbst enthält weder Sinneszellen noch Nerven. Aber wenn das Haar berührt wird, bewegt sich die Haarwurzel etwas, und die sich neben der Haarwurzel befindlichen Nervenenden melden diese Bewegung dem Gehirn.

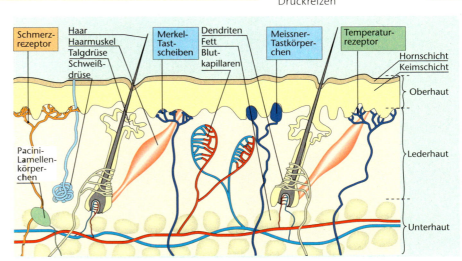

Einige Tastorgane in der Haut. In der behaarten Haut gibt es keine Meißner-Körperchen.

Mit Hilfe der unterschiedlich geformten Nervenenden in der Lederhaut und der Unterhaut können wir unterscheiden, ob die Haut nur leicht berührt oder stark gedrückt wird. Einige der Nervenenden sind zur Wahrnehmung von **Vibrationen** spezialisiert. Die Nervenenden zur Wahrnehmung von Druck und Berührung sind ungleichmäßig auf der Haut verteilt. Besonders empfindlich ist die Haut an den Fingerspitzen und den Lippen.

Tabelle IV/6 „Sinnesorgane" der Haut

Merkelzellen	wahrscheinlich Druckrezeptoren
Meißner-Körperchen	Berührungssensoren
Haarfollikelsensoren	erkennen Bewegung der Haare
Pacini-Körperchen	Vibrationssensoren

Zusätzlich gibt es in der Lederhaut Sinnesorgane, die **Veränderungen der Temperatur** wahrnehmen können. Diese Temperaturmesser der Haut funktionieren nicht wie Thermometer, sondern sie zeigen uns nur an, ob sich die Haut gerade abkühlt oder ob sie sich erwärmt.

Die Temperatur im Inneren des menschlichen Organismus beträgt sehr konstant
37 °C. Die Temperatur der Haut ist etwas geringer, weil sie von der umgebenden Luft abgekühlt wird. Bei einer Lufttemperatur von 20 °C beträgt sie etwa 30 °C.
Wenn sich die Hauttemperatur etwas erhöht, z. B. wenn die Sonne darauf scheint oder wenn wir eine Hautpartie mit Kleidung bedecken, so empfinden wir das als warm. Dagegen spüren wir Kälte, wenn sich die Hauttemperatur, z. B. durch Wind, ein wenig abkühlt oder wenn wir in Wasser eintauchen, welches nur wenig kälter ist als die Temperatur der Haut. Geht die Abkühlung schnell, so empfinden wir starke Kälte und beginnen zu frieren.

Kommt die Haut mit sehr heißen oder sehr kalten Gegenständen in Kontakt, dann versagen die Temperaturmesser der Haut und man empfindet nur noch Schmerz. Wenn wir einen Gegenstand aus Metall berühren, beginnt die Schmerzempfindung schon bei etwa 50 °C. Dagegen ist der Kontakt mit der Luft von 50 °C oder mit einem Gegenstand aus Holz bei dieser Temperatur noch nicht schmerzhaft. Das liegt daran, dass Metall viel besser die Wärme leitet als Luft oder Holz. Schon ab etwa 45 °C kann die Schmerzempfindung stärker als die Wärmeempfindung sein.

Wenn Warmwachs zur Depilation auf die Haut aufgebracht wird, scheint es weniger heiß zu sein, wenn die Haut zuvor durch Auflegen eines heißen, feuchten Tuches erwärmt worden ist.

Schmerzempfindung und Juckreiz

Die Schmerzempfindung der Haut ist ein Warnsignal. Zuständig für die Schmerz-Wahrnehmung sind wahrscheinlich freie Nervenenden in der Lederhaut. Ein Schmerz wird immer dann ans Gehirn gemeldet, wenn extreme Bedingungen auftreten, unter denen Hautzellen zerstört werden. Dies ist bei einer mechanischen Verletzung der Fall, z. B. bei einer Abschürfung. Aber auch beim Kontakt mit ätzenden chemischen Stoffen, zu heißen oder zu kalten Gegenständen gehen Zellen kaputt, und wir empfinden Schmerz. **Schmerz** kann nicht nur mit der Haut empfunden werden, auch viele andere Organe sind schmerzempfindlich. Der **Juckreiz** kann dagegen nur mit der Haut wahrgenommen werden.

1. Warum sieht die Pupille des Auges immer schwarz aus?
2. Welche Aufgabe hat die Bindehaut des Auges?
3. Warum darf bei einer Reinigung des Gehörgangs nicht das Trommelfell berührt werden?
4. Bei einer Lufttemperatur von 20 °C taucht eine Testperson einen Finger nacheinander in drei Becher mit Wasser von unterschiedlicher Temperatur. Warum empfindet die Testperson Wasser von 20 °C als kalt, von 37 °C als heiß, und von 30 °C als neutral und scheinbar gleich mit der Lufttemperatur?

2 Bau und Funktion des menschlichen Körpers

2.5 Fortpflanzung und Entwicklung

Eine weibliche und eine männliche **Keimzelle** müssen sich vereinigen, damit ein neuer Mensch entstehen kann. In der Biologie nennt man es Fortpflanzung, wenn Eltern ein Kind zeugen. Die Unterschiede zwischen Frauen und Männern beruhen darauf, dass sie bei der Fortpflanzung unterschiedliche Aufgaben haben. Diese Unterschiede findet man sowohl im allgemeinen Körperbau als auch bei den speziellen zur Fortpflanzung dienenden Organen.

Die Unterschiede im Körperbau von Männern und Frauen entwickeln sich erst in der **Pubertät**. Man nennt diese Unterschiede auch **sekundäre Geschlechtsmerkmale**. Die **Hypophyse**, eine unterhalb des Gehirns sitzende Drüse, beginnt in der Pubertät Hormone auszuschütten, welche die **Keimdrüsen** zur vermehrten Produktion von Geschlechtshormonen anregen.

Die Geschlechtshormone, vor allem **Östrogen** bei der Frau und **Testosteron** beim Mann, bewirken dann die Veränderungen des Körpers. Bei Kindern vor der Pubertät gibt es noch keine sekundären Geschlechtsmerkmale.

Zu den sekundären Geschlechtsmerkmalen **der Frau** gehören
- das im Vergleich zum Schulterbereich breitere Becken,
- die stark entwickelten Brustdrüsen und
- der typische Haarwuchs im Bereich der Scham und der Achselhöhlen.

Auch das Unterhaut-Fettgewebe verändert sich bei der Frau. Es ist lockerer und kann mehr Fettzellen aufnehmen. Dadurch wirkt die äußere Form des Körpers der Frau weicher.

Keimzelle
eine Zelle, aus der ein neues Lebewesen entstehen kann. Beim Menschen müssen sich eine weibliche Eizelle und eine männliche Samenzelle zu einer befruchteten Eizelle vereinigen.

Pubertät
die Zeit nach Ende der Kindheit, in der sich die Körper von Frau und Mann zur Geschlechtsreife entwickeln

sekundäre Geschlechtsmerkmale
körperliche Unterschiede von Mann und Frau

Hypophyse
eine unterhalb des Gehirns sitzende Hormondrüse, welche die Arbeit anderer Drüsen steuert

Keimdrüsen
Organe, welche sowohl die Keimzellen produzieren als auch Geschlechtshormone ausschütten. Bei der Frau sind dies die Eierstöcke, beim Mann die Hoden.

Östrogen
das wichtigste weibliche Geschlechtshormon

Testosteron
das wichtigste männliche Geschlechtshormon

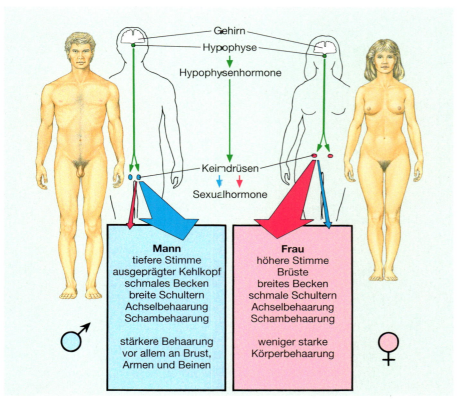

In der Pubertät vermehrt produzierte Hormone der Hypophyse führen zur Entstehung der sekundären Geschlechtsmerkmale.

Sekundäre Geschlechtsmerkmale **des Mannes** sind
- die tiefe Stimme,
- die im Vergleich zur Frau stärker entwickelte Muskulatur, breitere Schultern und schmalere Hüften
- Veränderungen im Haarwuchs (Bart, Achselhaar, Schamhaar usw.)

Die tiefe Stimme entsteht (Stimmbruch), weil der Kehlkopf des Mannes in der Pubertät stark wächst. Wie bei der Frau entstehen Achselhaar und Schamhaar auch beim Mann erst in der Pubertät. Beim Mann nimmt nach der Pubertät die Behaarung des Gesichts (Bartwuchs) und vieler Bereiche des Körpers stark zu, während der Haarwuchs auf dem Kopf (Haupthaar) meist abnimmt.

Bei der Ausprägung der sekundären Geschlechtsmerkmale gibt es individuelle Unterschiede, die meist von den Eltern geerbt sind. Bei Frauen kann die Breite des Beckens oder die Behaarung auf Armen und Beinen sehr unterschiedlich sein. Bei Männern ist vor allem die Entwicklung der Muskulatur und des Haarwuchses verschieden.

Die primären Geschlechtsmerkmale sind schon von Anfang an im Menschen vorhanden. Im Zellkern jeder einzelnen Zelle gibt es einen entscheidenden Unterschied zwischen Mann und Frau. Zu den primären Geschlechtsmerkmalen zählt man vor allem die Geschlechtsorgane im Unterleib. Sie sind schon vor der Geburt vollständig vorhanden, entwickeln sich aber während der Pubertät noch weiter.

Die männlichen Geschlechtsorgane sind zum größten Teil von außen sichtbar, während die weiblichen im Unterleib versteckt liegen. Die Grafiken zeigen die wichtigsten Teile dieser Organe. Harnblase, After, das Ende des Dickdarms Wirbel und Schambein gehören nicht zu den Geschlechtsorganen, sie dienen nur zur Orientierung.

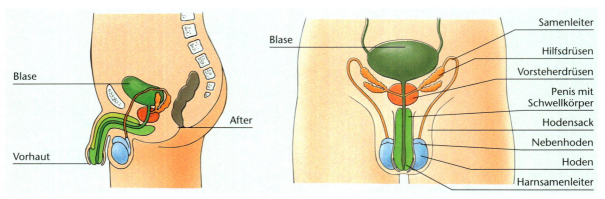

Männliche Geschlechtsorgane von der Seite und von vorn gesehen

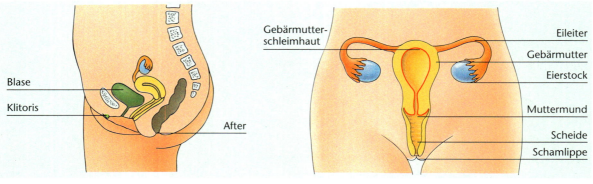

Weibliche Geschlechtsorgane von der Seite und von vorn

2 Bau und Funktion des menschlichen Körpers

Die männlichen Geschlechtsorgane produzieren Samenzellen (**Spermien**) und können diese bei der Begattung in die weibliche Scheide spritzen. Die Spermien wandern in den Eileiter der Frau, in der sich zu bestimmten Zeiten eine Eizelle befindet. Sobald eine einzige Samenzelle das Ei erreicht hat, vereinen sich beide: eine befruchtete Eizelle ist entstanden, aus der sich ein Kind entwickelt.

Während die männlichen Organe zu jeder Zeit Spermien produzieren können, stellen die weiblichen Organe einmal im Monat eine Eizelle bereit, die befruchtet werden kann. Die Bereitstellung der Eizellen unterliegt bei der Frau einem etwa vier Wochen dauernden **Zyklus** (Menstruationszyklus). Der Zyklus wird durch Hormone gesteuert. Beteiligt sind Hormone der Hypophyse, Östrogen und ein weiteres weibliches Geschlechtshormon, das **Progesteron**. Durch Hormonpillen kann der Zyklus so gestört werden, dass eine Befruchtung der Eizellen nicht erfolgen kann (Empfängnisverhütung).

Wenn während der fruchtbaren Tage des Zyklus eine Begattung erfolgt, kommt es zur Schwangerschaft. Die befruchtete Eizelle wird nicht von der Schleimhaut der Gebärmutter abgestoßen, sondern sie beginnt sich zu teilen und wächst zu einem **Embryo** heran. Nach acht Wochen ist das Embryo etwa 4 cm lang und es sind bereits alle Organe vorhanden. Ab der neunten Woche spricht man nicht mehr vom Embryo, sondern nennt das ungeborene Kind einen **Fetus**.

Die Schleimhaut der Gebärmutter entwickelt sich während der ersten Wochen der Schwangerschaft zu einem neuen Organ, der Plazenta. In der Plazenta werden Nährstoffe und Sauerstoff aus dem mütterlichen Blut in den Blutkreislauf des Fetus übertragen. Nach der Geburt wird die Plazenta ausgestoßen (Nachgeburt).

Eine Schwangerschaft dauert beim Menschen normalerweise neun Monate. Aber auch zu früh geborene Kinder überleben, wenn sie gut umsorgt werden. Nach der Geburt wird durch spezielle Hormone die Milchproduktion in den Brustdrüsen angeregt. Die Brustdrüsen haben sich schon während der Schwangerschaft vergrößert und werden jetzt noch etwas größer. Nach dem Abstillen verkleinern sich die Brüste wieder.

> **Hautveränderungen in der Schwangerschaft**
> Die geänderte Hormonproduktion während der Schwangerschaft kann zu verschiedenen Veränderungen an der Haut führen, die in der Regel nach der Geburt wieder verschwinden.
> Bekannt sind die **Schwangerschaftsflecken**; dies sind Hautbereiche vor allem an Gesicht und Unterleib, welche stark durch Melanin pigmentiert sind (→ Kapitel V/2.8). Auch bei der Einnahme von Antibabypillen können solche Flecke auftreten, weil dem Körper durch die darin enthaltenen Hormone der Beginn einer Schwangerschaft vorgetäuscht wird.
> **Schwangerschaftsstreifen** sind rötliche bis bläuliche, später gelbliche Streifen, die durch eine Überdehnung des Bindegewebes entstehen.
> Weitere häufige Hautveränderungen während der Schwangerschaft sind allgemeiner Juckreiz, Herpes-Bläschen, akneartige Pusteln und kleine Knötchen an der Mundschleimhaut.

Vererbung

Ein Kind erbt viele Eigenschaften von seinen Eltern, und zwar je zur Hälfte von der Mutter und vom Vater.
Die vererbbaren Eigenschaften befinden sich in der DNA des Zellkerns jeder Zelle (→ Kapitel IV/1.1). Die DNA ist in Gene unterteilt. Jedes Gen kann mindestens ein Erbmerkmal beeinflussen. So ist beispielsweise in einem **Gen** festgelegt, ob ein Kind blaue oder braune Augen bekommt. Auch Fehler, z. B. Kurzsichtigkeit, können vererbt werden.
Alle Gene sind in der DNA doppelt vorhanden. Dadurch wird die Vererbung von den Eltern auf das Kind erst möglich.

Spermien
die männlichen Samenzellen; wenn sie den Penis verlassen, sind sie von Schleim umhüllt (Sperma)

Zyklus
griech. Kreis, ein sich periodisch immer wiederholender Vorgang; der Menstruationszyklus wird meist abgekürzt nur Zyklus genannt

Progesteron
ein weibliches Geschlechtshormon, auch Schwangerschaftshormon genannt

Embryo und Fetus/Fötus
Embryo nennt man das im Mutterleib heranwachsende Kind bis zum Ende des zweiten Schwangerschaftsmonats; ab dem dritten Monat nennt man das ungeborene Kind Fetus.

Gen
ein Abschnitt der DNA, auf welchem die Information (der Bauplan) für ein Erbmerkmal gespeichert ist

Auch Gesichtszüge sind erblich.

Bei der Entstehung der reifen Eizelle (weibliche Keimzelle) teilt sich eine Vorläuferzelle in der Weise, dass die reife Eizelle nur je ein Gen von jedem Typ bekommt. Das Gleiche passiert, wenn eine reife Samenzelle (männliche Keimzelle) entsteht.

Nach der Vereinigung von weiblicher und männlicher Keimzelle hat die befruchtete Eizelle dann wieder die volle Anzahl von Genen, nämlich von jeder Sorte zwei. Die befruchtete Eizelle enthält je einen kompletten Satz Gene von der Mutter und vom Vater.

Da es Zufall ist, welches der beiden Gene von einer Sorte in eine Keimzelle kommt, haben Geschwister in der Regel unterschiedliche Gene. Nur eineiige Zwillinge haben genau gleiche Gene, denn sie sind durch den besonderen Fall entstanden, dass sich aus einer befruchteten Eizelle zwei Embryos entwickelt haben.

Was passiert, wenn die beiden Gene für ein bestimmtes Merkmal unterschiedlich sind, wenn ein Kind z. B. von der Mutter das Gen für blaue Augen, vom Vater aber das für braune bekommen hat? In solchen Fällen erweist sich ein Gen als **dominant**. Das Gen für braune Augen ist dominant. Wenn ein Kind also zwei unterschiedliche Gene für die Augenfarbe hat, wird seine Iris braun und nicht braun-blau-kariert.

dominant
lat. *dominus* Hausherr, beherrschend; ein dominantes Gen setzt sich gegenüber dem anderen Gen für das gleiche Erbmerkmal durch

1 Warum tritt Akne erst in der Pubertät und nicht schon im Kindesalter auf? (→ Kapitel V/2.7)
2 Die Mutter hat graublaue Augen, der Vater braune, das Kind graublaue. Wie ist das möglich, obwohl das Gen für die braune Augenfarbe dominant ist?

2.6 Das Hormonsystem

Das System der Hormone ist ein Steuerungssystem für den Organismus. Es erfüllt also ähnliche Aufgaben wie das Nervensystem, funktioniert aber völlig anders. Das Nervensystem sendet Informationen als elektrische Impulse über ein Leitungsnetz (die Nerven). Dagegen wirken Hormone über den Blutkreislauf.

Hormone sind Stoffe, die zusammen mit dem Nervensystem die Wirkung von Organen und den Ablauf von Lebensvorgängen in unserem Körper regulieren.

Sie werden in kleinen Mengen von Drüsen produziert und ans Blut abgegeben. Hormone steuern sowohl die Entwicklung vieler Organe als auch die Verwertung der Nahrung. Hormone können zu folgenden Stoffklassen gehören:
- Proteine (z. B. Insulin und Glucagon),
- Aminosäuren (z. B. Adrenalin und Thyroxin),
- **Steroide**, lipophile Stoffe (z. B. die bereits im vorigen Abschnitt erwähnten Geschlechtshormone).

Steroide
eine Klasse von kompliziert gebauten lipophilen Molekülen. Cholesterin und viele Hormone gehören zu dieser Stoffklasse.

Ein Hormon wirkt nur dann, wenn es **Rezeptoren** auf der Oberfläche von Zellen findet. Es bindet sich dann an diese Rezeptoren und veranlasst dadurch, dass diese Zellen in bestimmter Weise aktiv werden.

Rezeptor
ein Protein, welches ein ganz bestimmtes chemisches Molekül binden kann, z. B. ein Hormon. Rezeptoren befinden sich meist auf einer Zellmembran. Sie veranlassen die Zelle nach Bindung des Stoffes zu einer bestimmten Tätigkeit.

Hormone werden nur in sehr kleinen Mengen von den Drüsen produziert. Ein einziges Hormonmolekül reicht aus, um eine Zelle zu einer Antwort anzuregen. Wenn ein Hormon seine Botschaft überbracht hat, wird es anschließend vernichtet. Es wirkt deshalb nur relativ kurze Zeit. Wenn die Wirkung länger bestehen bleiben soll, müssen die produzierenden Drüsen ständig neues Hormon ausschütten.

Die Kosmetikerin hat mit ihren Behandlungen keinen Einfluss auf das Hormonsystem ihrer Klienten. Sie darf auch keine hormonhaltigen Präparate in der kosmetischen Praxis anwenden.

2 Bau und Funktion des menschlichen Körpers

Wirkungsweise der Hormone

Die Wirkungsweise der Hormone sei am Beispiel der Regulation des Blutzuckers erklärt. In unserem Blut ist stets eine gewisse Menge Traubenzucker (Glucose) gelöst, weil dieser Stoff ständig zur Ernährung vieler Organe gebraucht wird. Wenn wir eine kohlenhydratreiche Mahlzeit verspeist haben, liefert der Darm jede Menge Glucose ans Blut, die Konzentration des Blutzuckers steigt. Kleine Drüsen im Bereich der Bauchspeicheldrüse (die Langerhans-Inseln → Grafik) erkennen den Anstieg des Blutzuckers und geben daraufhin das **Hormon Insulin** an das Blut ab.

Auf der Oberfläche vieler Zellen, z. B. der Muskel-, Leber- und Fettzellen, befinden sich **Proteine (Rezeptoren)**, welche die Form des Insulinmoleküls erkennen und dieses binden. Durch diese Bindung werden die „Pumpen" in der Zellmembran aktiviert, die nun Glucose aus dem Blut ins Innere der Zellen pumpen. Als Folge dieses Vorgangs sinkt die Konzentration des Blutzuckers wieder. In der Zelle wird die Glucose entweder gespeichert oder zur Energiegewinnung verbrannt.

Wenn die Zellen zu viel Glucose verbraucht haben, sinkt der Blutzuckerspiegel stark ab. Auch dies merken die Langerhans-Inseln. Sie schütten jetzt ein anderes Hormon, nämlich **Glucagon,** an das Blut aus. Glucagon bindet sich an Rezeptoren auf den Leberzellen und auf Muskelzellen. Dadurch werden diese Zellen gezwungen, gespeicherte Glucose wieder ans Blut abzugeben, so dass die Konzentration des Blutzuckers wieder ansteigt.

Auf diese Weise bleibt die Konzentration des Blutzuckers immer konstant. Dies ist besonders wichtig für das Gehirn, weil Glucose der wichtigste Nährstoff für dieses Organ ist. Bei zu niedriger Blutzucker-Konzentration versagt das Gehirn und man wird ohnmächtig.

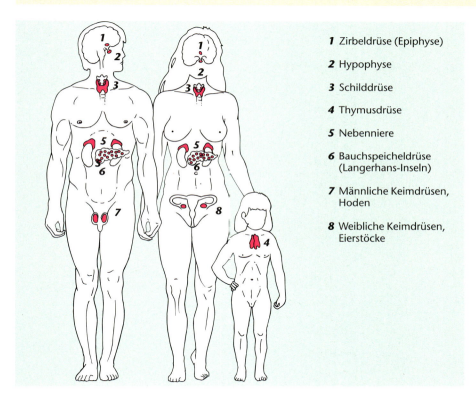

1 Zirbeldrüse (Epiphyse)
2 Hypophyse
3 Schilddrüse
4 Thymusdrüse
5 Nebenniere
6 Bauchspeicheldrüse (Langerhans-Inseln)
7 Männliche Keimdrüsen, Hoden
8 Weibliche Keimdrüsen, Eierstöcke

Die wichtigsten Hormondrüsen des Menschen

Im Gehirn gibt es zwei kleine Hormondrüsen, die Hypophyse und die Epiphyse. Beide steuern wichtige Vorgänge bei der Organentwicklung. Eine wichtige Aufgabe der Hypophyse wurde in Kapitel IV/2.5 genannt. Die Hormone der Hypophyse steuern die Aktivität einiger anderer Hormondrüsen.

Die **im Hals** befindliche Schilddrüse produziert mehrere Hormone, die z. B. den Aufbau der Knochen und die Pulsfrequenz beeinflussen.

Im Unterleib befinden sich die Nebennieren und die Langerhans-Inseln. Die letzteren produzieren Insulin und Glucagon und regulieren mit diesen beiden Hormonen die Konzentration des Blutzuckers.

Die Thymusdrüse **im Brustkorb** ist bei kleinen Kindern besonders aktiv. Sie spielt eine große Rolle beim Aufbau des Immunsystem (→ Kapitel V/4).

Adrenalin
ein von der Nebenniere produziertes Hormon. Es wird bei Erschrecken oder Angst ausgeschüttet und stimuliert den Körper zu erhöhter Leistungsbereitschaft; deshalb wird es auch *Fluchthormon* genannt

Arterie/Schlagader
eine Ader, in welche das Herz Blut hineinpumpt. Fast immer fließt das sauerstoffreiche Blut durch die Arterien, Ausnahmen sind die zur Lunge führenden Arterien. Die Arterien werden auch Schlagadern genannt, weil man an ihnen noch deutlich den Herzschlag spüren kann

Vene
Ader, welche das Blut zum Herzen zurückführt

Lungenflügel
Der rechte und der linke Teil der Lunge werden als Lungenflügel bezeichnet, weil es fast vollständig voneinander getrennte Organe sind.

Die Nebennieren sind sehr vielseitige Hormondrüsen. Hier werden Hormone zur Regulierung der Nahrungsverwertung, des Wasserhaushalts und auch Geschlechtshormone produziert. Die Arbeit der Nebennieren kann sowohl durch die Hypophyse als auch durch das Nervensystem beeinflusst werden.

Ein weiteres wichtiges Hormon der Nebennieren ist das **Adrenalin**, das beim Erschrecken oder plötzlicher Angst ausgeschüttet wird. Es regt Herz und Muskulatur zu erhöhter Leistungsfähigkeit an.

> **Hormone – Hautzustand**
> Der Zustand der Haut wird u. a. auch durch die Geschlechtshormone beeinflusst. Mit dem Nachlassen der Hormonproduktion im zunehmenden Alter bzw. in der Menopause, wird die Haut dünner, durchsichtiger und verletzlicher. Die Pigmentierung kann steigen und es können vermehrt so genannte Altersflecken auftreten.
> Östrogenen (weiblichen Hormonen) wird eine wesentliche Bedeutung für die Erhaltung einer glatten Haut zugewiesen. Sie regen die Kollagenbildung und die Zellerneuerung an. Androgene (männliche Hormone) sollen die Verminderung von Cellulite positiv beeinflussen. Allerdings regen sie auch die Talgproduktion sowohl bei Männern als auch bei Frauen an, was zu vermehrtem Auftreten von Akne führen kann.

2.7 Atmung und Blutkreislauf

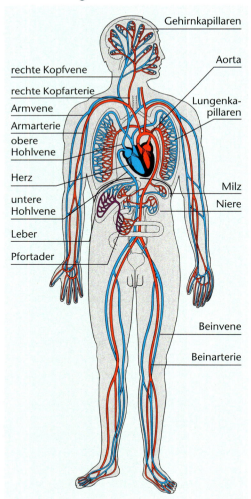

Der Blutkreislauf hat die Aufgabe, alle Organe des Körpers mit Nährstoffen und mit Sauerstoff zu versorgen sowie Abfallstoffe abzutransportieren:

- Die Nährstoffe gelangen über die Verdauungsorgane in den Körper und werden dann mit dem Blut auf die anderen Organe verteilt.
- Sauerstoff nehmen wir über die Lunge auf.
- Die Abfallstoffe werden über die Leber und die Nieren ausgeschieden.

Die wichtigsten Adern des menschlichen Blutkreislaufs

Das Blut muss ständig durch die Adern strömen. Es wird von einer großen Pumpe, dem Herz, angetrieben. Das Herz pumpt nährstoffreiches und sauerstoffreiches Blut in die Organe. Diese entnehmen, was sie brauchen, und entsorgen die Abfallstoffe. Anschließend fließt das Blut wieder zum Herz zurück. Man nennt diesen Vorgang den Blutkreislauf. Die vom Herz ausgehenden Adern heißen **Schlagadern** oder **Arterien**, die zum Herz zurückführenden **Venen**.

Die Abbildung zeigt schematisch die wichtigsten großen Adern. Man erkennt zwei getrennte Kreisläufe.
- **Lungenkreislauf:** Er führt vom rechten Teil des Herzens (im Bild links) zu den beiden **Lungenflügeln**. Hier wird das Blut mit Sauerstoff angereichert und kehrt dann zum linken Teil des Herzens zurück.
- **Körperkreislauf:** Er transportiert das sauerstoffreiche Blut von der linken Herzkammer über die Aorta in alle anderen Organe.

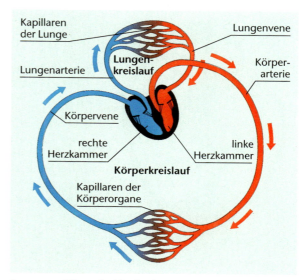

Lungen- und Körperkreislauf, Schema

Im Bild ist das mit Sauerstoff beladene Blut rot gezeichnet, blau erscheint es, wenn es den Sauerstoff an die Organe abgegeben hat. Man wählt diese Farben zur bildlichen Darstellung, weil die unter der Haut verlaufenden Venen manchmal bläulich durch die Haut schimmern.

Aorta
von der linken Herzkammer ausgehende große Arterie, über die das gesamte Blut in den Körperkreislauf gepumpt wird

Das Herz

Das Herz besteht aus zwei getrennten Pumpen, die aber miteinander verwachsen sind und gemeinsam durch den Herzmuskel angetrieben werden. Der rechte Teil des Herzens nimmt das sauerstoffarme Blut auf, das über die Venen aus den Organen zurückkommt, und pumpt es in die Lunge. Über die von den Lungenflügeln zurückkommenden Venen fließt das sauerstoffreiche Blut in den linken Teil des Herzens. Von hier aus wird es über die Hauptschlagader (**Aorta**) in den Körperkreislauf gepumpt.

Jede Hälfte des Herzens besteht aus einer „Kammer" und einem „Vorhof", die durch bewegliche Klappen voneinander getrennt sind. Durch diese Anordnung wird erreicht, dass das Blut immer nur in einer Richtung strömen kann, wenn sich der Herzmuskel zusammenzieht.

Das Herz schlägt 60- bis 70-mal pro Minute. Jeder Herzschlag entsteht dadurch, dass sich der Herzmuskel einmal kräftig zusammenzieht. Dadurch wird das in den Herzkammern befindliche Blut in die Arterien gepresst. Der Herzmuskel umgibt die beiden Herzkammern. Er arbeitet automatisch, muss also nicht wie die Skelettmuskulatur durch Nervenimpulse erregt werden.

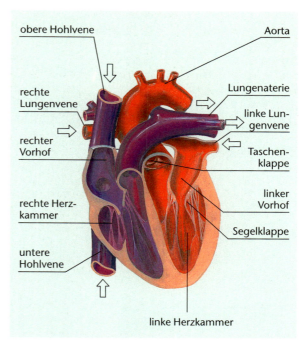

Schnitt durch das Herz. Die linken Herzkammern sind im Bild rechts.

Allerdings können manche Hormone (z. B. Adrenalin bei Angst oder Schreck) die Schlagfrequenz (**Puls**) des Herzens erhöhen. Bei starker körperlicher Arbeit kann der Puls über das vegetative Nervensystem gesteigert werden (→ Kapitel IV/2.4.2).

Puls
Anzahl der Herzschläge pro Minute, auch Schlagfrequenz genannt

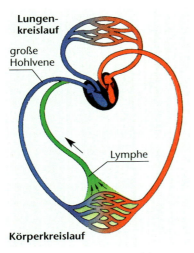

Blutgefäßsystem und Lymphgefäßsystem, Schema

Kapillargefäße oder Kapillaren
lat. *capillus* Haar, haarfeine Gefäße, dünnste Blutadern

Krampfader
überdehnte Vene, in der Medizin Varize genannt

Blutgefäße und Lymphgefäße

Die Adern oder Blutgefäße bilden zwei in sich geschlossene Röhrensysteme, die am Herzen beginnen und auch dort wieder enden. Das kleinere System führt zur Lunge und dient dazu, das Blut mit Sauerstoff zu beladen. Das größere System versorgt alle anderen Organe mit Nährstoffen und Sauerstoff.

Beide Systeme beginnen am Herzen mit einer sehr dicken Arterie. Sie heißt Lungenarterie für den Lungenkreislauf bzw. Aorta (Körperarterie) für den Körperkreislauf. Die Arterien verzweigen sich vielfach, so dass alle Bereiche des Körpers erreicht werden (→ Grafik zu Beginn von Kapitel IV/2.7).
In den Organen verzweigen sich die Arterien zu immer dünneren Adern. Die dünnsten nennt man **Kapillargefäße** oder einfach **Kapillaren**.

Die Kapillargefäße haben nur eine sehr dünne Wand, so dass hier Nährstoffe und Sauerstoff an die Organe abgegeben werden können. Von den Kapillaren aus strömt das Blut wieder zum Herzen zurück. Die Kapillaren vereinen sich zu immer dickeren Venen, die schließlich in nur wenigen dicken Strängen wieder beim Herzen ankommen.

Die Blutgefäße sind elastisch und dehnbar. Besonders elastisch müssen die großen Arterien in der Nähe des Herzens sein, weil sie bei jedem Pulsschlag den gesamten Blutdruck aufnehmen und abfedern müssen. Auch die Venen sind dehnbar. Ihr Durchmesser kann durch Hormone und durch das vegetative Nervensystem verändert werden. Bei hohen Lufttemperaturen erweitern sich die Venen im Bereich der Haut, so dass sich dort mehr Blut ansammelt und Wärme nach außen abgestrahlt wird. Bei kalten Temperaturen passiert das Gegenteil. Venen können sich auch überdehnen, wenn das umgebende Bindegewebe geschädigt ist. Überdehnte Venen sind als **Krampfadern** unter der Haut sichtbar.

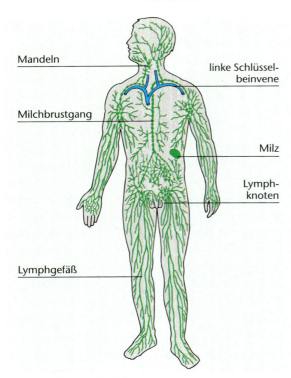

Das System der Lymphgefäße

> **Krampfadern**
> Im fortgeschrittenen Lebensalter beobachtet man oft – besonders unter der Haut der Beine – die so genannten Krampfadern (Varizen). Dies sind Venen, bei denen die umgebenden Bindegewebsfasern durch Überdehnung geschädigt sind. Krampfadern sind in der Regel ungefährlich, gelten aber als großer Schönheitsmakel.
> Sie lassen sich weder durch Medikamente noch durch kosmetische Maßnahmen beseitigen. Man kann allenfalls die bläulich verfärbten Stellen mit Methoden der dekorativen Kosmetik etwas kaschieren. Eine operative Entfernung ist in manchen Fällen möglich, birgt aber Risiken.

Es ist nicht zu vermeiden, dass bei der Abgabe der Nährstoffe im Bereich der Kapillaren auch stets etwas Blutflüssigkeit aus dem Kreislauf austritt. Diese Flüssigkeit ist fast farblos, weil die roten Blutkörperchen das Kreislaufsystem nicht verlassen können. Die austretende Flüssigkeit nennt man **Lymphe**. Sie wird über ein besonderes Gefäßsystem, das Lymphsystem eingesammelt und über den so genannten Milchbrustgang und andere große Lymphgefäße wieder in eine Vene geleitet. Die ausgetretene Lymphe geht also dem Blutkreislauf nicht verloren.

2 Bau und Funktion des menschlichen Körpers

Da das System der Lymphgefäße Ähnlichkeit mit einem städtischen Abwassersystem hat, nennt man es auch Lymphdrainage-System. In die Lymphgefäße sind Klappen eingebaut, die wie Ventile funktionieren (siehe Grafik). Sie verhindern, dass die **Lymphe** in das Gewebe, aus dem sie kommt, zurückfließen kann. Ähnliche Klappen gibt es auch in den größeren Venen.

In das Lymphsystem sind die Lymphknoten eingebaut, die eine wichtige Rolle bei der Immunabwehr spielen.

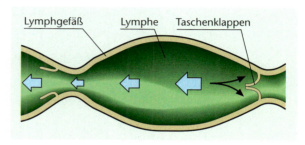

Das Funktionsprinzip der Ventilklappen der Lymphgefäße links: die Lymphe fließt in Richtung Vene, rechts: die Lymphe versucht zum Gewebe zurückzufließen.

Das Blut

Im System der Blutgefäße zirkulieren beim Erwachsenen etwa 5 Liter Blut. Es besteht aus einer wässrigen Flüssigkeit, auch **Blutplasma** genannt, und vielen Zellen. Blut hat mehrere Aufgaben, es
- ist ein Transportsystem für Nährstoffe und Sauerstoff
- entsorgt Abfallstoffe und Schadstoffe aus dem Körper
- hilft dem Immunsystem bei der Abwehr von Infektionen
- kann Verletzungen durch Bildung eines Blutgerinnsels verschließen.

Die häufigsten Zellen im Blut sind die roten Blutkörperchen. Sie sind rot, weil sie mit einem rot gefärbten, eisenhaltigen Protein gefüllt sind, dem **Hämoglobin**. Hämoglobin kann Sauerstoff binden und bei Bedarf wieder abgeben. Weiße Blutkörperchen verschiedener Art gehören zum Immunsystem (→ Kapitel V/4) und dienen der Abwehr von Infektionen. Eine relativ kleine Art von weißen Blutkörperchen sind die Blutplättchen, die beim Verschluss von Wunden eine wichtige Rolle spielen.

Die Lunge und die Zellatmung

Unser Atmungsorgan, die Lunge, füllt den größten Teil des Brustkorbs. Sie besteht aus vielen kleinen mit Luft gefüllten Bläschen, die von den Kapillaren des Lungenkreislaufs umgeben sind. Die Lunge kann über die **Luftröhre** und über Nase und Mund Luft ansaugen, wenn an den Rippen ansetzende Muskeln den Brustkorb weiten oder wenn sich das unter der Lunge sitzende **Zwerchfell** senkt. Beim Ausatmen werden diese Bewegungen wieder rückgängig gemacht. Die Atemtätigkeit können wir bewusst steuern, jedoch wird bei Sauerstoffmangel im Organismus die Atmung selbsttätig in Gang gesetzt.

In den Lungenbläschen wird das Blut mit Sauerstoff aus der eingeatmeten Luft beladen. Gleichzeitig wird das gasförmige **Kohlendioxid** aus dem Blut abgegeben und mit der ausgeatmeten Luft aus dem Körper entfernt. Dieser Vorgang ist notwendig, weil alle Zellen unseres Körpers nur leben können, wenn sie Nährstoffe mit Hilfe von Sauerstoff zu Kohlendioxid und Wasser verbrennen.

Dieser Sauerstoff verbrauchende Prozess in den Zellen wird auch als Zellatmung bezeichnet. Wenn Zellen einige Minuten keinen Sauerstoff bekommen, sterben sie. Am empfindlichsten sind in dieser Hinsicht die Nervenzellen des Gehirns.

Auch wenn ein Stück Holz im Kamin verbrannt wird, entstehen Kohlendioxid und Wasser, die dann durch den Schornstein entweichen. Das Besondere bei der Verbrennung der Nährstoffe in der Zelle ist, dass hier keine hohen Temperaturen entstehen. Die Körpertemperatur steigt bei der Zellatmung nie wesentlich über die üblichen 37 °C an. Das bei der Zellatmung entstehende Kohlendioxid wird im Blut zunächst chemisch gebunden und erst in der Lunge als Gas freigesetzt. Dies ist nötig, weil sonst die Blutkapillaren durch Gasbläschen verstopft würden.

Lymphe
aus dem Blut stammende, gelblich gefärbte Flüssigkeit, die sich in den Lymphgefäßen sammelt und von hier aus in den Blutkreislauf zurückgeleitet wird

Blutplasma
Blutflüssigkeit ohne rote und weiße Blutkörperchen (Blutzellen)

Hämoglobin
Protein der roten Blutkörperchen, welches Sauerstoff binden kann und Sauerstoff von der Lunge in die anderen Organe transportiert

Luftröhre
vom Kehlkopf durch den Hals zur Lunge führende Röhre aus Knorpelgewebe, durch welche die Atemluft strömt

Zwerchfell
flacher Muskel, der die Lunge zum Bauchraum hin abschließt

Kohlendioxid (CO_2)
gasförmige Verbindung aus Kohlenstoff und Sauerstoff, die bei der Verbrennung von organischen Stoffen entsteht

Atmung bewirkt einen Gasaustausch in der Lunge. Sauerstoff wird aus der Luft aufgenommen, Kohlendioxid wird abgegeben. Im kleinen Maßstab atmet jede Zelle im Körper ebenso: Sie entnimmt Sauerstoff aus den Blutkapillaren und gibt Kohlendioxid ab. Im Blut sind die beiden Gase chemisch gebunden.

Organe zur Reinigung des Blutes

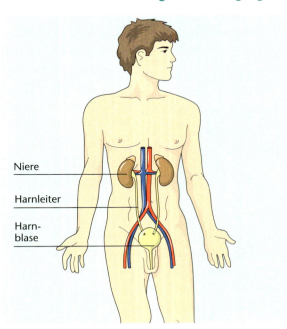

Die harnbildenden und harnableitenden Organe

Blut funktioniert auch wie eine Müllabfuhr und sammelt alle in den Geweben anfallenden Schadstoffe ein. Den wichtigsten dieser Schadstoffe, das Kohlendioxid, entsorgt das Blut in der Lunge.

Alle anderen Abfälle sind keine Gase und können deshalb nur auf dem Weg über eine wässrige Lösung ausgeschieden werden. Die hierfür zuständigen Organe sind die Nieren.

Die beiden **Nieren** im Unterleib sind Organe, in denen Schadstoffe aus dem Blut entfernt und anschließend mit dem Harn ausgeschieden werden.
In den Nieren werden zunächst die Blutzellen und die im Blut gelösten Proteine von einem Teil der Blutflüssigkeit abfiltriert. Die Blutflüssigkeit passiert dann ein Schlauchsystem, in dessen Wänden zahlreiche Spezialpumpen sitzen, die den größten Teil des Wassers und alle Wertstoffe wieder zurück ins Blut holen. Was übrig bleibt, ist eine wässrige Lösung von Stoffen, die für den Organismus wertlos oder schädlich sind: der Urin (Harn).

Der Urin wird zunächst in der **Harnblase** gesammelt. Wenn die Blase 0,4 bis 0,5 Liter Urin enthält, verspürt man einen Harndrang und muss sie entleeren. Pro Tag scheidet ein Erwachsener etwa 1,5 Liter Urin aus. Wenn man sehr viel trinkt, steigt die Menge. Die Niere sorgt also auch dafür, dass nicht mehr Wasser als nötig im Körper bleibt.

Die **Milz** ist ein nur etwa 150 g schweres Organ im Unterleib, sie sitzt direkt unter dem Zwerchfell. Auch die Milz kann als ein Organ zur Reinigung des Blutes aufgefasst werden. Sie hat aber eine ganz andere Aufgabe als die Nieren.
Die Milz kontrolliert die Blutzellen und entfernt regelmäßig überalterte oder beschädigte Zellen aus dem Blut. Neue Blutzellen werden vom Knochenmark geliefert (→ Kapitel IV/2.1).

Die Reinigung des Blutes durch Niere und Milz wird gelegentlich als **Entschlackung** bezeichnet. Dieser Begriff wird auch unkritisch auf die Reinigung von Zellen, Geweben, verschiedenen Organen und den ganzen Organismus übertragen. Dies beruht auf der mittelalterlichen Vorstellung, man müsse nur die „schlechten Säfte" aus dem Körper abführen, um wieder gesund, jung und schön zu werden. Eine „Entschlackung" dieser Art ist leider nicht möglich.

1 Welche Arterien transportieren sauerstoffarmes Blut?
2 Warum kann man in den Venen den Pulsschlag nicht spüren?
3 Warum kann man etwa 20 Tage überleben ohne zu essen, aber nur 5 Minuten ohne Zufuhr von Sauerstoff?

2.8 Die Organe zur Nahrungsverwertung

2.8.1 Nahrung und Nährstoffe

Um die Zellen über das Blut mit allen notwendigen Nährstoffen zu versorgen, müssen wir Nahrung zu uns nehmen. Die Nährstoffe liegen in der Nahrung aber meist nicht in einer Form vor, die direkt ins Blut aufgenommen werden kann. Die Nahrung muss zunächst durch die **Verdauungsorgane** verdaut werden.

Für Gesundheit, Wohlbefinden und auch das körperliche Erscheinungsbild ist die richtige Ernährung sehr wichtig. Richtige Ernährung heißt, dass man alle vom Körper benötigten Nährstoffe in ausreichender Menge zu sich nimmt. Richtige Ernährung heißt aber auch, dass man insgesamt weder zu viel noch zu wenig isst.

Tabelle IV/7 Die wichtigsten Nährstoffe für den Menschen

Nährstoff	Nahrungsmittel, die viel davon enthalten	Aufgabe im Körper
Kohlenhydrate (Zucker, Stärke)	Getreide, Reis, Mais, Kartoffeln, Obst, Brot, Süßspeisen	▪ liefern Energie durch Verbrennung mit Sauerstoff
Fett	Butter, Pflanzenöl, fettes Fleisch, Wurst	▪ wie Kohlenhydrate
Protein	Milchprodukte, mageres Fleisch, Hülsenfrüchte, Kartoffeln, Ei	▪ liefern Aminosäuren, aus denen die Zellen ihre eigenen Proteine aufbauen
Phosphat	Gemüse, Fleisch	▪ lebensnotwendig für alle Zellen
essentielle Fettsäuren	pflanzliche Öle, Nüsse, Fisch	▪ Bestandteil der Zellmembran
Vitamine	Gemüse, Fleisch, Milchprodukte, Brot	▪ viele verschiedene wichtige Aufgaben
Mineralstoffe	Gemüse, Fleisch, Milchprodukte, Leitungswasser	▪ viele verschiedene wichtige Aufgaben

Die Nährstoffe lassen sich einteilen in
- **Energiestoffe**: Sie werden zur Energieerzeugung verbrannt.
- **Aufbaustoffe**: Sie werden zum Aufbau körpereigener Stoffe benötigt.

Unser Bedarf an Energiestoffen hängt davon ab, wie viel körperliche Arbeit man leistet, denn die Muskeln verbrennen bei ihrer Tätigkeit sehr viele Energiestoffe.

Die drei wichtigsten Klassen von Energiestoffen sind die **Kohlenhydrate**, die **Fette** und die **Proteine**. Die Proteine sind zwar wichtige Aufbaustoffe, aber wenn genügend davon in der Nahrung sind, werden sie auch zur Energieerzeugung verbrannt.
Es gibt einen weiteren Energiestoff, der eigentlich nicht zu unseren normalen Nährstoffen gehört: der Alkohol aus alkoholischen Getränken.

Kohlenhydrate
Bezeichnung für Zucker und aus Zuckermolekülen zusammengesetzte Stoffe wie Polysaccharide (z. B. Stärke oder Zellulose)

Der Energiegehalt von
1 Liter Bier entspricht 200 g Weißbrot.
1 Liter Wein entspricht 400 g Weißbrot.
1 Liter Whisky entspricht 1 kg Weißbrot.

Wenn wir mehr **Energiestoffe** essen als der Körper zur Verbrennung braucht, so werden die Überschüsse im Körper gespeichert. ➔ Gewichtszunahme!

Es gibt zwei Typen von Speichern für Energiestoffe:
- einen rasch verfügbaren und
- einen langfristigen.

Rasch verfügbare Nahrungsspeicher befinden sich in der Leber und in der Skelettmuskulatur. In beiden Organen können Kohlenhydrate gespeichert und bei Bedarf schnell wieder abgerufen werden. Wenn die kurzfristigen Speicher voll sind, werden alle **überschüssigen Energiestoffe in Fett umgewandelt** und im Fettgewebe abgelagert. Auch wenn zu viele Kohlenhydrate, Proteine oder Alkohol verzehrt werden, verwandelt der Körper diese Stoffe in Fett. Die Fettspeicher werden nur bei länger andauerndem Hungerzustand wieder abgebaut.

 Die Aufbaustoffe müssen dem Körper immer in ausreichender Menge zugeführt werden, unabhängig davon, ob er viel oder wenig Energie verbraucht.

Auch der Erwachsene benötigt ständig **Aufbaustoffe**, weil ein Teil dieser Stoffe immer wieder verbraucht wird oder im Organismus verdirbt. Die Aufbaustoffe werden auch *essenzielle Stoffe* genannt. Die wichtigsten essentiellen Stoffe sind Protein, Phosphat, essentielle Fettsäuren, Vitamine und Mineralstoffe (→ Tabelle IV/7).

essenzielle Stoffe
Nährstoffe, die der Körper zum Aufbau der körpereigenen Stoffe unbedingt braucht und die er nicht aus anderen Stoffen selbst herstellen kann

Wenn man regelmäßig eine gemischte Kost aus den in der Tabelle genannten Nahrungsmitteln zu sich nimmt, ernährt man sich im Normalfall richtig, und der Körper bekommt alle Aufbaustoffe, die er braucht. Ein gesunder Mensch ist satt, wenn er ausreichend Energiestoffe gegessen hat, und er bekommt Hunger, wenn die kurzfristigen Energiespeicher leer sind.

Essgewohnheiten – Essstörungen

Durch falsche Essgewohnheiten kann man sich angewöhnen zu viel zu essen. Man wird dann dicker und dicker, solange man die Gewohnheiten nicht ändert. Es ist schwierig, das Übergewicht wieder los zu werden. Durch eine Reduktionskost kann man das Gewicht wieder verringern. Während dieser Zeit sollte man jedoch nicht auf eine ausreichende Zufuhr von Aufbaustoffen verzichten.

 Ein übergewichtiger Mensch nimmt nur ab, während er Hunger hat.

Nicht selten sind auch Ernährungsstörungen, bei denen zu wenig gegessen wird. Besonders junge Mädchen, die ein falsches Schönheitsideal anstreben, sind betroffen. Oft steckt dahinter die Angst, erwachsen zu werden. Bei Unterernährung bekommt der Körper zu wenig Aufbaustoffe. Schwere Erkrankungen und sogar Tod sind die Folge, wenn nicht gegengesteuert wird.

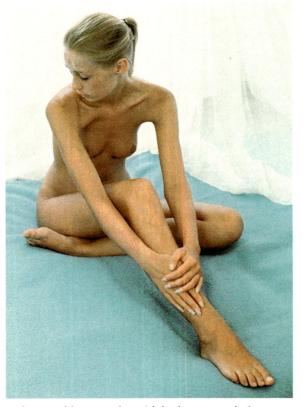

Ist dieses Mädchen normal entwickelt oder unterernährt?

2.8.2 Die Verdauungsorgane

Die Verwertung der Nahrung beginnt mit dem Zerkauen im Mund. Die Speicheldrüsen durchfeuchten die Nahrung, und der entstehende Speisebrei wird dann durch die Speiseröhre in den Magen befördert. Eine automatisch arbeitende Klappe im Kehlkopf sorgt dafür, dass Speisen und Getränke nicht versehentlich in die Lunge geraten.

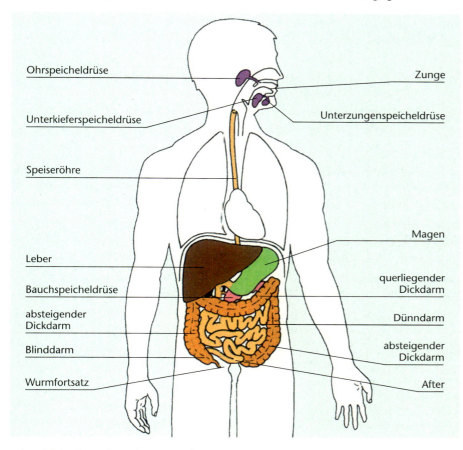

Die Verdauungsorgane

Die **Schleimhaut des Magens** produziert Salzsäure und spezielle **Verdauungsenzyme**. Die Salzsäure senkt den pH-Wert des Speisebreis auf etwa 2 (→ Kapitel VIII/1.3). Bei diesem pH-Wert werden viele Bakterien und andere in der Nahrung enthaltene Mikroorganismen abgetötet. Die Verdauungsenzyme beginnen mit der Aufspaltung der Proteine und der Fette. In der **Magenwand** befinden sich kräftige Muskeln, die dafür sorgen, dass der Mageninhalt kräftig durchmischt und schließlich weiterbefördert wird in den **Dünndarm**.

Verdauungsenzyme
Enzyme (Kapitel VIII/1.4), welche in den Verdauungsorganen die Proteine, Fette und Kohlenhydrate aus der Nahrung in kleine Bausteine zerlegen

Der Dünndarm ist ein etwa 2 bis 3 m langer Schlauch, der von Ringmuskeln, Blutgefäßen und Lymphgefäßen umgeben ist. Hier findet der größte Teil der Verdauung statt. Wenn Nahrungsbrei aus dem Magen im Dünndarm angekommen ist, schüttet die **Bauchspeicheldrüse** ein Sekret in den **Darm** aus. Dieses Sekret hat zwei Aufgaben:
- Es liefert dem Darm verschiedene Verdauungsenzyme. Diese Enzyme entstehen in der Drüse als inaktive Vorstufen, so dass sie die Proteine und Lipide des Körpers nicht zerstören können. Erst im Darm werden die Vorstufen zu aktiven Verdauungsenzymen.
- Die enthaltenen Basen neutralisieren den sauren pH-Wert des aus dem Magen kommenden Breis im Dünndarm auf 8 bis 9.

Bei diesem pH-Wert arbeiten die Verdauungsenzyme besonders gut, die ebenfalls mit dem Bauchspeichel im Darm ankommen.

Tabelle IV/8 Die wichtigsten Endprodukte der Verdauung

Nährstoffe	... werden verdaut zu ...
Protein	Aminosäuren
Fett	Fettsäuren und Glycerin
Kohlenhydrate (z. B. Stärke)	Glucose

Die **Verdauung der Fette** ist besonders schwierig, weil sie nicht wasserlöslich sind. Diese Aufgabe übernimmt die **Leber**. Sie produziert **Galle**, die über die **Gallenblase** in den Dünndarm kommt.
In der Galle sind wirkungsvolle Emulgatoren enthalten, die das Nahrungsfett emulgieren, so dass es von den fettspaltenden Verdauungsenzymen angegriffen werden kann.

Die Endprodukte der Verdauung werden von der Wand des Dünndarms resorbiert, das heißt, sie werden dort durch spezielle Pumpen aus dem Darminhalt herausgeholt und ans Blut oder an die Lymphe abgegeben.

Die unverdaulichen Reste der Nahrung gelangen in den **Dickdarm** und werden schließlich als Kot ausgeschieden. Ein kräftiger Ringmuskel (Schließmuskel) am Ende des Dickdarms (After) verhindert, dass der Kot unkontrolliert den Darm verlässt.

Die vom Dünndarm resorbierten Nährstoffe werden von Blut und Lymphe abtransportiert und gelangen zum großen Teil zunächst in die Leber. Die Leber kann die Nährstoffe für kurze Zeit speichern und kontrolliert, je nach Bedarf, ans Blut abgeben.

Aufgaben der Leber

Außer der zentralen Verwaltung der ankommenden Nährstoffe hat die Leber noch drei andere wichtige Aufgaben.
- Sie ist eine Drüse.
- Sie entgiftet die in den Körper eingedrungenen Fremdstoffe.
- Sie unterstützt die Milz bei der Aussortierung verbrauchter Blutzellen.

Eine Drüsentätigkeit der Leber wurde oben schon erwähnt: Sie produziert die zur Fettverdauung nötige Galle. Daneben produziert die Leber die meisten der im Blut vorkommenden Proteine, z. B. alle Proteine des komplizierten Systems der Blutgerinnung.

In Kapitel IV/2.7 wurde die Niere als ein Organ zur Entgiftung des Blutes beschrieben. Die Leber unterstützt diesen Vorgang. Der Dünndarm kann nicht ganz vermeiden, dass auch unnütze bzw. schädliche Stoffe aus der Nahrung mit resorbiert werden.
Wenn diese Stoffe wasserlöslich (hydrophil) sind, werden sie ziemlich schnell über die Nieren wieder ausgeschieden.
Sind diese Schadstoffe aber lipophil, so werden sie mit den Fetten zur Leber transportiert und bleiben hier zunächst hängen. Die Leber führt dann verschiedene chemische Reaktionen mit den lipophilen Schadstoffen durch, wodurch diese in wasserlösliche Stoffe umgewandelt und anschließend über die Nieren ausgeschieden werden können.

1 Fettleibigkeit ist nicht erblich. Warum beobachtet man trotzdem oft, dass dicke Eltern auch dicke Kinder haben?
2 Wenn man sehr viel Wasser trinkt, wird man nicht dick, wohl aber, wenn man sehr viel Bier oder Limonade trinkt. Begründen Sie dies!

V Die Haut und ihre Anhangsgebilde

Neben der allgemeinen Form des Körpers sehen wir von anderen Menschen hauptsächlich die Haut, die Haare und die Nägel. Deren äußeres Erscheinungsbild beeinflusst maßgeblich das Selbstbewusstsein und die Wirkung auf andere Menschen. Deshalb sind wir oft bereit, viel für die kosmetische Pflege und Behandlung der Haut, Haare und Nägel zu tun. Als Schönheitsideal gilt allgemein die faltenlose jugendliche Haut, die weitgehend frei von so genannten Hautunreinheiten ist.

Bei der Beurteilung von Falten und kleinen Flecken auf der Haut gibt es beträchtliche Unterschiede. So werden z. B. Falten im Gesicht eines Mannes oft als weniger störend empfunden als bei einer Frau. Einzelne Leberflecke werden meist toleriert, doch empfinden manche Menschen Sommersprossen bereits als hässlich.

Schönheitsideale ändern sich, jedoch bleiben positive Ausstrahlung, Vitalität und eine gepflegte Haut unbeeinflusst von Modetrends.
Die Kosmetik bietet viele Möglichkeiten, das Aussehen und den Zustand der Haut zu beeinflussen und die Fähigkeit der Selbstregenerierung der Haut zu unterstützen. Die Kosmetikerin kann dazu einen wesentlichen Beitrag leisten, indem sie die Haut sorgfältig analysiert, reinigt, pflegt, schützt oder dekoriert.
Um diese Methoden erfolgreich anwenden zu können, muss sie genau wissen, wie die menschliche Haut aufgebaut ist und wie sie funktioniert. Wenn man sich hierbei nicht auskennt, kann man mit kosmetischen Methoden der Haut mehr schaden als nützen.

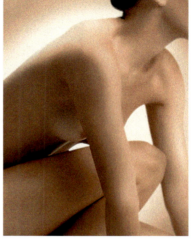

Die Haut der Jugendlichen ist in der Regel bis zum Beginn der Pubertät frei von Hautunreinheiten.

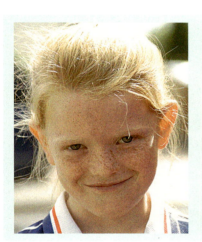 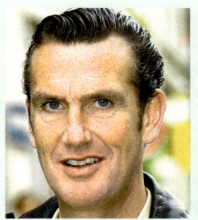 

Welche Haut ist schön?

Frau S. besucht regelmäßig das Kosmetikstudio von Frau M. und bekommt dort jedes Mal auch eine Gesichtsmaske. Es ist ein Gel mit pflanzlichen Extrakten.
Frau S. hat die Maske immer gut vertragen, doch eines Tages ist das Gesicht nach der Anwendung stark gerötet und geschwollen. Die Kundin beschwert sich bei Frau M. Diese beteuert, sie habe dasselbe Präparat wie immer verwendet. Tatsächlich hat sich nicht das Präparat geändert, sondern die Haut von Frau S.

Was sich hier in der Haut verändert hat, erfahren Sie in Kapitel V/4.

1 Die Schichten der Haut

Haut
lat. cutis,
griech. derma

Die menschliche **Haut** ist viel dünner und empfindlicher als die Haut der meisten Tiere. Haut ist ein sehr kompliziertes Gebilde, in dem unterschiedliche Gewebe auf engstem Raum zusammenwirken. Sie besteht im Wesentlichen aus drei Schichten:
- der Oberhaut (Epidermis), einem Abschlussgewebe aus mehrschichtig verhorntem Palettenephitel mit den Talgdrüsen und den Hautanhangsgebilden Haare und Nägel,
- der Lederhaut (Dermis), einem Bindegewebe,
- der Unterhaut (Subkutis), einem Bindegewebe mit Fettzellen.

Die Oberhaut ist ein zelluläres Gewebe, Lederhaut und Unterhaut gehören zum Bindegewebe.
In der Haut befinden sich Schweißdrüsen, Talgdrüsen, Haarwurzeln, kleine Muskeln zum Aufrichten der Haare und der Tastsinn.
Die Haut hat für die Gesundheit, Leistungsfähigkeit und Ästhetik des Körpers wichtige Funktionen zu erfüllen.

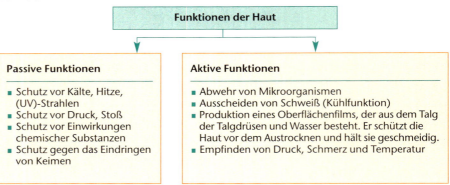

Die Haut des Menschen ist das wichtigste Arbeitsfeld der Kosmetikerin. Sie ist keine leblose Hülle, die man nach Belieben manipulieren kann, sondern ein kompliziertes Organ mit vielen lebenswichtigen Aufgaben. Die Oberhaut produziert die Hornschicht, welche den Körper nach außen hin abschließt. Darunter liegen die Lederhaut und das Fettgewebe, die beide zum Bindegewebe gehören.

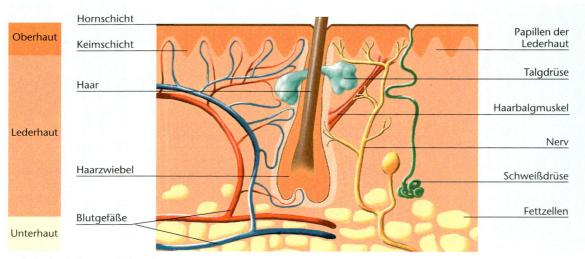

Querschnitt durch die Haut (Schema)

2 Die Oberhaut

2.1 Struktur der Oberhaut

Die Oberhaut (**Epidermis**) bildet die nach außen abschließende Schicht der Haut. Sie ist mehrschichtig und besteht aus der
- Hornschicht (Stratum corneum),
- Hornbildungsschicht (Stratum granulosum),
- Regenerationsschicht (Stratum germinativum).

Epidermis
äußere Schicht der Haut. Sie besteht aus der Hornhaut und den darunter liegenden Zellen, welche die Hornhaut produzieren.

Die Lage der einzelnen Schichten

Die Oberhaut ist ein dünnes zelluläres Gewebe. Die wichtigsten Zellen der Oberhaut sind die **Keratinozyten**. Außerdem sind in der Oberhaut **Melanin** bildende Zellen und Zellen des Immunsystems enthalten. An der Grenze zur Lederhaut befinden sich einzelne Zellen, die beim Tastsinn eine Rolle spielen.

Die **Regenerationsschicht** befindet sich an der Grenze zwischen Oberhaut und Lederhaut. Diese Grenze wird durch eine sehr dünne Membran aus speziellen Kollagenfasern gebildet, der **Basalmembran**. In der **Hornbildungsschicht** verwandeln sich die lebenden Keratinozyten allmählich in Hornzellen. Die Hornzellen in der Hornschicht sind keine lebenden Zellen. Sie besitzen keinen Zellkern mehr und können sich deshalb nicht teilen. Trotzdem ist die **Hornschicht** die wichtigste Schicht der Oberhaut. Regenerationsschicht und Hornbildungsschicht dienen nur dazu, ständig neue Hornhaut zu produzieren.

Keratinozyten
Hornhaut bildende Zellen

Melanin
braune oder schwarze Pigmente

Basalmembran
Häutchen als Grenzfläche zwischen einem geschlossenen ein- oder mehrschichtigen Zellverband und dem Bindegewebe

2.2 Aufgaben der Hornschicht

Die Oberhaut bildet eine Hornhaut, die unseren Körper nach außen hin abgrenzt. Sie verhindert, dass unser Körper, der zum größten Teil aus Wasser bestehet, austrocknet. Ohne die schützende Hornschicht würden die Körperflüssigkeiten unaufhaltsam heraussickern. Sie verhindert auch, dass z. B. Schadstoffe oder Bakterien in den Körper eindringen können. Die Oberhaut schützt die tiefer liegenden Hautschichten und die darunter liegenden Organe vor **UV-Strahlung**. Die Hornschicht ist transparent, das heißt, sie lässt Licht und UV-Licht durch. Trotzdem wird aber der größte Teil der UV-Strahlung aus dem Sonnenlicht an den verschiedenen Schichten der Hornhaut reflektiert und gelangt nicht zu den tiefer liegenden lebenden Zellen der Oberhaut und der Lederhaut. Beim Menschen ist jedoch der Lichtschutz durch die Oberhaut nicht in jedem Fall ausreichend. Die dadurch entstehenden Probleme werden im Kapitel V/2.8 dargestellt.

UV-Strahlung
ultraviolette Strahlung. Die UV-Strahlung der Sonne ist für Lebewesen im Prinzip sehr schädlich. Alle Tiere und Pflanzen, die im Tageslicht leben, haben deshalb einen wirksamen Lichtschutz.

> Die Hornschicht schützt unseren Körper nach außen vor dem Austrocknen und nach innen vor dem Eindringen von Schadstoffen, Strahlen und Bakterien.

2.3 Entstehung der Oberhaut

Die Hornschicht erneuert sich nicht nur, wenn sie verletzt worden ist, sondern sie wächst ständig von innen heraus nach. An der Basalmembran sitzt dicht an dicht eine Schicht von sehr aktiven Keratinozyten, die ständig wachsen und sich teilen. Die Versorgung der Keratinozyten erfolgt durch die kleinen Blutgefäße, die in der Lederhaut an der Grenze zur Basalmembran liegen. Diese lässt Wasser und Nährstoffe zur Versorgung der aktiven Zellen durch.

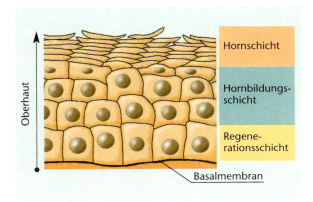

Querschnitt durch die Oberhaut (Schema) – stark vereinfachte Darstellung; die lebenden Keratinozyten sind durch einen Zellkern angedeutet.

Die Keratinozyten teilen sich ständig. Ein Teil wird nach außen weggedrängt. Sobald die Zellen von der Basalmembran abgedrängt worden sind, werden sie schlechter mit Nährstoffen versorgt und sie beginnen abzusterben. Durch ihren Tod werden die Zellen der Oberhaut aber nicht nutzlos, sondern sie wandeln sich in etwa 14 Tagen zu Hornzellen um, aus denen sich die Hornschicht aufbaut.

 Keratinozyten befinden sich nur in der Oberhaut. Sie sind für die Bildung der Hornschicht verantwortlich.

Unter dem Mikroskop sind bei einem Querschnitt durch die Oberhaut mehrere Schichten erkennbar:
- die lebenden Keratinozyten an der Basalmembran,
- die absterbende Zellschicht und
- die fertige Hornhaut.

Weil an der Basalmembran immer neue Keratinozyten entstehen, werden die absterbenden Zellen immer weiter nach außen abgedrängt. Bei diesem Vorgang verwandeln sie sich. Sie verlieren Wasser und werden deshalb immer flacher, je weiter sie nach außen geschoben werden. In der Hornbildungsschicht (Stratum granulosum) lösen sich die Zellkerne und andere überflüssig gewordenen Zellbestandteile auf.

Das **Zytoplasma** der Zelle füllt sich immer mehr mit Fasern aus **Keratin**, die Zelle „verhornt". Die flachen Zellen bestehen fast nur noch je zur Hälfte aus Keratin und Wasser. Auch die Zellmembran wird abgebaut und durch eine neue Schicht aus Proteinen (Eiweißen) ersetzt, die man Hornhülle nennt.

Die flachen, abgestorbenen Keratinozyten nennt man auch Hornzellen (**Korneozyten**). Diese Bezeichnung ist nicht ganz korrekt, weil es sich um totes Material und nicht mehr um lebende Zellen handelt.

Zytoplasma
Flüssigkeit im Innern der Zelle

Keratin
Hornstoff; sehr festes schwefelreiches Eiweiß, Vorkommen in Haaren, Nägeln und oberster Hautschicht

Korneozyten
Zellen der Hornschicht

Abschilfernde Hornzellen (stark vergrößert)

Die **Hornzellen** haften zunächst sehr fest an den darunter liegenden Zellschichten. Etwa 15 Schichten aus flachen Hornzellen stapeln sich übereinander und bilden die Hornhaut. Erst die äußerste Schicht dieser Hornzellen verliert allmählich ihre feste Bindung zur darunter liegenden Schicht und kann dann leicht abgestreift (abgeschilfert) werden.

Ein Erwachsener streift jeden Tag etwa 10 g Hornschüppchen ab, die von der nachwachsenden Oberhaut ersetzt werden. Der ganze Vorgang, von der Zellteilung an der Basalmembran bis zum Abstreifen der toten Zellschüppchen, dauert etwa vier bis fünf Wochen.

 Mehr als 90 % aller Zellen der Oberhaut sind Keratinozyten und die daraus entstehenden Hornzellen.

 Hornschicht
Die Hornschicht ist meist nur etwa 0,02 mm dick, die gesamte Oberhaut 0,1 mm. Im Bereich der Handflächen und der Fußsohlen ist sie wesentlich dicker. Eine verdickte Hornschicht wird in der Umgangssprache auch Hornhaut genannt. Wenn die Haut an einer Stelle mechanisch stark belastet wird, reagiert sie mit der Bildung einer dickeren Hornschicht. Dies merken z. B. Gitarrenspieler, bei denen die Hornhaut an den Fingerkuppen sehr dick und hart wird, wenn sie regelmäßig üben. An Stellen, wo der Schuh am Fuß reibt, kann sich ebenfalls eine dicke Hornhaut bilden, im Extremfall ein Hühnerauge.

2.4 Eigenschaften der Hornschicht

Die Hornschicht zeichnet sich hauptsächlich durch eine relativ feste Struktur aus und sie ist wasserundurchlässig sowie abweisend gegen Fremdstoffe.
Die Festigkeit wird zum großen Teil durch die mechanische Stabilität der Hornzellen erreicht.
Die Wasserundurchlässigkeit wird durch das **Hornfett** erzeugt. Dieses Hornfett ist ein Bestandteil der Hornschicht. Es ist ein fettähnliches Stoffgemisch, das von den absterbenden Keratinozyten produziert und ausgeschieden wird.
Das Hornfett füllt die schmalen Zwischenräume zwischen den Hornzellen. In der Grafik ist zu erkennen, dass das Hornfett durchgehende Schichten bildet. Diese Schichten sind **hydrophob** und deshalb ist die Hornschicht so undurchlässig für Wasser.

Die flachen Korneozyten sind durch unregelmäßig angeordnete **Desmosomen** miteinander verbunden, alle Zwischenräume sind mit Hornfett gefüllt.

Der Querschnitt durch die Hornschicht ist fast mit einer Ziegelmauer vergleichbar, wobei die Hornzellen die Ziegel und das Hornfett der Mörtel wären. Das Bild täuscht aber etwas, weil das Hornfett hier nur wenig zum Zusammenhalt der „Ziegel" beiträgt. Die große Festigkeit der Hornschicht beruht darauf, dass alle Hornzellen untereinander durch Bindungsfasern aus **Proteinen** (Desmosomen) miteinander verknüpft sind. Diese Desmosomen gehen kaputt, wenn die Hornzellen etwa 2 bis 3 Wochen alt sind. Deshalb werden die Hornschüppchen dann abgestreift.

hydrophob
wasserunlöslich, wasserabweisend

Desmosomen
Haftplatten aus Protein, mit denen benachbarte Zellen fest verbunden sind

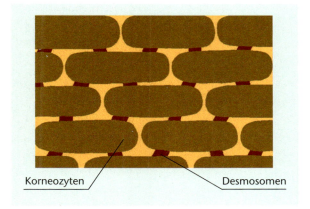

Prinzip des Aufbaus der Hornschicht

Proteine und Lipide der Hornschicht

Die wichtigsten Baustoffe der Hornschicht sind Proteine und Lipide. **Proteine** kommen überall im Körper vor, die meisten Arten sind wasserlöslich. Die in der Hornhaut, den Nägeln und den Haaren vorkommenden Proteine lösen sich nicht in Wasser. Den wichtigsten Typ nennt man Keratin. Das Keratin ist mit anderen Proteinen zu einer festen, hornartigen Masse verbunden. Hornzellen bestehen etwa zu 50 % aus dieser Hornmasse und zu 50 % aus eingeschlossenem Wasser. Auch die Desmosomen bestehen aus wasserunlöslichen Proteinen.
Lipide sind Stoffe, die sich in Öl lösen. Das von den Keratinozyten produzierte Hornfett ist eine Mischung verschiedener Lipide, die praktisch nur in der Oberhaut vorkommen. Die wichtigsten Lipide der Hornschicht nennt man **Ceramide**. Ceramide sind ein Hauptbestandteil des Hornfetts.
Wenn die Haut mit Reinigungsmitteln (**Detergenzien**) oder organischen Lösungsmitteln (z. B. Nagellackentferner) stark strapaziert wird, können sich die Ceramide teilweise aus der Hornhaut herauslösen. Die Haut ist dann geschädigt und viel durchlässiger für schädliche Fremdstoffe. Manche Hautcremes enthalten Ceramide, doch kann die Haut nur sehr wenig von den äußerlich aufgetragenen Stoffen aufnehmen.
Die Proteine der Hornschicht werden durch Detergenzien oder Lösungsmittel nicht verändert. Dennoch gibt es chemische Stoffe, die diese Proteine zerstören können. Im täglichen Leben kommen wir mit den meisten dieser Stoffe nicht in Berührung, nur die Alkalien bilden eine Gefahr. **Alkalien** sind Stoffe wie z. B. Natronlauge oder gelöschter Kalk. Unter ihrem Einfluss quillt die Hornschicht stark auf und wird durchlässig. Natronlauge oder die ähnlich wirkende Kalilauge kann z. B. in Horn erweichenden Mitteln zur Fußpflege enthalten sein. Auch die normalen Seifenstücke (Toilettenseifen) sind **Alkalien**. Sie sind zwar relativ mild, können aber bei übermäßigem Gebrauch die Hornschicht schädigen.

Lipide
organische Substanzen, die nicht in Wasser, jedoch gut in Fetten löslich sind

Proteine (Eiweiße)
Hauptbestandteile aller Zellen und Organismen

Ceramide
Lipide der Hornschicht

Detergenzien
Wasch- und Reinigungsmittel

Alkalien
Substanzen, deren wässrige Lösung basisch reagiert, z. B. Natronlauge

Unsere gesamte Körperoberfläche ist mit einer Hornschicht bedeckt. An einigen Stellen hat die Hornschicht besondere Eigenschaften:

- Auf der Vorderseite des Auges muss sie besonders glatt und durchsichtig sein, damit unser Blick nicht getrübt wird.
- An Handflächen und Fußsohlen ist sie besonders dick, weil diese Körperteile mechanisch stark beansprucht werden.
- Auch an den Körperöffnungen (z. B. Lippen, Zahnfleisch, Nasenlöcher) gibt es eine Hornschicht. Diese hat aber etwas andere Eigenschaften, z. B. enthält sie keine Farbpigmente.

Die Hornschicht ist die äußere Hülle des menschlichen Körpers. Sie schützt den Körper vor Austrocknung und vor Infektionen. Da sie sehr dünn und leicht verletzlich ist, wird sie von den Zellen der Oberhaut ständig erneuert.

1. Wenn man ein Heftpflaster von der Hautoberfläche abreißt, bleibt die oberste Schicht der Hornzellen daran kleben, die Hornschicht wird also eine Lage dünner. Was würde geschehen, wenn man 15- bis 20-mal nacheinander ein neues Heftpflaster auf dieselbe Hautstelle klebt und wieder abreißt?
2. Was würde mit der Haut geschehen, wenn man das gleiche Experiment nicht an einem Tag, sondern an 15 bis 20 aufeinander folgenden Tagen durchführt?
3. Wie kann man die gesunde Hornschicht schützen, wenn man mit alkalischen Fußpflegemitteln arbeitet?
4. An einigen Stellen der Körperoberfläche ist die Hornschicht besonders dick und nicht leicht durch Kratzer zu verletzen. Welche Stellen sind das?

Veränderungen der Hornschicht

Wenn die dünne Hornschicht verletzt wird, führt dies meist auch zu Schäden in der Oberhaut und der Lederhaut. Zum Glück kann unsere Haut kleine Verletzungen schnell selbst reparieren. Ist sie an einer Stelle zerkratzt, sehen wir meist etwas Blut austreten, das nach einigen Minuten zu einem festen Grind verkrustet. Unter dem Schutz des Grindes wächst die Oberhaut wieder nach und sieht nach einigen Tagen aus wie neu, wenn die Wunde nicht zu tief war. Durch eng sitzende Schuhe oder Kleidungsstücke kann die Hornhaut auch beschädigt werden, man kann sich „wund reiben". Bei übermäßiger mechanischer Beanspruchung zerreißen die Desmosomen früher und die Hornhaut wird dünner. Bei einer länger anhaltenden mechanischen Reizung versucht die Haut sich zu wehren, indem sie eine dickere Hornschicht produziert.

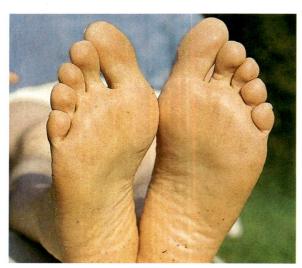

Hornschicht auf den Fußsohlen

Chemische Stoffe wie Seifen, andere Waschmittel oder organische Lösungsmittel können Hornfett aus der Hornhaut herauslösen, so dass diese dann durchlässiger wird. Menschen, die in Feuchtberufen arbeiten oder ständig mit Reinigungsmitteln umgehen, bekommen Probleme, wenn sie ihre Haut nicht durch Handschuhe oder andere Maßnahmen fachgerecht schützen.

Beim Piercing wird die Oberhaut auf Dauer verletzt. Wenn der Metallstift nach kurzer Zeit wieder herausgezogen würde, könnte sich das Loch in der Oberhaut von den Rändern her wieder schließen. Wenn aber jahrelang Schmuck in dieser Öffnung befestigt worden ist, hat es sich so geweitet, dass ein natürlicher Verschluss nicht mehr möglich ist. Dies führt oft zu Problemen, weil an diesen Stellen Bakterien leichter in den Körper eindringen und schmerzhafte Entzündungen verursachen können.

2.5 Haare

Haare sind Anhangsgebilde der Haut. Obwohl wir ohne Kleidung recht nackt aussehen, ist doch nahezu unsere gesamte Körperoberfläche mit Haaren besetzt. Die meisten dieser Haare sind allerdings so kurz und dünn, dass wir sie mit bloßem Auge kaum erkennen können. Diese kleinen **Flaumhaare** (Wollhaare) sind ein Überbleibsel aus der Entwicklungsgeschichte des Menschen, dessen Vorfahren vor Urzeiten einmal Pelztiere waren, die sich mit einem dicken Fell vor der kalten Witterung schützten. Uns Menschen nützen die Flaumhaare nichts mehr, aber sie stören uns auch nicht.

Flaumhaare
dünne, kurze, meist blonde Härchen, die auf vielen Bereichen der Haut vorhanden sind

Der erwachsene Mensch besitzt nur an wenigen Stellen relativ dicke, lange und teilweise pigmentierte Haare. Sie werden auch Kolbenhaare genannt.
Die Frau hat **Kolbenhaare** oben auf dem Kopf (Kopf- oder Haupthaar), über den Augen (Augenbrauen), an den Rändern der Augenlider (Wimpern), unter den Schultergelenken (Achselhaar) und im Schambereich, häufig auch an Armen und Beinen.
Beim Mann sind die Kolbenhaare etwas anders verteilt. Am Kopf hat er zusätzlich die Barthaare, dafür aber meist weniger Haupthaar. Die Behaarung der Beine, der Arme und gelegentlich auch der Brust und des Rückens ist beim Mann in der Regel stärker als bei der Frau.

Unterschiedliche Verteilung der Kolbenhaare

Aufgaben der Haare

Haare können den Körper in begrenztem Umfang vor äußeren Einflüssen schützen, beispielsweise
- schützt das Kopfhaar den Schädel vor zu starker Sonneneinstrahlung,
- schützen Augenbrauen und Wimpern die Augen vor dem Eindringen von Schweiß bzw. Fremdkörpern,
- verhindern Haare in Nasenlöchern das Einatmen von Insekten.

Die Art und das Erscheinungsbild der Behaarung trägt wesentlich zum Aussehen des Menschen bei. Ein Teil unseres Haarwuchses gilt als Schönheitsmerkmal und wird entsprechend gepflegt. Hierzu gehören Haupthaar, Augenbrauen, Wimpern und manchmal der Bart. An anderen Stellen werden Kolbenhaare oft als störend oder unschön empfunden, sie werden dann durch **Depilation** entfernt (→ Folgeband).

Kolbenhaare
dicke, oft dunkel gefärbte Haare (z. B. Haupthaar, Augenbrauen, Wimpern)

Depilation
lat. de- und *pilus* Haar
Haarentfernung ohne die Haarwurzel zu zerstören (rasieren, zupfen, harzen, chemisch)

Haarwachstum

Die Haare gehören zur Oberhaut, ihre Wurzeln ragen aber tief in die Lederhaut hinein. Das Haar wächst ständig und langsam aus der Haarwurzel heraus. Das Wachstum des Haares ist ein ähnlicher Prozess wie die Bildung der Hornschicht. Auch das Haar besteht aus abgestorbenen Hornzellen.
Im Gegensatz zur Hornschicht sind die meisten Hornzellen des Haares keine flachen Plättchen, sondern lang (bis zu 0,1 mm) und stabförmig. Die lebenden Zellen, die sich ständig teilen und dadurch das Haar bilden, befinden sich nur in der Haarwurzel.

> Beim Auszupfen eines Haares aus der Haut bleibt der größte Teil der lebenden Zellen (Keratinozyten) in der Wurzel zurück. Diese Zellen können wieder ein neues Haar bilden – das Haar wächst nach. Die Kundin kommt in einigen Wochen wieder zum Brauenzupfen.

Die Kolbenhaare wachsen 6 bis 15 mm pro Monat, die Augenbrauen noch langsamer. Ein Kopfhaar kann bis zu 5 Jahre ununterbrochen wachsen. Dann ist die Haarwurzel erschöpft und das Haar fällt aus.

Die Wurzel erholt sich danach wieder und beginnt nach einigen Wochen an der gleichen Stelle ein neues Haar zu produzieren.

Pro Tag verliert die gesunde Kopfhaut etwa 70 Haare und bildet ebenso viel neue. Die Wimpern wachsen nur 3 bis 5 Monate, fallen dann aus und werden durch neue ersetzt. Deshalb werden die Wimpern nicht so lang wie andere Kolbenhaare.

Wenn ein Haar abgeschnitten wird, wächst es mit gleicher Geschwindigkeit weiter wie vorher. Es wächst nicht schneller, wenn man es regelmäßig abrasiert. Allerdings spürt man schon am Tag nach einer Rasur die rauen Haarstoppeln und hat deshalb das Gefühl, das Haar wachse nun besonders schnell.

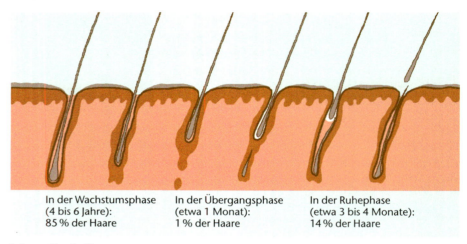

Lebenszyklus der Haare

Aufbau des Haares

Haarschaft
Der leblose, verhornte Teil des Haares (ohne die Haarwurzel)

Haarwurzel
Eine Einstülpung der Oberhaut in die Dermis, in welcher der Haarschaft entsteht

Das Haar besteht aus dem **Haarschaft**, der aus der Haut herauswächst, und der **Haarwurzel**, dem lebenden Teil des Haares.

Zu jedem Haar (mit Ausnahme der Wimpern und Augenbrauen) gehört ein kleiner Muskel, der an der Haarwurzel ansetzt und auf der anderen Seite im Kollagen-Netz der Lederhaut verankert ist.

Beim Menschen sorgen diese Muskeln dafür, dass wir bei Kälte eine Gänsehaut bekommen. An jeder Haarwurzel befindet sich auch mindestens eine kleine **Talgdrüse** (→ Kapitel V/2.7).

 Die Kosmetikerin gestaltet Wimpern, gestaltet/entfernt Augenbrauen und entfernt Körperbehaarung, soweit diese als störend empfunden wird.

1 An welchen Stellen der Hautoberfläche befinden sich keine Haare, auch keine winzigen Flaumhärchen?
2 Wie sind Flaumhaare und dicke Kolbenhaare auf dem Unterarm, dem Handrücken und der Oberseite der Finger verteilt? Beobachten Sie die Verteilung bei mehreren Personen. Beachten Sie die Unterschiede bei Mann und Frau.
3 Betrachten Sie das Haar von einem leicht ergrauten Menschen ganz genau. Wie sehen die einzelnen Haare aus?

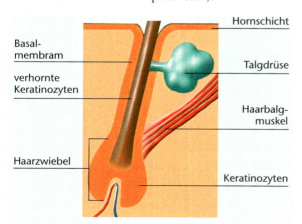

Querschnitt durch die Haarwurzel

2.6 Nägel

Die Fingernägel und die Fußnägel gehören auch zur Oberhaut. Ebenso wie die Haare nennt man sie auch „Anhangsgebilde" der Oberhaut oder kurz „Hautanhangsgebilde".

Tiere haben oft Krallen oder Hufe als wichtige Werkzeuge, sie entsprechen unseren Nägeln. Beim Menschen sind diese Krallen weitgehend verkümmert. Sie schützen die Nerven in den Finger- und Zehenspitzen und sie sind wichtig für das Abstützen und Greifen.

Fingernägel sind fast immer sichtbar, da wir nur selten Handschuhe tragen. Vom Aussehen seiner Fingernägel wird unser Eindruck von einem anderen Menschen sehr stark beeinflusst.

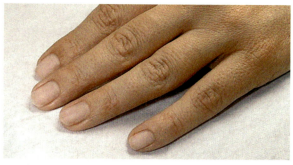

Nägel

- Gepflegte, saubere Nägel vermitteln einen positiven Eindruck.
- Sind die Nägel ungepflegt oder schmutzig, so überträgt man diese Eigenschaften unbewusst auf den Charakter der Person.

 Die Pflege der Fingernägel – **Maniküre** – und der Zehennägel – **Pediküre** – sind wichtige Arbeitsbereiche der Kosmetikerin.

Maniküre
lat. manus Hand, *cura* Sorge, Pflege; Pflege der Hände

Besondere Probleme haben Menschen mit Nagelerkrankungen. Sie wenden sich dann oft Hilfe suchend an ein Kosmetikstudio. Die Kosmetikerin muss in solchen Fällen sorgfältig prüfen, ob direkte Hilfe möglich ist oder ob ärztliche Hilfe empfohlen werden muss (→ Kapitel XI/1.2).

Pediküre
lat. pes, pedis Fuß, *cura* Pflege; Fußpflege

pedicure
engl. (franz. pédicure)

Jeder Nagel besteht aus einer Nagelplatte, die in dem darunter liegenden Nagelbett und in der Nagelwurzel gebildet wird. Die Nagelplatte ist durchschnittlich etwa 0,5 mm dick, die Nägel von Daumen und großen Zehen können mehr als 1 mm dick sein. Die Platte wächst ständig nach vorn und muss deshalb regelmäßig geschnitten werden. Pro Monat wächst ein Fingernagel etwa 3 mm nach vorn, Fußnägel wachsen langsamer. Alle fünf bis sechs Monate erneuert sich die Platte eines Fingernagels vollständig.

Die **Form des Nagels** ist individuell verschieden. Personen mit kräftigen Fingern haben meist breite Nägel, während die Nägel auf zierlichen Fingern länglich oval erscheinen. Die Nagelplatte ist an den Seiten abwärts gekrümmt, so, als wolle sie die Fingerspitze einschließen. Die Seitenränder des Nagels stecken im Nagelfalz. Der untere Rand des Nagels, die Nagelwurzel, ist in der Haut versteckt.

Die **Oberfläche der Nägel** ist normalerweise glatt und mattglänzend. Gelegentlich hat die Oberfläche leichte Rillen in Längsrichtung. Diese Rillen sind unbedenklich, wenn sie von Geburt an vorhanden sind. Wenn solche Rillen erst im Erwachsenenalter entstehen, können sie auf eine Erkrankung des Nagelbetts oder auf eine innere Erkrankung hinweisen (→ Kapitel XI/2).

Teile des Nagels und deren Funktion

- **Nagelwurzel** – hinterster Bereich des Nagels. Hier teilen sich die Keratinozyten besonders schnell, schieben sich nach vorn und verhornen zu Hornzellen. Die Nagelwurzel ist ebenso wie der hintere Bereich der Nagelplatte mit Haut bedeckt und deshalb nicht von außen sichtbar.
- **Nagelbett** oder **Nagelmatrix** – weiche Schicht unter der Nagelplatte. Der Nagel entsteht hier und in der Nagelwurzel. Der an die Nagelwurzel angrenzende halbmondförmige Teil der Nagelmatrix (**Lunula**) zeichnet sich hellrosa unter dem Nagel ab. In diesem Teil des Nagelbetts teilen sich die Keratinozyten besonders schnell.

Lunula
lat. luna Mond

- **Nagelplatte** – sie besteht aus drei Schichten. Die obere, dickste Schicht ist hart und undurchlässig für Mikroorganismen und Stoffe aus der Umwelt. Die untere Schicht ist dagegen sehr weich und schmiegt sich direkt an das Nagelbett an. Sie verhindert, dass Krankheitserreger von vorn oder den Seiten in das Nagelbett eindringen. Die mittlere Schicht „verklebt" die obere und untere Schicht miteinander.
- **Nagelhäutchen**, oft auch Cuticula genannt – Teil der oberhalb des Nagels wachsenden Hornhaut. Es schiebt sich mit der wachsenden Nagelplatte vor und klebt an dieser.
- **Nagelwall** – Hautwulst. Er begrenzt die Nägel an der Seite.
- **Nagelfalz**[1] – tiefe Einkerbung zwischen dem seitlichen Nagelrand und dem Nagelwall. Die Nagelfalze sind die Seitenränder der **Nagelmatrix**.

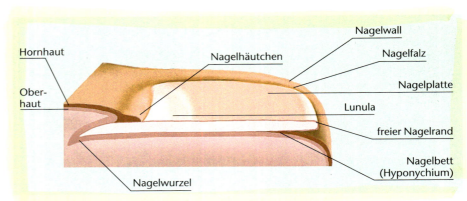

Längsschnitt durch einen Fingernagel

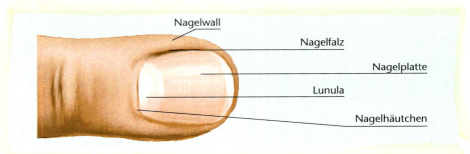

Die verschiedenen Zonen des Fingernagels

Nagelplatte und Nagelhäutchen verändern sich ständig und müssen deshalb regelmäßig gepflegt werden. Regelmäßige Pflege der Nägel bewahrt den Kunden vor Verletzungen und Infektionen, die durch Risse im Nagelhäutchen oder im Nagelwulst entstehen können (→ Kapitel VIII/4.4 und XI).

1 Warum müssen Fingernägel etwa alle 14 Tage geschnitten oder gefeilt werden, Fußnägel aber höchstens einmal pro Monat?
2 Wenn man einen normalen, sauberen Fingernagel von oben betrachtet, kann man drei unterschiedlich gefärbte Zonen erkennen. Beschreiben Sie die Farbe dieser Zonen und benennen Sie diese. Unterscheiden sich diese Farben bei hellhäutigen und bei stark gebräunten Menschen? Wie kommt die unterschiedliche Farbe der drei Zonen zustande?
3 Welche Teile des Nagels sind für die kosmetische Behandlung zugänglich und welche nicht?

[1] *Gelegentlich wird dieser Begriff auch für die Nagelwurzel verwendet; jedoch nicht in Lehrbüchern der Anatomie*

2.7 Die Talgdrüsen

An den Haarwurzeln befinden sich die Talgdrüsen, auch Sebumdrüsen genannt. Sie sondern ein fettiges Stoffgemisch ab, das als **Hauttalg** oder **Sebum** bezeichnet wird. Die Öffnung der Talgdrüse ist meist zum Haarfollikel gerichtet (→ Kapitel VII/2.5 Abb. *Haarwurzel*). Am Haar entlang erreicht der austretende Talg die Hautoberfläche und verteilt sich dort. Zusammen mit Stoffen aus dem Schweiß bildet der Talg eine natürliche Schutzschicht auf unserer Haut. Die Fettsäuren aus dem Talg mischen sich mit der Milchsäure und den Aminosäuren aus dem Schweiß, dazu kommt noch die von den Propioni-Bakterien erzeugte Propionsäure. Einige dieser Säuren verhindern die Ansiedlung schädlicher Mikroorganismen auf der Haut. Man bezeichnet deshalb die aus Schweiß und Talg gebildete Schicht gelegentlich als **Säureschutzmantel**. (besser: Hydro-lipid-Film).

Sebum
Hauttalg, ein von den Talgdrüsen produziertes Gemisch aus Fetten und wachsähnlichen Stoffen

Androgene
männliche Geschlechtshormone. Das wichtigste Androgen ist das Testosteron.

Arbeitsweise von Talgdrüse und Propioni-Bakterien

Die Talgdrüsen arbeiten ähnlich wie die Oberhaut, obwohl in beiden Fällen ganz unterschiedliche Produkte entstehen: Die Talgdrüsen bilden Hauttalg, die Oberhaut produziert Hornschicht.
Eine Basalmembran grenzt die Talgdrüse zur Lederhaut hin ab. An dieser Membran wachsen die Sebumzellen und teilen sich ständig. Sie finden dann nicht mehr alle Platz an der Membran und werden zum Teil ins Innere der Drüse abgedrängt. Hier wird der Inhalt der Zellen durch chemische Prozesse in Fette umgewandelt. Die Zellen sterben bei diesem Vorgang ab und die Zellmembranen lösen sich auf. Der dabei entstehende fettige Brei ist der **primäre Hauttalg**. Er wird langsam durch die Öffnung der Drüse nach außen gedrückt, weil immer neue Sebumzellen nachwachsen.
Außer Fetten entstehen in den absterbenden Sebumzellen auch **wachsartige Stoffe**, die dann unsere Hautoberfläche etwas vor Wasser schützen. Der Hauttalg ist bei 40 °C ölig flüssig und bei 30°C halbfest und steif.
In den Ausführungsgängen aller Talgdrüsen haben sich spezielle Bakterien eingenistet, die **Propioni-Bakterien**. Sie sind für uns harmlos und nützen uns sogar. Sie ernähren sich von einem Teil des Fetts, das von den Drüsen produziert wird. Dabei verwandeln sie einen Teil der Fette in **Emulgatoren** (→ Kapitel VIII/2.1). Diese Emulgatoren ermöglichen, dass sich der Talg an der Hautoberfläche mit dem Schweiß zu einer Emulsion vermischt, die sich dann gleichmäßig auf der gesamten Oberhaut ausbreitet.
Außerdem produzieren die Propioni-Bakterien die Propionsäure, welche verhindert, dass Pilze auf der Oberhaut wachsen. Diese Pilze sind winzige, mit bloßem Auge nicht sichtbare Mikroorganismen; sie sind für viele Erkrankungen der Haut und der Nägel verantwortlich (→ Kapitel VI und Kapitel XI).

Störungen in der Funktion der Talgdrüsen führen oft zu Hautunreinheiten. In vielen Fällen kann man durch regelmäßiges, vorsichtiges Entleeren der Komedonen verhindern, dass Pusteln entstehen.

Bei Kindern sind die Talgdrüsen relativ klein. In der Pubertät wachsen sie jedoch sehr stark. Dies wird durch die männlichen Geschlechtshormone (**Androgene**) bewirkt, die in diesem Lebensabschnitt vermehrt im Körper auftreten (auch bei Mädchen).
Eine einzelne Talgdrüse kann jetzt größer sein als die benachbarte Haarwurzel. Je größer die Talgdrüse wird, desto mehr Talg produziert sie.

Große Talgdrüsen findet man besonders im Gesicht, auf den Schultern und im oberen Bereich des Brustkorbs. Sie können hier zum kosmetischen Problem werden. Im Alter nimmt die Aktivität der Talgdrüsen wieder ab, bei Frauen schneller als bei Männern.

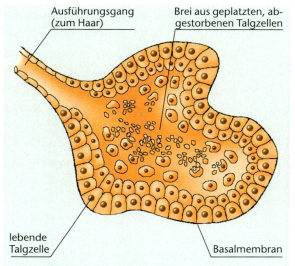

Die lebenden Zellen sitzen innen an der Basalmembran. Sie sind hier durch angedeutete Zellkerne markiert. Im Inneren der Drüse lösen sich die Zellkerne und die Zellmembranen auf.

Schnitt durch eine Talgdrüse (Schema)

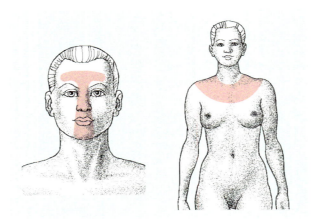

Kosmetische Probleme durch vermehrte Talgproduktion entstehen vor allem in der so genannten „T-Zone" im Gesicht und im Schulterbereich.

Hautbereiche mit besonders vielen Talgdrüsen

Komedo
lat. comedore, mit essen verdickte Talgdrüse, auch Mitesser genannt

Pustel
mit Eiter gefülltes Bläschen, entzündet (umgangssprachlich „Pickel")

Eine starke Produktion der Talgdrüsen führt in der Regel zu „Hautunreinheiten". Die Drüsen entleeren sich nicht mehr schnell genug und sind von außen als körnchenartige Verdickung in der Haut zu erkennen. Die vergrößerten Öffnungen der Drüsen sind oft mit Staub und Hornzellen verklebt und wirken dann wie schwarze Punkte auf der Haut. Den Inhalt einer solchen verdickten Talgdrüse nennt man **Komedo** oder Mitesser (→ Kapitel VI/8.1). Wenn ein Komedo nicht aus der Haut entfernt wird, kann die Basalmembran der Drüse platzen und es kann eine Entzündung in der Lederhaut entstehen. Dann sieht man diese Stelle als rote **Pustel**.

Wenn die Talgproduktion stark erhöht ist und gleichzeitig die Ausführungsgänge der Talgdrüsen durch Hornablagerungen verstopft sind, kann die gefürchtete **Akne** auftreten. In leichten Fällen kann sie im Kosmetikstudio behandelt werden. Wenn die Pusteln auf der Haut eitrig entzündet sind, sollte die oder der Betroffene an einen Hautarzt überwiesen werden (→ Kapitel VI/8.1).

Eine Unterfunktion der Talgdrüsen, z. B. im Alter, kann dazu führen, dass sich der schützende Film aus Bestandteilen von Schweiß und Talg auf der Hautoberfläche nicht mehr bildet und dass deshalb die Haut leichter austrocknet. Diesen Zustand kann man meist durch pflegende Hautcremes verbessern.

1 Wenn es im Sommer sehr warm ist, fühlt sich die Gesichtshaut manchmal sehr fettig an. Wie kann man das erklären? (Die Talgdrüsen produzieren nicht schneller, wenn es draußen warm ist!)
2 Warum fühlt sich das Kopfhaar fettig an, wenn es einige Tage nicht mit Shampoo gewaschen worden ist?

2.8 Farbe und Lichtempfindlichkeit der Haut

Europide
Menschen vom europäischen Typ; Merkmale: pigmentarme Haut und helles Haar

Melanozyten
Zellen der Oberhaut, welche den braunen Farbstoff Melanin produzieren

Die unbehaarte menschliche Haut sieht bei **Europiden** meist blassrosa aus, oft mehr oder weniger bräunlich eingefärbt. Diese Farben entstehen durch die weiße Grundfarbe der Hornschicht, durch verschiedene Farbstoffe, die in die Oberhaut eingelagert werden, und durch das in der Lederhaut zirkulierende Blut, welches rosa durch die Oberhaut schimmert. In die Oberhaut sind einige gelbliche Farbstoffe eingelagert, vor allem ein Stoff (Bilirubin), den der Körper beim Abbau des roten Blutfarbstoffs (Hämoglobin) selbst produziert.

Auch das Carotin aus pflanzlicher Nahrung (z. B. aus Karotten) ist in der Oberhaut zu finden. Die bräunlichen Töne der Haut werden von speziellen Zellen der Oberhaut produziert, den **Melanozyten**.

■ 2 Die Oberhaut

Die Melanozyten befinden sich wie die lebenden Keratinozyten dicht an der Basalmembran, also der Grenze zur Lederhaut. Sie produzieren einen braunen Farbstoff (**Melanin**), der unsere Haut vor dem schädlichen UV-Licht schützen kann.

Die Melanozyten werden durch Bestrahlung mit Sonnenlicht (oder UV-Licht aus dem Solarium) zur Tätigkeit angeregt und sorgen dafür, dass die Haut braun wird.

Wenn kein Melanin in der Haut ist, bekommt man sehr schnell einen Sonnenbrand oder noch schlimmere Hautschäden bis hin zum gefürchteten Hautkrebs (→ Kapitel VI/16.2).

Melanin
von *griech. melas* schwarz; braunes Farbpigment der Oberhaut

Eine gleichmäßige natürliche Bräunung der Haut durch Sonnenlicht oder künstliche UV-Bestrahlung erzielt man nur, wenn die Bestrahlung so vorsichtig dosiert wird, dass zwar die Melanozyten zur Bildung des braunen Farbstoffs angeregt werden, die lebenden Zellen der Haut aber noch nicht nachhaltig geschädigt werden.

Die Melanozyten arbeiten sehr unterschiedlich. Bei manchen Menschen sind sie träge und produzieren bei Bestrahlung nur sehr wenig Melanin. Man erkennt diese Menschen an ihrer sehr hellen Haut und meist auch der großen Empfindlichkeit gegen Sonnenbrand. Andere haben sehr aktive Melanozyten und deshalb ständig eine braune Haut. Am auffälligsten ist dies bei den **Negriden**.

Negride
Menschen vom afrikanischen Typ; Merkmale: stark pigmentierte Haut

Die Europiden kann man entsprechend ihrer Hautbräunung und Lichtempfindlichkeit in vier Typen einteilen. Der Hauttyp wird vererbt. Wenn die Vorfahren helle Haut haben, sind ihre Kinder auch hellhäutig.

Tabelle V/1 *Die Lichtempfindlichkeit der Haut von Europiden*

	Kinder	Typ 1	Typ 2	Typ 3	Typ 4
Hautfarbe ohne Sonnenbräunung (z. B. im Winter)	hell, die Typen 1 bis 4 sind oft noch nicht ausgeprägt	sehr hell, oft Sommersprossen und rötliche Haare	hell	hellbräunlich	bräunlich
Beginn eines Sonnenbrands nach	10 Minuten	5 bis 10 Minuten	10 bis 20 Minuten	15 bis 25 Minuten	20 bis 30 Minuten
Wirkung von 30 Minuten Mittagssonne auf die nicht vorgebräunte Haut	Sonnenbrand	Sonnenbrand, keine Bräunung	Sonnenbrand, schwache Bräunung in den folgenden Tagen	Rötung, Bräunung in den folgenden Tagen	stärkere Bräunung in den folgenden Tagen

Die Einteilung in nur vier Hauttypen entsprechend der Tabelle V/1 ist in der neueren Zeit kritisiert worden. Es gibt zahlreiche Menschen, die sich nicht eindeutig einer der vier Typen zuordnen lassen. Beispielsweise gibt es sehr hellhäutige Menschen, die in der Sonne nicht bräunen, aber trotzdem nicht so stark lichtempfindlich sind, wie in der Tabelle für Typ 1 angegeben.

V Haut, Haare, Nägel

Lernfeld 2

Arbeitsweise der Melanozyten

Anders als die Keratinozyten an der Basalmembran, deren Zahl durch Teilung ständig zunimmt, vermehren sich die Melanozyten normalerweise nicht. Stattdessen wachsen aus ihnen lange fingerartige Fortsätze und in die benachbarten Keratinozyten hinein, teilweise auch durch sie hindurch. In diesen Fingern entsteht der braune Farbstoff Melanin.

Die Keratinozyten wehren sich gegen diese Finger, sie schnüren sie ab, kapseln sie ein und verdauen sie schließlich. Die in den Fingern enthaltenen Proteine werden zu Keratin umgebaut. Der braune Farbstoff Melanin ist aber unverdaulich, er bleibt unverändert in den Keratinozyten liegen und wächst mit diesen in die Hornschicht, wie in Kapitel V/2 beschrieben. Da die obersten Schichten der Hornschicht immer wieder abgestreift werden, verblasst eine erworbene Sonnenbräune innerhalb von etwa 14 Tagen.

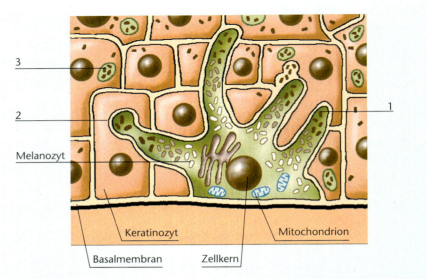

In den fingerartigen Fortsätzen des Melanozyten entsteht der Farbstoff Melanin in Form von winzigen dunkelbraunen Körnchen (1) Die Keratinozyten schnüren Bläschen von diesen Fingern ab (2 bis 3) und lösen sie auf. Die unlöslichen Melanin-Körnchen bleiben in den Keratinozyten.

Ausschnitt aus der Basal-Zellschicht der Oberhaut mit einem Melanozyten und vielen Keratinozyten

Braune Flecke auf der Haut, wie die Sommersprossen oder die so genannten Leberflecke, sind Ansammlungen von Melanozyten, in deren Umgebung dann besonders viel Melanin vorhanden ist. Solche Flecke sind harmlose kleine Tumore, fast jeder hellhäutige Mensch hat welche. Wenn solche Flecke neu entstehen, sollte man sie sorgfältig beobachten, denn in seltenen Fällen kann es auch ein bösartiger Hautkrebs sein (→ Kapitel VI/16.2).

Bei älteren Menschen (etwa ab 50, häufig ab 70 Jahren) können auch braune Flecken auf der Haut entstehen, besonders auf den Handrücken und im Gesicht. Diese „Altersflecke" haben nichts mit Melanin zu tun, es handelt sich um Abfallprodukte des Fettstoffwechsels, **Lipofuscin** genannt. Sie sammeln sich in der Lederhaut und können nicht vom Blut abtransportiert und ausgeschieden werden, weil sie nicht wasserlöslich sind. Aus der Lederhaut schimmern sie bräunlich durch die Oberhaut.

 Die Altersflecke sind harmlos, werden aber als unschön und störend empfunden. Man kann sie nicht entfernen, aber leicht durch Make-up abdecken.

Lipofuscin
brauner Farbstoff, der in der Haut langsam durch Einwirkung von UV-Licht und Sauerstoff aus Fetten entsteht. In gealterter Haut sieht man Ansammlungen von Lipofuscin als Altersflecke.

2 Die Oberhaut

1. Wieso kann man an der durch Sonne gebräunten Haut erkennen, wie schnell sich die Hornhaut erneuert?
2. Warum werden Carotin-Tabletten als Bräunungsmittel verkauft?
3. Welche Bereiche der Haut werden in der Sonne nicht braun?
4. Bestimmen Sie, welchem Typ der Tabelle V/1 Sie und Ihre Mitschüler angehören.
5. Die Leber ist am Abbau des roten Blutfarbstoffs beteiligt und verändert das dabei entstehende Bilirubin so, dass es durch die Niere ausgeschieden werden kann. Warum bekommt man bei Lebererkrankungen eine „Gelbsucht"?

2.9 Andere Aufgaben der Oberhaut

Wie in den Kapiteln V/2.2 bis V/2.6 erklärt wurde, entstehen in der Oberhaut aus den Keratinozyten die Hornschicht, die Haare und die Nägel. In Kapitel VII/2.8 wurden die Melanozyten in der Oberhaut mit ihren Verantwortlichkeiten erklärt. Zusätzlich leben in der Oberhaut noch zwei weitere Arten von Zellen, die ganz andere Aufgaben haben.

In der Oberhaut gibt es keine Nerven, aber die freien Enden einiger Nervenfasern reichen sehr dicht an die Oberhaut heran. Hier stehen die Nervenenden manchmal in Kontakt zu einem weiteren Zelltyp der Oberhaut, den **Merkel-Zellen**. Diese Zellen sitzen an einigen Stellen an der Grenze zwischen Oberhaut und Lederhaut. Merkel-Zellen sind Tastorgane (→ Kapitel IV/2.4.3).

Merkel-Zelle
in der Oberhaut vorkommender Zelltyp, der wahrscheinlich eine Rolle bei der Tastempfindung spielt

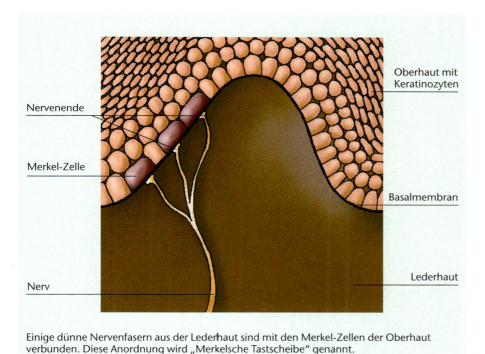

Einige dünne Nervenfasern aus der Lederhaut sind mit den Merkel-Zellen der Oberhaut verbunden. Diese Anordnung wird „Merkelsche Tastscheibe" genannt.

Ein Tastorgan an der Grenze zwischen Oberhaut und Lederhaut

Schließlich gibt es in der Oberhaut noch Zellen mit der Aufgabe von Wachhunden. Sie geben Alarm, wenn fremde Stoffe oder Bakterien versuchen in die Haut einzudringen. Diese so genannten Langerhans-Zellen gehören zum Immunsystem, das in Kapitel V/4 besprochen wird.

3 Lederhaut und Unterhaut-Fettgewebe

3.1 Struktur der Lederhaut

Unter der Oberhaut befindet sich die Lederhaut, auch Dermis oder Cutis genannt. Sie heißt so, weil sie zäh und stabil wie Leder ist.

Die Lederhaut ist ein spezialisiertes Bindegewebe (→ Kapitel IV/2.3). Während in der Oberhaut die lebenden Zellen dicht an dicht sitzen, setzt sich die Lederhaut aus einem Netz von toten Fasern zusammen. Diese Fasern bestehen hauptsächlich aus einem wasserunlöslichen Protein, das man **Kollagen** nennt. Überall, wo sich Kollagenfasern berühren, sind sie miteinander verknüpft. Dadurch entsteht ein sehr dichtes, dreidimensionales Netz. Die Hohlräume in diesem Netz sind weitgehend mit Wasser bindenden Stoffen gefüllt. Deshalb kann man die Struktur der Lederhaut mit einem mit Wasser gefüllten Schwamm vergleichen. Die Lederhaut besteht zu fast 80 % aus so gebundenem Wasser.

> In der Lederhaut befinden sich Blutgefäße, Lymphgefäße, Schweißdrüsen, Nerven und auch einzelne Zellen mit besonderen Aufgaben.

Auch die Haarwurzeln und die Talgdrüsen ragen in der Lederhaut hinein, aber sie gehören zum Typ der Gewebe der Oberhaut (→ Kapitel V/2).

Die Zellen, welche das Netzwerk aus Kollagenfasern und aus schwammähnlichen Stoffen aufgebaut haben, nennt man **Fibroblasten**. Diese Zellen bilden **kein zelluläres Gewebe** (→ Kapitel IV/1.3), sondern sie sitzen einzeln – wie eine Spinne – im Netz der Kollagenfasern. Meist befinden sie sich im Ruhezustand und werden erst aktiv, wenn es in der Struktur der Lederhaut etwas zu reparieren gibt, z. B. nach einer Verletzung. Die Reparatur nach einer Verletzung gelingt nicht perfekt, es bildet sich Narbengewebe. Dieses ist zwar stabil, aber man kann es oft auf den ersten Blick von der in der Jugend gewachsenen Lederhaut unterscheiden.

Die Grenze zwischen Lederhaut und Oberhaut wird von einer dünnen Membran gebildet, der **Basalmembran**. An der Außenseite dieser Membran haften die Keratinozyten der Oberhaut, die Innenseite ist mit den Kollagenfasern der Lederhaut verknüpft. Die Basalmembran ist nicht flach wie ein Tuch, sondern sie hat zahlreiche kleine Buckel, die in die Oberhaut hineinragen. Man nennt diese Buckel **Papillen**.

In jedem dieser Buckel sitzt eine winzige Blutader, ein so genanntes **Kapillargefäß** (→ Kapitel V/1 Abbildung „Querschnitt durch die Haut").

Kollagen (auch Collagen) Protein, welches sehr stabile, wasserunlösliche Fasern bildet. Es kommt überall im Bindegewebe vor. In der Haut ist es ein Hauptbestandteil der Lederhaut.

Fibroblast in der Lederhaut und im Bindegewebe vorkommende Zelle, die Kollagen produzieren kann

Papille buckelartige Ausstülpung der Basalmembran zwischen Oberhaut und Lederhaut

Kapillargefäß die feinste Verzweigung einer Blutader. In den Kapillargefäßen treten der Sauerstoff und die Nährstoffe aus dem Blut ins Gewebe über.

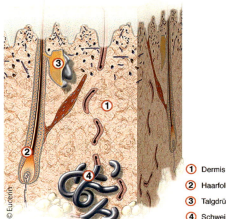

Aufbau der Dermis

① Dermis
② Haarfollikel
③ Talgdrüse
④ Schweißdrüse

Über die Kapillargefäße bringt das Blut Nährstoffe und Sauerstoff in die Haut. Die Kapillargefäße in den Papillen der Lederhaut versorgen die wachsenden Keratinozyten der Oberhaut mit diesen Stoffen. Die Blutadern gehen an keiner Stelle bis in die Oberhaut hinein; die Nährstoffe müssen die Adern verlassen und durch die Basalmembran hindurch wandern, um die Keratinozyten zu erreichen.

Auch die Haarwurzeln, die Talgdrüsen und die Schweißdrüsen sind von sehr vielen Kapillargefäßen umgeben.

3 Lederhaut und Unterhaut-Fettgewebe

Sie versorgen sie mit Nährstoffen. Die übrigen Bereiche der Lederhaut enthalten nur wenige aktive Zellen und brauchen deshalb nur wenig Nährstoffe und Sauerstoff (Blutgefäße → Kapitel IV/2.7). Die Nährstoffe können nur aus den Kapillargefäßen heraus, wenn zugleich Flüssigkeit (Serum) aus diesen heraussickert (die Blutzellen bleiben in den Adern). Das würde dazu führen, dass sich immer mehr Flüssigkeit in der Lederhaut ansammelt und diese stark anschwillt. Damit das nicht passiert, gibt es in der Lederhaut ein System von schlauchartigen Gefäßen, das die ausgetretene Flüssigkeit wieder einsammelt. Man nennt es das Lymphsystem, und die einzelnen Schläuche heißen Lymphgefäße. Die abfließende **Lymphe** wird über größere Lymphgefäße wieder in den Blutkreislauf zurückgeleitet (→ Kapitel IV/2.7).

Lymphe
aus dem Blut stammende, gelblich gefärbte Flüssigkeit; sie sammelt sich in den Lymphgefäßen und wird von hier aus in den Blutkreislauf zurückgeleitet.

> Die Lederhaut ist auch ein großes Sinnesorgan, mit dem wir Berührungen wahrnehmen, Temperaturen fühlen und Schmerz empfinden können.

Die Lederhaut enthält zahlreiche kleine **Nervenenden** (→ Kapitel IV/2.4.2). Einige dieser Nervenenden reichen bis an die Grenze zur Oberhaut heran und haben dort Kontakt zu den **Merkel-Zellen** (→ Kapitel V/2.9). Auch zu den Haarwurzeln, die ja tief in die Lederhaut hineinragen, führen Nervenenden. Deshalb spüren wir sofort, wenn ein Haar außerhalb der Haut berührt wird: Die Haarwurzel wird dann leicht bewegt, und dies melden die Nervenfasern ans Gehirn.

Die Alterung der Haut

Sobald der Mensch ausgewachsen ist, fängt er an zu altern. Dies betrifft nicht nur den Menschen insgesamt, sondern auch jedes einzelne Organ. Besonders deutlich kann man das an der Haut sehen. Die Alterserscheinungen beginnen schon sehr früh, bewusst wahrgenommen werden sie aber erst, wenn man über 30 Jahre alt ist. Die Tabelle zeigt einige der Besonderheiten, die an gealterter Haut beobachtet werden können.

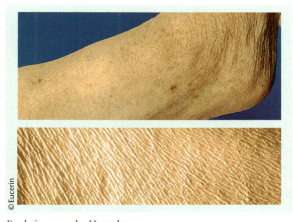

Erscheinungen der Hautalterung

Tabelle V/2 Einige Hautveränderungen im Alter

Hautveränderung	Ursache
■ Die Haut ist weniger dick und leichter verletzlich.	■ Die Zellen sind nicht mehr so vital und teilen sich nicht mehr so oft.
■ Die Oberhaut trocknet leichter aus.	■ Die Produktion von Schweiß und Hauttalg nimmt ab, deshalb fehlt der schützende Film auf der Hautoberfläche.
■ zahlreiche kleine Fältchen	■ Die Lederhaut ist nicht mehr straff mit Wasser gefüllt, weil die Fibroblasten nicht mehr genug Wasser bindende Stoffe herstellen.
■ tiefe Falten an bestimmten Stellen, z. B. an Stirn und Mundwinkeln	■ An Stellen, die oft in Falten gezogen werden, verteilt sich das Unterhaut-Fettgewebe neu.
■ kleine rötlich verfärbte Stellen	■ In der Lederhaut bilden sich kleine, meist harmlose Tumore von Zellen.
■ unregelmäßige braune Flecke	■ Ablagerungen (→ Kapitel VI/12)
■ raue Stellen auf der Oberhaut	■ Veränderungen an den Keratinozyten
■ kleine violette Linien („Besenreiser")	■ Veränderungen an den Blutgefäßen in der Lederhaut

Die Haut altert bei verschiedenen Personen unterschiedlich schnell. Es gibt 25-Jährige mit deutlich gealterter Haut und 70-Jährige, deren Haut noch fast jugendlich ist. Das UV-Licht der Sonne beschleunigt die Hautalterung stark, besonders wenn man häufiger einen Sonnenbrand bekommt. Auch Rauchen beschleunigt die Hautalterung. Durch Lichtschutz und pfleglichen Umgang mit der Haut kann man die Hautalterung verzögern. Reparieren lassen sich die Alterserscheinungen nicht, aber durch verschiedene Methoden der Kosmetik kann man sie erträglicher machen.

 Die Lederhaut ist für die Elastizität und Festigkeit der Haut verantwortlich.

3.2 Die Schweißdrüsen

Die Schweißdrüsen sind in die Oberhaut eingebettet. Der Mensch hat zwei verschiedene Typen von:

- **ekkrine** Schweißdrüsen und
- **apokrine** Schweißdrüsen.

Nur die ekkrinen Drüsen produzieren das, was wir **Schweiß** nennen. Die apokrinen Drüsen werden auch als Duftdrüsen bezeichnet. Für die Kosmetik sind die akrinen Schweißdrüsen in den Achselhöhlen im Zusammenhang mit dem Deodorieren von Bedeutung. Sie sind neben den Talgdrüsen für den Hautgeruch verantwortlich.

Schweißabsonderung (Transpiration)

Wir schwitzen, wenn uns zu warm wird, z. B. bei sommerlichen Temperaturen, bei anstrengender körperlicher Arbeit oder beim Sport. Bei körperlicher Arbeit verbrennen die Muskeln viele Nährstoffe, deshalb entsteht Wärme. Unsere Körpertemperatur darf aber nicht über 37 °C ansteigen. Schon bei 38 °C haben wir Fieber und das Gehirn arbeitet nicht mehr richtig. Bei 42 °C beginnen die Körperzellen abzusterben. Es ist deshalb sehr wichtig, dass der Körper über automatische Systeme verfügt, um sich abzukühlen. Das Schwitzen ist ein solches System:

- Wenn dem Gehirn gemeldet wird, dass die Körpertemperatur ansteigt, sendet es über bestimmte Nerven Befehle an die Schweißdrüsen, die diese zur Tätigkeit anregen.
- Jede Schweißdrüse besitzt einen winzigen Schlauch, der durch die Oberhaut hindurch zur Hautoberfläche führt.
- Die arbeitende Schweißdrüse sammelt Wasser aus der Lederhaut und transportiert dieses durch den Schlauch zur Hautoberfläche, wo wir es bei starkem Schwitzen als Schweißperle sehen können.

Auf der Hautoberfläche verdunstet das Wasser und kühlt dabei die Haut. Wenn dies auf großen Teilen der Haut gleichzeitig geschieht, kann durch diesen Kühleffekt ein Ansteigen der Körpertemperatur verhindert werden.

Aufgaben der Schweißdrüsen

Die Tätigkeit der Schweißdrüsen hat einen entscheidenden Anteil am Wohlbefinden des Menschen:

- Sie regulieren den Wärmehaushalt (Verdunstungskälte).
- Schweiß hilft, die saure Hautoberfläche aufrecht zu erhalten und beugt damit Infektionen vor.
- Schweißdrüsen schützen durch die Absonderung von Schweiß zusammen mit dem Hauttalg die Haut vor dem Austrocknen.

Die Schweißdrüsen produzieren immer ein wenig Schweiß, auch wenn sich keine sichtbaren Schweißtropfen bilden. Im Wasser des Schweißes sind einige Stoffe gelöst, die nicht verdunsten können, z. B. Milchsäure, Aminosäuren und Harnstoff.

---

ekkrine Drüsenzellen
Drüsenzellen, die in Wasser gelöste Stoffe an ihre Umgebung abgeben
→ Schweiß

apokrine Schweißdrüsen
auch Duftdrüsen genannt; sondern trübes Sekret ab, reagieren auf starke Emotionen (Angst, Zorn, Geschlechtserregung)

Schweiß
an die Hautoberfläche abgegebenes Wasser, in dem einige Salze und organische Stoffe gelöst sind

3 Lederhaut und Unterhaut-Fettgewebe

Diese Stoffe binden Wasser und lagern sich als eine flüssige Schutzschicht auf die Hornschicht. Wird die wasserbindende Schutzsschicht durch intensives Waschen von der Hautoberfläche entfernt, so fühlt sich die Haut sehr rau an. Hautcremes enthalten Stoffe (z. B. Harnstoff), welche die abgewaschene Schicht ersetzen können.

Viele der im Schweiß gelösten Stoffe sind ausgezeichnete Nährstoffe für Mikroorganismen. Diese Stoffe sammeln sich vor allem in Bereichen, wo wir besonders oft schwitzen, z. B. in den Achselhöhlen oder an den Füßen in geschlossenen Schuhen. Deshalb gedeihen an solchen Stellen Bakterien besonders gut, wenn man nicht den Schweiß regelmäßig abwäscht. Die Bakterien produzieren unangenehm riechende Stoffe und sind verantwortlich für den unangenehmen „Körpergeruch".

Eine starke Schweißabsonderung kann die Beschaffenheit der Hautoberfläche beeinflussen, indem sie diese erweicht. Besonders bei Akne kann eine erhöhte Transpiration den Hautzustand verschlechtern und vermehrte Reizungen hervorrufen.

1 Manchmal schwitzt man auch, wenn es nicht zu warm ist und wenn keine anstrengende Arbeit ausgeführt wird. Bei welchen Gelegenheiten kommt es zu solchen Schweißausbrüchen (z. B. feuchte Handflächen) und wie lässt sich das erklären?
2 Warum wird uns kalt, wenn wir nach einem Bad aus dem Wasser steigen und die Haut nicht sofort abtrocknen?

3.3 Das Unterhaut-Fettgewebe

Die Unterhaut ist von der Lederhaut nicht scharf abgegrenzt. Im unteren Bereich der Lederhaut befinden sich Ansammlungen von Fettzellen, die von Kollagenfasern so fest eingeschlossen sind wie die Federn in einem Kopfkissen vom Bezug.

Die Fettzellen sehen unter dem Mikroskop sehr ungewöhnlich aus. Der Zellkern und die anderen typischen Bestandteile jeder Zelle sind an den Rand gequetscht (→ Abbildung). Den größten Teil der Fettzelle füllt ein Öltropfen, der fast vollständig aus gespeicherten Nahrungsfetten besteht.

Wegen der besonderen Form der Fettzellen können sich diese wie ein Ball elastisch verformen, wenn Druck auf sie ausgeübt wird. Jeweils mehrere Tausend Fettzellen sind von Kollagenfasern zu einem Kissen zusammengeschlossen. Dieses Fettgewebe wirkt dann auch wie ein kleines Kissen: es fühlt sich weich an und es verformt sich, wenn man darauf drückt.

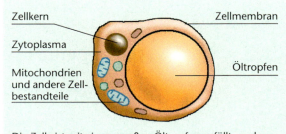

Die Zelle ist mit einem großen Öltropfen gefüllt, so dass der Zellkern und die anderen Bestandteile der Zelle an den Rand gequetscht werden.

Einzelne Zelle des Fettgewebes

Aufgaben des Unterhaut-Fettgewebes

- Das Unterhaut-Fettgewebe wirkt, wenn es nicht zu dünn ist, wie ein gutes Polster. **Es kann Stöße abfangen**, die sonst die unter der Haut liegenden Muskeln und Knochen schädigen könnten. Besonders wichtig ist die Polsterung durch Fettgewebe an den Fußsohlen, den Handflächen und dem Gesäß. In diesen Bereichen des Körpers ändert sich das Fettgewebe nur wenig.
- Das Unterhaut-Fettgewebe kann den Körper vor Wärmeverlust schützen (Isolierung). Genauso wie uns Kissen wärmen können, tun dies auch die winzigen Kissen aus Fettgewebe. Sie verhindern, dass unsere Körpertemperatur von 37 °C durch die meist geringeren Temperaturen in der umgebenden Luft abgekühlt wird.
- Die Fettzellen dienen auch als Nahrungsspeicher.

Nahrungsspeicher Unterhaut-Fettgewebe

Die Funktion des Unterhaut-Fettgewebes als Nahrungsspeicher ist den meisten Menschen mit einem relativ hohen Lebensstandard nicht mehr bewusst. Wir können uns jederzeit etwas zu essen besorgen, wenn wir Hunger haben. Das war in früheren Jahrhunderten anders. Man musste zur Erntezeit oder wenn ein Wild erlegt war so viel essen wie möglich, da es kaum Methoden gab, die schnell verderblichen Nahrungsmittel aufzubewahren.

Die Fähigkeit Nahrung im eigenen Körper zu speichern, ist uns erhalten geblieben und wird uns manchmal zum Verhängnis. Jedes Gramm Nahrung, das wir zu viel essen, bildet mindestens **ein Gramm zusätzliches Fettgewebe**. Dabei ist es völlig gleichgültig, ob wir zu viel Fett, Zucker, Stärke oder Protein essen; der Körper verwandelt alles, was zu viel ist, in Fett und speichert es im Fettgewebe. Nur durch bewusste Reduktionsdiät (bilanzierte Ernährung → Folgeband) bei gleichzeitiger körperlicher Tätigkeit ist es möglich, das Übergewicht wieder loszuwerden. In schweren Fällen muss eine Fastenkur ärztlich kontrolliert werden.

Fettabsaugen

Das so genannte „Absaugen" von Fettgewebe ist ein schwerwiegender chirurgischer Eingriff in die Haut. Dabei werden zahlreiche Blutgefäße und Nervenstränge zerstört, die durch das Unterhaut-Fettgewebe verlaufen.
In der Regel werden die Patienten durch eine solche Behandlung zwar dünner, aber das kosmetische Ergebnis entspricht nicht den Erwartungen und sie können sich häufig nicht mehr im Badeanzug in der Öffentlichkeit zeigen.

Unterschiede zwischen Männern und Frauen

Das Unterhaut-Fettgewebe von Frauen und Männern zeigt deutliche Unterschiede. Die Fettgewebs-Kissen sind bei der Frau deutlich größer als beim Mann:
- Eine Frau mit normalem Körpergewicht hat 24 bis 28 % Fettgewebe.
- Beim normalgewichtigen Mann beträgt der Anteil des Fetts nur 12 bis 14%.

Dies ist von der Natur so eingerichtet worden, weil die Frau bei einer Schwangerschaft besonderem Stress ausgesetzt ist und ihr Körper in dieser Zeit oft auf den körpereigenen Nahrungsvorrat angewiesen ist. Frauen können nicht schwanger werden, wenn sie weniger als 17 % Körperfett haben. Dies kann bei Leistungssportlerinnen oder bei Frauen mit Ernährungsstörungen (z. B. Magersucht) vorkommen.

Das weibliche Geschlechtshormon **Östrogen** bewirkt, dass sich das Unterhaut-Fettgewebe an der Körperoberfläche gleichmäßig verteilt. Dadurch entstehen die typisch weiblichen Rundungen des Körpers. Östrogen bewirkt auch eine besonders starke Ansammlung von Fettgewebe im Bereich von Oberschenkeln, Gesäß und Brüsten.

Wenn wenig Östrogen vorhanden ist, also bei Männern und älteren Frauen, konzentriert sich das überflüssige Fettgewebe besonders im Bereich des Bauchs.

Da die einzelnen Kissen aus Fettzellen bei der Frau etwas größer sind, befinden sich bei ihr insgesamt weniger Kollagenfasern im Unterhautfett. Deshalb ist dieses Gewebe bei der Frau verletzlicher. Die meisten Frauen bekommen bei einem Stoß schneller einen blauen Fleck als ein Mann. Dieser blaue Fleck entsteht, wenn eine der durch das Fettgewebe laufenden Adern verletzt wird. Das austretende Blut sammelt sich in der Lederhaut und schimmert bläulich durch die Oberhaut.

Östrogen
weibliches Geschlechtshormon, wird in den Eierstöcken und im Unterhaut-Fettgewebe gebildet

1. Warum frieren dicke Menschen nicht so leicht?
2. Wenn man Fotos aus der Jugendzeit mit Bildern der gleichen Person im Erwachsenenalter vergleicht, fällt oft auf, dass die Gesichtszüge kantiger erscheinen. Wie kommt das?
3. An welchen Körperteilen wirkt überflüssiges Fettgewebe besonders störend? An welchen Körperteilen findet man fast nie überflüssiges Fettgewebe?
4. Wie viel kg Fettgewebe hat eine Frau, die 68 kg wiegt, 172 m groß und schlank ist?

■ 4 Die Haut als Teil des Immunsystems   125

4 Die Haut als Teil des Immunsystems

4.1 Organe des Immunsystems

Die Haut ist ein wichtiger Teil vom **Immunsystem** des Menschen. Andere Organe des Immunsystems sind
- die Lymphknoten – an vielen Stellen des Körpers unter der Haut und am Darm,
- die Thymusdrüse – im Brustkorb; sie hat ihre aktivste Zeit im frühen Kindesalter, in diesen Jahren wird das Immunsystem geprägt,
- die Milz,
- das Knochenmark.

Die wichtigsten Zellen des Immunsystems sind die **Lymphozyten**. Sie entstehen im Knochenmark, zirkulieren dann im ganzen Körper und sammeln sich in großer Zahl in den Lymphknoten. In jedem Menschen gibt es Millionen verschiedener Arten von Lymphozyten.

4.2 Arbeitsweise des Immunsystems

Das Immunsystem hat in erster Linie die Aufgabe, **Bakterien**, **Pilze** und **Viren**, die in den Körper eindringen, zu vernichten. Diese würden sonst in kurzer Zeit alle inneren Organe überwuchern und zerstören. Das Immunsystem arbeitet vor allem dort, wo wir Kontakt zur Umwelt haben:
- in den Verdauungsorganen und
- an der Körperoberfläche, also der Haut.

Die wichtigsten Zellen des Immunsystems kommen auch in der Haut vor. In der Oberhaut befinden sich die Vorposten des Immunsystems: Die **Langerhans-Zellen**. Wie „Zollbeamte" überprüfen sie die Identität der eindringenden Moleküle und alarmieren im Bedarfsfall das Immunsystem.

Stoffe, die das Immunsystem zur Arbeit anregen, nennt man **Antigene**. Man findet sie z.B. auf der Oberfläche von Bakterien oder Viren. Aber auch Allergien auslösende Stoffe sind Antigene. Die Immunabwehr arbeitet mit zwei unterschiedlichen Mechanismen:
- Das **humorale Abwehrsystem** produziert **Antikörper**. Diese zirkulieren im Blut und in anderen Körperflüssigkeiten und treffen auf ein passendes Antigen (z.B. ein Bakterium). Sie markieren es, um es anschließend vom Immunsystem vernichten zu lassen. Dieses System wehrt eingedrungene Mikroorganismen ab.
- Das **zelluläre Immunsystem** arbeitet ohne Antikörper und wehrt besonders **Viren** und Krebszellen ab. Lymphozyten spezialisieren sich auf die Abwehr von Antigenen.

Immunsystem
„Abwehrsystem", um in den Körper eindringende Mikroorganismen und Viren zu vernichten

Lymphozyten
weiße Blutkörperchen

Bakterien
Mikroorganismen; meist in feuchter Umgebung, auch auf der Haut

Pilze
Mikroorganismen; Ansiedlung auch auf der Haut oder unter den Nägeln; können gefährliche Erkrankungen hervorrufen

Virus, *Plural* **Viren**
keine Selbstvermehrung; dringen in lebende Zellen ein und werden dann von diesen vermehrt

Antigene
Stoffe, welche die körpereigene Immunabwehr zur Arbeit anregen; meist Proteine auf der Oberfläche von Bakterien oder Viren

humoral
lat. (h)umor Flüssigkeit, Feuchtigkeit; die Körperflüssigkeiten betreffend

Antikörper
Proteine, die vom humoralen Immunsystem produziert werden; binden sich fest an die Antigene und tragen zu deren Vernichtung bei

```
Bakterium oder Virus (Antigen) ──→ verletzte Hornhaut
          │                                    │
          ▼              vermehrt sich          ▼
       Antigen ──────────────────────→     Antigene
          │                                    │
          ▼                                    ▼
Langerhans-Zelle (in der Oberhaut)   Makrophage (in der Lederhaut)
          │                                    │
          └──────→ T-Helfer-Lymphozyt (im Lymphknoten) ←──┘
                   │                          │
                   ▼                          ▼
       B-Lymphozyt (im Blut)        T-Lymphozyt (im Gewebe)
       humorales System             zelluläres System
                   │                          │
                   └──→ Bakterien oder Viren werden vernichtet ←──┘
```

Arbeitsweise des Immunsystems

V Haut, Haare, Nägel   Lernfeld 2

Arbeitsweise des Immunsystems

In den Organismus eindringende Mikroorganismen oder Viren treffen in der Oberhaut auf **Langerhans-Zellen** oder in der Lederhaut auf **Makrophagen**. Diese beiden ähnlichen Zelltypen reagieren auf alle Strukturen, die normalerweise nicht in unserem Organismus vorkommen, und versuchen diese zu vernichten. Das tun sie, indem sie die fremden Teilchen, z. B. ein Bakterium, ins Innere der Zelle aufnehmen und dort verdauen, sie „fressen" ein Antigen. Da sich die Bakterien schneller vermehren als die Makrophagen fressen können, reicht dieser Vorgang zur erfolgreichen Bekämpfung einer Infektion nicht aus. Deshalb verlassen die durch einen Fremdkörper alarmierten Makrophagen und Langerhans-Zellen ihre normalen Standorte (Hautschicht) und wandern über die Lymphe in die Lymphknoten. Hier bitten sie die versammelten Lymphozyten um Mithilfe.

Bei dem Fressvorgang haben sich die Makrophagen und Langerhans-Zellen verändert. Es gelingt ihnen nicht, das aufgenommene Antigen vollständig zu verdauen. Teile davon lagern sich auf der Zelloberfläche ab. Diese veränderte Oberfläche führen sie den so genannten **T-Helfer- Lymphozyten** vor.

In den Lymphknoten ruhen Millionen von verschiedenen T-Helfer-Lymphozyten. Sie unterscheiden sich durch bestimmte Proteine auf ihrer Zelloberfläche, die sich an Antigene binden können. Jede T-Helfer Zelle kann sich aber nur an einen Typ von Antigenen binden. Um gegen praktisch alle in den Körper eindringenden Antigene wirken zu können, muss es deshalb Millionen verschiedener Lymphozyten geben.
Wenn jetzt das auf der Oberfläche des Makrophagen vorhandene Antigen von einem der vielen T-Helfer-Lymphozyten erkannt und gebunden wird, so fängt dieser Lymphozyt an sich zu vermehren. Er teilt sich immer wieder, so dass eine große Anzahl identischer T-Helfer-Lymphozyten entstehen. Diese neuen Lymphozyten wandern aus den Lymphknoten heraus. Sie verteilen sich über den Blutkreislauf im Körper und aktivieren das humorale und das zelluläre Immunsystem.

Die aktivierten und stark vermehrten T-Helfer-Lymphozyten treffen im Blut auf inaktive B-Lymphozyten und veranlassen diese, **Antikörper** gegen das **Antigen** zu produzieren. Diese Antikörper binden sich nur an Bakterien (oder andere Antigene), die denjenigen gleichen, die am Anfang von den Langerhans-Zellen gefressen worden sind. Damit ist das humorale Abwehrsystem aktiviert. Die Antikörper zirkulieren im Blut und binden sich an ein Antigen, sobald sie darauf treffen. Durch die gebundenen Antikörper werden die Antigene ausgefällt und anschließend vernichtet.

Auch die **zelluläre Immunabwehr** wird von den T-Helfer-Lymphozyten in Gang gesetzt. Die T-Helfer-Lymphozyten aktivieren einen weiteren Typ von T-Lymphozyten, der die Antigene indirekt bekämpfen kann. Dieser, auch „Killer-Lymphozyten" genannte Typ vernichtet veränderte körpereigene Zellen, also z. B. solche Zellen, die von einem Virus infiziert worden sind. Auf diese Weise wird die weitere Vermehrung des Virus gestoppt.

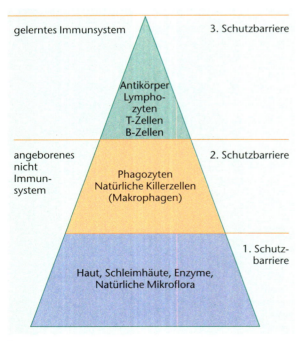

Immunsystem

Wenn ein Antigen in den Körper eindringt, vermehrt sich ein bestimmter Typ von Lymphozyten, der in der Lage ist, sich ganz spezifisch an das Antigen zu binden. Dadurch wird meist die Vernichtung des Antigens eingeleitet.

Die Immunabwehr kann nicht alle Antigene besiegen. Gegen Nagelpilz-Erkrankungen, Virus-Hepatitis oder AIDS ist sie z. B. machtlos. Die genannten Erkrankungen können auch im Kosmetik-Studio übertragen werden!

Die Aufgabe der Haut in der Immunabwehr

Wenn ein mit Bakterien besetzter Fremdkörper in die Haut eindringt, kommt er zuerst mit den Zellen der Oberhaut in Kontakt. Die Keratinozyten erkennen die Zellwände von Bakterien und reagieren darauf, indem sie einen Stoff ausschütten, der andere Zellen des Immunsystems aktiviert. Ähnlich reagieren die Fibroblasten in der Lederhaut. Die Langerhans-Zellen in der Oberhaut sowie die in der Lederhaut und im Blut vorkommenden Makrophagen leiten die spezifische

4 Die Haut als Teil des Immunsystems

Immunabwehr ein, indem sie eingedrungene Mikroorganismen den in den Lymphknoten versammelten Lymphozyten vorführen (→ Kapitel V/4.2, Exkurs).
In der Lederhaut findet man außerdem **Mastzellen**, die bei einer Reizung Stoffe ausschütten, welche die Arbeit des Immunsystems begünstigen. Beispielsweise werden die Blutgefäße weit gestellt, so dass die Lymphozyten schneller ins Gewebe wandern können. Die Arbeit der Mastzellen erkennt man an einer Rötung und Schwellung der Haut, auch **Entzündung** genannt.

 Wenn die Haut entzündet ist, arbeitet dort die Immunabwehr.

> Wenn man eine Entzündung der Haut bekämpft, z. B. mit entzündungshemmenden Mitteln wie Cortison, so wird die Arbeit des Immunsystems behindert. Man darf deshalb entzündungshemmende Mittel nur anwenden, wenn man zugleich die Ursache der Entzündung bekämpfen kann.

Mastzellen
spezielle Zellen des Immunsystems im Bindegewebe, auch an der Entstehung von Allergien beteiligt

Entzündung
durch Mikroorganismen, Verletzungen oder Allergie auslösende Stoffe hervorgerufene Schwellung und Rötung der Haut, meist mit intensivem Juckreiz oder Schmerz verbunden

4.3 Allergie

Die Immunabwehr unterscheidet ziemlich zuverlässig zwischen körpereigenen und körperfremden Strukturen. Sie kann aber nicht beurteilen, wie schädlich eine körperfremde Struktur für unseren Organismus ist. Wenn z. B. Pollen einer Birke oder eines Grases in die Nasenschleimhaut oder in die Bindehaut des Auges gelangen, so ruft das bei vielen Menschen eine heftige Reaktion des Immunsystems hervor, die sich durch Juckreiz, Niesen und Flüssigkeits-Absonderung bemerkbar macht. Die Pollen selbst sind unschädlich, die Begleiterscheinungen der Immunabwehr aber sehr lästig. Eine solche überflüssige Aktivierung des Immunsystems wird als **Allergie** bezeichnet.

Es gibt verschiedene Typen von Allergien:
- den **Sofort-Typ**: Beschwerden treten sofort nach dem Kontakt mit dem Allergie auslösenden Stoff auf, z. B. Pollenallergien,
- den **verzögerten Typ**: Beschwerden treten erst Minuten bis Stunden nach dem Kontakt auf.

Bei den Allergien vom Sofort-Typ gelangt der auslösende Stoff in der Regel mit der Atemluft in die **Schleimhaut** von Nase, Lunge und Bindehaut.
Dagegen treten Allergien vom verzögerten Typ beim Kontakt der Haut mit den auslösenden Stoffen auf. Man bezeichnet diesen Typ deshalb auch als **Kontaktallergie**.

Eine Allergie ist nie von vornherein vorhanden, sondern sie wird allmählich erworben. Bei den ersten Kontakten mit dem auslösenden Stoff (**Allergen**) wird zwar das Immunsystem schon aktiviert, aber die Reaktion ist so schwach, dass keine Beschwerden auftreten. Doch vermehrt sich bei den ersten Kontakten die Zahl der aktivierten T-Helfer-Lymphozyten allmählich sehr stark, so dass es bei erneutem Kontakt schließlich zu einer heftigen Reaktion kommt.
Die Phase der ersten Kontakte, die sich noch nicht durch störende Entzündungen bemerkbar macht, bezeichnet man als Sensibilisierung. Die Sensibilisierung erstreckt sich über Monate oder Jahre und bleibt unbemerkt.

Ist eine Allergie einmal erworben worden, so gibt es keine zuverlässige medizinische Behandlung dagegen. Es hilft dann nur, die Allergene nach Möglichkeit zu vermeiden. Wenn der Kontakt mit dem Allergen im Beruf unvermeidlich ist, hilft nur ein Berufswechsel. Beispielsweise ist bei Frisören (Allergien gegen Haarfärbemittel und Wellmittel) und Bäckern (Allergien gegen Mehlstaub) die erzwungene Berufsaufgabe häufig die einzige Möglichkeit zur Vermeidung.

Allergie
überempfindliche Reaktion des Immunsystems auf Stoffe, die für unseren Organismus eigentlich nicht sehr schädlich sind

Allergen
Stoff, der eine Allergie auslösen kann

Tabelle VII/3 *Allergie auslösende Stoffe (Allergene) im Kosmetikstudio*

Allergie auslösender Stoff	Vorkommen	Typ der Allergie
■ Proteine aus Latex	Puder im Inneren von Einmalhandschuhen	Sofort-Typ
■ Duftstoffe	Parfums, Duftöle, parfümierte Kosmetika	Kontaktallergie oder Sofort-Typ
■ Nickel	Schnallen von Gürteln, Metallgeräte, Ohrstecker	Kontaktallergie
■ Konservierungsstoffe	Kosmetika	Kontaktallergie
■ Zusätze zu Naturkautschuk	Latex-Handschuhe	Kontaktallergie

Im Kosmetikbereich macht besonders die starke Zunahme der Allergien gegen Parfumstoffe Sorge. Vor allem die direkt auf der Haut angewendeten duftenden Massageöle im Wellness-Bereich sind problematisch.
Die Gefahr, eine Allergie zu erwerben, ist für die Kosmetikerin viel größer als für die Kunden. Die Kosmetikerin geht ständig mit den sensibilisierenden Stoffen um, während die Kunden nur gelegentlich damit in Kontakt kommen.

Der regelmäßige Gebrauch von Schutzhandschuhen kann in vielen Fällen vor Kontaktallergien schützen. Dabei ist aber zu beachten, dass auch Latex-Handschuhe Allergien auslösen können (siehe Tabelle); in diesem Fall kann man jedoch auf Kunststoffhandschuhe ausweichen.

VI Hautveränderungen und -erkrankungen

Hautveränderung – Hautkrankheit

Die Haut als äußere Hülle hat die Funktion einer Schutzfolie für den Körper. Sie ist sehr wichtig für die Gesunderhaltung des Menschen. Eine veränderte oder kranke Haut kann ihre Aufgabe als Schutzhülle nicht mehr ausreichend erfüllen. Schadstoffe oder Krankheitserreger können leichter in den Körper gelangen und ihn schädigen. Ebenso verliert der Körper zu viele lebenswichtige Stoffe.

Auf die Haut wirkt eine Vielzahl äußerer und innerer Faktoren ein. Viele solcher Faktoren führen zu Veränderungen des Hautbildes oder des Hautzustandes. Die einfache Beschreibung der Haut ist deshalb oft der erste Schritt bei der Diagnose (Erkennung, Beschreibung) einer Hautveränderung oder -krankheit. Man bezeichnet die Methode der Beschreibung von Hautveränderungen auch als Effloreszenzenlehre (→ Kapitel VII/1). Grundsätzlich wird zwischen **nicht krankhaften Hautveränderungen** und **echten Hautkrankheiten** (**Dermatosen**) unterschieden.

Dermatose
griech. derma Haut; *-ose* Krankheit

www.aok-bv.de/lexikon
→ Buchstabe K →
Krankheit

Die Begriffe „Krankheit" und „nicht krankhafte Veränderung" klar zu unterscheiden, ist allerdings oft schwierig. Es gibt häufig fließende Übergänge von nicht krankhaften Veränderungen zu echten Krankheiten.
In der Medizin wird der Begriff Krankheit als „Abweichung von Gesundheit und Wohlbefinden" definiert.

 Das Sozialgericht beschreibt Krankheit als „einen regelwidrigen Körper- oder Geisteszustand, der Behandlungsbedürftigkeit bzw. Arbeitsunfähigkeit zur Folge hat".

Streng genommen könnte man somit jede Veränderung der Haut als Hautkrankheit auslegen. Dies ist insofern problematisch, weil Kosmetikerinnen laut Heilpraktiker- und Ärzte-Gesetz **keine Krankheiten behandeln** dürfen.
Es gibt allerdings eine ganze Reihe von „Hautkrankheiten" im Sinne dieser Definition, die durch eine kosmetische Behandlung leicht normalisiert werden können. In solchen Fällen sollte man besser von „nicht krankhaften Hautveränderungen" sprechen.

 Defekte Schutzhülle
Durch kalte trockene Luft werden Lippen häufig rau und rissig.
Begründung:
- Die Haut der Lippen ist nur sehr dünn. Dementsprechend schwach ist auch die Schutzhülle ausgebildet.
- Die Kälte entzieht der dünnen Lippenhaut Wasser. Die Haut trocknet aus und reißt ein. Dies ist vergleichbar mit einem Boden, der austrocknet → die Schutzhülle bekommt Löcher.
- Durch die Löcher in der Schutzschicht verdunstet noch mehr Wasser → die Haut trocknet weiter aus und bekommt noch mehr Risse.

Durch entsprechende Pflege bekommt die angegriffene Haut Hilfe von außen. Man legt quasi eine zweite künstliche Schutzschicht über die löchrige Schutzfolie. Kurze Zeit später hat die Haut den Schaden behoben, die Folie ist repariert. Die Haut war kurzfristig geschädigt, eine echte Hautkrankheit hat in diesem Fall aber nicht vorgelegen.

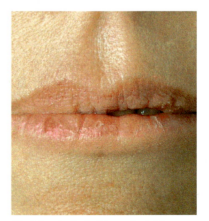

Die Schutzhülle der Lippen ist defekt.

Im weiteren Text werden **nicht krankhafte Hautveränderungen** kurz als „Hautveränderung" bezeichnet.

 Nicht jede Veränderung der Haut ist gleich eine echte Krankheit.

1 Ursachen für Hautveränderungen und -krankheiten

Hautveränderungen und -krankheiten können sehr unterschiedliche Ursachen haben. Grundsätzlich unterscheidet man zwischen angeborenen und erworbenen Krankheiten und Veränderungen. Angeborene Krankheiten/Veränderungen sind bereits bei der Geburt vorhanden. Erworbene Krankheiten/Veränderungen „erwirbt" man im Laufe seines Lebens.

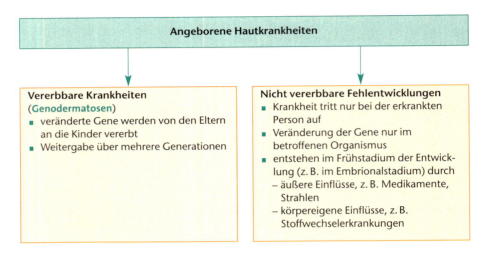

1.1 Angeborene Veränderungen und Erkrankungen der Haut

Wie der Name bereits sagt, sind angeborene Hautveränderungen und -erkrankungen bereits bei der Geburt vorhanden.

 Angeborene Hautkrankheiten werden immer durch eine Veränderung des Erbmaterials (der **Gene**) hervorgerufen.

Gen
kleinste Informationseinheit der Erbsubstanz. In jedem Gen ist eine bestimmte Erbinformation verschlüsselt hinterlegt.

Vererbbare Hauterkrankungen

Bei den angeborenen Hautkrankheiten gibt es solche, die von den Eltern auf die Kinder vererbt werden können. Die Eltern haben die Erkrankung und geben sie an ihre Kinder weiter. Solche echten Erbkrankheiten der Haut werden auch als **Genodermatosen** bezeichnet. Erbkrankheiten können über viele Generationen weitergegeben werden.

Nicht vererbbare Hautveränderungen und -erkrankungen

 Einige angeborene Hautkrankheiten und nahezu alle Hautveränderungen sind nicht vererbbar.

Nicht vererbbar bedeutet, dass die Eltern die Erkrankung nicht haben bzw. dass die Erkrankung nicht an die Nachkommen weiter vererbt werden kann. Die Gen-Veränderung erfolgt ausschließlich bei der jeweils betroffenen Person. Die Veränderung muss allerdings schon sehr früh in der Entwicklung im Mutterleib eintreten, da die Erkrankung bei der Geburt bereits vorhanden ist.

Äußere Einflüsse (z. B. Strahlung, Medikamente) oder körpereigene Einflüsse (z. B. Stoffwechselerkrankungen) sind häufige Ursachen für angeborene, aber nicht vererbbare Erkrankungen/Veränderungen.

1 Ursachen für Hautveränderungen und -krankheiten

> Angeborene Hauterkrankungen/-veränderungen können durch Medikamente oder eine entsprechende medizinische Hautpflege nur gelindert, aber nicht geheilt werden.

1.2 Erworbene Veränderungen und Erkrankungen der Haut

Erworbene Hautveränderungen und -erkrankungen können sehr unterschiedliche Ursachen haben.

Die Haut ist ständig den unterschiedlichsten Umweltfaktoren ausgesetzt. Der Einfluss solcher äußeren Faktoren auf die Haut kann sehr vielseitig sein. Aber auch innere Faktoren, d. h. Veränderungen im Körper selbst, können zu Hautveränderungen führen. Tabelle VI/1 gibt einen Überblick über die häufigsten inneren und äußeren Faktoren, die den Zustand der Haut beeinflussen.

> Erworbene Hautkrankheiten entstehen immer durch äußere (**exogene**) Faktoren oder innere (**endogene**) Einflüsse auf die Haut. Vielfach sind beide Faktoren nebeneinander vorhanden.

exogen
lat. von außen

endogen
lat. von innen

Tabelle VI/1 Beispiele für äußere und innere Faktoren als Ursache von Hautkrankheiten

> Echte erworbene Hautkrankheiten sind alleinige Sache eines **Facharztes**. Hier kann die Kosmetikerin höchstens begleitend und unterstützend arbeiten. Die Begleitbehandlungen müssen aber mit dem Arzt vorher abgesprochen sein.

Hautveränderungen dürfen durch die Kosmetikerin behandelt werden. Meist kann durch eine kosmetische Behandlung der Hautzustand entscheidend verbessert werden. In einzelnen Fällen ist es sogar möglich, den Urzustand der Haut wiederherzustellen.

Nachfolgend werden in erster Linie die Hautveränderungen erklärt, die im Kosmetikstudio behandelt werden dürfen. Zu deren Abgrenzung werden jedoch auch die wichtigsten Hauterkrankungen kurz beschrieben.

2 Erkrankungen und Veränderungen der Hornschicht

2.1 Angeborene Verhornungsstörungen

Es gibt einige angeborene Hauterkrankungen, bei denen die Hornschichtbildung krankhaft verändert ist. Daher werden solche Erkrankungen allgemein als **Keratosen** bezeichnet.

Keratose
griech. kerat Horn, *-ose* Krankheit

2.1.1 Keratose

Neben dem Sammelbegriff der Keratose gibt es auch spezielle Krankheitsformen, die als Keratose bezeichnet werden.

Name (Beispiel)	Merkmal
Keratose	■ Die Hornschicht der Handteller und Fußsohlen ist deutlich verdickt.

2.1.2 Ichthyose

Ichthyose
griech. ichthys Fisch

Die **Ichthyose** (Fischschuppenkrankheit) ist eine vererbbare Hauterkrankung, bei der der Aufbau der Oberhaut (Epidermis) nicht geregelt abläuft. Dies führt dazu, dass die obersten Hornschichten nur verzögert abgeschuppt werden. Die Haut ist daher mit größeren Hautschuppen bedeckt und erinnert an die schuppige Haut von Reptilien oder Fischen.

Es gibt unterschiedliche Formen der Ichthyose, ingesamt sind diese Erkrankungen jedoch recht selten. Ichthyose-Patienten leiden an sehr trockener, schuppiger Haut.

Name (Beispiel)	Merkmale
Ichthyosis vulgaris	■ häufigste Ichthyose ■ Große Teile des Körpers sind mit gelblich-bräunlichen Schuppen bedeckt, die an Eidechsenhaut erinnern.

vulgaris
lat. vulgaris allbekannt, gewöhnlich

 Ichthyosis-Patienten leiden sehr häufig an trockener Haut. Durch entsprechende Hautpflege (ölhaltige Bäder, fetthaltige, Feuchtigkeit spendende Körperpflegemittel) kann der Hautzustand verbessert werden.

2.1.3 Psoriasis

Psoriasis
griech. psora Schuppe

Die **Psoriasis** (Schuppenflechte) ist eine vererbbare Hauterkrankung, bei der es zu einer beschleunigten Neubildung der Hornschicht kommt. Normalerweise erneuert sich die Hornschicht innerhalb von 4 Wochen. Bei Psoriasis-Patienten geschieht dies in wenigen Tagen.

Die überschüssigen Zellen an der Hautoberfläche werden dabei als Schuppen sichtbar. Die Oberhaut kann bis zu 15-mal dicker als normal werden.

Psoriasis ist eine recht häufige Hautkrankheit. Schätzungen gehen davon aus, dass ca. 3 % der Bevölkerung von Psoriasis betroffen ist. Nicht alle Psoriasis-Patienten leiden indes an den typischen Hautbildern. Die Krankheit kommt erst zur Ausbildung, wenn auslösende Faktoren wie Stress, Alkohol, Medikamente, Stoffwechselstörungen oder Verletzungen hinzukommen.

Es gibt unterschiedliche Formen der Psoriasis. Ebenso unterschiedlich sind die jeweiligen Erscheinungsformen.

www.psoriasis-bund.de;
www.psoriasis-netz.de

Name (Beispiel)	Merkmale
Psoriasis vulgaris	<ul><li>häufigster Psoriasis-Typ</li><li>Typisch sind scharf begrenzte rote Flecken mit silbrig-weißen Schuppen.</li><li>Sie tritt besonders an Ellenbogen, Knien, Kopf und Händen auf.</li></ul>

2.1.4 Dyskeratose

Die **Dyskeratose** ist eine Verhornungsstörung, die meist in der Pubertät auftritt. Die Krankheit verläuft oft chronisch (lebenslang).

Dykeratose
griech. dys- und *keras*
Horn; Verhornungsstörung

Name (Beispiel)	Merkmale
Dyskeratosis follicularis (*Morbus Darier*)	<ul><li>millimetergroße bräunlich-rote Papeln</li><li>Häufig sind große Hautflächen betroffen, die zusätzlich leicht durch Bakterien oder Viren befallen werden.</li></ul>

2.2 Gutartige Hornschichtwucherungen

Gutartige Hornschichtwucherungen sind häufig auftretende Hautveränderungen, die verschiedene Ursachen haben können. Medizinisch wird die Hornhautverdickung als **Hyperkeratose** bezeichnet.

Hyperkeratose
griech. hyper über, *keras*
Horn; übermäßige Verhornung

2.2.1 Hornschichtwucherungen durch mechanischen Druck

Wenn Hautstellen durch länger andauernden Druck belastet werden, reagiert die Haut auf diesen Reiz mit einer Verstärkung der Hornschicht. Auf diese Weise versucht die Haut, sich vor Verletzungen zu schützen.

Name (Beispiel)	Merkmale
Schwiele	■ Oberflächliche Verhornung der Haut. Sie entsteht, wenn die mechanische Belastung der Hautstelle nicht andauernd ist. ■ Der Fachbegriff für eine Schwiele ist **Kallus**.
Hühnerauge	■ Die Verhornungen sind stärker ausgebildet und reichen auch in tiefere Gewebe. ■ Sie bilden sich an knochennahen Hautstellen, auf denen eine andauernde mechanische Belastung liegt. ■ Typische Stellen sind z. B. die Zehen. Dort bilden sich Hühneraugen, wenn die Haut durch zu enge Schuhe permanent „unter Druck steht". ■ Der Fachbegriff für ein Hühnerauge ist **Klavus**.

> Oberflächliche Hornhautverdickungen lassen sich gut mit einem Hornhauthobel oder mit speziellen Hornhautfeilen abtragen.
> Bei tiefer liegenden Verhornungen, z. B. Hühneraugen, ist Vorsicht geboten. Eine unsachgemäße Behandlung kann schnell zu Verletzungen führen.
> Zur Vorbehandlung gibt es spezielle Hühneraugenpflaster oder -salben. Diese lösen nach mehreren Tagen Anwendung die Hornschicht an. Anschließend ist die Entfernung der Verhornung einfacher durchzuführen.

2.2.2 Warzen

Eine Warze ist eine gutartige Wucherung der Haut oder Schleimhaut, die in den meisten Fällen durch Viren hervorgerufen wird (Viren → Kapitel VI/3.1). Durch die Infektion vermehren sich die betroffenen Hautzellen verstärkt. Es entsteht eine überwiegend gutartige Wucherung der Haut, die Warze.

human
lat. humanus menschlich

Papillom(a)
lat. papilla Brustwarze

Name (Beispiel)	Merkmale
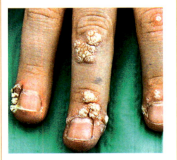 *Vulgäre Warze (Verruca vulgaris)*	■ Sie wird durch Infektion mit so genannten **humanen Papilloma-Viren** hervorgerufen. ■ Die vulgäre Warze hat meist eine unregelmäßige, raue Oberfläche und tritt deutlich aus der Haut hervor. ■ Vulgäre Warzen treten hauptsächlich an Fingern und Handrücken auf.

2 Erkrankungen und Veränderungen der Hornschicht

Name (Beispiel)	Merkmale
 *Jugendwarze* *(Verruca plana juvenilis)*	- durch Infektion mit humanen Papilloma-Viren hervorgerufen - flache rosafarbene Hauterhebung mit stumpfer Oberfläche - Jugendwarzen treten bevorzugt an Händen und Gesicht auf.
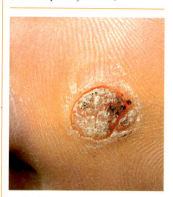 *Fußsohlenwarzen*	- durch humane Papilloma-Viren hervorgerufene Hornhautwucherungen - Sie kommen meist in Gruppen vor und werden wegen der Form ihres Auftretens auch Mosaikwarzen genannt. - Die Hornhautwucherungen können durch die ständige Belastung der Fußsohlen nicht aus der Haut herauswachsen. - Das Warzengewebe wird nach innen gedrückt. Es entstehen schmerzhafte so genannte Dornwarzen. - In vielen Fällen hilft nur die operative Entfernung der Warzen.
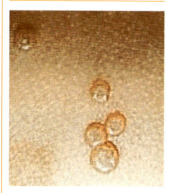 *Dellwarze* *(Molluscum contagiosum)*	- Sie entsteht durch die Infektion mit dem Molluscum contagiosum- oder auch Poxvirus. - Die Verbreitung erfolgt über direkten Kontakt. - Die glasigen, hellrot glänzenden Warzen haben die Form kleiner Knötchen. Später kommt es zur Eindellung (Name!), manchmal auch zur Entzündung der betroffenen Hautstelle. - Meist sind Kinder unter 10 Jahren von Dellwarzen betroffen. Bei Erwachsenen sind es immunschwache Menschen, bei denen Dellwarzen auftreten. Besonders anfällig sind Personen mit trockener Haut und Neurodermitis. Dellwarzen heilen häufig von selbst ab.
Seborrhoische Warzen *(Verruca seborrhoica)*	- gutartige Wucherungen der Oberhaut (Epidermis) im Bereich von Talgdrüsen - Die Warzen haben eine unregelmäßige Oberfläche und sind stets braun bis schwarz gefärbt. - Sie sind stark verhornt und treten bevorzugt bei alternder Haut auf. Daher werden sie auch Alterswarze genannt. - Ihre wissenschaftliche Bezeichnung ist Verruca seborrhoica oder Verruca senilis.

Warzen sollten nur durch geschultes Fachpersonal (z. B. Dermatologen) mit Hilfe spezieller Instrumente entfernt werden. Eine „Behandlung" durch ungeschulte Kosmetikerinnen ist unbedingt zu unterlassen.

Es besteht die Gefahr der Eigeninfektion oder der Verschlimmerung der Infektion bei unsachgemäßer Behandlung. Es ist zudem recht schwierig, zwischen gutartigen und bösartigen Warzen zu unterscheiden.

2.2.3 Milien

Milien sind kleinste Zysten der Oberhaut. In kleinen geschlossenen Hohlräumen in der Haut sind zwiebelschalenartig ineinander geschichtete Hornzellen eingeschlossen. Man bezeichnet Milien daher auch als so genannte Einschlusszysten.

Milien
lat. milium Hirse;
Hautgrieß

Sie sind als gut sichtbare weiße Knötchen auf der Oberfläche der Haut zu erkennen. Milien entstehen vorwiegend im Augenbereich, auf Wangen, Kinn und Stirn.

Milien lassen sich relativ gut und einfach entfernen. Durch leichtes Anritzen der betroffenen Hautstelle mit einem sterilen Skalpell öffnen Sie die Oberhaut. Nun lassen sich die Einschlüsse leicht ausdrücken.

3 Erkrankungen und Veränderungen des Bindegewebes

3.1 Angeborene Bindegewebsstörungen

Angeborene Erkrankungen der Lederhaut führen hauptsächlich zu Veränderungen des Bindegewebes, besonders der Bausteine Kollagen und Elastin.

3.1.1 Fibrodysplasie

Dysplasie
griech. dys un-, miss-,
-plasia bilden, wachsen;
gestörtes Wachstum

Veränderungen in einer Gewebestruktur werden auch als **Dysplasie** bezeichnet. Bei der Fibrodysplasie ist speziell das Bindegewebe betroffen.
Es kommt zur übermäßigen Zunahme der faserigen Bindegewebsbestandteile. In der Regel ist bei diesen Erbkrankheiten auch das Bindegewebe anderer Organe betroffen.

Name (Beispiel)	Merkmale
Cutis hyperelastica (Ehlers-Danlos-Syndrom), auch **Gummihaut**	▪ Die Kollagenbildung der Haut ist gestört, ihr fehlt die natürliche Spannkraft. ▪ Typisch ist die leichte Verletzbarkeit der Haut und das schlechte Verheilen von Verletzungen. ▪ Die Gelenke sind stark überdehnbar. Vermutlich wird zu wenig Elastin produziert oder es ist falsch aufgebaut. ▪ Bei Patienten können auch andere Organe betroffen sein. ▪ Insgesamt ist diese Krankheit relativ selten.
Cutis laxa, auch **Elastolyse**	▪ angeborene Erkrankung des Bindegewebes, bei der die elastischen Fasern (Elastinfasern) betroffen sind ▪ Die genaue Ursache der Erkrankung ist nicht bekannt. ▪ Die Haut wird zunehmend weniger elastisch. Sie hängt lose und in Falten herunter.

Elastolyse
griech. lysis, Auflösung;
Auflösung der elastischen Eigenschaften
(Fasern)

3.2 Gutartige Wucherungen des Bindegewebes

Eine häufige Ursache von gutartigen Wucherungen des Bindegewebes können Verletzungen der Haut sein.
Bei der Wundheilung kommt es zu einer übermäßigen Neubildung von Bindegewebsfasern. Aber auch bislang unbekannte Faktoren können zu gutartigen Tumoren des Bindegewebes führen.

Name (Beispiel)	Merkmale
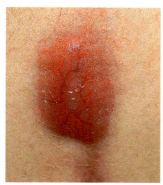 **Keloid**	<ul><li>übermäßige Neubildungen des Bindegewebes nach Verletzungen der Haut</li><li>Auslöser sind meist Verbrennungen und Verbrühungen. Die Haut bildet an den betroffenen Hautpartien wulstartige bis plattenförmige Hautverdickungen aus dick gepackten Kollagenfasern (Narbe).</li><li>Das Gleichgewicht zwischen Kollagenauf- und -abbau ist gestört. Es wird mehr Kollagen produziert als abgebaut.</li><li>Frisch entstandene Keloide haben eine scharfe, jedoch unregelmäßig geformte Randung.</li><li>Je nach Hautfarbe sind die Keloide rötlich bis schwarz gefärbt.</li><li>Man bezeichnet Keloide auch als „wildes Fleisch".</li></ul>
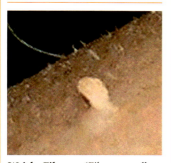 ***Weiche Fibrome*** (*Fibroma molle, Fibroma pendulans*)	<ul><li>harmlose Neubildungen des Bindegewebes mit unbekannter Ursache</li><li>Das weiche Fibrom hat die Form von kleinen Zäpfchen oder kleinen gestielten Papeln. Man nennt sie aufgrund ihres typischen Aussehens auch **Stielwarzen**.</li><li>Weiche Fibrome enthalten vorwiegend lockeres Bindegewebe.</li><li>Sie treten häufig am Hals oder unter den Achseln auf und sind nicht schmerzhaft. Sie sind ungefährlich und stellen lediglich ein kosmetisches Problem dar.</li></ul>
Harte Fibrome (*Histiozytome*)	<ul><li>recht selten auftretende meist kleine rundlich-flache Wucherungen auf der Haut</li><li>Sie können nach stichartigen Verletzungen, z. B. nach Insektenstichen, entstehen.</li><li>eine Art Narbenbildung nach kleinsten Stichverletzungen</li><li>Sie enthalten überwiegend hartes Kollagenmaterial, das bei der Narbenbildung aufgebaut wird.</li><li>Histiozytome sind recht schmerzhaft.</li></ul>

Keloid
griech. chele gespaltene Klaue; der Begriff spielt auf die unregelmäßige Randung des Keloids an

 Keloide und Fibrome sollten nur von Fachärzten behandelt werden. Keloide werden mit Hormonen (Cortison, Interferone) oder mit Lasertherapie behandelt. Fibrome werden in der Regel operativ entfernt.

Gerade weiche Fibrome verleiten zur Eigenbehandlung bzw. zu einer Behandlung durch die Kosmetikerin. Dies sollte unbedingt unterlassen werden. Es kann zu starken Blutungen und Entzündungen kommen. Mangelnde Hygiene kann zudem zur Infektion mit Krankheitserregern führen.

4 Narben

Häufig wird die Haut durch Verletzungen und Operationen, aber auch durch entzündliche Hauterkrankungen geschädigt. Kommt es zu blutenden Verletzungen, muss die Haut den entstandenen Schaden schnell wieder reparieren. Ansonsten besteht die Gefahr, dass Krankheitserreger oder Fremdkörper eindringen und z. B. Entzündungen hervorrufen. Den Prozess der „Reparatur" der Wunde nennt man Heilung.

Aus manchen Wunden entstehen nach der Heilung Narben. Sie sind das bleibende Zeichen einer stärkeren Verletzung der Haut.
Nicht bei jeder Verletzung kommt es zur Narbenbildung. Oberflächliche Wunden, z. B. Schürfwunden, bluten nur wenig und heilen in der Regel ohne Narbenbildung ab. Wichtig ist, dass Teile der Oberhaut und die Lederhaut noch intakt sind.
Ist die Wunde größer und wird auch die Lederhaut stärker geschädigt, bilden sich am Ende des Heilungsprozesses Narben an der verletzten Stelle.

 Narben sind ein bindegewebiger Ersatz und immer ein Zeichen einer größeren Verletzung der Haut.

Entstehung von Narben

Bei größeren, stärker blutenden Verletzungen muss zunächst die Blutung gestoppt werden. Dies geschieht durch den komplizierten Prozess der Blutgerinnung. Es bildet sich ein Blutgerinnsel, das die verletzten Blutgefäße verschließt.
Anschließend muss das zerstörte Gewebe wieder aufgebaut und gleichzeitig das geschädigte Hautgewebe abgebaut werden (entstandene Lücken werden mit einem neuen Gewebe aufgefüllt). Am Ende der Heilung entsteht aus der Wunde eine Narbe.

Besondere Merkmale von Narben

- Narben haben nicht das gleiche Aussehen wie die gesunde ungeschädigte Haut.
- Das Narbengewebe besteht zu einem großen Teil aus Kollagenfasern. Es enthält keine Haarfollikel, keine Schweißdrüsen und auch keine Pigmentzellen mehr.
- Narben sehen meist etwas rötlich gefärbt bzw. farblos aus.
- Sie sind nicht so elastisch und dehnbar wie gesunde Haut.

Narbenformen

atroph
griech. an- nicht, *-trophein* ernähren, wachsen; geringer wachsen

Eingesunkene Narbe: Sie entsteht, wenn bei der Heilung zu wenig Narbengewebe gebildet wird. Die durch die Verletzung entstandene Gewebelücke wird nicht mehr vollständig mit Narbengewebe gefüllt. Als Folge sinkt die Narbe etwas in das umgebende Gewebe ein. Man nennt Narben, bei denen zu wenig Gewebe gebildet wird, auch **atrophe Narben**.

Verdickte Narbe: Sie bildet sich, wenn bei der Heilung zu viel Narbengewebe gebildet wird. Die Narbe wächst dann aus der Ebene der umgebenden Haut heraus. Die dadurch entstehende Wulst bleibt jedoch auf die Hautstelle beschränkt, die durch die Wunde verletzt wurde. Wird bei der Heilung einer Narbe erheblich mehr Narbengewebe gebildet als benötigt, dann kann dieses auch in gesundes Gewebe übergreifen. Es entsteht ein **Keloid** (→ Kapitel VI/ 3.2.). Medizinisch lassen sich verdickte Narben gut mit verschiedenen Techniken korrigieren, z. B. durch Vereisen mit flüssigem Stickstoff oder durch Abschleifen der obersten Schichten der Narbe.

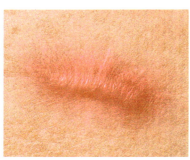
Verdickte Narbe

5 Pigmentierungsstörungen

5.1 Angeborene Pigmentstörungen

Bei den angeborenen Erkrankungen des Pigmentsystems kommt es zu einer fehlerhaften Entwicklung der Pigmentierung der Haut. Sind die Pigmentstörungen der Haut erblich bedingt, werden sie als **Melanosen** bezeichnet.

Melanose
griech. melan schwarz, *-ose* Krankheit; krankhafte Pigmentstörung

5.1.1 Hypomelanosen

Unter **Hypomelanosen** versteht der Hautarzt Pigmentstörungen, bei denen zu wenig bis gar keine Pigmente mehr in der Haut vorliegen. Dies kann sowohl die gesamte Haut als auch begrenzte Hautflächen betreffen.

Hypomelanose
griech. hypo- unter; erblich bedingte Unterpigmentierung

Name (Beispiel)	Merkmale
Albinismus	■ vererbbare Pigmentstörung ■ Die gesamte Haut enthält wenig bis keine Pigmente. Die betroffenen Personen sind sehr hellhäutig und extrem lichtempfindlich, vor allem gegen ultraviolette Strahlung (Sonne, Sonnenbank). ■ Betroffen sind neben der Haut auch die Haare und die Augen. Albinos haben sehr helle bis weiße Haare und rote Pupillen.

Albinismus
lat. albus weiß

> Personen mit Albinismus besitzen sehr wenig bis keine Pigmente. Das hauteigene Schutzsystem gegen Sonnenlicht ist somit nicht mehr vorhanden. Bei Albinos können daher schon relativ geringe Mengen an Sonnenlicht zu Hautschäden führen. Sie müssen deshalb ihre Haut durch einen künstlichen UV-Schutz vor Schäden schützen. Kosmetische Pflegeprodukte mit einem umfassenden UV-Schutz, z. B. Sonnenschutzpräparate mit hohen Lichtschutzfaktoren, sind ideale Präparate für Albinos.

5.1.2 Hypermelanosen

Hypermelanosen sind gekennzeichnet durch eine zu starke Pigmentbildung in der Haut. Die Pigmentstörung kann durch eine erhöhte Produktion des Farbstoffs Melanin oder durch eine Vermehrung der Pigmentzellen verursacht werden.
Es werden immer nur begrenzte Bereiche durch eine Überpigmentierung betroffen.

Hypermelanose
griech. hyper über, *-ose* Krankheit; krankhafte Überpigmentierung

Name (Beispiel)	Merkmale
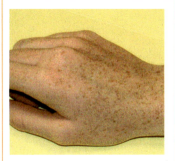 *Sommersprossen*	■ bekannteste Form einer vererbbaren Überpigmentierung ■ häufiges Vorkommen, besonders verstärkt bei Personen mit heller Haut, blondem/rötlichem Haar und blauen Augen ■ keine Erhöhung der Anzahl der Pigmentzellen, jedoch verstärkte Pigmentbildung kleinerer pigmentbildender Zellgruppen

Sommersprossen sind nicht schädlich, aber oft störend. Sie lassen sich leicht mit entsprechenden Make-ups überdecken. Auch kosmetische Bleichprodukte können die Überpigmentierung vorübergehend reduzieren (→ Folgeband, Spezialprodukte).

5.2 Nävi

Nävus
lat. naevus Muttermal

Ein **Nävus** ist eine nicht vererbbare Pigmentstörung der Haut, die zu einer Dunkelfärbung der betroffenen Hautstelle führt. Ursache der Hautfärbung kann eine Veränderung oder die Vermehrung pigmentbildender Zellen sein. Man bezeichnet Nävi auch als Muttermale.

5.2.1 Melanozytische Nävi – Nävuszellnävi

 Ein melanozytischer Nävus ist eine dichte Ansammlung pigmentbildender Zellen.

Die Bezeichnung verdeutlicht, dass die Überpigmentierung durch eine Ansammlung/Vermehrung von Pigmentzellen (melanozytenähnliche Zellen) verursacht wurde. Es kommt zu keiner Überproduktion des Hautfarbstoffes Melanin.
Die wichtigste Gruppe der melanozytischen Nävi sind die Nävuszellnävi. Bei dieser Art von Nävi wird die Pigmentstörung durch melanozytenähnliche Pigmentzellen, die Nävuszellen, verursacht. Nävuszellen sind den Melanozyten ähnlich, weisen jedoch einige Unterschiede zu diesen auf.

Name (Beispiel)	Merkmale
Kongenitaler **Nävus**	- bereits bei der Geburt vorhandener Pigmentfleck - meist scharf abgegrenzt und gleichmäßig pigmentiert - zunächst flach wachsend, später können sie sich über die Haut erheben - Farbe meist braun bis dunkelbraun - oft stärker behaart als die umgebende Haut - häufig recht großflächig und mitwachsend - Sie sind ständig zu beobachten, da die Gefahr einer Entartung zum bösartigen Tumor besteht. Sie sollten daher frühzeitig operativ entfernt werden.

kongenital
lat. congenitus zusammen geboren, zugleich entstanden

Erworbene Nävuszellnävi sind Pigmentflecken, die sich erst im Kindes- oder Jugendalter bilden. Jeder erwachsene Mitteleuropäer besitzt ca. 20 erworbene Nävi. Man unterscheidet verschiedene Entwicklungsstadien eines Nävuszellnävus.

Name (Beispiel)	Merkmale
Dermaler Nävus	- Endstadium der Entwicklung eines erworbenen Nävuszellnävus - zunehmend in tiefere Hautschichten ausbreitend; in den oberen Hautschichten kommt es hingegen zu Rückbildungen der Nävuszellen - meist deutlich über die umgebende Haut erhaben - Färbung deutlich verblasst, häufig hautfarben - knotiges Aussehen mit einer unregelmäßigen Oberfläche - vermehrte Behaarung Dermale Nävi sind in der Regel harmlos.

Name (Beispiel)	Merkmale
Junktionsnävus **Compoundnävus**	▪ Anfangsstadium eines erworbenen Nävuszellnävus, vorwiegend bei Kindern auftretend ▪ zunächst Ansammlungen von Nävuszellen in der Grenzzone zwischen Oberhaut und Lederhaut ▪ gleichmäßig braun bis dunkelbraun gefärbt, flach und ca. linsengroß
	▪ entwickelt sich im Allgemeinen aus einem Junktionsnävus, gehäuftes Auftreten bei Jugendlichen im Pubertätsalter ▪ zunehmend in tiefere Hautschichten wachsend, auch in die Lederhaut ▪ leicht über der Haut erhaben ▪ Färbung von braun bis braun-schwarz, jedoch nicht mehr so gleichmäßig wie die des Junktionsnävus ▪ Oberfläche gelegentlich etwas strukturiert, evtl. vermehrte Behaarung
Milchkaffeefleck (*Café-au-lait-Fleck*)	▪ Größe bis ca. 10 cm ▪ Ursache sind veränderte Pigmentzellen (Melanozyten), die zu Riesenzellen anwachsen. ▪ Milchkaffeeflecke sind stets gutartig und müssen nicht behandelt werden.

> Grundsätzlich sollte an einem Nävus nicht manipuliert werden. Das Entfernen solcher Hautverfärbungen ist, falls überhaupt notwendig, Sache eines Hautarztes (Dermatologen)!
>
> Nävi können aber in vielen Fällen gut mit Make-ups abgedeckt werden.

5.3 Gutartige Veränderungen des Pigmentsystems

Neben den angeborenen Pigmentstörungen gibt es einige gutartige erworbene Veränderungen des Pigmentsystems, die zu einer Über- bzw. Unterpigmentierung der betroffenen Hautstellen führen.

Name (Beispiel)	Merkmale
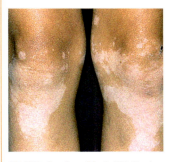 *Weißfleckenkrankheit* (*Vitiligo*)	▪ erworbene Erkrankung des Pigmentsystems, bei der es zur Weißfärbung der erkrankten Hautstelle kommt ▪ Alle Organe, die Pigmentzellen enthalten, können befallen werden, z. B. Haut, Haare, Augen, Schleimhäute. ▪ Die Ursache ist ein stetes Absterben der Pigmentzellen. Das betroffene Hautareal erscheint zunehmend heller und ist schließlich weiß „gefärbt". ▪ Die Auslöser der Krankheit sind bislang noch nicht hinreichend geklärt.

Hyperplasie
griech. hyper über, *plasein* bilden, wachsen; verstärktes Wachstum eines Organs/Gewebes

Lentigo
lat. linsenförmiger Fleck

simplex
lat. einfach

Name (Beispiel)	Merkmale
 *Linsenfleck, Leberfleck (lentigo simplex)*	- Überpigmentierung kleiner Hautareale - kleine, gleichmäßig braun gefärbte Flecken - Bei Leberflecken liegt keine Überproduktion an Hautfarbstoff (Melanin) vor. Die Überpigmentierung entsteht durch ein übermäßiges Wachstum der pigmentbildenden Zellen. Man nennt diese Wachstumsstörung medizinisch **Hyperplasie**. - Leberflecke bilden sich ohne auslösende Faktoren, z. B. lichtunabhängig (keine verstärkte Bildung durch UV-Strahlung). - stets gutartig, keine Behandlung erforderlich

> Die Weißfleckenkrankheit führt meist zu psychischen Belastungen der betroffenen Personen. Die Vitiligo ist daher in erster Linie ein kosmetisches Problem.
> Bei der medizinischen Behandlung versucht man, die abgestorbenen Pigmentzellen zu ersetzen. Kosmetisch bieten sich Behandlungen mit wasserfesten Make-ups, Camouflagen oder Selbstbräunungsprodukten an.

Dem Lentigo simplex äußerlich recht ähnliche Pigmentflecken sind der **Lentigo solaris** und der **Lentigo senilis**. Die Entstehungsursache sowie die Problematik dieser Hautflecke ist jedoch deutlich verschieden vom Lentigo simplex. Näheres fi Kapitel VI/12.

6 Veränderungen und Erkrankungen der Blutgefäße

Das Blutgefäßsystem ist auch für die Versorgung der Haut verantwortlich (→ Kapitel V/2.7). Krankhafte Veränderungen dieses Versorgungssystems können den Zustand der Haut erheblich beeinflussen. Einige Krankheiten der Blutgefäße führen zu rein kosmetischen Veränderungen der Haut. Diese sind für den Betroffenen zwar unangenehm, aber nicht kritisch. Problematischer sind eindeutig solche Erkrankungen der Blutgefäße, die zu echten Hautkrankheiten führen.

6.1 Varikosen

Varikose
lat. varix Krampfader, *-ose* Krankheit; Erkrankung der Blutgefäße, die zu Krampfadern führt

Varikosen sind krankhafte Veränderungen der Venen. Die Gefäße verlängern sich und vergrößern ihren Durchmesser. Gleichzeitig kann die Funktion der Venenklappen nachlassen. Die Folge ist ein Blutstau in den Gefäßen, die sich durch den Druck des gestauten Blutes erweitern. Ursache für Varikosen sind Bindegewebsschwäche, Bewegungsmangel, Alter, Übergewicht oder Vererbung.

Name (Beispiel)	Merkmale
Krampfader	- treten besonders häufig bei großen Gefäßen in den Beinen auf - Die betroffenen Venen sind als gewundene und deutlich hervortretende Adern sichtbar. - Im Volksmund werden diese Varikosen auch als **Krampfadern** bezeichnet.

Name (Beispiel)	Merkmale
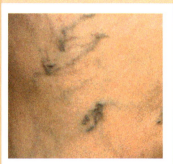 *Besenreiser*	■ Varikosen kleinerer und kleinster Hautgefäße sind als fein verästelte rote Äderchen zu erkennen. Sie erinnern in ihrer Form an die Ästchen eines alten Reisigbesens. ■ Im Volksmund werden diese Varikosen daher auch **Besenreiser** genannt.

> Gegen starke Varikosen kann kosmetisch nur wenig unternommen werden. Am sinnvollsten ist hier eine Verödung durch den Facharzt. Bei beginnender Venenschwäche sind jedoch auch kosmetische Mittel hilfreich. Produkte mit venenstärkenden Inhaltsstoffen können zu einer Verbesserung führen. Wirkstoffe sind z. B. pflanzliche Extrakte aus Mäusedorn, Rosskastanie oder roten Weinblättern. Auch Einzelwirkstoffe aus diesen Pflanzen wie Aescin oder oligomere Procyanidine (OPCs) wirken förderlich. Besenreiser kann man darüber hinaus gut mit speziellen Abdeckcremes behandeln. Diese sind meist grünlich eingefärbt und decken so die roten Äderchen perfekt ab.

6.2 Hämangiome

Hämangiome sind gutartige Wucherungen bzw. Neubildungen von arteriellen Blutgefäßen. Sie können überall dort auftreten, wo Arterien und kleinere arterielle Blutgefäße vorhanden sind. Auch die Adern der Haut können betroffen sein.

Name (Beispiel)	Merkmale
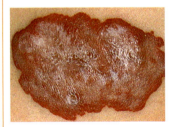 *Blutschwämmchen* (*Kapillarhämangiom*)	■ Ein Kapillarhämangiom ist eine Wucherung der **Kapillaren** der Haut. ■ Die Haut erscheint durch die intensivere Durchblutung deutlich rot gefärbt. ■ Volkstümlich werden solche Gefäßwucherungen als **Blutschwämmchen** bezeichnet.
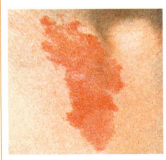 *Feuermal* (*Naevus flammeus*)	■ flammend roter Hautfleck, der durch eine angeborene Erkrankung der Hautgefäße (Arterien) verursacht wird. Die Blutgefäße erweitern sich und neigen zu Wucherungen. ■ Flecke treten vereinzelt auf, manchmal können jedoch mehrere Flecke miteinander verschmelzen. ■ Sie sind meist sehr klein, können aber im Extremfall eine Gesichtshälfte überdecken. ■ treten bevorzugt im Gesicht und im Nacken auf

Kapillare
lat. capillus Haar; Haargefäß, sehr kleine Ader

Name (Beispiel)	Merkmale
Altersblutschwamm *(Hämangiom senile)*	■ spezielle Form der Gefäßneubildung ■ tritt erst im Erwachsenenalter auf, meist bei Personen ab 40 Jahren ■ gutartige Neubildung von Hautkapillaren, die zu linsenförmigen, roten Hautflecken führen

senile
lat. senilis greisenhaft

> Hämangiome von Hautgefäßen sind harmlose Gefäßwucherungen/-neubildungen. Sie lassen sich sehr gut mit Abdeckstiften, Abdeckcremes oder Camouflage verdecken. Medizinisch lassen sich solche Gefäßveränderungen durch eine gezielte Laserbehandlung entfernen.

6.3 Teleangiektasien

Teleangiektasie
griech. tele weit, *angeion* das Gefäß, *ektasie* Erweiterung; Gefäßerweiterung fernab des Hauptgefäßes

Teleangiektasien sind kleine Erweiterungen von winzigen Hautgefäßen (Arterien), die weit von den Hauptadern entfernt sind. Teleangiektasien können in allen Organen des Körpers auftreten.

Name (Beispiel)	Merkmale
Couperose	■ gehäuftes Vorkommen von Erweiterung der arteriellen Hautgefäße, die häufig im Gesicht (Wangen) auftritt ■ An den betroffenen Stellen findet man eine typische Äderchenzeichnung in der Haut. ■ Die betroffenen Partien sind i. d. R. empfindlich gegenüber äußeren Reizen (z. B. Temperaturwechsel).
Spinnenmuttermal *(Spider, Naevus araneus)*	■ Durch Gefäßerweiterung bilden sich kleine, stecknadelkopfgroße Knötchen mit strahlenförmig in das umgebende Gewebe laufenden Äderchen. ■ Die Form des Gebildes ist in der Haut gut erkennbar und erinnert an eine Spinne mit langen Beinen (Name!). ■ Sie bilden sich z. B. bei Schwangerschaften, können aber auch Hinweise auf eine Erkrankung innerer Organe sein.

> Teleangiektasien lassen sich durch Laserbehandlung vom Facharzt entfernen. Kosmetisch sind diese Hautveränderungen gut mit abdeckenden Produkten zu kaschieren. Spezielle Produkte für Couperose/Spinnenmuttermale enthalten grüne Farbpigmente. Grün ist die Komplementärfarbe zu rot, der Farbe der Äderchen. Durch diesen Trick wird die Rotfärbung der Haut einfach „ausgelöscht".

Lernfeld 2
VI Hauterkrankungen

6.4 Livedoerkrankungen

Unter einer Livedo versteht der Facharzt eine netz- oder streifenförmige bläuliche Verfärbung von Haut und Schleimhäuten. Ursache einer Livedo ist eine Blutstauung in den Arterien und Venen der Haut. Dadurch kommt es zu einer Ansammlung von sauerstoffärmerem Blut. Dieses Blut ist bläulich gefärbt. Die betroffenen Adern scheinen durch die Haut hindurch und verursachen das Netz- oder Streifenmuster.

6.5 Purpurea pigmentosa

Name (Beispiel)	Merkmale
 *Purpurea pigmentosa*	- sehr feine punktförmige Flecken, die in größeren Gruppen angeordnet sind - eine Schädigung der Hautgefäße; es entstehen winzige Blutungen in der Haut (kleine Flecken) - bei schwereren Formen Papelbildung und Schuppung, mit einem Ekzem vergleichbar - Ursache sind wahrscheinlich allergische Reaktionen auf Medikamente, Nahrungsmittel oder eingeatmete Stoffe.

6.6 Chronische venöse Insuffizienz (CVI)

Die CVI ist eine schwere Erkrankung der Venen. Der Rückfluss des Blutes ist deutlich gestört. Oft ist eine Fehlfunktion der Venenklappen die Ursache. Es kommt in erster Linie zu Blutstauungen in den Beinen und zur Bildung von Krampfadern.
Durch die Stauungen erhöht sich der Blutdruck in den Beinen, der bis in die kleinsten Gefäße geleitet wird. Diese werden geschädigt bzw. zerstört, es kommt zu einer Unterversorgung der Haut mit Sauerstoff und Nährstoffen. Als Folge daraus entstehen Hautkrankheiten mit unterschiedlichem Schweregrad.

chronisch
griech. chronos die Zeit; eine lange Zeit anhaltende Erkrankung, oft nicht mehr heilbar

venös
die Venen betreffend

Insuffizienz
lat. in- nicht, un-, *sufficere* genügen, ausreichen; ungenügende/nicht ausreichende Funktion eines Organs

Name (Beispiel)	Merkmale
Stauungsekzem	- Folge der schlechten Durchblutung der Beine - Die unterversorgten Hautstellen röten sich, es kommt zur Schuppenbildung und zum Juckreiz.
Ulcus cruris	- schwerste Form der Hautschädigung durch CVI - ein Geschwür, das durch die chronische Unterversorgung von Hautgewebe entsteht und die Haut durch die mangelnde Versorgung stark schädigt und zerstört - Es kommt zu feucht-schmierigen Geschwüren. Häufig führt eine Infektion mit Bakterien zu weiteren Schädigungen.

Ulcus cruris
lat. ulcus Geschwür, wunder Fleck, *crus* (*Genitiv cruris*) Unterschenkel, Schienbein; Geschwür am Unterschenkel

Patienten mit einer CVI sollten Sie unbedingt an einen Facharzt verweisen. Durch kosmetische Behandlungen ist keine Verbesserung der Erkrankung zu erreichen. Bei schwerer CVI mit offenen Wunden niemals kosmetische Präparate verwenden! Es besteht die Gefahr einer Verschlimmerung der Erkrankung.

7 Veränderungen und Erkrankungen der Schweißdrüsen

Schweißdrüsen sind schlauchartige Gebilde, die in der gesamten Haut zu finden sind. Enden ihre Öffnungen frei in der Haut, nennt man sie auch freie Schweißdrüsen. Neben den freien Schweißdrüsen findet man in bestimmten Bereichen der Haut auch Duftdrüsen. Die Öffnung von Duftdrüsen endet nie frei in der Haut, sondern immer in Haarfollikeln. Duftdrüsen werden ebenfalls zu den Schweißdrüsen gezählt (→ Kapitel V/ 3).

Tabelle VI/2 Unterschiede zwischen freien Schweißdrüsen und Duftdrüsen

	Freie Schweißdrüsen	**Duftdrüsen**
Fachbegriff	ekkrine Drüsen	apokrine Drüsen
Ausgang der Drüse	▪ endet frei in der Haut	▪ endet immer in Haarfollikeln
Verteilung auf der Haut	▪ über die ganze Haut verteilt, besonders häufig an Fußsohlen, Handflächen und Stirn	▪ begrenzt auf Achseln, Naseneingang, Brustwarzen, Genitalregion, Analregion
Funktion	▪ Schweißproduktion zum Temperaturausgleich	▪ Schweißproduktion als emotionale Reaktion (Wut, Ärger, Angst, Schmerz, Stress)
Zusammensetzung des Schweißes	▪ klar, farblos, dünnflüssig ▪ 99 % Wasser	▪ trüb, milchig ▪ reich an Fettkomponenten
Geruch	▪ geruchlos	▪ geruchlos ▪ nach Zersetzung durch Bakterien intensiv riechend

Erkrankungen und Veränderungen können an beiden Drüsenarten auftreten. Typische Erkrankungen sind Über- oder Unterfunktion der Drüsen. Es kommt zu vermehrtem Schweißfluss oder zu einer Minderproduktion an Schweiß. Auch kann es zu Verschlüssen der Schweißkanäle und einem Schweißstau kommen.

Name (Beispiel)	**Merkmale**
Hyperhidrose	▪ krankhaft vermehrte Schweißproduktion ▪ Sowohl die Duftdrüsen als auch die Schweißdrüsen sind betroffen. ▪ Der wichtigste Auslöser ist emotionale Anspannung. Die betroffenen Personen reagieren besonders empfindlich auf belanglose Reize mit Schweißausbrüchen. ▪ vielfaches Auftreten an Händen, Füßen, Achselhöhlen ▪ weitere Ursachen: Schilddrüsenüberfunktion, Diabetes mellitus oder hormonelle Störungen

Hyperhidrose
griech. hyper- über,
hidros Wasser

Name (Beispiel)	Merkmale
Hypohidrose/Anhidrose	■ krankhafte Unterproduktion der Schweißdrüsen (**Hypohidrose**) ■ Im Extremfall wird überhaupt kein Schweiß mehr produziert (**Anhidrose**).
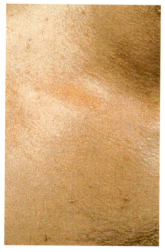 *Miliaria rubra*	■ Verschluss der Schweißdrüsenkanäle (**Miliaria**) ■ Auslöser: z. B. feucht-heißes Klima, fiebrige Erkrankungen oder Bakterien ■ Schweißkanäle an der Hautoberfläche verschlossen (**Miliaria cristallina**); auf der Haut entstehen kleine, mit klarer Flüssigkeit (Schweiß) gefüllte Bläschen. ■ Verschluss der tiefer in der Oberhaut gelegenen Schweißkanäle (**Miliaria rubra**); der gestaute Schweiß drängt in benachbartes Gewebe und verursacht leichte Entzündungen. ■ Entstehung von kleinen rötlichen Papeln und Pusteln

Hypohidrose
griech. hypo- unter

Anhidrose
griech. a(n)- nicht
(verneinende Vorsilbe)

> Eine sehr starke Hyperhidrose lässt sich nur durch eine Operation beheben. Dem Patienten werden die Schweißdrüsen entfernt.
> Minderstarkes Schwitzen kann mit speziellen kosmetischen Mitteln zumindest verbessert werden. Bieten Sie Ihren Kunden Antitranspirantien oder spezielle Deo-Puder an. Beide enthalten spezielle Wirkstoffe, die die Schweißproduktion hemmen.
>
> Empfehlen Sie häufigeres Waschen zur Bekämpfung unangenehmer Gerüche. Wichtig: Milde Reinigungsprodukte verhindern eine zu starke Belastung der Haut.

8 Veränderungen und Erkrankungen der Talgdrüsen

Wenn die Talgdrüsen (→ Kapitel V/2.7) fehlerhaft funktionieren, produzieren sie zu wenig oder zu viel Talg. Darüber hinaus können sie verstopfen, so dass der Abfluss der Drüsenprodukte nicht mehr erfolgt. Solche Funktionsstörungen führen häufig zu Erkrankungen der Haut.
Talgdrüsenüberfunktion (Seborrhoe) und Talgdrüsenunterfunktion (Sebostase) werden ausführlich im Kapitel VII/3.2 behandelt.

8.1 Akne

Die **Akne** ist fast immer mit einer Seborrhoe und Verhornungsstörungen verbunden. Akne tritt bevorzugt an Hautstellen mit vielen Talgdrüsen auf.
Die **Akne vulgaris** ist eine Hauterkrankung, die hauptsächlich bei Jugendlichen auftritt. Auslöser ist die Hormonumstellung des Körpers in der Pubertät. Vor allem die erhöhte Produktion des männlichen Hormons Testosteron führt zur Aknebildung. Betroffen sind Gesicht, Rücken und Brustpartie.

Akne lässt sich in verschiedene Schweregrade einteilen.

Akne
griech. akme Spitze, Blüte

vulgaris
griech. vulgare gewöhnlich

Name (Beispiel)	Merkmale
Komedonen *lat. comedo* Fresser, Schlemmer 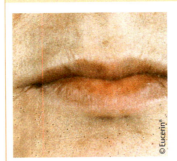 *Leichte Akne/Komedonen*	- nicht entzündliche Mitesser - Die Talgdrüse verstopft, es kommt zum Talgstau und zur Verhärtung. - Diese Verhärtungen nennt man Mitesser oder auch **Komedonen**.
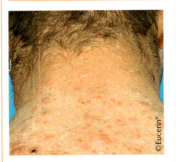 *Mittelschwere Akne*	- entzündliche Mitesser und Knötchen, Eiterbildung - Der Talg der verstopften Drüsen gelangt in umliegendes Gewebe. Dies löst eine Entzündung aus. - Es bilden sich Gewebeknötchen. - Gelangen Bakterien in das entzündete Gewebe, entsteht zusätzlich Eiter.
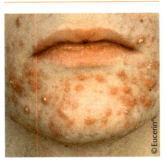 *Schwere Akne/Aknenarben*	- entzündete Knoten, Narbenbildung - Die Entzündung breitet sich aus. - Tiefere Gewebeschichten werden befallen. - Nach Abheilung der Erkrankung bilden sich typische Narben.

Akne darf von Kosmetikerinnen nur in ihrer leichten Form „behandelt" werden. Die Komedonen können durch leichtes Ausdrücken entfernt werden. Als Vorbehandlung kann eine mehrtägige Anwendung mit einer fruchtsäurehaltigen Creme sinnvoll sein.

Durch die Fruchtsäuren (AHAs) werden die Hornschüppchen, die die Talgdrüsenausgänge verstopfen, aufgelöst bzw. erweicht. Die Mitesser lassen sich so besser entfernen.

Akne im fortgeschrittenen Stadium (Entzündung, Eiterbildung) darf nur durch einen Hautarzt behandelt werden!! Es besteht die Gefahr der Verschlimmerung.

8.2 Akneähnliche Erkrankungen der Talgdrüsen

Es gibt einige Hauterkrankungen, die auf den ersten Blick mit einer gewöhnlichen Akne verwechselt werden können. Die Ursachen sind aber meist äußere Faktoren wie Medikamente oder Chemikalien.

Name (Beispiel)	Merkmale
Steroidakne	▪ verursacht durch Medikamente, die als Wirkstoffe **Steroide** enthalten ▪ Im Gegensatz zur Akne bilden sich bei der Steroidakne sofort entzündliche Pusteln und Knötchen.

Steroide
griech. steros fest; hier: die fest definierte Struktur der Stoffe.
Steroide leiten sich alle vom selben Grundmolekül, dem Cholesterin, ab. Einige Hormone und Vitamine gehören zur Gruppe der Steroide.

9 Überempfindlichkeitsreaktionen

Das Immunsystem hat die Aufgabe, schädliche Stoffe und Organismen (Krankheitskeime, Gifte usw.) unschädlich zu machen. Harmlose Substanzen und Keime sollen vom Immunsystem hingegen nicht bekämpft werden (→ Kapitel IV).

Im Normalfall funktioniert dieses System einwandfrei. So werden natürlicherweise vorkommende Bakterien auf der Haut vom Immunsystem nicht angegriffen. Ebenso reagiert die Haut in der Regel nicht, wenn beispielsweise hautpflegende Substanzen auf die Haut aufgetragen werden.

Manchmal können aber auch die so genannten harmlosen Stoffe schädlich für die Haut sein. Man spricht in solchen Fällen von **Überempfindlichkeitsreaktionen**. Sie treten besonders häufig bei Personen auf, die eine empfindliche (sensible) Haut haben.

Die Bezeichnung „empfindliche Haut" ist dabei nicht eindeutig. Eine empfindliche Haut haben z. B. Personen, die auf besonders viele Stoffe reagieren. Die Haut anderer Menschen wiederum ist eher gegen Temperaturschwankungen oder mechanische Reize empfindlich.

Man kann grundsätzlich zwei Arten von Überempfindlichkeitsreaktionen unterscheiden:

▪ nicht allergische Unverträglichkeitsreaktionen
▪ (echte) allergische Reaktionen.

Das Ergebnis beider Reaktionen ist im Prinzip dasselbe: Die Haut reagiert auf fremde Stoffe oder Reize mit einer Reizung und Rötung. Manchmal kommt es noch zur Schuppung, Quaddelbildung oder zum Hautausschlag.

Bei den Unverträglichkeitsreaktionen unterscheidet man zwei grundsätzliche Arten der Hautreaktion:
▪ die **Ekzeme**
▪ die **Exantheme**.

Ekzem
griech. ekzein aufwallen, aufkochen

Exanthem
griech. exanthein aufblühen; eine Hautreaktion nach Reizung

 Ekzeme beschränken sich im Wesentlichen auf die Haut. Exantheme können neben der Haut auch die Schleimhäute und benachbarte Organe befallen.

9.1 Nicht allergische Unverträglichkeitsreaktionen

Nicht jede Hautreaktion auf eine „harmlose" Substanz ist gleich eine allergische Reaktion. Manche Überempfindlichkeitsreaktionen sind schlicht Unverträglichkeiten. Ein Stoff, der von der Mehrzahl der Menschen vertragen wird, löst bei einigen Personen eine Reizung aus. Man bezeichnet dies auch als **Intoleranz**. Im Gegensatz zur Allergie ist die Intoleranz keine Immunreaktion.

Intoleranz
lat. in- un-, nicht; *tolerare* erdulden, ertragen; Unverträglichkeit

Name (Beispiel)	Merkmale
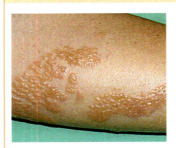 *Akut toxisches Kontaktekzem*	▪ eine Hautreaktion auf stark giftige Substanzen wie Chemikalien oder Medikamente, z. B. Haarfarben, Blondiermittel ▪ Es sind Hautkrankheiten, die zu den chemisch bedingten Erkrankungen der Haut gezählt werden (→ Kapitel VI/12.2). ▪ treten unvermittelt und rasch auf

akut
lat. acutus spitz, scharf, heftig

toxisch
griech. toxikon Pfeil(gift), giftig

Bei akut toxischen Kontaktekzemen muss jeder weitere Kontakt mit der schädlichen Substanz unbedingt vermieden werden. Zur Vorbeugung beruflich bedingter Kontaktekzeme ist das Tragen von Handschuhen bei bestimmten Tätigkeiten absolute Pflicht.
Auf verschiedenen kosmetischen Produkten, insbesondere bei Haarbehandlungsmitteln, wird auf das Tragen von Handschuhen besonders hingewiesen.
Ein Hautschutzplan hilft, Hautschäden im Vorfeld zu vermeiden. Wenden Sie sich an Ihre Berufsgenossenschaft.

Name (Beispiel)	Merkmale
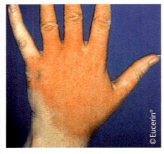 *Irritatives Kontaktekzem*	▪ Reizungen und Entzündungen als Folge lang anhaltender bzw. ständig wiederkehrender geringfügiger Hautschädigungen, z. B. bei Bäckern, Maurern, Friseurinnen ▪ Sie treten besonders häufig an den Händen auf. ▪ Abhilfe schaffen das Meiden der Auslöserstoffe und ein entsprechender Hautschutz (Handschuhe). ▪ Andere Bezeichnungen sind **kumulativ subtoxisches** Kontaktekzem oder **Abnutzungsekzem**.

kumulativ
lat. cumulare hoch anhäufen; einzelne Reizungen häufen sich an und summieren sich

subtoxisch
lat. sub- unter-; unterhalb der giftigen Konzentration; hier: eine Konzentration, die zu gering ist, um einen Reiz auszulösen

irritativ
lat. irritare reizen

 Bei irritativen Kontaktekzemen muss der weitere Kontakt mit der schädlichen Substanz unbedingt vermieden werden. Zur Vorbeugung beruflich bedingter Kontaktekzeme ist das Tragen von Handschuhen bei bestimmten Tätigkeiten absolute Pflicht.

Name (Beispiel)	Merkmale
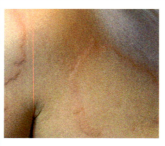 *Nicht allergische Urticaria*	▪ Hautreaktion auf physikalische Reize oder innere Auslöser mit einer typischen Quaddelbildung ▪ **physikalische Reize:** Kälte, Hitze, Sonnenlicht oder einfache mechanische Reizung ▪ **innere Auslöser:** Entzündungen oder Infektionen ▪ **akute Urticaria:** Anhalten der Hautreaktion wenige Stunden bis Wochen ▪ **chronische Urticaria:** Anhalten der Hautreaktion länger als 6 Wochen

Unverträglichkeitsreaktionen können auch durch die Inhaltsstoffe kosmetischer Produkte ausgelöst werden. Um das Risiko einer Unverträglichkeit zu vermindern, müssen auf kosmetischen Produkten alle Inhaltsstoffe aufgelistet werden (→ Kapitel II/2.1.4).
Vor einer Behandlung sollten Sie Ihren Klienten (Kunden) nach bekannten Unverträglichkeiten befragen und die Inhaltsstoffliste (Deklaration) durchgehen. Im Zweifelsfall erkundigen Sie sich beim Hersteller des kosmetischen Produktes über kritische Inhaltsstoffe. Der Hersteller ist zur Auskunft verpflichtet.

9.2 Allergische Reaktionen

Allergische Reaktionen sind Hautreaktionen, die durch das Immunsystem ausgelöst werden. Eine Substanz, die eine Immunreaktion verursacht, nennt man Allergen (→ Kapitel V/4.3).

Allergene sind meist harmlose Stoffe, die die Haut nicht schädigen (können). Das Immunsystem betrachtet sie aber fälschlicherweise als schädlich. Fast jeder Stoff kann theoretisch ein Allergen sein und eine **Allergie** auslösen. Trotzdem gibt es bestimmte Substanzen, gegen die besonders viele Menschen allergisch sind. Beispiele für solche „starken" Allergene sind Pollen, Hausstaub, bestimmte Metalle (z. B. Nickel, Chrom), Nahrungsmittel und Tierhaare.

Gelangt ein Allergen auf bzw. in die Haut, kommt es bei einer allergischen Person zur Abwehrreaktion des Immunsystems. Diese Immunreaktion verursacht eine Schädigung der Haut.
Die Haut reagiert und bekommt die typischen Anzeichen einer Allergie.
Man kennt 4 Typen von Immunreaktionen. Sie unterscheiden sich hauptsächlich in der Art der Immunantwort.

Allergie
griech. *allos* anders, *ergon* Werk, Reaktion; andere Reaktion, Fehlreaktion des Immunsystems

Name (Beispiel)	Merkmale
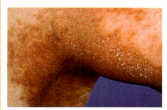 *Akutes allergisches Kontaktekzem*	■ Abwehrreaktion des Immunsystems auf bestimmte Stoffe (Allergene) ■ Es genügt der einfache Kontakt mit der Haut oder den Schleimhäuten. ■ Die Haut reagiert mit Rötung, Schwellung, Schuppung sowie Bläschen- und Papelbildung. Bei ständig wiederholtem Kontakt mit dem Allergen entsteht aus dem **akuten** ein **chronisches** allergisches Kontaktekzem.
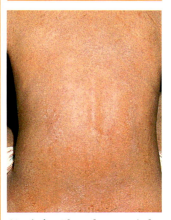 *Atopisches Ekzem bzw. atopische Dermatitis*	■ eine allergische Reaktion mit sehr vielseitigem Erscheinungsbild (auch **Neurodermitis** genannt) ■ Sie tritt scheinbar ohne besonderen Grund plötzlich und unerwartet auf. ■ Mögliche Auslöser: Allergene wie Lebensmittel, Tierhaare usw. Wann und ob die Krankheit ausbricht, ist jedoch nicht vorhersehbar. ■ Auftreten: Bei älteren Kindern und Erwachsenen kann das Ekzem am ganzen Körper auftreten. ■ Typische **Symptome** sind: juckender Hautausschlag, Entzündungen mit teilweiser eitriger Krustenbildung und Schuppung. Neurodermitis gehört zu den erblichen Erkrankungen. Die Wahrscheinlichkeit, an Neurodermitis zu erkranken, liegt zwischen 5 und 15 %. Das Risiko erhöht sich deutlich, wenn ein oder beide Elternteile ebenfalls an Neurodermitis leiden.

akut
lat. *acutus* spitz, scharf, heftig; unvermittelt und rasch auftretende Erkrankung

chronisch
griech. *chronos* die Zeit; eine lange Zeit anhaltende Erkrankung

atopisch
griech. *atopos* verrückt, seltsam; hier: Vielfältigkeit und Unberechenbarkeit der Erkrankung

Symptom
griech. *symptoma* Zufall, vorübergehende Eigentümlichkeit; Anzeichen für ein negatives Ereignis (hier: Krankheit)

Urticaria
lat. Urtica Brennnessel

Näheres zum Thema
Neurodermitis
www.hermal.de;
www.daab.de;
www.netdoktor.de

Name (Beispiel)	Merkmale
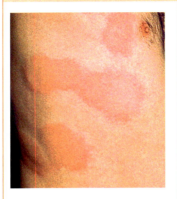 *Nesselfieber* (Allergische Urticaria)	- typische Quaddelbildung mit Juckreiz, die an die Reaktion der Haut nach der Berührung mit einer Brennnessel erinnert - Auslöser: Allergien gegen Lebensmittel oder Arzneimittel - Die allergische Urticaria wird zu den Exanthemen gezählt.
Allergisches Angioödem	- eine Exanthemform, bei der es zur Quaddelbildung (Schwellung) tieferer Gewebeschichten kommt - Auslöser: allergische Reaktionen auf Medikamente, aber auch tierische Gifte (z. B. Insektenstiche)
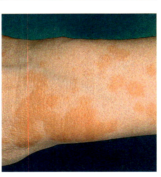 *Sonnenallergie*	- Hautreaktion auf Sonnenlicht - Ursachen sind sehr verschieden, selten liegt eine echte Allergie vor. - Häufiger sind Unverträglichkeitsreaktionen der Grund für Sonnenallergien. Näheres → Kapitel VI/12

Neben den beschriebenen allergischen Hautreaktionen ist vor allem noch die anaphylaktische Schockreaktion zu nennen. Der anaphylaktische Schock ist die stärkste Form einer allergischen Reaktion.

Typische Anzeichen sind Übelkeit, Erbrechen, Herz-Kreislauf-Probleme bis hin zur Bewusstlosigkeit.
Typische Hautreaktionen sind Ausschläge, Ödeme und Urticaria, die häufig am ganzen Körper auftreten.

 Allergische Reaktionen können auch durch die Inhaltsstoffe kosmetischer Produkte ausgelöst werden. Um das Allergierisiko zu vermindern, müssen auf kosmetischen Produkten alle Inhaltsstoffe aufgelistet werden (→ Kapitel II/2.1.4).
Vor einer Behandlung sollten Sie Ihren Kunden nach bekannten Allergien befragen und mit ihm/ihr diese Liste durchgehen. Hat der Kunde einen Allergiepass, vergleichen Sie die Eintragungen mit der Liste der Inhaltsstoffe. Im Zweifelsfall erkundigen Sie sich beim Hersteller des kosmetischen Produktes. Legen Sie eine Kopie des Allergiepasses vor. Der Hersteller ist zur Auskunft verpflichtet.

10 Autoimmunkrankheiten

Das Immunsystem hat die Aufgabe, den Körper vor fremden Stoffen zu schützen. Es muss unterscheiden können zwischen körpereigenen und körperfremden Stoffen und es muss herausfinden, ob ein Stoff schädlich ist oder nicht. Nur so können ganz speziell die fremden Substanzen erkannt und bekämpft werden, die dem Körper Schaden zufügen (→ Kapitel V/4.3).

Es gibt allerdings Erkrankungen des Immunsystems, bei denen dieser Erkennungsmechanismus außer Kontrolle geraten ist. Die Folge ist, dass das Immunsystem
- auch körpereigene Zellen angreift, weil es diese nicht mehr als eigene Zellen erkennt,
- auch „harmlose", unschädliche Stoffe angreift,
- schädliche Stoffe nicht mehr als solche erkennt,
- schon auf geringe Spuren von Substanzen sehr stark reagiert (Überreaktion).

Werden körpereigene Zellen vom Immunsystem angegriffen, so nennt man dies eine **Autoimmunreaktion**. Die Erkrankung heißt **Autoimmunkrankheit**.

 Autoimmunkrankheiten sind Fehlfunktionen des Immunsystems.

Autoimmunreaktion
griech. auto- selbst, eigen, aus sich; eine Immunreaktion auf sich selbst

10.1 Bullöse Dermatosen

Bullöse Dermatosen sind Autoimmunkrankheiten, bei denen bestimmte Proteine der Haut vom Immunsystem angegriffen werden. Dadurch wird die Struktur der Haut zerstört. Es kommt zur Ablösung einzelner Hautschichten und zur Blasenbildung. Eine Erkrankung mit ähnlichen Auswirkungen ist die erbliche Epidermolyse (→ Kapitel VI/17.1).

Bullöse Dermatose
lat. bulla die Wasserblase; *griech. derma* Haut, *-ose* Krankheit; Hautkrankheit mit Blasenbildung

Name (Beispiel)	Merkmale
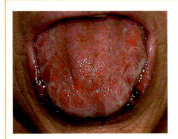 *Pemphigus vulgaris*	▪ Es bilden sich Blasen innerhalb der Oberhaut (Epidermis). Betroffen sind die Schleimhäute und später auch die Körperhaut. ▪ Nach dem Platzen der Blasen verheilen die Wunden meist ohne Narbenbildung. Unbedingt an einen Facharzt verweisen, da die Krankheit vielfach tödlich sein kann, wenn sie nicht behandelt wird!
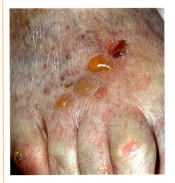 *Bullöser Pemphigoid*	▪ Betroffen sind tiefere Hautschichten. ▪ Die Haut bildet stabile Blasen und zeigt Rötungen und Entzündungen. ▪ Vielfach sind größere Hautflächen befallen.

10.2 Kollagenosen

Kollagenosen sind Erkrankungen, bei denen das Bindegewebe durch das Immunsystem geschädigt wird. Der Name der Krankheit leitet sich vom Kollagen ab, einem Bestandteil des Bindegewebes. Betroffen sind Blutgefäße, innere Organe und die Haut. Als Folge der Immunreaktion treten häufig Entzündungen und Organschäden auf.

Erythem
flächenhafte Hautrötung

kutan
lat. cutis die Haut; die Haut betreffend

Name (Beispiel)	Merkmale
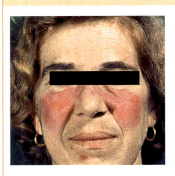 *Lupus erythematodes (L.E.)*	▪ eine Autoimmunerkrankung, die in verschiedenen Formen auftreten kann ▪ Es gibt auf die Haut beschränkte Krankheitsformen und solche, die auch andere Organe befallen. ▪ Grundsätzlich kommt es bei L.E. jedoch immer zu typischen Hautreaktionen (Erythemen). ▪ Frauen erkranken deutlich häufiger als Männer. Die Krankheit ist nicht heilbar. ▪ Chronisch-**kutaner** L.E.: auf die Haut beschränkte Autoimmunreaktion; es treten einzelne, entzündliche Erytheme, vorwiegend im Gesicht auf. Die scheibenförmigen Entzündungsherde bilden an den Rändern einen deutlichen Wall. Die befallenen Stellen sind sehr berührungsempfindlich. Sonnenlicht verstärkt die Hautreaktionen. ▪ Systemischer L.E.: typische Hautveränderungen sind fleckenartige Rötungen im Gesicht, unscharf begrenzt. Häufig verteilen sich die Rötungen schmetterlingsartig über Nase und Wangen. Auslösende Faktoren sind UV-Licht (Sonnenstrahlen) oder Medikamente (hormonhaltige Präparate). ▪ **Subakut**-kutaner L.E.: Zwischenform zwischen dem rein auf die Haut beschränkten L.E. und dem systemischen L.E, relativ seltene Form, bevorzugtes Auftreten an sonnenbestrahlten Hautstellen
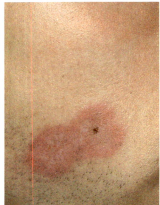 *Dermatomyositis*	▪ eine Autoimmunerkrankung, bei der Haut und Muskeln betroffen sind ▪ Die Haut zeigt Rötungen (Erytheme), leichte Schuppung, später kann es zu Gewebezerstörungen und Pigmentstörungen kommen.

subakut
lat. sub- unter, *acutus* spitz, scharf, heftig; eine Hautreaktion, die nicht sofort, sondern verzögert auftritt

Dermatomyositis
griech. derma Haut, *myosin* Bestandteil der Muskelfaser; *Myositis* entzündliche Erkrankung der Muskulatur

Sklerodermie
Sklerose Verhärtung; Verhärtung der Haut

10.3 Sklerodermien

Sklerodermien sind Bindegewebsstörungen, bei denen die Haut lederartig verhärtet wird. Auch innere Organe können von der Krankheit befallen werden. Es gibt verschiedene Formen der Sklerodermie mit unterschiedlich schwerem Verlauf.
Typisch ist eine Straffung der gesamten Haut. Die Haut wird zunehmend unelastischer. Auffällig wird dies besonders im Gesicht und an den Händen. An den Fingern kommt es zu Schwellungen der Haut. Später wird die Beweglichkeit stark eingeschränkt.

11 Hautveränderungen und -erkrankungen durch physikalische und chemische Einflüsse

11.1 Mechanisch bedingte Hautveränderungen und -erkrankungen

Die Haut kann durch verschiedene mechanische Belastungen geschädigt werden. Typische mechanische Verletzungen der Haut sind Wunden oder Blasen.
Bei **Wunden** wird die Haut von oben nach unten (vertikal) durchtrennt. Wunden können nur eine oder auch mehrere Hautschichten betreffen. Je nach Stärke der Wunde entstehen Narben. Bei **Blasen** (Bulla) trennen sich einzelne Hautschichten voneinander (horizontal). Die Blasen sind häufig mit Flüssigkeit gefüllt. **Druckstellen** entstehen, wenn Hautstellen durch länger andauernden Druck belastet werden. Die Haut reagiert auf die Belastung mit typischen Veränderungen.

Name (Beispiel)	Merkmale
Hornhautverdickung (*Hyperkeratose*)	- häufig auftretende Hautveränderung, die durch Druck hervorgerufen wird - Näheres → Kapitel VI/2.2.1
Druckgeschwür (*Dekubitus*)	- Folge von sehr langen mechanischen Belastungen - Druckgeschwüre können sich langfristig in offene Geschwüre verwandeln.
 *Typische Hautstreifen* (*Striae*)	- Schädigung der Bindegewebsfasern als Folge extremer Dehnung, die elastischen Fasern und die Kollagenfasern können an einigen Stellen reißen. - sichtbar als typische Hautstreifen oder **Striae** - Sie treten z. B. häufig in der Schwangerschaft auf (starke Dehnung der Haut des Bauches innerhalb kurzer Zeit). - Im Volksmund werden sie auch Schwangerschaftsstreifen genannt, medizinisch heißen sie **Striae distensae gravidarum**.

11.2 Chemisch bedingte Erkrankungen der Haut

Die Haut als äußeres Grenzorgan kommt ständig mit den unterschiedlichsten chemischen Stoffen in Berührung. Dies erfolgt einerseits auf direktem Wege über die Umgebungsluft oder über Kontakt mit der Haut (z. B. durch Anfassen). Andererseits gelangen Stoffe aber auch indirekt in die Haut.
Viele Substanzen werden z. B. zunächst über die Nahrung aufgenommen. Später werden sie über das Blut in die Haut transportiert. Einige dieser Stoffe können dann auf bzw. in der Haut Hautkrankheiten hervorrufen. Die Quellen für solche Stoffe können sehr vielfältig sein. Sowohl natürliche (pflanzliche, tierische) als auch künstlich erzeugte Stoffe können für die Haut schädlich sein.

Name (Beispiel)	Merkmale
Verätzungen	- Verätzungen werden durch Säuren und Laugen hervorgerufen. - Einzelne Bestandteile der Haut werden durch die Chemikalien aufgelöst oder chemisch verändert. - Dabei können großflächige, tiefe Wunden entstehen, z. B. werden die Proteine (Eiweiße) der Haut ausgefällt (ähnliche Reaktion wie beim Eierkochen).

Wunden **niemals** mit kosmetischen Produkten behandeln. Eine unsachgemäße Behandlung kann zu weiteren Schäden führen!

Auch **Medikamente** können Hautveränderungen hervorrufen, obwohl sie eingenommen werden. Diese Stoffe werden über das Blut bis in die Haut transportiert und können sie dort von innen schädigen.
Medikamente, die auf die Haut aufgetragen werden, können dort ebenfalls hautschädigend wirken. Oft treten Schädigungen erst bei Langzeitanwendungen auf (→ Kapitel VI/9.2).

Einige **Industriechemikalien** wirken hochgiftig auf die Haut. Am ehesten haben Arbeiter Kontakt mit solchen Substanzen. Ein sehr bekanntes Beispiel ist die Vergiftung mit dem Sevesogift Dioxin. Die betroffenen Menschen bekamen Ausschläge, die als „Chlorakne" bekannt wurden.

Bestimmte **tierische und pflanzliche Gifte** können bei Kontakt mit der Haut zu Schädigungen führen. Typische Beispiele sind schmerzhafte Hautreizungen bei Insektenstichen (Bienen, Wespen, Mücken) oder der Kontakt mit den Brennhaaren von Brennnesseln.

 In den wenigsten Fällen können chemisch bedingte Hauterkrankungen mit kosmetischen Mitteln „behandelt" werden. Bei Hautreizungen durch Insektenstiche helfen ggf. kalte Umschläge oder kühlende Gele.

11.3 Thermisch bedingte Erkrankungen der Haut

Die Idealtemperatur des menschlichen Körpers liegt bei ca. 37 °C. Dies gilt ebenso für die Haut. Bei größeren Temperaturänderungen werden der Körper und auch die Haut geschädigt. Typische Hautschäden durch Temperatureinwirkung sind **Verbrennungen** und **Erfrierungen**.

Leichte Verbrennungen (Rötungen) können nur mit kühlenden Gelen behandelt werden.
Möglichst keine stark öl- oder fetthaltigen Produkte (Cremes, Lotionen) auftragen! Öle und Fette können nicht so viel Wärme aufnehmen und aus dem Gewebe ableiten wie Wasser. Die Wärme würde bei stark fett- oder ölhaltigen Produkten daher länger im Gewebe festgehalten. Die kühlende Wirkung solcher Produkte ist geringer.

Name (Beispiel)	Merkmale
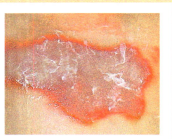 *Verbrennungen*	▪ Verbrennungen führen je nach Stärke zu **Rötungen** der Haut über **Blasenbildung** bis hin zu **Gewebezerstörungen**.
Erfrierungen	▪ Erfrierungen führen zu **Durchblutungsstörungen**, zu **Blasenbildung** bis hin zu **Gewebezerstörungen**.

11.4 Erkrankungen der Haut durch Strahlung

Es gibt verschiedene Arten von Strahlungen, die die Haut schädigen oder zerstören können. Sehr gefährlich sind **ionisierende Strahlungen**. Diese Strahlungen enthalten sehr energiereiche geladene Teilchen. Weil sie so viel Energie besitzen, können die Strahlen sehr starke Schädigungen hervorrufen.

Röntgenstrahlen und radioaktive Strahlen gehören zu dieser Sorte Strahlung. Der Einfluss der Sonnenstrahlung auf die Haut wird im nachfolgenden Kaptel VI/12 „Lichtbedingte Hautveränderungen und -schäden" genauer beschrieben.

12 Lichtbedingte Hautveränderungen und -schäden

Eine täglich auf die Erde treffende, energiereiche Strahlung ist das ultraviolette Licht der Sonne. Erfolgt diese ultraviolette Strahlung (UV-Strahlung) im Überfluss, kann sie für die Haut schädlich sein. Daher hat die Haut einen Schutzmechanismus erfunden (Bildung von Pigmenten). Das Pigment Melanin wird in bestimmten Zellen, den Melanozyten, gebildet. Stärkere UV-Strahlung veranlasst die Melanozyten, mehr Pigment zu bilden. Die Folge der Pigmentbildung ist die Bräunung der Haut (→ Kapitel V/2.8). Die Pigmentbildung setzt allerdings nicht direkt ein. Zunächst muss die Haut die Produktion der Pigmente starten. Anschließend wandern die Pigmente in die oberen Hautschichten. Dies dauert jedoch einige Tage. Erst dann ist man gegen die stärkere Sonnenstrahlung geschützt.

Der natürliche Schutz der Haut vor UV-Strahlung ist aber nur begrenzt wirksam. Nimmt die Haut zu viel UV-Licht auf, werden die Hautzellen geschädigt.

Name (Beispiel)	Merkmale
Sonnenbrand	■ bekannteste Form einer direkten (akuten) Schädigung der Haut durch UV-Licht ■ Entstehung durch eine Überdosis UVB-Strahlen ■ Es bilden sich schmerzhafte Hautreizungen, Entzündungen bis hin zur Blasenbildung. Kinder, die öfter Sonnenbrand hatten, bekommen als Erwachsene vermehrt Hautkrebs (→ Kapitel VI/16.1).

Bei leichten Sonnenbränden ist die Verwendung eines After-Sun-Produktes sehr wirkungsvoll. Diese Produkte kühlen gut und lassen sich leicht auftragen. Schwerere Formen des Sonnenbrandes sollten unbedingt durch einen Hautarzt (Dermatologen) behandelt werden.

Name (Beispiel)	Merkmale
Altersflecken (Lentigo **solaris**/ Lentigo **senilis**)	■ Pigmentstörung, die speziell durch UV-Strahlung ausgelöst wird ■ Ursache ist die Anhäufung von Pigmentfarbstoffen, die Reaktionsprodukte von hauteigenen Fettsäuren und Sauerstoff sind. ■ Es entstehen linsengroße bräunliche Pigmentflecke. ■ Sie treten vorwiegend bei Erwachsenen nach langjähriger Lichteinwirkung auf. Altersflecken sind ein erster Hinweis auf einen chronischen Lichtschaden.

solaris
lat. sol Sonne; durch die Sonne verursacht

senilis
lat. senilis greisenhaft

Name (Beispiel)	Merkmale
   Chronischer Lichtschaden	■ Auftreten: bei Personen, die sich regelmäßig und über Jahre in der Sonne aufhalten (z. B. Bauarbeiter, „Sonnenanbeter") bzw. häufig Solarien besuchen. ■ Schädigung des Bindegewebes (meist viele tiefe Falten im Gesicht), an einigen Stellen Rötungen Im schlimmsten Fall entstehen bösartige Hauttumore (→ Kapitel VI/16.1).

> Beraten Sie Ihre Kunden dahingehend, dass Sie sie auf die Gefahren der zu starken Sonnenbestrahlung aufmerksam machen. Auf den heutigen Sonnenschutzprodukten müssen entsprechende Empfehlungen über das vernünftige Verhalten beim Sonnenbaden aufgebracht werden. Weitere Informationen können Sie beim Hersteller der Produkte erfragen. Nutzen Sie Ihren Einfluss zum Wohle des Kunden. Machen Sie Ihren Kunden klar, dass eine schnelle Urlaubsbräune gefährlich ist und häufig mit einem Sonnenbrand endet. Beraten Sie dahingehend, dass eine langsamere „gesunde" Bräune sinnvoller ist.

Hautkrankheiten können auch durch eine Reaktion von chemischen Stoffen mit UV-Licht auftreten. Das UV-Licht wandelt dabei an sich harmlose Stoffe in aggressive Substanzen um. Diese greifen die Hautzellen an und führen zur Schädigung.

Lichtdermatose
Hautkrankheit, die durch Licht hervorgerufen wird

In der Fachsprache spricht man von einer **Photodermatitis** oder einer **Lichtdermatose**.

Name (Beispiel)	Merkmale
Photodermatitis durch Medikamente	■ verursacht durch bestimmte **Medikamente**, z. B. Tetrazykline (Antibiotika) ■ Die Stoffe gelangen über das Blut auch in die Haut. ■ Die Reaktion dieser Stoffgruppe mit UV-Licht ist bekannt, daher wird im Beipackzettel den Patienten empfohlen, direktes Sonnenlicht zu meiden.
Photodermatitis durch pflanzliche Inhaltsstoffe	■ verursacht durch einige **pflanzliche Inhaltsstoffe**, die durch UV-Licht in ihrer Struktur verändert werden, z. B. die der Herkulesstaude (Heracleum mantegazzianum) oder des Johanniskrauts (Hypericum perforatum)

ideopathisch
organische Krankheit mit unbekannter Ursache

Eine besondere Form der Hautschädigung durch Licht sind die **ideopathischen** Lichtdermatosen.

Es handelt sich um eine Hautreaktion unklarer Ursache, die durch Licht hervorgerufen wird. Es liegt z. B. keine Überdosierung von UV-Strahlung vor, auch sind bei den Patienten keine Substanzen vorhanden, die bekanntermaßen eine Photodermatitis hervorrufen können.

12 Lichtbedingte Hautveränderungen und -schäden

Name (Beispiel)	Merkmale
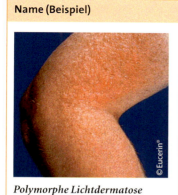 *Polymorphe Lichtdermatose*	- eine untypische Hautreaktion auf UV-Licht - Nach Sonnenbestrahlung entstehen Papeln, Pusteln, Rötungen oder Exzeme auf der Haut. - Die Ursachen dieser Hautreaktion auf UV-Strahlung sind weitgehend unbekannt.

Eine besondere Form einer Hautreaktion auf UV-Licht stellt die so genannte „**Sonnenallergie**" dar.

Sie ist im Grunde keine echte Allergie, sondern ein Sammelbegriff für verschiedene Hautreaktionen, die durch Sonnenlicht ausgelöst werden. Im Einzelnen werden unter Sonnenallergie zusammengefasst:

Name (Beispiel)	Merkmale
Phototoxische *Reaktionen*	- typische Hautreaktionen, die bei UV-Strahlung entstehen - Auslöser sind Substanzen, die sich unter der Einwirkung von Licht (hier Sonnenlicht) in stark hautreizende Stoffe verwandeln. - Beispiele für solche Substanzen → Begriff **Photodermatitis** Auch die so genannten freien Radikale, das sind besonders reaktive Teilchen, verursachen **phototoxische** Reaktionen.
Photoallergische Reaktionen	- allergische Reaktionen, die durch UV-Strahlung ausgelöst werden - Auslöser: ähnlich den Substanzen, die eine phototoxische Reaktion hervorrufen. Sie sind jedoch Allergene, die eine Immunreaktion hervorrufen.
Polymorphe Lichtdermatose	Die polymorphe Lichtdermatose wurde bereits weiter oben in diesem Abschnitt genauer beschrieben.
Lichturticaria	- Die Hautreaktionen sind identisch mit der nicht allergischen und der allergischen Urticaria (→ Kapitel VI/9.2). - Auslöser sind wahrscheinlich allergene Substanzen, die sich unter Lichteinwirkung gebildet haben (→ „photoallergische Reaktion").
Mallorca-Akne	- Hautreaktion, bei der es unter Sonnenbestrahlung zur Bildung von akneartigen Knötchen kommt - Auftreten: meist im Gesicht und Dekolletee-Bereich - Ursachen sind noch nicht eindeutig geklärt. Es spricht allerdings vieles dafür, dass bestimmte Inhaltsstoffe in Sonnenschutzmitteln Auslöser der Mallorca-Akne sind. In Verdacht stehen die Emulgatoren, die nötig sind, um aus Wasser und Ölen eine stabile Creme/Lotion herzustellen.

phototoxisch
griech. phos (Genitiv: *photos*) *das Licht, toxikon Pfeil(gift); giftig durch die Einwirkung von Licht*

Kunden, die anfällig für Mallorca-Akne sind, sollten möglichst emulgatorfreie Produkte benutzen. In der Regel steht auf solchen Sonnenprodukten ein besonderer Hinweis wie „emulgatorfrei" oder „fettfrei" oder „Gel".

13 Infektionskrankheiten

Infektionskrankheiten werden durch mikroskopisch kleine Krankheitskeime (Bakterien, Pilze, Viren) hervorgerufen. Die Keime dringen mehr oder weniger tief in die Haut ein. Sie befallen die Hautzellen und verursachen meist entzündliche Hautreaktionen. Medizinisch nennt man dies eine **Infektion**. Man unterscheidet je nach Art und Schwere die

- **akute** oberflächliche Infektion: auf die obersten Hautschichten beschränkt.
- **invasive** Infektion: bis in tiefere Gewebeschichten reichend.
- **lokale** Infektion: auf kleinere Hautareale begrenzt.

Infektion
lat. infico (infectus) anstecken, verpesten

invasiv
lat. invadere gewaltsam eindringen, besetzen. Die Krankheitserreger dringen aktiv in tiefere Gewebeschichten ein.

lokal
lat. locus der Ort, die Stelle; örtlich begrenzt auf kleinere Hautstellen

 Infektionskrankheiten sind vielfach übertragbar. Es ist auf eine entsprechende Hygiene unbedingt zu achten!

Infektionskrankheiten können oft nur mit entsprechenden Medikamenten behandelt werden. **Eine „Behandlung" durch Kosmetikerinnen ist unbedingt zu unterlassen.** Es besteht die Gefahr der Eigeninfektion oder der Verschlimmerung der Infektion bei unsachgemäßer Behandlung.

13.1 Viren

Viren sind winzige Partikel, die nur aus einer Virushülle und dem Erbmaterial bestehen. Sie besitzen keinen eigenen Stoffwechsel und werden daher auch nicht zu den Lebewesen gezählt. Für ihre Vermehrung benötigen Viren lebende Zellen, die sie befallen, um diese als „Fabriken" zu nutzen. Die befallenen Zellen werden zur Produktion von neuen Viren missbraucht. Die Wirtszelle wird dabei häufig zerstört.

Name (Beispiel)	Merkmale
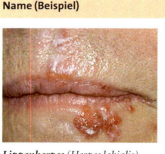 *Lippenherpes* (Herpes labialis)	- Das Herpes simplex Virus verursacht Entzündungen der Haut mit schmerzhaften Bläschen und ist oft nur lokal an den Schleimhäuten vorhanden. - Ist der Lippenbereich betroffen, spricht man auch von **Herpes labialis**. - Bei **Herpes genitalis** sind die Schleimhäute des Genitalbereichs infiziert.
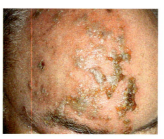 *Gürtelrose*	- Das **Herpes-zoster-Virus** ruft ähnliche Beschwerden wie Herpes simplex hervor. - Die Krankheit verläuft allerdings stärker. Es kommt zu starken Entzündungen mit Bläschen, Pusteln und Krusten. - Bei Erwachsenen kann es zu schweren Komplikationen, z. B. der **Gürtelrose**, kommen.

labialis
lat. labium Lippe

genitalis
lat. genitus das Geschlecht

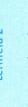

Es gibt noch eine Reihe weiterer Viruserkrankungen, die hier nur namentlich erwähnt werden sollen. Dazu zählen in unseren Bereichen neben den **Warzen** (→ Kapitel VI/2.2.2) vor allem die **Masern** und die **Röteln**. Eine nahezu ausgerottete Viruskrankheit sind die Pocken.

13.2 Bakterien

Bakterien sind mikroskopisch kleine Lebewesen, die überall zu finden sind. Man nennt das in der Fachsprache ein **ubiquitäres** Vorkommen.

ubiquitär
lat. ubique wo auch immer, überall

Auch auf der Haut kommen zahlreiche Bakterien vor. Für die gesunde Haut sind sie als „natürlicher" Bestandteil zumeist harmlos. Sie haben sogar einen positiven Einfluss auf den Säureschutzmantel der Haut. Weiterhin verhindert die natürliche Hautflora ein zu starkes Wachstum von Krankheitskeimen auf der Haut. Die natürlich auf der Haut vorkommenden Keime sind sehr gut an die Bedingungen angepasst. Sie können sich optimal vermehren und verdrängen so Krankheitserreger. Bei einer geschädigten oder geschwächten Haut können Bakterien allerdings vermehrt in die Haut eindringen. Dort können sie Entzündungen, Eiterbildung und Gewebszerstörungen hervorrufen.

> Bakterielle Infektionen müssen in der Regel mit Medikamenten (Antibiotika) behandelt werden. Daher ist eine Behandlung durch den Facharzt erforderlich.

Name (Beispiel)	Merkmale
Erythrasma	<ul><li>relativ harmlose, oberflächliche Hauterkrankung</li><li>Hervorgerufen wird Erythrasma durch das Bakterium Corynebakterium minutissimum.</li><li>Die befallenen Stellen haben leicht rot-bräunliche Flecken.</li><li>Befallen werden in der Regel feucht-warme Hautstellen, z. B. an den Innenseiten der Oberschenkel.</li></ul>

Einige Erkrankungen der Haut durch Bakterien führen zu Entzündungen und Eiterbildung. Der Facharzt spricht in diesen Fällen von einer **Pyodermie**. Beispiele für Pyodermien der Haut sind:

- Impetigo contagiosa
- das Phlegmon
- die Follikulitis
- das Karbunkel
- das Erysipel
- der Abszess
- das Furunkel

Pyodermie
griech. pyon Eiter, *derma* Haut;
lokale eitrige Infektionen der Haut. Sie wird durch Eitererreger (Staphylokokken, Streptokokken) verursacht, die über Verletzungen in die Haut eindringen.

Name (Beispiel)	Merkmale
 *Impetigo contagiosa*	<ul><li>akute oberflächliche Infektion</li><li>Betroffen sind meist nur begrenzte Hautareale.</li><li>Man unterscheidet nach dem Aussehen zwischen großblasiger und kleinblasiger Impetigo.</li></ul>

Name (Beispiel)	Merkmale
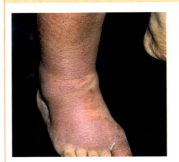 *Wundrose oder Rotlauf* (*Erysipel*)	• akute lokale Hautinfektion • Die Erreger dringen meist über Verletzungen in die Haut ein. • Es kommt zu Rötungen der betroffenen Hautstellen. • Typische Zeichen sind Kopfschmerzen, hohes Fieber und Schüttelfrost. • Unbehandelt kann eine Wundrose tödlich sein. Wundrosen treten besonders bei einem geschwächten Immunsystem auf.
Phlegmone	• lokale Infektionen, bei denen Keime in tiefe Gewebeschichten vordringen • Phlegmone können sich häufig großflächig ausbreiten. • Je nach Schwere der Infektion ist eine Heilung nur durch eine Operation möglich.
Abszesse	• eitrige Entzündungen, die sich im Gewebe abkapseln • Durch die Kapselbildung wird eine Ausbreitung auf benachbartes Gewebe verhindert (→ Unterschied zu „Phlegmon").
 *Follikulitis*	• oberflächliche Entzündung eines Haarfollikels • Der Haarkanal ist mit Eiter gefüllt. Das umgebende Gewebe ist entzündet und gerötet. • Meist liegt eine Infektion durch den Eitererreger Staphylokokkus aureus vor.
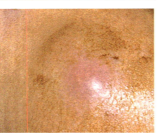 *Furunkel*	• lokale eitrige Entzündung eines Haarfollikels • Furunkel entstehen aus oberflächlichen Entzündungen eines Haarfollikels (→ „Follikulitis"). • Die Entzündung einer Follikulitis ist in tiefere Gewebe gewandert. • Es bildet sich ein schmerzhafter eitriger Knoten.
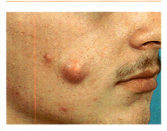 *Karbunkel*	• entsteht aus einem Furunkel durch Ausbreitung der Infektion • Die Entzündung befällt mehrere Haarfollikel. • Das Gewebe um die Haarkanäle wird aufgelöst. • Die einzelnen Haarkanäle verschmelzen zu einem großen eitrigen Knoten.

> **Furunkel und Karbunkel** nie ausdrücken! Bei unsachgemäßer Behandlung kann sich die Infektion ausbreiten. Die Erkrankung muss mit speziellen Medikamenten (Antibiotika) behandelt werden.

Eine besondere Infektionskrankheit ist die **Hautborreliose**. Sie wird durch Borrelia-Bakterien hervorgerufen. Die Infektion erfolgt nahezu ausschließlich über Zeckenbisse. An den Bissstellen entstehen kleine Hautrötungen. Unbehandelt werden diverse Organe durch den Erreger geschädigt.

13.3 Pilze

Pilze sind, wie Bakterien, mikroskopisch kleine Lebewesen. Sie können den Pflanzen vom Aussehen her recht ähnlich sehen. Pilze besitzen jedoch nie den typischen grünen Blattfarbstoff von Pflanzen.

Die bekanntesten Pilze sind die essbaren Pilze. Es gibt aber auch eine Reihe schädlicher Pilze. Hierzu zählen vor allem die Schimmelpilze.

Wie die Bakterien sind auch die Pilze **ubiquitär**.

Man findet Pilze als natürliche „Bewohner" im Mund und im Magen-Darm-Trakt des Menschen. Vereinzelt kommen sie auch auf der Haut vor. Dort sind sie normalerweise harmlos. Bei einer geschädigten oder geschwächten Haut können Pilze jedoch in die Haut eindringen. Dann können sie verschiedene Krankheiten verursachen. Vielfach gelangen Pilze bei Gartenarbeiten über den Boden auf die Haut. Pilze, die Hautkrankheiten verursachen, werden auch als **Dermatophyten** bezeichnet. Hauterkrankungen durch Pilze werden **Dermatomykosen** genannt. Werden die Nägel von Pilzen befallen, so nennt man dies eine **Onychomykose** (→ Kapitel XI).

> Pilzerkrankungen können nur mit Medikamenten (Antimykotika) behandelt werden.

ubiquitär
lat. überall verbreitet

Dermatophyt
griech. derma die Haut, *phytos* die Pflanze. Die Bezeichnung ist irreführend, weil Pilze keine Pflanzen sind.

Dermatomykose
griech. derma die Haut, *mycos* der Pilz, *-ose* Krankheit; Hautkrankheit durch Pilze

Onychomykose
griech. onyx die Kralle, der Fingernagel, *mycos* der Pilz, *-ose* Krankheit; Nagelkrankheit durch Pilze

keratinophil
griech. kerat Horn, *philos* der Freund; Horn(zellen) liebend

Name (Beispiel)	Merkmale
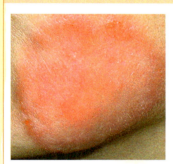 *Tinea facei*	■ **Tinea cutis** ist eine sehr häufige Pilzerkrankung der Haut durch verschiedene Hautpilze (Dermatophyten). Man unterteilt die Tinea cutis in ■ **Tinea corporis**: Erkrankung am Rumpf oder den Armen/Beinen; ■ **Tinea palmaris**: Erkrankung an den Händen; ■ **Tinea plantaris**: Erkrankung der Füße. ■ **Tinea facei**: Erkrankung des Gesichts. Die Krankheitserreger der Tinea können das Keratin der Haut auflösen. Man nennt diese Eigenschaft auch **keratinophil**. Die Nägel und die Haare bestehen auch zum großen Teil aus Keratin.
 *Keratinophile Hautpilze*	■ Keratinophile Hautpilze (Dermatophyten) befallen häufig Fuß- und Fingernägel. ■ Ein typischer Hautpilz, der zu Nagelerkrankungen führt, ist Trichophyton rubrum. ■ Es kommt zu Nagelverfärbungen und zur schmerzhaften Entzündung des Gewebes sowie des Nagelbettes. Da die Erkrankung durch Hautpilze hervorgerufen wird, nennt man sie auch **Dermatophyten-Onychomykose**.

Name (Beispiel)	Merkmale
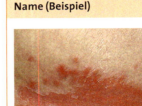 *Candidosen*	■ Candida albicans ist ein Pilz, der sehr häufig die Haut befällt. Er gehört zu den einzelligen Hefepilzen. Die Erkrankungen werden auch **Candidosen** genannt. ■ Befall von Haut, Nägeln und Schleimhäuten ■ Infektionen führen häufig zu Entzündungen ■ gerötete, juckende Hautstellen mit Pustelbildung ■ Befall: Der Pilz bevorzugt feucht-warme Stellen wie die Zwischenräume von Fingern und Zehen („Fußpilz"), größere Körperfalten (Achseln, Lenden) oder Schleimhäute.

14 Hormonell bedingte Hautveränderungen

Hormone sind Botenstoffe des Körpers, die schon in geringen Konzentrationen eine Reaktion im Körper auslösen können.
Auch der Zustand der Haut kann durch Hormone negativ beeinflusst werden. Das ist fast immer dann der Fall, wenn es zu einer Überproduktion oder einem Mangel an einzelnen oder mehreren Hormonen kommt.

Chloasma oder auch Melasma

Chloasmen entstehen durch Hormonschwankungen, z. B. bei Schwangerschaften und in den Wechseljahren. Chloasmen werden daher auch **Mutterflecke** genannt. Sonnenbestrahlung verstärkt die Verfärbung der Haut.
Merkmale:
- großfleckige Überpigmentierung der Haut, die meist bei Frauen im Alter um 40 Jahre auftritt;
- bevorzugt auf Wangen, Stirn und Oberlippe.

> Chloasmen lassen sich kosmetisch gut mit Lightening-Produkten behandeln. Eine Vorbehandlung mit Fruchtsäure-Produkten steigert den Bleicheffekt.
> Wichtig ist das Eincremen der betroffenen Hautstellen mit einem UV-Schutz-Produkt. Es verhindert die Verstärkung der Pigmentierung durch das UV-Licht. Am besten eignen sich Produkte mit einem Breitbandschutz (UVA und UVB).

Hirsutismus

Mit Hirsutismus wird eine Überproduktion männlicher Hormone (Androgene) bei Frauen bezeichnet, die sich in einer übermäßigen Ausbildung der Körperbehaarung darstellt.

> Hisutismus lässt sich nur medizinisch durch einen Ausgleich der Hormonstörungen behandeln.
> Die Auswirkungen des Hirsutismus, die verstärkte Behaarung, kann kosmetisch durch Enthaarungscreme oder Epilation entfernt werden.

Akne

Durch eine Störung im Hormongleichgewicht kann es besonders bei Frauen in den Wechseljahren zur Ausbildung von **Akne** kommen. Die Ursachen sind nahezu die gleichen wie die einer Akne, die Jugendliche in der Pubertät bekommen (→ Kapitel VI/8.1).

15 Stoffwechselerkrankungen und Ernährungsstörungen

In den Wechseljahren werden weniger weibliche Hormone (Östrogene) gebildet. Die männlichen Hormone bekommen ein Übergewicht. Dies führt letztendlich zur Ausbildung von Akne.

15 Stoffwechselerkrankungen und Ernährungsstörungen

15.1 Stoffwechselerkrankungen

Liegt eine Funktionsstörung des Stoffwechsels vor, laufen bestimmte Vorgänge nicht mehr richtig ab. Das kann dazu führen, dass der Körper die Nahrung nicht mehr ordnungsgemäß zerkleinern, umbauen und aufnehmen kann. Die Folge ist, dass
- einzelne Nährstoffe nicht mehr in ausreichender Menge verfügbar sind,
- sich Zwischenprodukte des Stoffwechsels in größeren Mengen anreichern,
- fehlerhafte Stoffwechselprodukte gebildet werden.

Stoffwechselerkrankungen, die auch zu Hautveränderungen führen, sind z. B.:

Diabetes mellitus: Diabetes-Patienten leiden vielfach an Infektionen, weil ihre Abwehr geschwächt ist. Die Gesichtshaut ist oft stärker gerötet, Beine und Füße haben häufig rote Flecken. Offene, schlecht heilende Wunden an den Beinen und Füssen (diabetischer Fuß) sind Folgen einer Veränderung der Blutgefäße.

Porphyrie: Die Krankheit ist vorwiegend erblich bedingt. Im Körper sind zu große Mengen bestimmter Proteine (Porphyrine) vorhanden. Diese Proteine können durch UV-Licht verändert werden.
Es kommt zu sehr starken Hautreaktionen wie Sonnenbrand, Blasenbildung, Verfärbungen der Haut bis hin zur Narbenbildung (→ Kapitel VI/12, Beispiel Photodermatitis).

Lipidose: Es liegt eine Störung des Fettstoffwechsels vor. Die Fette (Lipide) lagern sich zum Teil in der Haut als deutlich sichtbare Polster oder Knoten ab.

Auch bei krankhaften Veränderungen der Organe Leber, Niere, Schilddrüse oder des Magen-Darm-Traktes kann es zu Hautveränderungen kommen.

15.2 Ernährungsstörungen

Wie bereits erwähnt, ist eine ausreichende Ernährung die Grundvoraussetzung für das Funktionieren des Körpers. Bekommt der Körper zu wenig von einem oder mehreren Nährstoffen, führt dies zu Mangelerscheinungen.
So weiß man beispielsweise, dass ein Mangel an Fluor zu Schäden an den Zähnen führen kann. Daher enthalten moderne Zahncremes immer eine gewisse Menge an Fluor. Ein Mangel an Vitamin A bewirkt z. B. Nachtblindheit und Wachstumsstörungen bei Kindern. Außerdem kommt es zu Verhornungsstörungen in der Oberschicht (Epidermis) der Haut.

Eine Ursache von Mangelerscheinungen kann eine schlechte Ernährung sein. Dies kommt besonders häufig in Ländern mit einem niedrigen Lebensstandard vor. In den Industrienationen führt hauptsächlich eine fehlerhafte Ernährung, z. B. Fast Food, zu einem Mangel. Hier sind es meist lebenswichtige Vitamine oder Spurenelemente, die dem Körper fehlen.

Kann der Körper allerdings bestimmte Stoffe nicht mehr aus der Nahrung aufnehmen, liegt eher eine Stoffwechselerkrankung vor (→ Kapitel VI/15.1).
Ein Mangel an **essenziellen** Nährstoffen, z. B. essentielle Fettsäuren, Vitamine usw., hat auch Auswirkungen auf die Haut.

essenziell
wesentlich, hier: lebensnotwendig. Im med. Bereich sind essentielle Substanzen solche, die der Körper nicht selbst herstellen kann.

Vitamin-A-Mangel führt zu trockener Haut mit stärkerer Verhornung.
Vitamin-B-Mangel führt zu Entzündungen an den Schleimhäuten und zu Ekzemen an der Haut.
Zinkmangel führt zu einer Entzündung der Haut sowie einer verschlechterten Wundheilung.

16 Bösartige Neubildungen der Haut – Karzinome

Eine besondere Art der Hautkrankheiten sind die **Neubildungen der Haut**. Dabei sind nicht die Vorgänge gemeint, die z. B. nach Verletzungen der Haut ablaufen. Neubildungen im Rahmen von Heilvorgängen dienen einzig ihrer Wiederherstellung. Sie sind wichtig, damit die Haut ihre Funktion als Schutzorgan wieder erfüllen kann.
Gemeint sind vielmehr solche Neubildungen, die außerplanmäßig erfolgen. In der Regel handelt es sich um Wachstumsstörungen einzelner Zellen oder Zellgruppen. Es kommt zu einer übermäßigen Vermehrung des Gewebes oder zu unkontrolliertem Wachstum einzelner Gewebsschichten. Es entstehen Gewebswucherungen, so genannte **Tumoren**. Sie können prinzipiell in jedem Organ entstehen.

 In der Haut können Tumoren sowohl in der Oberschicht (Epidermis) als auch im Bindegewebe (Subkutis) entstehen.

Man unterscheidet grundsätzlich zwischen gutartigen (**benignen**) und bösartigen (**malignen**) Tumoren. Es gibt allerdings auch Zwischenstufen zwischen gut und böse. So gibt es eine Reihe zunächst gutartiger Wucherungen, die durch äußere oder innere Einflüsse bösartig werden können.

Tumor
lat. tumor Geschwulst, Schwellung; allgemein jede Art von Geschwulst oder Schwellung eines Gewebes

benigne
lat. benignus gütig, freundlich

maligne
lat. malignus schlecht, missgünstig

Tabelle VI/3 Einige typische Eigenschaften gutartiger und bösartiger Tumoren

Verhalten des Gewebes	Benigner Tumor	Maligner Tumor
Zellwachstum	▪ langsam wachsend	▪ sehr schnell wachsend
Ausbreitung des Tumors	▪ bleibt auf den Entstehungsort begrenzt	▪ breitet sich im Gewebe aus; Tumorzellen können „wandern"
Begrenzung des Tumorgewebes	▪ Der Rand des Tumorgewebes ist scharf begrenzt.	▪ Das Tumorgewebe zeigt eine unregelmäßige Struktur.
Einfluss auf umgebendes Gewebe	▪ drückt durch sein Größenwachstum auf das benachbarte Gewebe	▪ befällt benachbartes Gewebe
Folgen des Einflusses für das Nachbargewebe	▪ Druckschäden im Nachbargewebe	▪ Zerstörung des Nachbargewebes

16.1 Präkanzerosen

Unter **Präkanzerosen** versteht der Mediziner Krebsvorstufen. Präkanzerosen **können** unter Umständen zu Hautkrebs entarten, sie **müssen** es aber nicht.
Gegenüber der normalen Haut besitzen Präkanzerosen jedoch eine deutlich höhere Tendenz zu entarten. Entscheidend für die Umwandlung einer Präkanzerose zum Krebs sind äußere Faktoren. Bezogen auf den Hautkrebs ist UV-Strahlung (Sonnenlicht, Sonnenbank) mit Abstand der stärkste auslösende Faktor. UV-Licht führt eindeutig zur Umwandlung von Präkanzerosen der Haut zu bösartigen Tumoren.

Präkanzerose
lat. prä- vor-, *cancer* Krebs, Krebsgeschwür; Krebsvorstufe, eine Hautveränderung mit einem erhöhten Risiko zu entarten

Name (Beispiel)	Merkmale
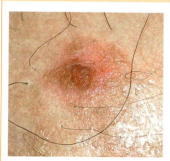 *Aktinische* Keratose	■ Erkrankung der Oberhaut, verursacht durch Sonnenlicht ■ Verhornungsstörungen an Hautstellen, die über Jahrzehnte stark der UV-Strahlung ausgesetzt waren ■ Bezeichnung auch als solare Keratose ■ Auftreten: besonders an Gesicht und Händen, häufig bei hellhäutigen Menschen ■ Die aktinische Keratose ist selbst keine bösartige Tumorart. Aus ihr entstehen aber häufig Hauttumoren.
Chronischer Lichtschaden	■ Vergleiche Kapitel VI/12! ■ erste Vorstufe einer bösartigen Veränderung der Haut ■ starke Schädigungen der Oberhaut (Epidermis) und der Lederhaut (Dermis) ■ sichtbare Zeichen: Falten sowie schlaffe und unelastische Haut ■ unsichtbare Schäden: massive Schäden am Erbmaterial Kann die Haut die entstandenen Schäden nicht mehr reparieren, kann es zur Entartung der betroffenen Zellen kommen. Dabei sind es vor allem die Zellen der Oberhaut, die zur Entartung neigen.
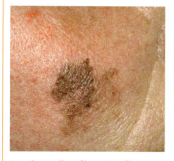 *Lentigo prämaligna/maligna*	■ gutartige lichtbedingte Pigmentstörung der Haut, die jahrelang unverändert bleiben kann ■ gilt als Vorstufe zum malignen Melanom (zum malignen Melanom → Kapitel VI/16.2) ■ unregelmäßige Färbung der Flecken, von hellbraun bis braun-schwarz ■ Auftreten: an Hautstellen, die besonders häufig dem Sonnenlicht ausgesetzt sind Man sollte die Flecken jedoch unbedingt beobachten. Idealerweise sollte mindestens jährlich ein Hautarzt die Flecken kontrollieren.

solare Keratose
lat. sol Sonne; Störung der Hornschichtbildung durch Sonnenstrahlen

aktinische Keratose
griech. aktis der Strahl, *kerat* das Horn, *-ose* Krankheit; Störung der Hornschichtbildung durch Strahlung

Lentigo prämaligna/maligna
lat. lens Linse, linsenförmiger Fleck, *prä-* vor-, *malignus* schlecht, missgünstig; linsenförmiger Pigmentfleck als Vorstufe zum Hautkrebs

Empfehlen Sie Kunden mit chronischen Lichtschäden Sonnenprodukte mit ausreichend hohem Lichtschutzfaktor. Ggf. sollten Personen mit chronischen Lichtschäden generell die Sonne meiden. Klären Sie alle Kunden, die in den Sommerurlaub fahren oder regelmäßig erhöhter UV-Strahlung (auch Sonnenbank!) ausgesetzt sind, über die Folgen eines ungenügenden Sonnenschutzes auf.

Sonnenbrand

Der Sonnenbrand führt vor allem bei Kindern zu Hautkrebs als Spätfolge. Ursache sind Defekte im Erbmaterial einzelner Hautzellen, die durch das UV-Licht entstehen. Die Veränderung des Erbmaterials macht sich allerdings nicht sofort bemerkbar. Die fehlerhafte Information wird in den Zellen gespeichert und bei der Zellteilung auch weitergegeben. Zur bösartigen Entartung des Gewebes kommt es jedoch erst Jahre später. Auch hierbei ist wieder Sonnenlicht als Auslöser beteiligt.

Weisen Sie Ihre Kunden auf die Wichtigkeit eines ausreichenden Sonnenschutzes, vor allem im Urlaub hin. Viele Hersteller stellen den Kosmetikinstituten aufwändiges Informationsmaterial zum richtigen Umgang mit Sonne und Sonnenprodukten zur Verfügung. Fragen Sie gezielt nach solchen Unterlagen.

Sie sollten sich einige wichtige Dinge in Bezug auf Sonnenschutz einprägen:
- Was bedeutet der Lichtschutzfaktor (Abkürzung: SPF oder LSF)?
- Wie wende ich Sonnenprodukte richtig an?
- Welche Verhaltensvorschriften sollten beim Sonnenbaden unbedingt beachtet werden?
- Wann ist die Sonne zu meiden?
- Wann und wo ist die UV-Strahlung am stärksten (z. B. in der Mittagszeit oder auf dem Wasser)?
- Was tun bei einem Sonnenbrand?

16.2 Hautkrebs

Die Ursachen bösartiger Neubildungen der Haut sind nur teilweise bekannt. Hauptursache für bösartige Tumoren der Oberhaut (Epidermis) ist jedoch unzweifelhaft die natürliche UV-Strahlung des Sonnenlichtes. Weitere Auslöser sind energiereiche Strahlungen (z. B. Röntgenstrahlung), giftige Chemikalien oder bestimmte Virenarten. Der mangelnde Schutz vor UV-Strahlung bei sehr hellhäutigen Menschen kann die Tumorbildung begünstigen. Dies gilt ebenso für immungeschwächte Menschen.

 Bösartige Tumoren dürfen ausschließlich vom Facharzt behandelt werden.

Karzinom
lat. carcinoma Krebsgeschwür

Metastase
griech. meta- weg, *stasis* stellen; Übersiedlung an einen anderen Ort, Verschleppung einer Erkrankung in andere Gewebe, z. B. durch Wanderung von Krankheitserregern oder Tumorzellen

Name (Beispiel)	Merkmale
Basalzellkarzinom *(Basaliom)*	- recht häufige bösartige Tumorart der Oberhaut (Epidermis) - Aussehen: sehr unterschiedlich, z. B. als kleine, unscheinbare Hautveränderung, aber auch als knotige Tumore oder als größere Hautschäden - Auftreten: vorwiegend im Gesicht - Hauptursache ist UV-Strahlung Unbehandelt können Basalzellkarzinome tödlich sein. Basalzellen → Kapitel V/2
Stachelzellkarzinome *(Spinaliom)*	- zweithäufigste Tumorart der Oberhaut. Spinaliome entwickeln sich vielfach aus aktinischen Keratosen. - Aussehen: sehr unterschiedlich, z. B. als kleine, unscheinbare Hautveränderung, aber auch als knotige Tumore oder größere Hautschäden - Auftreten: vorwiegend im Gesicht und an den Händen - Hauptursache ist UV-Strahlung. Unbehandelt können Stachelzellkarzinome tödlich sein. Stachelzellen → Kapitel V/2
Malignes Melanom	- bösartiger Tumor der pigmentbildenden Zellen der Oberhaut - Entstehung: durch Neubildung in einer normalen Haut oder aus einem Nävus heraus (melanozytische Nävi → Kapitel VI/5.2.1) - Form und Aussehen: sehr unterschiedlich, z. B. als knotige Wucherungen, als einfache Verfärbungen; typisch ist die braun-schwarze Färbung, selten eine geringe oder keine Färbung. Man bezeichnet maligne Melanome daher auch als **schwarzen Hautkrebs**. Da maligne Melanome früh zu **Metastasen** neigen, ist diese Form des Tumors besonders gefährlich.

> Bösartige Tumore der Oberhaut haben sehr unterschiedliche Formen. Größere Hautveränderungen und Wucherungen fallen auf und werden in der Regel gut erkannt. Für das ungeübte Auge sind besonders die unscheinbaren Tumore nur schwer als solche zu erkennen.
>
> Wenn Sie eine Hautveränderung nicht eindeutig zuordnen können, raten Sie dem Klienten zu einem Besuch beim Facharzt. Im Zweifelsfall sollten Sie die Behandlung unterlassen.

17 Sonstige wichtige Hauterkrankungen

17.1 Epidermolyse

Von **Epidermolyse** spricht man, wenn sich die Oberhaut als Bläschen ablöst. Der Grund ist ein gestörter Aufbau der einzelnen Hautschichten. Dadurch ist der Zusammenhalt der Schichten untereinander nicht mehr so stabil wie bei einer gesunden Haut. Epidermolysen sind relativ häufig vorkommende Erbkrankheiten.

Epidermolysis bullosa hereditaria simplex
griech. Epidermis oberste Hautschicht, *lysis* Auflösung; *lat. bulla* Wasserblase, *hereditaria* ererbt, *simplex* einfach; erbliche Ablösung der obersten Hautschicht unter Blasenbildung

Name (Beispiel)	Merkmale
Epidermolysis hereditaria dystrophica	▪ Durch einfache mechanische Belastungen der Haut bilden sich größere Bläschen. ▪ Besonders betroffen sind Hände, Ellenbogen, Knie, Füße und Fersen.

17.2 Lichen ruber

Der **Lichen ruber** ist eine Hautkrankheit, deren Ursache noch immer nicht genau bekannt ist.

Lichen ruber
botanisch Lichen Flechte; *lat. ruber* rot; rötliche Hautveränderung mit dem Aussehen einer Flechte

Name (Beispiel)	Merkmale
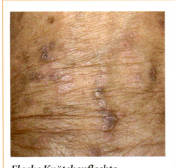 *Flache Knötchenflechte* *(Lichen ruber planus)*	▪ relativ häufige Erkrankung der Haut und der Schleimhäute ▪ Aussehen: flache Knötchen (Papeln) mit einer rötlich-blauen Färbung und einer weißlichen Oberfläche. Vom Aussehen her erinnern sie an Flechten. ▪ Die Krankheit tritt schubweise auf und kann bis zu 2 Jahren anhalten. ▪ Die Ursachen sind noch weitgehend unklar. Man vermutet Arzneimittelunverträglichkeit oder Viruserkrankungen als Auslöser.

17.3 Periorale Dermatitis

Name (Beispiel)	Merkmale
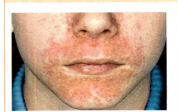 *Periorale Dermatitis*	- entzündliche Hauterkrankung, die nur im Gesicht auftritt - Es bilden sich Herde kleinster geröteter Pusteln und Papeln. - Die Haut ist zudem sehr trocken. - Von der periorialen Dermatitis sind hauptsächlich Frauen betroffen. - Als Auslöser werden Bestandteile von kosmetischen Pflegeprodukten vermutet.

 Kunden mit Verdacht auf eine periorale Dermatitis sind niemals mit kosmetischen Produkten im Gesicht zu behandeln. Kosmetische Mittel sollen eine Ursache der Erkrankung sein.

17.4 Rosacea

Rosacea
lat. rosaceus rosenfarbig

Die **Rosacea** ist eine recht häufige, vererbbare Erkrankung der Haut. Die Erkrankung verläuft meist langwierig bis chronisch.

Betroffen sind vorwiegend Nase, Kinn, Stirn und Wangen. Zusätzlich kommt es zu einem erhöhten Talgfluss (Seborrhoe).

Von Rosacea sind Frauen deutlich häufiger betroffen. Die Krankheit tritt dabei meist ab einem Alter um die 30 Jahre auf. Es gibt verschiedene Schweregrade der Rosacea-Erkrankung.

17.5 Bösartige (maligne) Neubildungen des Bindegewebes

Im Verhältnis zu den bösartigen Tumoren der Oberhaut sind maligne Bindegewebstumoren relativ selten. Ihre Ursachen sind noch weitgehend unklar.

Tumoren, die speziell die Bindegewebszellen (die Fibroblasten) betreffen, werden auch als Fibrosarkome bezeichnet.

VII Das Beurteilen der Haut

Das Hauptziel der kosmetischen Behandlungen ist, den Zustand der Haut zu stabilisieren oder zu verbessern. Eine gezielte kosmetische Pflege kann zum Beispiel verhindern, dass sich die
- trockene Haut zum Ekzem entwickelt,
- ölige Haut in das entzündliche Stadium der Akne übergeht.

Welche Produkte oder Behandlungsverfahren angewendet werden, wie das individuelle Hautpflege-Konzept gestaltet wird und welche kosmetischen Präparate begleitend für die Heimpflege empfehlenswert sind, ist vom Ergebnis einer **professionellen Hautanalyse** abhängig.

professionell
berufs-, gewerbsmäßig, fachmännisch

Analyse
Untersuchung

Die Kosmetikerin muss den Hautzustand der Kundin genau untersuchen, damit die Präparate und Behandlungsverfahren im Kosmetikinstitut genau auf die aktuellen Bedürfnisse abgestimmt sind.

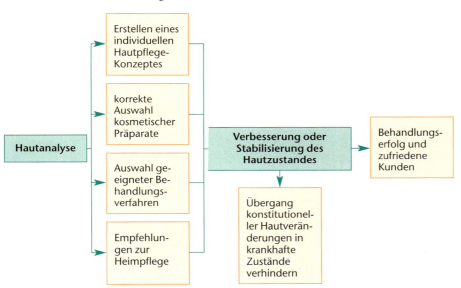

Die Hautanalyse ist die Grundlage für den Behandlungserfolg.

Um die Hautpflege auf die Bedürfnisse abzustimmen, muss die Kosmetikerin
- die Funktionen und Eigenschaften der Haut beurteilen und auswerten,
- den **aktuellen Hautzustand** bestimmen,
- **Anomalien** bzw. unerwünschte Hautveränderungen korrekt erfassen,
- kranke Haut von gesunder Haut unterscheiden – denn nur gesunde Haut darf die Kosmetikerin behandeln.

aktueller Hautzustand
Gesamtheit der aktuell vorliegenden physikalischen, biochemischen und biologischen Bedingungen an der Hautoberfläche

Anomalien
Ungleichheiten, Unregelmäßigkeiten, geringgradige Störungen

1 Methoden zur Beurteilung

Für eine professionelle und fundierte Hautanalyse müssen folgende Voraussetzungen erfüllt sein:
- Ausreichend Zeit einplanen.
- Nur eine gründlich abgereinigte Haut beurteilen.
- Zwischen Abreinigung und Hautanalyse ist mindestens eine Distanzzeit von 60 Minuten einzuhalten.
- Die Kundin hat Zeit.

In der Kabine: Beurteilung der Haut und Abklärung von Allergien

Die Kundin erwartet von der Kosmetikerin umfassend aufgeklärt und beraten zu werden, Lösungsvorschläge für ihre individuellen Hautprobleme zu erhalten und maßgeschneiderte Behandlungskonzepte.

 Bei Neukunden ist es empfehlenswert, sich bereits vor dem Auftragen des Reinigungsproduktes nach Allergien oder bekannten Unverträglichkeiten (z. B. auf Konservierungsmittel, Pflanzenextrakte) zu erkundigen, die möglicherweise im Waschpräparat enthalten sein können.

Zu Beginn jeder Hautanalyse werden die persönlichen Daten der Kundin aufgenommen (→ Analysebogen Gesicht).

Die Analyse findet nach einer gründlichen Reinigung, z. B. mit einer Reinigungsmilch oder einem Reinigungsgel, statt. Nicht nur bei Neukunden, sondern auch bei wechselnden Jahreszeiten ist eine genaue Beurteilung vorzunehmen. Dabei werden alle aktuell vorliegenden Bedingungen an der Hautoberfläche untersucht und in einen Analysebogen eingetragen.

Kalkulieren Sie im Institut ausreichend Zeit für die Hautanalyse ein. Im Optimalfall beträgt die Distanzzeit zwischen Abreinigung und Hautanalyse mindestens 60 bis 90 Minuten.

palpatorisch
lat. abtasten

morphologisch
griech. morphe Gestalt, Form; die äußere Gestalt betreffend

Das Beurteilen erfolgt durch
- Ansehen der Haut mit bloßem Auge und mit einer Lupenleuchte: **visuell**.
- Ertasten und Erfühlen der Hautoberfläche: **palpatorisch**.
- Befragung der Kundin nach ihrem persönlichen Empfinden: **erfragen**.
- Messen der Hautfunktionen mit modernen Messgeräten: **messen**.

Hautanalyse-Station: Die Hautanalyse wird mit Messgeräten vorgenommen.

Für die Hautanalyse hält die Kosmetikerin folgende Hilfsmittel parat: Schreibstift, Analysebogen, Lupenleuchte, einen stumpfen Plastikspatel für den so genannten „Empfindlichkeitstest" und ggf. ein Hautanalysegerät. Die klassische kosmetische Hautanalyse basiert überwiegend auf **morphologischen** Kriterien. Dazu zählen:
- das Untersuchen und Bewerten der äußeren Gestalt der Haut,
- das Erkennen der Effloreszenen und ihre Verteilung.

Dies erfolgt durch Sehen und Tasten. Funktionelle Veränderungen oder Störungen, wie zum Beispiel die Alkalineutralisationsfähigkeit der Haut (pH-Wert der Hautoberfläche) oder der **transepidermale** Wasserverlust (**TEWL**), lassen sich damit nicht exakt erfassen. Obwohl die Erfahrung, Feinfühligkeit und **Intuition** der Kosmetikerin unersetzlich sind, können hier apparative Untersuchungsmethoden helfen, Fehler bei der Analyse zu vermeiden.

transepidermal
lat. durch die Epidermis (Oberhaut)

Intuition
lat. intuitio unmittelbare Anschauung, *intuēri* ansehen, betrachten, Eingebung, ahnendes Erfassen

Der Kosmetikerin stehen für die Hautanalyse unterstützend zahlreiche Messverfahren zur Verfügung. Mit ihnen werden Hautfunktionen (Feuchtigkeit, Fettgehalt, pH-Wert, Hautfarbe u. a.) gemessen oder mit Hilfe weiterer Verfahren (Thermografie, Profilometrie u. a.) bildhaft dargestellt.

Der Einsatz von Analysegeräten hat den Vorteil, dass
- die Untersuchungsmerkmale mit objektiven Verfahren mengenmäßig erfasst werden;
- die Daten anhand elektronischer Verarbeitung (z. B. Computer) verwaltet und ausgewertet werden;

- Hautfunktionen ermittelt werden, die sich einer herkömmlichen Untersuchung entziehen (z. B. pH-Wert der Hautoberfläche);
- der Erfolg einer längerfristig angelegten Pflege-Kur objektiv überprüft werden kann.

> Bitten Sie Neukunden bereits bei der Terminvergabe, zur **ersten** Behandlung abgereinigt ins Institut zu kommen. Besonders wichtig ist dieses Vorgehen, wenn eine Messkabine oder Hautanalyse-Station zur Verfügung steht. Mit vielen Hautanalysegeräten lassen sich Hautfunktionen nur dann messtechnisch exakt erfassen, wenn tatsächlich die Haut und nicht etwaige Produktrückstände auf der Hautoberfläche gemessen werden.

Behandlungskonzepte werden vorgeschlagen, hier mit einer professionellen Maske.

Ist der aktuelle Hautzustand ermittelt, wird die Kundin ausführlich beraten. Gemeinsam wird das weitere Vorgehen in der Behandlung und für die Hautpflege festgelegt.

1.1 Die ganzheitliche Beurteilung

Am Anfang jeder Hautanalyse macht sich die Kosmetikerin ein grundlegendes Bild von ihrer Kundin. Bereits das Auftreten, der Gang, die Gestik und Mimik der Kundin vermitteln einen ersten Eindruck von ihrer Verfassung und ihrem Temperament. Die Ganzheits-Analyse beschränkt sich nicht nur auf die Haut der Kundin, sondern erfasst
- die körperliche und seelische Verfassung,
- ihren Temperaments-Typ (→ Tabelle VII/1),
- ihren **Konstitutionstyp** anhand von Körperbaumerkmalen (→ Tabelle VII/2).

Alle äußeren Eigenschaften des Körpers, also auch der Haut, spiegeln die individuelle Persönlichkeit wider.

Konstitution
lat. constitutio Zustand, Verfassung, Beschaffenheit, körperliche und seelische Verfassung, auch Widerstandskraft eines Lebewesens

> Eine umfassende Ganzheits-Analyse hilft, emotionale Reaktionen – einschließlich der Hautreaktionen – besser einzuordnen. Dies ist für Beratungs- und Verkaufsgespräche vorteilhaft, denn der tägliche Umgang mit Kunden erfordert auch Grundkenntnisse auf dem Gebiet der Typenlehre und Verhaltenspsychologie.

Psyche und Haut

Dass die Psyche Einfluss auf das äußere Erscheinungsbild der Haut nimmt, zeigen uns alltägliche Bilder:
- Freude lässt einen Menschen strahlen, die Haut prall und rosig erscheinen;
- bei Kummer hingegen sieht man traurig aus, die Haut erscheint matt und müde.

> Suchen Sie in einschlägigen Zeitschriften nach Porträts von Menschen, die häufig in der Öffentlichkeit stehen. Vergleichen Sie das Erscheinungsbild der Haut und den Gesichtsausdruck bei Trauer und bei Freude.

Ein fröhliches Gesicht strahlt, die Haut eines traurigen Menschen wirkt müde.

Bei vielen Menschen ändert sich das Hautbild unter Stress. Manchmal kommt es zu einem „Aus-Schlag". Im Gesicht zeigen sich diffuse Rötungen als hektische Flecken. Die Haut erscheint unruhig, ist gereizt oder wird „un-rein", was nichts anderes bedeutet als „un-geklärt".

> Aus dem äußeren Keimblatt (**Ektoderm**) bilden sich während der Embryonalentwicklung Epithelzellen heraus: z. B. das Epithel der Haut, Haare und Nägel. Daneben u. a. alle Nervenzellen, das Gehirn und Rückenmark, der Hypophysenvorderlappen und der Schmelz der Zähne. So verwundert es nicht, dass sich eine nervliche Anspannung an der Oberhaut widerspiegelt.

Ektoderm
griech. ekto- außen, außerhalb, *derma* Haut; syn. Ektoblast, äußeres Keimblatt

Temperaments-Typen

Die Kenntnis der Merkmale verschiedener **Temperaments**-Typen hilft der Kosmetikerin, das Verhalten sowie typische Reaktionsmuster der Kunden besser einzuordnen, um darauf in angemessener Weise reagieren zu können. In Konfliktsituationen (z. B. bei Reklamationen von Produkten) und zum Verständnis unerwarteter „Hautausbrüche" ist dies nützlich.

Tabelle VII/1 Temperaments-Typen

Typ	Kennzeichen	Praktische Tipps
Choleriker	▪ reizbar ▪ jähzornig Kunden dieses Typs sind schnell aufbrausend und neigen zu emotionalen Ausbrüchen.	▪ ausreichend Zeit für die Hautanalyse und das Beratungsgespräch einräumen ▪ ruhig bleiben, den Kunden erst ausreden lassen und nicht ins Wort fallen ▪ nicht provozieren ▪ für die Hautpflege (→ Folgeband): beruhigende, ausgleichende, harmonisierende Behandlungen
Melancholiker	▪ trübsinnige Gemütsverfassung ▪ neigt zum Grübeln ▪ ist leicht verstimmt ▪ antriebsschwach, tendenziell pessimistisch ▪ unentschieden	▪ Hilfestellung anbieten ▪ intensive Beratung und Betreuung zu allen Fragen der Hautpflege ▪ Entscheidungen abnehmen ▪ Sicherheit vermitteln – gerade bei unbekannten Behandlungen und neuen, innovativen Produkten
Phlegmatiker	▪ ruhig, langsam, körperlich träge, wenig regsam ▪ Phlegmatiker sind gleichgültig, verspäten sich auffallend häufig und halten Behandlungstermine oft nicht ein.	▪ Gesundheitliche Aspekte sind diesem Kundentyp nicht wichtig, weshalb die persönliche Körperpflege häufig vernachlässigt wird. ▪ Die Mitarbeit in der Heimpflege ist nicht konstant, der Nachkauf von Produkten ist zögerlich. ▪ Behandlungserfolge sind schlecht kalkulierbar, schlecht in Aussicht zu stellen.
Sanguiniker	▪ lebhaft, heiter ▪ temperamentvoll ▪ spritzig ▪ reaktionsschnell, experimentierfreudig	▪ Behandlungsvariationen anbieten ▪ Kunden zeigen sich Innovationen gegenüber sehr aufgeschlossen. ▪ Kunden sind aber auch leicht erregbar und schnell gereizt; tagesabhängige Stimmungen.

Konstitutionstypen

Zu einer ganzheitlichen Betrachtung gehört auch die Analyse der Körperbaumerkmale. Die Ergebnisse sind insbesondere für Körperbehandlungen bzw. Cellulitekonzepte (→ Folgeband) wichtig. Als Konstitution wird die Summe aller angeborenen Eigenschaften bezeichnet; man sagt auch „die Summe aller **Dispositionen**". Sie beschreibt die körperliche Anlage und charakterisiert im Wesentlichen den Körperbau. Es wurden Verbindungen zwischen Konstitutionstyp und der Hautkondition festgestellt, z. B. neigt
- ein Mensch mit athletischem Körperbau und ausgeprägter Muskeldefinition eher zu einer öligen und unreinen Haut,
- ein hochgewachsener, schlanker, feingliedriger Mensch vorrangig zu trockener Haut und schlaffem Bindegewebe.

Die Praxis bestätigt diese Zusammenhänge, auch wenn es hierfür keine, durch klinische Studien untermauerte Beweise gibt.

 Die Körperbaumerkmale sind genetisch festgelegt. Es besteht eine gewisse Beziehung zwischen Körperbau und Hautkondition.

Temperament
lat. temperamentum richtige Mischung, rechtes Maß, Wesens-, Gemütsart, Gemütserregbarkeit, Lebhaftigkeit, Schwung

Choleriker
lat. cholera galliges Temperament, Zornesausbruch

Melancholiker
griech. mélano- schwarz, düster, dunkel; *franz. melagcholia* „Schwarzgalligkeit"

Phlegmatiker
lat. phlégma kalter und zähflüssiger Körperschleim. Dem zähflüssigen Körpersaft entsprach nach antiken Vorstellungen das schwerfällige Temperament.

Sanguiniker
lat. sanguineus aus Blut bestehend, blutvoll

Disposition
lat. dispositio Aufstellung, Anordnung, Anlage zu einer immer wieder durchbrechenden Eigenschaft oder zu einem typischen Verhalten; in der Medizin: Empfänglichkeit/Anfälligkeit für eine Krankheit

Konstitutions-Typen werden unterschiedlich klassifiziert. In der Kosmetik und der Sportwissenschaft hat sich die Grobeinteilung nach *Kretschmer* durchgesetzt (→ Tabelle VII/2), wobei häufig Mischtypen vorkommen.

Tabelle VII/2 Konstitutions-Typen nach Kretschmer

Konstitutionstyp	Kennzeichen	Tipps für die Kosmetikpraxis
Leptosom	- mager, schmal - schmale Schultern - langer, schmaler, flacher Brustkorb - schmaler, langer Kopf, feine Haare - häufig kalte Hände und Füße – neigt zum Frösteln - tendenziell dünne, trockene, blasse Gesichtshaut mit Neigung zur vorzeitigen Hautalterung - Haut ist oft reizempfindlich und nervös - Frauen haben häufig Bindegewebsprobleme: schlaffe Haut besonders im Wangenbereich, an den Außenseiten der Oberarme und Oberschenkel - auffallend häufig Venenprobleme – Neigung zu Krampfadern	- Kopfteil der Liege leicht hochstellen wegen häufig auftretender Kreislaufprobleme - die Kunden warm einbetten und ggf. eine Heizdecke benutzen - tendenziell Thermobehandlungen den Kältebehandlungen vorziehen - Eine lange Hautbedampfung oder die wiederholte Auflage warmer Gesichtskompressen zur Hautreinigung wird als sehr angenehm empfunden. - Wegen des verminderten Spannungszustandes des Hautbindegewebes sind straffende Körperbehandlungen zu empfehlen (→ Folgeband). - bei Körpermassagen oder dem Entfernen von Unreinheiten druckreduziert arbeiten, da Leptosomen schmerzempfindlicher sind als andere Konstitutionstypen
Athlet	- breite, ausladende Schultern, stattlicher Brustkorb, straffe Bauchmuskulatur - Rumpf-Form verjüngt sich nach unten - plastisch hervortretendes Muskelrelief, grober Knochenbau - Kopfhaar ist eher fettig, spröde und stumpf, Haaransatz fettet schnell nach. - Behaarungsmuster: schnelles Haarwachstum, ausgeprägte Körperbehaarung, Geheimratsecken sowohl bei Männern als auch bei Frauen - Cellulite vorrangig an Oberschenkeln und Gesäß	- Neigung zur Überproduktion der Talgdrüsen und deshalb zu Hautunreinheiten und Akne: regelmäßig Maßnahmen zur Tiefenreinigung der Haut ergreifen - keine überlangen Behandlungseinheiten (länger als 90 Minuten) im Institut einplanen, da meist ein ausgeprägter Bewegungsdrang vorliegt - neigt schnell zu Hitzewallungen und toleriert nur bedingt langanhaltende Wärmestrahlung (u. a. Infrarotlichtbestrahlung → Kapitel IX/6) - Hydrobehandlungen werden verschiedenen Thermobehandlungen (u. a. Thermo-Modelagen, Paraffinbäder → Folgeband) vorgezogen
Pykniker	- gedrungener, untersetzter Typus mit Veranlagung zum Fettansatz - dünnes Kopfhaar, hoher Haaransatz - Tendenz zu Geheimratsecken und Glatzenbildung - pralle, straffe und glatte Haut (im Vergleich zum Leptosom spätere Hautalterung, da höherer Anteil an Unterhautfettgewebe) - rosige Gesichtshaut, gute Durchblutung, pralle straffe Haut - Frauen: verstärktes Auftreten von Cellulite an Gesäß, Hüften und Bauch	- Verwöhnbehandlungen und lange Behandlungseinheiten werden gern angenommen. - Langes Ausreinigen ist in der Regel nicht erforderlich, da die Haut vorzugsweise unproblematisch ist und kaum Hautunreinheiten hat. - tendenziell Neigung zu Gefäßerweiterungen (Teleangiektasien, Couperose), deshalb Wärmebehandlungen (z. B. Bedampfung) nur in Maßen einsetzen oder ganz vermeiden

 Im Gegensatz zu Kretschmer unterscheidet Sigaud vier Typen, welche die Dominanz eines Organs oder eines Organsystems widerspiegeln: Muscularis – Muskulatur, Cerebralis – Großhirn, Respiratorius – Atmung, Digestivus – Verdauung.

2 Hautfunktionen und Eigenschaften

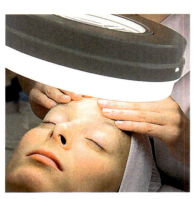

Visuelle Beurteilung der Haut durch die Lupenleuchte

Zur Bestimmung des aktuellen Hautzustandes untersucht die Kosmetikerin die Eigenschaften der Haut und wertet sie aus. Unterstützend kommen Hautanalysegeräte zum Einsatz, da sich einige Größen nicht mit herkömmlichen Analysemethoden bestimmen lassen. Zu bestimmende Eigenschaften sind:
- Hautfeuchtigkeit – Turgor,
- Aktivität der Talgdrüsen – Hautfett,
- Alkalineutralisationsfähigkeit – Oberflächen-pH-Wert,
- Barrierefunktion (transepidermaler Wasserverlust) – Topografie der Hautoberfläche,
- Hautdicke,
- Reaktivität der Haut – Empfindlichkeit,
- Mikrozirkulation und Hautfarbe,
- Hautspannung, Viskoelastizität – Tonus.

2.1 Hautfeuchtigkeit (Turgor)

Die Hautfeuchtigkeit bezieht sich auf den Wassergehalt der Oberhaut. Ihr Feuchtigkeitsgehalt wird durch die **Perspiratio insensibilis**, die **Perspiratio sensibilis**, den Gehalt an wasserbindenden Substanzen (NMF) in der Hornschicht, die Luftfeuchtigkeit und Temperatur der Umgebung bestimmt.

Für die Bindung von Feuchtigkeit in der Epidermis sind verantwortlich:
- in der Hornzelle (intrazellulär) vor allem **Milchsäure**, **Harnstoff** und **Pyrrolidoncarbonsäure**;
- in den Zellzwischenräumen (extrazellulär) polare **Lipide**, vor allem **freie Fettsäuren**, **Glycerin**, **Ceramide**, **Cholesterin** und **Cholesterinverbindungen**.

Bei einem Mangel dieser hauteigenen Stoffe erscheint die Haut nicht mehr prall – sie „strotzt" nicht mehr. Der **Turgor** ist vermindert (→ Kapitel VII/3.2). Als Folge bilden sich feinste Einziehungen, so genannte Plisseefältchen.

> Unter Turgor versteht man den Spannungszustand des Gewebes in Bezug auf den Wasser- und Salz-Elektrolyt-Haushalt. Er ist der Flüssigkeitsdruck in einem Gewebe, der durch den Quellungszustand der Biokolloide und den Zellinnendruck zustande kommt.

Dies kann man vereinfacht mit einem Apfel vergleichen: Hängt er am Baum und wird er gut versorgt, so ist der Apfel prall und seine Oberfläche ist gespannt. Fällt er hingegen als Fallobst vom Baum, so schrumpelt er allmählich.

Perspiratio
lat. spirare atmen; Wasserverlust in Folge Abdunstung

Perspiratio insensibilis
temperaturabhängiger Wasserverlust durch die Haut und durch die Atmung

Perspiratio sensibilis
Wasserverlust durch Schwitzen (Schweißdrüsensekret)

Turgor
lat. turgere strotzen; Spannungszustand des Gewebes in Bezug auf den Wasser- und Salz-Elektrolyt-Haushalt

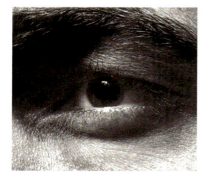

Plisseefältchen im Gesicht

Beurteilung

Visuell
- Auftreten feinster Plisseefältchen unterhalb des Auges oder an der seitlichen Wangenpartie (im Bereich der Kaumuskeln).
- Wird die Nase „gekräuselt", bilden sich viele feine Linien von der Mitte des Nasenrückens in Richtung Augeninnenwinkel (vgl. gewelltes Pergamentpapier).

Erfragen
Kosmetikerin: Welches Hautgefühl haben Sie nach der Reinigung?
Kundin: Ich habe nach der Reinigung, oder wenn ich nicht eingecremt bin, immer ein unangenehmes Spannungsgefühl.

2 Hautfunktionen und Eigenschaften

> Unangenehmes Spannungsgefühl der Haut tritt bei Mangel an Hautfett oder als Folge einer Feuchtigkeitsarmut der Haut auf. Es ist kein eindeutiges Zeichen für die Wasserarmut der Oberhaut und deshalb ungenau.

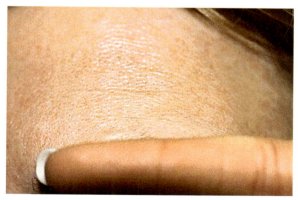

Palpatorisch
Die Rückseite des Zeigefingers wird eben an ausgesuchten Hautpartien angelegt (z. B. unterhalb der Augen, an der seitlichen Stirnpartie, an den Wangen) und die Haut vorsichtig zusammengeschoben. Die Auswertung erfordert viel Erfahrung und gibt nur relativ ungenaue Hinweise.

Verschiebetest mit Zeigefinger

Messen der relativen Hornschichtfeuchtigkeit

Je nach Gerätebauart messen handelsübliche Apparaturen die Kapazität (Corneometrie), die Leitfähigkeit oder den Widerstand (Impedanz) der Hornschicht. Einige Feuchtigkeitsmessgeräte bestimmen die Hornschichtfeuchtigkeit über das Prinzip der Reflexion.
Gerätebeispiele: Corneometer, Hygrometer, Novameter, FTIR

2.2 Aktivität der Talgdrüsen (Hautfett)

Auf der Hautoberfläche liegt eine Emulsion aus Talgdrüsenfett (Sebum), Schweiß und epidermalen Lipiden. Der dünne Film glättet die Hautoberfläche, bewahrt sie vor dem Austrocknen und erschwert das Eindringen von Schmutzteilchen und Mikroorganismen (→ Kapitel VII/2.7). Dieser natürliche Oberflächenlipidfilm ist durchlässig für Gase, nicht aber für Wasser.
Die Fett- und Wasseranteile auf der Hautoberfläche können sich als O/W-Emulsion oder als W/O-Emulsion darstellen. Letztgenannte zeigt einen Fettglanz. Menge und Zusammensetzung der hydrophilen und lipophilen Anteile des **Hydro-Lipid-Films** variieren je nach Alter, Geschlecht sowie Jahreszeit.

Corneometrie – Messen der Hautfeuchtigkeit

Hydro-Lipid-Film
hauteigene, schützende Emulsion aus Wasser- und Fettanteilen

Hauttalg
Bildung durch die Talgdrüsen

Aufgrund seiner Emulgierfähigkeit macht der Hauttalg die Haut benetzungsfähig und hält andererseits die abgedunstete Feuchtigkeit zurück. Die Konsistenz kann dünnflüssig, zähflüssig oder fest sein. Menge und Zusammensetzung des Talgs variieren genauso von Mensch zu Mensch wie die Zeit, in der der Fettfilm nach einer Reinigung wieder hergestellt wird. Für gewöhnlich nimmt die Produktion der Talgdrüsen mit zunehmendem Alter ab.

 Der **Hauttalg** (Sebum) sorgt dafür, dass die Haut geschmeidig bleibt. Eine vermehrte Absonderung führt zu Schmerfluss (→ Seborrhoe).

Epidermale Lipide	Talgdrüsen-Lipide

■ Ceramide (Sphingolipide)
  Ceramid 1
  Glukosylceramide
  Acylglukosylceramide
  Acylglukosylceramid A
■ Triglyzeride, FFS (Neutralipide)
  freies Cholesterin, -ester, -sulfat (Sterole)
	■ Squalen
	■ Triglyzeride
	■ Freie Fettsäuren (FFS)
	■ Wachsester
	■ Cholesterolester

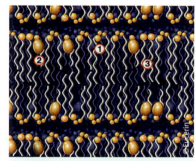

① Ceramide ② Cholesterin ③ freie Fettsäuren

Lipide der Haut

Großfollikuläre Haut

 Die Bezeichnung „großporige Haut" ist falsch, weil die Pore der Ausführungsgang der Schweißdrüse ist. Die Öffnung im Bereich des Haares wird Follikel genannt.

Beurteilen

Visuell

- ölige, fettig glänzende Hautoberfläche
- vergrößerte Follikel
- mit Lupenleuchte (→ Kapitel IX/2.1) werden begutachtet
  - Follikel-Weite (abhängig von der Talgdrüsensebum-Produktion)
  - Follikel-Tiefe
  - Follikel-Abstand (abhängig vom Sekretionstyp)
- **Komedonen**, besonders an Stirn, Nasen- und Kinnpartie (T-Zone)
- Pusteln oder Papeln geben einen Hinweis auf die Überaktivität der Talgdrüsen mit zusätzlicher Bakterienbesiedlung.

 Besondere Aufmerksamkeit ist geboten, wenn Komedonen und Pusteln vermehrt an den Seitenrändern des Gesichts auftreten (O-Verteilungsmuster), da hier erfahrungsgemäß die Tendenz zur Akne am größten ist.

T-Zone

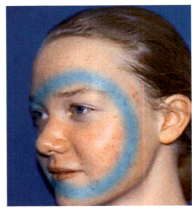

O-Verteilungsmuster

Achten Sie bei der Hautanalyse darauf, ob der Talg ölig bzw. flüssig oder eher sämig und zähfließend ist.

Test mit Glas- oder Papierplättchen

Ein Glas- oder Papierplättchen wird an ausgesuchte Hautstellen gedrückt. Die Menge an Hautfett sowie Anzahl und Größe der Fetttröpfchen werden per Auge ausgewertet (ungenau!). Glasplättchen lassen sich zusätzlich unter ein Mikroskop schieben, um die Fettabdrücke zu vergrößern und besser auswerten zu können. Die Auswertung erfolgt üblicherweise anhand vorgegebener Bilder.

Spateltest

Mit Hilfe eines stumpfen Plastik- oder Metallspatels lässt sich prüfen, ob die Hornzellen bzw. Hautschüppchen in den talgdrüsenreichen Zonen des Gesichts locker zusammenhängen und sich leicht ablösen lassen oder eher wie eine Lamelle (vergleichbar mit einer Eisscholle) fest zusammenkleben.

Prüfen des Fettgehaltes: Papier sanft an die Stirn drücken, der Überschuss an Hautfett wird sichtbar.

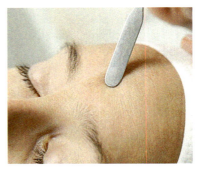

Spateltest auf der Stirn

 Lamellenartige Fettschuppenauflagen geben einen Hinweis auf eine Verhornungsstörung der Haut und sind typisch für die fettreiche, aber gleichsam feuchtigkeitsarme Haut, die so genannte Seborrhoe sicca (→ Kapitel IX/3).

Messen des Sebum-Gehaltes

- Messen der Oberflächenlipide
  Fleckphotometrische Methode (Sebumeter): Eine milchige Kunststofffolie wird auf die Haut gedrückt. Durch den Hauttalg steigt die Transparenz der Folie, die gemessen und im Display als Wert (in mg/cm²) angezeigt wird.
  Gravimetrie: Ein Papierstreifen wird auf die Haut gedrückt. Eine Präzisionswaage misst den absorbierten Fettgehalt des Papierstreifens.
- Visualisierung der Fetttröpfchen mit bildgebenden Verfahren (Beauty Scope) oder durch Vergrößerung der Fetttröpfchen auf Objektträgern mit einem Mikroskop (Skin Scope).

 Um den Hautzustand exakt zu ermitteln, sollte der Gehalt an Feuchtigkeit und Sebum auf der Hautoberfläche genau bestimmt werden.

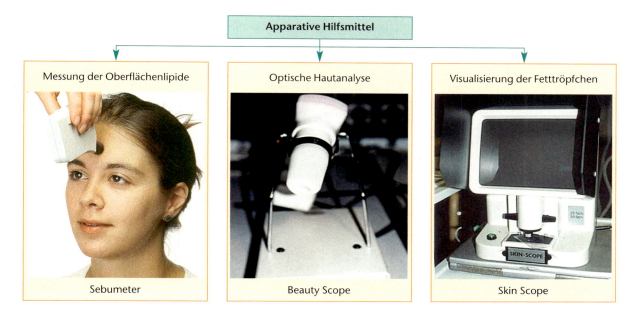

2.3 Haut-pH-Wert

Auf der Hautoberfläche befinden sich zahlreiche Säuren (u. a. Milchsäure, Urocaninsäure, freie Fettsäuren), die die Hautoberfläche ansäuern. Im Idealfall hat die Haut einen pH-Wert von 5,5 (hautneutral) und liegt damit im sauren pH-Bereich.

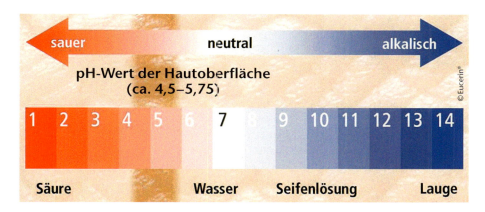

pH-Wert-Skala

Pustelbildung im Gesicht als Zeichen einer bakteriellen Besiedlung infolge der pH-Wert-Verschiebung nach neutral bzw. basisch (> pH 7).

 Der saure Haut-pH-Wert ist wichtig für
- den Aufbau der Hornschichtbarriere (Reparatur),
- die Abschilferung der Hornzellen von der Hautoberfläche,
- die Abwehr unerwünschter Keime (antimikrobielle Abwehr) und
- die Gesunderhaltung der Haut.

 1 Diskutieren Sie, warum Kosmetikprodukte zur Reinigung und Pflege der Haut auf einen pH-Wert von 5,5 eingestellt sind.
2 Warum ist es nach der Hautreinigung mit Wasser sinnvoll, ein Gesichtswasser (Tonic) zu verwenden?

Beurteilen

Visuell, palpatorisch, erfragen

Der Haut-pH-Wert kann in der Praxis mit herkömmlichen Analysemethoden nicht bestimmt werden. Lediglich das Vorkommen entzündlicher Effloreszenzen gibt der Kosmetikerin einen Hinweis auf die Verschiebung des natürlichen Milieus. Folglich ist zur genauen Bestimmung des pH-Wertes der Einsatz apparativer Hilfsmethoden angezeigt.

Ermitteln Sie mit pH-Indikator-Papier den Wert einer Seifenlauge (herkömmliches Seifenpräparat in einem Schälchen mit Leitungswasser anschäumen). Diskutieren Sie den gemessenen pH-Wert in Bezug auf das Hautoberflächenmilieu und die Folgen.

Messen des pH-Wertes

Der Haut-pH-Wert wird mit einem pH-Meter gemessen.

Ein gängiges Verfahren in der Kosmetik ist die Verwendung eines pH-Meter, wobei die Messsonde sanft an die Hautoberfläche angedrückt wird.

2.4 Barrierefunktion (Topografie der Hautoberfläche)

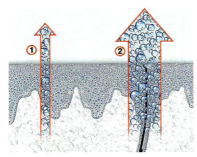

Die Haut verliert kontinuierlich und unmerklich Feuchtigkeit. Dies geschieht in Form von Wasserdampf durch die Zellzwischenräume der Oberhaut. Je mehr Lipide sich dort befinden, desto geringer ist der Wasserverlust auf diesem Weg. Im umgekehrten Fall ist der transepidermale Wasserverlust (TEWL) hoch, wenn Hautlipide fehlen. Die Folgen sind eine Austrocknung und Rauung der Hautoberfläche. Die Haut wird spröde und die Topografie unregelmäßig.

Dieser Prozess kann fortschreiten und sich sogar zu einem Austrocknungsekzem entwickeln. Außerdem können unerwünschte Stoffe von außen leichter in die Oberhaut eindringen.

Transepidermaler Wasserverlust (TEWL) durch die Haut ① und entlang der Anhangsgebilde (Haare) ②

 Der TEWL spiegelt die Barrierefunktion der Haut wieder, die maßgeblich von der Integrität und dem Lipidgehalt der Hornschicht abhängt.

Beurteilen

 Je trockener die Haut, desto rauer die Hautoberfläche, desto stärker stehen die Hornzellen ab (Schuppen), desto ungleichmäßiger ist das Relief.

Visuell:
- Mit Hilfe der Lupenleuchte lassen sich ggf. feine Hautrisse (Mikroläsionen, Fissuren) der Oberhaut feststellen. Hautrisse sind ein Hinweis für eine verminderte Barrierefunktion.
- Die Struktur bzw. das Relief der Hautoberfläche lässt sich mit Stoffstrukturen vergleichen.

2 Hautfunktionen und Eigenschaften

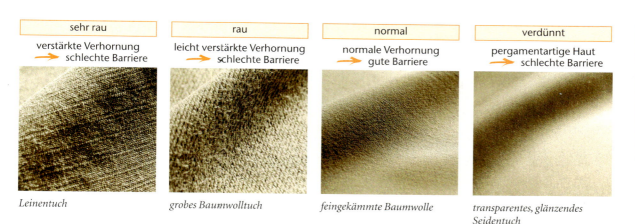

sehr rau	rau	normal	verdünnt
verstärkte Verhornung → schlechte Barriere	leicht verstärkte Verhornung → schlechte Barriere	normale Verhornung → gute Barriere	pergamentartige Haut → schlechte Barriere
Leinentuch	*grobes Baumwolltuch*	*feingekämmte Baumwolle*	*transparentes, glänzendes Seidentuch*

Exakt lässt sich das Ausmaß des TEWL nur mit Messinstrumenten ermitteln.

Es besteht eine enge Beziehung zwischen Hauttrockenheit, Verhornung und Schuppenbildung. Schuppen können eine Schutzmaßnahme der Haut oder Zeichen einer Verhornungsstörung der Epidermis darstellen. In jedem Fall ist die Barrierefunktion der Haut gestört. Treten zusätzlich Hautrisse auf, können diese die Folge der Hauttrockenheit oder aber einer mechanischen Manipulation (Kratzen, Reiben) sein.

Palpatorisch:
- Durch das Abtasten der Hautoberfläche mit der Fingerbeere des Ringfingers kann eine partielle oder ganzflächige Rauung festgestellt werden. Die Rauung gibt Hinweise auf eine nicht intakte Hautbarriere.

Bei der Prüfung des Verhornungsgrades bzw. der Hautrauigkeit ist auf Stärke der Verhornung, Verteilung der Hyperkeratosen (flächig oder lokal) und auf den Zusammenhalt der Hornzellen (locker oder festhaftend) zu achten.

Erfragen:
Es können mögliche Ursachen für Hyperkeratosen durch Befragen ermittelt werden.
- Wie sind die täglichen Reinigungsgewohnheiten?
- Welche Kosmetikpräparate werden verwendet?
- Sind Hautschälkuren vorangegangen und wie wurde die Haut nachversorgt?
- Welche Umgebungsbedingungen herrschen am Arbeitsplatz?
- Wie wird die Freizeit gestaltet (In-door / Out-door)?

Abtasten der Hautoberfläche

 Die Lebensbedingungen nehmen Einfluss auf die Hautstruktur und den Wasserverlust der Haut: Geringe relative Luftfeuchtigkeit, hohe Außentemperaturen und starker Wind begünstigen den TEWL

Messen

Die Bestimmung des TEWL (Evaporimetrie) erfolgt über die Messung der Wasserdampfabgabe. Es ist eine Basismethode in der Dermatologie, um z. B. die Barrierefunktion bei atopischem Ekzem (Neurodermitis) zu bestimmen. In der Kosmetik sind eher bildgebende Verfahren üblich, um das Hautrelief darzustellen. Die Wasserabdunstung wird selten mengenmäßig erfasst.

Mit dem Tewameter wird der TEWL gemessen.

Messen der Hautfeuchte

Tabelle VII/3 Bestimmung der Barrierefunktion und Darstellung der Oberflächentopografie

Messverfahren/Anwendung	Beschreibung
bildgebende Verfahren (Beauty Scope) ■ Visualisierung der Hautoberflächenstruktur	■ Fixieren eines Hautabschnittes von 1 cm² Größe ■ 0- bis 50fache Vergrößerung auf einem Monitor ■ Farbausdruck und Computerverwaltung sind möglich.
Evaporimeter, Tewameter ■ Bestimmung des TEWL	■ Messprinzip, das auf dem Prinzip der Wasserdiffusion basiert ■ Zwei Messfühler messen die Temperatur und die Luftfeuchtigkeit. Dadurch kann ein Rückschluss auf die Wasserverdunstung bzw. den TEWL erfolgen.

2.5 Hautdicke

Die Dicke der Haut ist abhängig von Alter, Geschlecht und Versorgungszustand des Hautgewebes. Mit zunehmendem Alter setzt eine Verdünnung (**Atrophie**) ein.
Wird die Haut ständig der Sonne ausgesetzt, verdickt sich die Hornschicht. Dies ist eine normale Schutzmaßnahme der Haut.

Atrophie
lat.-griech. Schwund; durch Störung des Nahrungsangebots und -bedarfs bedingte Rückbildung normal entwickelter Gewebe und Zellen

 Die subkutane Polsterung der Haut hat einen Einfluss auf die Hautspannung (→ Kapitel VII/2.8). So macht sich eine Diät bzw. Gewichtsabnahme häufig zuerst im Gesicht bemerkbar.

Beurteilen

Inwiefern die Haut verdickt oder verdünnt ist, kann die Kosmetikerin weder visuell noch palpatorisch exakt bestimmen.

Visuell:
■ Durchschimmernde Blutgefäße und eine glänzende, pergamentartige Haut geben einen groben Hinweis auf eine dünne Epidermis.

Palpatorisch:
■ Kompressionstest (Kneiftest): An verschiedenen Lokalisationsstellen wird die Haut zwischen Daumen und Zeigefinger zusammengedrückt. Klassifiziert wird nach: sehr dünn/atrophiert, normal und dick.

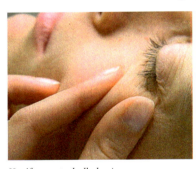

Kneiftest unterhalb des Auges

 Die Hornschichtdicke ist für die Einwirkzeit schälender Fruchtsäure- oder Enzympräparate wichtig (→ Kapitel X). Für ein optimales Ergebnis ist viel Praxiserfahrung erforderlich.

Messen

Die Kalipermethode (Kompression der Haut) wird für Körperbehandlungen in SPAs oder Slimming-Studios verwendet. Sie gibt vorrangig Aufschluss über den Anteil des Unterhautfettgewebes der Haut.

2.6 Reaktivität der Haut (Reaktionsbereitschaft)

Die Reaktion der Haut auf äußere oder innere Reize ist individuell unterschiedlich. Ob, wie schnell und wie lange die Haut z. B. auf einen äußerlichen Reiz anspricht und eine Reaktion zeigt, hängt von ihrer gegenwärtigen Reaktionsbereitschaft ab. Konstitution, Alter und Struktur der Haut (z. B. Schädigungsgrad der Barriere) nehmen darauf Einfluss.

Beurteilen

Visuell:
- Typische **Atopie**-Zeichen wie **Lichenifikation** oder doppelte Lidfalte unter den Augen lassen in der Regel abnorme Hautreaktionen erwarten.
- Erytheme oder diffuse Rötungen (marmorierte Hautzeichnung) sind ein Anhaltspunkt auf die erhöhte Reaktionsbereitschaft der Haut.

Atopie
griech. erbliche Überempfindlichkeit gegen Umweltsubstanzen

 Man bezeichnet Personen mit allergischer Rhinitis (Heuschnupfen), Asthma bronchiale, Urtikaria oder Neurodermitis als Atopiker. Etwa 10 % der Bevölkerung weisen eine übermäßige Reaktionsbereitschaft auf, die genetisch bedingt zu sein scheint.

Spatel-Test

Mit einem stumpfen Plastik- oder Metallspatel wird ein Kreuz an der Stirn und am Dekolletee gezogen. Nach der mechanischen Reizung tritt eine sichtbare Hautreaktion auf – es kommt zum Nachröten der Haut (**Dermographismus**). Geschwindigkeit, Farbe und Dauer der Gefäßreaktion geben der Kosmetikerin Auskunft über die Gefäß-Nerven-Reaktion.

Beobachtungskriterien bei dem Spateltest sind: Wie schnell tritt die Reaktion ein? Wie lange hält die Reaktion an? Tritt eine **konträre** Gefäßreaktion ein?

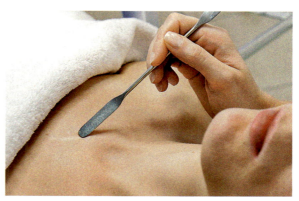

Mit dem Spatel wird ein mechanischer Reiz gesetzt, der eine Hautreaktion verursacht, die nachfolgend beurteilt wird.

Tabelle VII/4 Hautschrift und Bedeutung

Hautschrift	Erscheinung und Hinweis auf
kaum eine Reaktion, schnell abklingend	unempfindliche Haut
Dermographismus ruber	Rötung nach strichförmiger Reibung der Haut; empfindliche Haut mit niedriger Toleranzschwelle
Dermographismus albus	Blasswerden der Haut nach Spateltest („weißer Dermographismus"): abnorme Hautreaktion → Hinweis auf Atopie
Dermographismus elevatus	Quaddelleiste, nachdem die Haut z. B. mit dem Fingernagel gestrichen wird → Hinweis auf überempfindliches Gefäßnervensystem der Haut
Dermographismus niger	durch feinste Metallteilchen von Ringen, Armbändern usw. verursachte Dunkelfärbung der Haut, Ursache unklar

Erfragen:
- Wie reagiert die Haut auf Temperaturreize (Warm-/Kaltwechsel)?
- Wie häufig tritt ein Juckreiz auf?
- Ist die Haut empfindlich? (Ob die Haut subjektiv als empfindlich eingestuft wird, ist wenig aussagefähig, da die Mehrheit der Kunden diese Frage bejaht.)
- Gibt es atopische Erkrankungen (Heuschnupfen, Asthma, Ekzeme) in der Familie?

Dermographismus
griech. derma Haut, *graphein* schreiben, Hautschrift

konträr
entgegengesetzt

Messen

Eine Messung der Hautreaktivität ist in der Kosmetikpraxis nicht üblich.

2.7 Hautfarbe und Mikrozirkulation (periphere Hautdurchblutung)

Auf die Hautfarbe haben Einfluss:
- Menge, Art und Verteilung der eingelagerten Pigmentkörner in der Oberhaut
- Eigenfarbe der Haut
- durch die Haut durchschimmernde Blutgefäße und die Durchblutung
- Struktur der Hornschicht (Reflexion von Licht)

Bei dunkelhäutigen Menschenrassen enthalten auch die höher gelegenen Zellschichten der Epidermis Pigment (Melanin), dessen intensive Farbwirkung durch die weiße Körnerzellschicht durchschimmert.

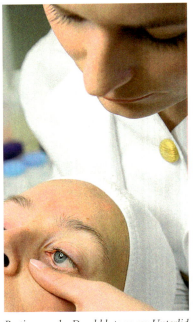

Bestimmen der Durchblutung am Unterlid

> Nicht immer kann von der Hautfarbe auf die Mikrozirkulation (Durchblutung) rückgeschlossen werden. Eine verhornte und dicke Haut wirkt immer fahler als eine dünne, atrophierte Haut.

Beurteilen

Visuell:
- Die Bestimmung der Hautfarbe (Teint): Dazu wird die Hauttönung in verschiedene Farbnuancen gerastert, um gegebenenfalls Rückschlüsse auf Funktionsstörungen und den Gesundheitszustand zu erhalten.
- Die Durchblutung wird vorzugsweise an der Lippenschleimhaut oder Innenseite des Unterlids bestimmt. Die Schleimhaut ist hier sehr dünn und nicht von einer Hornschicht bedeckt. Dadurch ergibt sich keine Verfärbung.
- Bestimmung des Phototyps → Folgeband

 Teint und Gesundheitszustand
- Bei einer starken Raucherin zeigt sich die Haut gräulich-blass.
- Das Gesicht einer Fleischerei-Fachverkäuferin, das ständig Warm- und Kaltwechseln ausgesetzt ist, wird eher Hautrötungen (Eritheme) und Teleangiektasien aufweisen.

Tabelle VII/5 *Hauttönung – Farbnuancen des Teints*

Hautfarbe	Merkmale/Rückschlüsse
rosa, helle Mischtöne bis hin zu kräftigem Hellbraun	▪ Die Haut ist gut durchblutet. Die Hautfarbe lässt auf einen gesunden Organismus schließen.
grau-weißlich blass-fahl undurchsichtig, trüb schmutzig-grau (Ablagerungen)	▪ Folge einer stetig schlechten Hautdurchblutung. Häufig liegt eine übersteigerte Verhornung (Hyperkeratose) vor. ▪ Durch gestörte organische Prozesse und einen verminderten Blutdruck kommt es zu Mangelzuständen, welche die Haut trüb erscheinen lassen.
blass-weißlich	▪ Blässe kann gleichmäßig verteilt auftreten oder nur lokal. ▪ Ursachen sind Substanzen im Blut, die die Kapillargefäße verengen, aber auch innere Erkrankungen wie Blutarmut, Leukämie, infektiöse oder organische Erkrankungen.
rötlich-blaurot	▪ Hochdruck in den Blutkapillaren als Folge innerer Reiz- oder Schadstoffe, extremer Temperaturen, Wind, chemischer Einflüsse u. a. Die Blutkapillaren erweitern sich und zusätzlich kommt es zu Neubildungen und Ausstülpungen. Lähmungen der Gefäßnerven können auftreten. ▪ Meist liegt eine Erweiterung der Kapillargefäße (Teleangiektasien) vor, die mit verlangsamter Blutzirkulation und erhöhtem Kohlensäurespiegel einhergeht. ▪ Kunden haben häufig einen erhöhten Blutdruck.

Hautfarbe	Rückschlüsse / Merkmale
gelblich-grün	■ Hinweis auf Leber- und Gallenschäden. Bereits ein geringfügiger Gelbstich weist auf einen erhöhten Bilirubin-Spiegel im Blut und auf Ablagerungen von Gallenfarbstoffen hin. ■ Ein grünlicher Farbton entsteht bei bestehendem Leber-Galle-Schaden mit zusätzlichem Auftreten endogener Toxine.
bräunlich-fleckig	■ Ursachen sind Abbauprodukte des Blutfarbstoffes (Hämoglobin), hormonelle Umstellungen bei Schwangeren, Einnahme von Kontrazeptiva u. a.

Die häufig im Wangenbereich bei Kunden auftretende rötlich bis blaurote Gesichtsfarbe entsteht durch
- Erweiterung bzw. Dehnung der Kapillargefäße,
- Verdünnung der Gefäßwand mit nachfolgender erhöhter Durchlässigkeit,
- Verlangsamung des Blutflusses und Stauung der peripheren Blutzirkulation im Stratum papillare.

Messen

In der kosmetischen Praxis werden vereinzelt Geräte zur Bestimmung der Hautfarbe bzw. Lichtreflexion eingesetzt (Colorimeter, Mexameter).

- **Colorimetrie**
  Die Haut wird beleuchtet und sie reflektiert das Licht. Die Farben werden in einem dreidimensionalen Koordinatensystem erfasst und berechnet.
- **Spektralphotometrie**
  Spektralphotometrische Messung von Melanin und Hämoglobin. Die verwendeten Dioden senden Licht bei 568 nm und 655 nm auf die Haut. Anhand des reflektierten Lichts werden Melanin- und Erythem-(Rötungs-)Index berechnet.

Messen der Hautfarbe, Bestimmung des Rotanteils

Bestimmen der Hautfarbe und des Hauttyps

 In der Dermatologie und Hautforschung werden Laser-Doppler-Flowmetrie zum Messen des kapillaren Blutflusses und Infrarot-Thermografie zur Ermittlung der Hauttemperatur verwendet.

2.8 Viskoelastizität (Tonus)

Der Spannungswiderstand der Haut gegen eine Dehnung wird als Tonus bezeichnet. Dieser Spannungszustand charakterisiert den Gewebezustand und ist ein Maß für die **Viskoelastizität** der Haut.

 Das biomechanische Verhalten der Haut ist **viskoelastisch**, da die Haut elastische Anteile (Festkörper) und viskose Anteile (Flüssigkeiten) hat.

Die **Viskosität** bezieht sich auf die Zähigkeit, d. h. die innere Reibung der Flüssigkeitsanteile in der Haut. Die **Elastizität** geht auf die federnden Hautstrukturen zurück, wie z. B. die elastischen Fasern. Der Tonus steht damit immer in Beziehung zum Wassergehalt der Haut (Turgor). Weiterhin wirken sich auf dem Tonus aus: Anteil des Unterhautfettgewebes, Veränderung der natürlichen Bedingungen im Hautgewebe (z. B. beim Lichtschaden, bei Bindegewebserkrankungen), Abnahme der Gerüsteiweißkörper mit dem Alter.

Viskosität
lat. viscum Vogelleim, Zähflüssigkeit (Zähigkeit)

Elastizität
Spannkraft, Beweglichkeit, Geschmeidigkeit

 Mit zunehmendem Alter degenerieren elastische und kollagene Fasern – der Tonus der Haut wird schlechter.

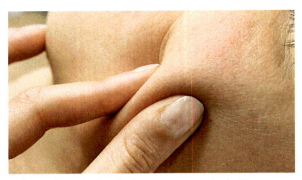

Ziehversuch zur Analyse des Spannungszustandes der Haut

Beurteilen

Palpatorisch:

Ziehversuch: Die Haut wird an verschiedenen Stellen (z. B. Wangenpartie, Handrücken) zwischen Daumen und Zeigefinger angehoben. Hierdurch wird geprüft, wie fest die Haut auf der Unterlage sitzt und wie schnell sie sich nachfolgend wieder in ihre Ausgangslage zurückzieht.

Die Auswertung der Rückstellungsfähigkeit sowie die Beurteilung des Dehnungsmaßes erfordern in der Praxis viel Erfahrung.

Messen

Handelsübliche Messgeräte zur Untersuchung des viskoelastischen Verhaltens der Haut umfassen Geräte, welche

- die Haut verdrehen (Torsion),
- eindrücken (Indentometrie),
- ziehen bzw. anheben (Levarometrie) oder
- mit einem Vakuum in die Öffnung eines Handstückes ziehen (Elongation).

Die Ausdehnbarkeit wird gewöhnlich in Millimeter [mm] und die Rückstellungsfähigkeit der Haut in Prozent [%] angegeben.

3 Hautzustände und Einflussfaktoren

3.1 Einflussgrößen

Der **aktuelle** Hautzustand kennzeichnet die Gesamtheit der gegenwärtig vorliegenden Bedingungen an der Hautoberfläche. Dieser Zustand ist veränderlich. Der Hautzustand ist abhängig von

- genetischen Faktoren, z. B. familiärer Veranlagung,
- inneren (endogenen) Faktoren, z. B. Alter, Hormonspiegel,
- äußeren (exogenen) Faktoren, z. B. Witterung, Jahreszeit und individuellen Reinigungsgewohnheiten sowie Freizeitaktivitäten.

Der Anteil genetischer Veranlagung wird auf 10 bis 30 % geschätzt.

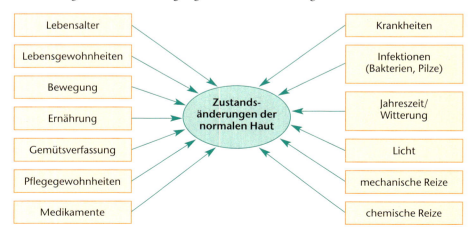

3 Hautzustände und Einflussfaktoren

Im Jahresverlauf verursachen Schwankungen durch Witterung und Dampfdruckverhältnisse in der Atmosphäre Unterschiede in der Ausprägung der trockenen bzw. fettigen Haut. Deshalb wird in der Kosmetik eine saisonale Hautpflege gefordert.

Erläutern Sie anhand Ihrer persönlichen Lebensgewohnheiten und familiären Veranlagung mögliche Einflussgrößen auf Ihren Hautzustand.

3.2 Die Hautzustände

In der Pubertät entwickelt sich die normale Haut unter dem Einfluss einsetzender Hormonproduktion vorzugsweise zur öligen, seborrhoischen Haut (ca. 80 %). Demgegenüber ist die Entwicklung zur feuchtigkeitsarmen und trockenen (sebostatischen) Haut seltener anzutreffen (ca. 20 %). Im Alter ist die Entwicklung gegenläufig – die Haut wird eher trocken.

Unter dem Einfluss körpereigener Hormone ändert sich der Hautzustand im Laufe des Lebens. Zusätzlich können weitere Bedingungen zu einer Zustandsänderung führen.

Ölige Haut neigt zur Akne, trockene Haut eher zum Austrocknungsekzem.

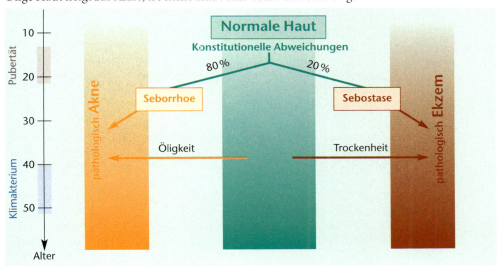

Schematische Übersicht zur Entwicklung der Hautzustände

Die Klassifizierung der Hautzustände erfolgt nach dem **Hauptproblem** bzw. anhand der **dominierenden** Kennzeichen, wie z. B. dem Fett- oder Feuchtigkeitsgehalt.

normale Haut

 Beispiele für den abweichenden Gehalt an Fett und Feuchtigkeit verschiedener Hautzustände:

Normale Haut → Fett- und Feuchtigkeitsgehalt sind ausreichend vorhanden (Gleichgewicht).

ölige, fettige Haut (Seborrhoe oleosa)

Talgdrüsenüberfunktion (Seborrhoe)
- Seborrhoe oleosa → ölig und feuchtigkeitsreich
- Seborrhoe sicca → fettreich, jedoch feuchtigkeitsarm

Talgdrüsenunterfunktion (Sebostase)
- trockene Haut → fettarm und feuchtigkeitsarm

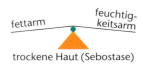
trockene Haut (Sebostase)

 In der Kosmetik erfolgt die Klassifizierung in
- normale Haut
- feuchtigkeitsarme Haut
- trockene Haut (Sebostase)
- fettige Haut (Seborrhoe)
- Altershaut (atrophische Haut)
- lichtgeschädigte Haut (Photoageing)
- empfindliche Haut
- gefäßlabile Haut

unreine, feuchtigkeitsarme Haut (Seborrhoe sicca)

 Auf der Hautoberfläche befinden sich hydrophile und lipophile Stoffe, die eine Emulsion bilden. Woher kommen diese Substanzen?

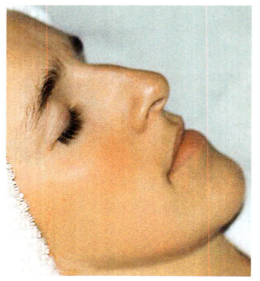

Normale, feinfollikuläre Haut ohne Auffälligkeiten

Die normale Haut

Als „normal" bezeichnet man eine Haut ohne Funktionsstörungen. Sie zeigt keine morphologischen Auffälligkeiten und ist gesund. Es liegt eine intakte Balance zwischen Fett und Feuchtigkeit vor.

Merkmale der Haut:
- feinfollikulär, unempfindlich und normal verhornt
- verfügt über eine gute Spannung und ist fest mit dem darunterliegenden Gewebe verbunden ihre gesamte Erscheinung ist vital;
- rosig, gut durchblutet, Zustand der Blutkapillaren ist nicht abnorm verändert.

Es gibt weder Anzeichen von Anomalien bzw. Hautblüten (Effloreszenzen → Tabelle VII/6) oder Pigmentverschiebungen. Kaum eine Haut befindet sich in diesem Idealzustand.

 Bei der normalen Haut liegt ein intaktes Regulationssystem vor. So wird beispielsweise der Talgfluss sofort gebremst, wenn sich genügend Talg auf der Hautoberfläche befindet. Die Haut kann sich ausreichend vor negativen Einflüssen von außen schützen.

3 Hautzustände und Einflussfaktoren

Tabelle VII/6 *Primäre und sekundäre Hautblüten (Effloreszenzen)*

Primäre Effloreszenzen unmittelbar durch die Hautkrankheit hervorgerufen		Sekundäre Effloreszenzen entwickeln sich im Anschluss an primäre Effloreszenzen	
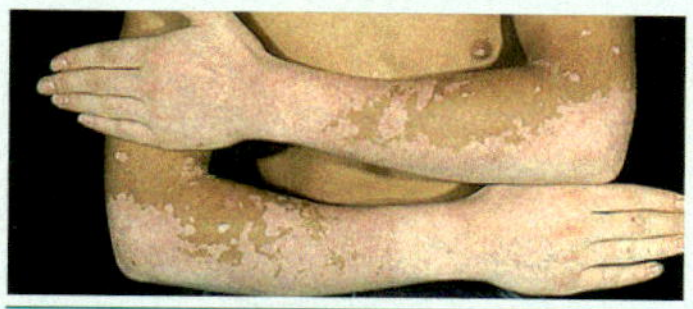	Macula Fleck, Farbveränderung der Haut	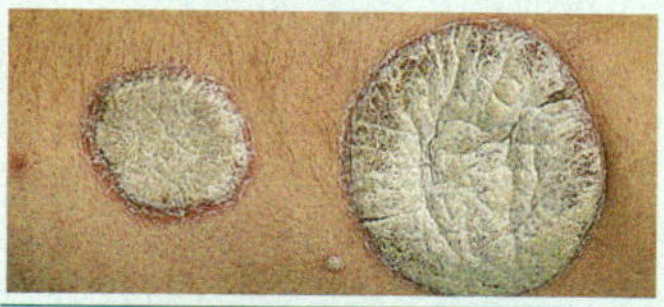	Squama Schuppe
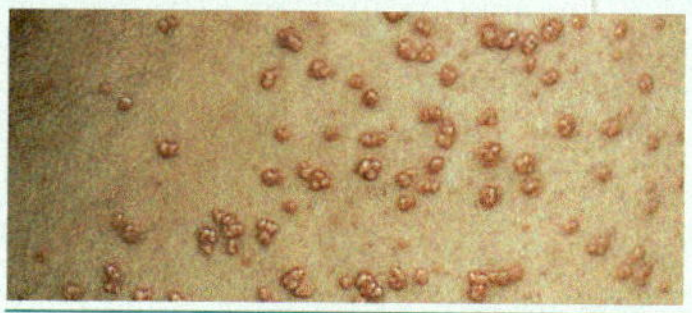	Papula Knötchen	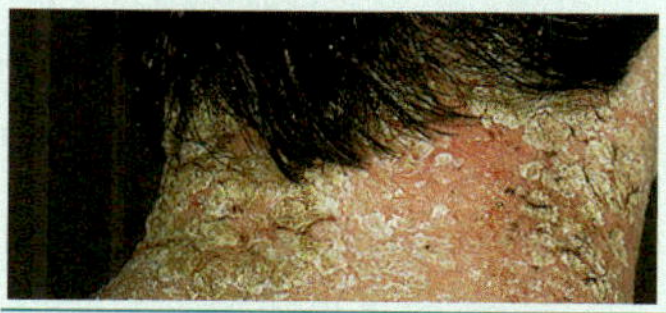	Crusta Kruste
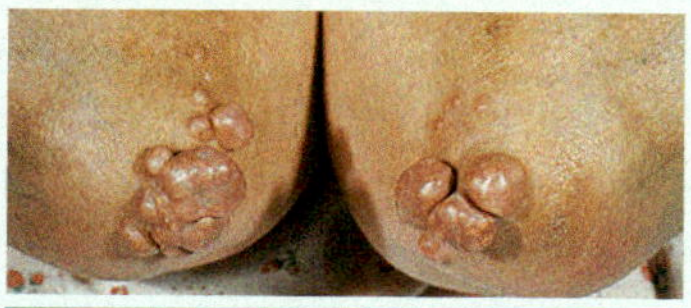	Tuber oberflächlicher Knoten über Haselnussgröße	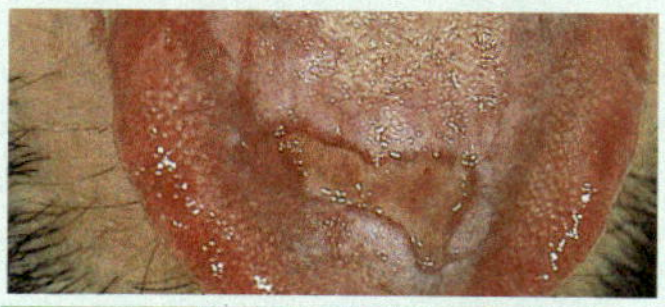	Erosio Erosion
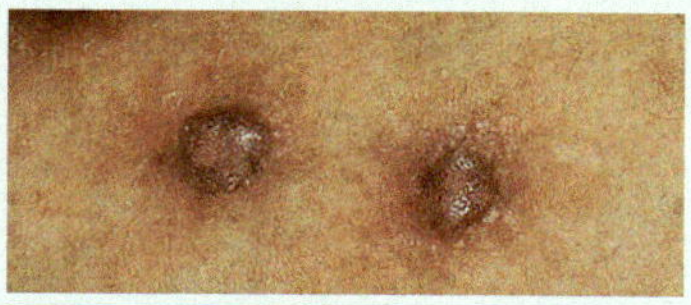	tiefer Knoten über Haselnussgröße	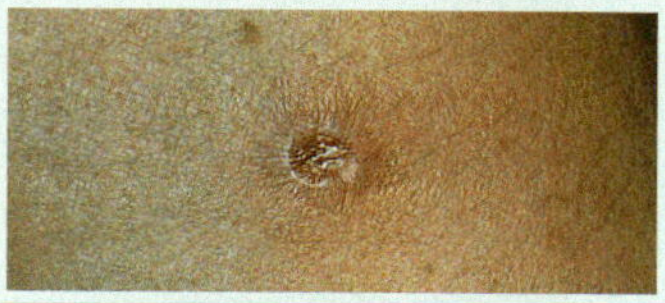	Excoriatio Hautabschürfung
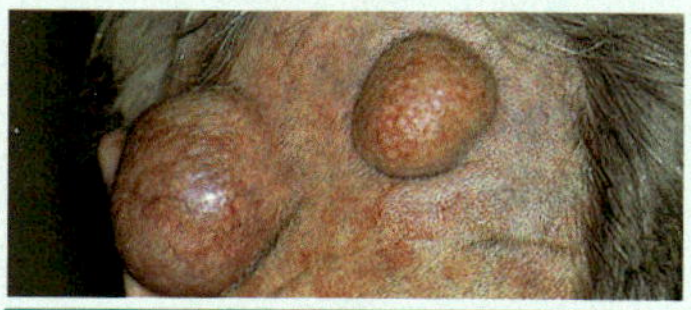	Phyma Knolle, Tumor, Geschwulst	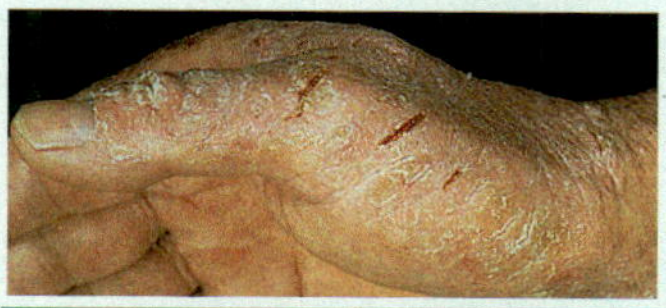	Rhagade, Fissura Schrunde
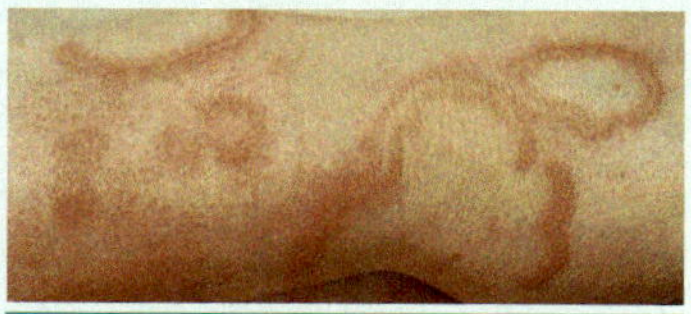	Urtica Quaddel	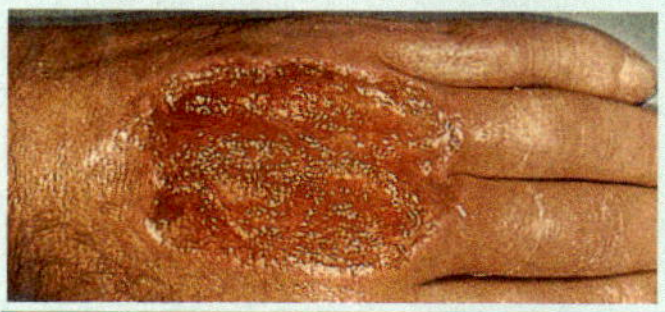	Ulcus Geschwür
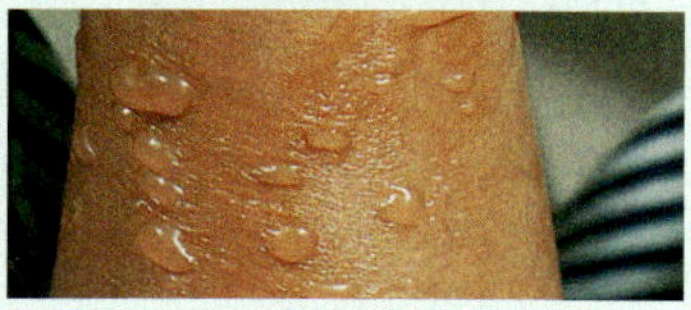	Vesicula Bläschen	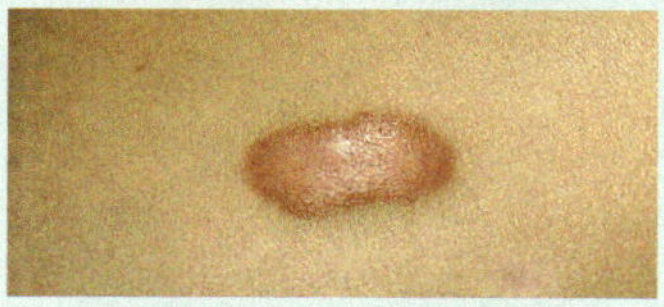	Cicatrix Narbe
	Bulla Blase	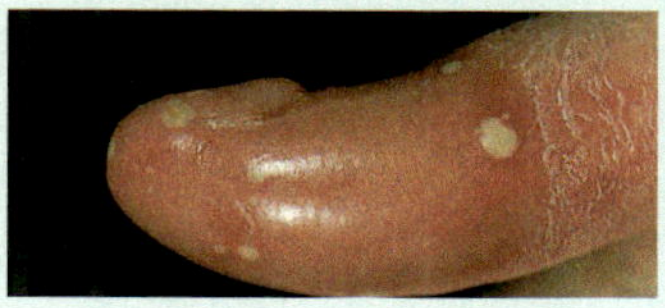	Atrophia Hautschwund
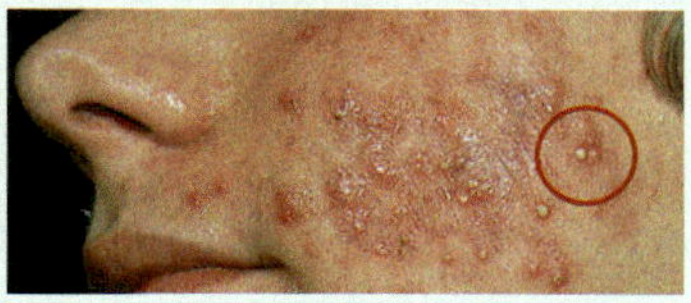	Pustula Eiterbläschen		
(ohne Abbildung)	Cystis Zyste		

VII Beurteilen der Haut

Lernfeld 3

Die feuchtigkeitsarme Haut

Die normale Wasserabgabe der Haut wird vom Feuchtigkeitsgrad und von der Temperatur der umgebenden Atmosphäre bestimmt.

Reguliert wird die Wasserabgabe der Haut durch
- vorhandenes Hautfett, das Feuchtigkeit in Form einer Emulsion bindet und so die Wasserabdunstung verzögert,
- **hydrophile** Substanzen der Hornschicht.

Bei diesen hydrophilen Stoffen handelt es sich um ein Gemisch unterschiedlicher chemischer Stoffe (**Natural Moisturizing Factor, NMF**), die stark **hygroskopisch** wirken und zur Wasser**retention** beitragen.

 Klinische Studien weisen darauf hin, dass der Wassergehalt der Hornschicht direkt oder indirekt die **Repair**prozesse der Hautbarriere beeinflusst.

Bei feuchtigkeitsarmer Haut ist der Wassergehalt der Hornschicht vermindert (< 10 %). Durch das herabgesetzte Wasserbindungsvermögen und die gestörte Hornschichtbarriere kann Wasser in Form von Dampf ungehindert aus der Haut nach Außen abdampfen.
Feuchtigkeitsarme Haut ist häufig Vorläufer einer fett- **und** feuchtigkeitsarmen (trockenen) Haut. Alle Einflüsse, die die schützende Lipidschicht entfernen (z. B. alkoholhaltige Lotionen) und damit auch den wasserlöslichen NMF herauslösen, bereiten den Weg in die Hauttrockenheit vor.

 Feuchtigkeitsarme Haut tritt vorzugsweise schon in jungen Jahren auf. Sie ist typisch für Vielflieger (z. B. Stewardessen) oder Personen, die in vollklimatisierten Räumen arbeiten.

Typisches Kennzeichen feuchtigkeitsarmer Haut sind feine Plisseefältchen (→ Kapitel VII/2) rund um die Augen und schräg zum Nasenrücken verlaufende Linien. Die Haut wirkt „knitterig", der **Turgor** ist vermindert. Die Produktion von Lipiden ist im Gegensatz zur seborrhoischen Haut nicht erhöht, so dass die Follikel nicht erweitert sind. Die Haut ist normal verhornt. Eine Schuppenbildung tritt kaum bis gar nicht auf.
Ist der Feuchtigkeitsverlust bzw. Wassermangel sehr stark, wird die Haut zunehmend empfindlicher. Ihre Reaktionsbereitschaft nimmt zu.

Wie auch bei trockener Haut, neigt die feuchtigkeitsarme Haut zu einer **vorzeitigen** Alterung – besonders im Gesicht.

Feuchtigkeitsarme Haut mit feinen Plisseefältchen

 Die kosmetische Behandlung besteht in Feuchtigkeit spendenden Packungen und **Feuchthaltemitteln**, z. B. Kollagenpräparate, Hyaluronsäure, Zuckerkomplexe, Agave oder Aloe Vera. Feuchtigkeitskonzentrate für die Augenregion sind empfehlenswert.

 Begründen Sie, warum kosmetische Cremes zur Pflege feuchtigkeitsarmer Haut hygroskopische Stoffe enthalten.

Die trockene Haut (Sebostase)

Die Sebostase ist eine Haut mit verringerter Lipidbildung und einem Mangel an hauteigenen, natürlichen Feuchthaltefaktoren (NMF) – insbesondere Harnstoff. Sie stellt ein häufiges Problem dar und kennzeichnet eine Mangelfunktion der Epidermis bzw. der Hornschicht.

---

hydrophil
griech. hydro Wasser, *philos* Freund; wasserfreundliche Stoffe, die sich leicht in Wasser lösen bzw. verteilen

hygroskopisch
Wasser anziehend

Natural Moisturizing Factor (NMF)
Gemisch chemischer Substanzen in der Hornschicht, das Wasser bindet

Retention
Rückhaltevermögen

repair
engl. erneuern, ausbessern

Tugor
lat. turgere strotzen; Flüssigkeitsdruck in einem Gewerbe

Sebostase
lat. sebum Talg, *-stasis* Stauung; Haut mit verringerter Talgdrüsenproduktion und Mangel an Feuchtigkeit

■ 3 Hautzustände und Einflussfaktoren

Trockene Haut betrifft besonders häufig Kinder unter 10 Jahren und ältere Menschen über 60. Im 2. bis 5. Lebensjahrzehnt ist der Anteil der Frauen mit trockener Haut deutlich höher als der der Männer.

 Bei der Feuchtigkeitsmessung (Corneometrie → Kapitel VII/2.1) wird bei trockener Haut ein Feuchtigkeitsgrad von < 50 Einheiten gemessen.

Bei der Beurteilung des Tonus sollte das Alter der Kundin berücksichtigt werden.

Hinweise auf diesen Hautzustand geben Hautschuppen und die mangelnde Viskoelastizität bzw. Geschmeidigkeit der Haut: Tonus und Turgor sind vermindert.
Die Haut ist feinfollikulär. Nicht nur die Haut, sondern meist auch die Haare sind trocken und spröde. Die Haut wirkt stumpf und matt, der Teint ist leicht rosig, tendenziell aber eher blass. Es besteht die Neigung zur vorzeitigen Hautalterung (z. B. Gesichtsfalten).

Charakteristisch für trockene Haut sind
- Rauigkeit bis hin zu Rissigkeit der Haut, Fissuren, Rhagaden
- Spannungsgefühl
- leichte Schuppung
- Juckreiz – besonders in kalter Jahreszeit
- feine Follikel.

Ein verringerter Anteil an natürlichen Feuchthaltefaktoren (NMF) führt zu einem schlechten Feuchthaltevermögen. Die Haut verliert verstärkt Wasser und trocknet immer stärker aus, so dass die Hautschuppung zunimmt.

Die Auflage von unregelmäßigen Hornschuppen ist charakteristisch für trockene Haut und Haare.

Typische Hinweise auf trockene Haut:
- Fissuren, schmerzhafte Hauteinrisse
- Hautjucken (Pruritus)
- Schuppen
- Milien
- Rhagaden, kleine, oft sehr schmerzhafte, tiefe Hautspalten an Lidwinkel, Lippen, Fingern und Füßen

Die Ursachen für trockene Haut können sehr vielfältig sein:

Exogene Faktoren – Beispiele	Krankheiten
■ beruflich bedingter häufiger Kontakt mit Wasser und Detergenzien (waschaktive Substanzen) ■ zu häufige Anwendung von entfettenden Dusch- oder Badezusätzen ■ Kälte ■ Alter	■ atopische Dermatitis ■ **Ichthyosis** (→ Kapitel VI/2.1.2) ■ Diabetes mellitus ■ Schilddrüsenunterfunktion
Folge: gestörte Barrierefunktion und/oder chronische Entzündung der Haut	

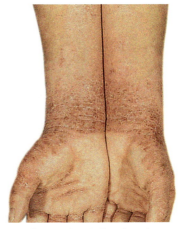

Neurodermitis (atopisches Ekzem)

Trockene Haut weist folgende Funktionsstörungen auf:
- gestörte Barrierefunktion
- erhöhter Feuchtigkeitsverlust
- stark vermindertes Wasserbindungsvermögen
- erhöhte Anfälligkeit für allergische Reaktionen (z. B. auf Duftstoffe)

Für die kosmetische Pflege trockener Haut ist es wichtig, fehlende Hautlipide (→ Kapitel V/2.4) zu ersetzen, um den TEWL zu verringern und das Wasserbindevermögen der Haut zu verbessern. Die Lipide werden in die äußere Hornschicht eingebaut und vermindern so das Spannungsgefühl, sie regenerieren und schützen die trockene Haut.

> Die kosmetische Behandlung erfolgt mit milder Hautreinigung (z. B. rückfettender Reinigungscreme), der Zuführung von Feuchtigkeit, essenziellen Fettsäuren, hautidentischen Lipiden und Schutz vor Witterungseinflüssen (Sonnenschutz, Kälteschutz inkl. Lippenpflege).
> Augencremes sind Augengelen vorzuziehen. Ölbäder, Duschöle oder -cremes sowie fett eingestellte Körpercremes sind empfehlenswert. Balsame oder Cremes für Hände und Füße sollten z. B. Harnstoff (Urea) enthalten.

Urea
Harnstoff, Bestandteil des NMF, wundheilend, erhöht die Wasserbindung in der Haut

> Bei der Reinigung und Pflege trockener Haut kommt es vor allem auf eine ausreichende Re-hydratation und Regeneration der gestörten Lipidbarriere an. Hautverwandten Lipiden ist der Vorzug zu geben.

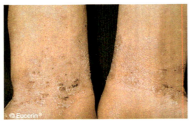

Atopische Haut bei junger Frau (atopisches Ekzem); Kratzspuren an den Handgelenken als Folge ständigen Juckreizes

Trockene Haut bei Atopischem Ekzem (atopisch trockene Haut)

Atopisch trockene Haut zeigt neben einem Mangel an natürlichen Feuchthaltesubstanzen (NMF, besonders Harnstoff) und Barriere-Lipiden noch eine andere Besonderheit: Ein gestörter Fettsäure-Stoffwechsel führt zu einer schlechteren Qualität der Hautlipide. Die Haut produziert funktionsgestörte Ceramide, die die Haut schlecht isolieren. Man könnte auch sagen: „Das Mauerwerk dieser Haut ist brüchig".

> Etwa 15–20 % der Bevölkerung neigen aufgrund einer atopischen Veranlagung zu trockener Haut. Atopisch trockene Haut ist eine Spezialform trockener Haut mit zusätzlich gestörtem Fettsäure-Stoffwechsel.

Trockene Haut bei Diabetikern

Diabetiker
griech. dia hindurch, auseinander; Mensch mit Zuckerkrankheit, eine Glukosestoffwechselstörung

Die Haut von **Diabetikern** ist trocken und gespannt, da die Talg- und Schweißdrüsenaktivität vermindert ist. Es besteht die Neigung zu Rötungen, Juckreiz, Ekzemen, Verhornungen und zum Unterschenkelgeschwür (Ulcus cruris). Durchblutungs- und Empfindungsstörungen erhöhen das Risiko für Verletzungen.

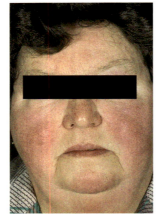

Linolensäure
dreifach ungesättigte essenzielle Fettsäure; Wirkstoff zur Verminderung des TEWL und zur Regulation der Talgdrüsenfunktion

> Die kosmetische Behandlung erfolgt durch milde Reinigung mit rückfettenden Zusätzen. Die Hautpflege sollte essenzielle Omega-6-Fettsäuren, wie **Linolensäure** und Gamma-Linolensäure (z. B. in Nachtkerzensamenöl) sowie Harnstoff enthalten. Empfehlenswert sind Bäder mit Zusatz von rückfettenden Substanzen, die juckreizlindernd wirken.

> Die kosmetische Behandlung besteht in milder Reinigung mit rückfettenden Zusätzen sowie Pflegecremes mit hautverwandten Lipiden.

persistierend
lat. persistere stehen bleiben, verharren

*Frau, 61 Jahre, Diabetikerin, rote Gesichtshaut mit **persistierenden** Erythemen, Couperose*

3 Hautzustände und Einflussfaktoren

Die ölige Haut (Seborrhoe)

Die talgreiche Haut wird als **Seborrhoe** bezeichnet. Kennzeichen ist der so genannte Schmerfluss, eine genetisch bedingte vermehrte Absonderung von Hauttalg. Der Einfluss von Geschlecht und Lebensalter weist auf eine hormonelle Steuerung hin.

Seborrhoiker haben einen erhöhten Androgen-Serumspiegel und eine verstärkte Empfindlichkeit der Talgdrüsenzellen (Sebozyten) gegenüber **Androgenen**.

 Ein Überschuss an männlichen Sexualhormonen regt die Talgdrüsen zur vermehrten Produktion von Sebum an.

 Weitere Ursachen für einen abnormen Androgen-Überschuss können sein:
- Androgen produzierende Tumore
- **Zysten** an den Eierstöcken der Frau
- Das androgenitale Syndrom, ein endokrinologisches Krankheitsbild. Typische Kennzeichen: Menstruationsunregelmäßigkeiten, **Hirsutismus**, ungewöhnlich frühe oder schwere Akne, Spätakne ab dem 30. Lebensjahr.
Die Funktion der Nebennierenrinde muss vom Arzt geprüft werden!

Die talgreiche Haut tritt in zwei Formen auf:
- die trockene Form (Seborrhoe **sicca**) und
- die ölige Form (Seborrhoe **oleosa**).

Typisch für die Seborrhoe ist das Auftreten folgender Erscheinungen:

Tabelle VII/7 Merkmale der öligen Haut

Komedonen (Mitesser) • geschlossen (Whitehead) • offen (Blackhead)	Pusteln (Eiterpickelchen)	Papeln (Knötchen)	Hirsutismus (bei Frauen)
	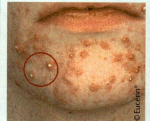		*(ohne Abbildung)*
Hornpfröpfe infolge übermäßiger Sebumproduktion und Verhornungsstörung (Retentionshyperkeratose) an der Follikelmündung • Oberfläche ist offen – Melaninansammlung führt zur Dunkelfärbung • Hornzellen sind in lockeren Lamellen angeordnet, dazwischen befinden sich Hefen und Bakterien • dichte konzentrische Lamellen von Hornzellen, in denen reichlich Bakterien enthalten sind	• mit Eiter gefüllte Hohlräume infolge einer Entzündung des oberen Follikelabschnitts • oft follikulär sitzend und von einem Haar durchbohrt • erhaben, zentraler Punkt	• lokale Zellvermehrung infolge tiefliegender Entzündung • gelbe bis rote feste Knötchen bis Erbsengröße • druckempfindlich	• vermehrte Gesichtsbehaarung, z. B. Damenbart • Ursachen sind – vermehrte Androgenbildung in Nebennierenrinde oder Eierstöcken – Androgenverabreichung (z. B. Doping) – gesteigerte Empfindlichkeit der Haarfollikel gegenüber androgenen Reizen – verstärkte Umwandlung von Testosteron in das eigentlich wirksame Dihydrotestosteron im Bereich der Haarwurzeln

---

Seborrhoe
griech. rhoe Fluss, Schmerfluss; anlagebedingte, gesteigerte und krankhaft veränderte Absonderung der Talgdrüsen

Androgene
Sammelbegriff für die männlichen Sexualhormone, z. B. Testosteron

Zyste
griech. mit Flüssigkeit gefüllter Hohlraum, Geschwulst

Hirsutismus
lat. männlicher Behaarungstyp bei Frauen

sicca
lat. siccus trocken

oleosa
griech.-lat. ölig

Desquamation
lat. *squama* Schuppe, Abschuppung; Lösung der Hornzellen von der Hautoberfläche

Allantoin
Produkt des Eiweißstoffwechsels, fördert die Wundheilung und Zellregeneration

Panthenol
entzündungs- und reizlindernd

 Erstellen Sie eine Tabelle, in der die Merkmale der Seborrhoe sicca und Seborrhoe oleosa gegenübergestellt sind. Dies erleichtert Ihnen die exakte Analyse in der Praxis.

Seborrhoe sicca
Diese Form der talgreichen Haut äußert sich in
- einem trockenen Haarboden und trockenen Haaren,
- Schuppen,
- stumpfem – nicht glänzendem Teint,
- großen Follikeln,
- bröckeligen Talgmassen (Absonderung von hartem Talg).

Meist sind Haare und Haut von staubfeinen weißen Schuppen bedeckt, die aber auch lamellenartig wie Eisschollen zusammenhaften. Die Abschuppung der Haut (**Desquamation**) ist vermindert.

 Die tägliche Abschuppung von Hornzellen beträgt etwa 6 bis 8 g und verläuft meist unbemerkt. Die Abstoßung in kleinsten Schüppchen wird als Abschilferung bezeichnet.

Die Produktion der Talgdrüsen-Lipide ist erhöht, der Feuchtigkeitsgehalt der Haut ist hingegen vermindert. Der Hautteint ist tendenziell blass und gräulich-fahl, die Hautdurchblutung eher vermindert.

Die Seborrhoe sicca ist empfindlich und neigt deshalb zu überschießenden Reaktionen. Ihr Maximum erreicht sie in der Herbst- und Winterzeit.

Die kosmetische Behandlung besteht in einer gründlichen, aber milden Reinigung mit hautfreundlichen Tensiden, tiefenwirksamen Enzympeelings oder Fruchtsäuren, Moisturizern oder Hydro-Gelen, beruhigenden Packungen oder Masken und der Anwendung ausgleichender oder regulierender Wirkstoffe (Tonerde, Heilerde, **Allantoin**, **Panthenol**, **Aloe Vera**, **Vitamin-A-Abkömmlinge**).

Aloe Vera
Gel aus den Blättern der Aloe Vera, antientzündlich, feuchtigkeitsspendend

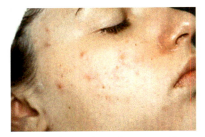

Seborrhoe fördert das Auftreten von Akne vulgaris.

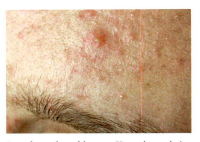

Pusteln und geschlossene Komedonen bei einem jungen Mann

Seborrhoe oleosa
Die Seborrhoe oleosa ist der häufigste Hautzustand in der Pubertät. Hautbezirke, die viele Talgdrüsen aufweisen, sind besonders stark betroffen (→ Kapitel V/2.7).

Die Haut erscheint fettig glänzend, großfollikulär und derb. Das Kopfhaar ist schon kurze Zeit nach der Haarwäsche schmierig.

Es besteht erhöhte Neigung zu starker Schweißsekretion, zu Akne und zur Bildung fetter Kopfschuppen. Die Haut ist im Gegensatz zur Seborrhoe sicca unempfindlich.

Vitamin-A-Derivat
Abkömmling des Retinol (Vitamin A: Radikalfänger), Schutz des Hautepithels

adstringierend
lat. *adstringere* zusammenziehen

keratoplastisch
den Verhornungsprozess fördernd

 Die kosmetische Behandlung besteht in häufiger, gründlicher Reinigung mit waschaktiven Tensiden, **adstringierenden** Kräutermasken und der Anwendung **keratoplastischer** Wirkstoffe (z. B. Schwefel, Teerpräparate, Salizylsäure, Resorcinwässern, oder -shampoos).

 Adstringenzien – kosmetische Mittel, durch die das Gewebe oberflächlich verdichtet wird. Hierzu gehören z. B. Hamamelis, Salbei, Aluminiumverbindungen und Zinksulfat.

Die Seborrhoe ist die Grundlage von Rosacea, Akne vulgaris und seborrhoischem Ekzem. Bei stark entzündlicher Seborrhoe mit Pustelbildung und Akne kann sich auf den Entzündungen nachfolgend eine Narbe entwickeln. Insbesondere dann, wenn an den Herden unsachgemäß herumgedrückt wird.

3 Hautzustände und Einflussfaktoren

Ist eine tiefe Hautschälung in der Institutsbehandlung beabsichtigt, muss immer die Neigung zu Wulstnarben (Keloide → Kapitel VI/4) erfragt werden. Diese derben, strangförmigen aus Bindegewebe bestehenden Hautwülste entwickeln sich nur bei dafür veranlagter Haut.

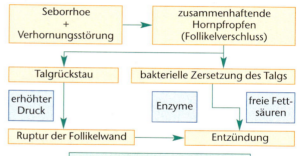

 Treten mehr als 10 Pusteln oder Papeln pro Gesichtshälfte auf, darf die Kosmetikerin ohne ärztliche Aufsicht nicht mehr am Kunden arbeiten.

Erklären Sie anhand des Schemas, wie es bei seborrhoischer Haut zu Entzündungen kommen kann.

Die Altershaut

Die Haut des alternden Menschen ist durch Veränderungen charakterisiert, die sich im Rahmen der biologischen Alterung (**intrinsisches** Altern) vollziehen. Durch exogene Faktoren (**extrinsisches** Altern), insbesondere UV-Belastung, kann der Alterungsprozess erheblich begünstigt werden.
Beschleunigend auf die Hautalterung wirken auch
- Fehl- oder Mangelernährung,
- eine zu geringe Flüssigkeitszufuhr,
- verstärkte Austrocknung der Haut durch mikroklimatische (Bekleidung) und raumklimatische (Überhitzung) Faktoren,
- Verminderung des Wasserbindevermögens und Geschmeidigkeit der Haut durch chemische Verbindungen (Seifen, Tenside u. a.),
- Hygienefehler.

intrinsisch
engl. intrinsic
innerlich, von innen

extrinsisch
engl. extrinsic
von außen, äußerlich

 Der Alterungsprozess der Haut wird sowohl von genetischen als auch von äußeren Faktoren gesteuert.
Das Stratum corneum verdickt sich – hingegen ist die übrige Epidermis verdünnt (atrophiert).

 Forschungsergebnisse zeigen, dass die hornbildenden Zellen der Oberhaut, die Keratinozyten, wahre Chemiefabriken sind.

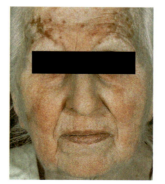

Frau mit typischen Altersflecken auf der Stirn

Die mit dem Altern einhergehenden Veränderungen umfassen alle Hautschichten sowie die Hautanhangsgebilde. Alle Veränderungen lassen sich unter dem Begriff der **Degeneration** zusammenfassen, d. h. Rückbildung spezieller Zelleigenschaften, verschlechterte Fähigkeit zur Entwicklung, Anpassung und Regeneration.

Charakteristische Zeichen natürlich gealterter Haut:
- **Atrophie** (Pergamentpapierhaut) ausgedünnte Haut,
- **Elastose** (verminderte Rückstellungsfähigkeit der Haut),
- verminderte Aktivität der Talg- und Schweißdrüsen,
- Neigung zur Hauttrockenheit (Sebostase),
- reduzierte Gefäßelastizität mit Neigung zu Blutungen bei geringen mechanischen Belastungen (**Purpura senilis**),
- **Hyperpigmentierungen** (Naevus pigmentosus, **Lentigo senilis**),
- verminderte Haardichte, reduziertes Haarwachstum.

atrophieren
rückbilden, ausdünnen

Elastose
verminderte Rückstellungsfähigkeit der Haut durch Degeneration am Kollagen und an den elastischen Fasern

Purpura senilis
lat. Purpurschnecke, bis münzengroße rötliche Hautblutungen bei älteren Menschen

Hyperpigmentierung
lat. pigmentum Farbstoff; Farbstoffansammlung in der Haut

Lentigo senilis
brauner Altersfleck, Pigmentansammlung

Junge Haut

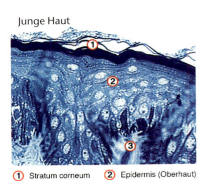

Reife Haut

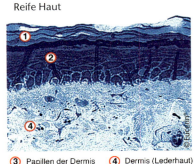

① Stratum corneum ② Epidermis (Oberhaut) ③ Papillen der Dermis ④ Dermis (Lederhaut)

Die Rückbildung und Ausdünnung der Haut zieht sich durch alle Schichten.

Die Aufgabe der Kosmetik besteht darin, die Auswirkungen der natürlichen Hautalterung zu mildern.

Um den Verlust von Lipiden aus der Hornschicht gering zu halten, sollten für die Reinigung nur milde amphotere Tenside, Ölbäder oder ölhaltige Duschgele empfohlen werden.
Die kosmetische Pflege besteht in weichen Cremepackungen und fett eingestellten Pflegecremes, die den Wassermangel beheben, Schutz vor weiterer Austrocknung gewährleisten und die Zellteilung unterstützen.
Eine Kombination von Vitamin E und C fängt freie Radikale. Vitamin-A-Palmitat und Panthenol aktivieren bestimmte Hautenzyme in der Basalzellschicht, wodurch die Oberhaut wieder dicker wird. Die Kollagenbildung lässt sich mit Vitamin C ankurbeln. In der Tagespflege sind Lichtfiltersubstanzen wichtig, um die Altershaut vor zusätzlichen Lichtschäden zu bewahren.

Sammeln Sie Zeitungsausschnitte von Personen des öffentlichen Lebens und ordnen Sie die Bilder den typischen Kennzeichen der Altershaut und der lichtgeschädigten Haut (Photoageing) zu.

Die lichtgeschädigte Haut (Photoageing)

Eine übermäßige UV-Bestrahlung der Haut verstärkt den Abbau von Kollagen, beschleunigt den Verlust an Viskoelastizität des Bindegewebes, fördert dadurch Hautschlaffheit bzw. vorzeitige Faltenbildung und reduziert das Wasserbindungsvermögen. Weiterhin werden Radikale freigesetzt, die Mutationen an der DNS der Zellsubstanz, Strukturveränderungen und Krebs hervorrufen können. Entsteht ein Missverhältnis zwischen der natürlichen Körperabwehr und den angreifenden Radikalen, spricht man vom **oxidativen Stress**.

oxidativer Stress
Dysbalance zwischen hauteigener Abwehr und Radikalbildung

Freie Radikale sind Moleküle mit einem ungepaarten Elektron. Sie sind instabil und sehr reaktionsfähig.
Beispiel: Peroxid, Hydroperoxid- und Hydroxylradikale.

Lichtschwiele
Verdickung des Stratum corneum als Schutz vor Lichteinwirkung

UV-Bestrahlung führt zur vermehrten Melaninbildung und zur Verdickung der Hornschicht (**Lichtschwiele**). Die Haut wird lederartig und das Bindegewebe degeneriert vorzeitig (**aktinische Elastose**). Vor allem an Gesicht und Händen bilden sich Hyperpigmentierungen in Form brauner Flecken.

aktinische Elastose
verminderte Rückstellungsfähigkeit der Haut durch Degeneration des Bindegewebes infolge UV-Licht

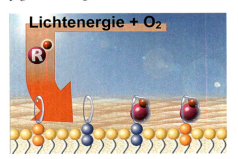

Die Zellmembran wird vor dem Angriff der Radikale durch Vitamin E geschützt.

„Krähenfüße" am Augenwinkel einer Sonnenanbeterin

Typische Merkmale der lichtgealterten Haut:
- flächige Hyperkeratose als Folge andauernder starker Sonnenbestrahlung (Landmanns- oder Seemannshaut)
- Lichtschwiele (Hornschichtverdickung)
- Degeneration des Bindegewebes (aktinische Elastose)
- braune Altersflecken (Lentigo senilis)

Der menschliche Organismus verfügt über einen körpereigenen Reparaturmechanismus (**Dark Repair**), um Schäden an der DNA wieder rückgängig zu machen. Die Schädigung der DNA darf allerdings nicht zu groß sein, da sonst die Kapazität des Repairsystems nicht ausreicht. Bei älteren Menschen ist das Reparaturvermögen geringer als bei jungen. Deshalb nehmen im Alter die Hautschäden durch starke Sonneneinwirkung zu.

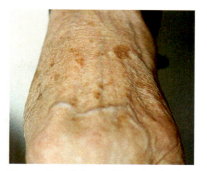

Braune Altersflecken auf dem Handrücken

Radikale werden verstärkt durch die ultraviolette Strahlung des Sonnenlichtes gebildet. Sie sind neben genetischen Faktoren die Hauptursache für vorzeitige Alterungsprozesse der Haut. Anti-Oxidantien und bestimmte Enzyme können Radikale in Wasserstoffperoxid, Wasser und molekularen Sauerstoff umwandeln.

Dark Repair
körpereigenes Schutzsystem zur Reparatur von DNS-Schäden

Arten von Lichtdermatosen an lichtexponierten Hautstellen

Phototraumatische Reaktionen	Phototoxische Reaktionen	Photoallergische Reaktionen
Auftreten: bei normaler Lichtempfindlichkeit und Überdosierung von kurzwelligem UV-Licht	*Auftreten:* Nach Lichteinwirkung und Kontakt mit einem Lichtsensibilisator (chemischer Stoff) kommt es zur Hautentzündung und nachfolgend zur Hyperpigmentierung.	*Auftreten:* bei einzelnen Menschen nach einer Sensibilisierungsphase, z. B. durch Arzneimittel
Erscheinungsbild (Beispiele): Sonnenbrand, Rötung, Schwellung, Bläschen, Blasen, später Schuppung	*Erscheinungsbild (Beispiele):* verstärkte Pigmentierung der Haut (Teermelanose, Berloque-Dermatitis, Tetrazyklin-Flecken)	*Erscheinungsbild:* oft ein ekzemartiges Bild

 Die Arzneimittel-Anamnese (→ Kapitel VII/4) kann die Ursachen von Hyperpigmentierungen der Haut bzw. einer Lichtdermatose ausfindig machen.

Die empfindliche Haut

Für die empfindliche Haut gibt es keine allgemein gültige Definition. Sie wird als empfindliche, sensible oder **hypergene** Haut bezeichnet.
Sie ist gekennzeichnet durch eine geringe Reizschwelle und zeigt schnelle überschießende Reaktionen gegenüber
- physikalischen Noxen (u. a. Reibung, UV-Strahlung) sowie
- chemischen Reizen (u. a. Duft- oder Konservierungsstoffe).

hypergen
übermäßig stark reagierend

 Die empfindliche Haut zeigt unspezifische verstärkte Reaktionen auf Stoffe mit toxischen Eigenschaften.

Tabelle VII/8 Allergische und toxische Unverträglichkeitsreaktionen

Toxische Reaktion	Allergische Reaktion
■ bei allen Personen auslösbar	■ nicht bei allen Personen auslösbar
■ Auftreten direkt schon nach dem ersten Kontakt	■ Fehlleistung des Immunsystems führt zu sensibilisierter Reaktion
■ Schädigung überschreitet ein bestimmtes Maß, individuell unterschiedlich	■ Hautreaktion greift auf Gebiete über, die keinen Kontakt mit dem Allergen hatten
■ Beginn der Hautreaktion sofort nach Hautkontakt	■ Beginn der Hautreaktion nach wenigen Minuten (Soforttyp) oder 24 bis 48 Stunden (Spättyp)
maximale Hautreaktion nach ½ bis 1 Tag	erste Anzeichen nach 1 bis 2 Tagen

Toxische Reaktionen begrenzen sich im Gegensatz zu allergischen Reaktionen meist auf den Ort der Schädigung (Reaktionsfläche auf der Haut). Auslöser einer toxischen Reaktion ist ein Reizstoff, bei der allergischen Reaktion ein Allergen.

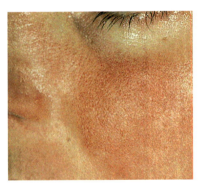

Hypergene Haut: diffuse Rötungen, unruhige Haut mit ungleichmäßigem Teint, Erythem

Ursachen für das Entstehen empfindlicher Haut können sein:
- konstitutionelle Veranlagung (Atopie),
- Störung des lymphatischen Abwehrsystems,
- Umwelteinflüsse, wie Luftverschmutzung, Heizungsluft, Klimaanlagen,
- Medikamente, die die Haut sensibler machen,
- beruflicher oder privater Stress.

Empfindliche Haut kann aber auch eine Begleiterscheinung einer Krankheit sein, z. B. bei Diabetes mellitus, Schilddrüsenstörung, Hyperhidrosis.

Typisch für empfindliche Haut sind
- diffuse Rötungen an Gesicht, Hals und Dekolletee,
- schnelle Reaktion auf mechanische Reize (→ Spateltest),
- Juckreiz (Zeichen der Überreaktion).

 Die kosmetische Behandlung besteht in milder Reinigung und Vermeidung langer Kontaktzeit mit Tensiden und Wasser. Bewährt haben sich Produkte ohne Emulgatoren, Duft- und Konservierungsstoffe sowie Ton- und Heilerdemasken.

Phänomen Juckreiz (Pruritus)
Juckreiz ist ein komplexes Phänomen. Beteiligt sind
- Psyche und vegetatives Nervensystem,
- Schmerzsinnesorgane,
- innere Sekretion/innere Organe, Hirnrinde,
- chemische Mediatoren: Die Freisetzung von Histamin führt zur erhöhten Durchlässigkeit und Weitstellung der Kapillaren, zu Hautrötung, Schmerz- und Juckreiz an sensiblen Nervenendigungen.

 Pruritus wird vor Allem durch Histamin ausgelöst.

Die Dichte der „Juckpunkte" ist ungleichmäßig und punktweise verteilt, und zwar bevorzugt an Augenlidern und am Naseneingang.

Die gefäßlabile Haut

Als „gefäßlabil" wird ein Hautzustand bezeichnet, wenn die schlechte Situation der Kapillargefäße das Hauptproblem darstellt. Dies wird dann in der kosmetischen Praxis vorrangig behandelt.

Das Netz der feinen, durch die Haut schimmernden Oberflächengefäße tritt vor allem auf den Wangen und auf der Nase auf. Ursache können Erfrierungen, Hitze, Wind oder Sonnenbestrahlung sein.

Auch starker Alkoholgenuss (Trinkernase) oder einige Medikamente sind ursächlich. Zahlreiche Hauterkrankungen gehen mit einer gestörten Mikrozirkulation im Kapillarsystem der Haut einher.

Solche Hautveränderungen sind gekennzeichnet durch eine veränderte Durchblutung sowie stärkere Durchlässigkeit der Kapillaren. Als Konsequenz entwickelt die Haut Erytheme, Ödeme und schließlich **Teleangiektasien** (→ Kapitel VI/6.3). Im Volksmund wird diese Erscheinung als „geplatzte Äderchen" bezeichnet.

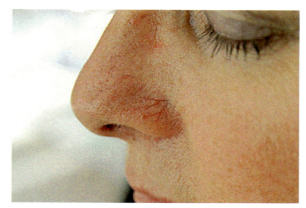

Nahaufnahme gefäßlabiler Haut; Gesicht mit persistierenden Rötungen und deutlich sichtbaren Teleangiektasien

Im Wangenbereich ist häufig eine Blutfülle (**Hyperämie**) zu beobachten. Diese entzündliche Rötung der Haut stellt sich als **Erythem** (→ Kapitel VI/10.2) dar, das krankheitsbedingt mit vielen, zum Teil infektiösen Sonderformen einhergehen kann. Sie müssen von einem **Facharzt** beobachtet und behandelt werden.

Hyperämie
griech. hyper- über, *häma* Blut; Blutfülle, vermehrte Blutansammlung infolge verstärkten Blutzu- oder verminderten Blutabflusses

> Die kosmetische Behandlung erfolgt mit einer milden Reinigung (geringer Gehalt an waschaktiven Tensiden), Wechselbädern (kühles und warmes Wasser), adsorptiven Reinigungsmasken und gefäßstabilisierenden Konzentraten, wie z. B. Silymarin (antioxidatives Flavonoid) u. a.
> Schutzcremes sollen Haut und -gefäße gegen Kälte und Sonnenstrahlen schützen. Empfehlung an die Kundin: scharfe Gewürze, heiße Speisen und Getränke, Alkohol und Sonnenbänke meiden.

Die Prävention, d. h. Vorbeugung, ist bei der gefäßlabilen Haut von fundamentaler Bedeutung, um die Strukturen der Gefäße in guter Kondition zu halten. Moderne kosmetische Behandlungsansätze sind

- Regulation der Gefäßdurchlässigkeit durch „Abdichtung" (Stabilisierung) der Wand kleiner Blutgefäße mit pflanzlichen Extrakten,
- Hemmung der freien Radikale, was die Unversehrtheit der Zellmembran fördert,
- Verbesserung der Durchströmungsverhältnisse (so genannter Blutflux) mit Durchblutungsmasken.

> Teleangiektasien sind durch äußerlich anzuwendende Mittel schwer zu beeinflussen. Sie werden in der Dermatologie mit der Diathermienadel oder mit Laserstrahlen verödet (→ Folgeband).

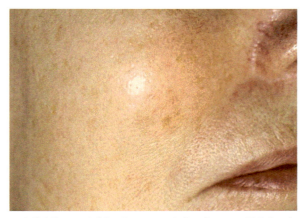

Gefäßlabile Haut infolge einer Langzeiteinnahme von Glukokortikoiden

Die Kosmetikerin
Anamnese
Vorgeschichte, Erfassung wichtiger Daten zur Vorgeschichte der Kunden

Analyse
Untersuchung der Haut zur Beurteilung des Zustandes

Der Arzt
Diagnose
das Erkennen, Feststellen einer Krankheit

4 Analysebogen

In der Praxis hilft der **Analysebogen** der Kosmetikerin, die wichtigsten Aspekte bei der Untersuchung der Haut zu erfassen (Körper-Analyse → Folgeband). Dazu wird der aktuelle Hautzustand der Kundin festgehalten und eine Anamnese vorgenommen.
Die Einnahme von Medikamenten, Nahrungsergänzungsmitteln u. a. nimmt ständig zu. Da diese in Wechselwirkung mit äußerlich angewendeten Kosmetikformulierungen treten können, wird gegenwärtig in der Kosmetologie eine Erweiterung der üblichen Analyse-Karteikarten gefordert, um unerwünschte Wechselwirkungen zu vermeiden.

Warum ist eine genaue Analyse wichtig?
- Kunden, die Antibiotika einnehmen, sollten kein Solarium aufsuchen und sich erst frühestens eine Woche nach dem Absetzen des Medikaments wieder der direkten Sonnenbestrahlung aussetzen.
- Bei Einnahme einer hohen Konzentration von Aspirin bei Kopfschmerzen oder grippalen Infekten ist in der Kabine eine Fruchtsäureschälung genau abzuwägen und ggf. zu unterlassen.
- Kunden, die im Rahmen einer dermatologischen Aknebehandlung (Roaccutan®) eingenommen haben, sollten frühestens nach einem Jahr eine Mikrodermabrasions-Behandlung (apparative Hautschleifung) bekommen.

Zur Dokumentation des aktuellen Hautzustands und der Lebensumstände der Kunden sind folgende Formulare bzw. Vordrucke üblich:

Analyse-Karteikarten

Hier werden kurz die wichtigsten Aspekte zur Vorgeschichte und die Grundsymptome zur Differenzierung der Hautkondition abgeprüft. Auf der Rückseite solcher Karten werden Behandlungsmaßnahmen, Heimpflegeempfehlungen und abverkaufte Produkte eingetragen.

Vorteil: handlich, kurze Übersicht, relativ geringer Zeitaufwand
Verwendung: in SPAs und Hotel-angeschlossenen Day-SPAs, Wellnesscentern, Kosmetikinstituten mit „Beauty-Ausrichtung" bzw. Wohlfühlbehandlungen

Dermokosmetische Hautanalysebögen

Symptome und Hautfunktionen werden sehr genau, teilweise unter Einsatz von Messgeräten, bestimmt. Einleitend werden viele Aspekte zur Vorgeschichte der Kundin abgefragt. Aus diesem Grund werden der Kundin Fragebögen zur Erfassung von Medikamenteneinnahme, Lebensgewohnheiten usw. **vor der Hautanalyse** überreicht, die von ihr selbstständig auszufüllen sind.

Vorteil: sehr umfangreiche Anamnese und detaillierte Prüfung von Hauteigenschaften und -funktionen, ganzheitlicher Ansatz
Verwendung: in Kosmetikinstituten mit dermokosmetischer und/oder medizinischer Ausrichtung, die z. B. eine „Hautüberarbeitung" mit chemischen Enzym- oder Fruchtsäureschälungen, Mikrodermabrasion (apparative Hautschleifung → Folgeband) oder schönheitschirurgische Vor- und Nachbehandlungen der Haut in Zusammenarbeit mit einem Arzt vornehmen

Besonders professionell ist die Verwaltung mit PC, da die erhobenen Daten u. a. für Marketingzwecke und verkaufsfördernde Maßnahmen (z. B. saisonale Angebote) ausgewertet werden können.

Beispiele zu den Dokumentationsarten finden Sie auf den folgenden Seiten.

■ 4 Analysebogen   201

Karteikarte zur Hautanalyse
Vorderseite

Name:		Vorname:		Geburtsdatum:	
Wohnort:		Straße:		Tel.:	Mobil:

Beruf:

Anamnese (Vorgeschichte)

Hautanalyse							
Typus	Leptosom	☐	Athlet	☐	Pykniker	☐	Mischtyp:
Temperament	Sanguiniker	☐	Choleriker	☐	Phlegmatiker	☐	Sonstiges
Fettgehalt	normal	☐	vermindert	☐	vermehrt	☐	stark vermehrt ☐
Feuchtigkeit	normal	☐	vermindert	☐	stark vermindert	☐	
Verhornung	normal	☐	verstärkt, lokal	☐	verstärkt flächig	☐	
Follikel	normal	☐	vergrößert	☐	stark vergrößert	☐	
Hautdicke	normal	☐	verdickt	☐	stark verdickt	☐	pergamentartig ☐
Hautspannung	normal	☐	vermindert	☐	extrem vermindert	☐	
Empfindlichkeit	normal	☐	sehr empfindlich	☐	unempfindlich	☐	
Durchblutung	normal	☐	gesteigert	☐	lokal gestört	☐	flächig gestört ☐
Besondere Erscheinungen	Komedonen ☐ Talgzysten, Mi ien ☐ Pusteln ☐ Papeln ☐		Teleangiektasien ☐ Spider Naevi ☐ Couperose ☐ Rosacea ☐		Vitiligo ☐ Sommersprossen ☐ Altersflecken ☐		Narben ☐ Keloide ☐
	Hypertrichose	☐	Hyperhidrosis	☐	Sonstiges:		

Ermittelter Hautzustand:

Rückseite

Kosmetische Behandlung							
am	Reinigung	Intensiv-reinigung	Massage mit	Packung/ Maske	Sonstiges	Heim-behandlung	Produkt-verkauf

Dermokosmetische Hautanalysebögen – *Von der Kundin auszufüllen*

Persönliche Daten

Name: _____
Anschrift: _____
Alter: _____ Jahre   Geburtsdatum: _____
Tel. (tagsüber) _____   Tel. (abends) _____

Allgemeines

Anamnese (Vorgeschichte)

Pubertät ☐ ja
Schwanger ☐ nein ☐ ja
Stillend ☐ nein ☐ ja
Menstruationsunregelmäßigkeiten/Zyklusschwankungen ☐ nein ☐ ja
Klimakterium ☐ nein ☐ ja ☐ abgeschlossen (Postmenophase)
Hormoneinnahme ☐ nein ☐ ja Präparat: _____

Lebensumstände

Trinkverhalten ☐ < 1 l ☐ 1–2 l ☐ > 2 l   vorzugsweise: _____
Mahlzeiten/Tag ☐ 2 ☐ 3 ☐ 5
Gewichtsprobleme ☐ nein ☐ ja;   häufige Diäten ☐ nein ☐ ja
Sport ☐ kein Sport ☐ Indoor ☐ Outdoor
☐ 1–mal/Wo ☐ 2–mal/Wo ☐ > 3–mal/Wo
Sauna ☐ nein ☐ ja
Berufliche Tätigkeit: ☐ Indoor – klimatisierter Arbeitsraum ☐ ja ☐ nein
☐ Outdoor – starke Temperaturschwankungen ☐ ja ☐ nein
Vielflieger ☐ ja ☐ nein

Krankheiten/Störungen

Bluter ☐ nein ☐ ja   Diabetiker ☐ nein ☐ ja
Asthma, Allergien, Heuschnupfen ☐ nein ☐ ja   Schuppenflechte ☐ nein ☐ ja
Kreislaufprobleme ☐ nein ☐ ja   Leberstörung ☐ nein ☐ ja
Nierenfunktionsstörung ☐ nein ☐ ja
Schilddrüsenstörung ☐ nein ☐ Über- ☐ Unterfunktion ☐ Entzündung
Sonstige Erkrankungen _____

Medikamente und Nahrungsergänzungsmittel

Homöopathische Mittel ☐ nein ☐ ja – Präparat: _____
Nahrungsergänzung ☐ nein ☐ ja – Präparat: _____
Diuretika ☐ nein ☐ ja – Präparat: _____
Abführmittel ☐ nein ☐ ja – Präparat: _____
Kortikoide ☐ nein ☐ ja – Präparat: _____
Antibiotika ☐ nein ☐ ja – Präparat: _____
Isobelinoin (z. B. Roaccutan®) ☐ nein ☐ ja, seit wann: _____
Tagesdosis: _____ mg/Tag
Antidepressiva ☐ nein ☐ ja – Präparat: _____
Blutverdünnungsmittel ☐ nein ☐ ja – Präparat: _____

Gegenwärtige Hautpflege

Reinigung ☐ nein ☐ ja   Produkt: _____
Tonic ☐ nein ☐ ja   Produkt: _____
Peeling ☐ nein ☐ ja   Produkt: _____
Reinigungsmaske ☐ nein ☐ ja   Produkt: _____
Fruchtsäurelotion ☐ nein ☐ ja   Produkt: _____
Tagescreme ☐ nein ☐ ja   Produkt: _____
Nachtcreme ☐ nein ☐ ja   Produkt: _____
24-Stundenpflegeprodukt ☐ nein ☐ ja   Produkt: _____
Konzentrate (Ampullen) ☐ nein ☐ ja   Produkt: _____
Augenpflege ☐ nein ☐ ja   Produkt: _____
Make-up ☐ nein ☐ ja   Produkt: _____
Puder ☐ nein ☐ ja   Produkt: _____
Sonnenschutzcreme ☐ nein ☐ ja   Produkt: _____

Anmerkungen _____   **Sonstiges** _____

Datum _____   **Unterschrift** _____

■ 4 Analysebogen · 203

Von der Kosmetikerin auszufüllen

VII Beurteilen der Haut · **Lernfeld 2**

Typus	☐ leposomal	☐ athletisch	☐ pyknisch	☐ Mischtyp:	
Temperament	☐ ausgeglichen, ruhig	☐ lebhaft	☐ wechselhaft	☐ aufbrausend, cholerisch	

Bestimmung der aktuellen Hautfunktionen

Turgor/Feuchtigkeit   ☐ normal   ☐ vermindert

Tonus/Hautspannung   ☐ normal   ☐ vermindert (schlaff)   ☐ gut (straff)

Faltenbildung   ☐ normal   ☐ vorzeitig
☐ stark ausgeprägt – Lokalisation: _____

Fettgehalt   ☐ normal (kein Fettglanz)   ☐ vermindert (trocken)
☐ gesteigert (Fettglanz)
☐ Komedonen – Lokalisation: _____

Konsistenz   ☐ ölig, fließend   ☐ kleieartig, sämig

Follikelgröße   ☐ normal
☐ vergrößert/erweitert – Lokalisation: _____

Hautdicke   ☐ normal   ☐ verdickt   ☐ dünn, pergamentartig/atrophiert

Verhornung   ☐ normal   ☐ lokal verstärkt   ☐ flächig verstärkt
☐ Talgzysten   ☐ Milien
☐ lockere Schuppen   ☐ kleieartige, zusammenhängende Schuppen

Reaktionsbereitschaft/ Empfindlichkeit   ☐ normal   ☐ abnorm (Atopiker)
☐ gesteigert   ☐ Hyperhidrosis

Durchblutung & Kapillarzustand
☐ normal   ☐ abnorm
    ☐ Hitzegefühl im Wangenbereich
    ☐ Teleangiektasien
    ☐ Couperose
    ☐ Rosacea
☐ vermindert
    ☐ häufig kalte Hände
    ☐ häufig kalte Füße

Hautfarbe   ☐ normal   ☐ blass   ☐ marmoriert (fleckig gerötet)
☐ Depigmentierungen (Vitiligo)   ☐ Hyperpigmentierungen
☐ Melasmen   ☐ Sommersprossen (Epheliden)
☐ Chloasma   ☐ Sonstige _____

pH-Wert (Messung)   ☐ sauer (normal)   ☐ schwach sauer bis alkalisch
☐ Pusteln – Lokalisation: _____
☐ Papeln – Lokalisation: _____

Behaarungsmuster   ☐ normal   ☐ Hypertrichose   ☐ Hirsutismus

---

Pflegeziele der Langzeitbehandlung nach Problemzonen (Maßnahmen analog Ziffern)

- Wasserbindung erhöhen, Feuchtigkeit anreichern (1)
- Anregung der Kollagenneubildung (2)
- Massagen / Bindegewebskräftigung (2)
- Regulation des Fettgehaltes (3)
- intensive Ausreinigung (3)
- adstringierende Maßnahmen (3)

- Entfernung unerwünschter Haare (4)
- Normalisierung der Verhornung (5)
- unterstützende Epithelisierung der Oberhaut (5)
- Balance überschießender Hautreaktionen (6)
- durchblutungsfördernde Maßnahmen (7)
- kapillarstabilisierende Behandlung (7)
- Lightening, Fruchtsäureschälung (8)

Am	Reinigung	Intensiv-reinigung	Massage	Maske	Sonstige	Heim-behandlung	Produkt-verkauf

Datum: _____   Unterschrift: _____

5 Kundenberatung

Herstellung einer Hautemulsion im Laboransatz. Bei der Entwicklung und Produktion von Kosmetika spielt die Grundlage eine wichtige Rolle. Sie ist nicht nur Träger von Wirk- und Hilfsstoffen, sondern hat eine Eigenwirkung.

Abgesehen von der pflegerischen Arbeit schätzen Kunden vor allem auch die **beratende Funktion** der Kosmetikerin.

Aus der Hautanalyse kann die Kosmetikerin die Reaktionslage der Haut, den Bedarf an Fett und Feuchtigkeit erschließen und dementsprechend ihren Kunden die geeigneten Präparate vorstellen. Hierbei werden kosmetische Produkte nicht nur nach den eingearbeiteten Wirkstoffen ausgewählt, sondern vor allem auch nach der Präparategrundlage (→ Kapitel VIII/2). Denn jedes Trägersystem (auch Grundlage, Vehikel oder Carrier-System genannt) hat bereits eine eigene kosmetische Wirkung. So wirkt beispielsweise ein Hydrogel kühlend und feuchtigkeitsspendend, eine W/O-Emulsion fettend und schützend. Die Kosmetikerin weist ihre Kunden darauf hin, dass die Hautpflege den saisonalen Bedingungen während des Jahresverlaufs angepasst werden sollte, um einem Mangel an wichtigen „Hautbausteinen" rechtzeitig vorzubeugen.

 Saisonale Hautpflege: Im Sommer benötigt die Haut eher eine leichte Pflege mit viel Feuchtigkeit und Schutz gegen UV-Strahlen. Im Winter steht der Schutz vor Kälte und die Versorgung mit wichtigen Lipiden im Vordergrund.

Bereits die erste Maßnahme der Hautpflege, die **Reinigung** (→ Kapitel X), erfordert weitreichende Kenntnisse, um die Kundin gut zu beraten. Hier muss die Kosmetikerin zwischen Produkttypen mit unterschiedlicher Waschwirkung wählen. Bestimmend für den Reinigungseffekt sind
- die Menge und Art der Tenside (→ Kapitel VIII/3), auch waschaktive Substanzen (WAS) oder Detergenzien genannt,
- die Kontaktzeit der Tenside mit der Haut sowie
- die Temperatur des Wassers.

Die kosmetischen Wirkstoffe bestimmen die Primärwirkung des Präparats.

 Zur Reinigung trockener und sensibler Haut werden mild entfettende Waschprodukte herangezogen. Präparate für fettige und ölige Haut enthalten hingegen einen höheren Anteil waschaktiver Tenside, um überschüssiges Hautfett zu entfernen.

Weiterhin werden Kunden über angemessene Verfahren zur **Intensivreinigung** der Haut (Peelingverfahren) beraten.

Nach der Analyse wird die Kundin beraten.

Die Kundin wird aufgeklärt:
Bei sehr zarter, empfindlicher Haut bzw. bei einer dünnen Altershaut ist ein grobkörniges „Rubbelpeeling" nicht angezeigt. Die Haut wird während der Anwendung zu stark mechanisch strapaziert. Alternativ bietet die Kosmetikerin ihren Kunden beispielsweise milde Reinigungsmasken an.

Abgerundet wird eine professionelle Beratung mit Tipps zur Hautpflege, zum **Lichtschutz** (z. B. Höhe des Lichtschutzfaktors) und zum **typgerechten Make-up** (→ Folgeband). Kann sich danach die Kundin vorerst nicht für den Kauf eines Heimpflegeproduktes entschließen, können Testmuster ausgehändigt werden. Über den tatsächlichen Nutzen solcher Kleinstabfüllungen (Füllmenge in der Regel 5 ml) herrschen unterschiedliche Meinungen.

Verschiedene Hautzustände benötigen maßgeschneiderte Pflegeprogramme, die auf den aktuellen Bedarf der Haut abgestimmt sind. Hier leistet die Kosmetikerin einen wertvollen Beitrag als kompetente Beraterin.

VIII Stoffe, kosmetische Rohstoffe und Präparate

1 Stoffe

Die Welt besteht aus vielen ganz verschiedenen chemischen Stoffen. Ein Stoff ist ein Material aus dem man Gegenstände herstellen kann oder mit dem man Gefäße füllen kann. Die Benennung eines Stoffes gibt noch keinen Hinweis auf sein Aussehen. Der Stoff „Wasser" kann Bestandteil eines Getränks, einer Wolke oder eines Meeres sein.

Man unterteilt Stoffe in Reinstoffe und in Gemische. Grundlage aller Reinstoffe sind die Elemente, aus denen die chemischen Verbindungen entstehen (→ Kapitel VIII/1.2). Es gibt ca. 100 verschiedene Elemente, die meisten davon kommen nur in sehr geringen Mengen auf der Erde vor. Dagegen gibt es Millionen verschiedener chemischer Verbindungen.

Es gibt feste, flüssige und gasförmige Stoffe. Manche Stoffe können in allen drei Aggregatzuständen auftreten, z. B. Wasser:
- **Flüssiges** Wasser gefriert im Winter zu dem **festen** Stoff Eis oder Schnee.
- Wasser kann auch **gasförmig** werden, man nennt es dann Wasserdampf.

Wasser ist ein besonders wichtiger Stoff, weil alle lebenden Zellen und auch der menschliche Körper zum größten Teil (fast 70 %) aus Wasser bestehen. Ohne Wasser wäre kein Leben auf der Erde möglich.

Der Begriff „Stoff" wird oft auch als Sammelbegriff für bestimmte Stoffarten verwendet. Bekannt sind Bezeichnungen wie „Farbstoff", „Nährstoff" oder „Süßstoff". Auch die Namen einiger Reinstoffe enthalten dieses Wort, z. B. „Sauerstoff" und „Stickstoff" (Hauptbestandteile der Luft).

Die Veränderung chemischer Stoffe
Chemische Stoffe sind unterschiedlich **stabil**. Wasser ist ein sehr stabiler Stoff. Wenn man es sehr stark erhitzt, wird es zu Wasserdampf. Wasserdampf aber ist immer noch Wasser. Man muss Wasserdampf nur abkühlen, um wieder flüssiges Wasser zu erhalten.
Viele andere Stoffe sind nicht so stabil. Wenn man z. B. Zucker stark erhitzt, wird er schwarz, es entstehen daraus Malz, Kohle und andere dunkle Stoffe. Diese neuen Stoffe bleiben beim Abkühlen schwarz, sie verwandeln sich nicht in Zucker zurück. Manche Stoffe sind **nicht haltbar**; sie dienen Mikroorganismen als Nährstoffe und verderben dann (ändern ihre Stoffeigenschaften). Besonders anfällig dafür sind Stoffgemische, die außer Nährstoffen auch viel Wasser enthalten, denn nur in wässrigen Zubereitungen können sich Bakterien und Pilze vermehren.

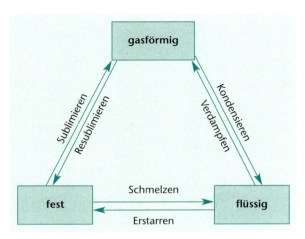

Die Aggregatzustände stabiler chemischer Stoffe

Wenn sich chemische Stoffe verändern, spricht man von einer **chemischen Reaktion**. Meist sind an einer chemischen Reaktion mindestens zwei chemische Stoffe beteiligt, die sich miteinander verbinden, also eine **Verbindung** eingehen.

naturidentische Verbindungen
aus der Natur bekannte chemische Verbindungen

In natürlichen Organismen finden ständig sehr viele verschiedene chemische Reaktionen statt. Der Mensch kann diese auch künstlich durchführen und es können dabei z. B. **naturidentische Verbindungen** in größeren Mengen erzeugt werden. Man kann aber auch völlig neue Stoffe herstellen (synthetisieren), die in der Natur nicht vorhanden sind.

 Sowohl die naturidentischen als auch die ganz neuen Stoffe werden als **synthetische Stoffe** bezeichnet.

1.1 Atome und Moleküle – chemische Elemente und Verbindungen

Moleküle
die kleinsten Teilchen der chemischen Stoffe oder chemischen Verbindungen

Stoffe bestehen aus **Molekülen**. Sie sind meist so klein, dass sie unter dem Mikroskop nicht mehr sichtbar sind. Mit Hilfe komplizierter Methoden der Physik und der Chemie kann man sich jedoch ein genaues Bild von der Form der verschiedenen Moleküle machen. Wenn man die Form der Moleküle kennt, kann man die Eigenschaften eines Stoffes besser verstehen.

chemische Verbindungen
Stoff, der nur aus einer Art von Molekülen besteht, mehrere Atome sind zu einem Molekül verbunden

Modelle von Molekülen

Atome und Moleküle – chemische Elemente und chemische Verbindungen

Atome sind die kleinsten Teilchen der chemischen Elemente. In den Bildern kann man erkennen, dass die Moleküle aus kleineren Teilchen zusammengesetzt sind, die wie kleine Kugeln aussehen. Unterschiedliche Atome können sich zu Molekülen verbinden, deshalb sind die Moleküle die kleinsten Teilchen der so genannten **chemischen Verbindungen**.

Das Molekül des Wassers setzt sich aus zwei Atomen des Wasserstoffs (weiß) und einem Atom Sauerstoff (rot) zusammen. Die anderen abgebildeten Moleküle enthalten neben Atomen von Wasserstoff und Sauerstoff auch noch Kohlenstoff-Atome (schwarz).

Wenn ein Stoff nur aus einer einzigen Art von Atomen besteht, nennt man ihn ein **chemisches Element**, z. B. Kohlenstoff, Wasserstoff und Sauerstoff. Die meisten Stoffe sind chemische Verbindungen (z. B. Wasser, Zellstoff) oder **Gemische** mehrerer chemischer Verbindungen (z. B. Duftöl, Hautcreme).

Aufbau der Atome, Ionen

Die Atome der chemischen Elemente sind aus Elementarteilchen aufgebaut, den Protonen, Neutronen und Elektronen. Protonen und Neutronen befinden sich im Atomkern, die Elektronen bilden eine Schale um den Kern herum. Jedes Element hat eine andere Anzahl von Elementarteilchen in seinen Atomen. Jedes Atom enthält ebenso viel Protonen wie Elektronen.

Am einfachsten sind die Atome des Wasserstoffs gebaut. Sie bestehen nur aus einem Proton und einem Elektron. Das Sauerstoffatom setzt sich aus 24 Elementarteilchen zusammen (8 Protonen, 8 Neutronen und 8 Elektronen).

Jedes Proton hat eine positive elektrische Ladung, jedes Elektron ist negativ geladen. Das Neutron ist elektrisch neutral. Auch das gesamte Atom ist elektrisch neutral, da es ebenso viel Protonen wie Elektronen enthält. Ebenso sind auch die aus den Atomen gebildeten Moleküle neutral.

Elementarteilchen		
Name	Eigenschaften	Ort im Atom
Proton	schwer, elektrisch positiv (+)	Atomkern
Neutron	schwer, elektrisch neutral	Atomkern
Elektron	leicht, elektrisch negativ (−)	Elektronenhülle (Atomschale)

Manche Moleküle und Atome können zusätzliche Elektronen binden, andere können Elektronen abgeben. Es entstehen elektrisch geladene Teilchen, die man **Ionen** nennt. Wird ein Elektron (oder mehrere) abgegeben, so ist das übrige Molekül (oder Atom) positiv geladen, man nennt es **Kation**.

Nach Aufnahme von einem oder mehreren Elektronen entstehen negativ geladene Teilchen, die **Anionen** genannt werden.

Ionen sind meist gut in Wasser löslich. Wenn sie in den Bereich einer elektrischen Spannung kommen (ein „elektrisches Feld"), so bewegen sich die positiv geladenen Kationen in Richtung des negativen elektrischen Pols. Umgekehrt wandern die Anionen zum positiven Pol. Aus diesem Grund leitet Wasser, in dem Ionen gelöst sind, den elektrischen Strom (Iontophorese → Folgeband). Normalerweise entstehen Ionen dadurch, dass sich bestimmte elektrisch neutrale Moleküle in zwei oder mehrere geladene Teile spalten (**Dissoziation**). Bei einer Dissoziation entstehen immer gleich viel positive und negative Ladungen. Nur relativ wenige chemische Stoffe können in Kationen und Anionen dissoziieren, typisch ist dies bei den **Salzen** (z. B. gewöhnliches Kochsalz) und Säuren.

Ion
Molekül oder Atom mit elektrischer Ladung

Kation
Ion mit positiver elektr. Ladung, mit mehr Protonen als Elektronen

Anion
Ion mit negativer elektr. Ladung, mit mehr Elektronen als Protonen

Dissoziation
Spaltung eines ungeladenen Moleküls in Kationen und Anionen

Salze
kristalline Feststoffe, die beim Auflösen in Wasser in Kationen und Anionen dissoziieren

heterogenes/homogenes Stoffgemisch
Mischung verschiedener Stoffe, bei denen die Bestandteile sichtbar/nicht sichtbar sind

Lösungen
homogenes Gemisch verschiedener Stoffe

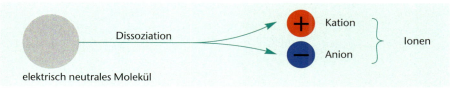

Dissoziation eines Moleküls

 Ionen sind elektrisch geladene Moleküle oder Atome. Wenn Ionen in Wasser gelöst sind, leitet dieses den elektrischen Strom.

1.2 Stoffmischungen

Man kann Stoffe miteinander mischen. Die meisten Materialien, mit denen wir täglich zu tun haben, sind Gemische aus verschiedenen Stoffen. In vielen Fällen zeigt ein Blick durch das Mikroskop, dass ein Material aus unterschiedlichen Stoffen besteht. Bei einer Tagescreme (O/W-Emulsion) erkennt man z. B. unter dem Mikroskop winzige Öltröpfchen in Wasser.

Stoffmischungen, bei denen man mit bloßem Auge oder unter dem Mikroskop verschiedene Einzelstoffe erkennen kann, nennt man auch **heterogene Stoffgemische**.
Sind bei einer Stoffmischung die einzelnen Stoffe nicht unter dem Mikroskop zu unterscheiden, so nennt man es **homogen**. Flüssige homogene Gemische bezeichnet man als **Lösungen**, z. B. sieht ein Kölnisch Wasser wie Wasser aus und man kann ihm nicht ansehen, dass darin Alkohole und Duftstoffe gelöst sind.

 Stoffmischungen haben oft ganz andere Eigenschaften als die reinen Stoffe, aus denen sie zusammengesetzt sind.

> **Eigenschaften von Stoffgemischen**
> Flüssiges Wasser ist klar und durchsichtig, ein reines Pflanzenöl ebenfalls. Wenn man aber beide sehr intensiv miteinander verrührt, so entsteht eine halbfeste Creme, die völlig undurchsichtig ist.

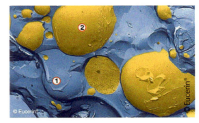

① Äußere Wasserphase ② Innere Ölphase

Mikroskopisches Bild einer Emulsion

Hautcreme besteht aus flüssigem Wasser und Öl. Die Mischung dieser Stoffe hat ganz andere Eigenschaften.

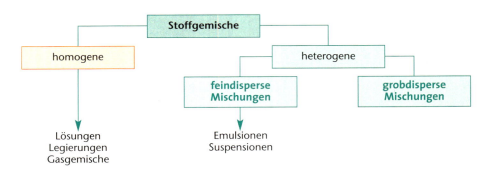

feindisperse Gemische
Bestandteile sind nur unter dem Mikroskop erkennbar

grobdisperse Gemische
Bestandteile mit bloßem Auge erkennbar

Ordnen Sie die einzelnen Testmuster nach homogenen oder heterogenen Gemischen ein. Fertigen Sie eine Tabelle an. Sind auch grobdisperse Mischungen dabei?

Welche der folgenden Dinge kann man als chemische Stoffe oder einfache Mischungen chemischer Stoffe bezeichnen und welche nicht?
- Aluminium, Aluminiumfolie,
- Einmalhandschuhe, Kunststoff,
- Luft, Rosenduft, Sturm,
- Kamillenblüten, Massageöl mit Blütenextrakten,
- menschliche Haut, Wasserdampf

1.3 Besondere Eigenschaften wichtiger Stoffklassen

Säuren und Basen

Wässrige Lösungen von Stoffen können neutral, sauer oder basisch sein. Reines Wasser ist neutral (pH 7). Löst man darin **Säuren**, wird es sauer. Löst man **Basen** (**Alkalien**) wird es basisch (alkalisch). Den Grad der Säurestärke gibt man als so genannten **pH-Wert** an. Die Skala der pH-Werte reicht etwa von 0 bis 14. Als hautfreundlich gilt der pH-Bereich von 5 bis 6. Auch für feuchte Oberflächen, z. B. die Oberfläche der menschlichen Haut, kann man einen pH-Wert angeben. Bei gesunder Haut liegt dieser bei pH 5,5.

Säuren
Stoffe, die beim Auflösen in Wasser den pH-Wert senken; je stärker die Säure, desto niedriger der pH-Wert

Basen oder Alkalien
Stoffe, die beim Auflösen in Wasser den pH-Wert erhöhen

pH-Wert
Zahlenwert, der die Stärke einer in Wasser gelösten Säure oder Base angibt

hydrophil
wasserliebender Stoff, der sich in Wasser auflöst

lipophil
fettliebender Stoff, der sich in Ölen oder Fetten, aber nicht in Wasser auflöst

amphiphil
wasser- als auch fettliebender Stoff, kann Wasser und Öl miteinander verbinden

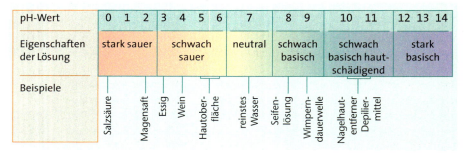

Der pH-Wert gibt an, wie stark sauer oder basisch eine wässrige Lösung ist

Hydrophile, lipophile und amphiphile Stoffe

Es ist üblich, Stoffe in wasserlösliche und -unlösliche einzuteilen. Wasserlösliche Stoffe werden auch **hydrophil** genannt. Viele wasserunlösliche Stoffe lösen sich jedoch gut in Öl, z. B. Fette, Vitamin E. Diese **lipophilen** Stoffe haben eine besondere Bedeutung für die Lebewesen. Sie sind z. B. in den Membranen der Zellen (→ Kapitel IV/1.2), im Fettgewebe der Haut (→ Kapitel V/2) und in Nahrungsmitteln enthalten.

1 Stoffe

```
┌─────────────────────────────────────────────────────────┐
│     Verhalten der Stoffe beim Auflösen in Flüssigkeiten │
└─────────────────────────────────────────────────────────┘
        │                    │                      │
┌───────────────┐   ┌──────────────────┐   ┌──────────────────────┐
│ hydrophile    │   │ amphiphile       │   │ lipophile Stoffe     │
│ Stoffe        │   │ Stoffe           │   │                      │
│ • lösen sich  │   │ • lösen sich nur │   │ • lösen sich in Öl   │
│   in Wasser   │   │   wenig in       │   │   oder Fett          │
│ • lösen sich  │   │   Wasser oder Öl │   │ • lösen sich in      │
│   nicht in Öl │   │ • können Gemische│   │   organischen        │
│               │   │   aus Öl und     │   │   Lösungsmitteln     │
│               │   │   Wasser         │   │ • lösen sich nicht   │
│               │   │   stabilisieren  │   │   in Wasser          │
└───────────────┘   └──────────────────┘   └──────────────────────┘
```

Hydrophile und lipophile Moleküle

Da das Sauerstoffatom viel größer als ein Wasserstoffatom ist, ist es der weitaus größte Bestandteil des Wassermoleküls. Deshalb sind Bereiche in anderen Molekülen, in denen Sauerstoffatome vorkommen, dem Wasser ähnlich. Sie mischen sich gern mit Wasser und sind deshalb hydrophil.
- Glycerol z. B. enthält viel Sauerstoff, ist also sehr hydrophil.
- Fettmoleküle hingegen enthalten nur wenige Sauerstoffatome in der Mitte versteckt, deshalb ist Fett kaum in Wasser löslich.

Fette und andere Stoffe, die sich in Öl oder Fett auflösen, nennt man lipophil. Man benutzt amphiphile Stoffe, z. B. Emulgatoren und Detergenzien, zur Herstellung vieler kosmetischer Präparate (→ Kapitel VIII/2).

Glycerol ist hydrophil.

Makromoleküle

Moleküle, in denen bis zu Millionen von Atomen zu einem einzigen Molekül verbunden sind, nennt man Makromoleküle (*makro* groß) oder **Polymere**. Die künstlich erzeugten Polymere werden auch **Kunststoffe** genannt, im Alltag weit verbreitete Beispiele sind **Polyethylen**, Polystyrol und Polyvinylchlorid (PVC). Auch die Natur erzeugt Polymere (→ Kapitel VIII/1.4), wichtige Beispiele sind **Polysaccharide** (z. B. Zellulose), Kautschuk (Gummi, **Latex**) und Proteine (z. B. Kollagen).

1. Messen Sie den pH-Wert von Haushaltsessig, Sodalösung und Leitungswasser mit pH-Indikatorpapier. Wie verändert sich der pH-Wert, wenn Sie unterschiedliche Mengen von Essig und Sodalösung miteinander mischen?
2. Welche der links aufgeführten Lösungsmittel eignen sich gut zur Reinigung der Haut bei den rechts gezeigten Verschmutzungen?

Waschbenzin	Entfernung von Make-up
reines Wasser	verschmutze Hände eines Automechanikers
dünnflüssiges Öl	klebrige Finger nach einem Honigbrötchen
Bier	Lippenstift nach einem Kuss auf die Wange

3. Welche der in Aufgabe 2 genannten Lösungsmittel sind hydrophil, welche lipophil?
4. Welche Gebrauchsgegenstände im Kosmetikstudio bestehen aus Kunststoffen, welche bestehen aus Metallen (z. B. Edelstahl oder Aluminium)?

Polymere, Kunststoffe
Stoffe, deren Moleküle aus sehr vielen Atomen zusammengesetzt sind

Polyethylen
weißlich transparenter Kunststoff, der zu wasserfesten Folien, Bechern, aber auch zu Peelingkörpern verarbeitet wird

Polysaccharide
natürliche Polymere aus Zuckermolekülen

Latex
Polymere, hergestellt aus dem Saft bestimmter Pflanzen aus Südamerika; je nach Verarbeitung wird das Produkt auch Gummi oder Naturkautschuk genannt.

Messen Sie den pH-Wert der Duft-Lotion mit pH-Indikatorpapier. Ist dieser pH-Wert hautfreundlich?

1.4 Stoffe des menschlichen Körpers

Der menschliche Körper besteht aus sehr vielen verschiedenen chemischen Stoffen. Der weitaus größte Teil davon ist Wasser (mehr als 60 %).
Äußerlich ist davon nichts sichtbar, weil wir von einer wasserundurchlässigen Hornschicht umhüllt sind (→ Kapitel V/2) und ein großer Teil des Wassers von quellbaren Stoffen gebunden wird.

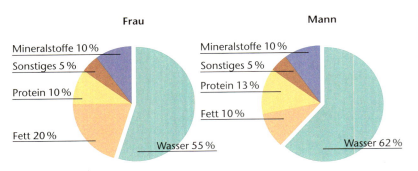
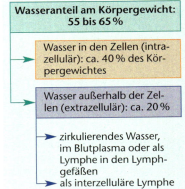

Stoffe des menschlichen Körpers, unterschiedliche Anteile bei Männern und Frauen

Die quellbaren Stoffe funktionieren ähnlich wie Stärke in einem Pudding. Sie quellen auf und binden viel Wasser zu einer halbfesten Mischung, es kann nicht mehr einfach wegfließen. Dieses gebundene Wasser befindet sich in der Haut, im Bindegewebe, im Knorpel oder im Augapfel. Viele der quellbaren Stoffe sind mit Zucker (Saccharose) verwandt, man nennt sie auch **Polysaccharide**.
Polysaccharide werden auch sonst gern zum Binden von Wasser benutzt. Papiertaschentücher und andere Arten von Zellstoff bestehen aus dem Polysaccharid Zellulose. Reisstärke oder Kartoffelstärke werden zum Andicken (Binden von Wasser) benutzt. Zellulose und Stärke sind unlösliche Formen von Traubenzucker.

Proteine
Stoffe, die wichtige Bestandteile aller Lebewesen sind

Proteine

Eine sehr vielfältige und wichtige Gruppe von Stoffen des menschlichen Körpers sind die **Proteine** (auch Eiweiße genannt). Die verschiedenen Proteine sind sich zwar in ihrem chemischen Aufbau sehr ähnlich, sie haben aber ganz unterschiedliche Eigenschaften und verschiedene Aufgaben im Organismus.

Einige wichtige Proteinklassen

Kollagen
Protein des menschlichen Körpers, das der Haut Festigkeit verleiht und den Organen ihre Form gibt

Kollagene	Keratine	Enzyme
Gerüstproteine *Vorkommen:* Lederhaut, Bindegewebe, Knochen	Gerüstproteine Schutzhülle des Körpers	steuern den Zellstoffwechsel

Gelatine ist ein noch nicht ausgereiftes Kollagen. Man gewinnt es aus den Knochen von Schlachttieren.

Die Kollagene
- geben dem menschlichen Körper Form und Gestalt („Gerüstproteine");
- tragen die anderen Bestandteile des Körpers und halten sie zusammen;
- bilden das Grundgerüst der Knochen und des Knorpels;
- sind ein Hauptbestandteil der Lederhaut und umhüllen alle Organe;
- sind ein Hauptbestandteil der Sehnen, die die Muskeln mit den Knochen verbinden.

Ausgereiftes Kollagen ist völlig unlöslich in Wasser und mechanisch sehr widerstandsfähig.

Keratin
Protein des menschlichen Körpers, Hauptbestandteil von Hornhaut, Haaren und Nägeln

Die **Keratine** bilden an der Oberfläche des Körpers eine hornartige Substanz, z. B. Hornschicht, Fingernägel und Haare. Diese Hornsubstanz quillt beim Kontakt mit Wasser etwas auf und wird weicher, sie ist aber völlig unlöslich und fast undurchlässig für Wasser.

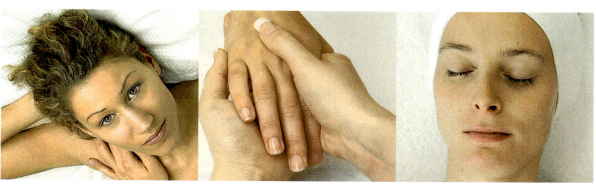

Keratin ist Hauptbestandteil von Haaren, Hornhaut und Nägeln

Die **Enzyme** sind verschiedenartig und in allen Zellen enthalten. Diese spezialisierten Proteine sorgen dafür, dass der Zellstoffwechsel reibungslos funktioniert. Auch in den Körperflüssigkeiten kommen zahlreiche unterschiedliche Enzyme vor. In den Verdauungssäften sorgen sie für die Verdauung der Nährstoffe. Im Blut veranlassen Enzyme die Gerinnung des Bluts bei einer Verletzung.

Weitere Stoffe des menschlichen Körpers

Fette und fettähnliche Stoffe spielen in unserem Körper ebenfalls eine wichtige Rolle, besonders in den Zellmembranen (→ Kapitel IV/1.2) und im Fettgewebe (→ Kapitel V/3.3).

Nukleinsäuren haben auch eine wichtige Aufgabe im Organismus. Der wichtigste Typ von Nukleinsäuren wird meist mit der Abkürzung **DNA** bezeichnet. Die DNA ist in allen Zellkernen enthalten. In ihr sind die Baupläne für alle Proteine und gleichzeitig alle vererbbaren Informationen gespeichert.

Vitamine sind Stoffe, die der menschliche Organismus nur in sehr kleinen Mengen benötigt. Da unser Körper sie nicht selbst produzieren kann, müssen sie ihm regelmäßig mit der Nahrung zugeführt werden. Oft werden bestimmte Vitamine auch kosmetischen Präparaten zugesetzt, was nicht in jedem Fall sinnvoll ist.

Mineralstoffe sind ebenfalls wichtig für den menschlichen Körper. Einige davon sind wasserlöslich, z. B. Kochsalz (Natriumchlorid) oder Kaliumchlorid. Unlösliche Mineralstoffe (Kalk und Kalziumphosphate) gehören zu den Hauptbestandteilen der Knochen und Zähne.

Enzyme
Proteine, die chemische Prozesse in unseren Zellen und in den Körperflüssigkeiten steuern

DNA
Abkürzung für englisch „Desoxy Ribonucleic Acid", deutsch „Desoxy-Ribonukleinsäure"; wichtigster Bestandteil aller Zellkerne

Vitamine
lebensnotwendige Stoffe, die der menschliche Organismus ständig in kleinen Mengen braucht

> **Organische und anorganische Verbindungen**
> Stoffe wie Zucker, Proteine und Fette werden als organische Stoffe oder organische Verbindungen bezeichnet. Sie bestehen immer aus den Elementen Kohlenstoff und Wasserstoff, meist auch aus Sauerstoff. Proteine enthalten zusätzlich Stickstoff und Schwefel. Viele dieser Stoffe kann man künstlich im Labor erzeugen. Deshalb bezeichnet man heute alle Verbindungen des Kohlenstoffs als organische Verbindungen, gleichgültig ob, sie von einem lebenden Organismus oder künstlich im Labor produziert worden sind.
> Die meisten organischen Stoffe sind recht instabil. Sie vertragen keine hohen Temperaturen oder sie können unter dem Einfluss von Sauerstoff unbrauchbar werden. Deshalb stellt der Organismus fast alle organischen Stoffe, aus denen er besteht, immer wieder neu her.
>
> Stoffe, die das Element Kohlenstoff nicht enthalten, werden als anorganische Stoffe oder anorganische Verbindungen bezeichnet. Wasser ist z. B. eine anorganische Verbindung. Auch anorganische Verbindungen kommen in lebenden Organismen vor und sind meist sogar deren Hauptbestandteile.

Tabelle VIII/1 Wichtige Stoffe im menschlichen Körper

Stoff	Eigenschaften	Vorkommen
Proteine	organische Stoffe, instabil	alle Organe
Polysaccharide	organische Stoffe, binden Wasser	Lederhaut, Bindegewebe
Fette	organische Stoffe, wasserunlöslich	Unterhaut, Hauttalg
Nukleinsäuren (DNA)	organische Stoffe, enthalten vererbbare Informationen	Zellkern
Wasser	stabil	alle Organe
Kalziumphosphat und Kalk	wasserunlöslich, stabil	Knochen und Zähne
lösliche Mineralstoffe	stabil	alle Organe
Vitamine	organische Stoffe	alle Organe

2 Rohstoffe für kosmetische Präparate

Die meisten kosmetischen Präparate sind Mischungen aus verschiedenen chemischen Stoffen. Sie können Lösungen sein (z. B. Parfüm) oder heterogene Gemische (z. B. Make-up). Man kann die Stoffe, aus denen sich kosmetische Präparate zusammensetzen, in drei Gruppen unterteilen.

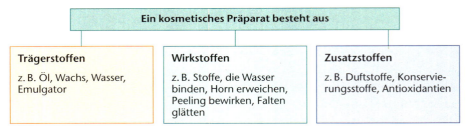

Rohstoffe

INCI
englische Bezeichnung:
International
Nomenclature of
Cosmetic
Ingredients

- Die **Trägerstoffe** sind meist die Hauptbestandteile eines Präparats. Sie bestimmen, ob ein Produkt dünnflüssig, dickflüssig, cremig, gelartig oder fest ist.
- Die **Wirkstoffe** erzielen auf der Haut eine bestimmte Wirkung, z. B. eine Färbung oder eine Hautstraffung.
- **Zusatzstoffe** oder **Hilfsstoffe** bestimmen Farbe und Duft des Präparats oder schützen diese auch vor dem Verderb.

Oft kann man nicht eindeutig entscheiden, ob es sich bei einem Bestandteil von einem kosmetischen Präparat um einen Trägerstoff (→ Kapitel VIII/2.1), einen Wirkstoff (→ Kapitel VIII/2.2) oder einen Zusatzstoff (→ Kapitel VIII/2.3) handelt.

Die Benennung der Inhaltsstoffe richtet sich in Europa nach der INCI-Nomenklatur. Die in den **INCI**-Listen zusammengestellten Namen der Inhaltsstoffe müssen auf den Verpackungen der Präparate deklariert werden (→Kapitel II/1.1.4).

2.1 Hauptbestandteile (Trägerstoffe)

Ein kosmetisches Präparat kann z. B. cremig, wachsartig, dünnflüssig oder zähflüssig sein. Diese Eigenschaften werden durch die verwendeten Trägerstoffe bestimmt, die oft die Hauptbestandteile eines Präparats sind.

2 Rohstoffe für kosmetische Präparate

Tabelle VIII/2 Wichtige Trägerstoffe als Hauptbestandteile kosmetischer Präparate

Stoff	Eigenschaften	Beispiele für die Verwendung
■ Wasser	dünnflüssig, geruchlos, hydrophil	Cremes, milchige Lotionen, Suspensionen, Gele, wässrig-alkoholische Lösungen
■ Ethanol (gewöhnlicher Alkohol)	dünnflüssig, farblos, hydrophil	Lösungsmittel, z. B. für Deodorants
■ Isopropanol (Propanol-2)	dünnflüssig, farblos, überwiegend hydrophil	Lösungsmittel
■ Paraffinöl (Mineralöl)	dünnflüssig, dickflüssig oder zähflüssig, geruchlos, lipophil	Massageöl, ölige Zubereitungen, Cremes
■ Pflanzenöle, z. B. Jojobaöl, Rizinusöl, Olivenöl	dünnflüssig, gelblich, fast geruchlos, lipophil	ölige Zubereitungen, Cremes, Lippenstifte
■ synthetische Öle, z. B. Silikonöle, Fettsäureisopropylester	farblos, geruchlos, dünnflüssig oder dickflüssig, lipophil	wie Paraffinöl
■ Paraffin, z. B. Petrolatum, Vaseline	halbfest, wachsartig, lipophil	Make-up, Cremes, Haarpflegemittel
■ pflanzliche und tierische Wachse, z. B. Carnaubawachs, Japanwachs, Bienenwachs	fest, weich, bei höheren Temperaturen flüssig, lipophil	Augenbrauenstifte, Lippenstifte, feste Cremes, Make-up
■ Emulgatoren, z. B. Monoglyceride, Lezithin	amphiphil	Cremes, milchige Lotionen, Suspensionen, Schäume
■ Verdickungsmittel, z. B. Methylcellulose	meist hydrophil	Gele, Cremes, Masken
■ unlösliche Mineralstoffe, z. B. Talkum	fest, unlöslich in Wasser und Öl	Make-up, Suspensionen

Wasser und Öle (Fette) gehören zu den wichtigsten Trägerstoffen. Deshalb wird unterschieden zwischen den hydrophilen (wasserliebenden) und lipophilen (fettliebenden) Trägerstoffen sowie den amphiphilen Stoffen, welche Wasser und Fett miteinander verbinden können.

Nachfolgend werden die Trägerstoffe nach ihren Eigenschaften in hydrophile, lipophile und amphiphile unterteilt.

Hydrophile Trägerstoffe

Wasser ist wichtigster Hauptbestandteil vieler kosmetischer Präparate. Man verwendet Wasser gern, weil es ein gutes Lösungsmittel für viele Wirkstoffe ist. Wässrige Präparate werden oft mit anderen Stoffen zu Gelen oder Cremes angedickt, damit sie auf der Haut liegen bleiben.

Verdickungsmittel für Wasser

Verdickungsmittel werden nur in kleinen Mengen zugesetzt. Zum Verdicken von Wasser kommen z. B. **Xanthan Gum**, **Methylcellulose** oder **Acrylsäurepolymere** zur Anwendung. Diese Stoffe quellen in Wasser sehr stark auf, lösen sich aber nicht. Sie sind gesundheitlich unbedenklich, weil sie sich weder in Wasser noch in Fetten lösen und deshalb nicht in den Organismus eindringen können.

Die unterschiedliche Beschaffenheit kosmetischer Präparate wird durch Trägerstoffe bestimmt.

Xanthan Gum
ein Polymer, hergestellt mit Bakterien (Xanthomonas campestris)

Methylcellulose
Verdickungsmittel für Wasser, hergestellt aus Holz

Andere hydrophile Trägerstoffe

Zwei verschiedene Arten von **Alkohol** werden häufig als Lösungsmittel in kosmetischen Präparaten verwendet: **Ethanol** und **Isopropanol**. Beide Alkohole sind gute Lösungsmittel für manche Wirkstoffe, die sich in Wasser nicht gut lösen (z. B. Duftstoffe). Da die Alkohole schnell verdunsten, kann man alkoholische Lösungen benutzen, um darin gelöste Wirkstoffe gleichmäßig auf der Haut zu verteilen.

Eine Mischung aus 70 % Ethanol und 30 % Wasser wirkt auf der Hautoberfläche desinfizierend, sie kann Bakterien töten. Bei höherem Wassergehalt lässt die keimtötende Wirkung schnell nach.

Glycerol ist auch ein Alkohol. Es bindet Wasser und verdunstet nicht; es bleibt auf der Haut liegen, wenn es z. B. mit einer Creme auf der Haut verstrichen wird. Das in dünner Schicht auf der Haut befindliche Glycerol bindet Wasser und bewirkt, dass sich die Haut glatter anfühlt. Man kann deshalb Glycerol als Hilfsmittel und als Wirkstoff auffassen. In Deutschland wird Glycerol oft Glycerin genannt.

Lipophile Trägerstoffe

Die lipophilen Trägerstoffe kann man nach ihrer physikalischen Beschaffenheit in Öle (flüssig) und Wachse (halbfest, knetbar) unterteilen. Außerdem gibt es lipophile Stoffe, die zwar nicht flüssig, aber trotzdem weich sind und sich leicht ausstreichen lassen, z. B. Vaseline oder Fette.
Zur Herstellung von kosmetischen Präparaten wird häufig **Paraffinöl** eingesetzt, das mit einem speziellen Reinigungsverfahren aus Erdöl gewonnen wird.

Pflanzenöle und synthetische Öle (z. B. **Silikonöle**) sind eine Alternative zum Paraffinöl. Pflanzenöle sind von Natur aus meist ungiftig, allerdings können sie durch Einwirkung von Licht, Sauerstoff und Mikroorganismen verderben (ranzig werden). Um dies zu verhindern, muss man den Ölen **Antioxidantien** zusetzen.

Für bestimmte kosmetische Präparate wie Make-ups oder Lippenstifte werden auch festere lipophile Stoffe als Trägerstoffe benötigt. Zu diesem Zweck dienen in erster Linie das aus Erdöl gewonnene Paraffin sowie einige **Wachse** aus den Blättern südamerikanischer Sträucher (Carnaubawachs und Candelillawachs).

Eine etwas weichere Art des Paraffins wird Petrolatum oder **Vaseline** genannt. Ein steifes Fett aus den Früchten einer japanischen Sumach-Art (Japanwachs) wird gern als Ersatz für das teure Bienenwachs verwendet, z. B. in Augenbrauenstiften.

Fettalkohole sind eine Klasse von synthetischen Stoffen mit den Eigenschaften von Wachsen. Sie werden aus natürlichen Fetten hergestellt und in vielen kosmetischen Präparaten verwendet. Sie lösen sich nicht in Wasser.

Amphiphile Stoffe

Da viele kosmetische Präparate sowohl Wasser als auch lipophile Trägerstoffe enthalten, braucht man amphiphile Stoffe, um beides miteinander zu verbinden. Die entsprechenden Stoffe nennt man **Emulgatoren**. Sie werden meist durch chemische Prozesse aus natürlichen Fetten hergestellt. Für einige Spezialanwendungen werden auch natürliche Emulgatoren wie Lezithin, Wollwachs oder Fettsäuren verwendet.

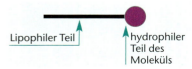

Symbol für ein Molekül eines amphiphilen Stoffes

Kalottenmodell einer Fettsäure

Alkohol
Bezeichnung für verschiedene hydrophile, wasserähnliche Lösungsmittel

Ethanol
gewöhnlicher Alkohol

Isopropanol
schwach giftiger Alkohol, auch Propanol-2 oder Isopropylalkohol genannt

Glycerol
Alkohol, relativ dickflüssig, ungiftig, gut wasserlöslich, verbreitetes Feuchthaltemittel

Paraffinöl
farbloses Öl, aus Erdöl hergestellt, ungiftig, kann auf der Haut angewendet werden

Silikonöl
synthetisches Öl

Antioxidantien
→ Kapitel VIII/2.3

Wachse
relativ weiche, knetbare Feststoffe; werden bei 60 – 80 °C flüssig

Emulgator
amphiphiler Stoff, zur Herstellung von Emulsionen (→ Kapitel VIII/.2.1)

Auch die Hauptbestandteile von kosmetischen Reinigungsmitteln, die **Detergenzien** sind amphiphile Stoffe. Da sie verantwortlich für die Reinigungswirkung sind, muss man sie eher zu den Wirkstoffen zählen.

Detergenz
amphiphiler Stoff, zur Entfernung von fettigem Schmutz (→ Kapitel VIII/.2.2)

2.2 Wirkstoffe

Die eigentliche kosmetische Wirkung (Primärwirkung) der Präparate wird von den Wirkstoffen bestimmt, die oftmals nur in geringer Menge enthalten sind. Es gibt sehr viele kosmetische Wirkstoffe und sie unterliegen alle einer strengen Kontrolle (→ Kapitel II).

Wirkstoffe können { Haut reinigende / Haut schützende / Haut pflegende / Haut regenerierende / Hornhaut oder Haar entfernende / dekorative } Wirkung haben

Wirkstoffe können auch nach dem Ort ihrer Wirkung unterschieden werden. Sie können
- an der Hautoberfläche wirken, z. B. reinigen, pflegen;
- in die Hornhaut eindringen und deren Eigenschaften verbessern, z. B. feucht halten;
- die Hautdurchblutung positiv beeinflussen, z. B. ein frisches Aussehen verleihen;
- in die Oberhaut eindringen und dort den Zellstoffwechsel anregen (es sind keine Arzneimittel, da sie nur auf der Haut angewendet werden);
- die Schweißabsonderung beeinflussen, z. B. aluminiumhaltige Deodorants.

Haut reinigende Wirkstoffe

Für die Hautreinigung sind bestimmte amphiphile Stoffe besonders wichtig, die Detergenzien. Diese können fettige Ablagerungen auf der Hautoberfläche emulgieren, so dass man sie mit Wasser abwaschen kann.

Dafür besonders geeignet sind amphiphile Stoffe, bei denen der hydrophile Teil des Moleküls eine negative Ladung trägt, die anionischen **Tenside** (→ Kapitel VIII/4.1).

Wichtige Stoffe dieser Art sind die Salze der natürlichen Fettsäuren, sie sind Hauptbestandteil der Seife.

Tenside
lat. tensio Spannung, wasserlösliche organische Verbindung, die die Oberflächenspannung des Wassers herabsetzt

 Aus Fettsäuren werden viele weitere anionische Tenside synthetisch hergestellt, z. B. Fettalkohol-Polyethersulfate oder Sulfonyl-Bernsteinsäure-Ester.
Die „Blue List" verzeichnet mehr als 600 verschiedene derartige Stoffe (**Surfactants**). Die INCI-Namen dieser Stoffe sind nur Fachleuten verständlich, z. B. ist „Disodium Oleth-3 Sulfosuccinate" ein Typ der Sulfonyl-Bernsteinsäure-Ester.

Surfactants
engl. oberflächenaktive Substanzen

Zur Hautreinigung werden auch dünnflüssige Öle und Alkohole benutzt (→ Tabelle VIII/2). Reinigende Wirkungen haben ebenfalls die beim Verfahren der Tiefenreinigung benutzten Stoffe, z. B. die schmirgelnden Körnchen in Peeling-Suspensionen oder bestimmte Enzyme (→ Kapitel VIII/4.3).

Haut schützende Wirkstoffe

Die schützende Wirkung eines Stoffes lässt sich oftmals nicht eindeutig von der pflegenden abgrenzen. Viele Wirkstoffe wirken in der Haut, z. B. die Vitamine. Stoffe, welche die Haut vor Austrocknung schützen, werden bei den pflegenden Stoffen angeführt.

Für den Hautschutz sind Stoffe sehr wichtig, die UV-Licht absorbieren oder reflektieren. UV-Licht schädigt vor allem die ungebräunte Haut.

Braukmann professional Jojoba Peeling

reflektieren
lat. reflectere zurückbringen

absorbieren
lat. absorbere verschlucken, aufsaugen, nicht hindurch lassen

Bereits eine dünne Schicht anorganischer Pigmente auf der Hautoberfläche, z.B. Titandioxid, **reflektiert** UV-Licht zum größten Teil und kann so eine Schädigung der lebenden Hautzellen verhindern. In Sonnenschutzmitteln werden auch organische Stoffe eingesetzt, die einen Teil des UV-Lichts **absorbieren**.

Die als UV-Filter bezeichneten Stoffe werden in kosmetischen Präparaten auch eingesetzt, um andere Inhaltsstoffe vor dem Verderb durch UV-Licht zu schützen.

Spezielle Wirkstoffe können empfindliche Haut vor mechanischen oder chemischen Reizungen schützen. Hierzu werden gern Allantoin oder pflanzliche Stoffe eingesetzt (z. B. Kamille, Hamamelis), die hautberuhigend wirken.

 Ein effektiver Schutz der Haut vor aggressiven Chemikalien ist mit Wirkstoffen kaum möglich. Hier helfen Schutzhandschuhe und geeignete Arbeitskleidung besser.

Haut pflegende Wirkstoffe

Die Hautoberfläche wird rau und spannt unangenehm, wenn sie austrocknet. Normalerweise wird dies durch die natürlichen Inhaltsstoffe von Schweiß und Talg verhindert, die sich auf der Hautoberfläche ausbreiten. Werden diese Stoffe beim Duschen oder Baden entfernt oder produziert die Haut nicht genügend davon, so kann man sie mit Hilfe von Cremes oder anderen Zubereitungen wieder ersetzen.

NMF
engl. **N**atural **M**oisturing **F**actor, natürlicher Feuchthalte-Faktor, Sammelbegriff für die aus dem Schweiß und Talg stammenden wasserbindenden Stoffe

Die natürlichen wasserbindenden Stoffe auf der Hautoberfläche werden oft als **NMF** bezeichnet.

Harnstoff
engl. urea, farbloser und geruchloser organischer Feststoff, der Wasser anzieht

Als Stoffe, die Wasser auf der Hautoberfläche binden, kommen z. B. **Harnstoff** (**Urea**), Glycerol oder **Aminosäuren** zur Anwendung. Aminosäuren und Harnstoff sind auch Bestandteile des NMF.
Auch makromolekulare Stoffe wie **Hyaluronsäure** werden gelegentlich zu diesem Zweck eingesetzt. Wasserbindende Stoffe dieser Art sind **hygroskopisch**, sie ziehen Feuchtigkeit aus der Luft an und bilden mit dieser eine konzentrierte wässrige Lösung. Diese Lösung hält die obersten Schichten der Hornhaut glatt und geschmeidig.

Aminosäuren
farblose organische Stoffe, im gesamten Körper und im Schweiß vorkommend, Bestandteil der Proteine

Oft werden Stoffe, die als natürliche Stoffe in der Haut nachgewiesen worden sind, als pflegende Wirkstoffe in kosmetischen Präparaten eingesetzt. Beispiele sind Kollagen, **Ceramide** oder die oben erwähnte Hyaluronsäure.

Hyaluronsäure
Stoff aus Zuckerbausteinen, in der Lederhaut vorkommend

Haut regenerierende Wirkstoffe

hygroskopisch
Feuchtigkeit anziehend

Das Erhalten und ggf. das Wiederherstellen eines möglichst jugendlichen Aussehens der Haut ist ein Hauptziel aller kosmetischen Bemühungen. Die **Regeneration** bzw. das **anti-ageing** der Haut gewinnen immer mehr an Beutung.

Ceramide
lipophile Bestandteile der Hornschicht

Die große Anzahl der entwickelten Wirkstoffe soll eine Wirkung auf die tieferen Hautschichten ausüben. Dazu ist es erforderlich, dass die Barrierefunktion herabgesetzt wird.

Regeneration
lat. regenerare von neuem hervorbringen

Hautschälende Stoffe bewirken einerseits ein Verdünnen der Hornschicht und ermöglichen so das Eindringen von Wirkstoffen, andererseits stimulieren sie die Basalzellschicht zur Neubildung (Regenerierung) von Zellen.

anti-ageing
Bezeichnung für Präparate oder Behandlungen, die Alterungserscheinungen entgegenwirken

Bei richtiger Anwendung dieser hautschälenden Stoffe hat die nachwachsende Haut oft weniger Falten als vorher und wirkt deshalb jugendlicher.
Stoffe dieser Art sind z. B. Fruchtsäuren wie Äpfelsäure oder Zitronensäure, die so genannten **AHA**s. Ihre hautätzende Wirkung entfalten diese Stoffe erst, wenn sie in ausreichender Konzentration und entsprechendem pH-Wert eingesetzt werden.

AHA
engl. **a**lpha **H**ydroxy **A**cid (Acids), wirken in konzentrierter wässriger Lösung hautschälend

2 Rohstoffe für kosmetische Präparate

Neuerdings wird auch Trichloressigsäure wieder mehr für Schälkuren zur Haut-Regeneration benutzt.

 Kosmetische AHA-Produkte, die zur Zerstörung der Haut führen, sind nicht verkehrsfähig und dürfen nicht vertrieben werden. Hier ist der Sicherheitsbewerter gefragt.

Wirkstoffe, die auf die Regenerierung der Haut Einfluss ausüben, sind u. a.
- die Vitamine A (**Retinol**), C (Ascorbinsäure), E (Tocopherol) und F (essenzielle Fettsäuren);
- Pflanzeninhaltsstoffe mit Estrogen-ähnlicher Wirkung, so genannte Phytoestrogene;
- Antioxidantien, hierzu gehören pflanzliche Flavonoide, das Coenzym Q10 und die bereits genannten Vitamine C und E.

Retinol
Vitamin-A

Hornhaut und Haar entfernende Wirkstoffe

Raue Hautoberflächen kann man auch dadurch glätten, dass man die obersten Schichten der Korneozyten vorsichtig abschmirgelt. Für diesen Zweck gibt es Peeling-Produkte, die kleine Kunststoff-Körnchen enthalten.

Präparate mit Kunststoff-Körnchen sind schonender als solche mit natürlichen Peelingkörnern, z. B. aus Nussschalen. Sie können glatt und ohne scharfe Kanten hergestellt werden und wirken somit weniger aggressiv auf der Hautoberfläche. Sehr wirkungsvoll sind Duschgele mit schmirgelnden Partikeln. Bei ihrer Anwendung lassen sich die Kunststoffpartikel zusammen mit den abgeschilferten Hornteilchen nach der Massage bequem mit Wasser abspülen.

AHA-Liposomen

1 Verreiben Sie etwas *Peeling-Emulsion* auf dem Handrücken. Wie fühlt sich das an? Verreiben Sie an einer anderen Stelle des Handrückens etwas *Dusch-Peeling*. Welchen Unterschied fühlen sie zwischen den beiden Präparaten? Welches der beiden Präparate lässt sich anschließend gut mit Wasser abspülen?
2 Suchen Sie bei sich oder einem Mitschüler eine raue Stelle auf der Haut, z. B. am Ellbogen oder am Knie und massieren Sie diese Stelle etwa ein bis zwei Minuten mit der *Peeling-Emulsion* oder dem *Dusch Peeling*. Fühlt sich die Haut dort glatter an, nachdem das Präparat abgewischt oder abgespült worden ist?

Die übermäßige Bildung von Hornhaut wird oft als störend empfunden, z. B. an den Nagelfalzen des Fußes oder einem Hühnerauge. Zur Entfernung solcher Hautveränderungen gibt es verschiedene hornerweichende Stoffe. Verwendet werden Lösungen von Alkalien oder Präparate mit **Salicylsäure**.

Störende Haare am Körper können mechanisch oder durch elektrischen Strom entfernt werden (→ Folgeband). Es gibt aber auch die Möglichkeit, durch Anwendung von **Thioglycolsäure** in stark alkalischer Lösung die Haare so stark aufzuweichen, dass sie sich von der Hautoberfläche abwischen lassen.

Thioglycolsäure
(auch Mercaptoessigsäure genannt) organische Säure, die in schwach alkalischer Lösung für Dauerwellen, in stark alkalischer Lösung zur Haarentfernung benutzt wird

Wirkstoffe mit dekorativer Wirkung – Farbstoffe

Für die dekorative Kosmetik sind Farbstoffe die wichtigsten Wirkstoffe. Sie werden meist als sehr fein gemahlene, unlösliche Pulver in die Präparate eingearbeitet. Derartige unlösliche Farbstoffe nennt man **Pigmente**. Der Vorteil der Pigmente ist, dass sie wegen ihrer Unlöslichkeit nicht in die Haut eindringen und dort Schaden anrichten können. Pigmente können sich auch nicht in Tränen, Schweiß oder Regentropfen auflösen. Die Tabelle nennt einige häufig in Kosmetika verwendete Pigmente.

Pigment
fein pulverisierter, unlöslicher Farbstoff

Tabelle VIII/3 Häufig verwendete Pigmente in kosmetischen Präparaten

Name	Farbe	Präparate
Titandioxid	weiß	Make-up, Puder, Sonnenschutz
Talkum	weiß	Make-up, Puder
Zinkoxid	weiß	Make-up, Sonnenschutz
Eisenhydroxid	ocker, braun oder rötlich	Make-up, Puder
Silber	schwarz	Mascara, Eyeliner, Augenbrauenstifte
Graphit (Ruß)	schwarz	Tätowiertinte
organische Pigmente	rot	Lippenstift, Make-up (Rouge)

Pigmente haben eine starke Deckkraft.

Wenn ein Pigment völlig unlöslich ist, kann es auch im Organismus kaum Schaden anrichten, es ist also ungiftig. Allerdings gibt es Pigmente, die sich in Körperflüssigkeiten langsam lösen, z. B. Eisenhydroxid, metallisches Blei oder die roten organischen Pigmente in Lippenstiften. Deshalb dürfen in kosmetischen Präparaten nur Pigmente (und andere Farbstoffe) verwendet werden, deren toxische Unbedenklichkeit nachgewiesen ist.

Lösliche Farbstoffe werden in Präparaten der dekorativen Kosmetik nur dann verwendet, wenn sie durch einen Lack (z. B. beim Nagellack) oder durch lipophile Trägerstoffe (z. B. beim Lippenstift) fixiert werden. Dagegen werden vielen kosmetischen Präparaten kleine Mengen löslicher Farbstoffe zugesetzt, um dem Präparat selbst eine interessante Färbung zu geben. Ohne diese Zusätze würden die meisten Präparate leicht grau oder schwach gelblich aussehen.

2.3 Zusatzstoffe – Hilfsstoffe

Von den Wirkstoffen kann man die Zusatzstoffe abgrenzen, welche die Eigenschaften des kosmetischen Präparats verbessern sollen.

Duftstoffe

chemische Stoffe mit intensivem angenehmem Geruch, gewonnen aus Pflanzen oder synthetisch hergestellt

Parfümöle

ölige Mischungen von Duftstoffen oder konzentrierte Lösungen von Duftstoffen in einem Öl

Duftstoffe und Parfümierung

Größtenteils werden den Präparaten **Duftstoffe** beigemischt, weil der Geruch die Kaufentscheidung des Kunden wesentlich beeinflusst. Die zugesetzten Duftstoffe sollen z. B. einen Eindruck von Frische vermitteln. Die Duftstoffe mischt man den Präparaten meist als Parfümöle zu. Dies sind konzentrierte Mischungen aus sehr vielen verschiedenen Duftstoffen. **Parfümöle** werden vorwiegend aus Pflanzen gewonnen, aber auch synthetische Stoffe werden verwendet. Die Tabelle zeigt einige bekannte Pflanzen, die für die Gewinnung von Parfümölen angebaut werden.

Die Parfümöle enthalten stets eine große Anzahl verschiedener Duftstoffe, manchmal mehr als 100. Deshalb hat der Gesetzgeber auf eine vollständige Deklaration der Inhaltsstoffe verzichtet. Parfüms sind kosmetische Präparate, die Duftstoffe und Parfümöle als wirksame Hauptbestandteile enthalten.

Tabelle VIII/4 Wichtige Pflanzen zur Herstellung von Parfümölen

Pflanze	verwendete Pflanzenteile	Name des Parfümöls
Bitterorange	Fruchtschalen	Bergamotteöl
Gräser der Cymbopogon-Arten	Blätter	Citronellaöl
Pelargonium-Arten	Blüten	Geraniumöl
Iris-Arten	Wurzeln	Irisöl
Jasminum grandiflora	Blüten	Jasmin-Absolue
Lavendel	Blüten, Blätter	Lavendelöl
Commiphora myrrha	Harz der Zweige	Myrrhenöl
Citrus-Arten	Blätter	Petitgrainöl
Pogostemon patchouli	Blätter	Patchouliöl
Rosen	Blüten	Rosenöl
Zedern	Holz	Zedernholzöl

Pflanzen sind die Basis für Parfümöle und Duftstoffe

Konservierungsstoffe

Die meisten wasserhaltigen Präparate enthalten Konservierungsmittel. Dies ist nötig, da Mikroorganismen in wässrigen Zubereitungen gedeihen und die organischen Stoffe des Präparats als Nahrungsquelle nutzen können. Die **Konservierungsstoffe** verhindern, dass sich Bakterien und andere Mikroorganismen im Präparat vermehren und dieses dadurch verderben.

Der Zusatz von Konservierungsstoffen wird so bemessen, dass sich das Präparat im geschlossenen Gefäß für längere Zeit hält. Wenn jedoch das Gefäß geöffnet wird und das Präparat vermehrt mit den Mikroorganismen aus der Umwelt in Kontakt kommt, reicht der Schutz durch die Konservierungsstoffe nur für eine kurze Zeitspanne aus. Deshalb verdirbt der Inhalt einer Packung schneller, wenn sie angebrochen ist.

> Konservierungsstoffe behindern das Wachstum und die Vermehrung von Zellen. Deshalb sind sie nicht nur für Mikroorganismen gefährlich, sondern im Prinzip auch für die Zellen unseres Körpers und nicht jedes Desinfektionsmittel darf zur Konservierung von Kosmetika eingesetzt werden. Die in der EU zugelassenen Stoffe sind unter strengen Kriterien toxikologisch geprüft (→ Kapitel II).

Konservierungsstoffe
in geringer Menge einem Präparat zugesetzte Stoffe, welche die Haltbarkeit verlängern – Stoffe, die gegen die Vermehrung von Mikroorganismen wirken

Antioxidantien

Zur Stabilisierung eines kosmetischen Präparats gehört, dass man es vor dem verderblichen Einfluss von Luftsauerstoff und Licht schützt. Der in der Luft enthaltene Sauerstoff ist ein relativ aggressives Gas, welches viele organische Stoffe durch chemische Reaktionen verändern und verderben kann.

Antioxidantien
chemische Verbindungen, die die Inhaltsstoffe (Fett, Öle) vor dem chemischen Verderb schützen, der z. B. durch Sauerstoff ausgelöst wird

Besonders wenn Sauerstoff und Licht gleichzeitig auf organische Stoffe einwirken, ist die Gefahr des Verderbs (Ranzigwerden) groß. Um den Einfluss von Sauerstoff zu verringern setzt man kosmetischen Präparaten so genannte **Antioxidantien** zu. Bewährt haben sich
- das fettlösliche Vitamin E (Tocopherol) und
- das wasserlösliche Vitamin C (Ascorbinsäure).

Diese Stoffe sind für die Haut völlig unbedenklich, weil der Organismus sie als Vitamine ohnehin braucht.

Weitere Zusatzstoffe

Der Schutz vor Licht, insbesondere vor UV-Licht, kann bei einem kosmetischen Präparat nötig sein, wenn es in durchsichtigen oder transparenten Behältern aufbewahrt wird.

Hierfür verwendet man prinzipiell die gleichen Stoffe, die auch bei Sonnenschutzmitteln für die Haut zum Einsatz kommen.

1 Nennen Sie einige Stoffe, die Bestandteile des NMF sind.
2 AHA-Säuren kommen in Erdbeeren, Äpfeln, Zitronen und anderen Früchten vor. Warum kann man mit dem Saft aus solchen Früchten nicht die Haut regenerieren?
3 Informieren Sie sich auf Fachmessen, in Fachzeitschriften oder im Internet über den Einsatz von Konservierungsstoffen in kosmetischen Präparaten.

3 Produktgrundlagen kosmetischer Präparate

Die in der Kosmetik verwendeten Zubereitungen haben meist eine weiche **Konsistenz**. Üblich sind Cremes, Gele, Öle, Schäume, milchartige **Lotionen** und dünnflüssige Lösungen.

Der größte Teil der Inhaltsstoffe (**Grundlage**) eines kosmetischen Präparats dient oft zur Herstellung einer bestimmten Konsistenz.

Konsistenz
lat. consistere sich aufstellen, feststehen, Beschaffenheit eines Stoffs, z. B. hart, dünnflüssig, dickflüssig, wachsartig, cremig, schaumig

Lotion
dünnflüssiges Präparat

Grundlage
Hauptbestandteile einer kosmetischen Zubereitung, z. B. Öl und Wasser in Emulsionen

Kosmetische Produkte (Formulierungen) haben oftmals die gleiche Grundlage, sind jedoch in der Wirkung verschieden.

Die eigentlichen Wirkstoffe machen manchmal nur wenige Prozent aus. Die folgende Tabelle gibt eine Übersicht über die prinzipielle Zusammensetzung der wichtigsten Zubereitungs-Arten.

■ 3 Produktgrundlagen kosmetischer Präparate

Tabelle VIII/5 *Prozentuale Zusammensetzung kosmetischer Zubereitungen*

Präparatetyp Grundlage	Wasser	Verdickungsmittel	Fette/Öle/ Wachse	Emulgatoren	Wirkstoffe
Creme (O/W-Emulsion)	50–75 %	0 – 5 %	15–40 %	5–20 %	2–25 %
Creme (W/O-Emulsion	40–60 %	–	40–55 %	5–20 %	0–20 %
Hydrogel	85–95 %	4 – 8 %	–	–	1–10 %
Öl	–	–	95–100 %	–	0–5 %
milchige Lotion	70–90 %	0 – 1 %	5–20 %	3–10 %	1–10 %

3.1 Emulsionen

Eine **Emulsion** ist ein heterogenes Stoffgemisch aus einer wässrigen Lösung und einem Öl oder Fett. Fette und Öle lösen sich nicht in Wasser. Wenn man versucht, ein Öl in Wasser einzurühren, so entsteht eine trübe Mischung. Nach kurzer Zeit setzt sich aber das klare Öl oben auf dem Wasser ab: Öl und Wasser haben sich von selbst wieder entmischt.

Man kann aber das Wasser zwingen, das Öl nicht wieder abzustoßen:
- Öl und Wasser werden mit einem sehr kräftigen Rührwerk so bearbeitet, dass das Öl zu winzig kleinen Tröpfchen zerschlagen wird.
- Es wird ein amphiphiler Stoff (Emulgator) zugesetzt.

> Das intensive Verrühren zweier Stoffe, die sich nicht ineinander lösen, nennt man auch dispergieren; das entstehende Produkt wird als Dispersion bezeichnet. Man unterscheidet grobe Dispersionen, denen man die Zusammensetzung aus unterschiedlichen Stoffen sofort ansieht, von feinen.
> Meist spricht man nur dann von einer **Dispersion**, wenn die Bestandteile der Mischung (Tröpfchen oder Kristalle) so klein sind, dass man sie mit bloßem Auge nicht mehr unterscheiden kann.

Die Moleküle des **Emulgators** besetzen die **Grenzflächen** zwischen Wasser und Öl (→ Grafik). Dadurch erhalten die Öltröpfchen eine hydrophile Oberfläche und werden nicht mehr aus dem Wasser herausgedrängt. Das Wasser verdrängt aber stets die lipophilen Teile der Emulgator-Moleküle, so dass diese sich immer im Öl befinden (Öl in der Grafik orange).

Typen von Emulsionen
- „Öl-in-Wasser-Emulsion", kurz **O/W-Emulsion**: Das Öl ist in kleinen Tröpfchen im Wasser verteilt.
- „Wasser-in-Öl-Emulsion", kurz **W/O-Emulsion**: Wassertröpfchen sind in Öl verteilt.

Die Entstehung der unterschiedlichen Typen ist abhängig vom Herstellungsverfahren und den verwendeten Stoffen, insbesondere von den Emulgatoren.

Die folgenden Grafiken zeigen Querschnitte durch emulgierte Tröpfchen. Man erkennt, dass sich die hydrophilen Teile der Emulgator-Moleküle im Wasser lösen.

Da die hydrophilen Teile fest mit den lipophilen Teilen verbunden sind, wird auch das im Wasser dispergierte Öltröpfchen (bei der O/W-Emulsion) oder das in Öl dispergierte Wassertröpfchen (W/O-Emulsion) stabil mit der Umgebung verbunden.

Emulsion
lat. emulgere melken, heterogene Mischung von Öl (oder Fett) und Wasser. Entweder sind winzige Öltröpfchen in Wasser fein verteilt (O/W-Emulsion) oder winzige Wassertröpfchen in Öl (W/O-Emulsion).

heterogen
griech. heteros ungleichartig; chem. Bezeichnung für ein Stoffgemisch, dessen Bestandteile noch erkennbar sind

Dispersion
heterogene Mischung aus zwei Stoffen, die sich nicht ineinander lösen

O/W-Emulsion
winzige Öltröpfchen sind in Wasser verteilt und werden von Emulgatoren daran gehindert, zu einer Ölschicht zuammenzufließen.

W/O-Emulsion
Winzige Wassertröpfchen sind in Öl verteilt und werden von Emulgatoren in der Schwebe gehalten.

Mizelle
ein von Emulgator-Molekülen umgebenes Tröpfchen, das in einer anderen Flüssigkeit in der Schwebe bleibt. Auch die Emulgator-Moleküle selbst lagern sich zu einer Mizelle zusammen, wenn sie in Wasser dispergiert werden.

Die aus den Emulgator-Molekülen und dem darin eingeschlossenen Tröpfchen gebildeten Teilchen werden **Mizellen** genannt.

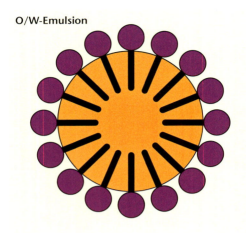

O/W-Emulsion

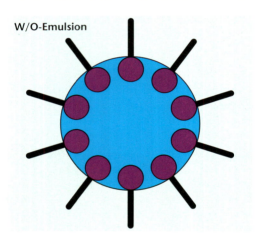

W/O-Emulsion

- **O/W-Emulsionen** können dünnflüssig, zähflüssig oder eine feste **Creme** sein. Flüssige Emulsionen bezeichnet man auch als „Milch" oder „milchige Lotionen". Die meisten Hautcremes sind O/W-Emulsionen, die sich weich anfühlen, aber so fest sind, dass sie nicht von allein wegfließen. Diese O/W-Emulsionen enthalten im Wasseranteil meist ein Verdickungsmittel (→ Tabelle VIII/2). Zähflüssige Emulsionen werden z. B. bei Sonnenschutzmitteln eingesetzt.

- **W/O-Emulsionen** fühlen sich fettiger an als O/W-Emulsionen. Man verwendet W/O-Emulsionen für Cremes, die eine schützende oder wasserabweisende Schicht auf der Haut bilden sollen. Sie sind auch als Massagecremes geeignet.

Eigenschaften von Emulsionen

Emulsionen sind undurchsichtig und meist schneeweiß. Dies kommt daher, dass das Licht an der Grenze zwischen Öl und Wasser gebrochen und reflektiert wird. Nur wenn Licht geradlinig durch einen Stoff hindurchgeht, ist dieser durchsichtig. Es gibt jedoch eine Ausnahme: Wenn man bei der Herstellung einer Emulsion so extrem dispergiert, dass die Tröpfchen kleiner werden als die Wellenlänge des Lichtes, so kann das Licht wieder ungehindert durch und die Emulsion wird transparent. Man bezeichnet solche Präparate als Mikroemulsionen. Weitere Typen von extrem fein dispergierten Emulsionen → Folgeband. Es gibt auch Emulsionen, die sich nicht eindeutig dem Typ O/W oder W/O zuordnen lassen. Hierfür werden verschiedene Namen benutzt, z. B. „Multiple Emulsion" oder „W/O/W-Emulsion".

Tabelle VIII/6 Wichtige Typen heterogener Stoffgemische

Typ (Grundlagen)	Feststoff	Flüssigkeit 1	Flüssigkeit 2	Gas	Emulgator	Verdickungsmittel
Emulsion		X	X		X	(X)
Suspension	X	X			(X)	(X)
Schaum		X		X	X	
Aerosol		X		X		
Gel		X	(X)		(X)	X

X immer enthalten; **(X)** kann enthalten sein

3 Produktgrundlagen kosmetischer Präparate

Experiment A: Bei einer W/O-Emulsion (z. B. die Creme „Melissen Hautkur") ist das Wasser in Form kleiner Tropfen in das Öl eingeschlossen, dagegen bildet das Wasser in der O/W-Emulsion (z. B. die Tagescreme „Jeunesse soft emulsion" oder „out & about") ein durchgehendes Netzwerk.
Da nur Wasser den elektrischen Strom leitet, Öl oder Fett aber nicht, leitet nur die O/W-Emulsion. Dies kann man mit einer Taschenlampenbatterie und einer Fahrrad-Glühbirne prüfen.
Experiment B: Geben Sie einen Klecks W/O-Creme (aus Testmusterbox) auf eine Glasplatte und einen Tropfen wasserlösliche Tinte darauf.
Was beobachten Sie und welche Schlussfolgerungen ziehen Sie daraus?
Experiment C: Wiederholen Sie das Experiment B mit einer O/W-Creme.
Was beobachten Sie und welche Schlussfolgerungen ziehen Sie daraus?
Experiment D: Verstreichen Sie etwas W/O-Emulsion auf dem linken Handrücken und etwas O/W-Emulsion auf dem rechten. Beschreiben Sie das unterschiedliche Hautgefühl beim Verstreichen und beim Berühren der eingecremten Stellen.

3.2 Suspensionen

Heterogene Mischungen, die durch Dispergieren eines Feststoffes in einer Flüssigkeit entstehen, werden als **Suspensionen** bezeichnet.

 Kosmetische Präparate sind oft gleichzeitig Emulsion und Suspension.

Suspension
Dispersion eines unlöslichen festen Stoffs in einer Flüssigkeit

Solche Mischungen entstehen, wenn man in Emulsionen zusätzlich pulverisierte Feststoffe einrührt. Die meisten Make-ups sind Emulsionen mit pulverisierten Pigmenten als Beimischung. Bei den Rubbel-Cremes zum Abschleifen der obersten Hornschicht sind die Feststoffanteile gröber (→ Experiment zur Testmusterbox in Kapitel VIII/2.2). Gelegentlich wird für Mischungen, die gleichzeitig Emulsion und Suspension sind, das Wort „Paste" gebraucht, besonders wenn der Gehalt an unlöslichen Feststoffen groß ist. Man unterscheidet
- Suspensionen in Öl, z. B. Theaterschminke, Lippenstift sowie
- Suspensionen in Wasser, z. B. Flüssig-Make-up.

 Lösen Sie eine kleine Menge Soft-Make-up (z. B. Coloured Emotions) in einem Glasbecher in etwas Brennspiritus. Geben Sie einige Tropfen dieser Lösung auf ein Filterpapier.
Sie beobachten: Das in der Creme enthaltene Öl und das Wasser haben sich im Spiritus gelöst und werden vom Papier aufgesogen. Einige unlösliche Feststoffe bleiben auf dem Papier liegen.
Urteilen Sie: Ist die untersuchte Creme eine Emulsion, eine Suspension oder beides zugleich?

3.3 Gele

Ähnlich wie Emulsionen sind auch Gele weiche, aber nicht flüssige Zubereitungen. Ebenso wie eine steife Emulsion fließt auch ein Gel nicht weg, wenn es auf die Haut aufgetragen wird.

Gel
Flüssigkeit, die durch Zusatz eines Verdickungsmittels steif gemacht worden ist

Hydrogel
mit einem Verdickungsmittel wie Methylcellulose oder Gelatine verfestigtes Wasser

Lipogel
mit einem fettlöslichen Verdickungsmittel, z. B. einem Kunststoff, verfestigtes Öl

Gele	
Hydrogele Hauptbestandteile: Wasser und Verdickungsmittel	**Lipogele (Oleogele)** Hauptbestandteile: Öl und Verdickungsmittel

Hauptbestandteile der Hydrogele (→ Tabelle VIII/6) sind Wasser und Verdickungsmittel. Sie sind ideale Zubereitungen, wenn man hauptsächlich Wasser und wasserlösliche Stoffe auf die Haut aufbringen will. Aus einem auf die Haut aufgetragenen Gel verdunstet das Wasser relativ schnell.

Hydrogele können auch geringe Mengen Fette oder Öle enthalten, die mit Hilfe von Emulgatoren darin dispergiert sind. Viele Emulsionen enthalten jedoch auch Verdickungsmittel. Die Begriffe Emulsion und Hydrogel sind also nicht scharf voneinander abzugrenzen, bei höherem Fettanteil spricht man von Emulsionen.

Lipogele erhält man durch Auflösen eines fettlöslichen Verdickungsmittels in einem Öl. Sie enthalten kein bzw. nur einen geringen Anteil Wasser und kommen ohne Konservierungsstoffe aus. Lipogele sind Zubereitungen aus halbfesten Wachsen, pflanzlichen oder synthetischen Ölen. Wenn geeignete Pflanzenöle wie Palmöl, Olivenöl, Avocadoöl etc. eingesetzt werden, lassen sich gute Pflegeeffekte erreichen. Lipogele sind wasserabweisend; sie eignen sich gut für Sonnenschutzpräparate oder als Waterproof-Mascara.

 Verreiben Sie etwas Hydrogel (z. B. „Hydro Aktiv Frische Gel") auf der Haut. Beschreiben Sie den Unterschied zu einer Tagescreme (O/W-Emulsion)!

3.4 Flüssige Präparate

Außer den schon genannten milchigen Lotionen gibt es in der Kosmetik auch flüssige Präparate auf der Basis von Ölen, Wasser oder Mischungen aus Alkohol und Wasser. Öle werden als Grundlage für flüssige Reinigungsmittel (→ Kapitel VIII/4.2) und für Pflegemittel (→ Folgeband) benutzt. Zum Einsatz kommen auch **ätherische Öle**.

Die meisten Öle verdunsten nicht und fühlen sich auch nicht klebrig an. Sie eignen sich deshalb als Hilfsmittel für eine länger dauernde Anwendung, wie z. B. eine Massage. Nicht verdunstende Öle müssen nach der Anwendung auf der Haut in der Regel mit Hilfe von Detergenzien wieder abgewaschen werden, (→ Kapitel VIII/4.1).

ätherische Öle
ölige Pflanzenextrakte, die zahlreiche Duftstoffe enthalten; ihre Anwendung auf der Haut kann zu Allergien führen.

Ein auf der Haut verbleibender sehr dünner Ölfilm stört nicht, da er sich mit den Wachsen und Fetten des Hauttalgs mischt und dann kaum noch wahrnehmbar ist. Wenn man die lipophilen Rückstände eines Make-ups mit einem dünnflüssigen Öl entfernt hat und mit einem trockenen Zellstofftuch nachwischt, spürt man das Öl meist kaum noch.

Gelegentlich werden auch verdunstende Öle, z. B. bestimmte Silikonöle, als Lösungsmittel eingesetzt, um lipophile Wirkstoffe auf die Haut zu bringen.

Wässrige Lösungen spielen in der Kosmetik als Reinigungswässer (Tonics) oder Duftwässer eine Rolle. Wasserlösliche Wirkstoffe werden oft in Wasser gelöst in **Ampullen** angeboten (z. B. Gesichtsampullen).

 Verstreichen Sie auf der Haut etwas von einer wässrigen Lotion (z. B. Lindenblüten Lotion) und an einer anderen Stelle etwas „Vitamin Kräuter Öl".

Warum fühlt sich eine der beiden Lotionen kühl an? Welche der beiden Hautstellen wirkt glatter, nachdem die Lotion verrieben worden ist?

Mischungen von Alkoholen (Ethanol oder Isopropanol) und Wasser sind Grundlage für alle Präparate, die dem Bereich der Parfüms zugerechnet werden. Daneben gibt es verschiedene alkoholische und wässrige Lösungen für Spezialanwendungen.

3.5 Präparate, die im Gemisch mit Gasen angewendet werden

Bei manchen Präparaten dienen Luft oder andere Gase als Hilfsmittel für die Anwendung. Sowohl beim **Schaum** als auch beim **Aerosol** werden die Gase erst unmittelbar vor der Anwendung zugemischt. Schäume werden aus flüssigen Emulsionen hergestellt. Durch heftiges Rühren wird in die Emulsion Gas hineingemischt.

> **Schaumerzeugung**
> Schaum kann sowohl manuell als auch mit einem technischen Gerät erzeugt werden, das einer Spraydose ähnlich ist. Die Dose enthält zusätzlich zur flüssigen Emulsion noch ein **Treibgas**, welches unter Druck in die Dose gepresst worden ist und hier als Flüssigkeit vorliegt. Wenn man an einer Schaumerzeugungs-Dose durch Fingerdruck ein Ventil öffnet, verdampft ein Teil des Treibgases und presst die Emulsion durch eine enge Mischdüse. In dieser Düse vermischt sich das Treibgas in Form kleiner Bläschen mit der Emulsion zum Schaum.

Schaum ist also eine Mischung von winzigen Gasblasen und einer Flüssigkeit. Dabei ist wichtig, dass die Flüssigkeit einen Emulgator enthält, sonst entmischen sich Gas und Flüssigkeit sehr schnell wieder.

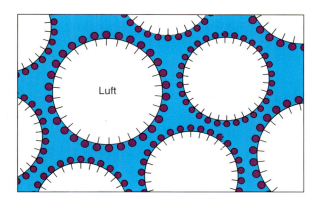

Querschnitt durch Schaum

Schaum
heterogenes Stoffgemisch, bei dem winzige Gasblasen in einer Flüssigkeit verteilt sind; Schaum wird durch Emulgatoren stabil.

Aerosol
heterogenes Stoffgemisch, bei dem winzige Tropfen einer Flüssigkeit in einem Gas verteilt sind; auch eine Mischung aus zerstäubten Feststoffen und einem Gas.

Treibgas
Gas, das unter Druck zu einer Flüssigkeit verdichtet ist; es verdampft, wenn der Druck aufgehoben wird, z. B. durch Öffnen eines Ventils.

Schäume sind wesentlich steifer als die Flüssigkeit, aus der sie erzeugt werden. Deshalb fließen Schäume nicht weg, wenn man sie auf eine Hautpartie aufträgt. Man kann Schäume ähnlich anwenden wie Cremes oder Gele. Sprays haben gegenüber einer direkt auf die Haut aufgetragenen Lotion den Vorteil, dass die Flüssigkeit in sehr dünner Schicht und sehr gleichmäßig aufgetragen werden kann.
Die in einem Spray verteilte Flüssigkeit kann eine alkoholische oder wässrige Wirkstoff-Lösung oder eine milchige Lotion sein.

Als Treibgase für Sprays und Schäume wird oft ein Gemisch der brennbaren Gase Propan und Butan verwendet. Diese Gase sind ungiftig, geruchlos und lassen sich unter geringem Druck verflüssigen. Ein Nachteil ist ihre Brennbarkeit, denn nach dem Sprühen entsteht für kurze Zeit eine leicht entzündliche Mischung aus dem Treibgas und Luft.

1. Welche der Präparate in der Testmusterbox sind Emulsionen? Woran kann man dies erkennen?
2. Warum darf man Spraydosen nicht in der Nähe eines Geräts verwenden, bei dem elektrische Funken entstehen können?
3. Warum kann man Seifenblasen mit einer Seifenlösung erzeugen, aber nicht mit reinem Wasser?
4. Ist eine Wolke am Himmel ein Gas, eine Flüssigkeit, ein Aerosol oder ein Schaum?

4 Präparate für kosmetische Anwendungen

Kosmetische Präparate werden zu fast allen kosmetischen Behandlungen benötigt. Hier werden nur die Präparate zur Hautreinigung und zur Nagelpflege erläutert. Weitere Präparate → Folgeband.

4.1 Hautreinigung mit waschaktiven Substanzen

Die Haut muss regelmäßig gereinigt werden, weil sich auf der Oberfläche ein Gemisch aus Inhaltsstoffen von Schweiß und Talg, Bakterien, Staub und abgeschilferten Hornzellen (→ Kapitel X) immer wieder neu bildet. Da viele Stoffe und Partikel dieses Gemischs nicht wasserlöslich sind, reicht die Reinigung mit Wasser nicht aus. Auch die lipophilen Rückstände von aufgetragenen Kosmetika müssen regelmäßig entfernt werden.

Waschaktive Substanzen (WAS)
amphiphile Stoffe, die dem Wasser zugesetzt werden und seine Reinigungswirkung verbessern

Mittel der Wahl zum Entfernen wasserunlöslicher Vermutzungen der Haut sind die **Waschaktiven Substanzen**. Dies sind spezielle amphiphile Stoffe (→ Kapitel VIII/1.3), die sich gut in Wasser lösen und die mit dem fettigen Schmutz eine Emulsion bilden. Der emulgierte Schmutz kann dann mit Wasser abgespült werden.

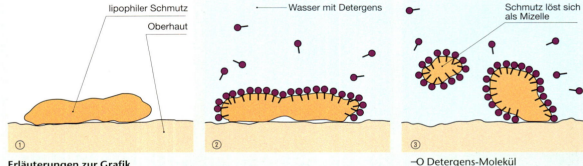

Erläuterungen zur Grafik
① Der lipophile Schmutz haftet an der Oberhaut.
② Die verschmutzte Stelle kommt mit dem Detergens in Kontakt, das in Wasser gelöst ist. Die amphiphilen Detergens-Moleküle lagern sich an der Grenzfläche von Wasser und Schmutz an. Dabei tauchen die lipophilen Teile der Moleküle in den fettigen Schmutz ein, während die hydrophilen Teile der Moleküle zum Wasser zeigen. Wegen der verringerten Oberflächenspannung kann das Wasser auch in feinste Spalten zwischen Haut und Schmutz eindringen, so dass sich auch hier Detergens-Moleküle dazwischendrängen können.
③ Durch Reiben, Bürsten oder Kneten wird die zu behandelnde Hautpartie mechanisch bewegt. Dabei löst sich der fettige Schmutz in kleinste Tröpfchen (Mizellen) auf, die vollständig von Detergens-Molekülen umhüllt sind. Da die Oberfläche dieser Mizellen hydrophil ist, können sie mit Wasser abgespült werden.

Entfernung von lipophilem Schmutz beim Waschen

 Setzen Sie einen Tropfen frisches Leitungswasser auf eine Tischplatte aus Kunststoff oder eine andere glatte Kunststoff-Fläche, z. B. eine Klarsichthülle. Der Tropfen bleibt wie eine Halbkugel stehen.
Anschließend lösen Sie ein ganz klein wenig Detergens (z. B. „Jojoba Dusch Peeling") in einem Becher mit Wasser und setzen Sie einen etwa gleich großen Tropfen auf die Kunststoffunterlage.
Welcher Unterschied ist zu beobachten?

Detergenzien
von engl. to deterge abwaschen, Stoffe, die fettigen Schmutz emulgieren, so dass er mit Wasser abgewaschen werden kann

Seifenstücke sind eine traditionelle Form eines Präparats mit einem sehr hohen Gehalt an **Detergenzien**. Hauptbestandteile der Seife sind Natriumsalze natürlicher Fettsäuren. Sie sind gut in Wasser löslich (bis zu 5%) und haben eine stark emulgierende Wirkung.

4 Präparate für kosmetische Anwendungen

Waschaktive Substanzen

Waschaktive Substanzen (WAS) werden dem Wasser zugesetzt, wenn es zur Reinigung z. B. der Haut oder der Wäsche verwendet werden soll. Reines Wasser kann nur hydrophile Stoffe lösen. Typischer Schmutz auf der Hautoberfläche enthält aber auch Fette und andere lipophile Stoffe, die sich mit Wasser allein nicht entfernen lassen. WAS werden dem Wasser in kleinen Mengen zugesetzt. Das Wasser bekommt dadurch die Fähigkeit, lipophilen Schmutz zu emulgieren.

Waschaktive Substanzen, auch **Detergenzien** genannt, sind amphiphile Stoffe, bei denen der hydrophile Teil des Moleküls stärker ausgeprägt ist als der lipophile Teil. Hierdurch unterscheiden sie sich von den Emulgatoren (→ Kapitel VIII/3.1). Die von den WAS gebildeten Mizellen lösen sich gut in Wasser und können in ihrem Inneren lipophilen Schmutz aufnehmen.

Wenn man eine kleine Menge einer waschaktiven Substanz in Wasser löst, so wird die **Oberflächenspannung** des Wassers stark herabgesetzt. Die Oberflächenspannung ist eine Kraft, welche verhindert, dass eine Flüssigkeit beliebig auseinander fließt. Man kann die Oberflächenspannung des Wassers gut beobachten, wenn man einen Tropfen Wasser auf eine glatte Tischplatte aus Kunststoff setzt. Der Tropfen bleibt wie eine Halbkugel stehen. Wegen der Wirkung auf die Oberflächenspannung werden WAS oft auch als **Tenside** bezeichnet. Die Oberflächenspannung wirkt nicht nur an der Oberfläche einer Flüssigkeit, sondern auch an jeder Grenze zwischen der Flüssigkeit und einem anderen Material, z. B. an der Grenze zwischen Wasser und fettigem Schmutz. Man spricht deshalb auch von **Grenzflächenspannung**.

Oberflächenspannung
Kraft, die Flüssigkeiten daran hindert, auseinander zu fließen

Tenside
Stoffe, welche die Oberflächenspannung von Wasser herabsetzen

Grenzflächenspannung
Kraft, die an der Grenze zwischen einer Flüssigkeit und einem anderen Stoff herrscht

… ohne waschaktive Substanzen

… mit waschaktiven Substanzen

Die Fettsäure-Salze werden aus natürlichen pflanzlichen (Kokosöl) und tierischen Fetten (Rindertalg) durch den chemischen Prozess der Verseifung hergestellt und kommen in einfach gereinigter Form als „Kernseife" in den Handel. Die Kernseife wird durch Zumischen von Parfümölen, Farbstoffen und gelegentlich anderen Hilfsstoffen zur **Toilettenseife** veredelt.

Toilettenseife gehört nach wie vor zu den meistverkauften kosmetischen Präparaten. Sie wird hauptsächlich zum Händewaschen benutzt. Für die Gesichtsreinigung sollte Seife wegen ihrer stark alkalischen Wirkung nicht benutzt werden. Auch die Haut der Finger und des Handrückens leidet unter der Seife, besonders wenn man sich in einem Feuchtberuf sehr oft die Hände waschen muss.

Toilettenseife
abgeleitet vom *französischen* Wort *toilette*, was das Zurechtmachen des Körpers am Morgen bedeutet, einschließlich Reinigung, Make-up und Ankleiden

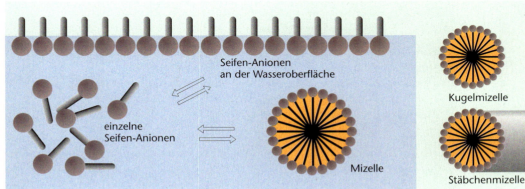

Mizellenbildung von Seifen-Anionen in Wasser

Für die Reinigung der Haut und der Haare haben sich synthetische Detergenzien durchgesetzt, die **Syndets**. Die modernen Syndets sind hautschonend und reizen auch die Schleimhäute kaum. Sie können deshalb zur Reinigung aller Bereiche des Körpers eingesetzt werden. Es gibt sehr viele verschiedene Syndets.

Syndet
engl. **syn**thetic **det**ergent, synthetisches Detergens

anionische Tenside/Aniontenside
(anionische Detergenzien) Klasse von Syndets mit besonders guter Reinigungswirkung, auch die Salze der Fettsäuren in der Seife sind anionische Tenside

kationische Tenside/Kationtenside
Klasse von Syndets, die in medizinischen Seifen, Desinfektionsmitteln für Fuß- und Haarpflege eingesetzt werden

Cleansing creme
engl. Reinigungscreme

Zur Hautreinigung werden vor allem **anionische Tenside** benutzt, weil diese am wirksamsten den Schmutz nach dem im Bild gezeigten Prinzip emulgieren. Es gibt auch **kationische Tenside**, diese sind jedoch oft giftig und werden deshalb im Bereich der Kosmetik nur selten eingesetzt, nur in der Haarkosmetik sind sie wichtig.

Meist werden Syndets als konzentrierte wässrige Lösungen angeboten, z. B. Reinigungsgel, Duschgel, Shampoo. Sie sind zähflüssig, damit sie sich gut auf der Haut verteilen lassen. Syndets in Stückform ersetzen die Seifenstücke. In ihnen sind unlösliche Mineralstoffe enthalten, damit die Stücke genügend Festigkeit bekommen.

4.2 Hautreinigung mit Emulsionen und Ölen

Hautreinigung mit Emulsionen

In der kosmetischen Praxis werden oft Reinigungspräparate auf der Basis von Emulsionen verwendet. Üblich sind Reinigungscreme (**Cleansing creme**) und Reinigungsmilch (auch Reinigungssahne genannt). Die Emulsionen sind so beschaffen, dass die öligen Mizellen noch zusätzlich den fettigen Schmutz (z. B. Make-up-Rückstände) aufnehmen können.

Während die im vorigen Abschnitt erläuterten Detergenzien in der Regel unter fließendem Wasser abgespült werden, wischt man die Reinigungscremes meist mit Zellstofftüchern, Wattepads oder Schwämmen von der Haut ab. Flüssige Reinigungsemulsionen können auch mit Wasser abgewaschen werden.

Tabelle VIII/7 Zusammensetzung von Reinigungsemulsionen

	Reinigungsmilch	Reinigungscreme
Emulgatoren und Detergenzien	10–15 %	12–20 %
Öle (z. B. Paraffinöl)	15–35 %	15–20 %
Vaseline und Wachse	–	20–35 %
Wasser	55–75 %	30–60 %
Parfümöl [1]	0–0,5 %	0–0,5 %

[1] Reinigungsemulsionen ohne Parfüm sind für empfindliche Haut besser geeignet.

Wie die Tabelle zeigt, enthalten Reinigungsemulsionen immer Öle und andere lipophile Stoffe. Nach dem Abwischen der Emulsion verbleibt ein dünner Ölfilm auf der Haut und sie trocknet deshalb nicht so stark aus wie beim Reinigen mit Detergenzien.

Hautreinigung mit Ölen

Reinigungsöle sind besonders geeignet zum Entfernen von Lippenstift und anderen lipophilen Kosmetika. Sie bestehen meist aus Mischungen von Paraffinöl und synthetischen, unverderblichen Ölen.

thixotrop
griech. thixis Berührung, wasserfreie Reinigungscremes werden beim Auftragen unter Druck dünnflüssig und ein starkes Reiben ist nicht erforderlich.

Make-up-Entferner und Mittel zum Abschminken sind im Prinzip ebenfalls meist Reinigungsöle. Gelegentlich wird ihnen Kieselgel zugesetzt, damit sie **thixotrop** werden und auf der Haut nicht wegfließen; dies ist besonders beim Abschminken im Bereich der Augen von Vorteil.

Es gibt auch wasserhaltige Make-up-Entferner, die zu etwa 45 % aus Emulgatoren und Detergenzien und zu 55 % aus Wasser bestehen.

Die **Hy-Öle** sind spezielle Reinigungsöle, welche zusätzlich einen Emulgator enthalten. Sie wirken zunächst genau so wie ein einfaches Reinigungsöl, können dann aber mit Pads abgewischt werden, welche mit Wasser befeuchtet sind. Der Emulgator bewirkt, dass beim Abwischen eine Emulsion mit Wasser entsteht, die noch besser abwischbar ist als ein einfaches Öl.

4.3 Mittel zur Intensivreinigung der Haut

Für die Intensivreinigung bzw. Tiefenreinigung der Haut gibt es spezielle Mittel. Die Intensivreinigung erfolgt als zweiter Schritt nach der oberflächlichen Reinigung (→ Kapitel X). Sie kann z. B. als Spezialbehandlung für die so genannte „unreine Haut" durchgeführt werden, wenn die Haut nicht zu stark vorgeschädigt ist. Bei der Intensivreinigung werden Mittel verwendet, welche einen Teil der Hornschicht ablösen. Dabei werden auch verstopfte Ausgänge von Talgdrüsen wieder geöffnet. Weil bei diesem Verfahren die oberste Hornschicht abgetragen wird, bezeichnet man es auch als Peeling. Ist die Haut entzündet, so sollte von der Anwendung stark abtragender Mittel abgesehen werden.

Hy-Öl

```
                    Peeling
        ┌──────────────┼──────────────┐
   mechanisch      biologisch      chemisch
 Anwendung von   Anwendung von   Anwendung von Frucht-
 schmirgelndem    Enzymen         säuren usw.
 Granulat (Abrasi-                (Kapitel VIII/2.2.)
 va) → Kapitel VIII/2.2
```

Hy-Öl
Abkürzung für „hydrophiles Öl", eine Mischung aus Ölen und Emulgatoren, die beim Kontakt mit Wasser diese in eine Emulsion aufnehmen kann.

Mechanisch: Die oberste Hornschicht wird mit Schleifpräparaten abgeschmirgelt. Dazu geeignet sind Gele oder Cremes Sie enthalten winzige Feststoffe, z. B. Kunststoff-Partikel, pulverisierte Schalen von Walnüssen, Kieselgel, Weizenkleie oder ähnliche unlösliche Feststoffe in Pulverform (→ Schülerexperiment in Kapitel VIII/2.2).

Biologisch: Gelegentlich wird auch die Anwendung Fett und Keratin spaltender Enzyme zur Intensivreinigung der Haut empfohlen (→ Kapitel VIII/1.4). Die Enzyme spalten die als Kittsubstanz zwischen den Hornzellen liegenden Fette und Proteine auf. Die Hornzellen werden aus ihrem Verband gelöst und anschließend abgewischt. Die zu diesem Zweck eingesetzten Enzyme werden aus Mikroorganismen und Pflanzen (z. B. Papaya-Frucht) gewonnen. Die Enzyme (älterer Name Fermente) werden als trockene Pulver angeboten und müssen vor Gebrauch mit Wasser zu einem Brei angerührt werden. Es gibt auch Fertigpräparate. Bei längerer Einwirkungsdauer muss die Anwendung von Enzymen als Hautschälkur angesehen werden (→ Folgeband).

Das Peeling-Gel wird mit der Bürste einmassiert.

Chemisch: Kosmetische Intensivreinigungsmittel können auch Substanzen enthalten, die den Zellkitt der Hornschicht lösen. Das sind z. B. Salicylsäure in einer sehr schwachen Konzentration (1–3 %ig) oder AHAs.

Die pulverförmigen Präparate werden angeteigt.

 Die chemische Tiefenreinigung darf nur bei gesunder und widerstandsfähiger Haut erfolgen.

4.4 Nagelpflegemittel

Zur Nagelpflege werden spezielle kosmetische Präparate benötigt. Ihre Wirkungen und ihre Anwendung werden in Kapitel XI ausführlich beschrieben. Die nachfolgende Tabelle gibt eine Übersicht über die wichtigsten Präparate, die zur Nagelpflege eingesetzt werden.

Tabelle VIII/8 Präparate zur Nagelpflege

Präparat	Aufgabe	Zusammensetzung
Nagellack	farbliche Hervorhebung	Kunstharz, Pigmente, Weichmacher, organische Lösungsmittel
Schnelltrockner-Spray	trocknet den Lack schneller	schnell verdampfendes organisches Lösungsmittel
Glanzlack	Deckschicht für farbigen Lack	wie Nagellack, aber ohne Pigmente
Nagellackentferner	Entfernen von Nagellack	organische Lösungsmittel
Nagelpolitur	Schleifmittel zum Glätten der Nagelplatte	mineralische Puder wie Talkum oder Kreide, Wachse
Nagelweißstift	dekorative Effekte	Wachse und weiße Pigmente
Nagelhärter	Festigung brüchiger Nägel	Kunstharze in organischen Lösungsmitteln
Nagelcreme	Pflege rissiger Nägel	W/O-Emulsion mit Wachsen
Nagelöl	wie Nagelcreme	meist pflanzliche Öle
Nagelhauterweicher	Entfernung störender Hornhaut	wässrige Lösung einer starken Base (z. B. Kalilauge) mit Glycerin und Emulgatoren als Verdickungsmittel

Nagellacke sind die meist benutzten Kosmetika für die Finger- und Fußnägel. Die Hauptbestandteile und die prinzipielle Wirkungsweise sind bei allen Nagellacken etwa gleich → Tabelle VIII/9. Glanzlacke, Unterlacke und Überlacke enthalten keine Pigmente und Farbstoffe bzw. nur sehr wenig

Nagellackentferner dienen dem Entfernen des Nagellacks. Sie enthalten im Prinzip die gleichen Lösungsmittel, die auch Bestandteil des Lacks sind.

 Acetonhaltige Nagellackentferner entfetten die Hornschicht und die Nagelplatte sehr stark und schädigen sie dadurch. Sie sollten nicht angewendet werden. Es gibt ausreichend Alternativen.

Auch die anderen organischen Lösungsmittel wirken etwas entfettend, deshalb werden den Lackentfernern kleine Mengen Öle oder Wachse zugemischt, die gegen die Entfettung wirken. Lackentferner werden in flüssiger Form, als Gele oder als Pads angeboten, letzteres sind Zellstofftücher, die mit der Lackentferner-Flüssigkeit getränkt sind und einzeln verpackt werden.

IX Apparative Verfahren – Basisgeräte in der Kosmetik

In der kosmetischen Praxis werden nicht nur viele Hilfsmittel und Instrumente (Werkzeuge), sondern auch zahlreiche elektrisch betriebene Geräte verwendet.

Der Einsatz apparativer Verfahren dient hauptsächlich dem Behandlungserfolg und damit gleichzeitig der Kundenbindung; denn: nur zufriedene Kunden werden Stammkunden.

Um die Apparate gezielt und korrekt anwenden zu können, muss die Kosmetikerin
- ihre Wirkungsweise kennen und verstehen,
- die Einsatzgebiete (Indikationen) und Gegenanzeigen (Kontraindikationen) genau kennen,
- die Geräte richtig bedienen können,
- über ihre Rechte und Pflichten beim Einsatz solcher Geräte aufgeklärt sein,
- Unfallgefahren kennen und Maßnahmen zu deren Verhütung ergreifen können.

Die Auswahl an Geräten ist sehr groß. Die Kosmetikerin muss sich entscheiden, welche Geräte sie für die Grundbehandlungen benötigt und welche Zusatzleitungen bzw. Spezialbehandlungen sie anbieten möchte.

In diesem Buch werden nur Basis- oder Grundgeräte erläutert, denn sie sind Standard und gehören zur Erstausstattung des Kosmetikinstituts. Im Folgeband werden zusätzlich Spezialgeräte behandelt. Sie werden nach persönlicher Interessenlage oder Spezialisierung meist erst zu einem späteren Zeitpunkt von der Kosmetikerin angeschafft.

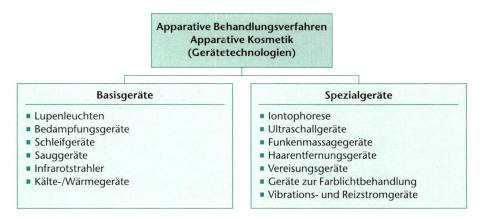

Verwendung von Strom in der Kosmetik

Elektrischer Strom kann mit Hilfe elektrischer Geräte in **Wärme**, **Kälte**, **Bewegung**, **Licht** bzw. **Strahlung** oder in einen **elektrischen Reiz** umgewandelt werden. Die Wirkungen auf Haut und Anhangsgebilde (z. B. Haare) sind sehr unterschiedlich, vereinzelt überlappen sich auch Wirkungen.

Tabelle IX/1 Energieformen und deren Nutzen in der Kosmetik

Umwandlung von elektrischem Strom zu:	Geräte in der Kosmetik (Beispiele)	Wirkung
Licht/Strahlung	Infrarotlichtgeräte	Erwärmung tiefer liegender Gewebeschichten: Anregung der Durchblutung und des Stoffwechsels
	Blaulichtlampen	Beruhigung
	Höhensonnen, Sonnenbänke, Solarien	Bräunung der Haut
	Desinfektionskassette UV-C-Box	keimhemmend durch UV-C-Strahlung
Bewegung (mechanisch)	Bürstenmassagegeräte	reinigend
	Mikrodermabrasion	hautschleifend
	Sauggeräte	Sogwirkung
	Druckluftgeräte	Druckwirkung auf die Haut
	Fräsergeräte	Abtragen/Glätten von Hornsubstanz
	Vibrationsmassagegeräte	Anregung des tiefer liegenden Hautgewebes
Wärme	Dampfgeräte	Erwärmung des Hautgewebes, Quellung der Hornschicht
	Heizkissen, -decken Infrarotlampe Warmwasserbereiter Wachserhitzer	Temperaturerhöhung
	Heißluftsterilisator	keimtötend
Kälte	Vereisungsgeräte	Entfernung von Pigmenten
	Mittelstellung: Ice- & Heat-Geräte	anregend, aktivierend & kühlend, beruhigend
elektrochemischer und elektrophysikalischer Wirkung; Beeinflussung von Flüssigkeiten	Iontophoresegeräte	Einbringung hydrophiler Pflegewirkstoffe
	Desinkrustation	Lösen von Talgverhärtungen
	Elektrophoresegeräte	Beeinflussung der Bewegung von Flüssigkeiten
Reizwirkung	Reizstromgeräte	Aktivierung erschlaffter Muskeln
	Epilationsgeräte	Zerstörung der Haarpapille

 Die Kosmetikerin muss einerseits die Geräte korrekt bedienen und andererseits deren Wirkungsweise kennen, um ihre Kunden umfassend aufklären zu können.

Die Geräte für die apparativen Verfahren in der kosmetischen Praxis werden üblicherweise mit Wechselstrom betrieben.

1 Unfallgefahren durch elektrischen Strom und deren Verhütung

Dies ist relativ ungefährlich, trotzdem muss die Kosmetikerin die Regeln für den Umgang mit Strom kennen und die Vorschriften einhalten. Nur durch den fachmännischen Umgang mit den Geräten können Stromunfälle vermieden werden.
Detailwissen zu Stromanwendungen mit Gleich- und Wechselstrom und unterschiedlichen Stromstärken, Impulsen und Frequenzen → Folgeband.

1 Unfallgefahren durch elektrischen Strom und deren Verhütung

Unfallgefahren beim Umgang mit elektrischen Geräten

Bei unsachgemäßer Handhabung kann der elektrische Strom, der nutzbringend im Kosmetikinstitut eingesetzt wird, sehr gefährlich sein. In der **Kosmetikkabine** ist besondere Vorsicht geboten, da hier viel mit Wasser gearbeitet wird und die Hände der Kosmetikerin feucht sein können.
Eine häufige Unfallquelle sind aber auch **defekte** Geräte oder Gerätekabel.

Unfälle durch Kontakt mit Strom führenden Teilen

Berührt die Kosmetikerin ein Strom führendes Teil, so kann es zu Reaktionen an Muskeln, Nerven, Organen und vor allem dem Herzen kommen. Die Gefahr des Stromflusses durch den Körper hängt von der Dauer der Einwirkung und dem Weg, den der Strom durch den Körper nimmt, ab. Sehr gefährlich ist es, wenn der Stromfluss durch die Herzgegend erfolgt.

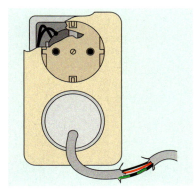

Alte, beschädigte Stromkabel sind eine große Gefahrenquelle im Kosmetikinstitut.

Tabelle IX/2 Auswirkungen von Elektrizität auf den menschlichen Organismus

Einwirkungen	Intensität	Auswirkungen
Stromstärke	< 2 mA	kribbeln, Reflexbewegung (wegzucken)
	> 10 mA	Lähmungserscheinungen, Blutdrucksteigerung, Muskelverkrampfung, Herzkammerflimmern, Übelkeit, Blutkreislauf-Versagen
	> 15 mA	stromführendes Teil kann nicht mehr losgelassen werden
	> 50 mA	kritisch, lebensgefährlich, Herzkammerflimmern
	> 80 mA	tödlich
Spannungen	> 65 Volt	tödlich

> **Elektrische Stromstärke I**
> ist die in einer Sekunde durch den Leitungsquerschnitt fließende Elektrizitätsmenge.
> Maßeinheit: Ampere A (Milliampere mA)
>
> **Elektrische Spannung U**
> ist die Ursache für den Stromfluss in einem Stromkreis.
> Maßeinheit: Volt V

> **Einflussgrößen auf Stromunfälle**
> - Schwache **Intensitäten** führen zu Muskelkontraktionen.
>   Bei Stromstärke von mehr als 15 mA, kann die Kosmetikerin das Strom führende Teil nicht mehr loslassen.
> - Bei einer **Kontaktdauer** über 0,5 Sekunden und Stromstärken von mehr als 50 mA bei Wechselströmen und Stromweg über das Herz tritt Herzkammerflimmern auf und es besteht akute Lebensgefahr.
> - Sehr gefährlich ist es, wenn der **Stromweg** über das Herz führt.

Sekundärunfälle

Wenn der Strom zwar die Ursache ist, die Schäden aber erst in Folgesituationen auftreten, so spricht man von Sekundärunfällen. Dies ist beispielsweise der Fall, wenn eine kurze Berührung mit Strom führenden Teilen stattfindet, die zu reflexartigen Bewegungen Anlass gibt und nachfolgend einen Sturz provoziert.

Kurzzeichen und Symbole auf elektrischen Geräten	
Schutzisoliert Schutzklasse II	**VDE-Zeichen** Prüfstelle Verband Deutscher Elektrotechniker – Normenkonform 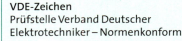
Tropfwassergeschützt 	**ENEC-Zeichen** Prüfzeichen der Europäischen Union, sonst wie VDE-Zeichen 
Spritzwassergeschützt	**GS-Zeichen** „Geprüfte Sicherheit" Berufsgenossenschaftliche Prüfstelle 
Wasserdicht	**CE-Zeichen** kein Prüfzeichen, Hersteller versichert damit die Einhaltung der EG-Richtlinien

Umgang mit elektrischen Geräten

Zur Unfallvermeidung kann die Kosmetikerin gezielt beitragen.
- Beim Kauf der Geräte ist auf das Vorhandensein von **Prüfzeichen** (→ nebenstehende Übersicht) zu achten. Prüfzertifikate werden auch vom Technischen Überwachungsdienst (TÜV) oder von der Berufsgenossenschaft für Gesundheitsdienst und Wohlfahrtpflege (BGW) vergeben. Nur wenn das Prüfzeichen auf dem Gerät angebracht ist, gelten das Gerät und Gerätekabel als sicher.
- Starkes Knicken und zu festes Aufrollen der Kabel ist zu vermeiden.
- Die Zuleitungen der Geräte und Sicherungen sind regelmäßig zu überprüfen.
- Isolatoren bzw. beschädigte Leitungen sind sofort von einem Fachmann zu ersetzen. Auch die Reparatur eines defekten Gerätes darf nur fachmännisch ausgeführt werden.
- Jedes Gerät ist bis zur Reparatur stillzulegen, wenn bei dessen Berührung auch nur ein leises Kribbeln spürbar ist.
- Defekte Geräte sind sicherzustellen, damit sie durch andere Kollegen nicht benutzt werden.
- Defekte Geräte nur von einem Fachmann reparieren lassen.
- Um die Verbindung zur Steckdose zu lösen, ist immer der Stecker anzufassen. Keinesfalls am Zuleitungskabel ziehen.
- Vor der Reinigung eines elektrischen Gerätes muss zuerst das Gerät abgeschaltet und der Netzstecker aus der Steckdose gezogen werden.
- Vermeiden Sie Überhitzungen.
- Vorsicht beim Umgang mit Flüssigkeiten!
  – Elektrische Geräte niemals ins Wasser legen.
  – Das Eindringen von Wasser in das Gerät vermeiden (auch keine Wassertropfen!).
  – Niemals mit nassen Händen Stecker, Leitungskabel oder elektrische Geräte anfassen.
  – Niemals zugleich elektrische Geräte und Wasserleitungen berühren.

Maßnahmen bei Stromunfällen

Ist es im Kosmetikinstitut zu einem Unfall mit elektrischem Strom gekommen, so muss der Stromfluss umgehend unterbrochen werden: **Strom abschalten!**
Das Strom führende Gerät ist mit einem nicht leitenden Gegenstand von der verunglückten Person umgehend wegzuschieben. Achten Sie dabei auf Ihre eigene Sicherheit und berühren Sie die Person erst, wenn der Stromkreis unterbrochen ist.

Erste-Hilfe-Regeln bei Stromunfällen
1. Sicherheit für den Helfer: Zuerst den Stromkreis unterbrechen, z. B. Sicherung ausschalten, Stecker ziehen.
2. Verunglückte aus dem Gefahrenbereich bringen, wenn dies gefahrlos möglich ist. Die eigene Sicherheit geht vor!
3. Prüfen der Vitalfunktionen, wie Atmung usw.
4. Atemspende (wenn möglich)
5. Herzdruckmassage (wenn möglich)
6. Rettungsarzt verständigen: Telefonnummer 112

> **Unfallverhütungsvorschriften des BGW**
> Die Berufsgenossenschaft für Gesundheitsdienst und Wohlfahrtspflege (BGW), die für die gesetzliche Unfallversicherung im Kosmetikinstitut zuständig ist, hat zur Verhütung von Unfällen (und Berufserkrankungen) Vorschriften erlassen.
> - Elektrische Anlagen müssen den Sicherheitsvorschriften entsprechen und bei sachgemäßer Nutzung eine Gefährdung ausschließen.
> - Der Inhaber des Kosmetikinstituts hat die erforderlichen Voraussetzungen zu schaffen, damit Arbeitsunfälle, u. a. mit Strom, vermieden werden können.

2 Basisgeräte – Grundausstattung für Hautdiagnose und apparative Behandlungsverfahren

2.1 Die Lupenleuchte

Eine Lupenleuchte gehört zur Grundausstattung in einem Kosmetikinstitut. Sie ermöglicht die schattenfreie Ausleuchtung des Arbeitsfeldes. Besonders wichtig ist dies für die Hautanalyse (→ Kapitel VII/1) sowie während des manuellen Ausreinigens der Haut (→ Kapitel X/2). Lupenleuchten, die als reine Arbeitsplatzleuchten mit einem Vergrößerungseffekt eingesetzt werden, sind Kaltlichtleuchten.

Die Arbeitsleuchte ist mit einem Schwenkarm ausgestattet und dadurch leicht und flexibel zu handhaben. Trotz der hohen Lichtleistung ist die Hitzeentwicklung gering. Mit handelsüblichen Lupenleuchten wird eine Vergrößerung von etwa 3,5 Dioptrien (Vergrößerung 185 %) erreicht. Weitere Vergrößerungslinsen mit Vergrößerungen bis 12 Dioptrien ermöglichen ein genaues und konzentriertes Arbeiten.

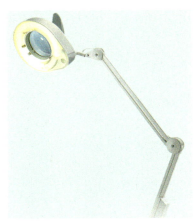

Die Lupenleuchte ermöglicht eine Vergrößerung und schattenfreie Ausleuchtung des Arbeitsfeldes.

 Lupenleuchten bieten für die Analyse von Haut und Nägeln eine gute Beleuchtung und die erforderliche Vergrößerung des Arbeitsfeldes.

Lupenleuchten mit Zusatzfunktionen

Lupenleuchte mit Schwarzlicht (Woodlampe)
Diese Kombinationsleuchten bestehen aus einer Kaltlichtlupenleuchte und Schwarzlichtlampe, der so genannten **Woodlampe**. Die Strahlquelle für das Schwarzlicht besteht aus 4 UV-Röhren. Das Schwarzlicht bewirkt, dass Hautveränderungen (z. B. Pusteln) in deren charakteristischer Eigenfarbe leuchten (**fluoreszieren**).

fluoreszieren
Fähigkeit bestimmter Stoffe, infolge elektromagnetischer Strahlung zu leuchten

 Für die Arbeit mit einer Lupenleuchte muss die Kosmetikerin den Behandlungsraum abdunkeln oder alternativ das Arbeitsfeld mit einem schwarzen Tuch abdunkeln.

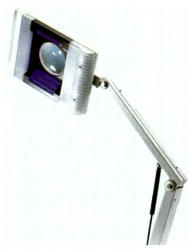

Tabelle IX/3 Hautbeurteilung unter Schwarzlicht

Erscheinung im Schwarzlicht	Hinweis auf
bläulich bis weiß	normale Haut, gesunde Haut
weiß	dicke Hornschicht
purpur	zarte, sehr dünne Haut
hell-violett	feuchtigkeitsarme Haut
dunkelrot	atrophische, unterversorgte Haut
orange	Talgverstopfungen
braun	Pigmentierungen, Pigmentanomalien
gelb bis grün	kleine Pusteln und Papeln

Lupenleuchte mit Schwarzlicht

Lupenleuchte mit Farbfilter, Farbfilterset

Lupenleuchten plus Farbfilter

Die Farblichtbehandlung ist eine **Form der Lichttherapie** (→ Folgeband). Durch das Bestrahlen mit unterschiedlichen Lichtfarben kann der Hautzustand positiv beeinflusst werden. Beispielsweise wirkt rotes Licht
- durchblutungsfördernd,
- tonisierend,
- anregend auf den Stoffwechsel allgemein und besonders auf den Fettstoffwechsel.

Bei Farblichtleuchten wird z. B. ein Halogenlicht durch einen Farbfilter über einen Spiegel auf die zu bestrahlende Körperstelle gelenkt. Durch die indirekte Lichtführung kann das jeweilige Farblicht entsprechend seiner spezifischen Wellenlänge ohne störende Begleiteffekte (z. B. Wärme auf der Haut) wirken.

Weitere Möglichkeiten der Farblichtbehandlung, ihre Wirkungen und die entsprechenden Geräte → Folgeband.

 Achten Sie beim Kauf einer Lupenleuchte darauf, dass die Leuchte in jeder Position stabil steht und ohne Geräusche verstellbar ist. Das Leuchtmittel sollte handelsüblich, einfach auszuwechseln und leicht zu reinigen sein.

2.2 Bedampfungsgeräte

Ein Bedampfungsgerät gehört ebenfalls zur Grundausstattung eines Kosmetikinstituts. Unter Ausnutzung der Wirkung von **Wasserdampf** und Wärme findet es sehr vielseitige Anwendung.
Wasserdampf
- wirkt entspannend auf Körper und Psyche,
- wirkt quellend auf die Hornschicht,
- ist kapillarerweiternd und dadurch durchblutungsfördernd,
- öffnet die Poren.

Der Einsatz von Bedampfungsgeräten hat eine große Bedeutung bei der Reinigung und der Vorbereitung der Haut zur Aufnahme von Wirkstoffen. Der feine Wasserdampf weicht die Hornschicht an und sorgt damit für das Absenken der Diffusionsbarriere.

Gleichzeitig wird der Stoffwechsel angeregt.
Es gibt jedoch auch Gegenanzeigen für das Bedampfen, z. B. bei
- gefäßlabiler Haut (Teleangiektasien, Couperose),
- lokalen Entzündungen,
- Ekzemen, perioraler Dermatitis, Rosacea, frischen Narben, Herpes,
- Sonnenbrand und allergischer Haut,
- Kunden mit Bluthochdruck,
- Kunden, die längere Zeit Kortison einnehmen.

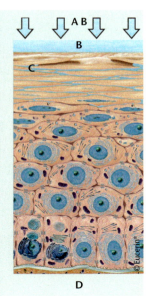

A Wasserdampf wird gleichmäßig auf der Hautoberfläche verteilt.
B Der Wasserdampf trifft auf die Haut und kondensiert.
C Verhornte Zellschichten quellen und Keratin erweicht.
D Die Haut wird durch die Wärmewirkung des Wasserdampfes erwärmt, die äußerlichen Blutgefäße (Kapillaren) werden weit gestellt und es kommt zu einer Aktivierung der Blut- und Lymphzirkulation.

Wirkung des Dampfbades

 Durch das Bedampfen wird die Aufnahmefähigkeit der Haut für von außen applizierte Wirkstoffe größer.

Arbeitsweise der Bedampfer

Ein Bedampfer wird als Einzelgerät oder in Gerätekombinationen (Multifunktionsgeräte-Center) angeboten. Die Leistung der Geräte liegt zwischen 600 und 900 Watt (W). Es wird ein feiner Wasserdampf, meist durch das Kochen von Leitungswasser, erzeugt.

In modernen Geräten tropft das Wasser auf eine aufgeheizte Stahlplatte, verdampft dort und tritt über eine Düse aus. Diese befindet sich an einem beweglichen Arm, und sie ermöglicht das zu bedampfende Hautareal zielgerichtet zu behandeln. Vorteile:
- direkte und dosierte Dampfabgabe,
- minimaler Wasserverbrauch,
- keine lange Vorwärmzeit.

Es gibt aber auch Geräte, die den Wassernebel durch Ultraschallzerstäubung herstellen. Dieser so genannte „kalte Wasserdampf" eignet sich für alle Hautkonditionen, die Wärme bzw. Hitze schlecht tolerieren, z. B. die gefäßlabile oder entzündete Haut.

Beachten Sie die Betriebsanleitung! Ältere Geräte müssen mit destilliertem Wasser gefüllt werden, um eine Verkalkung an den Heizspiralen zu vermeiden.

Bei der Bedampfung unterscheidet man drei Arten:
- ausschließlich mit Wasserdampf,
- mit Kräuterzusätzen oder ätherischen Ölen,
- mit Ozonnebel.

Bei vielen Geräten sind alle drei Ausstattungen möglich.

Kräuterbedampfung

Um die Wirkung eines Dampfbades zu steigern, können getrocknete oder frische Kräuter zugesetzt werden, indem
- Kräuter in ein Kräutersäckchen gegeben werden,
- ein Wattepad mit einigen Tropfen eines ätherischen Öls getränkt und in das Kräutersieb gelegt wird,
- das ätherische Öl auf einen Filzring geträufelt und auf die Dampfdüse gesetzt wird.

In jedem Fall durchströmt der Dampf die Kräuter bzw. das ätherische Öl.

Bedampfer

> Bei einigen Bedampfungsgeräten dürfen keine mit ätherischen Ölen getränkten Wattepads in das Kräutersieb gegeben werden. Es besteht die Gefahr, dass sich die Öle im Bedampfungsarm absetzen und das Gerät „spuckt". Dadurch können der Kundin Verbrennungen im Gesicht zugefügt werden.

Destillation
Trennung von Flüssigkeitsgemischen nach ihrem Feuchtigkeitsgrad

Beim Bedampfen mit Kräutern findet eine **Destillation** statt. Das Wasser verdampft und die im Dampf gelösten Pflanzenwirkstoffe kondensieren auf der Haut bzw. gelangen durch Inhalation in die Atemwege der Kundin. Kräuterdampfbäder sind als vorbereitende Reinigungsmaßnahme, während einer Massage oder zum Feuchthalten von Packungen empfehlenswert.

> Bei Kräuterverdampfern werden Wirkstoffe aus frischen oder getrockneten Kräutern bzw. ihre ätherischen Öle auf die Haut oder in die Atmungsorgane gebracht. Die Kosmetikerin muss sich vor der Anwendung Kenntnisse über die Kräuterwirkungen aneignen.

Kräuterbedampfer weisen in ihrer Bauweise geringe Abweichungen auf. Meist wird jedoch der Kräutersud in einem separaten Behälter aufgefangen. Vorteilhaft sind Geräte mit einem integrierten Sudbehälter.

Bedampfung mit Ozon

Bei Bedampfern mit **zuschaltbarem Ozon** wird Wasserdampf über eine UV-Lampe geleitet. Dabei reagiert das überschüssige ozonhaltige Wasser schlagartig zu Wasserstoff und Sauerstoff. Man sagt auch: Der Dampf wird „trockener".
Da Ozon instabil ist, zerfällt es nach Austritt aus der Düse sehr schnell. Bereits kurz nach dem Austritt des Wasserdampfes am Gerät ist kein Ozon mehr messbar.
Der Dampf hat damit keine „desinfizierende" Wirkung mehr, die den Ozonbedampfungsgeräten eigentlich zugeschrieben wird. Der molekulare Sauerstoff hat eine anregende Wirkung.

> Mit Ozon angereicherter Wasserdampf wirkt hemmend auf die Aktivität von Enzymen (Eiweiße, Proteine). Deshalb ist er zum Feuchthalten von Enzympeelings nicht geeignet. Die Ozonlampe sollte leicht zugänglich sein und eine sichere Abdeckung haben.

Kennzeichen moderner Bedampfungsgeräte
- Sie erzeugen feinsten Wasserdampf.
- Es kann Leitungswasser eingefüllt werden.
- Der Wasserstand wird automatisch gemessen.
- Der Wasserbehälter ist herausnehmbar und mühelos zu säubern.
- Sie sind vollelektronisch und verfügen über eine Abschaltautomatik. Dies ist beim eventuellen Überschäumen des Wassers (bedingt durch falsche Bedienung und Wartung) sehr wichtig.
- Die Schnellaufheizung verkürzt die Aufheizzeit um ein Vielfaches.
- Die Dampf-Austrittsmenge ist regulierbar.
- Der Dampfarm und meist auch der Kopf eines Bedampfers sind leicht schwenk- und drehbar.

Moderne Bedampfungsgeräte sind sehr anwenderfreundlich und erleichtern die Arbeit in der Kabine.

> Fordern Sie Prospektmaterial zu Bedampfungsgeräten von verschiedenen Geräteherstellern an (Adressen siehe Kosmetikfachzeitschriften). Erarbeiten Sie in Gruppen anhand der Prospekte die Besonderheiten (Merkmale) der einzelnen Geräte. Bewerten Sie die Geräte entsprechend dem Preis-Leistungs-Verhältnis.

2.3 Schleifgeräte – Bürstenmassagegeräte – Bürstenreinigungsgeräte

Bürsten-(massage-)geräte sind Basisgeräte der apparativen **Reinigungsbehandlung**. Die Grundelemente eines Bürstengerätes sind rotierende Bürsten-, Schleif- oder Schwammpolster-Aufsätze zum Reinigen und Peelen der Haut.

Ein von einem Motor angetriebener **Schwamm**- oder **Bürstenaufsatz** rotiert kreisförmig auf der Haut. Dabei werden locker anhaftende Hornzellen, Verunreinigungen und Fettrückstände von der Hautoberfläche sowie aus den oberen Follikelbereichen gelöst.

Auswahl von Bürsten-, Schleif- und Schwammpolsteraufsätzen in verschiedenen Größen.

Angewendet werden Bürstenmassagegeräte
- zur **Intensivreinigung der Haut** in Kombination mit kosmetischen Reinigungs- bzw. Peelingprodukten sowie
- zur **Trockenschleifung**.

Der Kosmetikerin stehen für die Hautbehandlung verschiedene Aufsätze zur Verfügung:
- Schwammaufsätze (Schaumstoffpolster),
- Bürstenaufsätze aus Ziegen- oder Schweinehaar,
- Schleifsteine (→ Trockenschleifung).

Das Reinigen mit einem Bürstenmassagerät ist eine mechanische Methode: Durch die Drehbewegung des Bürstenaufsatzes und den sanften Druck auf die Haut werden die abgängigen Hornzellen entfernt.

Kennzeichen der gebräuchlichsten Bürstenmassage- und Schleifgeräte:
- meist fahrbarer Geräteturm mit Multifunktion
- auch als Tischgerät lieferbar, z. B. Frimator
- stufenlos regelbare Drehzahl, bis ca. 12 000 Umdrehungen je Minute
- Rechts-/Links-Lauf möglich
- Aufsätze sind leicht auswechselbar
- geräuscharm, leicht zu reinigen

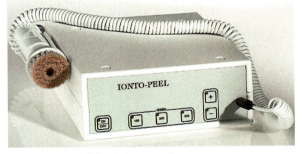

Peeling-Geräteeinheit mit Bürstenaufsatz

 Nach jeder Behandlung sind die Aufsätze unter Beachtung der mitgelieferten Betriebsanleitung gründlich zu reinigen bzw. zu desinfizieren.

Arbeitsmethoden mit dem Bürstenmassagegerät

Methode 1: Schwamm- oder Bürstenaufsatz plus waschaktives Reinigungsprodukt
Eine Reinigungsemulsion wird auf der Haut verteilt. Anschließend wird mit dem Schwamm- oder Bürstenaufsatz in kreisenden Bewegungen dessen Reinigungswirkung unterstützt.

Dabei hält die Kosmetikerin ein Viskoseschwämmchen zum Schutz der Lippen und Augen in der freien Hand. Dies verhindert, dass Spritzer des Reinigungspräparates auf die empfindlichen Hautpartien gelangen.
Alternativ können Lippen und Augen auch mit feuchten Wattepads abgedeckt werden.

Beim Einsatz von Granulaten oder Schleifmedien müssen die Augen immer abgedeckt werden, damit die feinen Körnchen nicht ins Auge gelangen!

Im Anschluss werden Präparaterückstände mit warmem Wasser und Viskoseschwämmchen oder mit Kompressen abgenommen.

Reinigung bei besonderen Hautzuständen

Da waschaktive Reinigungsprodukte stets Emulgatoren und Tenside enthalten, werden nicht nur Zell- und Talgrückstände entfernt, sondern auch schützende Epidermis-Lipide aus der Hornschicht gelöst.

Deshalb ist bei Kunden mit trockener oder atrophischer Haut, die ohnehin einen Fettmangel aufweisen, eine derartige Behandlung nicht anzuwenden.
Bei diesen Hautzuständen gilt: Waschaktive Substanzen immer so kurz wie möglich wirken lassen.

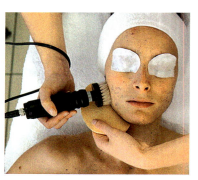

Mit dem Bürstenaufsatz wird die Reinigungsemulsion verteilt.

Methode 2: Schwamm- oder Bürstenaufsatz plus Peeling

Gleiches Vorgehen wie bei Methode 1, nur anstelle der Reinigungsemulsion ein Granulat-Peeling verwenden.

Die **Schwammaufsätze** werden hauptsächlich zum Aufemulgieren von Peelingpräparaten und die **Bürsten** zur Reinigung der Haut verwendet.

Methode 3: Trockenschleifung mit Schleifstein plus Schleifmedium

Das Schleifmedium (Präparate mit Tonerde, Heilerde o. Ä.) wird dünn und gleichmäßig mit einem Pinsel auf das Behandlungsareal aufgetragen. Bevor mit dem Schleifstein (Bimsstein) gearbeitet wird, muss das Präparat **vollständig durchtrocknen**.

Generell ist beim Schleifen zu beachten:

- Die Hautpartien sind gut zu spannen, damit das Hautgewebe keine unnötige Zugbelastung erfährt. Das Spannen erfolgt am besten zwischen Zeige- und Mittelfinger der freien Hand.
- Der Schleifstein wird mit der gesamten Fläche aufgesetzt. Er darf niemals verkanten, da sonst die Gefahr einer Hautverletzung besteht.
- Die Rotationsgeschwindigkeit des Schleifsteins sollte schneller als beim Arbeiten mit dem Schwamm- oder Bürstenaufsatz sein. So kann sich das Schleifmedium (z. B. Kaolin) gut von der Hautoberfläche lösen und die anhaftenden Hornzellen mit sich führen.
- Gearbeitet wird in Form kleiner überlappender Kreise (bildlich: „Olympische Ringe").
- Rückstände des Schleifmediums werden mit warmem Wasser und Viskoseschwämmen gründlich abgenommen.
- Die Haut wird anschließend mit Pflegepräparaten nachbehandelt.

Bevor mit dem Trockenschleifen begonnen wird, muss das Schleifmedium vollständig durchtrocknen.

Die Trockenschleifung eignet sich besonders für
- überverhornte (hyperkeratotische) Haut,
- lichtgealterte Haut,
- grobe, fettige Haut,
- Raucherhaut,
- Haut mit abgeheilten Aknenarben.

Trockenschleifen bei Hyperkeratosen
Hyperkeratosen treten häufig an Oberarmen und Oberschenkelaußenseiten sowie am Ellenbogen auf. Werden Ellerbogen geschliffen, so empfiehlt sich folgendes Vorgehen:
Immer ohne Druck und hier ausnahmsweise nur mit der Kante arbeiten, und zwar vom Knochen weg, wie „Sonnenstrahlen".
Wird der Schleifstein mit der gesamten Fläche aufgesetzt, kann es zu Hautabschürfungen am Ellenbogen kommen.

 Durch gleichmäßiges und systematisches Arbeiten mit Bürstenmassagegeräten, besonders mit Schleifsteinen, wird ein ebenmäßiges Hautbild erzielt.

Die Mikrodermabrasion – ein mechanisches Verfahren

Ein modernes Verfahren zum **kontrollierten Abtragen** abgestorbener Hornzellen ist die Mikrodermabrasion: Mikroskopisch **feine Kristalle** (meist Aluminiumoxid) werden mit Hilfe eines Vakuum- und Druckluftsystems mit hoher Geschwindigkeit auf die Haut geschleudert.

Je nach Anzahl der Wiederholungen pro Hautareal können dabei oberflächliche Hornzellen – bis hin zu tieferen Zelllagen – kontinuierlich abgetragen werden. Der Kristallfluss und die Schleifstärke lassen sich manuell einstellen.

Neue Studien zeigen, dass die Kombination von Vakuum plus mechanischer Abtragung der obersten Hornschichtlagen nachhaltig die Zellteilung beeinflusst. Die Haut regeneriert sich dadurch besser.
Die Mikrodermabrasion kann monatlich oder als Kurbehandlung im Abstand von 7 bis 14 Tagen erfolgen.

Abrasion
lat. abradere, abrasum
Abschaben, Abschleifen der obersten Hornschicht

Mikrodermabrasions-Gerät zum kontrollierten Abtragen von Hautzellen

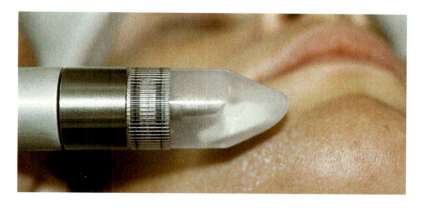

Das Handstück wird ohne Druck systematisch Bahn für Bahn über die Haut geführt.

Anwendungsbereiche sind:
- übermäßig oder ungleichmäßig verhornte Haut,
- derbe, grobe seborrhoeische Haut,
- lichtgeschädigte Haut und Hyperpigmentierungen,
- regenerationsbedürftige Altershaut,
- Aknenarben,
- Striae (Schwangerschaftsstreifen).

Nicht behandelt werden sollten: aktive Infektionen (u. a. Impetigo, flache Warzen, Herpes simplex), Schuppenflechte (Psoriasis vulgaris), krankhafte Hautanomalien, frische Narben, Warzen, Nävi und weitere Tumoren. Dies gilt auch für die Arbeit mit Bürstenmassagegeräten.

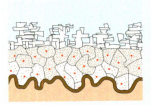 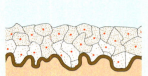 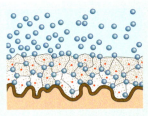

a) Ausgangszustand: raue, unregelmäßig verhornte Haut, abstehende Hornzellen

b) Glatte Hautoberfläche nach der Schleifung

c) Haut wird aufnahmebereit für nachfolgende Pflegewirkstoffe

Wirkungen von Trockenschleifen und Mikrodermabrasion

> Fordern Sie Prospektmaterial zu Bürstenmassage- und Bürstenschleifgeräten von verschiedenen Geräteherstellern an (Adressen siehe Kosmetikfachzeitschriften). Erarbeiten Sie in Gruppen anhand der Prospekte die Besonderheiten (Merkmale) der einzelnen Geräte. Bewerten Sie die Geräte entsprechend ihrem Preis-Leistungs-Verhältnis.

2.4 Sauggeräte – zur Reinigung und Massage

Bei Sauggeräten wird mit einem geringen **Unterdruck** (**Vakuum**) gearbeitet. Diese Methode wird auch als **Schröpfen** bezeichnet.

Dabei wird mit Hilfe einer **Saugglocke** ein bestimmter Gewebebezirk **angesaugt, gelockert** und **massiert**.

Unterdruck
Differenz zwischen dem äußeren Luftdruck und dem Druck in einem Gefäß

Vakuum
lat. vacuus frei, leer; nahezu luftleerer Raum

Schröpfen
örtliche Blutableitung; Ansaugen von Gewebsschichten mit einer Saugglocke

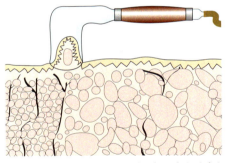 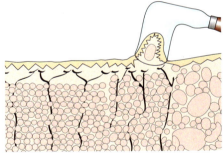

Sauggeräte arbeiten mit Unterdruck. Dabei wird ein definiertes Hautareal in eine Saugglocke gezogen.

Im „aufgesogenen Zustand" wird das Gewebe anschließend massiert.

Der Sog entsteht durch den am elektrischen Gerät dosierbaren Unterdruck. Er wird genutzt
- zur Unterstützung oder als Ersatz einer manuellen **Ausreinigung**, z. B. zum Entfernen von Komedonen (Hautreinigung),
- als **Zupf- bzw. Vakuumsaugmassage** (Spezialmassage) und
- zur **apparativen Lymphdrainage** (Spezialmassage).

Unterstützung der manuellen Ausreinigung

Die **mechanischen Sauggeräte** unterstützen das manuelle Ausreinigen von Komedonen und anderen Hautunreinheiten. Dabei werden durch die **Sogwirkung** Talg und tiefer liegende **Infiltrate** gelockert und an die Hautoberfläche gebracht. Auf diese Weise lassen sich nachfolgend tiefer liegende Komedonen leichter von der Kosmetikerin herausheben.

Infiltrate
örtlich begrenzte Einlagerung von Entzündungszellen oder Flüssigkeiten in normales Gewebe

Glasventousen zum Absaugen von Hautunreinheiten und zur Saugmassage.

Ein häufiger Praxisfehler ist, dass beim Herausheben von Komedonen die Haut nicht zuerst auseinander gezogen, sondern gleich zusammengedrückt (gequetscht) wird. Daraus resultieren zwei Nachteile:
- ein Teil des Talgs verbleibt als Rückstand im Follikel – Entzündungen sind die Folge;
- zusätzlich wird das Hautgewebe geschädigt.

Vor der Anwendung solcher Geräte muss die Haut gut gereinigt und möglichst gepeelt sein. Der spezielle Aufsatz, eine dünne Glasventouse, sollte mit geringem Druck senkrecht zum Follikel und mit leichter Drehung aufgesetzt werden.

 Milien und Talgzysten lassen sich auf diese Weise nicht entfernen, da sie eine geschlossene bzw. eine zu kleine Öffnung haben.
Milien müssen deshalb immer vorher mit einer Lanzette angeritzt werden.

Massage mit Sauggeräten

Vakuum-Saugmassage-Geräte produzieren einen kontinuierlichen oder einen pulsierenden Unterdruck. Die **Pulsation** (so genannte Vakuumfrequenz) ist oft stufenlos einstellbar. Für die Saugmassage kann die Kosmetikerin zusätzlich zwischen verschiedenen Größen an Saugglocken wählen. Die Auswahl hängt von dem gewünschten Effekt und der zu behandelnden Körperstelle ab.

Pulsation
Frequenz, bei der Vakuummassage 0 bis 60 Pulse/Minute

Die **physiologische Wirkung** ist abhängig
- von der Stärke des Vakuums und
- von der Größe der Saugglocke.

Durch das Ansaugen der Haut wird vermehrt Blut in das Gewebe gezogen. Das behandelte Areal wird dadurch stärker durchblutet, was durch die nachfolgende Hautrötung sichtbar wird. Außerdem wird der Lymphkreislauf angeregt.
Bei der Körperbehandlung lassen sich Gewebeverhärtungen lockern.

Die apparative Saugmassage ist stets in Richtung des Blutkreislaufes und Muskelverlaufes durchzuführen. Im Gesicht sollte die Haut im Behandlungsareal mit zwei Fingern gestrafft werden.

Saugmassage im Gesicht

 Achten Sie bei der Einstellung des Unterdrucks darauf, dass die Saugwirkung nicht zu stark ist, damit die Lymphbahnen nicht beschädigt werden. Bei schlaffer Haut mit schlechtem Tonus sowie im Augenbereich sollte der Unterdruck verringert werden.

Anwendungsbereiche:
- Gesichtsbehandlung, zur Falten- und Stimulationsbehandlung
- Körperbehandlung bei Cellulite und Fettpölsterchen, z. B. an Oberarmen, Bauchdecke, Hüfte, Oberschenkeln

Eine Saugmassage sollte **nicht** angewendet werden bei:
- stark erweiterten Äderchen (Teleangiektasien),
- leicht reizbarer Haut,
- sehr schlaffer Altershaut,
- kortisongeschädigter Haut.

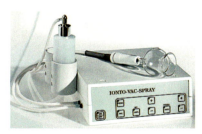
Kombigerät: Saugwirkung zur Vakuummassage und Spraywirkung für das Vernebeln von Lotionen

Achten Sie beim Kauf des Gerätes darauf, dass ausreichend Unterdruck (abgegeben in bar bzw. mbar) erzeugt wird. Die Pumpe im Gerät muss ausreichend groß sein. Das Sauggerät sollte neben der Dauereinstellung auch einen Wechselbetrieb ermöglichen, welcher das so genannte „Pattern" ermöglicht.

Kennzeichen der gebräuchlichsten Sauggeräte:
- stufenlos regulierbare Saugleistung
- Ventousenanschlussschlauch mit auswechselbarem Filter und Einzugssystem
- Glasventousen und Saugglocken lassen sich schnell wechseln und reinigen
- Pulsationen sind regelbar (ca. 200 Impulse je Min.)
- Wechselbetrieb Sog/Druck ist möglich

Nach jedem Gebrauch sind die Saugglocken und Glasventousen zu reinigen bzw. zu desinfizieren.

1 Fordern Sie Prospektmaterial zu Sauggeräten von verschiedenen Geräteherstellern an (Adressen siehe Kosmetikfachzeitschriften). Erarbeiten Sie in Gruppen anhand der Prospekte die Besonderheiten (Merkmale) der einzelnen Geräte. Bewerten Sie die Geräte entsprechend dem Preis-Leistungs-Verhältnis.
2 Diskutieren Sie die Vor- und Nachteile von Kombigeräten.

2.5 Infrarotstrahler und Rotlichtstrahler

Infrarotlicht (IR)
nicht sichtbares, langwelliges Licht, an das sichtbare Rotlicht angrenzend

In der kosmetischen Praxis werden **Infrarot- (IR)** und Rotlichtstrahler für eine **trockene Wärmebehandlung** eingesetzt. Dabei wird eine Durchwärmung des Gewebes erreicht und die Blutzirkulation angeregt.

Die Strahlungsquellen haben eine hohe Temperatur und die Glühwendeln der Lampen zeigen Weißglut. Deshalb senden sie neben dem unsichtbaren Infrarotlicht auch Strahlen aus dem sichtbaren Bereich des Wellenspektrums aus.
Bestrahlungslampen sind mit unterschiedlich gefärbten Glasfiltern erhältlich, die bestimmte Strahlen unterdrücken. Der Rotfilter macht Licht nicht „infrarot", sondern er lässt im sichtbaren Bereich nur das Rot hindurch.

Rotfilter
lassen außer IR noch das sichtbare Rot hindurch – Rotlichtlampe

Infrarot-Strahler können mit **Blau- und Rotfilter** kombiniert werden. Die gefärbten Glasfilter unterdrücken bestimmte Strahlen, können jedoch nichts hinzufügen. Rotfilter lassen außer IR noch das sichtbare Rot hindurch, Blaufilter das sichtbare Blau.

Blaufilter
lassen außer IR noch das sichtbare Blau hindurch

Mit den farbigen Filtern lässt sich die Intensität des IR dosieren.

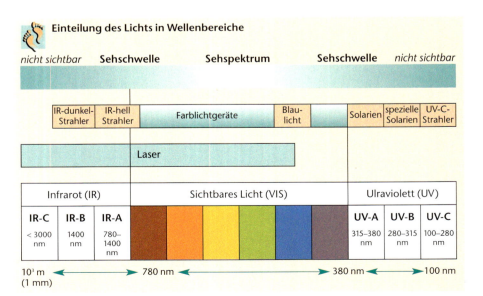

Aus der Wellenlänge ergibt sich eine unterschiedliche Eindringtiefe ins Gewebe und damit auch die unterschiedliche physiologische Wirkung. Die Einteilung des IR-Bereiches erfolgt nach der Wellenlänge in drei Bereiche:

Kurzwelliges Infrarot 780–1400 nm

Tiefenwirkung
- wird in den oberen Hautschichten kaum absorbiert
- erreicht das Unterhautfettgewebe (Subkutis) und die dort liegenden Blutgefäße
- Eindringtiefe ca. 50 mm
- führt in der Tiefe der Haut zur Verbesserung der Durchblutung
- steigert den Stoffwechsel
- sehr gut hautverträglich

Die Wärmeumwandlung geschieht vorwiegend in der Subkutis, wobei die Wärme mit dem strömenden Blut im Körper verteilt wird. Die Erwärmung der Haut führt zur Mehrdurchblutung anderer Gebiete.

> IR-A fördert deshalb die Wirkung eines Reizstromes (→ Folgeband) bei der Behandlung von Fettpolstern und Cellulite.
> Ein warmer Heizkörper sendet auch Wärmestrahlen aus, diese Strahlen bleiben jedoch ohne Tiefenwirkung.

Mittelwelliges Infrarot 1400–3000 nm

geringere Tiefenwirkung
- endet in der Papillarschicht des Coriums
- dient der Erwärmung oberer Hautschichten

Langwelliges Infrarot > 3000 nm

ganz oberflächliche Wirkung
- dringt in die Haut weniger als 1 mm ein
- wird bereits in der Luft stark gedämpft
- wird beim Auftreffen auf die Epidermis zudem fast vollständig absorbiert

Kurzwelliges Infrarotlicht (IR-A): 780–1400 nm	Mittelwelliges Infrarotlicht (IR-B): 1400–3000 nm	Langwelliges Infrarotlicht (IR-C): > 3000 nm

Mittel- und langwellige IR-Strahlung dringen nur bis ins obere Bindegewebe ein und erwärmen es. Sie verursachen aber auch eine Blutgefäßerweiterung, so dass sie leicht durchblutungsfördernd sind. Ihre Anwendung erfolgt in der Praxis häufig als Vorbereitung für weitere Pflegemaßnahmen.

Wirkungen von IR-Bestrahlung für kosmetische Anwendungen

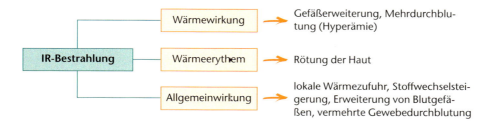

Die **Wärmewirkung** löst als Wärmereflex sofort eine Gefäßerweiterung (Dilatation) aus. Der Gefäßerweiterung folgt eine Mehrdurchblutung (Hyperämie).

Zudem tritt ein **Wärmeerythem** auf, was bereits nach wenigen Minuten der Bestrahlung als Hautrötung sichtbar wird. Es klingt nach Ende der IR-Behandlung rasch wieder ab. Diese Hautrötung ist physikalisch ausgelöst (nicht zu verwechseln mit dem durch chemische Vorgänge entstehenden UV-Erythem).

Daneben treten auch verschiedene **Allgemeinwirkungen** auf:

- die lokale Wärmezufuhr steigert den Stoffwechsel,
- vermehrt den Anfall von CO_2 (dies führt nachfolgend zu einer Erweiterung von kleinsten Blutgefäßen),
- fördert die zunehmende Gewebsdurchblutung.

> IR-Strahlung erzeugt Wärme. Sie entsteht durch die Anregung von Molekülen, die in Schwingungen versetzt werden. Von den Rezeptoren in der Haut werden sie als Wärme wahrgenommen.

Tabelle IX/4 IR-Bestrahlung: Anwendung und Gegenanzeigen

Anwendungsbereiche	Gegenanzeigen (Kontraindikationen)
- schlecht durchblutete Haut - fahle, inaktive Haut (z. B. Raucherhaut) - muskuläre Verspannungen im Nacken oder Rücken - Verkürzung der Antrocknungszeit von Masken - Verbesserung der Penetration kosmetischer Präparate - Vorbereitung bzw. Aktivierung der Haut vor der manuellen Massage	- Kreislauferkrankungen - erhöhter Blutdruck - Herzinsuffizienz - frische Verletzungen - frische Narben, da Blutungsgefahr - frische, größere Blutergüsse (Hämatome) - Krampfader - akute Infektionen *Nicht empfehlenswert bei* - Couperose - Rosacea Da sich unter der Bestrahlung die Blutgefäße stark erweitern, tritt ein unangenehmes Hitzegefühl auf. - Neurodermitis - Missempfindung und Juckreiz durch eigenen Schweiß

Mittel- und langwellige IR-Strahlung besitzt auch schädigende Wirkungen bei zu starker oder zu häufiger Bestrahlung. Dadurch kommt es zu Hitzeschmerz, -entzündung, -pigmentierung und auch Verbrennungen.

Hervorgerufen werden diese Erscheinungen dadurch, dass mittel- und langwellige IR-Strahlen durch den hohen Wasseranteil der obersten Hautschichten stark absorbiert werden.

Die entstehende Wärmeenergie kann wegen der fehlenden Gefäße in der Epidermis bzw. der wenigen Gefäße im Stratum papillare nicht abgeleitet werden. Die Folge ist ein Wärmestau. Lokal entwickeln sich hohe Temperaturen.

Gegenmaßnahmen sind z. B.:
1. bevorzugt kurzwellige IR-A-Strahlung einsetzen,
2. auf den Einsatz von Filtern achten (Fest- und Wasserfilter),
3. IR-Strahler mit verringerter Leistung benutzen, damit der Wärmeeintrag in die Haut nicht so groß ist.

2 Basisgeräte – Grundausstattung für Hautdiagnose und apparative Behandlungsverfahren

- Vor der IR-Bestrahlung die Augen mit Wattepads abdecken, da das Innenauge IR-empfindlich ist. Die Strahlen dringen auch bei geschlossenen Augen ein.
- Dauer der Bestrahlung: nicht über 30 Minuten
- Abstand des Gerätes vom Behandlungsfeld: etwa 30 cm
- Bei Ganzkörperbestrahlung mit Rotlicht die Kundin unbedingt nachruhen lassen. Dies gilt für alle großflächigen Wärmebehandlungen.

Bestrahlungslampen/Geräte

In der Kabine werden vor allem **Lupenleuchten in der Kombination von Kaltlicht und Wärme** eingesetzt.

Für Ganzkörperbehandlungen sind Geräte erhältlich, die den Körper mit einer größeren Zahl von Wärmequellen bestrahlen. Vorrangiges Ziel ist, eine vermehrte Wärmewirkung im Fett- und Muskelgewebe zu erzielen (Gewichtsreduzierung durch Anheben des Kalorienverbrauchs). Neueste Entwicklungen sind in Wellnesscentern und Schönheitsfarmen so genannte IR-Kabinen und IR-Betten. Bei Letztgenannten handelt es sich um Liegen mit einer tunnelartigen Strahlereinheit.

Die Kosmetikerin kann zwischen herkömmlichen Bestrahlungslampen (integriert in einer Lupenleuchte), IR-Kabine und IR-Bett wählen. Die Anschaffung von Ganzkörperstrahlern sollte man gut abwägen, weil sie relativ kostspielig sind.

Standard ist die **Solluxlampe**. Mit ihr können Behandlungen mit Rotlicht oder mit Blaulicht durchgeführt werden. Dazu werden verschiedene Filter vor die Lampe gesetzt. Die Behandlung mit Blaulicht hat eine dämpfende Wirkung und eignet sich deshalb vor allem zur Bestrahlung
- von nervöser und irritierter Haut,
- nach dem Entfernen von Hautunreinheiten,
- bei Entzündungen,
- als Abschluss einer kosmetischen Behandlung.

Auf die Anwendung in der Kosmetik lässt sich ein einfacher Grundsatz der Physiotherapeuten übertragen:

Bringe Kälte (hier Blaulicht), wo du überschießende Reaktionen siehst.
Bringe Wärme, wo die Reaktionen träge sind.

――――― Infrarot plus ―――――

Rotlicht	Blaulicht
wärmend	hemmt
stimulierend	dämpft
fördert	beruhigt
regt an	mehr oberflächlich
bewegt	mehr sedierend
tiefenwirksam	

Bestrahlung mit IR-Licht erwärmt die Haut und wirkt aktivierend.

Blaulicht wird zur Reizdämpfung und Reizlinderung eingesetzt. Rotlicht wird zur Wärmebehandlung und zur Verbesserung der Wirkung kosmetischer Pflegepräparate angewendet.

1 Fordern Sie Prospektmaterial zu IR-Strahlern von verschiedenen Geräteherstellern an (Adressen siehe Kosmetikfachzeitschriften). Erarbeiten Sie in Gruppen anhand der Prospekte die Besonderheiten (Merkmale) der einzelnen Geräte. Bewerten Sie die Geräte entsprechend dem Preis-Leistungs-Verhältnis.

2.6 Wärme- und Kältegeräte

Neben den Rotlichtstrahlern werden häufig auch kombinierte Wärme-Kälte-Geräte im Kosmetikinstitut eingesetzt, wie z. B. der so genannte **Ice-&-Heat-Stab**.

Ice-&-Heat-Stab
Stab zur Wärme- und Kältebehandlung der Haut

Er besteht aus einer Geräteeinheit, die mit einer stabförmigen elektrischen Sonde verbunden ist. Über diese Sonde wird der Haut **lokal** Kälte, Wärme oder kombiniert Kälte und Wärme **von außen** zugeführt. Ob und wie lange Wärme- und Kältereize gesetzt werden, kann die Kosmetikerin durch entsprechende Bedienungsschalter am Gerät festlegen.

Während der Behandlung wird das Handstück sanft über die Haut geführt und wahlweise Kälte bzw. Wärme eingeleitet.

Ice-and-Heat-Stab zur Gesichtsbehandlung

Nach jeder Behandlung ist die Sonde sorgfältig zu reinigen und zu desinfizieren.

Wärmewirkung ⟶ anregende Wirkung
Durch die Entwicklung von Wärme werden die peripheren Blutgefäße weit gestellt und der Hautstoffwechsel angeregt. Die Haut rötet sich. Zudem wird der Diffusionswiderstand der Haut herabgesetzt, so dass sich die Aufnahmefähigkeit für äußerlich aufgetragene Produkte verbessert. Die Einarbeitung eines kosmetischen Präparates und damit auch dessen Wirkung wird optimiert.

> Die Wärmewirkung lässt sich während der Hautbehandlung gezielt vor einer manuellen Massage nutzen, was vor allem bei schlecht durchbluteter Haut empfehlenswert ist. Der Wärmestab kann ebenso über ein bereits appliziertes Kosmetikpräparat geführt werden, um die Penetration der Wirkstoffe zu unterstützen.

Kältewirkung ⟶ dämpfende Wirkung
Die Blutgefäße der Haut reagieren bei Kälteapplikation mit einer Verengung (Vasokonstriktion). Nach Beendigung der Kältebehandlung folgt sekundär eine Erweiterung der Gefäße mit einer intensiven Durchblutung.
Durch Kälte wird der Stoffwechsel verlangsamt und die Spannkraft der Haut – infolge der Kontraktion elastischer Elemente – erhöht. Das bedeutet, die Haut erscheint nach der Kälteanwendung straffer.
Kälte wird hauptsächlich angewendet
- zur Beruhigung irritierter, geröteter Haut,
- zum Adstringieren erweiterter Follikel,
- als leichte Straffungsbehandlung (Effekt ist vorübergehend).

Bereits Kneipp hat in seinen Schriften auf die positiven Wirkungen von Warm- und Kaltreizen hingewiesen. Die von ihm begründete Hydrotherapie umfasst Wassertreten und Kneipp-Wechselgüsse.

> Die Kältewirkung wird z. B. zur Dämpfung einer überschießenden Hautreaktion oder als Abschluss der kosmetischen Behandlung genutzt.

Wechsel von Wärme- und Kältewirkung
Durch den schnellen Wechsel von **lokaler Kälte- und Wärmeeinleitung** wird der Stoffwechsel stark angeregt. Außerdem werden die elastischen Strukturen im Hautgewebe bei Wärme entspannt und bei Kälte gespannt.
Bei mehrfacher Wiederholung dieses Vorgangs spricht man in der Kosmetik auch von „leichter Gefäßgymnastik".

Kennzeichen der Ice-&-Heat-Geräte:
- leicht zu handhabendes Handstück mit Sonde
- Sondenkopf aus nickelfreiem Edelstahl, auch mit Goldauflage lieferbar zur Vermeidung von allergischen Reaktionen
- schneller Wechsel von Kälte- und Wärmebehandlung möglich

3 Gesetzesvorgaben beim Einsatz elektrischer Geräte

Die Kosmetikerin muss vor Anwendung der apparativen Kosmetik wissen, ob die Geräte sicherheitstechnisch geprüft sind und ob es gesetzliche Vorschriften zu ihrer Anwendung gibt.

Tabelle IX/5 Übersicht über Gesetze und Verordnungen für Medizinprodukte

Gesetz, Verordnungen und DIN	Abkürzung
Medizinprodukte-Gesetz	MPG
Medizingeräteverordnung	MedGV
Medizinprodukte-Betreiberverordnung	MPBetreibV
Kosmetik-Dienstleistungen in Parfümerien	DIN 77600

Die EU hat für ihre Mitgliedsstaaten Normen erlassen, die für alle Medizinprodukte die grundlegenden Anforderungen festlegen. Die einzelnen Staaten haben die Aufgabe, die europäischen Normen in das nationale Recht einzuarbeiten.

In der Bundesrepublik Deutschland gibt es seit dem 1.1.1995 das Medizinprodukte–Gesetz – MPG (Neufassung 2002) und seit dem 26.6.1998 die Medizinprodukte-Betreiberverordnung – MPBetreibV (Neufassung 2002).

Im Juli 2004 wurde die DIN 77600 zur Regelung der Dienstleistungen in Parfümerien eingeführt.

> **MPG §1**
> Zweck dieses Gesetzes ist es, den Verkehr mit Medizinprodukten zu regeln und dadurch für die Sicherheit, Eignung und Leistung der Medizinprodukte sowie die Gesundheit und den erforderlichen Schutz der Patienten, Anwender und Dritter zu sorgen.

Zunächst ist festzustellen, dass es sich bei kosmetischen Geräten um **Medizinprodukte** handelt, die auf die Veränderung eines aktuellen Zustandes (von Haut oder Haaren) abzielen.

> Medizinprodukte werden eingesetzt (MPG § 3 Absatz 1):
> - zur Erkennung, Verhütung, Überwachung, Behandlung oder Linderung von Krankheiten, Verletzungen oder Behinderungen;
> - zur Untersuchung, zum Ersatz oder zur Veränderung des anatomischen Aufbaus oder eines physiologischen Zustandes;
> - zur Empfängnisverhütung.

Medizinprodukte-Gesetz (MPG)

Die Prüfzeichen auf den Geräten zeigen der Kosmetikerin an, ob bzw. von welcher Institution die elektrische Sicherheit geprüft wurde. Stimmt ein Medizinprodukt mit den Richtlinien der EU überein, so erhält es das EU-Konformitätszeichen **CE** (**C**ommunauté **E**uropéenne). Den Herstellern wird damit mehr Verantwortung für ihre Produkte (hier: kosmetische Geräte) übertragen.

---

http://bundesrecht.juris.de/bundesrecht/BMG_index.html → MPG

http://www.bmgs.bund.de
→ Gesetze und Verordnunen → zur Gesundheit → zu Medizinprodukte → Download: Gesetz über Medizinprodukte (Medizinproduktegesetz – MPG) in der Fassung der Bekanntmachung vom 7. August 2002

CE
Communauté Européenne; EU-Konformutätszeichen

> **MPG § 9 Absatz 3**
> Die CE-Kennzeichnung nach Absatz 1 Satz 1 muss deutlich sichtbar, gut lesbar und dauerhaft auf dem Medizinprodukt und, falls vorhanden, auf der Handelspackung sowie auf der Gebrauchsanweisung angebracht werden. Auf dem Medizinprodukt muss die CE-Kennzeichnung nicht angebracht werden, wenn es zu klein ist, seine Beschaffenheit dies nicht zulässt oder es nicht zweckmäßig ist.

Freiwillige Prüfungen auf Sicherheit erlauben das Führen des **GS-Zeichens**. Dieses muss mit dem Symbol einer Prüfstelle kombiniert sein, z. B. TÜV, VDE, BG.

Tabelle IX/6 Übersicht zur Bedeutung von Prüfzeichen auf elektrischen Geräten.

Prüfzeichen	Bedeutung
CE	EU-Konformitätszeichen – es zeigt an, dass das Gerät mit den EU-Normen übereinstimmt. Eine rechts neben dem Zeichen stehende Nummer gibt die Prüfstelle an, die die Zertifizierung durchgeführt hat. Für Geräte der Klasse II a/b ist diese Nummer Pflicht.
GS	Geprüfte elektrische und mechanische Sicherheit; Vergabe von allen anerkannten Prüfstellen
VDE	Geprüfte elektrische Sicherheit; Gerät ist gebaut und geprüft nach den Sicherheitsvorschriften des Verbandes Deutscher Elektrotechniker.
TÜV	Staatlich anerkannte Geräteprüfung vom Technischen Überwachungsdienst
BGW	Staatlich anerkannte Geräteprüfung durch die Berufsgenossenschaft für Gesundheitsdienst und Wohlfahrtspflege.

Sicherheitstechnisch geprüfte Geräte tragen Prüfzeichen. Neben dem EU-Konformitätszeichen CE gibt es das Nationale Zeichen GS sowie Prüfstellensymbole.

Das MPG fordert auch den Nachweis der Wirksamkeit von Medizinprodukten durch
- klinische Prüfung oder
- Bewertung nach vorliegenden Daten aus der wissenschaftlichen Literatur.

Damit soll die Anwendung von Geräten auf rätselhafter Grundlage – die allzu häufig im heilkundlichen und kosmetischen Bereich zu finden sind – unterbunden werden.

http://www.bmgs.bund.de
→ Gesetze und Verordnungen → zur Gesundheit → zu Medizinprodukte → Download: Verordnung über das Errichten, Betreiben und Anwenden von Medizinprodukten (21. August 2002)

Achten Sie bereits beim Gerätekauf auf die Sicherheit! Hierzu einige Tipps:
- Auf Geräte achten, die das GS-Zeichen tragen.
- Beim Kundendienst des Geräteanbieters anfragen, wie schnell er Reparaturen ausführt.
- Nach der Bereitstellung eines Ersatzgerätes erkundigen.
- Angebot von Einzelteil-Garantien erfragen.
- Prüfen Sie, insbesondere bei Importgeräten, ob die Bedienungsanleitung in deutscher Sprache geschrieben ist.

3 Gesetzesvorgaben beim Einsatz elektrischer Geräte

Medizinprodukte-Betreiberverordnung (MPBetreibV)

Wesentliche Bestimmungen, die z. B. für Besitzer eines Kosmetik-, Sonnen- oder Nagelstudios bedeutsam sind, finden sich in der Medizinprodukte-Betreiberverordnung (MPBetreibV).

Für Kosmetikerinnen ist besonders die Unterscheidung zwischen Betreiber und Anwender von praktischer Bedeutung, die das MPG festlegt.

- klinische Betreiber
  Der Betreiber eines elektrischen Behandlungsgerätes ist eine natürliche Person, wie z. B. die Inhaberin eines Kosmetikinstituts, Parfümerie, Sonnenstudios oder Nagelstudios. Der Betreiber hat dafür Sorge zu tragen, dass die **Bestimmungen** des MPG und der MPBetreibV **eingehalten** werden. Auch für Geräte, die von einer Geräteherstellerfirma geleast oder gemietet sind, hat der Betreiber die Verantwortung!
- Anwender
  Der Anwender ist eine Person, die das Gerät nutzt, z. B. eine Auszubildende, Praktikantin oder Angestellte. Der Anwender hat die gesetzlichen Bestimmungen ebenso zu beachten wie der Betreiber. Somit kann auch die angestellte Kosmetikerin bei Verstößen gegen das MPG und MPBetreibV in Haftung genommen werden!

 Wendet eine Kosmetikerin ein Gerät im eigenen Institut an, so ist sie **Betreiber und Anwender in einer Person**.

Tabelle IX/7 Wichtige Paragraphen der Medizinprodukte-Betreiberverordnung (MPBetreibV)

Paragraph	Inhalt
§ 2 Allgemeine Anforderungen	■ Medizinprodukte dürfen nur entsprechend ihrer Zweckbestimmung und nach den Vorschriften dieser Verordnung betrieben und angewendet werden. ■ Diese Personen müssen eine entsprechende Ausbildung oder Kenntnis und Erfahrung besitzen. ■ Der Anwender (die Kosmetikerin) hat sich vor Anwendung eines Medizinproduktes von der Funktionsfähigkeit und dem ordnungsgemäßen Zustand zu überzeugen.
§ 3 Meldungen und Vorkommnisse	Sowohl Betreiber als auch Anwender sind in der Pflicht, unverzüglich dem Bundesinstitut für Arzneimittel und Medizinprodukte Meldung über ■ Vorkommnisse, die zum Tode oder ■ zu einer schwerwiegenden Verschlechterung des Gesundheitszustandes führen. Dies gilt sowohl für Klienten (Kosmetikkundin) als auch für Anwender (Kosmetikerin, Angestellte) oder eine dritte Person.
§ 4 Instandhaltung	■ Der Betreiber (Studiobesitzer) darf nur entsprechendes Fachpersonal mit der Instandhaltung (Gerätewartung, Inspektion, Desinfektion, Sterilisation) beauftragen. ■ Über die sicherheitstechnische Kontrolle ist ein Protokoll anzufertigen. Dieses ist aufzubewahren.
§ 7 Medizinprodukte-Buch	Es muss ein Medizinprodukte-Buch geführt werden mit ■ **Bezeichnung** und sonstigen Angaben zur Identifikation des Elektrogerätes ■ **Beleg** über Funktionsprüfung und Einweisung ■ **Name** des Beauftragten, **Zeitpunkt** der Einweisung und **Namen** der eingewiesenen Person ■ **Fristen**, Daten der Durchführung sowie dem Ergebnis der sicherheitstechnischen Kontrollen mit Namen der durchführenden Person oder Firma

Paragraph	Inhalt
	- Daten, Art und Folgen von Funktionsstörungen und wiederholten, gleichartigen Bedienungsfehlern - Meldungen über Vorkommnisse an Behörden und den Hersteller
§ 8 Bestandsverzeichnis	Der Betreiber (Studiobesitzer) hat ein **Bestandsverzeichnis** der aktiven Medizinprodukte zu führen, mit - Bezeichnung, Art, Typ, Seriennummer, Anschaffungsjahr - Name des Medizinprodukte-Verantwortlichen - CE-Kennzeichnung mit Kenn-Nummer der Prüfstelle - der betrieblichen Identifikationsnummer (wenn vorhanden) - Standort und betrieblicher Zuordnung - der vom Hersteller angegebenen Frist für die sicherheitstechnischen Kontrollen Sowohl in das Medizinprodukte-Buch als auch in das Bestandsverzeichnis ist auf Verlangen der zuständigen Behörde Einsicht zu gewähren!
§ 9 Aufbewahrung der Gebrauchsanweisungen und Medizin-Produkte-Bücher	- Die **Gebrauchsanweisungen** sind so aufzubewahren (im Institut), dass sie dem Anwender (Kosmetikerin, die das Gerät in der Kabine nutzt) **jederzeit zugänglich** sind. - Die Medizinprodukte-Bücher sind so aufzubewahren, dass sie dem Anwender während der Arbeitszeit zugänglich sind. - Wird ein Gerät außer Betrieb genommen, ist das Medizinprodukte-Buch noch 5 Jahre aufzubewahren.

Bestehen Sie beim Kauf eines neuen elektrischen Gerätes auf einer Schulung und praktischen Einweisung zum korrekten Umgang mit dem Gerät!

Medizingeräte-Verordnung (MedGV)

Bereits 1995 wurde für die Bundesrepublik Deutschland eine Medizingeräte-Verordnung erlassen. Dies war erforderlich, weil festgestellt wurde, dass 65 bis 70 % der Schadensfälle auf defekte Geräte zurückzuführen waren. Mit der Einführung des MPG gingen die Bestimmungen auf dieses Gesetz über bzw. flossen die Inhalte in die Medizinprodukte-Betreiberverordnung ein.

DIN 77600: Kosmetik-Dienstleistungen in Parfümerien

www.din.de
Hier kann die Norm käuflich erworben werden.

Die Deutsche Industrie Norm (DIN) befasst sich u. a. mit der Geräteausstattung von Parfümerien, die kosmetische Behandlungen anbieten. Auch hier sind
- die technische Sicherheit und der einwandfreie hygienische Zustand,
- das Vorhandensein des Gerätesicherheits-Prüfsiegels,
- die regelmäßige Wartung durch den Technischen Kundendienst und
- die kompetente Einweisung der Betreiber und Anwender

Voraussetzung für das rechtmäßige Betreiben.

1. Wer ist nach dem MPG der Betreiber des Bedampfungsgerätes oder Iontophoresegerätes?
2. Ist die Kosmetikerin (der Anwender) nach dem MPG haftbar?
3. Was muss vor der Erstinbetriebnahme eines Elektrogerätes erfolgen?
4. Welche Angaben müssen im Medizinprodukte-Buch eingetragen sein?
5. Wie lange nach der Außerbetriebnahme eines Gerätes muss das Medizinprodukte-Buch aufbewahrt werden?

X Reinigen der Haut

Die Haut muss regelmäßig gereinigt werden. Da die Reinigung der erste wichtige Schritt jeder Hautbehandlung ist, wird deren Bedeutung der Kundin eingehend erläutert.

1 Kundenberatung

Die von der Hautoberfläche zu entfernenden Substanzen sind entweder fett- oder wasserlöslich.
Hydrophile Schmutzteilchen werden mit Wasser entfernt. Für das Reinigen von fettlöslichen Substanzen benötigt man Stoffe, die solche lipophilen Substanzen aufnehmen können bzw. das Abwaschen (Aufnehmen in Wasser) der Fettteilchen gewährleisten. Die Anwendung reiner Lipidphasen (Öle) wiederum bringt keine Reinigung von hydrophilen Schmutzpartikeln – abgesehen davon, dass der zurückbleibende Fettfilm ein unangenehmes Hautgefühl hervorruft.

Zu einer guten Beratung gehört, die Kundin zu informieren, dass die Hautreinigung mit **Detergenzien** (Syndets, Reinigungsmilch, Reinigungsgel usw. → Kapitel VIII/3.3) vorgenommen wird. Für die Waschreinigung (detersiv) (→ Kapitel X/4) stehen der Kundin zahlreiche Produkte zur Verfügung, die sich durch ihre Grundlage (Emulsion, Gel, Öl, Schaum usw.) und/oder Wirkstoffe (u. a. Pflanzenextrakte, waschaktive Substanzen) unterscheiden.

Hinweise zur Heimpflege

Der Kundin wird erläutert, dass detersive Hautreinigungsprodukte täglich anzuwenden sind. Die Intensität der Reinigung bestimmen
- die Kontaktzeit mit der Haut,
- die gewählte Wassertemperatur,
- die Auswahl der waschaktiven Substanzen (Tensidarten → Kapitel X/4).

Die Kosmetikerin
- sucht die passenden Reinigungspräparate für die Kundin aus und hilft ihr bei der Kaufentscheidung,
- erklärt der Kundin die Inhaltsstoffe,
- zeigt der Kundin die korrekte Anwendung (Anwenden bedeutet hierbei nicht nur Auftragen und Verteilen, sondern vor allem auch gründliches Abwaschen).

Vorstellen der Reinigungsverfahren

Der Kundin werden weitere Verfahren zur Hautreinigung vorgestellt. Hierzu gehört z. B. die besonders schonende **adsorptive** Intensivreinigung (→ Kapitel X/5): Lipophile Schmutzteilchen der Hautoberfläche werden durch Anlagerung (Adsorption) an lipophile Komponenten großer Komplexe (z. B. Hafermehlextrakte, Molke, Kaolin, grüne Tonerde) entfernt.

Detergenzien/detersiv
lat. detergere reinigen; das Reinigen der Haut mit grenzflächenaktiven Substanzen, die allein oder in Mischung mit anderen Stoffen den Arbeitsaufwand beim Reinigungsprozess verringern

adsorptiv
lat. ad an, *sorbere* schlucken; an die obersten Hautschichten angelagerte (Reinigungs-)Stoffe

Klären Sie Ihre Kunden auf: Übermäßige Reinigungsprozeduren stören die Barriere der Haut maßgeblich.

Adsorption
Anlagerungen von Gasen oder gelösten Stoffen an der Oberfläche eines festen Stoffes

Im Beratungsgespräch wird die Kundin angewiesen, Formulierungen zur Intensivreinigung bei der Heimpflege nur im Bedarfsfall – in der Regel nicht häufiger als ein Mal wöchentlich – anzuwenden.

Generell werden unterschieden:
- Hautreinigung – waschaktive Reinigungsverfahren
- Intensiv- bzw. Tiefenreinigung – adsorptive, enzymatische oder chemische Reinigungsverfahren (Reinigungsmasken, Enzympeelings, Fruchtsäureschälungen)

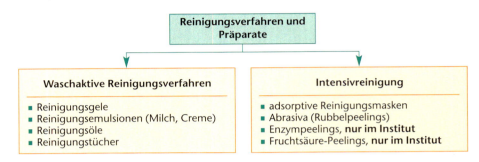

Nach der Beratung werden alle nachfolgenden Reinigungsschritte mit der Kundin besprochen. Die Behandlung im Institut wird von der Kosmetikerin festgelegt, wobei Kundenwünsche (z. B. bevorzugte Peelings) immer berücksichtigt werden.

Die in der Kabine verwendeten Präparate werden in die Kundenkarte eingetragen. Nach Abschluss der Behandlung erhält die Kundin einen persönlichen Pflegeplan.

 Eine Neukundin beklagt ein starkes Spannungsgefühl und Trockenheit der Gesichtshaut, Schuppenbildung und Juckreiz. Diskutieren Sie mögliche Ursachen.

2 Der Arbeitsplatz

Ein ordentlicher und funktioneller Arbeitsplatz ist wichtig, um in der Kabine professionell arbeiten zu können. Dazu gehören:

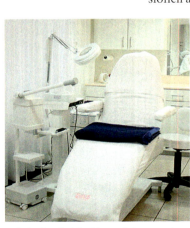

Arbeitsplatz bei der Hautreinigung – ein Arbeitsplatz zum Wohlfühlen

- Grundausstattung
  - strapazierfähige, bequeme Liege (wahlweise für Gesichts- oder Körperbehandlung)
  - stabiler Arbeitsstuhl mit ergonomisch geformter Sitzfläche
  - Präparatewagen mit pflegeleichter Kunststoff-Oberfläche und ausreichend Platz für Behandlungs-Utensilien bzw. Zubehör
  - leistungsstarke Arbeitsleuchte zur Ausleuchtung des Arbeitsfeldes
  - kompakte, leistungsfähige Geräte-Systeme, die nach dem Baukastensystem auch nachträglich noch erweitert werden können
- Hygiene
  - einwandfrei aufbereiteter Arbeitsplatz, ausgekochte Handtücher, ordentlich positionierte Arbeitswerkzeuge (z. B. Spatel, Milienmesser)
- Präparate-Sortiment nebst Hilfsmitteln
  - verschiedene Reinigungsprodukte bereitstellen
  - Hilfsmittel für die Behandlung (u. a. Zellstofftücher, Wattepads) in unmittelbarer Reichweite bereithalten
- Belüftung, gutes Raumklima

2 Der Arbeitsplatz

Funktionalität und Komfort der Grundausstattung
- **Behandlungsstuhl** mit ergonomisch geformter Rückenlehne sowie Sitz (z. B. sattelförmige Sitzfläche), hydraulischer Verstellung der Sitzhöhe, des Neigungswinkels und der Rückenlehnenhöhe, Fünf-Fuß-Gestell mit sicherheitsgebremsten Laufrollen, bequemem Fußring zum Abstützen der Füße
- **Lupenleuchte**, platzsparend ohne Stativ, an einer Geräteeinheit befestigt
- **Behandlungsliege** ggf. Komfortliege: mit integrierter Sitzheizung, Stereolautsprechern im Kopfteil, kippbarem Kopfteil für Nackenmassage, Nasenschlitz für Rückenmassage, vollautomatischer Verstellung der Behandlungsposition über Fernbedienung

Grundausstattung zur Instituts-Hygiene
- Gerät zur Sterilisation von (hitzebeständigen) Instrumenten
- Flächendesinfektionsmittel
- Hautdesinfektionsmittel
- Ultraschall-Reinigungsgerät zum Reinigen von Bürsten, Pinseln, **Glasventousen** u. Ä. Durch den Zusatz von chemischen Desinfektionsmitteln kann gleichzeitig mit der Säuberung auch entkeimt werden.
- Reinigungsflüssigkeit für Ultraschall-Reinigungsbad
- Spezialreiniger für Kunststoffe und Kunstlederpolster (u. a. für die Behandlungsliege)
- Handschuhe aus Vinyl
- atmungsaktiver Mundschutz
- Kunststoffspatel zur hygienischen Produktentnahme

Glasventousen
Schröpfgläser

Für das manuelle Ausreinigen der Haut (**Aknetoilette**) sind Vinylhandschuhe, ggf. Mundschutz, Hautdesinfektionsmittel bzw. Isopropylalkohol oder Ethanol (→ Kapitel II) und Blutlanzetten erforderlich.

Aknetoilette
manuelles Entfernen (Exprimieren) von Hautunreinheiten wie Mitesser sowie Öffnen von Pusteln u. a.

In der Fußpflege ist die Instrumenten-Sterilisation gesetzlich geregelt und tägliche Routine (→ Folgeband). Aber auch in der Kosmetik besteht steigender Bedarf an sterilen Verfahren. Autoklaven schonen die Instrumente und verlängern somit deren Haltbarkeit.

Grundausstattung an Präparaten
- waschaktive Reinigungsprodukte (z. B. Reinigungscreme, -milch, -gel, -schaum, hydrophiles Reinigungsöl, Syndet)
- Gesichtswasser (alkoholhaltig oder alkoholfrei)
- adsorptive Reinigungsmaske
- **Abrasiva** mit unterschiedlichem Körnungsgrad (so genannte Rubbelpeelings)
- Enzympeeling
- Fruchtsäure-Präparate (Chemical Peel)

Der Arbeitsplatz ist für die Hautreinigung vorbereitet.

In der professionellen Institutsbehandlung werden mit Detergenzien getränkte Reinigungstücher nicht verwendet.

Abrasiva/Abrasivum
Schleifmittel

Abrasiva
Für die Intensivreinigung der Haut kommen sehr unterschiedliche Abrasiva zum Einsatz: Kunststoffpartikel (Polyethylen), Aluminiumoxid, Kieselsäure, **Polysiloxane**, Kleien von Getreide (Weizenkleie) oder Mandelkleie, auch mit Seesand als Seesand-Mandelkleie verwendet.
Sie kommen als Waschkörnchen oder Peeling-Cremes in den Handel. Populär sind auch Schleifmittel auf rein pflanzlicher Basis wie fein gemahlene Walnussschalen, Aprikosenkerne u. a.

Polysiloxane
Silikon-Verbindungen

Hilfsgeräte (Instrumente, Geräte) am Arbeitsplatz

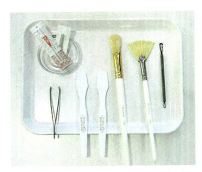

Einweglanzetten, Pinzette, Spatel, Pinsel, Komedonenheber

Behälter mit Wattepads und -stäbchen, Papiertücher, Behälter für Abfälle und zur Entsorgung von benutzten Blutlanzetten

Kompressentücher, Handtücher, Wasserschüssel, Viskoseschwämmchen

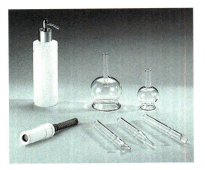

Sauggeräte mit Glasventousen

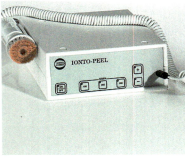

Bürstenschleifgerät mit verschiedenen Aufsätzen

Liegenzubehör: Baumwollbezüge oder Waschvlies, ggf. Thermodecke mit Zeitschaltuhr, Knierolle, Nackenkissen oder -rolle, Laken, Decke

Weiterhin benötigt die Kosmetikerin:
- Karteikarten bzw. Analysebogen,
- Heimpflegeplan,
- Schreibwerkzeug.

Nicht nur im Institut, sondern auch in der Heimpflege sind **Schwämme** zur Gesichtsreinigung bei den Kunden sehr beliebt. Man unterscheidet dabei
- Naturschwämme und
- Kunstschwämme (z. B. Viskose-, Nylon-, Perlonschwämme).

Präparatewagen mit Peelinggerät, Abfalleimer

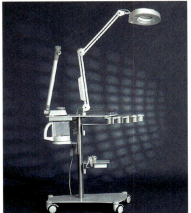

Lupenleuchte und Bedampfungsgerät an einem Stativ

Bei den Naturschwämmen handelt es sich um die Skelettgerüste niedrig entwickelter Seetiere, die auf dem Boden warmer Meere (z. B. Mittelmeer) wachsen. Der Körper der Schwämme ist von einer schwärzlichen Haut überzogen, die entfernt wird. Durch Kneten, Stampfen und Waschen in Seewasser wird der Waschkörper entfernt. Das übrig bleibende Horngerüst wird nach einer Behandlung mit Salzsäure gebleicht, getrocknet und eventuell auch noch zurechtgeschnitten.

Werden in der Heimanwendung Naturschwämme zur Reinigung verwendet, so können dem Kunden einige Tipps gegeben werden: Niemals mit heißem Wasser behandeln, nach Gebrauch stets mit reinem Wasser nachspülen und zum Trocknen frei aufhängen.

3 Arbeitsablauf der Hautreinigung

Die professionelle Hautreinigung im Kosmetikinstitut zählt zu den **vorbereitenden Behandlungsmaßnahmen**.

Tabelle X/1 Vorbereitende Maßnahmen in der Kosmetikpraxis

Step 1	Vorbereitung des Arbeitsplatzes, Positionieren des Kunden, Individualhygiene, Informationsgespräch
Step 2	Waschreinigung
Step 3	Anamnese und Hautanalyse, Festlegung des Behandlungsziels
Step 4	Intensivreinigung der Haut
Step 5	Aknetoilette und Konditionierung der Haut

Step 1: Vorbereitung des Arbeitsplatzes, Positionieren des Kunden, Hygiene
Gereinigte und desinfizierte Hilfsmittel sowie kosmetische Präparate (→ Kapitel X/2) werden auf einem gereinigten Präparatewagen oder Sideboard in greifbarer Nähe positioniert. Die Kosmetikerin hat alle erforderlichen Maßnahmen zur Individualhygiene getroffen (→ Kapitel II/4.1).

Persönliche Hygienemaßnahmen: Zurückgebundene Haare, kurze Fingernägel, kein Handschmuck, desinfizierte und gewaschene Hände, Tragen von Arbeitskleidung, die auskochbar oder mindestens bei 60°C waschbar ist.
Hat sich bei der Anamnese herausgestellt, dass der Kunde HIV-positiv ist, müssen während der gesamten Behandlung Schutzbrille, Schutzhandschuhe und Mundschutz getragen werden. Die beiden letztgenannten Empfehlungen gelten grundsätzlich bei infektiösen Erkrankungen.

Das Tragen von Arbeitskleidung wird bei Kosmetikerinnen kontrovers diskutiert. Aus hygienischer Sicht sind handgestrickte Pullover, Seidenblusen usw. nicht akzeptabel, da sie nicht kochbar sind.

Die Kundin wird bequem auf einer Behandlungsliege positioniert. Zum Zudecken können Baumwolldecken oder -laken, große Frotteetücher usw. verwendet werden.

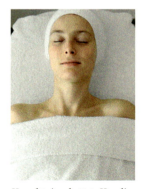

Viele Kosmetikerinnen bieten eine entspannende Nackenmassage als festen Bestandteil der Basisbehandlung an. Die Nackenmassage wird im Sitzen durchgeführt, wobei das Kopfteil der Behandlungsliege zurückgeklappt wird. Anschließend wird die Kundin plaziert.

Spezielle Stützkissen für Nacken oder Knie sind empfehlenswert, um der Kundin das Liegen so komfortabel wie möglich zu machen.
Sollte die Kundin leicht frösteln oder über Rückenprobleme klagen, kann zusätzlich eine elektrisch beheizbare Unterdecke in Betrieb genommen werden (→ Konstitutionstypen in Kapitel VII/1). Dies zählt zu den Serviceleistungen in der Kabine.

Korrekt eingebettete Kundin auf der Behandlungsliege; das Kopfhaar ist abgedeckt.

Liegt die Kundin, werden ihre Haare gut abgedeckt. Dazu stehen der Kosmetikerin wahlweise Einmal-Haarhauben oder Frottee-Haarbänder unterschiedlicher Breite und Länge zur Verfügung.

Nach diesen ersten vorbereitenden Maßnahmen wird die Kundin über nachfolgende Reinigungsverfahren informiert. Dies ist besonders bei Neukunden oder Tagesgästen in einer SPA wichtig, um Allergien oder Hautunverträglichkeiten auf Inhaltsstoffe, die möglicherweise im Reinigungsprodukt enthalten sind, abzuklären.

> Bei Neukunden ist ein umfassendes Informationsgespräch vor der ersten Behandlung erforderlich. Ein separater Raum oder eine gemütliche Sitzecke sollte deshalb bei der Institutseinrichtung eingeplant werden. Sind dermokosmetische Behandlungen (Schälkuren, Mikrodermabrasion usw.) vorgesehen, füllt die Kundin einen umfassenden Analysebogen (→ Kapitel VII/4: Dermokosmetische Analysebögen) aus, bevor sie in die Kabine geleitet wird.

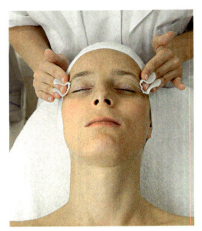

Abreinigen der Augen

Step 2: Waschreinigung
Hilfsmittel
- Augen-Make-up-Entferner
- Reinigungsprodukt (Reinigungsemulsion, -gel, -schaum, hydrophiles Reinigungsöl oder Syndet)
- Baumwollkompressen, Viskoseschwämmchen
- Wattepad oder -stäbchen
- Papiertücher
- Wasserschale, Wasser

Bei der Gesichtsreinigung wird zunächst da Augen-Make-up abgereinigt. Um Wimperntusche, Lidschatten oder Eye-Liner gründlich abzunehmen, werden zwei Wattepads mit Augen-Make-up-Entferner getränkt. Die getränkten Pads werden auf die geschlossenen Augen der Kundin gelegt und leicht angedrückt. Anschließend werden die Pads mit sanften Bewegungen über das Oberlid und unter dem Wimpernkranz entlanggeführt.

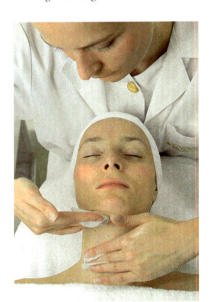

Abreinigen des Halses

> Bitten Sie Kontaktlinsenträger ihre Linsen vorher zu entfernen.

Sollte noch Wimperntusche an den Borstenhärchen verbleiben, werden die Rückstände erneut nachgereinigt. Dazu öffnet die Kundin ihre Augen, und die zusammengerollten Pads werden vorsichtig vom Augenaußenwinkel in Richtung Innenwinkel des Auges geführt. Zusätzlich kann mit Wattestäbchen nachgereinigt werden.

> Achten Sie immer darauf, dass beim Abreinigen der Augen-Make-up-Entferner nicht in die Augen hineingedrückt wird. Sollten die Augen dennoch anfangen zu brennen, halten Sie handelsübliche Augenspülungen (erhältlich z. B. beim Optiker oder in der Apotheke) bereit. Derartige Reaktionen sind allerdings sehr selten.

Im Anschluss werden die Lippen abgereinigt. Danach wird das für den Hautzustand entsprechende Reinigungsprodukt ausgewählt. Bei herkömmlichen Formulierungen (Gel, Emulsion) gibt die Kosmetikerin eine etwa haselnussgroße Menge in ihre Hand, presst die Handinnenflächen aneinander und verteilt das Reinigungsprodukt gleichmäßig mit großflächigen Streichbewegungen.

Im Anschluss werden mit kreisenden Bewegungen Dekolletee, Hals und Gesicht der Kundin abgereinigt. Gegebenenfalls wird das Produkt nochmals mit Wasser aufemulgiert.

3 Arbeitsablauf der Hautreinigung

> Bei atrophischer und sehr trockener Haut empfehlen sich rückfettende Reinigungscremes. Im Übrigen wird vorzugsweise eine Reinigungsmilch oder ein -gel verwendet. Einige Hersteller bieten auch hydrophile Reinigungsöle oder Reinigungsschäume an. Für die ölige, seborrhoische Haut sind fettfreie Reinigungsgele oder waschaktive Syndets die Mittel der Wahl.

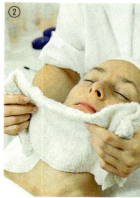
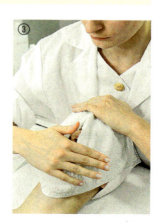

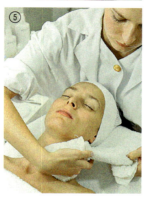

Abnehmen des Reinigungsproduktes von der Haut mit Kompressentuch.
Symmetrisches Abrollen von oben (Stirn) bis zum Kinn, anschließend Hals und Dekolletee

Nachdem überschüssiges Hautfett **dispergiert** ist, wird das Reinigungspräparat nach kurzer Kontaktzeit mit der Haut gründlich mit Baumwollkompressen abgewaschen.

Alternativ benutzt die Kosmetikerin zum Abwaschen Viskoseschwämmchen. Mit Viskoseschwämmchen wird vorzugsweise gearbeitet, wenn z. B. durch das aufliegende Präparat (u. a. grüne Maske) das weiße Kompressentuch stark beschmutzt bzw. eingefärbt würde.

> **Dispergiermittel**
> Tenside gehören neben Netzmitteln und Emulgatoren zu den Dispergiermitteln. Sie erleichtern das Dispergieren von Teilchen in einem Dispersionsmittel, indem sie die Grenzflächenspannung zwischen den Komponenten Lipid bzw. Öl und Wasser erniedrigen.

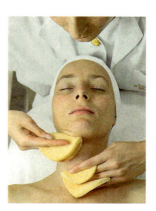

Arbeiten mit Viskoseschwämmchen

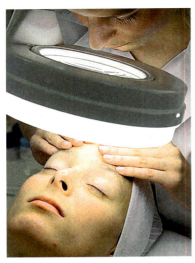

Die Kosmetikerin analysiert die Haut und schreibt die Ergebnisse in eine Analysekarte.

 Beschreiben Sie die Vorgänge bei der Hautreinigung und erläutern Sie die Begriffe reinigen → netzen → schäumen → emulgieren → dispergieren → **solubisieren**.

Step 3: Anamnese und Hautanalyse; Festlegung des Behandlungsziels
Hilfsmittel
- Schreibstift, Karteikarte oder Hautanalysebogen
- Lupenleuchte
- Spatel
- Glasplättchen bzw. Objektträger, Papierblättchen
- ggf. Hautanalysegeräte zur Messung der Hautfunktionen
- ggf. bildgebendes Verfahren zur Visualisierung der Hautoberfläche

Anamnese
Kundendaten werden nur einmalig bei Neukunden erfasst bzw. wenn sich bei Stammkunden Veränderungen eingestellt haben. Bei Stammkunden sind Eintragungen zur Anamnese nur dann erforderlich, wenn sich z. B. die Medikamenteneinnahme verändert hat oder aktuell Krankheiten vorliegen.

solubisieren
Löslichmachen von schwer oder unlöslichen Stoffen ihrer chemischen Struktur durch spezielle Tenside

Ist die Haut gründlich abgereinigt, wird die Lupenleuchte eingeschaltet und das Gesichtsfeld ausgeleuchtet. Bei lichtempfindlichen Kunden werden die Augen mit Wattepads abgedeckt.

Im Anschluss nimmt die Kosmetikerin Schreibstift und Hautanalysekarte bzw. Anamnesebogen zur Hand und beginnt mit der professionellen Hautanalyse (→ Kapitel VII/2 und VII/4).

Installieren Sie biophysikalische Messgeräte zur Hautanalyse nicht in der Kabine. Einige Messverfahren reagieren empfindlich auf Wasserdampf bzw. Luftfeuchtigkeit, da die Messfühler sensibel gegenüber Temperaturschwankungen sind. Derartige Geräte sollten auf einem Rollwagen positioniert sein, der nur im Bedarfsfall in die Kabine geschoben wird.

Standardmäßig liegen ein stumpfer Spatel zur Prüfung der Reaktionslage der Haut und Objekt- bzw. Glasträger zur Untersuchung des Fettgehaltes bereit. Unterstützend stehen Hautanalyse-Verfahren zur Verfügung.

Analyse
Bei jedem Besuch der Kundin sollten die wichtigsten Parameter geprüft werden: Hauttrockenheit, Hautfeuchtigkeit, Verhornung bzw. Schuppenbildung. Hier spiegeln sich saisonale Einflüsse oder die Pflegewirkung von Heimpflegeprodukten stark wider.

Step 4: Intensivreinigung der Haut
Hilfsmittel
- Präparate zur Intensivreinigung: Reinigungsmaske, Granulatpeeling, Fruchtsäure-Formulierung u. a.
- kleines Porzellan- oder Glasschälchen
- Spatel, Pinsel (Fächer- oder Borstenpinsel)
- Wasserschale, Wasser
- Viskoseschwamm, Kompressentuch, Tissue (Papiertuch)
- ggf. Bedampfungsgerät
- ggf. Bürstenschleifgerät

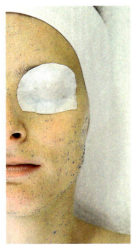

Peelinggranulate, z. B. Polyethylen (synthetische, abgerundete Körnchen)

Sind der aktuelle Hautzustand und die Kundenwünsche ermittelt, wählt die Kosmetikerin das angemessene Verfahren zur Intensivreinigung der Haut (→ Kapitel X/5) aus. Für gewöhnlich wird das Präparat in ein Glas- oder Porzellanschälchen gegeben und mit einem Fächer- oder Borstenpinsel appliziert. Herstellerhinweise (u. a. Applikationsmenge, Einwirkzeit des Produktes) sind genau einzuhalten. In einigen Fällen ist das Zuschalten von Dampf (z. B. bei Enzym**peelings**) oder der Einsatz eines elektrischen Bürstenschleifgerätes (z. B. bei Granulatpeelings) angezeigt, um die präparative Wirkung zu unterstützen.

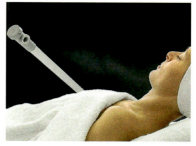

Einsatz des Bedampfungsgerätes beim Enzympeeling

 Enzyme arbeiten feuchtigkeitsabhängig und ihre Wirkung hängt vom pH-Wert ab.

Adsorptive Reinigungsmaske

Immer dünn mit einem Pinsel auftragen, gleichmäßig Strich bei Strich verteilen und vollständig antrocknen lassen.

Peeling
engl. Schälung

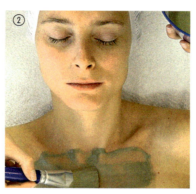
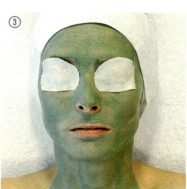

Wenn keine fertige Maske vorliegt, wird sie angerührt.

Die Maske wird gleichmäßig auf Dekollettee, Hals und Gesicht appliziert.

Antrocknen der Maske abwarten und Wirkzeit einhalten

Granulatpeeling (Abrasiva, Exfoliant)

Walnussgroße Menge gleichmäßig auf dem Behandlungsareal verteilen. Gegebenenfalls mit etwas Wasser anemulgieren und mit kreisförmigen Massagebewegungen die Haut peelen. Darauf achten, dass Peelingkörnchen nicht in die Augen kommen.

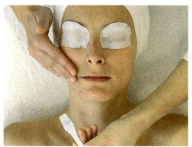

Applikation eines Granulatpeelings

Unterstützung der Peelingwirkung mit einem Bürstenmassagegerät

Enzympeeling

Enzym-Pulver werden mit der angegebenen Wassermenge (oder einem speziellen Aktivator) angerührt. Die Augen mit Pads abdecken, das Enzympräparat mit dem Pinsel gleichmäßig auftragen. Anschließend genau kontrollieren, ob die Enzym-Formulierung nicht auf Lippen, in Nasenlöcher oder zu dicht an die Augen aufgetragen wurde. Feuchthalten des Enzympeelings mit Dampf während der Wirkzeit. Alternativ eine feuchte Gesichtskompresse auflegen, unter der ein Zellstofftuch als Zwischenlage liegt.

Enzympeelings sind meist in Pulverform erhältlich.

Wasser oder Aktivator hinzugeben

Umrühren mit dem Pinsel, bis eine homogene Masse entsteht

Step 5: Aknetoilette und Konditionierung der Haut
Hilfsmittel
- Vinyl-Schutzhandschuhe, ggf. Schutzbrille, Mundschutz
- Bedampfungsgerät
- Blutlanzette (Einweg), Milienmesser
- Komedonenheber (kritisch!)
- Zellstofftücher
- Gesichtswasser (Tonic)
- Wattepad und/oder Mulltupfer
- Hautdesinfektionsmittel

Durch das intensive Abtragen von Hornmaterial bzw. Zellresten ist die Haut nach dem Peeling vorbereitet, so dass nun die so genannte Aknetoilette durchgeführt wird. Diese beinhaltet das
- Entfernen von Komedonen,
- Öffnen sowie Heraushebeln von **Milien**,
- Entfernen „reifer" Eiterpusteln.

Milien
lat. milium Hirse, Talgzyste, Hautgrieß; meist gelblich-weißes hartes Hautknötchen

Während der Aknetoilette muss die Kosmetikerin immer Schutzhandschuhe tragen. Ein Mundschutz ist empfehlenswert und bei ansteckenden Krankheiten auch verpflichtend.
Bei HIV-positiven Kunden muss zusätzlich eine Schutzbrille getragen werden.

Ist, wie bei geschlossenen Komedonen oder Milien, kein Ausführungsgang gegeben, so benutzt die Kosmetikerin spitze Hilfsinstrumente zum punktuellen Öffnen der Epitheldecke, um den Inhalt manuell entleeren zu können. Dazu verwendet sie wahlweise Blutlanzetten, Milienmesser oder Komedonenheber.

Blutlanzetten stehen als Einwegmaterial zur Verfügung. Sie werden nach dem Gebrauch vorschriftsmäßig entsorgt (→ Kapitel II). Alle anderen Metallinstrumente zur Wiederverwendung müssen desinfiziert – besser noch sterilisiert – werden.

Blutlanzetten sind in unterschiedlicher Stärke erhältlich und ermöglichen ein gezieltes und hygienisches Arbeiten am Kunden.

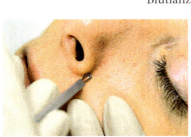

Hier ist der Gebrauch des Komedonenhebers nicht empfehlenswert.

Kritisch zu sehen ist der Gebrauch von Komedonenhebern, die eine kleine Metallschlinge haben. Mit ihnen wird das Hautgewebe sehr stark gequetscht und oberflächliche Kapillargefäße werden beschädigt.

3 Arbeitsablauf der Hautreinigung

 Komedonenheber sollten nur zum Entfernen tief sitzender Komedonen in der Ohrmuschel verwendet werden.

Praktisches Vorgehen bei der Aknetoilette

Entfernen offener Komedonen (Blackheads)
1. Innenseite der Zeigefinger schräg links und rechts am Komedo anlegen → ①
2. Haut auseinander ziehen (nicht zusammendrücken!) → ②
3. Komedo mit wiederholten Hebelbewegungen nach oben schieben → ③
4. Haut erneut auseinander ziehen und Vorgang wiederholen

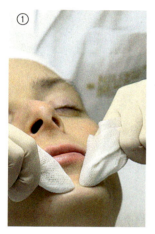
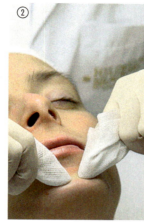

Entfernen geschlossener Komedonen (Whiteheads)
1. Blutlanzette schräg in den geschlossenen Komedo einführen → ①
2. Blutlanzette leicht kreisend bewegen (kleiner Radius!) → ②
3. Die geschlossene Epitheldecke vorsichtig öffnen → ③
4. Weitere Schritte → Entfernen offener Komedonen, Schritte 1. bis 4.

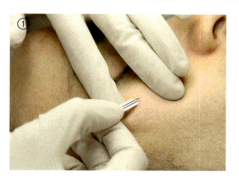
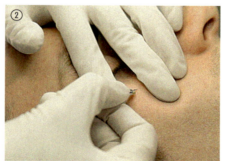
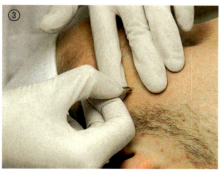

Entfernen von Milien
1. Mit Milienmesser oder Blutlanzette das dünne Deckhäutchen über der Milie anritzen → ①
2. Die geschlossene Epitheldecke vorsichtig öffnen, um einen künstlichen Ausgang zu schaffen → ②
3. Haut leicht auseinander ziehen und Grieskügelchen ohne Druck heraushebeln. Erneutes Nachdrücken ist nicht erforderlich → ③

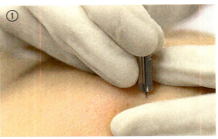

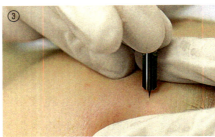

Entleerung von Pusteln (Eiter-Bläschen)
1. Blutlanzette oberflächig (nicht zu tief!) mittig in den zentralen Punkt der Pustel einführen → ①
2. Innenseite der Zeigefinger links und rechts neben der Pustel positionieren und die Haut äußerst vorsichtig auseinander ziehen → ②
3. Nach Austritt des Eiters die Hautstelle sofort mit Mulltupfer und Hautdesinfektionsmittel betupfen (nicht reiben, nicht wischen!); Gebrauch von fusselnden Wattepads ist nicht angezeigt → ③
4. Auflage einer Mullgaze zum Schutz vor Kontamination mit Keimen zum Auffangen des evtl. noch austretenden Sekrets → ④

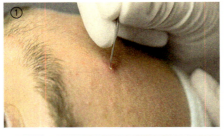
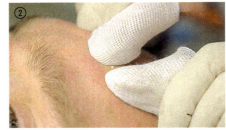
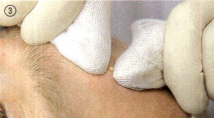

Die Kosmetikerin muss genau zwischen Papeln und Pusteln unterscheiden können. Bei Papeln besteht absolutes Behandlungsverbot – es darf nicht gedrückt und nicht gestochen werden.

Ist es durch das Entfernen der Effloreszenzen zu einer Punktblutung gekommen, muss ein Hautdesinfektionsmittel aufgetragen werden.
Im Übrigen wird die Haut mit einem Gesichtswasser (Tonic) konditioniert. Dies dient der Nachreinigung, stellt den Haut-pH-Wert ein und stabilisiert ihn. Dazu gibt die Kosmetikerin eine ausreichende Menge an Tonic auf zwei Wattepads und streicht parallel mit beiden Pads über Dekolletee, Hals und Gesicht.

Die kosmetische Wirkung von Tonics unterscheidet sich hinsichtlich der eingearbeiteten Pflanzenextrakte und des Alkoholgehaltes. Nur bei öliger Haut werden alkoholhaltige Tonics benötigt (Alkoholgehalt > 5 Vol.-%).

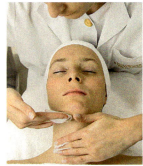

Auftragen des Gesichtswassers im Gesicht und am Hals

Weitere verschönernde Maßnahmen schließen sich nun an, z. B. Entfernen störender Haare (Augenbrauen zupfen, Depilation von Oberlippenbehaarung), Wimpern färben, Maßnahmen zur lokalen Aufhellung von störenden Hyperpigmentierungen. Sie zählen zu den Spezialbehandlungen (→Folgeband) und erfolgen vor dem Pflegen und Schützen der Haut.

4 Die Gesichtsreinigung (Cleansing)

Kosmetische Reinigungspräparate enthalten **grenzflächenaktive Stoffe** (**Tenside**), um die **Oberflächenspannung** des Wassers zu verringern und Fett und Wasser miteinander zu verbinden. In der sich bildenden Emulsion werden Schmutzteilchen, Make-up-Reste und Hautschuppen entfernt. Da Reinigungsprodukte stets von der Haut wieder abgenommen werden, nennt man sie auch *Rinse-off-Produkte*.

Kosmetikpräparate zur Reinigung der Gesichtshaut sollen
- Make-up, Schmutz und Schweiß gründlich emulgieren,
- Hautstoffwechselprodukte und andere Hautausscheidungen abnehmen sowie
- waschaktiv, aber mild sein.

Tabelle X/2 Übersicht über wichtige Begriffe zur Reinigung

Begriffe/ Bezeichnungen	Eigenschaften und Aufgaben	Beispiele
grenzflächenaktive Stoffe	Verbindungen, • die lipophile und hydrophile Molekülgruppen in sich vereinen • die Grenzflächen benetzen und so die Grenzflächenspannung herabsetzen	Tenside Emulgatoren
Oberflächenspannung	• Spannung an der Grenzfläche von Festkörpern oder Flüssigkeiten gegen Gase – speziell gegen Luft • bewirkt das Bestreben einer Flüssigkeit, ihre Oberfläche so klein wie möglich zu halten (Kugelform anzunehmen)	Kugelform des Wassers an der Grenzfläche zur Luft
Tenside (*lat. tensio* Spannung) (*engl.* Surfactants)	• grenzflächenaktive, waschaktive Substanzen • enthalten lipophile und hydrophile Molekülgruppen • sind mindestens in einer Phase eines flüssigen Systems löslich • ihre Molekülgruppen richten sich an Grenzflächen (z. B. Fett und Wasser) aus • bilden oberhalb einer bestimmten Konzentration Mizellen • reinigen, netzen, schäumen, emulgieren, dispergieren, solubisieren	Reinigungsmittel Emulgatoren Lösungsvermittler Netzmittel Schaummittel Dispergiermittel

Tenside vermindern die Oberflächenspannung des Wassers. Dadurch lässt sich die Haut und der Schmutz besser benetzen. Tenside lösen den Schmutz vom Hautkeratin, dispergieren ihn und verhindern das Wiederabsetzen auf der Haut.

4.1 Aufbau und Typen von Tensiden

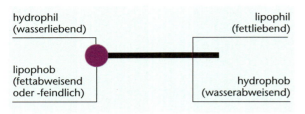

Symbol für ein Molekül eines amphiphilen Stoffes

Der hydrophobe Bereich (in gelb) des Moleküls ist bei den verschiedenen Tensiden meist ähnlich. Er besteht aus einer längeren verzweigten oder unverzweigten Kohlenwasserstoffkette.

Sehr unterschiedlich kann dagegen der hydrophile Teil (in grau) eines Tensidteilchens sein. Je nach elektrischer Ladung dieses wasserliebenden Teils werden die Tenside bestimmten Klassen zugeordnet (→ Tabelle X/3).

Erkundigen Sie sich, welche Tenside in den Reinigungspräparaten der Testmuster-Box oder in Haut-Reinigungspräparaten, die Sie zu Hause verwenden, eingearbeitet wurden. Diskutieren Sie die kosmetischen Eigenschaften!

Tabelle X/3 Eigenschaften von verschiedenen Tensiden

Tensid	Eigenschaften	Beispiele
Anionisches Tensid	▪ Der hydrophile Teil ist negativ geladen. ▪ Das Anion hat grenzflächenaktive Eigenschaften. ▪ stark waschaktiv ▪ stark fettlösend, hautentfettend (u. U. austrocknend) ▪ sehr gutes Schaumbildungsvermögen ▪ relativ einfach und kostengünstig herzustellen	Fettalkoholsulfate Fettalkoholethersulfate Eiweiß-Fettsäure-Kondensate *Anwendungen:* Duschgele, Schaumbäder, Waschgele, seifenfreie Syndets
Kationisches Tensid	▪ Der hydrophile Teil ist positiv geladen. ▪ Das Kation hat grenzflächenaktive Eigenschaften. ▪ keine Waschwirkung, kein Einsatz in Reinigungsprodukten ▪ Die kosmetische Verwendung beruht auf ihrem Aufziehvermögen auf Oberflächen (Substantivität).	Ammoniumverbindungen *Anwendungen:* Desinfektionsmittel (bakterizid und fungizid), Haarspülungen
Zwitterionisches Tensid (Amphotensid)	▪ Das Tensid hat eine negative und eine positive elektrische Ladung. ▪ Im Molekül sind sowohl saure als auch basische Gruppen enthalten, die in wässriger Lösung ionisieren. Sie verleihen den Verbindungen im alkalischen Bereich den anionischen, im sauren Bereich den kationischen Charakter. ▪ gute Haut- und Schleimhautverträglichkeit ▪ gutes Schaum- und Reinigungsvermögen ▪ leicht rückfettend ▪ setzt Aggressivität von Aniontensiden herab ▪ z. T. mikrobizide Wirkung	Betaine Sulfobetaine Alkylaminoalkancarbonsäuren Imidazolin-Abkömmlinge *Anwendungen:* Babypflegemittel, Shampoos, milde Gesichtsreinigungs-Emulsionen, Intimpflegepräparate
Nichtionisches Tensid	▪ Die Moleküle besitzen nur partielle Ladungen und sie bilden in Wasser keine Ionen. ▪ ausgezeichnete Wasch- und Reinigungseigenschaften schon bei geringer Konzentration ▪ entfernen gut Hautfett und Öle ▪ geringes Schaumbildungsvermögen ▪ sind mit anionischen und kationischen Tensiden verträglich	Fettsäureamide Fettsäure-Sorbitanester Fettsäurealkanolamide Alkylpolyglykolether Zuckerester *Anwendungen:* Haut- und Badeöle, Duschpräparate, Gesichtswässer

4 Die Gesichtsreinigung (Cleansing)

In modernen Gesichtsreinigungspräparaten kommen vorzugsweise anionische, zusammen mit nichtionischen Tensiden zum Einsatz; in Präparaten für empfindliche Haut – einschließlich Kinderprodukten – vor allem amphotere (zwitterionische) Tenside.

Industriell haben die Aniontenside die größte Bedeutung (Marktanteil etwa 70 %), gefolgt von den nichtionischen Tensiden, während die kationischen Tenside und die Amphotenside mengenmäßig bei 5 % liegen.

Häufig verwendete Aniontenside in Hautreinigungspräparaten sind Fettalkoholsulfate oder Fettalkoholethersulfate (z. B. lineare Alkylbenzolsulfonate, APG). Die APG können aus nachwachsenden Rohstoffen, z. B. aus Zuckerrüben und Palmöl oder aus Palmkernfett von Kokospalmen, hergestellt werden. Sie sind biologisch leicht abbaubar und sehr hautfreundlich.

Tenside
http://www.wikipedia.org./wiki/Tenside

Die Wasch-Reinigungswirkung wird bestimmt durch die Wassertemperatur, die Kontaktzeit der Haut mit dem Reinigungsprodukt und vor allem durch die Menge und Art der Tenside. Die Wirkung wird durch mechanische Einflüsse wie Reiben oder Bürsten verstärkt (→ Kapitel IX).

4.2 Zusammensetzung von Hautreinigungsprodukten

Die Grundlage (→ Kapitel VIII/3) eines Hautreinigungsmittels kann ein Gel, eine Emulsion (z. B. eine Reinigungscreme, -milch) oder ein Schaum sein. Der pH-Wert ist auf 5,5 eingestellt. Neben den Grundstoffen (waschaktive Substanzen bzw. Tenside) sind stets Hilfs- und Wirkstoffe eingearbeitet.

Zusammensetzung von Hautreinigungspräparaten

Produktklassen zur Gesichtsreinigung

- Reinigungsmilch
- Reinigungscreme
- Reinigungsgel
- Reinigungsschaum
- Hydrophile Reinigungsöle (HY-Öle)
- Syndet
- Gesichtswasser (zur Nachreinigung und Einstellung des Haut-pH-Wertes)

Tabelle X/4 Aufgaben verschiedener Hilfsstoffe in Reinigungspräparaten

Hilfsstoffe	Aufgaben
Antioxidantien z. B. L-Ascorbylpalmitat	▪ Schutz vor Verderb durch Luftsauerstoff infolge Autooxidation
Komplexierungsmittel, z. B. Nitrilotriessigsäure und deren Salze	▪ binden Schwermetallspuren (Kupfer, Eisen), die den oxidativen Verderb beschleunigen
Überfettungsmittel /Rückfetter, z. B. Lanolin, Lecithin	▪ verhindern zu starke Entfettung der Haut
Konservierungsmittel, z. B. Parabene	▪ Schutz vor bakteriellem Verderb
Verdickungsmittel, z. B. Metallseifen, Carbomere	▪ wirken verdickend und gelbildend ▪ ermöglichen die Einstellung der gewünschten Viskosität (Zähflüssigkeit) bzw. Konsistenz des Produktes
Trübungsmittel, z. B. Mono- und Diester des Ethylenglykols und der Polyethylenglykole (PEG) mit höheren Fettsäuren	▪ Erzeugung von Perlglanzeffekt oder Trübung von Tensidlösungen

 Moderne Tenside sind in hartem Wasser wirksamer als Seife. Trotzdem stören Härtebildner, besonders Calcium- und Magnesium-Ionen aus dem Wasser den Reinigungsvorgang.
Deshalb werden den Reinigungsmitteln Enthärter, z. B. wasserunlösliche kristalline Stoffe, zugesetzt. Sie enthärten das Wasser durch Abgabe von Natrium-Ionen und Aufnahme von Calcium- und Magnesium-Ionen (so genannter Ionenaustausch). Polycarboxylate, Phosphonate, Citrate und Soda unterstützen diesen Vorgang.

Da Seifen (Kernseifen, Schmierseifen, Toilettenseifen) erhebliche Nachteile bei der Reinigung und keine Bedeutung in der Kosmetikpraxis haben, wird nachfolgend auf die Besprechung dieser Produktgruppe verzichtet. Dennoch ist es für Kosmetikerinnen wichtig, die Nachteile der Seifenwaschung zu kennen, um die Vorteile moderner Hautreinigungspräparate beim Kunden herauszustellen.

Nachteile der Hautreinigung mit Seife	
alkalische Wirkung – Alkalisierung der Haut	**Bildung wasserunlöslicher Kalkseife**
Seifen reagieren mit Leitungswasser unter Bildung von Hydroxidionen. Diese Reaktion ist die Ursache dafür, dass Seifenlösungen alkalisch reagieren. Der sich beim Waschen mit Seife einstellende pH-Wert der Seifenlösung liegt zwischen 8 und 10. Nur gesunde Haut ist durch das hauteigene Puffersystem in der Lage, den ursprünglichen pH-Wert von 5,5 innerhalb von Minuten wieder herzustellen.	Mit hartem Leitungswasser bildet Seife mit den darin enthaltenen Calcium- und Magnesium-Ionen schwer lösliche Salze, die so genannte Kalk- bzw. Magnesiumseife.

Cleansing Milk
engl. Reinigungsmilch (-emulsion)

Lait démaquillant
franz. Reinigungsmilch (-emulsion)

Reinigungsmilch (Cleansing Milk, Lait démaquillant)

Reinigungsmilchen sind milde wasserlösliche Produkte, die als O/W-Emulsion formuliert sind.

Sie setzen sich zusammen aus
- Cremegrundlage (z. B. ein Gemisch aus Wasser und Mono-, Di- und Triglyzeriden),
- Emulgator (z. B. ethoxylierte Fettalkohole),
- synthetischer Ölkomponente (Isopropylmyristat oder einen anderen verzweigten Alkylfettsäureester) und
- Paraffin- oder Silikonölen.

 Moderne Formulierungen enthalten kaum noch Paraffinöl, sondern vorzugsweise Silikonöle.

Reinigungsemulsionen erfreuen sich großer Beliebtheit und sie werden sehr oft in der Kabine sowie als Heimpflege verwendet. Mit wenig Wasser oder pur werden sie in kreisenden Bewegungen auf dem Gesicht verteilt und mit lauwarmem Wasser entfernt.

> **Rezepturbeispiel für eine moderne Reinigungsemulsion mit einem Zuckeremulgator**
> Aqua, Cetearyl Isononanoate, Octyldodecanol, Glycerin, Sucrose Laurate, Orbignya Oleifera, Alcohol, Xanthan Gum, Arylates/C10–30 Alkyl Acrylate Crosspolymer, Parfum, Sodium Hydroxide, Phenoxyethanol, Methylparaben, Ethylparaben, Butylparaben, Probylparaben, Isobutylparaben.

Inhaltsstoffe in kosmetischen Mitteln
http://www.ikw.org

Reinigungsgel/-gelee (Cleansing jelly, Gel Démaquillant)

Moderne Gele zur Gesichtsreinigung sind transparente Hydrogele, die hauptsächlich aus Wasser und einem Verdickungsmittel bestehen. Sie setzen sich häufig zusammen aus
- über 95 % Wasser,
- kolloidaler Kieselsäure,
- Isopropylmyristat, Isopropylpalmitat.

Die praktische Anwendung erfolgt entsprechend einer Reinigungsmilch.

> Hautreinigungsgele werden vorzugsweise bei unreiner, fettiger und öliger Haut eingesetzt, weil die Grundlage fettfrei ist.
> Reinigungsgele sind bei Männern und ehemaligen Seifenanwendern besonders beliebt.

Cleansing jelly
engl. Reinigungsgel

Gel Démaquillant
franz. Reinigungsgel

Reinigungscreme (Cleansing Cream, Crème démaquillante)

Reinigungscremes sind wasserarme Cremeformulierungen, die als O/W- oder W/O-Emulsionen angeboten werden. Sie erhalten
- pflanzliche Fette und Silikonverbindungen – seltener noch mineralische Fette wie Vaselin, Ceresin, Paraffinöl,
- Wollwachs,
- Cetylalkohol,
- Isopropylfettsäureester und
- Emulgatoren.

Einige Produkte werden erst mit einem Wattebausch oder Tissue vom Gesicht abgenommen, bevor eine Reinigung mit Wasser erfolgt. Sie werden wegen ihres hohen Lipidgehaltes vorzugsweise bei sehr trockener Haut sowie Altershaut angewendet.

Cleansing Cream
engl. Reinigungscreme

Crème démaquillante
franz. Reinigungscreme

 Auch **Cold-Creams**, Waschcremes und die so genannten **liquefying creams** (Abschminken) sind als Reinigungscremes in Gebrauch.

Cold-Creams
engl. cold kalt, Kälte; stark wasserhaltige Creme mit leicht kühlender Wirkung

liquefying creams
engl. liquefy schmelzen, sich verflüssigen

Cleansing Foam
engl. Reinigungsschaum

Mousse démaquillante
franz. Reinigungsschaum

Reinigungsschaum (Cleansing Foam, Mousse démaquillante)

Reinigungsschäume enthalten synthetische oder natürliche Waschrohstoffe, wobei der Schaum durch Emulgatoren stabilisiert wird. Manche Produkte liegen zunächst im Pumpspender als Liquid vor. Sie werden in ein Schälchen gedrückt und unter Zugabe von Wasser entwickelt sich beim Umrühren mit dem Fächerpinsel ein feinporiger Schaum. Andere Schäume entstehen durch das Hineinpumpen von Luft in einen Pumpspender.

Der Schaum wird auf das Gesicht aufgetragen, wobei der Reinigungseffekt durch kreisende Hand- oder Pinselbewegungen unterstützt wird. Fett- und wasserlösliche Ablagerungen werden emulgiert und anschließend mit viel Wasser abgewaschen.

Saponine
lat. sapo Seife

 Einige Reinigungsprodukte enthalten als natürliche Waschrohstoffe **Saponine**. Hierbei handelt es sich um Pflanzenstoffe, die zu den Phytosterinen gehören und oberflächenaktiv sind.
Beispiele für Saponindrogen sind: Panamarinde (Quillajasaponin), Rosskastanie (Aescin) und Süßholzwurzel.

Hydrophile Reinigungsöle (HY-Öle)

Bei den hydrophilen Reinigungsölen, auch HY-Öle genannt, handelt es sich um patentierte Produkte zur Reinigung der Haut. Ein HY-Öl enthält verschiedene hochwertige Öle wie Erdnuss-, Sesam-, Sojaöl plus einen O/W-Emulgator (INCI: PEG-40 Sorbitanperoleate).

Die Reinigung vollzieht sich in 2 Phasen:
1. Zunächst wird das HY-Öl auf die Haut aufgetragen und mit den Händen kreisend verteilt. In dieser Phase vermischen sich die Öle mit den öllöslichen Substanzen des Hydrolipidfilms der Haut und mit fettlöslichem Schmutz.

 Zusätzlich zum HY-Öl, das für jeden Hautzustand angedacht ist, kann vor Zugabe von Wasser ein so genanntes „Phytoactive" auf das HY-Öl aufgebracht werden. Hierbei handelt es sich um wässrige Formulierungen mit unterschiedlichen Kräuterextrakten (z. B. Birken-, Rosmarin-, Minze-, Hopfenextrakte).
Die Kosmetikerin wählt das „Phytoactive" entsprechend des Hautzustandes aus.

2. Anschließend wird Leitungswasser hinzugenommen und das Produkt erneut massiert. In diesem Moment bildet sich eine O/W-Emulsion, wodurch nun wasserlösliche Verunreinigungen und hydrophile Bestandteile der Hautoberfläche emulgiert werden.

Anschließend wird mit feuchten Kompressen oder Viskoseschwämmchen alles von der Haut abgewaschen. Die Haut wird mit einem **Tonic** nachgereinigt.

Syndets

Synthetische Detergenzien wurden speziell zur Reinigung von öliger Haut entwickelt. Sie sind gut wasserlöslich, schäumen bei jeder Wasserhärte und sind biologisch leicht abbaubar. Syndets besitzen eine starke Reinigungskraft und sie entfetten die Haut verhältnismäßig stark. Syndets enthalten Tenside als Schaum- und Reinigungskomponenten, die durch chemische Synthese (Herstellung) gewonnen werden.

 Tenside in Syndets: vorzugsweise Fettsäureisethionate, Fettsäure-N-methyltauride, Sulfosuccinate und Fettalkoholsulfate

4 Die Gesichtsreinigung (Cleansing)

Diese Tenside werden mit Gerüstsubstanzen, Rückfettern und anderen Zusätzen zu „seifenähnlichen" Stücken, in zunehmendem Maße aber auch zu flüssigen Hautreinigungspräparaten verarbeitet.

> **Rezepturbeispiel für ein Syndet auf der Basis von Fettalkoholsulfat**
>
> | | |
> |---|---|
> | Natriumlaurylsulfat | 30 % |
> | Natriumcocoylisethionat | 15 % |
> | Sulfobernsteinsäurelaurylester, Dinatriumsalz | 10 % |
> | Cetylstearylalkohol | 10 % |
> | Stearinsäure | 10 % |
> | Maisstärke | 10 % |
> | spezielle Zusätze, Farbstoffe, Parfumöl, Wasser | ad 100 |

Abschminken

Eine Abschminke ist eine **thixotrope** Schmelzcreme (wasserfreie Reinigungspaste) aus festen und flüssigen Paraffinen. Sie enthält oft noch kleine Mengen Oleyloleat, Cetylricinoleat, Lanolin und Cetylalkohol, um die Schminkfarbstoffe zu lösen.
Die Anwendung beschränkt sich auf das Entfernen von Theater- oder Karnevalsschminke.

thixotrop/Thixotropie
griech. thixis Berührung

> Als Thixotropie wird die Erscheinung bezeichnet, bei der bestimmte Formulierungen durch mechanische Beanspruchung (schütteln, rühren, reiben, massieren) vom festen in den flüssigen Zustand übergehen, d. h. sich verflüssigen. In Ruhe verfestigt sich die Substanz wieder und erreicht dieselbe Konsistenz wie vorher.

Gesichtswasser (Tonic, Lotion tonique)

Gesichtswasser sind wässrige oder wässrig-alkoholische Lösungen. Enthalten sie weniger als 5 % Alkohol (Ethanol), werden die Produkte als „alkoholfrei" ausgelobt.

Lotion tonique
franz. Gesichtswasser

Sie enthalten
- Wasser,
- Alkohol,
- **adstringierende**, schwach desinfizierende, tonisierende, reizlindernde oder durchblutende Wirkstoffe,
- gut **spreitende** Rückfetter wie ethoxylierte Wollwachsalkohole, Polyfettsäureester, Isopropyladipat o. Ä.

adstringierend
lat. adstringere zusammenziehen, zusammenziehend

spreitend
ausbreiten

> Tonics gegen unreine Haut enthalten leicht desinfizierende Pflanzenextrakte und Wirkstoffe mit keratolytischer Wirkung (z. B. Salizylsäure). Sie wirken stark entfettend.

Ein Gesichtswasser wird zum Abschluss der Reinigung mit einem Wattebausch über das Gesicht verteilt oder alternativ versprüht. Reste des Reinigungsproduktes werden daher entfernt, die Haut wird erfrischt, belebt und der pH-Wert der Haut wird eingestellt.
Danach folgt die Hautpflege.

> **Rezeptur für ein beruhigendes Tonic ohne Alkohol (INCI)**
> Aqua, Propylene Glycol, Glycerin, Hibiscus Sabdariffa, Aesculus Hippocastanum, Biosaccharide Gum-1, Dipotassium Glycrrhizate, PEG-40 Hydrogenated Castor Oil, Polysorbate 20, Triethanolamine, Parfum, Phenoxyethanol, Methylparaben, Ethylparaben, Propylparaben, Butylparaben, Isobutylparaben, Methylchlorothiazolinone, Methylisothiazolinone.

5 Verfahren zur Intensivreinigung

Ziel der Intensivreinigung ist es,
- die Hornzellen bzw. obersten Zelllagen schonend abzutragen,
- das Relief der Hautoberfläche zu glätten,
- den Teint zu klären und zu verfeinern,
- das Entfernen von Hautunreinheiten zu erleichtern,
- die Haut aufnahmefähig für nachfolgende Pflegeprodukte zu machen.

Zur Intensivreinigung stehen der Kosmetikerin verschiedene Peelingverfahren zur Verfügung. Nach dem Wirkprinzip lassen sich drei Kategorien unterscheiden:
- **physikalisch:**
  – adsorptiv: anlagern an Stoffe mit großer Oberfläche
  – abrasiv: abrubbeln mit Schleifkörnern
- **biologisch:** schälen mit Enzymen
- **chemisch:** abtragen, z. B. mit Fruchtsäuren

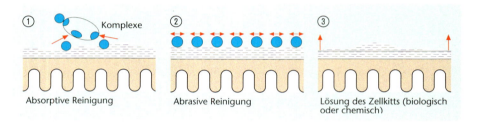

5.1 Physikalische Reinigungsverfahren

Adsorptive Reinigungsmasken

Adsorption
Anhaftung, Umlagerung von Stoffen an die obersten Hautschichten, erfolgt besonders stark an Stoffen mit großer Oberfläche (z. B. Tonerde)

Eine besonders schonende Art der Intensivreinigung ist die Anwendung von so genannten adsorptiven Reinigungsmasken, die man in einer dünnen Schicht auf die Haut aufträgt und nach vollständiger Antrocknung wieder abwäscht. Sie enthalten Aluminiumsilikate wie Bentonit oder Kaolin.

Diese Masken sind in der Lage, Hautfett (Lipide) oder Zellreste (Proteine) zu binden, indem sie diese Substanzen an ihre Oberfläche anhaften.

Tabelle X/5 Adsorbierende Wirkstoffe in Reinigungsmasken

Wirkstoff	Eigenschaften
Bentonit	Magnesium-Aluminiumsilikat natürlicher Herkunft, feines weißes bis grau-weißes Pulver, unlöslich in Wasser, trocknend, aufsaugend
Kaolin (Bolus alba)	weißer Ton, natürliches, gereinigtes wasserhaltiges Aluminiumsilikat, feines, weißes Pulver mit hohem Adsorptionsvermögen

Abrasive Granulatpeelings (Abrasiva, Exfoliant, Scrub, Rubbelpeeling)

Ein weiteres Verfahren, Hornschüppchen von der Haut auf physikalische Weise zu entfernen, ist das Arbeiten mit Granulatpeelings. Hierbei handelt es sich um Emulsionen oder Gele, die **Abrasiva** enthalten.

Abrasiva
Schleifmittel, -körnchen

Derartige Granulatpeelings werden mit den Händen oder einem Pinsel auf die Hautoberfläche aufgetragen und gleichmäßig verteilt.

5 Verfahren zur Intensivreinigung

Dann wird das Granulatpeeling mit den Händen oder einem Bürstenmassagegerät (→ Kapitel IIX/2) mit kreisenden Bewegungen über mehrere Minuten massiert. Bei diesem Vorgang lösen sich abgängige Hornzellen von der Hautoberfläche. Nachfolgend wird die Haut gründlich mit Wasser nachgereinigt.

 Reinigen Sie die Haut zunächst mit Viskoseschwämmchen und anschließend mit mehreren Frotteekompressen nach. Achten Sie darauf, dass alle Granulatkörnchen vollständig entfernt sind (→ Kapitel X/3).

Die Intensität der Peelingwirkung wird bestimmt von
- der Menge an eingearbeiteten Granulaten,
- der Körnung, d. h. der Größe und Form der Granulate.

Im Handel werden Peelingpulver in verschiedenen Qualitäten angeboten. Feine, insbesondere für das Gesicht entwickelte Pulver haben eine Partikelgröße von 160 µm, und gröbere Pulver für den Körper weisen Partikelgrößen um 315 µm auf.

Massieren mit dem Bürstenmassagegerät

Peelingkörner für das Gesicht müssen sehr fein und ohne scharfe Kanten sein, um eine Verletzung der Haut zu vermeiden. Daher ist Seesand-Mandel-Kleie nicht geeignet. Abgerundete, synthetische Schleifkörner, wie z. B. Polyethylenoxid, gelten als milder und hautschonender.

Peelingpulver
www.impaq.de →
Kosmetik → Lieferprogramm → Peelingrohstoffe

Gommage
franz. Peeling

Silica
engl. Kieselerde

 Bei empfindlicher Haut sind Granulatpeelings mit natürlichen Schleifkörnchen, die eine zackige Oberfläche haben (z. B. Aprikosen- oder Seesandkerne), nicht empfehlenswert.

Schleifmittel in Peelingpräparaten:
- Kleie: Weizenkleie, Mandelkleie
- Pulver aus den Kernen von Aprikosen, Erdbeeren, Himbeeren, Pfirsichen, Trauben
- Bambus- oder Haselnusspulver
- Aluminiumoxid
- Kieselsäure (Silicia)
- Polysiloxane
- Polyethylen (Kunststoffkügelchen)

In manchen Ländern ist die Verwendung von Granulatpeelings nicht üblich. So werden z. B. in Frankreich vorzugsweise so genannte **Gommage** angeboten. Hierbei handelt es sich zumeist um weiße, cremige Pasten mit mineralischem Schleifmedium (z. B. **Silica**). Sie werden mit einem Pinsel dünn appliziert und man lässt sie etwa 5 Minuten antrocknen. Anschließend wird die Haut mit zwei Fingern gut gespannt und mit Hilfe der anderen Hand wird das angetrocknete Gommage mit sanften, kreisförmigen Massagebewegungen abgerubbelt. Überreste werden mit warmen Kompressen abgenommen.

Einsatz des Schleifgerätes

 Bei starken Verhornungen eventuell mit dem Schleifpolster eines Bürstenschleifgerätes aufarbeiten, ohne das Gommage vorher antrocknen zu lassen.

> Zusammensetzung eines klassischen französischen Gommage (INCI):
> Aqua, Paraffinum Liquidum, Silicia, Caprylic/Capric Triglyzeride, Propylene Glycol, Glyceryl Stearate, Lanolin, Stearic Acid, PEG-100 Stearate, Parfum, Tetrasodium EDTA, Triethanolamine, Imidazolidinyl Urea, Methylparaben, Sodium Methylparaben, CI 19140, CI 42090

5.2 Biologische Peelingverfahren (Enzympeelings/ Enzymschälkuren)

Enzym
griech. en- hinein, innerhalb *-zyme* Sauerteig; in der lebenden Zelle gebildete Eiweißkörper

Biologische Peelingverfahren basieren auf der Wirkung von **Enzymen** (ältere Bezeichnung: Fermenten). Die Enzyme für kosmetische Mittel sind meist pflanzlicher oder tierischer Herkunft, neuere Formulierungen enthalten auch Enzyme, die aus Mikroorganismen gewonnen und biotechnologisch veredelt sind (z. B. Subtilisin).

> **Enzyme**
> Enzyme sind hochmolekulare Eiweiße, die als Reaktionsbeschleuniger (Biokatalysatoren) Stoffwechselvorgänge ermöglichen und beschleunigen. Sie wandeln Stoffe oft in Bruchteilen einer Sekunde in andere Produkte um, ohne sich selbst dabei zu verändern. Diejenigen Stoffe, die von den Enzymen umgesetzt werden, heißen Substrate.
> Enzyme sind hoch spezialisiert; sie funktionieren nach dem „Schlüssel-Schloss-Prinzip". Das bedeutet: Ein bestimmtes Enzym reagiert nur mit einer begrenzten Anzahl von „passenden" Stoffen, meist sogar nur mit einem Stoff (Substratspezifität).
> Jedes Enzym besitzt einen Bereich, den man sich wie eine Tasche (Einkerbung) vorstellen muss. An dieser Einkerbung in der Struktur reagiert es mit einem Substrat, dem vom Enzym umzusetzenden Stoff. Die Einkerbung (Schloss) ist genau auf ein jeweiliges Substrat (Schlüssel) zugeschnitten, so dass das Enzym nur mit seinem Substrat-Partner reagieren kann und keine falsche Reaktion beschleunigt.
> Hat ein Substrat angedockt, entsteht der so genannte Enzym-Substrat-Komplex. Bei ausreichender Aktivierungsenergie kann das Substrat in seine Bestandteile aufgespalten werden und der Komplex zerfällt in das unveränderte Enzym und die Substratbestandteile.

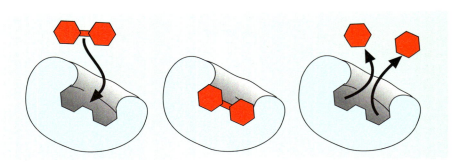

Modelldarstellung des Schlüssel-Schloss-Prinzips

Einige wichtige Enzyme:
Amylase → Abbau von Stärke
Protease → Abbau von Eiweiß
Lipase → Abbau von Fett
Cellulase → Abbau von Cellulose

In der kosmetischen Praxis haben die Proteasen die größte Bedeutung.

> Eiweißspaltende Enzyme (Proteasen) spalten in ihrer Höhlung die Aminosäureketten von Eiweißmolekülen (z. B. Keratin der Hornschicht) mit hoher Geschwindigkeit. Die Protease erkennt den „Lieblingsstoff" (Substrat) und wandelt nur diesen um. So wird beispielsweise vom Keratin der Oberhaut eine Aminosäure nach der anderen abgespalten.

5 Verfahren zur Intensivreinigung

 Durch die Enzyme werden Hornzellen ohne mechanische Beanspruchung aus ihrem Verbund gelöst.

Enzyme sind grundsätzlich instabil. Deshalb werden derartige Schälkuren vorzugsweise als Pulver angeboten, das erst kurz vor der Behandlung mit einer vorgegebenen Menge an Wasser oder flüssigem Aktivator angerührt wird.

Die Aktivität und Wirkung von Enzymen ist abhängig von
- Temperatur,
- pH-Wert,
- Feuchtigkeit.

Das erforderliche feuchte Milieu wird durch Bedampfen des applizierten Enzympeelings oder durch das Feuchthalten mit einem Kompressentuch gewährleistet.

 Achten Sie bei Enzympeelings unbedingt auf die empfohlene Einwirkzeit!

Anrühren des Enzympeelings

Die Aktivität von Enzymschälungen lässt sich durch Wärmezufuhr mit einer Infrarotlampe oder durch Bedampfung steigern. Gestoppt werden kann die spaltende Wirkung von Enzymen durch
1. Abnahme der Schälmasse mit mehreren feucht-kühlen Kompressen und einem Reinigungsprodukt,
2. Bedampfung mit Ozon,
3. Zugabe von Stopper-Lotionen, die Chelatbildner oder Harnstoff enthalten.

 Diskutieren Sie die 3 Möglichkeiten zur Inaktivierung von Enzymen unter dem Gesichtspunkt der Effektivität und der Wirkung auf das Enzym.

Anwendungen von Enzympeelings

Ein Enzympeeling empfiehlt sich besonders
- bei öliger, seborrhoischer Haut (Seborrhoe oleosa);
- bei fettiger, feuchtigkeitsarmer Haut mit lamellösen Schuppenauflagen (Seborrhoe sicca);
- bei verdickter, sonnengeschädigter Haut;
- bei reifer Haut mit ihren Alterserscheinungen wie Trockenheit, verminderte Durchblutung, Keratosen;
- zur sanften Aufhellung von braunen Pigmentflecken;
- zur Vorbereitung der Milienbehandlung und Entfernung von Hautunreinheiten (Mitessern).

Feuchte Kompresse auf einem Enzympeeling

Eine kurmäßige Anwendung von Enzympeelings ist besonders bei überverhornter und schuppiger Haut empfehlenswert. Die Anwendungshäufigkeit ist vom Hautzustand abhängig, sollte jedoch nicht öfters als ein Mal pro Woche erfolgen!

Anforderungen an ein Enzympeeling

Von einer kosmetischen Hautschälung mit Enzymen wird erwartet, dass
- die Schälung gut hautverträglich ist und selbst bei einer empfindlichen Haut keine unerwünschten Wirkungen (Nebenwirkungen) hervorgerufen werden,
- die Abtragung von Hornzellen gleichmäßig und gründlich erfolgt, ohne dass die Haut sich stark rötet, irritiert und fleckig wird,

- durch die Schälung eine verbesserte Aufnahmebereitschaft für Wirkstoffe, z. B. Vitamin C, erreicht wird.

> Das Auftreten von Pigmentveränderungen (braune Flecken) ist eine häufige Nebenwirkung unsachgemäßer Handhabung von Schälkuren und/oder des mangelhaften Sonnenschutzes nach der Behandlung.

Jede Kundin nachdrücklich ist darauf hinzuweisen, dass nach biologischen oder chemischen Schälkuren ein hoher Lichtschutz unerlässlich ist.

Enzympeelingmaske: Augen, Mund und Nasenöffnungen sind auszusparen.

Behandlungsablauf

- Die zu behandelnde Haut wird gereinigt.
- Augen abdecken.
- Das Enzympulver mit der geforderten Menge Wasser oder einem Aktivator (Fluid) gemäß der Anwendungsbeschreibung mischen und anrühren.
- Das Enzympeeling mit einem Pinsel oder Spatel auftragen. Mund und Nasenöffnung sind unbedingt auszusparen.
- Während der Einwirkzeit das Enzympeeling mit Wasserdampf oder mit einer Kompresse feucht halten.
- Abschließend gründlich abwaschen und die Haut tonisieren. Empfehlenswert ist das Inaktivieren der Enzymfomulierung mit Ozon oder Stopperlotion.

Sonderformen von biologischen Peelings

Desincrustationsampullen

Eine weitere Produktklasse, die zur Intensivreinigung angeboten wird, sind die so genannten Lysin-, Desincrustations- oder Reinigungsampullen.

Sie enthalten neben eiweißspaltenden Enzymen noch zusätzlich waschaktive Substanzen wie Eiweiß-Fettsäure-Kondensate (anionische Tenside) und Saponine. In der Kabine werden sie häufig mit Gleichstrom unter der Kathode in die Haut eingeschleust (→ Folgeband, Spezialgeräte – Iontophorese).

Derartige Komplexmischungen sollen den Hauttalg und abgestorbene Hornsubstanz lösen und die Haut quellen, um sie für die nachfolgende Pflegebehandlung besonders aufnahmebereit zu machen.

Kräutertiefenschälkur

Die Kräutertiefenschälkur ist eine weitere Sonderform biologischer Peelingverfahren. Hierbei handelt es sich um einen pflanzlichen Wirkstoffkomplex, der die Zwischen-Zellverbindungen spaltet. Das Verfahren ist in Fachkreisen umstritten. Häufig werden als Folgereaktion Hyperpigmentierungen beobachtet.

5.3 Chemische Verfahren – Fruchtsäuren und Keratolytika (Salizylsäure)

Zu den chemischen Peelings zählen in der Kosmetik
- Fruchtsäuren (so genannte α-Hydroxysäuren), kurz AHA – alpha-hydroxy-acids, und
- Salizylsäure (so genannte β-Hydroxysäure).

Behandlungshinweise

- Fruchtsäuren werden in eine wässrige Lösung, Gelgrundlage oder Emulsion eingearbeitet.
- Die Kosmetikerin muss die Einwirkzeit der Fruchtsäuren und ihre Anwendungshäufigkeit stets genau auf den aktuellen Hautzustand der Kundin abstimmen. Den Herstellerempfehlungen ist unbedingt Folge zu leisten. Eine Medikamentenanamnese ist vor der Anwendung immer vorzunehmen.

5 Verfahren zur Intensivreinigung

 Gemäß der ADK-Richtlinien von 2003 soll die Applikation von chemischen Peelings stets mit behandschuhten Fingern oder mit dem Pinsel erfolgen.

Arbeitsgemeinschaft ästhetische Dermatologie und Kosmetologie (ADK) e. V.
http://www.adk-online.org/

Fruchtsäure chemische Schälung

alpha-Hydroxysäuren
Carbonsäuren, die neben der Carboxylgruppe (-COOH) eine oder mehrere Hydroxylgruppen (-OH) enthalten.
Letztgenannte zeigen in ihren Reaktionen Alkohol- oder Säurecharakter.

$CH_3-CH_2-CH-COOH$ (3, 2, 1)
    |
    OH

Die Stellung der Hydroxylgruppe wird durch dem Namen vorangestellte Ziffern angegeben.

Viele dieser Säuren sind in Pflanzen oder Früchten enthalten, deshalb der Name „Fruchtsäure". Besonders häufig verwendet werden: Glykol-, Apfel-, Wein-, Milch-, Zitronensäure und deren Salze bzw. Ester oder auch fruchtsäurehaltige Pflanzenextrakte.

Die Wirkung von Fruchtsäurepeelings

Die Wirkung der Fruchtsäurepeelings ist abhängig von folgenden Faktoren:
- pH-Wert der Zubereitung und Art der chemischen Verbindung: Salz, Ester, freie Säure,
- Einsatzkonzentration (erlaubt sind für die Kosmetik bis zu 40 %),
- Art der Substanz (Glykolsäure ist relativ aggressiv, Milchsäure vergleichsweise mild).

Je saurer die Zubereitung und je höher die Konzentration der Fruchtsäuren, desto ausgeprägter ist der Schäleffekt. Abhängig von der Formulierung können sie nur die obersten Hornzellen oder weitere Zellschichten bis zur Wachstumsschicht zwischen Hornschicht und tieferen Lagen der Oberhaut (Stratum germanitivum) abschälen.

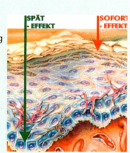

Wirkung von Fruchtsäuren

Späteffekt – nach 2–3 Wochen (AHA-Effekt)
- Regulation der Hornschichtbildung
- Hornschicht wird dünner, aber kompakter
- Normalisierung der Zell-Zell-Anhaftung, d. h. Kohäsion der Corneozyten*
- Erhöhung des Zellumsatzes

* Alle Keratinozyten sind durch dynamisch veränderbare Desmosomen miteinander verbunden. Sie dienen der Adhärenz der Keratinozyten!

Bei den Estern und Salzen der Fruchtsäuren werden bei fast identischer Wirkstärke weniger Hautirritationen, Rötungen, Brennen und Entzündungsreaktionen beobachtet als bei der freien Säure.

Tabelle X/6 Kosmetische Wirkung von AHA-Produkten mit schälendem Effekt

Hornschicht	Andere Hautschichten
Keratolyse: Entfernung von Hornschüppchen aus dem Verbund, Verdünnung des Stratum Corneum	Anregung des Zellwachstums, Verdickung der Oberhaut
Bildung einer neuen, kompakteren Hornschicht mit besserer Zell-Zell-Anhaftung	Steigerung der Kollagenbildung
erhöhte Feuchtigkeitsbindung in der Hornschicht	vermehrte Bildung von Glucosaminoglykanen (z. B. Hyaluronsäure)
bessere Aufnahme von Wirkstoffen	Aufhellung epidermaler Pigmentflecken
glattere Hautoberfläche	Öffnen verhornter Follikelöffnungen – besserer Talgabfluss

Für die Heimpflegeanwendung werden ausschließlich fruchtsäurehaltige Produkte angeboten, deren pH-Wert zwischen 4,5 bis 5,5 liegt. Die Konzentration an AHA beträgt dabei 5 bis 10 %. Bei diesen Präparaten ist die Schälwirkung minimal – die Feuchtigkeit spendende Wirkung der Fruchtsäuren steht im Vordergrund.

 Vitamin-A-Säure (Tretinoin) ist keine α-Hydroxysäure, aber in ihren Wirkungen den Fruchtsäuren ähnlich. Sie weist aber stärkere Schäleffekte mit einer starken Reizung der Haut auf. Dieser Wirkstoff wird nur in der dermatologischen Therapie eingesetzt.

XI Pflege und Gestaltung der Hände und Nägel (Maniküre)

Zum beruflichen Tätigkeitsfeld der Kosmetikerin gehört neben der Pflege der Haut auch die Nagelpflege. Ein Service, den nicht nur weibliche Kunden, sondern auch zunehmend Männer in Anspruch nehmen.

Um eine fachgerechte Beratung und im Anschluss daran die angemessene Pflege und Gestaltung der Nägel durchführen zu können, sind anatomische sowie physiologische Kenntnisse erforderlich. Besonders wichtig ist hierbei grundlegendes Wissen über den Aufbau und das Wachstum des Nagels (→ Kapitel V/2.6) sowie über Nagelerkrankungen (→ Kapitel XI/2). Daneben erfordert die professionelle Hand- und Nagelpflege besondere Fachkenntnisse und manuelle Fertigkeiten: Spezielle Kenntnisse über
- verschiedene Arbeitsabläufe,
- Aufbereitung und Einsatz von Werkzeugen sowie
- die Zusammensetzung der kosmetischen Präparate

sind unerlässlich.

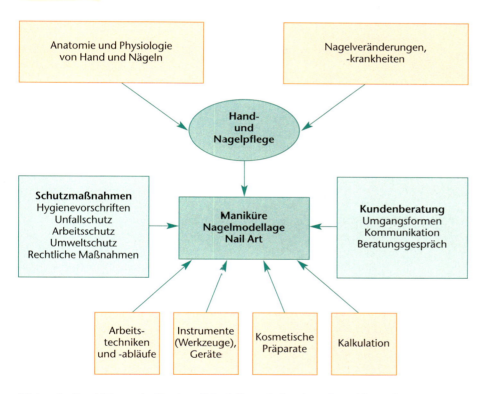

Die korrekte Durchführung der Hand- und Nagelpflege erfordert ein umfangreiches Fachwissen.

Auf den folgenden Seiten werden Methoden zur Beurteilung der Nägel, Einflussfaktoren auf ihren Zustand, Nagelveränderungen bzw. -erkrankungen, Pflegemaßnahmen und Möglichkeiten zur Nagelgestaltung ausführlich dargestellt.

Weil eine bessere Zusammenarbeit zwischen Kosmetikerinnen und Hautärzten **aktuell** gefordert wird, aber der unterschiedliche Sprachgebrauch eine derartige Kooperation oft behindert, sind auch dermatologische Fachbegriffe aufgeführt.

1 Das Beurteilen der Nägel

Die sorgfältige Beurteilung der Nägel ist die Grundvoraussetzung für eine erfolgreiche Hand- und Nagelpflege.

Anomalien
Ungleichheiten, Unregelmäßigkeiten, geringgradige Störungen

Jeder Nagel wird dabei auf das eventuelle Vorhandensein von **Anomalien** geprüft, die in der Praxis relativ häufig zu sehen sind (→ Kapitel XI/3).

> Die Kosmetikerin muss stets zwischen medizinisch und kosmetisch zu behandelnden Nagelstörungen unterscheiden, um die Grenzen ihres Handelns einzuhalten.

1.1 Methoden zur Beurteilung

Vor Beginn einer kosmetischen Hand- aber auch Fußpflege (→ Folgeband) sind
- der Zustand der Nägel,
- die Stellung von Fingern,
- der aktuelle Hautzustand

von der Kosmetikerin zu beurteilen.

Das Beurteilen erfolgt durch
- Ansehen der Haut und Nägel mit bloßem Auge oder mittels einer Lupenleuchte: **visuell**;
- Ertasten und Erfühlen der Nagelplatte: **palpatieren**.

visuell
das Sehen betreffend, optisch

palpatieren
abtasten, betastend untersuchen

Um ein möglichst genaues Bild vom aktuellen Zustand zu erhalten, werden beide Methoden kombiniert angewendet. Die Ergebnisse trägt die Kosmetikerin in einen Analysebogen ein (→ Kapitel XI/1.2).

> Der Zustand der Nägel und unerwünschte Veränderungen (→ Kapitel XI/2) lassen sich visuell und palpatorisch durch Abtasten der Nagelplattenoberfläche bestimmen.

Beurteilen der Nägel

Zur exakten Beurteilung der Nägel wird die Nagelgrundform im Analysebogen notiert. Häufig weichen aber Form und Zustand einzelner Nägel voneinander ab. Dies wird während der Untersuchung aufgenommen und später bei der Gestaltung der Fingernägel berücksichtigt. Eine optische Angleichung kann durch geeignete Feil- und Lackiertechniken erfolgen (→ Kapitel XI/3).

Die Form der Nagelplatte sollte möglichst in Harmonie zur Fingerlänge und -breite stehen. Deshalb ist es für die optimale Gestaltung hilfreich, die Form der Finger zu berücksichtigen. Beispielsweise sind bei kurzen, stämmigen Fingern sehr breite, extrem kurz gehaltene Nägel ungünstig – hingegen ist eine ovale Nagelform und mittlere Nagellänge vorteilhaft.

Achten Sie bei der Beurteilung der Nägel unbedingt auf die klassischen Zeichen einer Entzündung: Hitze, Schwellung, Rötung, Druckschmerz! Entzündete, vereiterte oder pilzbefallene Nägel dürfen nicht behandelt werden.

Psoriasis
griech. psora Krätze, Räude; syn. für Psoriasis vulgaris, Schuppenflechte

Die Behandlung von Schuppenflechte (**Psoriasis**) an den Nägeln und weiterer krankhafter Nagelveränderungen ist ohne ärztliche Therapie untersagt.

■ 1 Das Beurteilen der Nägel
281

1.2 Analysebogen für die Hand- und Nagelpflege

Der Analysebogen hilft bei der exakten Untersuchung der Nägel. Daneben dienen die Aufzeichnungen der Verlaufskontrolle einer Langzeitbehandlung. Wichtig sind Vermerke zur Vorgeschichte (**Anamnese**) der Kunden, z. B. ob jemand Bluter oder Diabetiker ist. Eine **Diagnose** darf nicht gestellt werden, denn dies ist dem Arzt vorbehalten.

Die Kosmetikerin
Analyse: Untersuchung
Anamnese: Vorgeschichte

Der Arzt
Diagnose: das Erkennen, Feststellen einer Krankheit

Name der Kundin: *Heike Baum*   Geburtsdatum: *20. 07. 1949*

Adresse: *Wielandring 93, München*

Telefonisch erreichbar tagsüber: *089/435 83 76*   abends: *089/800 53 71*

Besonderheiten: Allergien/Unverträglichkeiten, Krankheiten (Bluter, Diabetiker usw.)

Allergie gegen Honig, Blutgerinnungsmittel werden eingenommen

Derzeitige Produkte zur Hand- und Nagelpflege:

Acetonhaltiger Nagellackentferner, roter Farblack, Metallfeile (keine Pflegepräparate, kein Unterlack, Nagelhärter oder Rillenfüller, keine Handpflege)

Aktueller Hautzustand der Hände

☐ normal   ☐ leicht trocken   ☒ sehr trocken

☒ rissig, spröde   ☐ Juckflechte (Ekzeme)   ☐ Warzen (Verrucae vulgares)

☐ braune Flecken (Hyperpigmentierungen)   ☐ Sonstiges: _____

Form der Finger

☒ kurz   ☐ lang   ☐ schmal

☒ breit   ☐ gerade   ☐ z. T. gebogen

Form der Nägel

a) Formvergleich aller Nägel

☒ annähernd gleich   ☐ unterschiedlich

Nagel, dessen Wachstumsrichtung von der Mittelachse des Fingers abweicht:

_____ ·/· _____

b) Welche Grundform überwiegt?

☐ oval   ☐ lang/schmal   ☐ trapezförmig   ☒ breit

Allgemeiner Zustand der Nägel und Nagelveränderungen

Nagelsubstanz

☒ brüchig   ☐ weich (Hapalonychie)   ☒ dünn

☐ hart, fest, biegsam ☐ sehr hart, aber unflexibel

☒ schichtweise Aufsplitterung parallel zur Oberfläche (Onychoschisis) Vorkommen: *Zeige- und Mittelfinger*

☒ längsfaseriges Aufsplittern (Onychorrhexis) Vorkommen: *Alle bis auf die Daumen*

☐ Ablösung des Nagels (Onycholyse) Vorkommen: _____

XI Hand- & Nagelpflege

Lernfeld 4

Relief der Nagelplatte

- ☐ glatte, samtige Oberfläche
- ☒ raue, spröde Nageloberfläche
- ☒ Längsrillen, Perlrillung   Vorkommen: *Zeige-, Mittel-, Ringfinger*
- ☐ Querfurchen (Beau-Reil-Querfurchen)   Vorkommen: _____
- ☐ Dellen
- ☐ Kerben
- ☒ trockene, glanzlose Oberfläche
- ☐ Nagelschuppen
- ☐ größere Defekte (Usuren)
- ☐ Grübchen/Tüpfel (Rosenausches Zeichen)
- ☐ Spalten
- ☐ Hohlräume/-kehlen

Farbe und Glanz der Nagelplatte

- ☐ rosa
- ☐ Glanznägel
- ☐ Sandpapiernägel (Trachyonychie)
- ☐ Weißfärbungen (Leukonychien)
  - ☐ punktförmig
  - ☐ strichförmig
  - ☐ vollständig
  - ☐ Querbänder (Mees-Streifen)   Vorkommen: _____
  - ☐ milchglasartige Weißfärbung (Milchglasnägel)   Vorkommen: _____
- ☐ Dunkelfärbung (braun, schwarz, blau)   Vorkommen: _____
- ☒ Gelbverfärbung   Vorkommen: *Zeige- und Mittelfinger der rechten Hand*
- ☐ sonstige Verfärbungen   Vorkommen: _____

Form- und Dickenveränderungen der Nägel

- ☐ Löffel-, Hohlnagel (Koilonychie)   Vorkommen: _____
- ☐ Uhrglasnagel (Hippokratischer Nagel)   Vorkommen: _____
- ☐ Krallennagel (Onychogrypose)   Vorkommen: _____
- ☐ Papageienschnabelnagel   Vorkommen: _____
- ☐ Röhren- oder Zangennagel   Vorkommen: _____
- ☐ abnorme Kleinheit der Nagelplatte   Vorkommen: _____
- ☐ Nagelverdickung (Pachyonychie)
  - ☐ vereinzelt
  - ☐ alle Nägel
  - ☐ Verdickung plus gelb-gräuliche Farbe
  - ☐ Sonstiges: _____

Entzündungen

- ☐ Nagelbett (Nagelpanaritium, Onychie)   Vorkommen: _____
- ☒ Nagelfalz (Paronychie)   Vorkommen: *Mittelfinger rechte Hand*
- ☐ eingewachsener Nagel (Unguis incarnatus)   Vorkommen: _____

Infektionen

- ☐ Pilzinfektion (Onychomykose)   Vorkommen: _____
- ☐ Sonstiges   Vorkommen: _____

Weitere Besonderheiten zum Zustand der Nägel

Hinweise auf mechanische Manipulation der Nagelplatte, nervöses Kratzen

Wünsche/Probleme des Kunden

Gepflegte Hände und Nägel. Kundin ist Kellnerin bzw. Gastronomin und stets in Kontakt mit Gästen, starke Raucherin.

Lernfeld 4
XI Hand- & Nagelpflege

■ 1 Das Beurteilen der Nägel 283

Bestimmung geeigneter Nagellänge und Form der Nagelspitze
Länge

☐ kurz, kuppenbündig   ☒ mittel   ☐ lang

Form

☐ spitz   ☒ oval   ☐ eckig

Schlussfolgerungen für die Weiterbehandlung
Welche Behandlung soll erfolgen (Arbeitstechnik)?

☐ Basismaniküre   ☒ Große Maniküre   ☐ Nagelpolitur

Nagelhautbehandlung:

☐ chemisch   ☐ zupfen   ☒ radieren
   (Nagelhautentferner)

Feiltechnik (Gritstärke der Feilen)

Sandpapierfeile (> 240 Grit), vorsichtig von den Seiten zur Mitte feilen.

Lackiertechnik

☐ gesamte Nagelplatte   ☐ Nagelmond freilassen   ☐ Nagelseitenränder freilassen
☒ French-Maniküre

Spezialbehandlung zur Handpflege

☐ Aroma-Wellnessbehandlung   ☐ Lightening-Behandlung
☐ Thermo-Gipsmodellage   ☒ Thermo-Paraffinbehandlung
☐ sonstige Spezialbehandlung: _____

Welche Präparate sollen eingesetzt werden?

Zur Pflege

Aufbankonzentrat für die Nägel, Nagel-Vitamin-Öl, Paraffinbad, Nagelhärter

Zur Dekoration

French Maniküre, heller rosefarbener Farblack

Verkaufsprodukte zur Heimpflege

Aufbankonzentrat Forte als Nagelöl für die Nägel (nachts), Handcreme (tagsüber) und am Wochen-
ende unter Folie 1 Std. einwirken lassen. Nagelhärter, Kieselsäure als Nahrungsergänzung, Paket
feine Sandpapierfeilen. Zusätz. Empfehlg.: Schutzhandschuhe beim Gläserspülen zu tragen

Datum   Unterschrift der Kosmetikerin

01.02.2005   *Birgit Harms*

XI Hand- & Nagelpflege   Lernfeld 4

2 Nagelzustand – Anomalien, Krankheiten, Symptome

Berufliche Abgrenzung

Entsprechend der gesetzlichen Regelungen ist das Aufgabengebiet der Kosmetikerin die **vorbeugende Gesundheitspflege**. Die Behandlung krankhaft veränderter (**pathologischer**) Hände und Nägel ist verboten. Diese klare Abgrenzung der Zuständigkeiten muss zum Schutz der Kunden immer gewahrt bleiben.

Deshalb sind theoretische Kenntnisse über unerwünschte Nagelveränderungen für den Beruf der Kosmetikerin aus verschiedenen Gründen von großer Wichtigkeit,

- um zwischen medizinisch und kosmetisch zu behandelnden Nagelanomalien zu unterscheiden;
- um Anomalien der Nägel richtig zu erkennen und einzuordnen;
- um sich in Hinblick auf die praktische Durchführung einer Nagelpflege an den veränderten Nägeln richtig zu verhalten;
- um bei einer Zusammenarbeit mit Hautärzten umfassende Sachkenntnisse mitzubringen;
- um betroffene Kunden, die sich vertrauensvoll an ihre Kosmetikerin wenden, in einem Beratungsgespräch kompetent zu informieren.

In Zweifelsfällen gibt die Kosmetikerin ihren Kunden immer den Rat, einen Arzt aufzusuchen. So ist beispielsweise am Nagel die Früherkennung des **malignen Melanoms** (problematischster bösartiger Tumor im Nagelbereich) entscheidend für das Schicksal des Kunden. Gerade in den Frühstadien ist die Abgrenzung gegen gutartige Prozesse aber besonders schwierig. Hier leisten Kosmetikerinnen einen wertvollen Beitrag zur Gesunderhaltung.

Nachfolgend werden Einflussfaktoren auf die Kondition des Nagels dargelegt (→ Kapitel XI/2.1) und Nagelveränderungen systematisiert (→ Kapitel XI/2.2), die im „Analysebogen Hand- und Nagelpflege" abgeprüft werden.

2.1 Einflussfaktoren

Nagelveränderungen können angeboren, eine normale Alterserscheinung (**Atrophie**) oder Folge einer Verletzung (**Trauma**) sein, als selbstständige Krankheiten auftreten oder Kennzeichen (**Symptome**) von Mangelernährung, schweren inneren Erkrankungen, Erkrankungen der Haut oder Zeichen einer Arzneimittelschädigung sein. Viele Ursachen von Nagelerkrankungen sind heute noch unbekannt. Das Nagelkauen (**Onychophagie**) – eine oft unbewusste Angewohnheit an den Nägeln zu knabbern – kann ebenfalls zu erheblichen Nagelveränderungen führen.

 Eine unsachgemäß durchgeführte Maniküre kann auch zu unerwünschten Veränderungen eines gesunden Nagels führen.

Zustandsänderung der Nägel durch
- mechanische Reize
- chemische Reize z. B. Arzneimittel, Tenside
- Vererbung bzw. von Geburt an
- besondere Gewohnheiten z. B. Nagelkauen (Onychophagie)
- Infektionen z. B. Bakterien, Pilze

---

pathologisch
krankhafte Veränderung

maligne
lat. *malignus* bösartig

Melanom
bösartiger, von den pigmentbildenden Zellen der Haut ausgehender Tumor

Atrophie
Schwund; Rückbildung normal entwickelter und normal großer Organe, Gewebe und Zellen

Trauma
Verletzung, Wunde nach Gewalteinwirkung

Symptom
griech. *symptoma* Begleiterscheinung; Krankheitszeichen

Onychophagie
griech. *onycho* Nagel, *phagein* essen; Nagelkauen

■ 2 Nagelzustand – Anomalien, Krankheiten, Symptome   285

2.1.1 Lebensalter
Längsfaserung der Nägel bzw. Längsrillen

Zarte, parallel verlaufende Längsrillen im Nagel sind eine normale Altersveränderung. Sie verlaufen zwischen erhabenen flachen oder perlschnurartigen Streifen (**Perlrillung**). Dieses typische Kennzeichen des Altersnagels hat keine krankhafte Bedeutung. Viele Kunden empfinden diese Nagelveränderung als ästhetisch störend. Zur kosmetischen Pflege kommen ausgleichende Rillenfüller und Nagelhärter zum Einsatz. Daneben können Nagelcremes empfohlen werden. Acetonhaltige Nagellacke und austrocknende Seifen sind unbedingt zu meiden.

Verdünnte Nägel, langsames Nagelwachstum

Mit zunehmendem Alter kommt es gemeinhin zu einer Rückentwicklung normal ausgebildeter Gewebe (Atrophie). Deshalb sind auch stark verdünnte und verlangsamt wachsende, in der Regel dann auch brüchige Nägel, relativ typisch. Regenerierende Aufbaupräparate zur intensiven Pflege der Nagelmatrix sind empfehlenswert.

 Ältere Kunden, die parallel eine Durchblutungsstörung (z. B. **diabetische** Zirkulationsstörung) haben, zeigen häufig ausgeprägte Nagelveränderungen!

Zudem fördert höheres Lebensalter die Entstehung von Krallennägeln (**Onychogrypose**) – dies betrifft insbesondere die Großzehennägel. Hier ist eine regelmäßige Nagelpflege an den Füßen extrem wichtig (→ Folgeband).

 Wie erkenne ich typische Alterszeichen?
- mehr oder weniger tiefe Rillen in Wachstumsrichtung des Nagels
- langsames Nagelwachstum
- verdünnte, atrophierte Nägel
- krallenartige Nagelkrümmung – besonders an den Fußnägeln (Großzehe)

2.1.2 Lebensumstände, Beruf
Weiche Nagelsubstanz

Der übermäßige oder andauernde Kontakt mit Lösungsmitteln oder Wasser verursacht eine Quellung und Anlösung des **Nagelkeratins**. Dadurch wird die Nagelsubstanz sehr weich (**Hapalonychie**).

Trockene, spröde, brüchige und splitternde Nägel

Brüchige Nägel und Nagelspliss (schichtweises oder längsfaseriges Aufsplittern; **Onychoschisis/Onychorrhexis**) sind typische Folgen einer zunehmenden Austrocknung der Nägel. Sie sind die häufigsten Nagelprobleme im Kosmetikinstitut.

Besonders davon betroffen sind Kunden, die viel im feuchten Milieu arbeiten (z. B. Fleischer, Floristen, Köche) oder beruflich viel Kontakt mit Lösungsmitteln oder Laugen haben (u. a. Friseure, Reinigungsfachpersonal) und keine Handschuhe tragen.

Neben der Empfehlung, so oft wie möglich Schutzhandschuhe zu tragen, ist das eigentliche Ziel kosmetischer Pflege, fehlende Fette bzw. Nagelbausteine zurückzuführen. Zur Behandlung splitternder und brüchiger Nägel werden Präparate mit schwefelhaltigen Aminosäuren (z. B. **Cystin**) oder **Vitamin A** in Form von Nagelhärtern oder Nagelölen empfohlen. Die Gabe von Cystin oder **Methionin** erweist sich in der Praxis als hilfreich: **Thio**aminosäuren werden dosisabhängig in die Nägel eingebaut und durch Zufuhr dieser Substanzen wird die Teilung der Nagelmatrixzellen gesteigert.

Perlrillung
Längsrillen im Nagel

Diabetes mellitus
Zuckerkrankheit, Stoffwechselstörung

Onychogrypose
griech. grypos gekrümmt; Krallennagel

Keratin
schwefelreicher Hornstoff in den Nägeln

Hapalonychie
erweichte Nagelsubstanz

Onychoschisis
griech. schisis Spaltung; schichtweise Nagelaufsplitterung vom freien Nagelrand

Onychorrhexis
längsfaserige Aufsplitterung abnorm brüchiger Nägel

Cystin
schwefelhaltige Aminosäure

Vitamin A
so genanntes „Epithelschutzvitamin"; reguliert die Verhornung (Keratinisierung)

Methionin
Aminosäure; Schwefellieferant für den Eiweißaufbau

Thio-,
Schwefel-

XI Hand- & Nagelpflege   Lernfeld 4

Gute Erfahrungen werden auch durch tägliche Einnahme von Kieselsäure erzielt. Daneben können folgende Tipps gegeben werden:
- Vermeidung von länger andauerndem Wasserkontakt, Handbädern, acetonhaltigen Nagellacken.
- Kurzhalten der Nägel, Formgebung der Nägel durch feine Sandpapierfeilen, abends Nagelöl einmassieren.
- Hand- und Nagelpackungen unter Folie oder Handschuhen.

Brüchige, spröde oder splitternde Nägel können als Begleiterscheinung verschiedener Hautkrankheiten (Hautpilz, Schuppenflechte, Ekzem, Fischschuppenkrankheit u. a.) und bei Strahlenschäden der Nägel auftreten. Zudem werden sie auch als Nebenwirkung der Einnahme von Blutgerinnungsmitteln beschrieben.

Wie erkenne ich chemische Schäden am Nagel?
- weiche, wenig widerstandsfähige Nagelsubstanz
- trockene Nägel, die schnell abbrechen
- Splitterungen am Nagel

Nagelkauer

Der typische Nagelkauernagel hat eine stark zurückgebissene Nagelplatte, eine stark geschwollene Nagelhaut, die meist den größten Teil des Nagels schon bedeckt, und einen stark verhornten Nagelwallbereich. Der Nagel weist Entzündungen auf und oftmals sichtbare Verletzungen. Die Ursachen der Nagelbeißerei sind meist seelischer Natur und lassen sich kosmetisch nicht lösen.

Empfehlenswert: Nagelbett und Nagel mit Kunststoff beschichten (Nail Design), um den Nagel zu schützen. Alternativ wird ein Schablonennagel gearbeitet. Meist ist der Nagelstumpf zu kurz, um einen Tip anzusetzen.

2.1.3 Schuppenflechte

Bei Kunden, die an einer Schuppenflechte (**Psoriasis**) leiden, treten im Laufe der Erkrankung oft charakteristische Nagelveränderungen auf.
- Kleine, trichterförmige Einziehungen der Nagelplatte (**Tüpfelnägel/Grübchen**). Diese Veränderungen betreffen oft mehrere oder alle Nägel. Neben der Schuppenflechte treten sie gelegentlich auch beim kreisrunden Haarausfall (**Alopezia areata**) auf.
- Ablösung des Nagels (umschriebene **Onycholyse**). Die Nagelplatte löst sich vom Nagelbett. Ein Nagel kann auch mehrere dieser Stellen zeigen, die als gelb-bräunliche, schmutzige Veränderungen unter der Nageloberfläche sichtbar werden. In der Mitte des Nagels können sie als so genannter Ölfleck, der im Nagelbett liegt, erkannt werden.
- Mangelversorgte (**dystrophische**), aufgeworfene und verdickte Nägel (Krümelnägel). Sie lösen sich von der Unterfläche und sind oft schmerzhaft. Im Extremfall kann es zur totalen Zerstörung des Nagels kommen.

Hier ist eine dermatologische Behandlung durch den Facharzt erforderlich, z. B. Unterspritzungen der Nagelwachstumszone mit entzündungshemmenden Substanzen.

Wie erkenne ich Hinweise auf eine Schuppenflechte?
- ovale bis längliche Vertiefungen bzw. Einziehung der Nagelplatte *
- gelb-bräunliche Farbflecken
- krümelige Nägel
- Nagelablösung

*Kann auch Begleiterscheinung von kreisrundem Haarausfall sein!

Psoriasis
(Schuppenflechte) an den Nägeln – typische Hinweise sind
Ölflecke: umschriebene, gelbliche Verfärbungen durch Nagelbettveränderungen sowie
Tüpfelnägel: stecknadelkopfgroße, grübchen- oder napfförmige Einziehungen der Nagelplatte.

Alopezia areata
kreisrunder Haarausfall

Tip
engl. auf jemanden etwas setzen

Onycholyse
griech. onycho Nagel, lyse Lösung; Ablösung der Nagelplatte vom Nagelbett

Dystrophie
griech. trophe Ernährung; leichte Ernährungsstörung, die in eine Atrophie übergehen kann

Krümelnagel (Onycholyse) – Befall und Kennzeichen der Nagelschuppenflechte

2 Nagelzustand – Anomalien, Krankheiten, Symptome

2.1.4 Pilzbefall
Aufgelockerte Nagelplatte, gelb-grünliche Verfärbungen

Pilze breiten sich besonders gut von der Nagelspitze und dem Nagelfalz geflechtartig aus und durchwachsen den Nagel. Durch **enzym**atische Auflösung der Hornsubstanz bzw. der Keratinfasern wird die Nagelplatte aufgelockert. Es kommt fortschreitend zu gasgefüllten Hohlräumen zwischen den Nagelzellen und zu Lufteinschlüssen, die als Weißfärbungen durch die Nagelplatte scheinen.

Im fortgeschrittenen Stadium sind gelbliche oder gelb-grünliche Verfärbungen sichtbar. Die Verhaftung von Nagelplatte und Nagelbett löst sich, der Nagel zerfällt bröckelartig und wird schließlich zerstört.

Enzym
Protein; beschleunigt chemische Reaktionen

Nagelverdickung

Als Folge des Befalls mit **Candida albicans** tritt üblicherweise eine chronische Nagelverdickung (**Pachyonychie**) auf.

Das Vorkommen von Nagelpilz (**Onychomykose**) steigt massiv. Es wird davon ausgegangen, dass in Deutschland jeder Vierte davon betroffen ist.
Eine der Hauptursachen ist der häufige Aufenthalt in Feuchträumen (Sauna, Schwimmbad, Whirlpools usw.). Das dort anzutreffende feucht-warme Milieu leistet der Ausbreitung von Pilzen Vorschub (→ Kapitel III/2.1.2). Das Gleiche gilt für den häufigen Kontakt mit Wasser und Seife.

Als begünstigende Faktoren für den Pilzbefall der Nägel gelten:
- Arbeiten im feuchten Milieu,
- Tragen von Gummihandschuhen,
- wiederholte Traumen, z. B. Maniküreverletzungen,
- Gefäßkrankheiten,
- Durchblutungsstörungen,
- nicht entzündliche Nervenerkrankungen,
- Stoffwechselerkrankungen, z. B. Diabetes mellitus,
- krankhaft vermehrte Schweißbildung (Hyperhidrosis).

Candida albicans
lat. albicans weißmachend; nicht sporenbildende Hefepilze; vermehren sich durch Sprossung

Pachyonychie
griech. pachys dick, *onychos* Nagel; Verdickung des Nagels

Onychomykose
griech. myco Pilz; durch Pilze ausgelöste Nagelerkrankung

In den meisten Fällen tritt der Nagelpilz an den Fußnägeln auf, wobei der Großzehennagel am häufigsten betroffen ist. Es kann jedoch auch zum Befall von Fingernägeln kommen.

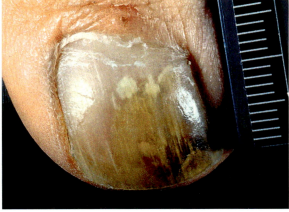

Mit Nagelpilz befallener Fingernagel (Ansicht von oben)

Als Erreger kommen **Dermatophyten, Schimmelpilze und Hefen** (bevorzugt Candida albicans) gleichermaßen in Betracht.

Dem pilzkranken Nagel ist nicht anzusehen, von welcher Erregergruppe er befallen ist.

Voraussetzung für eine erfolgreiche Behandlung ist deshalb die exakte Bestimmung der Erreger durch einen Arzt.

Dermatophyten
griech. phyton Pflanze; Sammelbezeichnung für niedere Pilzarten, die Horn (Keratin) angreifen und sich in den äußeren Nagelschichten ansiedeln

Schimmelpilze
zu verschiedenen Gruppen gehörende Pilze, die Oberflächen mit Schimmel überziehen

Hefen
Sprosspilze

Kultur von Trichophyton rubrum

 Wie geht der Hautarzt bei der Diagnose von Nagelpilz vor?
- Inspektion der Nägel
- mikroskopische Untersuchung
- Reinigung des Untersuchungsareals mit 70 %igem Ethanol, nachfolgend Abkratzen von Schuppenmaterial von der Befallsstelle, nach Einwirken von 10 bis 30 % Kalilauge Darstellung der Erreger im Mikroskop
- Anlegen einer Kultur
- Aufimpfen des Untersuchungsmaterials auf Nährböden (z. B. Sabouraud-Glukose Agar). Hefen und Schimmel wachsen innerhalb einer Woche, Dermatophyten benötigen bis zu 3 Wochen und länger.

Unsauberes Arbeiten mit nicht vorschriftsgemäß desinfiziertem Maniür- oder Pediürbesteck fördert die Ausbreitung der Pilzinfektionen in der Kosmetikpraxis.

 Da der Pilzbefall der Nägel sehr ansteckend ist, darf erst nach dermatologischer Nageltherapie eine Maniüre durchgeführt werden.

Nagelpilzerkrankung

Antimykotikum
Anti-Pilzmittel

Extraktion
Herausziehen

 Dermatologische Therapie
Ist bei Nagelpilzerkrankungen ausschließlich die Nagelplatte infiziert und/oder nur etwa die Hälfte des Nagels vom Pilz befallen, so gilt die Therapie mit einem lokalen **Antimykotikum** als erste Wahl (z. B. medizinischer Amorolfin-Nagellack). Bei zusätzlicher Infektion der Nagelmatrix und/oder über 50 % Pilzbefall wird diese Behandlung mit pilzabtötenden Tabletten kombiniert. Die Behandlung muss in der Regel kontinuierlich so lange fortgeführt werden, bis alle Nägel gesund nachgewachsen sind.
Eine chirurgische Nagel-**Extraktion** wird vermieden. Sie ist schmerzhaft und bringt tagelange Arbeitsunfähigkeit für die Betroffenen mit sich. Alternativ werden Nagelentfernungen mit „Nagelaufweichsalben", meist hochprozentigen Harnstoff-Formulierungen, durchgeführt. Bei Pilzbefall der Fußnägel ist eine Extraktion allerdings häufig unerlässlich.

Nagelpilz ist keine Befindlichkeitsstörung, sondern eine Erkrankung, die ärztlich therapiert werden muss.

Welche Tipps kann die Kosmetikerin betroffenen Kunden geben?
- Besuch beim Arzt, um richtige Therapie mit Anti-Pilz-Lack und ggf. mit Tabletten zu beginnen.
- Regelmäßige, antiseptische Hand- und Fußbäder.
- Für trockenes Milieu sorgen, um dem Pilz keine Ausbreitungsmöglichkeiten zu geben (z. B. Trockenhalten der Hände und Füße mit einem Puder, Föhnen der Befallsstellen nach dem Baden und Duschen).
- Handtücher häufig wechseln und darauf achten, dass kein Vertauschen durch Familienmitglieder erfolgt.
- Wäsche mit 90 °C oder Spezialwaschmittel waschen, um die Pilzkeime abzutöten.
- Keine Gummihandschuhe tragen.
- Im Winter Handschuhe aus natürlichen und nicht synthetischen Materialien benutzen. Das hautfreundliche Milieu verschlechtert die Lebensbedingungen für den Pilz.
- Bei ständig kalten Händen und Füßen sollen durchblutungsfördernde Maßnahmen zusätzlich das Nagelwachstum und damit eine schnellere Gesundung fördern. Diese Empfehlung ist umstritten.
- Schwefelhaltige Aminosäuren (z. B. Cystin) wirken sich positiv auf das Nagelwachstum und damit das Herauswachsen der Pilze aus.

www.haut.de

www.dermatologie.de

www.fk-bentheim.de

2 Nagelzustand – Anomalien, Krankheiten, Symptome

Wie erkenne ich einen Pilzbefall der Nägel?
- weißliche oder gelbliche Verfärbungen
- Hohlräume
- verdickte Nagelplatte
- Hornschichten blättern ab

Achtung! Wegen Übertragungsgefahr keine Maniküre ohne ärztliche Therapie!

Ansteckungsgefahr – Wichtiger Hinweis!
Häufig sieht die Kosmetikerin während der Nagelanalyse bis erbsengroße, halbkugelige, harte Knötchen mit stacheliger Oberfläche an den Fingern der Kundin.
Hierbei handelt es sich um gewöhnliche Warzen, auch Stachelzellwarzen oder Verrucae vulgares genannt (→ Kapitel VI/2.2). Diese gutartigen Neubildungen der Haut sind wie Nagelpilze infektiös!
Dies gilt ebenso für die am Handrücken vorkommenden flachen, epidermalen Knötchen (Verrucae planae juvenilis) von 3 bis 4 mm Größe.

2.1.5 Neubildungen des Gewebes (Tumoren) im Nagelbereich
Verschiedene Veränderungen an der Nagelplatte, Flecken

Verschiedene gutartige Neubildungen können im Gewebe unter der Nagelplatte ihren Ausgang nehmen oder aus umgebenden Bereichen auf die Nagelregion übergreifen. Daraus ergeben sich Veränderungen an der Nagelplatte.

Tumoren unter der Nagelplatte treten häufig nur als Fleck in Erscheinung und können deshalb oft nicht eindeutig zugeordnet werden. Bei Auftreten von Flecken bzw. Gewebevermehrung unter dem Nagel ist immer auch die Möglichkeit der Ansiedlung von Tochtergeschwüren gegeben.
Von den gutartigen (**benignen**) Tumoren sind bösartige (**maligne**) Geschwülste abzugrenzen.

In Abgrenzung zu malignen Tumoren nehmen gutartige Tumoren meist nur verdrängend und verformend Einfluss auf das Nagelwachstum.

Gutartige Tumoren

- **Nagelablösung**
  - Gewöhnliche Warzen (Verrucae vulgares): wachsen tief ins Nagelbett und führen zur teilweisen Ablösung des Nagels.
  - Geschwulst aus Knochen- und Knorpelgewebe (**Osteochondrome; Exostose**): harte Gewebsverdickungen unter der Nagelplatte, dicht am freien Rand, die zur Abhebung des Nagels führen.
- **Rillen-, Furchenbildung**
  - Falsche Zysten (**Pseudozysten**): über Finger- bzw. Zehenendgliedern als Folge schleimender **Degeneration** des Bindegewebes. Sie führen zur breiten Rillenbildung in der Nagelplatte.
  - Geschwulst aus gefäßreichem Bindegewebe (**Fibrom**): entsteht sowohl am seitlichen und hinteren Nagelfalz als auch unter den Nägeln. Führt zur Furchenbildung und ggf. zu Nagelverkrümmung.
- **Rötliche Flecken**
  - Neugebildetes Gefäßgewebe (**Angiome**): Angiome und Feuermale führen zu rötlicher Fleckbildung unter dem Nagel.

Tumor
lat. Geschwulst; eine gewebliche Neubildung; Überschusswachstum von körpereigenem Gewebe. Geht meist einher mit Verlust spezifischer Zell- und Gewebefunktionen. Kann gut- oder bösartig sein.

benigne
gutartig

maligne
bösartig

Osteochondrome
Geschwulst aus Knochen- und Knorpelgewebe. Kann bösartig entarten.

Exostose
griech. osteon Knochen; von der Knochenoberfläche ausgehende, höckerige Vorsprünge

Pseudozysten
griech. pseudos falsch; nur von Bindegewebe umgebene Geschwulst

Degeneration
Entartung, Ersatz vollwertiger Substanz durch minderwertige Geschwulst

Fibrom
gefäßreiche Bindegewebsgeschwulst

Angiom
griech. angi Gefäß, *oma* Geschwulst; durch Gefäßsprossung entstandene Neubildung von Gefäßgewebe

XI Hand- & Nagelpflege — Lernfeld 4

Bösartige Tumoren

Blau-braun-schwarze Flecken
Entartung der Pigmentzellen (malignes Melanom) u. a. durch traumatische Irritation.

Nagelverdickung

Entartung der Stachelzellen (**Stachelzellkarzinom**)
Chronische Nagelverdickung mit zunehmender Schmerzhaftigkeit und Zerstörung der Nagelplatte.

 Ein harmloser Bluterguss (**Hämatom**) kann zu einer durch die Nagelplatte durchschimmernden blau-schwarzen Verfärbung führen, die vom malignen Melanom nicht zu unterscheiden ist.
Deshalb ist bei dunklen Flecken (**Pigmentierung**) besondere Aufmerksamkeit geboten. Die ursächliche Klärung muss durch den Facharzt erfolgen, erst danach dürfen die Nägel kosmetisch behandelt werden.

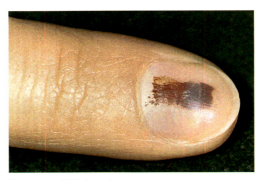

Hämatom, 6 Wochen alt

Wie erkenne ich ein malignes Melanom?

Objektive Kennzeichen (Kosmetikerin)
- schnelle Größenzunahme eines **Nävus**
- Entstehung einer höckerigen Oberfläche
- Zunahme der Pigmentierung
- blau-schwarze Verfärbung
- Blutungsneigung
- rötlicher, entzündlicher Hof um ein Muttermal
- Geschwürbildung
- wächst nicht heraus

Subjektive Kennzeichen (Kundenbefragung)
- Schmerzen
- Juckreiz
- „Gefühl, es arbeitet in der Geschwulst/unter dem Nagel"

2.1.6 Sonstige

Häufig sind Nagelerkrankungen Kennzeichen
- einer Hauterkrankung, z. B. kreisrunder Haarausfall, Pilzerkrankung, Schuppenflechte, Ekzem, **Lichen ruber**.
- einer Arzneimittelschädigung, z. B. **Antibiotika**, Vitamine, Blutgerinnungshemmer (Antikoagulantien), Entzündungshemmer (Antiphlogistika), Schlafmittel (Barbiturate).
- einer inneren Krankheit, z. B. Infektions-, Atemwegs-, Nierenerkrankung, Kreislauf- oder Stoffwechselstörung.

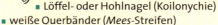 Folgende Nagelerkrankungen (**Onychosen**) deuten auf innere Krankheiten hin:
- weiße Flecken oder Streifen der Nagelplatte (Leukonychie)
- Löffel- oder Hohlnagel (Koilonychie)
- weiße Querbänder (*Mees*-Streifen)
- Krallennagel (Onychogryposen)
- Nagelablösung (Onycholyse)
- Weichwerden der Nagelsubstanz (Hapolonychie)
- Nagelquerrillen (*Beau-Reil*-Furchen)
- punktförmige Grübchen (*Rosenau*sches Zeichen)
- abnorme Brüchigkeit der Nagelplatte (Onychorrhexis)
- Uhrglasnägel (Hippokratische Nägel)
- Spaltung des Nagels (Onychoschisis)

Karzinom
griech. karkinos Krebs; bösartige epitheliale Geschwulst

Stachelzellkarzinom
Entartung der epidermalen Stachelzellen

Hämatom
Bluterguss

Pigmentierung
Farbeinlagerung in die Haut

Nävuszellnävus
(syn. Nävus) Muttermal

Lichen ruber
griech. lichen Flechte; Knötchenflechte

Antibiotika
Sammelbegriff für bestimmte Stoffwechselprodukte von Schimmelpilzen, Streptomyceten oder Bakterien und deren Abwandlungsprodukte mit hemmender oder abtötender Wirkung gegen Viren, Bakterien, Pilze u. a.

Onychosen
Nagelerkrankungen

2 Nagelzustand – Anomalien, Krankheiten, Symptome

2.2 Kennzeichen (Symptome, Nagelerscheinung)

Zustandsänderungen des Nagels können sehr vielfältig sein und verschiedene Teile des Nagels betreffen.

Unvollständige oder unterbliebene Nagelbildung

Bei unvollständigen oder fehlenden Nägeln wird der fehlende Nagel durch ein Narben- oder Ersatzgewebe oder auch durch einen neuen Nagel ersetzt. Ursachen können sein
- anlagemäßige Fehlbildungen,
- erworbene Störungen der Nagelbildung,
- Ablösung des Nagels infolge einer Entzündung, Vergiftung oder Gewalteinwirkung, die zur Zerstörung der Nagelmatrix führen.

Angeborene Entwicklungsstörungen sind nur Einzelbeobachtungen bzw. kommen nur in einzelnen Familien vor. An geeigneten Behandlungsmöglichkeiten mangelt es.

Aplasie: Gewebe- oder Organanlage ist vorhanden, aber die Entwicklung ist ausgeblieben
Hypoplasie: Organanlage ist vorhanden, aber nicht voll entwickelt
Dysplasie: minderwertige oder fehlgebildete Anlage

Verdünnte und verlangsamt wachsende Nägel

Stark verdünnte und langsam wachsende Nägel (in der Regel dann auch brüchig) sind ein Hinweis auf die gestörte Balance zwischen Nahrungsangebot und -bedarf, wodurch es zur Rückentwicklung des normal ausgebildeten Gewebes kommt. Durchblutungsstörungen oder normale Alterserscheinungen (Atrophie) sind häufig ursächlich.

Ablösung des Nagels

Häufiges, krankhaftes Phänomen am Nagel ist die Nagelablösung, die **Onycholyse**, wobei der gelöste Nagel eine vom Normalen abweichende Farbe zeigt. Der teilweisen oder vollständigen Ablösung der Nägel liegen gelegentlich unerkennbare Schäden – zumeist aber Entzündungen oder Verletzungen – zugrunde.

Als Sonderform ist die selbst zugeführte Zerstörung der Nagelplatte durch Instrumente anzuführen. Man bezeichnet dies als **Onychotillomanie**. In solchen Fällen benötigen die Betroffenen eine psychologische Betreuung.

> **Ärztliche Behandlung der Onycholyse**
> Gelöste Nagelteile werden mit einer spitzen Schere unter Vermeidung hebelnder Wirkung auf den noch haftenden Nagel so weit wie möglich entfernt. Der Nagel/Nagelbett-Bereich wird zum Beispiel mit einem **Breitbandantiseptikum** behandelt, um Infektionen und Verunreinigungen zu verhindern. Alternativ werden **Kortikoid**-Tinkturen verwendet.

Onycholyse
Ablösung der Nagelplatte vom Nagelbett

Onychotillomanie
selbst zugeführte Zerstörung des Nagels

Breitbandantiseptikum
chemische Mittel zur Hemmung bzw. Vernichtung der Wundinfektionserreger

Kortikoide
Steroidhormone mit der Ausgangssubstanz Cholesterin; entzündungshemmend

Tabelle XI/1 *Ablösung der Nägel*

Kennzeichen	Prozess	Ursachen
Nagelablösung (Onycholyse)	unter der Nagelplatte oder vom freien Rand her beginnende teilweise oder vollständige Lösung des Nagels vom Nagelbett bei erhaltener Verbindung zur Nagelmatrix	<ul><li>akute oder chronische Entzündungen</li><li>krankhafte Verhornungen</li><li>Verletzungen</li><li>Kälte/Erfrierung</li><li>Einwirkung von Lösungsmitteln</li><li>Tumoren im Nagelbett</li><li>nach Anwendung von Antibiotika (Tetrazyklinen)</li></ul> begleitend bei Hautkrankheiten (Ekzemen, Pilzerkrankungen, bakteriellen Infektionen, Schuppenflechte), seltener bei Schilddrüsenerkrankungen

Veränderungen der Substanz und Nagelplatte (Splitterung, Erweichung)

Brüchige, spröde oder splitternde Nägel werden als Begleiterscheinung verschiedener Hautkrankheiten (Hautpilz, Schuppenflechte, Ekzem, Fischschuppenkrankheit u. a.) und bei Strahlenschäden der Nägel beobachtet. Sie können auch als Nebenwirkungen einer Einnahme von Blutgerinnungsmitteln auftreten, als Folge des Dauerkontakts mit Lösungsmitteln oder keine erkennbaren Ursachen haben.

Tabelle XI/2 *Veränderungen der Nagelsubstanz (Erweichung, Bruch, Splitterung)*

Kennzeichen	Prozess	Ursachen
Nagelaufsplitterung (Onychoschisis)	schichtweise Aufsplitterung der Nägel vom freien Rand her parallel zur Oberfläche. Die Anhaftung zwischen den Nagelzellen vermindert sich und die Zwischenzellsubstanz fehlt schließlich.	<ul><li>unzweckmäßige Maniküre</li><li>Röntgenstrahlen</li><li>Erkrankungen (u. a. Ekzem)</li><li>hormonelle Faktoren</li><li>Mangelernährung</li></ul> häufiges Einwirken alkalischer Waschmittel (gesteigerte Nagelaustrocknung und nachfolgend Wasserabdunstung)
längsfaserige Aufsplitterung abnorm brüchiger Nägel (Onychorrhexis)	Nägel splittern längsfaserig als Folge abnormer Trockenheit, Brüchigkeit und Hohlkehlenbildung auf.	<ul><li>häufiges Waschen</li><li>Einwirkung alkalischer und fettlösender Flüssigkeiten (z. B. Nagellackentferner)</li><li>Hautflechten</li><li>Erkrankungen der Leber und Gallenwege</li><li>Blutarmut (Anämie)</li><li>Alterserscheinung</li><li>nach Strahlenschäden der Matrix seltener: Vitamin-B-Mangel, Gicht, Schilddrüsenerkrankungen</li></ul>
weiche Nagelsubstanz (Hapalonychie) *(ohne Abbildung)*	Quellung und Anlösung des Nagelkeratins	häufiger Kontakt mit Wasser und Lösungsmitteln

2 Nagelzustand – Anomalien, Krankheiten, Symptome

Veränderung des Reliefs

Bei den zahlreichen Schädigungen (**Läsionen**), die das Relief der Nageloberfläche verändern, unterscheidet man
- Grübchen,
- Dellen, Kerben, Querfurchen,
- Hohlkehlen,
- Spalten,
- geringe Konturdefekte (**Usuren**),
- Längs- und Perlrillen sowie
- Defekte nach Blasen oder Pusteln.

Die Ursachen sind sehr vielfältig.

Läsionen
Schädigungen, Verletzung, Störung

Usur
lat. Abnutzung; Schwund von Knochen und Knorpeln (auch der Nagelplatte) an Stellen die sehr beansprucht werden

 Bei Einziehung in der Nagelplatte und quer verlaufenden Furchen sollte der Kunde nachdrücklich auf Krankheiten befragt werden.

Tabelle XI/3 Reliefveränderungen der Nagelplatte

Nagelerscheinung	Prozess	Ursachen
Grübchen (syn. Tüpfel, **Foveolae**)	Fehlverhornte, locker gefügte Zellverbände werden abgestoßen. Es entstehen an der Nageloberfläche kleine, runde, tiefreichende Substanzdefekte.	• Verhornungsanomalie der Nägel • Begleitsymptom bei Schuppenflechte, kreisrundem Haarausfall Auftreten vereinzelter Grübchen in der Nagelplatte gilt als Hinweis auf Gelenkrheuma (Rosenausches Zeichen)!
Dellen, **Usuren**	Flache, umschriebene (Dellen) oder größere Defekte (Usuren) an der Nagelplatte mit unregelmäßiger Begrenzung. In größerer Zahl zeigt der Nagel eine wellige Oberfläche.	• Verhornungsstörung der Nagelzellen • Folge oberflächlicher Entzündungen im Nagelgewebe oder von Handekzem, Schuppenflechte
Querfurchen, Kerben (**Beau-Reil-Querfurchen**)	Vorübergehende Verzögerung des Nagelwachstums führt zu rissartigen, von einem zum anderen Rand über den Nagel verlaufenden Vertiefungen (Nagelfurchen).	• schwere Erkrankungen • akute Mangelsituationen • akute Infektionen • giftige oder medikamentöse Einwirkungen (Thallium, Arsen, Vitamin A u. a.) • Blutgerinnungshemmer • bei isoliertem Auftreten meist örtliche Störungen (Kälteschaden, Verletzung, Ekzemreaktionen, Pilze u. a.)
Hohlkehlen (ohne Abbildung)	längs verlaufende, schmale Hohlräume im Nagel	• Verhornungsstörung. Der Bildung zahlreicher Hohlkehlen, die zur Auffaserung der vorderen Nagelanteile führt, liegt eine Aufsplitterung der Nagelplatte (Onychorrhexis) zugrunde.

XI Hand- & Nagelpflege — Lernfeld 4

Nagelerscheinung	Prozess	Ursachen
Spaltbildungen	Spalt in der Nagelplatte, der am freien Rand beginnt und in den Nagelbereich hineingreift	▪ Schädigung der Nagelmatrix durch mechanische oder chemisch-toxische Schädigungen
Längs- und Perlrillung *(ohne Abbildung)*	zarte, parallel verlaufende Längsrillen, zwischen erhabenen flachen oder perlschnurartigen Streifen verlaufend	▪ altersbedingt, typisches Kennzeichen des Altersnagels Keine krankhafte Bedeutung!

Hippokratische Nägel
große, gewölbte Nägel, oft zusammen mit Trommelschlegelfingern

Koilonychie
griech. *koilos* hohl, *onyx* Nagel; Löffelnagel, Hohlnagel

Pellagra
Vitamin-B2-Nikotinsäuremangelsyndrom; typisch bei vorwiegender Maisernährung; Auftreten meist in Verbindung mit anderen Mangelernährungszuständen

Anomale Form und Nageldicke

Genetische Faktoren, Verletzungen und verschiedene Allgemeinerkrankungen können zu einer verstärkten Krümmung und/oder Verdickung der Nagelplatte führen. Ebenso kann eine Dickenzunahme des Nagels angeboren oder durch äußere Einflüsse (Erfrierung, Verbrennung oder Pilzbefall) verursacht werden.
Bei erheblichem Ausmaß spricht man von Klauenbildung oder Krallennägeln (Onychogrypose).

 Hier ist unbedingt eine regelmäßige Nagelpflege durchzuführen. In jungen Jahren ist die Entfernung des Nagels und eventuell die Verödung des Nagelbettes (vom Facharzt) eine Behandlungsmöglichkeit.

Tabelle XI/4 Form- und Dickenveränderungen der Nägel

Nagelerscheinung	Prozess	Ursachen
Uhrglasnagel (syn. **Hippokratischer Nagel**) ▪ oft zusammen mit Trommelschlegelfingern	Die Nagelplatte verstärkt sich über verdickte Fingerendglieder und wölbt sich rund nach außen (konvex).	▪ Erkrankungen der Atmungsorgane (Bronchien, Lunge) ▪ Herzfehler oder -entzündungen ▪ Aufblähung bzw. Überdehnung des Gewebes (Emphysem) ▪ im Verlauf von Leber-, Schilddrüsenerkrankungen, Dünndarmentzündungen ▪ Eisenmangel ▪ bei bösartigen Tumoren in Lunge, Leber oder im Brustraum
Löffelnagel, Hohlnägel (**Koilonychie**)	muldenförmige Eindellung der Nagelplatte und erhöhte Brüchigkeit durch Störung der Gewebebildung in der Nagelmatrix und im Nagelbett	▪ chronischer Eisenmangel ▪ bei Ekzem ▪ Mangel an Vitamin B2 (**Pellagra**) und C, massive Stoffwechselstörungen ▪ Durchblutungsstörungen ▪ Dünndarmentzündung

2 Nagelzustand – Anomalien, Krankheiten, Symptome

Nagelerscheinung	Prozess	Ursachen
Krallennagel (Onychogrypose) *(ohne Abbildung)*	▪ Überproduktion von Hornsubstanz und Verdrehung des Nagels infolge einer Änderung der Wachstumsrichtung ▪ krallartige Krümmung, Verdickung, z. T. schwärzliche Verfärbung des Nagels	▪ Verletzungen ▪ verminderte Blutzirkulation, Schwäche des Venensystems ▪ diabetische Gefäßkrankheit ▪ Störungen der nervalen Versorgung (Nervenverletzungen) ▪ Höheres Lebensalter fördert die Entstehung. **Großzehen sind besonders betroffen!**
Papageienschnabelnagel *(ohne Abbildung)*	▪ verstärkte Verkrümmung des freien Nagelrandes in Längsrichtung zur Handfläche ▪ die Nagelplatte haftet normal an, Fingerendglied ist normal	**Weitgehend unbekannt!** Wenn die betroffenen Nägel kurz geschnitten werden, bleibt diese Störung unauffällig.
Röhren- und Zangennagel	Krümmung der seitlichen Nagelanteile mit Querverbiegung (Röhrennagel) oder zangenartiges Einschneiden ins untere Gewebe (Zangennagel)	**Unbekannt!** Großzehennägel sind bevorzugt betroffen.
Verdickung des Nagels (Pachyonychie) Verdickung aller Finger- und Zehennägel (Pachyonychia congenita)	▪ Verdickung nimmt vom Nagelfalz zum freien Rand hin zu. ▪ Massive kompakte Hornmassen verbinden den Nagel fest mit dem Nagelbett. ▪ Die Nageloberfläche ist glatt und verstärkt quer verlaufend gekrümmt.	▪ angeboren, anlagebedingte Verhornungsstörung ▪ nach Erfrierungen ▪ nach Verbrennungen ▪ bei Pilzen
verdickte, gelblich-graue Nagelplatte, Lunula nicht sichtbar (Skleronychie) *(ohne Abbildung)*	▪ verlangsamtes Wachstum aller Nägel (Wachstumsrate ca. 0,25 mm/Woche), oft wochenlanger Wachstumsstillstand ▪ Nagel und Nagelbett sind nur locker verbunden, teilweise oder vollständige Nagelablösung	**Unbekannt!** Häufig treten begleitend Atemwegserkrankungen auf (z. B. Entzündungen der Nasennebenhöhlen oder Bronchien) oder auch Störungen der Lymphzirkulation (Yellow-nail-Syndrom).

XI Hand- & Nagelpflege

Lernfeld 4

Veränderungen von Farbe und Glanz der Nägel

Ein normaler Nagel zeigt sich zartrosa, wobei die Farbe von der Blutfülle des unterliegenden Gewebes bestimmt wird. Die Farbe schimmert durch die Hornplatte hindurch. Abweichungen von der normalen Nagelfarbe sind vielfältig bedingt:

- Einlagerung von Pigment (Melanin, **Hämosiderin**) in die Nagelsubstanz,
- Ablagerung von Farbstoffen (Nagellacke, aus Medikamenten oder Giften),
- Veränderung der Durchblutung des Nagelbettes,
- Veränderung der Lichtreflexion durch anormale Verhornung der Nagelzellen,
- Hohlraumbildung in der Nagelplatte und Eindringen von Luft.

Hämosiderin
wasserunlösliche Eisen-Eiweiß-Verbindung; Speicherform des Eisens im Körper

dominant
bestimmendes, beherrschendes Merkmal

Leukonychia trichophytica
Weißfärbung der Nägel durch Fadenpilze

Niereninsuffizienz
Schwäche; ungenügende Leistung der Niere

> **?** Drücken Sie mit einem Spatel auf die Nagelplatte eines hellhäutigen Menschen, so werden Nagel und Nagelgewebe weiß erscheinen. Machen Sie dies bei dunkelhäutigen Kunden, so zeigen sich entsprechend dunkle und zum Teil streifige Färbungen. Was könnte der Grund sein?
> Lösung: Bei dunkelhäutigen Kunden sind die Nägel melaninhaltig. Dies ist Folge der gesteigerten Pigmentproduktion durch die Melanozyten der Nagelmatrix.

Tabelle XI/5 *Weißfleckigkeit, Weißfärbungen des Nagels (***Leukonychie***)*

Nagelerscheinung	Prozess	Ursachen
Weißfleckigkeit, Weißfärbung (Leukonychie) der Nägel - punktförmig (Leukonychia punctata) - strichförmig (Leukonychia striata) - vollständig (Leukonychia totalis) 	Entwicklung weißer Flecken oder Streifen auf der Nagelplatte; sie können in großer Zahl oder nur vereinzelt auftreten.	- Die vollständige Weißfärbung ist **dominant** erblich und entsteht durch Einlagerung von Luftbläschen zwischen den Lamellen der Nagelplatte. - mechanische oder chemische Reize (unzweckmäßige Nagelpflege, Verletzung, Nitritlösungen) - Pilzinfektionen (**Leukonychia trichophytica**) - **Niereninsuffizienz** – hier werden häufig Leukonychien und weiße Querstreifen beobachtet - fieberhafte Erkrankungen - Ernährungsstörungen - Leberzirrhose - Arsenvergiftung - Blutarmut (Anämie) **Für eine Beziehung zu Erkrankungen gibt es keine zuverlässigen Hinweise!** Fleckfieberinfektion oder Verminderung des Albumins im Blut (u. a. bei Leberzirrhose) führen zu weißen Querbändern (Mees-Streifen).
Milchglasnägel *(ohne Abbildung)*	Die Nagelplatte erscheint bis auf einen Saum am freien Rand trübweiß.	- Leberzirrhose - Dünndarmentzündungen

■ 2 Nagelzustand – Anomalien, Krankheiten, Symptome   **297**

Tabelle XI/6   *Dunkle Verfärbungen des Nagels (schwarz, braun, grün)*

Nagelerscheinung	Prozess	Ursachen
diffuse oder fleckförmige Schwarz-/Braunfärbungen	Einlagerung von Farbstoffen oder Pigmenten	■ Einfärbung von außen (Holzbeizen, Filmentwickler u. a.) ■ Einlagerung von Melanin, Hämosiderin ■ Durchscheinen krankhafter Nagelbettprozesse ■ Pigmenteinlagerungen unter dem Nagel ■ Nävuszellnävus im Lunulabereich ■ Erfrierungsschaden
Schwarz-/Braunfärbung aller Nägel (ohne Abbildung)	zumeist durch innere Faktoren ausgelöste flächige Pigmentierung der Nägel	■ Krankheiten ■ Gifte, Arzneimittel (Antimalariamittel, Gold, Silber, Quecksilber u. a.)
hellbraune bis tiefschwarze Hämatome	Bildung von Blutergüssen unter dem Nagel oder Blutungen in die Nagelplatte (Bluteinlagerung). Hämatome wachsen, im Gegensatz zu gut- oder bösartigen Pigmenttumoren, meist mit dem Nagelwachstum zum freien Rand hin vor!	■ Traumen ■ dauerhafter Druck (Fußnägel)
tief dunkelgrün-schwarze Verfärbungen	ausgedehnte, u. U. den gesamten Nagel umfassende Pigmentierung	Infektionen mit Pseudomonas aeruginosa
grün-braune Verfärbungen (ohne Abbildung)	laufen aus dem Gebiet der seitlichen Nagelwälle unter die Nagelplatte	Infektionen mit Candida albicans

Tabelle XI/7   *Sonstige Verfärbungen des Nagels (rot, blau-rot, gelb)*

Nagelerscheinung	Prozess	Ursachen
blau-rötliche Fleckbildungen unter dem Nagel (ohne Abbildung)	Verstärkte Kapillarisierung des Nagelbettes, Neubildung oder Erweiterung von Gefäßen führt zur Rötung (Erythem) oder Blauverfärbung (Zyanose).	■ Niereninsuffizienz (bei bandförmigen Erythemen unter dem Nagel) ■ mangelhafte Sauerstoffversorgung, z. B. bei zentralen Kreislaufstörungen ■ Gefäßveränderungen ■ Gefäßtumore (stehen bleibende rote Flecken unter dem Nagel) ■ Blutschwämme
Gelbverfärbungen *(ohne Abbildung)*		■ Gelbsucht (Ikterus)

XI Hand- & Nagelpflege

Lernfeld 4

Nagelerscheinung	Prozess	Ursachen
Glanznägel	ungewöhnlich glänzende, wie poliert aussehende Nägel	▪ Chronisch juckende **Dermatosen** Betroffene scheuern oder reiben sich kleinste oberflächliche Schuppen von der Nagelplatte ab. ▪ Krankheitstypische Begleiterscheinung bei **endogenem Ekzem**!
Sandpapiernägel (Trachyonychie) *(ohne Abbildung)*	Schädigung der Matrixanteile, aus denen die Nagelplatte entsteht. Nageloberfläche wird matt, aufgeraut und ist von kleinsten, festhaftenden weißlich-grauen Schuppen bedeckt.	▪ unklar

Entzündungen in der Nagelumgebung

Viele entzündliche Veränderungen an Nagelbett, Nagelfalz bzw. Nagelwall lassen sich auf mechanische Manipulationen und Druck zurückführen. Nur vereinzelt sind Bakterien oder Hefen auslösende Faktoren.

Tabelle XI/8 Entzündungen an Nagelbett, -taschen, -wall

Nagelerscheinung	Prozess	Ursachen
eingewachsener Nagel (Unguis incarnatus)	▪ Einwachsen des Nagels (überwiegend an den Zehen) ▪ lokale Entzündung und nachfolgend Bildung von Granulationsgewebe in der seitlichen Nagelfalte Anschließend kommt es zum Nässen, zur Verstärkung der Entzündung und Zunahme des Schmerzes.	▪ zu tiefes seitliches Ausschneiden der Nägel ▪ Stellungsanomalie der Nägel ▪ chronischer Druck, z. B. durch ungünstige Schuhe Gehäuftes Vorkommen bei Diabetes mellitus!
Nagelbettentzündung, Umlauf (**Nagelpanaritium**, Onychie)	▪ Entzündungen infolge einer Wundinfektion mit Eitererregern ▪ Rötung, Schwellung und Druckschmerz folgen	▪ Wundinfektion mit Eitererregern; meist nach geringen Verletzungen (z. B. bei der Nagelpflege), auch „Maniküre-Infektion" genannt
Nagelfalzentzündung (chronische **Paronychie**)	▪ schmerzhafte Schwellung des Nagelwalls ▪ Rötung ▪ Druckschmerz infolge der Entzündung	▪ oft durch Candida albicans hervorgerufen ▪ feuchte Arbeit fördert die Entstehung ▪ falsche Behandlung eines Niednagels, ungeschickte Nagelpflege ▪ bei eitrigen Hauterkrankungen

2 Nagelzustand – Anomalien, Krankheiten, Symptome

Frau Schmitz ist Stammkundin im Institut „Beautyline". Da ihre Tochter am nächsten Tag heiratet, hat Frau Schmitz sich für eine Maniküre angemeldet. Sie wird heute von der Auszubildenden Nadine betreut. Nachdem Nadine alle Vorbereitungen getroffen hat, die benötigten Werkzeuge und Arbeitsmaterialien am Behandlungsplatz von Frau Schmitz bereitliegen, beurteilt sie die Nägel.

Sie zögert mit der Behandlung, denn die Nägel von Frau Schmitz zeigen eigentümliche weiß-gelbliche Verfärbungen.
Nadine ist verunsichert: Soll sie die geplante Maniküre trotzdem durchführen oder besser unterlassen?
Wie sieht der Nagel aus (Aussehen)?
Wie kann es zu der Veränderung kommen (Ursachen)?
Was kann man gegen die Veränderung tun (Behandlung)?
Wie sollte man bei der Maniküre damit umgehen?

Nadine stellt fest: Nagelpilz! Der Kundin wird umgehend der Arztbesuch angeraten.
Keine Maniküre!

Nagelpanaritium
Nagelgeschwür, so genannter Umlauf oder Paronychie; eitrige Entzündung

Paronychie
(syn. Panaritium) eitrige Entzündung am Nagelfalz

Um welche unerwünschten Nagelveränderungen handelt es sich hierbei?

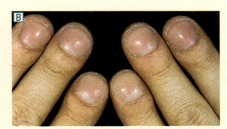
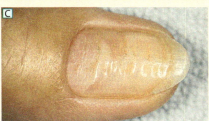
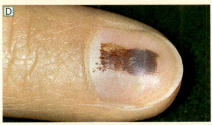

3 Pflegen und Gestalten der Hände und Nägel (Maniküre)

3.1 Der Arbeitsplatz

Ein ordentlicher und gut aufgebauter Arbeitsplatz bei der Hand- und Nagelpflege ist wichtig, um professionell arbeiten zu können.

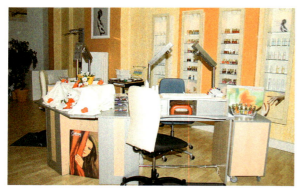

Der Arbeitsplatz

Hierzu gehören:
- das hygienisch einwandfreie Aufbereiten des Arbeitsplatzes (u. a. Handtücher),
- das hygienische Aufbereiten und Positionieren der Arbeitswerkzeuge bzw. Instrumente,
- das Bereitstellen von Präparaten und weiteren Hilfsmitteln (u. a. Papiertücher, Wattepads) in unmittelbarer Reichweite.

Eine bequeme Handstütze und eine gute Arbeitsleuchte zur Ausleuchtung des Arbeitsfeldes sind ebenso wichtig. Wird die Behandlung im Sitzen durchgeführt, so sind speziell konstruierte Manikürtische hilfreich, denn sie ermöglichen eine bessere Arbeitshaltung.

Instrumente am Arbeitsplatz

- Hand-/Fingerbadschale ①
- Sandpapierfeilen verschiedener Körnung ②
- Rosenholzstäbchen, Pferdefüßchen ③
- Nagelpolierer ④
- Nagelhautzupfzange ⑤

Hygieneschutzmittel

- Handdesinfektionsmittel
- Mittel zum Desinfizieren der Instrumente
- Wunddesinfektionsmittel
- Kunststoffspatel zur Produktentnahme
- atmungsaktiver Mundschutz
- Schutzhandschuhe
- Staubpinsel oder Bürste zum Entfernen von Feilstaub
- Frotteehandtücher, auskochbar
- Wattepads, -stäbchen
- Papiertücher

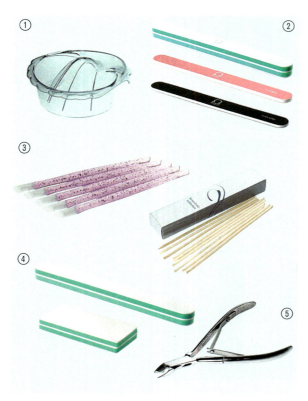

Instrumente am Arbeitsplatz

 Achten Sie bei der Aufbereitung der Instrumente auf die Hygienevorschriften!

 Ein leichter, atmungsaktiver Mundschutz dient dem Schutz vor Feinstaub. Er ist sehr empfehlenswert beim Feilen der Nägel, vor allem bei Allergikern.

Präparate

Nagellackentferner
Nagelhautentferner
Nagelöl oder -creme
Massagecreme oder -öl
Unterlack

Nagelhärter
Rillenfüller
Farblack, Top-Lack
Korrekturstift
Wasser und Waschpräparat (Tensidlösung)

Weiterhin sollten unbedingt griffbereit sein:
- Analysebogen Nagelpflege (→ Kapitel XI/1.2)
- Heimpflegeplan
- Schreibwerkzeug

 Durch den anfallenden Feilstaub bei der Nagelpflege empfiehlt sich aus hygienischen Gründen die Abtrennung des Arbeitsbereiches von der üblichen kosmetischen Behandlungsliege. Dies trifft besonders für die Fußpflege und Nagelmodellage zu!

 Bis heute ist kein optimales Absauggerät für Feilstaub entwickelt worden. Kosmetikerinnen – besonders Nail-Designerinnen – werden trotz Mundschutz in erhöhtem Maße mit Staubpartikeln **kontaminiert** und nehmen diese in den Körper auf. Hier besteht noch großer Handlungsbedarf zum Schutz der Gesundheit!

kontaminiert/ Kontamination
lat. contaminare besudeln; mit fremdartigen Stoffen in Berührung kommen; mikrobielle Verunreinigung

Besonders problematisch ist es, wenn pilzbefallene Nägel nicht als solche erkannt und deshalb gefeilt werden (→ Kapitel XI/2.2).

Neben der Hygiene und dem Bereithalten der erforderlichen Hilfsmittel sind ebenso das Raumambiente und die Arbeitsatmosphäre wichtige Aspekte am Arbeitsplatz. Der Kunde möchte sich während der Behandlung rundum wohl fühlen.

Anregungen für ein „Wohlfühl-Ambiente"

- Leise Entspannungsmusik
  Es gibt eine große Auswahl an beruhigender, entspannender Musik, die für Kosmetikinstitute geeignet ist (Anregungen und Bezugsquellen Gema-freier CDs→Fachzeitschriften). Ist die Musik störend für den restlichen Behandlungsbereich oder hat der Kunde sehr individuelle Wünsche, so wird als Service bereits bei separat gebuchter Hand- und Nagelpflege (→ Kapitel XI/3.6, Behandlungskonzepte in der Kabine) mit Kopfhörern gearbeitet.

Maniküreplatz mit Absaugvorrichtung

- Bewirtung
  Das Angebot von Mineralwasser, Fruchtsäften oder verschiedenen Tees gehört mittlerweile standardmäßig zum Kundenservice.
- Raumbeduftung

 Bieten Sie Ihren Kunden Getränke vor oder nach der Behandlung an. Darüber hinaus ist Essen oder Trinken am Arbeitsplatz aus hygienischen Gründen nicht wünschenswert!

Auch ätherische Öle, die jahreszeitlich oder auch stimmungsabhängig ausgewählt werden, tragen zur positiven Gesamtatmosphäre bei.

 Achten Sie auf eine geringe Dosierung der ätherischen Öle!

3.2 Hygiene und Verordnungen

Bei der Ausübung der Hand- und Fußpflege arbeitet die Kosmetikerin mit Instrumenten, die bestimmungsgemäß die Haut des Kunden verletzen oder unbeabsichtigt Verletzungen verursachen können.

In diesen Fällen ist die **Hygiene-Verordnung** (→ Kapitel III/2.1) maßgebend.

Halten Sie die nachfolgend aufgeführten Hygieneanforderungen bei der Hand- und Nagelpflege ein! Sie erfüllen dann alle gesetzlich vorgegebenen Pflichten.

Die Hygiene-Verordnung soll verhindern helfen, dass Krankheiten wie Hepatitis B und C oder AIDS, die insbesondere durch Blut übertragen werden können, im Rahmen der kosmetischen Tätigkeit verbreitet werden.
Krankheitserreger wie HIV können bereits über winzige Blutmengen, die z. B. an der Nagelschere haften, übertragen werden.

Bilden Sie drei Arbeitsgruppen aus „Hygieneexperten". Erstellen Sie anhand der Fachinformationen in Kapitel III eine Checkliste für die Anforderungen in der Hand- und Nagelpflege.
Gruppe 1: Checkliste „Hygiene am Arbeitsplatz und Raumbedingungen"
Gruppe 2: Checkliste „Individual- und Kundenhygiene"
Gruppe 3: Checkliste „ Instrumentenhygiene"

www.schuelke-mayr.com
→ Deutschland →
Kosmetikindustrie →
Hygienekontrolle

Inkubator
lat. incubare auf etwas liegen, bewachen, bebrüten

Beschaffenheit von Arbeitsraum und Arbeitsbereich

Für den Arbeitsbereich der Hand- und Nagelpflege treffen alle Richtlinien der Hygiene-Verordnung zu, z. B. Desinfektion der Arbeitsflächen, glatter fugenfreier Fußboden, das Vorhandensein einer Kundentoilette und eines Handwaschbeckens.

Das Handwaschbecken ist möglichst so weit von der Behandlungseinheit entfernt zu installieren, dass keine zusätzliche Infektionsgefahr durch Spritzwasser (Verbreitung von Nasskeimen) besteht. Dies ist besonders für die Fußpflege wichtig!

Individualhygiene der Kosmetikerin

Vor Beginn der Hand- und Nagelpflege muss die Kosmetikerin einige wichtige Hygienemaßnahmen vornehmen:
- Schmuck (Ringe, Armreifen, Armbanduhren) ablegen, da sie die Händereinigung beeinträchtigen und als Keimträger wirken können.
- Hände zunächst gründlich mit Flüssigseife waschen und mit Einmalhandtüchern trocknen.
- Anschließend erfolgt die Händedesinfektion mit **DGHM**-geprüften chemischen Desinfektionsmitteln, und zwar unter Einhaltung der erforderlichen Einwirkungszeit (in der Regel 30 Sekunden).

DGHM
Deutsche **G**esellschaft für **H**ygiene und **M**ikrobiologie

Liste der DGHM-geprüften Desinfektionsmittel → mhp-Verlag GmbH, Ostring 13, 65205 Wiesbaden

Welche Anforderungen sollten Schutzhandschuhe erfüllen?
- Einmalgebrauch
- flüssigkeitsundurchlässig
- allergenarm

Verwenden Sie für jeden Kunden neue Einmalhandschuhe! Nur ungepuderte Latexhandschuhe benutzen (Gefahr der Entstehung einer Allergie). Besser geeignet sind Vinylhandschuhe.

■ 3 Pflegen und Gestalten der Hände und Nägel (Maniküre)

Das Tragen von Einmalhandschuhen ist notwendig:
- wenn mit einer Verletzung der Haut zu rechnen ist,
- wenn mit Blutkontakt zu rechnen ist,
- bei Verletzungen oder Hauterkrankungen der Kosmetikerin **oder** Kundin,
- wenn die Hände bei der Behandlung in Kontakt mit Chemikalien kommen.

Vor der Behandlung gilt: **Erst** Hände waschen, **dann** desinfizieren. Nach der Behandlung gilt: Nach dem Ausziehen der Schutzhandschuhe erst die Hände desinfizieren, dann waschen!

Ein Mundschutz ist für alle Arbeiten empfehlenswert, bei denen eine Inhalation von feinsten Partikeln oder Flüssigkeiten nicht ausgeschlossen werden kann (z. B. Feilen der Nägel, Schleifen der Hornhaut bei der Fußpflege).
Mundschutz ist in jedem Fall bei der Nagelmodellage wichtig (→ Kapitel XI/5)!

Hygienemaßnahmen beim Kunden

Folgende Grundregeln sollten unbedingt eingehalten werden:
- Die zu behandelnden Hautflächen der Kundin desinfizieren.
- Die zu desinfizierende Hautfläche mit dem Mittel benetzen und mindestens 15 Sekunden einwirken lassen.

Immer Herstellerangaben beachten! Ist es versehentlich zu einer Hautverletzung an den Händen oder Füßen gekommen, ist die Wundregion mit einem geeigneten **Antiseptikum** zu behandeln.
Unfallähnliche Verletzungen, z. B. das Herunterfallen einer spitzen Schere auf den Fußrücken einer Kundin, sind aus versicherungstechnischen Gründen schriftlich zu dokumentieren (Name der Kundin, Datum der Behandlung, Vorgang des Geschehens, Erste-Hilfe-Maßnahmen, weitere Schritte und Empfehlungen).

Antiseptikum
chemisches Mittel zur Hemmung bzw. Vernichtung der Wundinfektionserreger innerhalb der Wunde

Alkohole zur Desinfektion: Wie unterscheidet sich die desinfizierende Wirkung von 70 %igem Isopropylalkohol und 70 %igem Ethanol?
Prozentangaben bei Alkohol-Wasser-Mischungen beziehen sich üblicherweise auf Volumenprozent-Konzentrationen (Vol.-%).
- 2-Propanol (70 %ig) ist stärker antibakteriell wirksam,
- Ethanol (70 %ig) ist stärker **viruzid** (aber nicht gegen Hepatitis).
1-Propanol wirkt noch etwas stärker **mikrobizid** und wird in 50- bis 60 %iger Konzentration zur Händedesinfektion eingesetzt.
Die Anwendungskonzentration richtet sich nach dem zu behandelnden Gut:
- mind. 80 %iges Ethanol bei feuchten Gegenständen und nach dem Händewaschen mit Wasser und Seife,
- 70 %iges Ethanol für trockene Gegenstände und hygienische Händedesinfektion.

viruzid
Viren zerstörend

mikrobizid
zerstörend auf Kleinstlebewesen (Bakterien, Viren, Kleinpilze)

Alkohole töten lediglich vegetative Keime ab. Sie wirken auch in konzentrierter Form nicht gegen die Vermehrungs- und Dauerformen der Kleinstlebewesen (Sporen).

Aufbereitung der Instrumente

Bei der Nagelpflege können Instrumente versehentlich zu Verletzungen führen. Sie sind grundsätzlich als „kontaminiert" anzusehen und müssen deshalb **immer desinfiziert** werden. Bei der Fußpflege werden Arbeitswerkzeuge manchmal gezielt zur Verletzung der Haut eingesetzt (z. B. Fräsen zum Entfernen tief sitzender Hühneraugen oder Instrumente zum Herausheben eingewachsener Nägel). Hier ist die **sterile Aufbereitung** vorgeschrieben. Alternativ dürfen nur sterile Einmalinstrumente verwendet werden.

XI Hand- & Nagelpflege   Lernfeld 4

Autoklav; Sterilisation unter heißem Dampfdruck im Vakuum

 Desinfektion der Werkzeuge ist Pflicht – Sterilisation ist nur in Ausnahmefällen notwendig. Einmalinstrumente sind immer steril verpackt.

Die Instrumentenaufbereitung (Desinfektion oder Sterilisation) ist abhängig
- vom geplanten Eingriff am Nagel,
- von der Materialverträglichkeit des Arbeitswerkzeuges.

 Heißluftsterilisation ist nur für hitzebeständige Materialien (z. B. Glas und Metall) anwendbar, Dampfsterilisation darüber hinaus auch für bestimmte Gummiarten, Kunststoffe und Textilien.

Umluftsterilisator

Instrumentenhygiene bei ambulanter bzw. mobiler Hand- und Fußpflege
Instrumente sollen nach jedem Kundenbesuch in eine Desinfektionslösung eingelegt werden. Jedoch ist aufgrund der erforderlichen Einwirkzeit und fehlender Nachreinigung eine sachgerechte Aufbereitung unterwegs praktisch nicht möglich. Deshalb ist die Mitnahme und entsprechende Vorbereitung einer ausreichenden Anzahl von Instrumentensätzen für die erwartete Anzahl der Kunden erforderlich.

Arbeitsschritte bei der Instrumentenaufbereitung

↓

Desinfektion: Einlegen der Instrumente in entsprechende Desinfektionslösung

↓

Reinigung: Falls die Instrumente stark verschmutzt und verklebt sind, ist ggf. eine aktive mechanische Reinigung (z. B. mit Bürste und Spülwasser) erforderlich.

↓

Nachbereitung und Aufbewahrung: Instrumente, mit denen die Haut bestimmungsgemäß verletzt wird (z. B. Fräser), sind nach der Desinfektion und Reinigung in geeigneten Sets zu verpacken, zu sterilisieren und bis zur nächsten Verwendung steril aufzubewahren. Ansonsten reicht es aus, die aufbereiteten Instrumente sauber und trocken aufzubewahren. Die Aufbewahrungsbehälter sind wöchentlich zu desinfizieren.

 Bei der Nachbereitung und Aufbewahrung kann es zu einer Neukontamination mit verbliebenen Krankheitserregern oder Nasskeimen kommen. Deshalb muss eventuell nochmals eine Desinfektion plus Schlussreinigung angeschlossen werden.

Instrumentenvorbereitung für bestimmte Behandlungen

Geplante Verletzung der Haut (z. B. Entfernung tief eingewachsener Nägel):
- Nur sterilisierte Geräte, Werkzeuge oder Einmalgegenstände verwenden.
- Einmalmaterialien sind nach dem ersten Gebrauch zu entsorgen.
- Mehrfach verwendbare Geräte (z. B. Scheren) sind nach jedem Gebrauch zunächst einer desinfizierenden Reinigung und anschließend einer Heißluft- oder Dampfsterilisation zu unterziehen sowie bis zur nächsten Anwendung geschützt aufzubewahren.

Verletzung der Haut ist möglich (z. B. Nagelhautentfernung mit Hautzupfzange):
- Nach jedem Gebrauch Geräte reinigen und mindestens an jedem Arbeitstag desinfizieren (Kundenschutz).
- Kommt es zu einer unbeabsichtigten Verletzung, sind Arbeitsgeräte sofort zu desinfizieren und danach sorgfältig zu reinigen (Eigenschutz und Kundenschutz).

Aufbereitung der Wäsche (Handtücher und Arbeitskleidung)

Da es bei der Maniküre und vor allem bei der Nagelmodellage zu erheblichem Staubaufkommen und Aufwirbeln von Hornmaterial kommt, muss die Wäsche in jedem Fall kochbar sein.

Als ausreichendes Aufbereitungsverfahren gilt 30 Minuten kochen unter Zusatz von Waschmitteln. Sollten krankmachende (pathogene) Keime wie Pilzsporen oder Bakterien vorhanden sein, ist das Einlegen der Textilien in Lösungen eines DGHM-gelisteten Wäschedesinfektionsmittels empfehlenswert.

Entsorgung der Abfälle von Hand- und Nagelpflege

Scharfe, spitze oder zerbrechliche Gegenstände (z. B. spitze Scheren) dürfen nur in stich- oder bruchfesten, verschließbaren Einwegbehältern oder Verpackungen entsorgt werden – auch wenn sie desinfiziert sind! Als Sammelgefäße eignen sich z. B. spezielle Kanülenabwurfboxen oder leere Desinfektionsmittelbehälter, die fest verschlossen mit dem Hausmüll entsorgt werden. Der übrige Abfall einschließlich der mit Blut kontaminierten Gegenstände ist in undurchsichtigen, flüssigkeitsdichten und widerstandsfähigen Kunststoffsäcken zu sammeln, zu transportieren und nicht gestaucht dem Hausmüll beizugeben.

Bei Fragen zur Hygiene-Verordnung oder zu deren Erläuterungen wenden Sie sich an das örtliche Gesundheitsamt. Auch Landesinstitute für den Öffentlichen Gesundheitsdienst geben Auskunft.

> Korrektes Arbeiten erfordert das Tragen von Arbeitskleidung, die kochbar oder mindestens bei 60 °C waschbar ist. Ein immer wieder kontrovers diskutiertes Thema unter Kosmetikerinnen! Handgestrickte Pullover und Seidenblusen sehen zwar sehr ansprechend aus, können aber nicht ausreichend hochtemperiert gereinigt werden.

Wo gibt es Listen zu anerkannten Desinfektionsmitteln?	
DGHM (Deutsche Gesellschaft für Hygiene und Mikrobiologie)	Bestellung der DGHM-Desinfektionsmittel-Liste über: mhp-Verlag GmbH, Ostring 13, 65205 Wiesbaden
RKI (Robert-Koch-Institut)	Bestellung der Liste der vom RKI geprüften und anerkannten Desinfektionsmittel und -verfahren über: Robert-Koch-Institut, Nordufer 20, 13353 Berlin

Wo kann ich mich grundsätzlich über Hygiene und Arbeitsschutz informieren?	
Robert-Koch-Institut	www.rki.de/Gesund/Desinf/Desinfli.htm
Bundesministerium für Gesundheit und Soziale Sicherung	Bestellung des Medizinproduktegesetzes (MPG) und der Medizinprodukte-Betreiberverordnung (MPBetreibV) über: www.bmgs.bund.de
Berufsgenossenschaften	BGW Berufsgenossenschaft für Gesundheitsdienst und Wohlfahrtspflege, Pappelallee 35–37, 22089 Hamburg www.bgw-online.de
Ministerium für Gesundheit, Soziales, Frauen und Familie (in den Bundesländern unterschiedlich)	Beispiel für das Land Nordrhein-Westfalen: www.mgsff.nrw.de
Gesellschaft für Dermopharmazie (GD)	www.gd-online.de/german/fgruppen/magistral/hygienerichtlinie.html

Hygieneplan

Hygienemittelhersteller bieten spezielle Hygienepläne für das Berufsfeld Kosmetik an. Diese Pläne erleichtern das hygienische Arbeiten in der Praxis. Sie dienen auch der Eigenkontrolle: was, wann, womit und wie gemacht wird. Durch die Unterschrift können Verantwortliche zurückverfolgt werden, so dass alle Mitarbeiter zu verantwortungsbewusstem Handeln angehalten werden.

Desinfektionsplan
Muster als Ausfüllhilfe*

Nur Mittel und Methoden verwenden, die in folgenden Listen aufgeführt sind:
- Liste der von der Deutschen Gesellschaft für Hygiene und Mikrobiologie (DGHM – VII. Liste) als wirksam befundenen Desinfektionverfahren und/oder
- Liste der vom Robert Koch-Institut anerkannten Desinfektionsmittel- und verfahren.
- Achten Sie auf vollständig begutachtete Präparate (z.B. HBV/HIV)

WAS wird gemacht	WANN ist es zu tun	WOMIT muß es getan werden	WIE wird es gemacht	WER** persönliche Namen eintragen
Händedesinfektion hygienisch	Vor und nach jeder Behandlung	Desderman* N gebrauchsfertiges, alkoholbasiertes Präparat	Hände vollständig mit Präparat benetzen (ohne Wasser), 30 Sekunden lang feuchthalten und verreiben. Danach bei Bedarf Handschuhe anlegen.	
Desinfektion kleiner Hautpartien	Vor der Behandlung	Kodan* Tinktur Forte gebrauchsfertige, farblose Lösung	Hautflächen mit Kodan* Tinktur Forte einsprühen (voll benetzen). Einwirkzeit (sec): 15	
Hautverletzungen	Vor dem Pflaster	Octenisept* Wunddesinfektion	Wundareal besprühen	
Hände und Kleinflächen	unterwegs	Kodan* Tücher Desinfektionstücher für Haut, Hände, kleine Flächen	Haut und kleine Flächen abreiben. Einwirkzeit (sec): Haut 15; (min): Flächen 5	
Allgemeine Instrumente	Sofort nach Gebrauch desinfizieren, reinigen, trocknen und ggf. sterilisieren	Lysetol* Med Gebrauchslösung in %: 2 Ultraschall-Gerät	Instrumente einlegen. Nach Einwirkzeit (min) 60 mechanisch reinigen, abspülen und ggf. sterilisieren. Standzeit der Gebrauchslösung (Tage): 7 oder Ultraschall 4 % = (min.): 5	
Maschinelle Instrumentendesinfektion	Einsortieren sofort nach der Behandlung. Lagerung im Gerät vor der Desinfektion nicht über 8 Stunden. Hygienisch lagern.	Thermosept* RKI - Pulverreiniger, RKF - Flüssigreiniger, NKP - Neutralisator, KSK - Klarspüler Thermodesinfektionsgerät	nach Gebrauchsanleitung behandeln	
Sterilisation	Nach der Desinfektion, soweit erforderlich.	Dampfsterilisator (Autoklav) bzw. Heißluftsterilisator mit automatischer Luftumwälzung	Instrumente in Folienbeutel oder in Kassetten im Sterilisator legen. Nach Hersteller-Empfehlung sterilisieren.	
Thermolabile Instrumente (z. B Endoskope)	Sofort nach Gebrauch desinfizieren und reinigen	Gigasept* Med Gebrauchslösung in %: 4 Gebrauchslösung in %: 1,5	Aufbereitung nach Bedienungsanleitung des Herstellers Einwirkzeit (min): 15 Einwirkzeit (min): 60	
Kleine Flächen o. Reinigung	Nach jeder Behandlung	Mikrozid* Liquid	Flächen einfach absprühen, voll benetzen, abtrocknen lassen, nicht nachwischen Einwirkzeit (min): 60	
Große Flächen Behandlungsstuhl etc.	Nach Dienstschluss und nach Bedarf	Quartamon* Med Gebrauchslösung in %: 1	Mit in Desinfektionsmittellösung getränktem Tuch abwischen. (Schutzhandschuhe) Einwirkzeit (min): 60	
Wäsche	Der Arbeitskittel bzw. die Oberbekleidung sind möglichst täglich zu wechseln.	Waschmaschine	Nach Gebrauch Kochwaschgang in haushaltsüblicher Waschmaschine.	
Abfall	Abfalleimer täglich mit Grobdesinfektionsmittellösung desinfizieren.	Spitze, scharfe und zerbrechliche Gegenstände dürfen nur sicher umschlossen in den Abfall gegeben werden. Plastiktüten sind als Einwegmaterial zu handhaben. Praxisabfall kann ebenso wie Hausmüll entsorgt werden. Sondermüll-Entsorgung: gemäß kommunaler Vorschriften.		

Funktionsprüfung des Sterilisationsgerätes mit Hilfe von Sporenprüfpäckchen

Empfohlen werden: ■ SM 1-Spender für Flüssigseifen ■ S&M-Instrumentenwanne inkl. Sieb, Deckel und Einleg-Schlitz ■ Einmal-Handtücher ■ Schutzhandschuhe

Um der Überwachungspflicht zu genügen, sind wiederholte Belehrungen über den Hautschutz- und Desinfektionsplan und das Medizinprodukt notwendig, deren schriftlicher Nachweis verpflichtend ist.

Belehrungen am:

Studiostempel/Unterschrift

S&M Schülke & Mayr

1037/1/02/04

Diese Pläne wurden überreicht durch die Firma Schülke & Mayr GmbH, 22840 Norderstedt · Telefon: 040 - 521 00 666 (Produkt- und Anwendungsberatung) · www.schuelke-mayr.com
Produktzusammensetzung, Anwendungsgebiete, Vorsichtsmaßnahmen, Nebenwirkungen und Risiken entnehmen Sie den Packungsetiketten.

Wann mache ich was?

- Hautreinigung: vor Pausen, nach der Arbeit, nach sichtbaren Verschmutzungen
- Hautschutz: vor Arbeitsbeginn, nach Pausen oder zwischendurch
- Hautpflege: nach Arbeitsende, ggf. nach Hautreinigung und bei Bedarf bzw. morgens und abends
- Händedesinfektion: vor und nach Kundenkontakt und nach Kontakt mit kontaminiertem Arbeitsmaterial

■ 3 Pflegen und Gestalten der Hände und Nägel (Maniküre) 307

 Tragen Sie die für die Hand- und Nagelpflege geeigneten Präparate bzw. Verfahren, die Ihnen in der Praxis zur Verfügung stehen, in einen Desinfektionsplan ein!

3.3 Kundenberatung

Im Kosmetikinstitut fragen viele Kundinnen – zunehmend auch Männer – nach Behandlungsmöglichkeiten, um den Zustand ihrer Naturnägel zu verbessern. Sie erkundigen sich auch nach wirkstoffreichen Produkten, die den Nägeln verloren gegangene Vitalstoffe zurückgeben und sie widerstandsfähiger machen.

Schöne feste Fingernägel mit einheitlicher Struktur hat heute fast niemand mehr. Ob die allgemeinen Umweltbelastungen, übermäßigen Waschgewohnheiten oder ernährungsbedingte Fehlversorgungen zur schlechten Nagelsubstanz beitragen, kann abschließend nicht beantwortet werden.

Der Naturnagel besitzt hydrophile (Wasser liebende) und lipophile (Fett liebende) Eigenschaften. Die schwammähnliche Struktur des Naturnagels nimmt Feuchtigkeit sowie Fett auf und kann aufquellen. Diese Eigenschaften sind individuell verschieden und Schwankungen unterworfen. Dies erklärt, warum eine sachgerechte Pflege an die individuellen Bedürfnisse des Kunden angepasst werden muss.

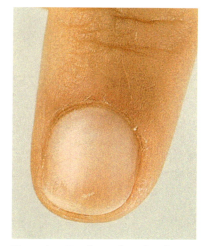

Finger einer Kundin vor der Behandlung

Voraussetzung für den Behandlungserfolg sind eine gute Beratung und regelmäßige Pflegetermine im Institut.

Zu einer guten Beratung gehört, dass Kunden über die geeigneten Pflegemaßnahmen und individuellen Gestaltungsmöglichkeiten ihrer Nägel genau in Kenntnis gesetzt werden. Dies geschieht immer auf Grundlage der vorangegangenen Beurteilung der natürlichen Form von Nägeln, Fingern und Händen (→ Kapitel XI/1.2 Analysebogen).

 Um die geeignete Nagellänge zu finden, orientiert sich die Kosmetikerin an
- der natürlichen Nagelform (oval, lang-schmal, trapezförmig, breit),
- den Händen (Länge und Breite der Finger, Handform),
- den Wünschen (u. a. Nagelform, Farbe des Decklacks),
- der beruflichen Tätigkeit der Kunden,
- ggf. dem Modetrend.

Als gute Beraterin weist die Kosmetikerin die Kundin aber auch nachdrücklich auf unvorteilhafte „Wünsche" hin.

 Kundenberatung
- Die angestrebte Nagelform oder -länge ist ungeeignet für die berufliche Tätigkeit der Kundin (z. B. Fleischereifachverkäuferin, Floristin).
- Überlange, sehr schmal gefeilte Nägel splittern oder brechen immer leichter ab, weil sie mechanisch instabiler sind.
- Der gewünschte Lack (z. B. blutrot) harmoniert nicht mit der Hautkondition oder -coloration.
- Bei zerkratzten Händen oder bei marmorierter Hautzeichnung der Hände infolge einer Durchblutungsstörung ist eine auffallende Lackierung der Nägel unvorteilhaft.

Die optimale Kundenberatung setzt stets eine korrekte Analyse der individuellen Gegebenheiten (Zustand von Händen und Nagelform) voraus und berücksichtigt spezielle Kundenwünsche.

Danach werden alle Details mit der Kundin besprochen und es wird gemeinsam die Behandlung im Institut festgelegt. Die in der Kabine verwendeten Präparate und Behandlungsmaßnahmen trägt die Kosmetikerin in eine Kundenkarte ein. Nach Abschluss der Behandlung werden der Kundin geeignete Präparate für die Heimpflege erklärt und in einen Pflegeplan eingetragen.

Pflegeempfehlungen symbolisieren nicht nur Fachkompetenz, sondern fördern auch den Verkauf von Hand- und Nagelpflegeprodukten.

Die Praxis zeigt, dass bei der Beratung viel zu selten der Hautzustand der Hände berücksichtigt wird. Übermäßige Waschgewohnheiten der Endverbraucher, häufiger und langer Kontakt mit waschaktiven Substanzen (Tensiden) und aggressiven Lösungsmitteln führen zum Feuchtigkeits- und Fettentzug und begünstigen das Entstehen trockener Haut an den Händen.

Die Kosmetikerin trägt mit gezielten Pflegeempfehlungen dazu bei, den Übergang von trockener Haut (Sebostase) in das Handekzem zu vermeiden.

Die drei Säulen des Behandlungserfolgs

Die Beratung ist ein wichtiger Eckpfeiler des Behandlungserfolges. Die Kosmetikerin sollte die Kunden wiederholt darauf hinweisen und darüber aufklären, dass
- äußere Belastungen (scharfe Flüssigkeiten, Haushaltsreiniger, Lösungsmittel),
- Erkrankungen,
- Stoffwechselstörungen oder
- Mangelerscheinungen, z. B. als Folge einer Diät oder einseitigen Ernährung, den Pflegeerfolg negativ beeinflussen.

Die professionelle Behandlung im Institut sowie die regelmäßige Heimpflege sind für die Verbesserung des Nagelbildes unerlässlich. Dabei bedarf es jedoch der konsequenten Mitarbeit durch die Kundin!

In der Regel sind Kunden, die eine Maniküre in Anspruch nehmen, sehr offen für Pflegetipps und Behandlungsvorschläge. Sie wünschen auch über Trends informiert zu werden. Kosmetikerinnen besuchen deshalb die jährlich stattfindenden Fachmessen, auf denen aktuelle Highlights im Hinblick auf Farben sowie innovative Techniken vorgestellt werden. Daneben gibt es auch eine Reihe von Veranstaltungen zur beruflichen Weiterbildung.

Informieren Sie sich, wann die nächste Fachmesse oder Weiterbildung in Ihrer Umgebung stattfindet. Kontakt über:

www.ki-online.de
www.beauty-forum-akademie.de
www.hair-and-make-up-company.de

Achten Sie in der Praxis auf folgende Details:
- höflicher Umgang mit den Kunden,
- zuvorkommende Gesten, z. B. das Angebot von Erfrischungsgetränken,
- ausreichender Sitzkomfort während der Maniküre,
- entspannende, ruhige Atmosphäre im Behandlungsraum,
- gute Raumluft,
- ästhetisches Auftreten (u. a. gepflegte Hände, korrekte Arbeitskleidung, keine Körpergerüche – eingeschlossen Nikotin).

3.4 Arbeitsablauf der Maniküre und Hilfsmittel

Die Hand- und Nagelpflege wird als **Maniküre** bezeichnet. In der Kosmetik grenzt man sie von der Erstellung künstlicher Nägel (**Nagelmodellage**) und deren Gestaltung (**Nail Art**) ab.

 In der kosmetischen Praxis werden unterschieden:
- natürliche Hand- und Nagelpflege (Maniküre oder Natural Nail Care) sowie
- Erstellen und Gestalten von Kunstnägeln mit unterschiedlichen Techniken (Nagelmodellage, Nail Art).

Maniküre
lat. manus Hand, *cura* Sorge, Pflege; Hand-, besonders Nagelpflege

Nagelmodellage
Erstellung künstlicher Nägel unter Anwendung unterschiedlicher Materialien in bestimmten Härtungsverfahren

Nail Art
engl. nail Nagel, *art* Kunst; Verzieren der Nägel mittels unterschiedlicher Methoden

3.4.1 Maniküre im Praxisablauf

Die Maniküre ist eine Zusatzleistung in der kosmetischen Praxis, die separat ausgewiesen sowie berechnet wird. Sie wird von Kunden als Einzelleistung in Anspruch genommen oder im Zusammenhang mit einer Gesichtsbehandlung gebucht.

Zeitplanung

Sind Nägel und Hände der Kundin unproblematisch und relativ gut gepflegt, so benötigt eine erfahrene Kosmetikerin etwa 20 Minuten für die Maniküre ohne Lackieren der Nägel. Dies entspricht etwa der Einwirkzeit herkömmlicher Gesichtsmasken, so dass bei Einbindung in eine 90-minütige Gesichtsbehandlung die Hand- und Nagelpflege während der Masken(ein)wirkzeit durchgeführt wird.

Die Bearbeitung problematischer, rissiger, trockener Nägel oder eine aufwändige Maniküre erfordern mehr Zeit, was bei der Planung der Arbeitszeit zu berücksichtigen ist. Hat die Kundin wenig Zeit oder ist der Kosmetikbetrieb eher auf 90-minütige Behandlungseinheiten terminiert (z. B. in Instituten), so arbeitet gegebenenfalls eine weitere Kollegin mit in der Kabine und übernimmt diese Dienstleistung.

 Einbindung der Maniküre in Praxisabläufe
- während der klassischen 90-minütigen Gesichtsbehandlung (nur möglich als Kleine Maniküre);
- im Rahmen 2-stündiger oder längerer Intensivbehandlungen (Große Maniküre mit Handpeeling, -packung, Armmassage usw.).

Der Zeitdruck darf die Arbeitsleistung nicht beeinträchtigen.

3.4.2 Arbeitsablauf

Die professionelle Hand- und Nagelpflege im Kosmetikinstitut besteht aus mehreren, genau aufeinander abgestimmten Praxisschritten.

Step 1	Vorbereitung des Arbeitsplatzes, Positionieren des Kunden, Individualhygiene
Step 2	Vorbereitung der Nägel
Step 3	Kürzen und Formen der Nägel
Step 4	Reinigung der Nägel und Erweichen der Nagelhaut
Step 5	Entfernung der Nagelhaut
Step 6	Pflege der Nägel
Step 7	Finger- und Handmassage
Step 8	Beseitigung von Fettrückständen
Step 9	Dekoration, Lackieren

Hygienisch vorbereiteter Arbeitstisch mit Stützkissen für die Hände

Step 1: Vorbereitung des Arbeitsplatzes, Positionieren des Kunden, Hygiene

Gereinigte und desinfizierte Arbeitsgeräte sowie die kosmetischen Präparate (→ Kapitel XI/4) werden auf einer sauberen Unterlage in greifbarer Nähe positioniert. Die Kosmetikerin hat alle erforderlichen Maßnahmen zur Individualhygiene getroffen (→ Kapitel III/4.1 und Kapitel XI/3.2).

Die Kundin wird bequem auf einem Stuhl oder liegend auf einer Kosmetikliege positioniert. Spezielle Stützkissen ermöglichen eine entspannte Haltung.
Die **Handstützkissen** bestehen aus strapazierfähigem Leder oder sie sind mit kochbarem Frotteestoff überzogen.

> Persönliche Hygienemaßnahmen: Vor und nach der Behandlung die Hände waschen und desinfizieren. Zum Schutz vor krankmachenden Keimen sind Arbeitshandschuhe empfehlenswert. Bei HIV-positiven Kunden zusätzlich Schutzbrille und Mundschutz tragen. Letztere Empfehlung gilt auch für infektiöse Erkrankungen, z. B. Grippe.

Vor der Maniküre werden die Hände der Kundin desinfiziert.

Die Hände der Kundin werden mit einer Hautdesinfektionslösung desinfiziert.

Step 2: Vorbereitung der Nägel

Hilfsmittel:
- Nagellackentferner (**aceton**frei)
- Wattepads, -stäbchen

Bei der Maniküre wird der zu behandelnde Finger einzeln, von unten, mit einem Papiertuch zwischen Daumen und Mittelfinger gehalten. Der Zeigefinger wirkt unterstützend. Vorhandener Nagellack wird entfernt. Dazu wird ein Nagellackentferner auf ein Wattepad oder ein Wattestäbchen gegeben. Es ist stets darauf zu achten, dass die Nagelhaut und der Nagelwall nicht benetzt werden.

Aceton
(INCI: Acetone)
lat. acetum Essig; Propanon, farblose Flüssigkeit von obstartigem scharfen Geruch. Synthetisch hergestelltes Lösungsmittel. Es löst Harze, Lacke, Öle u. a. Der Einsatz sollte eingeschränkt werden, da Aceton Nägeln Fett entzieht.

> Vorzugsweise Zellstoffpads aus festem, fusselfreiem Material verwenden. Alternativ Wattestäbchen benutzen, die eine genauere Applikation gestatten. Acetonfreier Nagellackentferner ist ratsam, um die übermäßige Austrocknung der Nagelplatte zu vermeiden.

Pad bzw. Wattestäbchen kurz auf den gelackten Nagel drücken, leicht hin und her bewegen und sanft zur Nagelspitze hin abziehen. Am kleinen Finger beginnen, dann die anderen Finger bis zum Daumen bearbeiten.

Anschließend das Gleiche an der anderen Hand der Kundin durchführen. Verbleibende Nagellackreste nochmals gründlich entfernen.

> Von der Verwendung von Nagellackentferner-Töpfen ist abzuraten, da dann auch die Finger in Kontakt mit dem Nagellackentferner kommen.

Nach dem Entfernen des Nagellacks findet die Hand- und Nagelanalyse statt. Die Ergebnisse, die Wünsche und Probleme der Kundin sowie die angestrebte Form und Länge der Nägel werden notiert. Die Kundin wird fachgerecht über die optimalen Gestaltungsmöglichkeiten beraten. Der Arbeitsvorgang wird festgelegt.

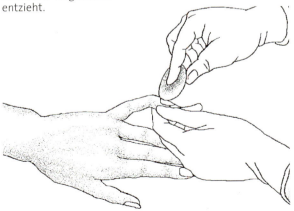

Gründliches Entfernen des Nagellacks mit getränktem Wattepad

Step 3: Kürzen und Formen der Nägel
Hilfsmittel:
- verschiedene Sandpapierprofifeilen mit unterschiedlichem Körnungsgrad
- Nagelschere, Nagelknipser (möglichst vermeiden)
- Frottee- oder Papiertuch
- Mundschutz (empfehlenswert)

Zur professionellen Korrektur der Nagellänge sowie -form werden Sandpapierfeilen verwendet, die mit unterschiedlichem Körnungsgrad erhältlich sind. Zudem gibt es bananenförmige Profifeilen, mit denen schwer erreichbare Stellen am Nagel gefeilt werden können.

Die Nägel werden immer von den Seiten zur Mitte hin in einem Winkel von etwa 45 Grad gefeilt. Die Seiten werden nicht ausgefeilt, da ansonsten die Naturnägel schneller einreißen (→ Kapitel XI/3.5.1).

 Die Körnung einer Feile wird durch eine Zahl ausgedrückt, welche den Feinheitsgrad angibt. Dabei gilt: Je niedriger die Zahl, desto gröber die Feile. Für die Pflege natürlicher Nägel werden Sandpapierfeilen mit mindestens 240 Grit empfohlen.

> Erfragen Sie, ob die Kundin Edelstahlfeilen (Diamant- oder Saphierfeilen) zu Hause verwendet. Das Blatt weist eine fein gekörnte Auflage von Edelsteinsplittern auf und ist generell bei brüchigen oder trockenen Nägeln nicht angezeigt!

Grundsätzlich gilt: Nicht mit groben Feilen, Nagelknipsern oder Scheren an Naturnägeln arbeiten. Nagelscheren kommen nur in Ausnahmefällen zum Einsatz, wenn sehr lange oder harte Nägel beträchtlich gekürzt werden müssen. Dies ist in der Regel eher bei künstlichen Nägeln oder in der Fußpflege (→ Folgeband) erforderlich. Die richtige Feiltechnik beugt kleinen Rissen und Nagelspliss vor.

Step 4: Reinigung der Nägel und Erweichen der Nagelhaut
Hilfsmittel:
- lauwarmes Wasser
- Tensidlösung
- rückfettende Zusätze
- Wattestäbchen
- anatomisch geformte Maniküreschale (Fingerschale)
- ggf. H_2O_2-Tablette
- Nagelhautentferner oder -creme
- Handtuch

Nägel werden korrekt in Form gefeilt. Bei der Wahl der Form sind anatomische Gegebenheiten der Finger und die natürliche Nagelform zu berücksichtigen.

Für das Nagelbad, auch Finger- oder Weichbad genannt, wird warmes Wasser mit einer kleinen Menge **Tensid**lösung und gegebenenfalls **Rückfetter** (Öl) verwendet. Benutzt werden in der Praxis milde Tensidlösungen auf der Basis amphoterer Tenside (z. B. **Betaine**), um die Haut nicht übermäßig auszutrocknen. Manikür-Seifenlotionen sind als Fertigprodukte erhältlich. Mit ihnen wird während des Fingerbades die Nagelhaut schonend erweicht und die Maniküre somit perfekt vorbereitet.

Mit dem Fingerbad soll vor allem die Nagelhaut erweicht werden. Die Hand verbleibt dort so lange, bis die Nägel der anderen Hand fertig gefeilt sind.

> Zum Erweichen der Nagelhaut zuerst die rechte Hand ins Fingerbad halten, da dies normalerweise die stärker beanspruchte Arbeitshand ist.

> Zum Bleichen nikotinverfärbter Finger können zusätzlich Tabletten mit **Wasserstoffperoxid** (H_2O_2) zugegeben werden. Außerdem wird eine schwach desinfizierende Wirkung erzielt. Der Gebrauch ist aufgrund der möglichen Schädigung des Nagels umstritten.

Tenside
lat. tensio Spannung, wasserlösliche organische Verbindungen, die die Oberflächenspannung des Wassers stark herabsetzen. Sie haben grenzflächenaktive Eigenschaften.

Rückfetter
Zusatzstoffe, die vorübergehend die Schutzfunktion des Hautfetts übernehmen, um bei Reinigungsverfahren die Austrocknung zu vermindern

Betaine (INCI- Name)
mildes Tensid in Hautreinigungsmitteln, künstlich hergestellt

Wasserstoffperoxid
(INCI: Hydrogen Peroxide) wird synthetisch hergestellt, wirkt als Oxidationsmittel und desinfizierend. Achtung: Darf nicht in die Augen gelangen!

Step 5: Behandlung der Nagelhaut

Hilfsmittel:
- Radier-, Rosenholzstäbchen oder Pferdefüßchen
- Nagelhautzupfzange
- Papiertücher
- Nagelhautentferner

Nach kurzer Einwirkzeit werden die Finger aus dem Wasserbad genommen und abgetrocknet. Die Nagelhaut ist nun erweicht und kann schonend mit weichen Rosenholzstäbchen oder mit gepolsterten Pferdefüßchen zurückgeschoben werden.

Erweichendes Fingerbad mit milder Tensidlösung

Dabei werden diese Hilfsmittel stets schräg auf den Nagel und ohne Druck aufgesetzt, um eine Beschädigung von Nagelplatte und Lunula zu vermeiden. Die Nagelhaut zunächst vorsichtig von der Mitte des Nagelmondes (Lunula) nach beiden Seiten hin von der Nagelplatte lockern.

Werden Holzstäbchen verwendet, so sollten diese mit leicht angefeuchteter Watte umwickelt werden, die nach dem Gebrauch entfernt wird.

> Bei besonders hartnäckiger Nagelhaut kann vorher zusätzlich ein Nagelhautentferner aufgetragen werden. Dieser ist stark alkalisch, quillt die Nagelhaut zusätzlich auf und erweicht sie. Nagelhautentferner dürfen nur lokal und sehr gezielt aufgetragen werden. Die Umgebung der Nagelhaut nicht benetzen!
>
> Empfohlen wird auch die Neutralisierung mit einem sauer reagierenden Nachbehandlungsmittel. Dazu wird ein Fingerbad mit einer Sauerspülung (z. B. Zitronenwasser) vorbereitet.

> In der Kabine möglichst keinen Nagelhautentferner mit Pinselaufsatz oder Pen benutzen. Ein mit Watte umwickeltes Wattestäbchen ist hygienischer.

Wird zusätzlich ein Nagellackentferner verwendet, müssen zum Abschluss die Reste gründlich abgespült oder mit einem feuchten Wattepad entfernt werden. Erst danach erfolgt das Zurückschieben der Nagelhaut.

Anschließend wird mit der anderen Hand ebenso verfahren.

Zurückschieben der Nagelhaut mit dem Pferdefüßchen

Step 6: Pflege der Nägel

Hilfsmittel:
- Nagelöl oder Nagelpflegecreme
- Nagelhautfräser (ggf.) oder auch Feilen zum Nachfeilen
- Polierblöcke oder -stifte

Ein Nagelöl oder eine pflegende Nagelcreme wird mit dem Daumen sanft in kreisenden Bewegungen in Richtung Nagelwall massiert. Derartige Nagelpflegeprodukte enthalten rückfettende Wirkstoffe, die nicht nur die Nagelhaut geschmeidig machen, sondern auch das Splittern und Brechen der Nägel verhindern.

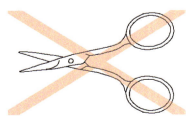

Achtung: Nie die Nagelhaut mit einem Manikürmesser oder einer Schere wegschneiden! Das erhöht einerseits die Verletzungsgefahr, andererseits kann die Nagelhaut unschön nachwachsen. Lose Hautstückchen nur abzupfen!

> Zur Pflege der Naturnägel kann auch ein sanftes Fräsen der Nagelhaut und das Nachfeilen des Nagels gehören.
> Wenn kein Nagellack aufgetragen wird, können die Nägel poliert werden (→ Kapitel XI/3.7).

Tabelle XI/9 Die Naturnagelpflege im Überblick

Naturnagelpflege			
1. Hände mit Hautdesinfektionslösung desinfizieren		6. Seltene Maßnahme: Nagelhaut mit speziellen Fräsern fräsen	
2. Nägel mit Manikürfeile in Form feilen		7. Seltene Maßnahme: Nachfeilen des Naturnagels wenn Kanten noch nicht glatt sind	
3. Handbad mit Tensidlösung		8. Nägel polieren, z. B. bei Männern	
4. Nagelhaut mit Pferdefüßchen, Rosenholzstäbchen oder so genanntem Crystal Stone (aus Mikrokristallen bestehend) zurückschieben ▪ ggf. zusätzlich Nagelhautentferner applizieren	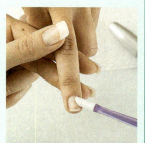	9. Nagelhaut einölen ▪ neueste Methode: „Manicure warmup"	
5. Überschüssige Nagelhaut vorsichtig mit Nagelzupfzange entfernen	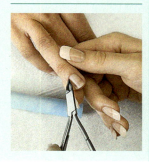	10. Hand eincremen	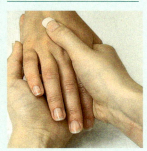

> Entwerfen Sie ein Poster „Arbeitsanleitung zur Maniküre" für Ihren Fachpraxisraum. Versuchen Sie, in einer Übersicht (evtl. Tabelle) die wichtigsten Arbeitsschritte bis zum Step „Handmassage" stichpunktartig aufzuführen!

Step 7: Finger- und Handmassage
Hilfsmittel:
- Massagecreme, ggf. ätherisches Öl

Im Anschluss an die Nagelpflege wird eine manuelle Hand- und Fingermassage durchgeführt (→ Kapitel XI/3.5). Dazu werden lipidreiche Cremes oder Lotionen verwendet. Als besonderen Service oder im Rahmen einer Spezialbehandlung (→ Kapitel XI/3.6) wird mit einem ätherischen Öl massiert, das vorher in einem Stövchen auf Hauttemperatur erwärmt wurde. Diese Methode erfreut sich großer Beliebtheit.

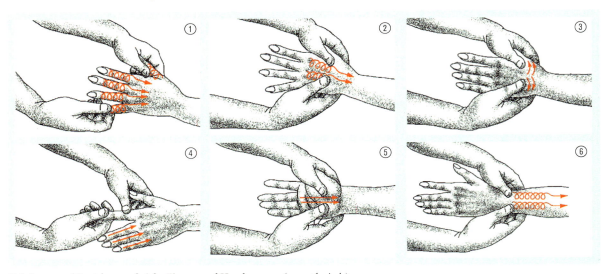

Friktionen und Streichungen bei der Finger- und Handmassage (exemplarisch)

Step 8: Beseitigung von Fettrückständen
Hilfsmittel:
- Nagellackentferner bzw. alkoholische Lösung
- Wattepads
- Zellstofftuch (Serviette bzw. Papiertuch)

Wünscht die Kundin gelackte Nägel, so muss die Nagelplatte zuerst gründlich entfettet werden. Ansonsten haftet der Nagellack schlecht und blättert vorzeitig ab.

> Verwenden Sie zur Entfettung der Nagelplatte stets ein **Lösungsmittel** (alkoholische Lösung, acetonfreier Nagellackentferner).

Lösungsmittel
Flüssigkeiten, die Feststoffe oder Flüssigkeiten lösen (z. B. Wasser, Aceton, Alkohol). Nicht jedes Lösungsmittel kann auch jeden Stoff lösen.

Base Coat
Unterlack

Step 9: Dekoration, Lackieren
Hilfsmittel:
- Unterlack
- Nagelhärter
- Serviette bzw. Papiertuch
- Wattestäbchen
- Rillenfüller
- Nagellack
- Korrekturstift
- ggf. Nagellackverdünner
- Überlack

Auf die fettfreien Nägel wird Unterlack (so genannter „**Base Coat**") aufgetragen.

3 Pflegen und Gestalten der Hände und Nägel (Maniküre)

> Unterlack schützt gegen das Eindringen farbiger Decklacke in die Nagelplatte und beugt somit Verfärbungen vor. Zudem verbessert er die Haftung des Farblacks auf dem Nagel.

Bei sehr weichen Nägeln sollte immer ein Nagelhärter und bei Unebenheiten der Nageloberfläche ein transparenter Rillenfüller (so genannter „**Filler**") appliziert werden.

Anschließend wird der Decklack aufgetragen. Um die Farbe des Lackes richtig zur Geltung zu bringen, ist zweimaliges Auftragen nötig.

Allerdings muss die erste Schicht schon vollkommen getrocknet sein. Zum Abschluss wird der Überlack aufgetragen, der den Nagellack versiegelt und länger haltbar macht.

Auftragen des Unterlacks

Filler
transparenter Rillenfüller

Weitere Informationen finden Sie unter:
www.learnline.de/angebote/friseur/manicure.htm

Überlack

> Die Lackflasche während des Auftragens in der Hand halten. Tragen Sie die erste Nagellackschicht immer dünn auf. Drücken Sie den Pinsel nie zu stark auf. Nagellack stets auf trockene, fettfreie Nägel dünn auftragen. Bei mehrfachem Auftrag muss der erste Film gut getrocknet sein.

Um den Trocknungsprozess zu verkürzen, kann ein Schnelltrockner aufgesprüht werden. Solche Schnelltrockner sind auch als **Nagellacktrockenöl** erhältlich. Sie werden auf den noch feuchten Nagellack aufgetragen.

> Schnelltrockner sind auch speziell für Allergiker geeignet, da keine Duftstoffe an die Luft abgegeben werden.

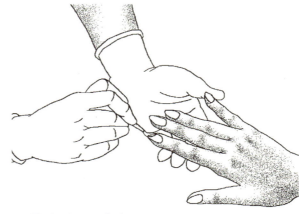
Applikation des Nagellackes

Bei Auftragefehlern, z. B. unvorteilhaft aufgetragenen – auch in den Nagelrand gelaufenen Nagellack – hilft zur Korrektur ein in Nagellackentferner getauchtes Wattestäbchen.

Alternativ kann ein mit Watte umwickelter Zahnstocher oder ein Korrekturstift verwendet werden. Einige Korrekturstifte haben eine austauschbare Spitze und sind auch wieder befüllbar.

> Bei häufigem Lackieren kann der Nagellack zähflüssig werden. Geben Sie dann einige Tropfen Nagellackverdünner dazu, um die Konsistenz zu verbessern.

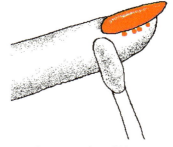
Korrektur von Auftragefehlern

3.5 Besondere Arbeitstechniken

3.5.1 Feiltechnik – Formen der Nägel

Form

Durch eine angemessene Feiltechnik lassen sich optische Mängel am Nagel bis zu einem gewissen Grad ausgleichen.

Tabelle XI/10 Feiltechnik und optische Wirkung

Feiltechnik	Optische Wirkung
spitz und oval geformte Nägel	Finger und Hände erscheinen schmaler und schlanker
kurze, runde, breite, quadratische und trapezförmige Form der Nägel	Finger und Hände wirken gedrungener und breiter

Oval gefeilte Nägel einer weiblichen Kundin

Dabei sind zu beachten:
- die berufliche Tätigkeit der Kundin,
- die Grundform des Nagels und seine Qualität,
- die Form der Finger und Hände.

 Länge und Form der Nägel beeinflussen den optischen Eindruck. Die angemessene Feiltechnik kann einen gewissen Ausgleich schaffen. Proportionen sind stets zu beachten.

Technik

Zur Verkürzung und Formgebung am kleinen Finger beginnen.

Quadratische Nägel bei männlichen Kunden werden relativ gerade gefeilt.

 Immer mit der Hand beginnen, die im Voraus den geringsten Zeitaufwand bei der Behandlung des Nagelhäutchens erkennen lässt. Im Normalfall wird mit dem Nagel des kleinen Fingers der linken Hand begonnen, damit die rechte Hand länger im Wasserbad verweilen kann.

- Beim Feilen sollte die Haut des Fingers leicht gespannt werden, damit der jeweilige Nagel freiliegt.
- Die Nagelfeile liegt auf dem Daumen und dem kleinen Finger der Kosmetikerin, die anderen Finger stützen die Feile von oben.
- Alternativ liegt die Feile zwischen Zeige- und Mittelfinger und wird mit dem Daumen geführt.
- Wichtig ist, dass die Nagelfeile leicht schräg von unten angesetzt wird und in langen Zügen – immer nur in einer Richtung zur Nagelspitze – gearbeitet wird.

Professionelles Halten der Feile

Nägel immer von der Seite zur Mitte feilen (ca. 45°)! Die gefeilte Nagelkante muss in weicher Abrundung in den Nagelfalz übergehen.

Ist eine scharfe Kante (der so genannte Feilgrat) entstanden, wird sie mit der feinen Seite der Sandpapierfeile mit leichten senkrechten Feilstrichen abgerundet. Hierzu die Feile fast ohne Druck in Richtung Rand über die Kanten ziehen.

Eventuell entstandene Ecken am Nagelfalz werden mit flach gestellter Feile abgerundet. Immer darauf achten, dass nicht zu tief in die Ecken gefeilt wird. Ansonsten verliert der Nagel an Halt und bricht leichter ab. Der Nagel sollte immer aus dem Nagelwall hervortreten.

Abschließend wird mit dem Daumen überprüft, ob die Kanten glatt sind.
Ist die Hand fertiggestellt, kommt sie ins Fingerbad, während parallel die Finger der anderen Hand gefeilt werden.

 An den Stellen, wo der Nagel das Nagelbett verlässt (so genannte „Stresspunkte"), ist er besonders empfindlich.

Wird der Nagel schon an den Stresspunkten rund gefeilt, so kann er schneller reißen. Die dabei entstehenden Risse verlaufen über das Nagelbett.

3.5.2 Lackiertechnik – Verschönerung der Nägel
Form

Es kann zwischen drei Lackiertechniken gewählt werden, die einen besonderen optischen Eindruck hinterlassen:

Tabelle XI/11 Lackiertechnik und optische Wirkung

Lackiertechnik	Optische Wirkung
Nagel voll auslacken	Nägel und Finger werden betont
Nagelmond frei lassen	Nägel und Finger wirken kürzer
Seiten des Nagels frei lassen	Nägel und Finger wirken schmaler und schlanker

Beim Lacken der Nägel ist auch zu berücksichtigen, dass kräftige Farbtöne die Form der Nägel betonen, helle Töne lassen sie dagegen mehr zurücktreten.

Technik

Auftragen des Lacks:
- Den Pinsel zuerst in der Mitte des Nagels aufsetzen und in einem Zug den Nagellack zur freien Spitze streichen ①. Damit wird der Lack gleichmäßig verteilt.
- Anschließend von der Mitte aus den Lack zum Nagelmond schieben ②. Durch ein fächerförmiges Öffnen bzw. Spreizen des Pinsels ergibt sich eine gute Anpassung an die natürliche Nagelform. Nachfolgend wird der Pinsel wieder zur Nagelspitze zurückgeführt.
- Zum Schluss entlang der Nagelhaut und am Nagelwall links und rechts zur freien Nagelspitze hin lackieren ③.

 Alternative Lackiertechnik: Den Pinsel zuerst von der Mitte des Nagels bis zum Nagelmond durchgehend zurückgeführen ①. Anschließend über die Nagelseiten zur Nagelspitze zurück ②

 Der Lack wird in 2 bis 3 Schichten aufgetragen. Zwischenzeitlich muss der Nagellack gut trocknen! Dies sichert eine gleichmäßige Beschichtung und gute Haltbarkeit.

Zum Abschluss kann ein Schnelltrockner aufgesprüht werden, um die Trockenzeit des Nagellackes zu verkürzen.
Alternativ kann ein Nageltrockenöl verwendet werden.

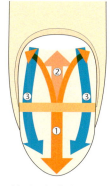

Lackiertechnik A
1. Mitte → Nagelspitze
2. Mitte → Nagelmond
3. Nagelmond → Nagelspitze → Nagelseiten

Lackiertechnik B
1. Mitte → Nagelmond
2. Nagelmond → Nagelspitze → Nagelseiten

 Schütteln Sie den Lack gründlich vor dem Öffnen und dem Lacken.
Tragen Sie jede einzelne Schicht dünn auf.
Warten Sie zwischen den einzelnen Lackschichten mindestens 2 Minuten.
Lackieren Sie nie mehr als vier Schichten übereinander (Unterlack, 2 Lackschichten, Überlack).

Schablonen für die French-Lackierung

Die French-Lackierung

Die French-Maniküre ist eine spezielle Lackiertechnik, bei der traditionell mit drei schwach deckenden Lacken gearbeitet wird:
Basislack: beige → Spitzenlack: weiß → Decklack: rosé

Mit dieser Lackiertechnik wird ein elegantes und natürliches Aussehen der Naturnägel erreicht. Hierzu können praktische Schablonen in verschiedenen Designs zur Hilfe genommen werden.

Die verwendeten Lacke sind im Vergleich zu anderen Farblacken in ihrer Konsistenz dünner und weniger deckend.

Je nach gewünschtem Farbergebnis stehen drei **Arbeitstechniken** zur Verfügung:

 ① Tragen Sie den rosafarbenen Lack auf den gesamten Nagel auf, gut trocknen lassen.

Intensives Farbergebnis – ohne Schablone
- Den gesamten Nagel mit dem Basislack lackieren und gut durchtrocknen lassen (ca. 2 Minuten).
- Anschließend die Nagelspitze mit dem Spitzenlack weiß lackieren.
- Nach weiteren 2 Minuten wird der gesamte Nagel mit Decklack versehen.
- Abschließend die Oberfläche versiegeln.

 ② Schablone so auf den Nagel kleben, dass die Nagelspitze vollständig frei bleibt.

Transparentes Farbergebnis – mit Schablone
Als Lackierhilfe für die Nagelspitze dienen French-Schablonen. Sie sind in runder oder eckiger Form erhältlich.
- Den gesamten Nagel mit dem Basislack lackieren und gut durchtrocknen lassen (ca. 2 Minuten).
- Die Schablone so auf den Nagel kleben, dass die Nagelspitze vollständig frei bleibt.
- Die Nagelspitze mit Spitzenlack (*Whiter*) betonen und wieder gut trocknen lassen.
- Die Schablone abziehen.
- Den gesamten Nagel mit Decklack versehen.
- Oberfläche versiegeln.

 ③ Nagelspitze mit *Whiter* betonen, wieder gut trocknen lassen.

Extrem transparentes Farbergebnis – ohne Schablone
- Die Nagelspitze mit weißem Spitzenlack lackieren und trocknen lassen.
- Als Decklack anschließend einen Rillenfüller verwenden (z. B. rosé).

 ④ Schablone abziehen.

Die French-Colorfilm-Technik

Diese Technik ist populär im Nail Design und eignet sich sowohl für Kunst- als auch für Naturnägel. Mit einem speziellen System wird ein vorgefertigter Kunststoff, ein so genannter Colorfilm, auf den Nagel gearbeitet. Die hochelastische, sehr gut klebende Spezialfolie sitzt an den Naturnägeln gut an, ist extrem stoßfest und schützt die Naturnagelkante.

 ⑤ Den gesamten Nagel mit *Pro Whiter* überziehen.

Die Colorfilme sind in verschiedenen Größen für verschiedene Nagelformen, Smile-Line-Formen und Farben erhältlich.

3 Pflegen und Gestalten der Hände und Nägel (Maniküre)

Verarbeitungstechnik auf Naturnägeln:

- Die Fingernägel werden sorgfältig entfettet. Ein Colorfilm wird ausgewählt und vom Träger abgenommen.
- Der French-Colorfilm wird auf den Naturnagel aufgesetzt und an den Seiten gut angedrückt.
- Der überstehende Film wird mit einer Feile zuerst an den Seiten abgefeilt, und zwar in eine Richtung von oben nach unten.
- Anschließend wird der Film an der Spitze abgefeilt, und zwar nur in einer Richtung. Die überstehende Restfolie wird mit einer Pinzette vorsichtig nach unten abgezogen.
- Für eine optimale Haltbarkeit wird der Colorfilm noch einmal entfettet, mit einem feinen Bufferblock vorsichtig mattiert und versiegelt.

Massagetechnik

Die Handmassage wird nach der Behandlung der Nagelhaut immer durchgeführt. Das vorrangige Behandlungsziel der Massage ist die Pflege (Hydratierung, Fettung). Daneben soll die Massage aber auch zur Entspannung der Kundin (→ Kapitel XI/3.6) und zur Aktivierung und Durchblutung von Haut und Nägeln beitragen.

 Eine Einbeziehung der Unterarme ist empfehlenswert und sinnvoll, weil gerade die Ellenbogen oftmals sehr rau und trocken sind.

Die Massagegriffe sind variabel, wobei in der Praxis vorzugsweise **Ausstreichgriffe** und anregende **Reibungen** (Friktionen) oder Knetungen im Wechsel durchgeführt werden. Wichtig ist stets einen nach oben zum Herzen gerichteten Druck auszuüben und die Massagegriffe in einer systematischen Reihenfolge durchzuführen.

 Behandeln Sie sich gegenseitig in regelmäßigen Abständen mit einer Kollegin und überprüfen Sie dabei Ihre Massage immer wieder. Erfahrungsgemäß werden viele Griffe nach mehrjähriger Praxis vernachlässigt.

Der Massagedruck sollte an die Empfindsamkeit der Kundin angepasst werden. In der Regel empfinden Kunden kräftige Friktionen in der Innenhand und an den Armen als überaus angenehm. Dies trifft besonders für männliche Kunden zu.

Sorgen Sie für eine bequeme Positionierung Ihrer Kundin und stützen Sie im Bedarfsfall das Handgelenk Ihrer Kundin ab. Erkundigen Sie sich vor dem Auftragen der Massagecreme nach Unverträglichkeiten oder Allergien, insbesondere, wenn Sie ätherische Öle verwenden. Im Übrigen gelten alle bekannten Kontraindikationen für Massagen (→ Folgeband) auch für die Hand- und Armmassage.

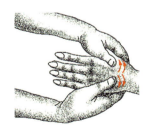

Handmassage

Vorschlag für den Massageablauf:

Step 1: Erwärmung des Massageproduktes in beiden Händen

Step 2: Kontaktaufnahme
Gleichmäßige Applikation der Creme auf das Behandlungsfeld.

Step 3: Aktivierung und Erwärmung
Großflächiges Ausstreichen von Hand und Armen bis zum Ellenbogen. An der rechten Hand beginnen. Dieser Ausstreichgriff wird zwischen den nachfolgenden Massagegriffen beliebig wiederholt.

Fingerfriktionen

Mittelhandfriktionen

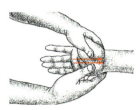

Innenhandfriktionen

 Arbeiten Sie flächig mit der ganzen Hand. Achten Sie auf einen angenehmen Massagedruck in Richtung Herz.

Step 4: Fingerfriktionen
Handgelenk der Kundin wird mit der linken Hand abgestützt, während die Kosmetikerin mit dem Daumen kreisförmige Reibungen der einzelnen Finger vornimmt: vom Nagel ausgehend in Richtung Mittelhand. Nachfolgend Ausstreichen jedes einzelnen Fingers zwischen Zeige- und Mittelfinger.

Step 5: Mittelhandfriktionen
Kreisförmige Reibungen der Mittelhand

Immer mit reduziertem Druck über das Handgelenk massieren. Die Adern liegen hier dicht unter der Haut!
Handknetung: Knetungen an der Außen- und Innenseite der Hand zwischen Daumen und Zeigefinger.

Step 6: Innenhandfriktionen
Kräftige Friktionen der Handinnenflächen mit beiden Daumen

Massagedruck im Bereich der „Hand-Maus" verstärken. Kräftiges Walken wird hier als angenehm empfunden. Anschließend die Innen- und Außenkanten der Hand zwischen Daumen und Zeigefinger kneten.

Step 7: Unterarmknetungen
Kneten des Unterarms zwischen Daumen und den übrigen Fingern. Rückwärtiges Ausstreichen ohne Druck (Hände gleiten am Unterarm der Kundin zurück).

Step 8: Pumpgriff vom Handgelenk bis zur Ellenbeuge
Dabei den gesamten Unterarm mit der Hand umschließen. An den Unterarminnenseiten ohne Druck bis zum Handgelenk zurückstreichen (Effleurage).

Step 9: Kreisförmige Streichungen um den Ellenbogen

Stepp 10: Abschließender Ausstreichgriff vom Arm über die Hand bis zu den Fingern.

 Der Wechsel von ausstreichenden Massagegriffen und anregenden Friktionen führt zu einer wohltuenden Entspannung. Die Lockerung von muskulären Spannungen kann durch einige Übungen zusätzlich verbessert werden:
- lockeres Ausschütteln der Hände
- Auseinanderspreizen der Finger und anschließendes Ballen zur Faust
- schnelles Krümmen und Strecken der Finger

3.6 Behandlungskonzepte in der Kabine

Neben der klassischen Maniküre (Basismaniküre) kann die Kosmetikerin ihr Angebot durch Spezialbehandlungen erweitern. Wie üblich, werden vor jeder Behandlung erforderliche Hygienemaßnahmen vorgenommen sowie eine Analyse mit anschließender Beratung der Kundin.
Zum Ende jedes Pflegeprogramms erfolgt ein Abschluss- bzw. Verkaufsgespräch.

Basismaniküre (Standard)
Dauer: 30 Minuten

- Lack entfernen
- Kürzen und Formen der Nägel
- Fingerbad und Entfernen der Nagelhaut
- Nagelcreme/-öl applizieren
- Handmassage (Standard)
- Nageloberfläche grundieren
- Nägel lackieren
- Finish

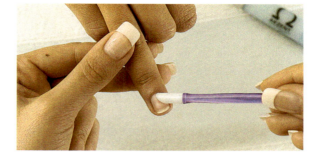

Große Maniküre
Dauer: 60 Minuten

- Lack entfernen
- Kürzen und Formen der Nägel
- Fingerbad und Nagelhaut entfernen
- Nagelöl
- Handpeeling
- Große Hand- und Armmassage
- Regenerierende Handmaske (unter Folie einwirken lassen; Hände zusätzlich in vorgewärmte Handschuhe stecken)
- Polieren der Naturnägel
- Nageloberfläche grundieren
- Nägel lackieren
- Finish

Aroma-Wellnessbehandlung
Dauer: variabel, ca. 30 bis 50 Minuten

- Entspannende Rahmenbedingungen schaffen
  Beispiel: Telefon ausschalten, gedämpftes Licht – evtl. Kerzen, Entspannungsmusik
  (→ Kapitel XI/3.1), Duftlampe mit ätherischen Ölen – evtl. Heizdecke zum Vorwärmen der Behandlungsliege, Massageöl oder -creme griffbereit platzieren

- Warmes Handbad

- Spezielle, neutrale Handmaske mit geeigneter ätherischer Ölmischung versetzen und auftragen.
- Alternativ einzelne ätherische Öle verwenden und ggf. leicht erwärmen (Pulsprobe vor Applikation!).
  Beispiele:
  – anregend, erfrischend: Orange, Petitgrain, Pfefferminze, Rosmarin
  – entspannend, ausgleichend: Patchouli, Geranium, Lavendel, Weihrauch

- Finger-, Hand- und Arm-Reflexzonenmassage; Griffe entsprechend der Reflexzonen der Hände

- Hände in Folie für 10 Minuten einschlagen (Okklusiveffekt).
- Kundin ruht nach.

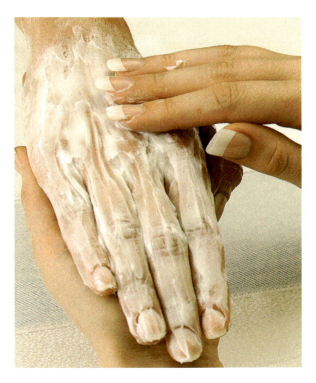

 Besonders geeignet als Winterbehandlung oder bei trockenen, rissigen und sehr spröden Händen!

Lightening-Behandlung gegen Hyperpigmentierungen
Dauer: 45 bis 60 Minuten

- Analyse der Pigmentveränderungen und Beratungsgespräch über die Gründe von Pigmentverschiebungen
- Intensivpeeling (Mikrodermabrasion) mit entsprechender Konditionierung der Haut
 → physikalische Hautabtragung
- Lighteningkonzentrat lokal applizieren (Wattestäbchen oder Applikator verwenden!)
 → chemische Hautaufhellung (→ Fogleband)
- Hydromassage (Mit behandschuhten Händen!)
- Lighteningkonzentrat erneut applizieren und intensiv einarbeiten
- Hände in Folie wickeln und in Handschuhe stecken
- Schutzcreme mit Breitbandfilter applizieren

Thermobehandlung mit Gipsmodellage
Dauer: 60 Minuten

- Intensivpeeling (wahlweise Enzympeeling, Fruchtsäuren) mit entsprechender Konditionierung der Haut
- Wirkstoffkonzentrat
- Große Handmassage mit regenerierender Pflegecreme
- Modellagencreme gleichmäßig applizieren (auf ausreichende Schichtdicke und Einbeziehung von Fingern, Händen, Handgelenk achten!)
- Modellage auftragen (Modellagenpulver unter Angabe der Herstellerempfehlungen anrühren, auf beide Hände gleichmäßig und in ausreichender Schichtdicke auftragen)
- Wirkzeit: 30 bis 40 Minuten, Herstellerangaben beachten
- Abnahme und Nachreinigung der Haut
- Nachversorgung mit regenerierender Handcreme

Thermobehandlung mit Paraffin
Dauer: 60 Minuten

- Intensivpeeling (wahlweise Mikrodermabrasion, Enzympeeling, Fruchtsäuren) mit nachfolgender Tonisierung und Konditionierung der Haut
- Das Pflegeprodukt reichlich auftragen → ①
 (z. B. Wirkstoffkonzentrat und/oder Handlotion)
- Paraffinbad: Die Hände werden nacheinander mehrmals (ca. 4-mal) in das Paraffinbad getaucht. Hierzu langsam die Hand in das Paraffinbad eintauchen, ohne die Finger zu bewegen.
 Der Paraffinfilm sollte geschlossen bleiben und nicht reißen. Alternative: Hände mit dem erwärmten Paraffin bepinseln → ②
- Plastikhandschuhe oder -überzieher über das warme Paraffin geben, zusätzlich Frotteehandschuhe überstreifen → ③
- Paraffinpackung mindestens 15 Minuten einwirken lassen
- Plastiküberzieher mit dem erkalteten Paraffin als Film von den Händen abstreifen
- Alle Paraffinreste entfernen
- Handcreme applizieren → ④
- Handmassage

Thermobehandlung mit Paraffin

3.7 Nagelpflege für den Mann

Auch Männer haben die positive Wirkung von moderner Hand- und Nagelpflege erkannt und sind sehr treue Kunden. Sie kommen aber mit einer anderen Erwartungshaltung zur Kosmetikerin und dies sollte in der Praxis berücksichtigt werden.

Besonderheiten der Nagelpflege für den Mann

Erwartungen des Mannes an eine Maniküre:
- kurze, gepflegte Nägel,
- kuppenbündig, gerade, maskulin geformt,
- glatte Naturnageloberfläche, matt schimmernd.

Anforderungen an die Pflegeprodukte:
- sie dürfen nicht kleben, sollen schnell einziehen und nicht glänzen (z. B. Handcremes vom Typ O/W-Emulsion),
- sie dürfen keinen Fettfilm hinterlassen,
- sie müssen einfach in der Handhabung sein,
- sie sollten wenig parfümiert sein und maskulin duften.

Häufige Haut- und Nagelprobleme bei Männern

- verhornte Nagelhaut und verhornte Kuppen
- geborstene und rissige Haut an den Händen
- Schmutzeinlagerungen in der Hornhaut
- trockene, schuppige Haut
- trockene und splissige Nägel
- Nagelhautprobleme (z. B. Wucherungen)
- Nagelbeißer bzw. Nagelhautkauer

Behandlungsvorschlag für eine Hand- und Nagelpflege für den Mann

Step 1: Nagelbad
Ein Tiefenreinigungsbad vorbereiten, in dem jede Hand etwa 5 Minuten badet. Auf die noch feuchten Hände ein relativ grob- bis mittelkörniges Granulatpeeling auftragen, massieren und feucht abnehmen.

 Männliche Kunden möchten etwas „spüren". Verwenden Sie deshalb nicht zu feinkörnige Peelingpräparate!

Step 2: Behandlung der Nagelhaut
Die Nagelhaut anlösen, kurz abbaden und Überstände mit einem Rosenholzstäbchen zurückschieben. Gegebenenfalls kann die Nagelhaut auch vorsichtig mit einem feinen Nagelhautfräser korrigiert werden.

Step 3: Nägel formen
Die Nägel mit einer Profifeile (100/100 Grit) in Form feilen. Zum Abschluss die Nagelkante mit einer Polierfeile versiegeln.

Step 4: Wirkstoffkonzentrat aufbringen
Ein Intensivpflegekonzentrat auftragen und kurz einmassieren.

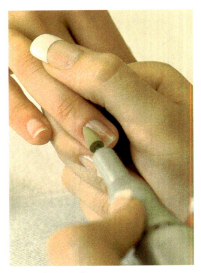

Fräsen der Nagelhaut

Polierblock

Polierfeile

 Verwenden Sie kein klebriges Öl, da Öle bei Männern in der Regel unbeliebt sind!

Step 5: Handmaske
Unkomplizierte Handmaske auftragen, die über kurze Zeit einwirkt und deren Überschüsse manuell einmassiert werden.

 Auf Paraffinbäder, Fruchtwachsmasken usw. verzichten. Männer wünschen vorzugsweise schnelle, einfache Lösungen, weshalb aufwändige Thermobehandlungen in der Regel unbeliebt sind.

Step 6: Nagelhautpflege
Pflegekonzentrat wird in die Nagelhaut einmassiert.

Step 7: Polieren der Nageloberfläche
Zum Abschluss sollten die Nägel mit einem Poliersystem poliert werden, was sich besonders bei unebenen Nageloberflächen empfiehlt.

Step 8: Nachreinigung
Nachfolgend wird die Haut mit Zellstofftüchern von Produktrückständen befreit und die Nägel werden trocken gereinigt.

4 Hand- und Nagelpflegeprodukte

Zur Maniküre stehen der Kosmetikerin eine Reihe kosmetischer Mittel zur Reinigung, Pflege und Verschönerung der Nägel und zur Handpflege zur Verfügung.

 Die Auswahl der Präparate erfolgt nach dem Verwendungszweck und sollte stets auf den Zustand von Nägeln bzw. Händen abgestimmt sein.

Auf den folgenden Seiten werden die Präparate zur Hand- und Nagelpflege mit den entsprechenden Anwendungen aufgelistet. Die Abbildungen haben exemplarischen Charakter.

4.1 Präparate für die Hände

Handreinigungsmittel

Handreinigungsmittel sind als feste Stücke (Seife oder Syndet), als Pasten auf der Basis von Schmierseife, als Pulver oder Emulsionen erhältlich. Sie enthalten waschaktive Substanzen (WAS) und Zusätze von alkalischen Salzen, wie Phosphaten oder Soda. Als Bindemittel dient Tylose, als Feuchthaltemittel kommen Glycerol oder Sorbitol zum Einsatz. Schwerbenzin oder Petroleum dienen als organische Lösungsmittel.
Reinigungsmitteln für stark verschmutzte Hände sind zur Unterstützung des Reinigungseffektes Abrasivstoffe (Rubbelkörnchen) zugesetzt, z. B. Sand, Holzmehl, Bimssteinpulver oder Bentonite. Spezialzusätze sind Desinfektionsmittel und Reduktionsmittel für die Entfernung von Farbstoffen.

 In der kosmetischen Praxis kommen vorzugsweise elegante Formulierungen mit milden Tensiden oder Tensidmischungen und mikrofeinen Peelinggranulaten zur Anwendung. Dies gestattet eine gründliche, aber gleichermaßen schonende Intensivreinigung der Hände.

4 Hand- und Nagelpflegeprodukte

Handgelees

Handgelees oder -gele trocknen auf der Haut zu einem hygroskopischen Film, der Wasser bindet und auf der Hautoberfläche festhält. Sie enthalten bis zu 20 % Glycerol, Hydrokolloide als Gelbildner und manchmal geringe Mengen an Fettstoffen oder Silikonöl.

 Bei sehr trockenen Händen sind eher Handcremes auf Emulsionsbasis angezeigt.

Handmaske

Handcremes

Handcremes sind Emulsionen, die das Rau- und Rissigwerden der Haut verhindern sollen. Da die Rauheit auf einen Wasserverlust der Hornschicht zurückzuführen ist, enthalten Handcremes meist Glycerol oder Propylenglykol, die Wasser ziehend (hygroskopisch) und damit Feuchtigkeit bindend sind.

Zusätzlich sind verschiedene Stoffe zur Zellregeneration, z. B. Allantoin oder Abkömmlinge des Vitamin A, oder als Schutzstoffe, z. B. Paraffine oder Silikonöle zugesetzt.

 Die Basis für Handcremes sind Fettalkohole, Mono-, Di- und Triglyceride, Wachsester, verzweigte Fettsäureester, Abkömmlinge (Derivate) des Wollwachs, Perhydrosqualen und andere. Handcremes sollen schnell einziehen und keine Fettrückstände auf den Händen hinterlassen.

4.2 Präparate für die Nägel

 Bei den geschädigten Nägeln muss genau geprüft werden, ob es sich nur um die hier aufgeführten konstitutionellen Veränderungen, oder aber um einen krankhaften Zustand handelt (→ Kapitel XI/1.2 → Analysebogen).

Nachfolgend werden einige Präparate zur Vorbereitung der Nägel auf die Nagelpflege (Maniküre) vorgestellt.

Nagellackentferner

Zum Entfernen von farbigen oder farblosen Nagellacken werden Nagellackentferner verwendet. Hierbei handelt es sich um Flüssigkeiten, die Nitrocellulose und Kunstharze lösen können.
Hauptbestandteile in Nagellackentfernern sind Lösungsmittel, eventuell Weichmacher und/oder Rückfetter.

Das einfachste Lösungsmittel ist Aceton. Aceton hat aber auch den Nachteil, dass es flüchtig ist und stark aufhellend wirkt.

Nagellackentferner – acetonfrei

 Alternativ werden deshalb Ethyl-, Butyl- oder Amylacetat, Diethylenglykolmonoethylether oder Mischungen dieser Lösungsmittel eingesetzt.

Zur Erleichterung der Handhabung werden Nagellackentferner auch als Korrekturstifte angeboten. Wie alle Nagellackentferner müssen auch diese Stifte nach Gebrauch schnell wieder verschlossen werden, damit die Flüssigkeit nicht verdunstet und die Stifte eintrocknen.

Nagellackentferner als Korrekturstift

Nicht empfehlenswert für die Kabinenarbeit ist ein Nagellackentferner-Topf bzw. Tauchbehälter, in welche die Kundin ihre Finger eintaucht, darin bewegt und somit die Entfernung des Lackes unterstützt. Da gleichermaßen die Fingerkuppen in Kontakt mit dem Lösungsmittel treten, ist diese Methode nicht nur unhygienisch, sondern auch extrem austrocknend.

Nagelhautentferner

Nagelhautentferner weichen das Keratin der Nagelhaut auf. Dadurch lässt sich die Nagelhaut ohne Verwendung eines scharfen Gegenstandes leichter zurückschieben bzw. entfernen. Hauptbestandteile sind 3 %ige Kali- oder Natriumlauge.

Die Flüssigkeiten werden mit einem Pinsel oder mit Watte umwickelten Stäbchen aufgetragen. Nach einer kurzen Einwirkzeit wird die Nagelhaut zurückgeschoben.

Nagelhautentferner

Als hauterweichende Substanzen dienen wässrige Lösungen von Natrium- und Kaliumhydroxid, Kaliumcarbonat, Alkylolaminen, Trinatriumphosphat, denen als Feuchthaltemittel Glycerol oder Sorbitol zugesetzt wird. Anstelle gewöhnlichen Wassers kann Rosenwasser verwendet werden. Die Konzentration an Alkalihydroxid liegt bei etwa 5 %. Milder wirkt Trinatriumphosphat, das ca. 10 %ig eingesetzt wird.

Nach der Behandlung ist das Nachfetten mit einem Nagelöl oder einer Nagelcreme notwendig. Im Handel sind flüssige und cremeförmige Produkte.

Produkte zur Pflege der Nägel

Tabelle XI/12 Typisierung der Nägel

Nagelhautöl

Kategorie	Merkmale	Pflegebedarf
Normale, feste Nägel	▪ glatte, samtige Oberfläche ▪ fester, elastischer, flexibler Nagel ▪ zartrosa Farbe, gut durchblutetes Nagelbett ▪ keine Nagelschuppen ▪ kein Nagelspliss	
Trockene, brüchige Nägel	▪ glanzlose, trockene, schuppige Oberfläche ▪ stark gebogen, sehr harte, aber unflexible und spröde Nägel ▪ splissige Nagelenden mit eingerissenen Seitenbereichen ▪ Nägel schuppen an den Nagelrändern ab ▪ Rillenbildung ▪ häufiges Wegbrechen der Nagelspitze durch leichtes Anstoßen an alltägliche Gegenstände	▪ Nageloberfläche schützen ▪ Rillen füllen ▪ Nagel härten ▪ Entfettung vermeiden
Weiche, flexible Nägel	▪ biegsam, geben elastisch in alle Richtungen nach ▪ werden selten länger als kuppenbündig ▪ reißen leicht ein ▪ zeigen oft keine C-Kurve, sondern sind flach und neigen zur Löffelnagelform	▪ Nageloberfläche härten ▪ Präparate gegen Spliss auftragen
Geschädigte Nägel	▪ geschädigte Oberfläche ▪ schuppig, rissig ▪ werden selten länger als kuppenbündig ▪ reißen leicht ein ▪ dünn, zart, schwach, glanzlos, splitternd, spalten sich ▪ langsames Wachstum	▪ Rillen füllen ▪ Oberfläche versiegeln ▪ Nagel härten ▪ Wachstum fördern (Repair)

Nagelöle

Zur Pflege rissiger Nägel bzw. rissiger Nagelhaut werden Nagelöle eingesetzt. Sie haben die Aufgabe, den Nägeln Fett zuzuführen, wenn durch eine zu starke Entfettung (z. B. durch Nagellackentferner oder Tensidkontakt) Schäden an den Nägeln zu befürchten sind. Die Verwendung von Nagelölen oder -cremes hilft, das Brüchigwerden der Nägel zu verhindern. Als Grundlage für Nagelöle dienen Oliven-, Mandel- oder Rizinusöl, Isopropylmyristat und Abkömmlinge (Derivate) des Wollwachs.

Nagelcremes

Zur Behandlung trockener oder rissiger Nägel stehen Nagelcremes zur Verfügung. Hierbei handelt es sich in der Regel um O/W-Emulsionen, denen Kalium- oder Ammoniumalaun zugesetzt sind, um gleichzeitig den Nagel zu härten. Als Grundlage dienen Paraffinöl, Wollwachs oder andere Wachse und Triglyzeride. Nagelcremes schützen vor Entzündungen am Nagelwall, sie fördern den Glanz der Nägel, erhöhen deren Festigkeit und gleichen Fett- und Wasserverlust aus. Häufig verwendete Wirkstoffe sind: Vitamin A, Vitamin E, Bisabolol, Azulen und Panthenol.

Nagelhärter

Zum Härten brüchiger oder weicher Nägel werden äußerlich verschiedene Nagelhärter-Formulierungen aufgetragen:

- farblose Lacke, die die Nägel durch einen festen Überzug vor dem Brechen schützen (Nitrocelluloselacke mit Zusätzen von Polyamiden, Polyestern oder Polyacrylaten),
- ungesättigte trockene Öle, die einen gleichermaßen wirksamen Ölfilm bilden,
- Keratin- oder Kollagenhydrolysate,
- Alaune;
- Formaldehyd (5 % in Nagelhärtern zugelassen).

Neben den Lacken können ebenfalls härtende Nagelwässer verwendet werden. Diese Lösungen werden auch für weiche Nägel benutzt, um ihnen Festigkeit zu geben. Sie enthalten neben Wasser die Alkohole Glycerol oder Sorbitol sowie Kalialaun oder Formaldehyd (5 % ist in Nagelhärtern zugelassen).

Nagelpolituren

Nagelpolituren haben die Aufgabe, durch milde Schleif- und Poliermittel dem Nagel ein glänzendes und gepflegtes Aussehen zu geben. Besonders beliebt sind Polierfeilen oder flexible Polierblöcke, die in unterschiedlicher Körnung verfügbar sind.

 Als milde Schleifmittel verwendet man Kaolin, Kreide, Talkum, Zinkoxid, Zinnoxid, Zinnoleat und Zinnstearat. Als Bindemittel und glanzgebende Bestandteile kommen Paraffin, Carnaubawachs, Bienenwachs, Stearin und Metallseifen zum Einsatz.

Der Glanz wird durch Polieren mit einer Polierfeile oder mit einem weichen Polierkissen erzielt. Heutzutage werden gerne Nagelpolituren in Stiftform benutzt, da sie bequem in der Anwendung sind.

Rillenfüller

Rillenfüller sind u. a. als weiße, matte Unterlacke erhältlich, die Unebenheiten auf der Nageloberfläche ausgleichen. Sie verbessern zudem die Haftung des Farblackes auf dem Nagel.

Polierblöcke

Rillenfüller

Produkte zum Bleichen der Nägel
Nagelbleichcremes

Zur Aufhellung unschöner Nagelverfärbungen können Nagelbleichcremes appliziert werden. Hierbei handelt es sich um säureverträgliche Salbengrundlagen, die einen Zusatz von verdünntem Wasserstoffperoxid und Zitronensäure enthalten. Wasserstoffperoxid ist auch in Tablettenform erhältlich und kann Fingerbädern zugesetzt werden, um Nikotinverfärbungen zu beseitigen.

Nagelbleichwässer

Wie auch Bleichcremes, enthalten wässrige Lösungen zur Nagelbleichung Wasserstoffperoxid. Zur Wirkungssteigerung ist noch Ammoniakflüssigkeit zugesetzt.

> Achtung: Nach Behandlung mit Bleichwässern sind die Nägel mit einem Nagelöl oder einer Nagelcreme einzufetten.

Produkte zur Dekoration der Nägel
Nagelweißstifte

Nagelweißstifte werden nach dem Säubern des Nagelrandes auf die Unterseite des freien Nagelrandes aufgetragen, wodurch der Nagel sauber erscheint. Sie ähneln in ihrem Äußeren den Augenbrauenstiften. Als Farben werden Zinkoxid und Titanweiß verwendet. Die Grundmasse aus Weißpigmenten ist in Holzhülsen eingelassen.

Nagelweißstifte

Nagellack

Die Verwendung von Nagellacken zur Verschönerung von Finger- und Fußnägeln ist weit verbreitet. Bei Nagellacken handelt es sich um gefärbte oder ungefärbte Lacklösungen, die filmbildende Substanzen, Kunstharze, Weichmacher, Farbstoffe bzw. Pigmente und Lösungsmittel enthalten. Eine Parfümierung von Nagellacken ist nicht üblich.

> Als Fimbildner ist Nitrocellulose in Form von Collodiumwolle (10 bis 15 %) trotz ihrer schwierigen Handhabung der wichtigste Grundstoff. Kunststoffe erhöhen den Glanz und die Haftfähigkeit der Filme. Es werden vor allem Formaldehyd-Sulfonamidharze verwendet, aber auch Polyvinylacetat, Polyacrylester und nur noch selten natürliche Harze wie Schellack, Kolophonium, Benzoe oder Ähnliche.
> Weichmacher (ca. 5 %) verleihen den Filmen eine gewisse Elastizität und tragen ebenfalls zum Glanz und zur Haftung bei. Als Weichmacher dienen Rizinusöl und Rhinolester, Campher, Dibutyl- oder Dioctylphthalat, Adinsäure oder Citronensäure, Butylstearat und andere.

Farblacke für eine perfekte Nageldekoration

> Nagellack-Allergien zeigen sich häufiger im Gesicht (Lider!) als an den Händen. Eine Allergie kann auf das Vorhandensein von Toluolsulfonamid, Formaldehydharz, Kolophonium oder Nickel zurückzuführen sein.

- **Klarlacke** geben den Nägeln Glanz und Schutz und dienen oft auch als Unterlack. Sie werden mit löslichen, lichtechten Farbstoffen (Anilinfarbstoffen) angefärbt.
- **Unterlacke** sind farblos; sie sollen Verfärbungen des Naturnagels verhindern und Unregelmäßigkeiten der Nageloberfläche ausgleichen.
- **Deck- oder Cremelacke** (Farblacke) enthalten unlösliche anorganische Pigmente (Titandioxid, Eisenoxide). Als Lösungsmittel dienen hygroskopische Gemische von leicht und schwerer flüchtigen Lösungsmitteln, wie z. B. Toluol, Buty-, Amyl- und Ethylacetat.

Unterlack (Base Coat)

■ 5 Nail-Design – Nagelmodellage und Nail Art

- **Perllacke** enthalten Weißfischschuppen/Fischsilber bzw. synthetische Glanzpigmente oder Glimmer-Titan-IV-Oxid.
- **Überlacke** sollen den Nagellack versiegeln und ihn so länger haltbar machen. Sie werden auch als „Top Coat" oder „Super Hardener" bezeichnet.
- Als **Trocknungshilfe** können zudem spezielle Sprays oder Trockenöle verwendet werden. All diese abschließenden Produkte zur Maniküre können unter dem Begriff „Finish" zusammengefasst werden.

> Bei der Herstellung von Nagellacken müssen die Pigmente zunächst mit einem der höher siedenden Bestandteile gemischt und homogenisiert werden. Um die Sedimentation (das Absetzen) der festen Teilchen zu verhindern, werden meist kolloidale Kieselsäure, Bentonite oder Metallseifen zugesetzt.

Kennzeichen eines hochwertigen Nagellackes:
- rasch trocknend (maximal in 3 Minuten)
- glänzend
- streichfähig
- gut haftend
- abriebfest
- elastisch
- beständig gegen Wasser und Seife
- hautverträglich

Nageltrockner

Die Trockner werden als Spray oder Trockenöl angeboten. Sie enthalten als Bestandteile Löse- bzw. Treibmittel, flüssige Fettkomponenten, Silikonöl und Duftstoff. Nageltrockner erhöhen den Glanz des Nagellackes und verkürzen die Zeit, die der Nagellack zum Trocknen benötigt.

> Testen Sie in Gruppenarbeit fünf verschiedene Fabrikate von Nagellacken. Achten Sie darauf, dass der zu prüfende Lack jeweils am gleichen Finger (rechte oder linke Hand) aufgetragen wird.
>
> Notieren Sie am Applikationstag und an den sechs Folgetagen in einem Verlaufsprotokoll die Anwendungseigenschaften und Qualität anhand folgender Kriterien:
>
> - Auftragfähigkeit (fluide, zäh)
> - Trocknungszeit (Angabe in Minuten)
> - Glanz/Brillanz des Lackes (stumpf, hochglänzend)
> - Beständigkeit gegen Wasser (gut, schlecht)
> - Beständigkeit gegen Seife (gut, schlecht)
> - Beständigkeit gegen Abrieb (gut, schlecht)
>
> Schließen Sie ebenfalls so genannte schnell trocknende Lacke in den Test mit ein!

5 Nail Design – Nagelmodellage

In diesem Kapitel werden grundlegende Techniken des Nail Design vorgestellt und einzelne Arbeitsschritte erklärt.

Die Ausbildung zur so genannten Nail Designerin ist eine Zusatzausbildung.

Nail Design

Die Ausbildung zur Nail Designerin umfasst schwerpunktmäßig grundlegende Arbeitsschritte und spezielle Arbeitstechniken der Nagelmodellage, wie Neu-Modellage, Geltechnik, Verlängerung von Naturnägeln, French- und Effekt-Gel-Technik, Nail Art und verschiedene Arbeitstechniken zum Gestalten von Ziernägeln sowie Verwendung von Farb- und Glitter-Gelen. Sowohl Grundlagenwissen über die Hygieneanforderungen, Anatomie, Physiologie des Nagels sowie dessen krankhafte Veränderungen als auch betriebswirtschaftliches Basiswissen (z. B. die Kalkulation in einem Nail Studio) werden ebenfalls in der Ausbildung vermittelt.

5.1 Nagelverlängerung – Tip-Technik

Das Material

Tip
engl. auf jemanden etwas setzen

Ein **Tip** ist eine Kunststoffschablone, die fest auf den Naturnagel verklebt wird. Diese Verlängerungsspitze eignet sich zum kurzzeitigen Gebrauch oder wird für das langfristige Tragen von Kunstnägeln mit einem Modellagenkunststoff überarbeitet.

Der Tip kann den Naturnagel in seiner Form korrigieren. Hier gibt es heute für jedes individuelle Nagelproblem den entsprechenden Tip.

Tips werden in verschiedenen Formen, Längen, Größen und Wölbungen produziert, um für jeden Naturnagel eine optimale Passform zu gewährleisten.

Für das langfristige Tragen von Kunstnägeln wird ein Modellagenkunststoff übergearbeitet.

Auch sind so genannte *Paint Tips* erhältlich, in die bereits ein permanentes Naildesign eingearbeitet ist.

In den letzten Jahren hat sich für die Produktion des Tips **ABS-Kunststoff** (Acrylonitrile Butadiene Styrene) durchgesetzt. Dieser Kunststoff hält gegenüber dem **Nylon** (Chemiefasern und Kunststoffe aus Polyamiden) äußeren Belastungen besser stand.

Classic Flex Tips: sehr flexibel, besonders für Pulver-Flüssigkeitssysteme geeignet

Paint Tips

Sonderformen von Tips
Der *French Tip* besteht aus einem weiß eingefärbten Kunststoff, wodurch eine dauerhafte French-Optik erzielt wird.

ABS-Kunststoff
Acrylonitrile Butadiene Styrene

Nylon
Chemiefasern und Kunststoffe aus Polyamiden

 Die Tip-Technik empfiehlt sich vorzugsweise bei Fingern mit langem oder normalen Nagelbett, denn die weiße Auflagefläche deckt etwas vom Nagelbett ab. Dies verkürzt somit optisch den Nagel. Ein kurzes Nagelbett wirkt so jedoch noch kürzer.

Da der French Tip mit dem Naturnagel vorwächst, verschiebt sich die French-Maniür-Linie ebenfalls nach vorne. Dies erfordert ein Auffüllen nach spätestens 3 bis 4 Wochen, um das optische Ergebnis wieder herzustellen.

Tipkleber
Zum Verkleben der Tips werden Tipkleber (chemisch: Cyanacrylate) verwendet, die lösungsmittelfrei im Handel sind. Sie härten durch Reaktion mit Luftfeuchtigkeit und unter Sauerstoffabschluss in etwa 40 bis 50 Sekunden aus.

 Nagelkleber für die Fingernagelkosmetik verbinden die Tips fest mit der Nagelplatte.

5 Nail-Design – Nagelmodellage und Nail Art

 Die einzelnen Arbeitsschritte weichen je nach Anbieter der Tip-Systeme leicht voneinander ab. Für ein optimales Ergebnis sind unbedingt die Herstellerempfehlungen zu beachten.

Arbeitstechnik

- Nägel leicht mit einer weichen Feile anmattieren.
- Nägel mit einem Nagelentfetter (Cleaner) sorfältig abreinigen. Dadurch haftet der Tip später optimal am Nagel. Es ist wichtig, dass die Oberflächen von Nagel und Tip frei von Schmutz, Staub und Fett sind.
- Einen möglichst dünnen, gleichmäßigen und einseitigen Film entweder direkt auf den Nagel oder in die Einkerbung der Tipunterseite geben.
- Den Tip mit leichtem Druck auf den Naturnagel setzen. Zwischen die Klebeflächen darf keine Luft kommen! Die Aushärtung des Klebers erfolgt in wenigen Sekunden.

Angleichen des Tips an den Naturnagel

 Eine Luftfeuchtigkeit < 40% oder > 60 % kann die Haltbarkeit der Tips negativ beeinflussen.

Die Tip-Technik als Nagelverlängerung ist häufig die Basis für weitere Nagelmodellagen, z. B. mit Fiberglasgewebe.

5.2 Nagelverlängerung – Schablonentechnik

Neben dem Verwenden von Tips hat sich eine zweite Technik für die Nagelverlängerung durchgesetzt: die Schablonentechnik. Bei dieser Technik wird keine Verlängerung mit dem Naturnagel dauerhaft verklebt, sondern es wird eine Hilfsschablone zur Modellage angesetzt. Diese Schablone wird nach der Aushärtung des Modellage-Kunststoffes wieder entfernt wird. Je nach Fabrikat können die Schablonen wieder verwendet werden. Es wird ein **Acryl**-Gel verarbeitet.

Acryl
Pulver-Flüssigkeitssysteme; Verbindung von Acrylpulver, Aktivator und Flüssigkeit härtet aus

Die Schablonentechnik eignet sich für
- Kantenverstärkung bei Naturnagelüberzügen,
- sehr weiche Nägel oder Nagelverlängerungen, die ohne Tipkleber gearbeitet werden sollen (z. B. bei Cyanacrylat-Empfindlichkeit),
- Reparaturen und zur Ausbesserung von Nägeln,
- Nagelverlängerung ohne Tip,
- überbreite Nägel,
- extrem flache Nagelbetten, auf denen ein Tip zu große Spannungen verursacht.

Selbstklebende Papierschablone

Arbeitstechnik

- Nach der Desinfektion von Händen und Nägeln wird zunächst die Nagelhaut entfernt und der Nagel nochmals gesäubert.
- Mit einer weichen Profifeile wird ein Nagelpeeling vorgenommen und die oberste Hornschicht entfettet. Der Staub ist mit der Nagelbürste zu entfernen, damit die Haftflüssigkeit (der Primer) gut binden kann.
- Die Schablonenform wird ausgewählt. Sie muss dem natürlichen Verlauf des Nagels entsprechen.

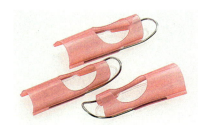
Wiederverwendbare Plastikschablonen

Anpassen der Schablone

Auftragen des Acryls

Abziehen der Schablone

- Die Schablone wird von vorne unter die Nagelspitze geschoben und der Form und Wölbung des Nagels angepasst.
- Dann wird beispielsweise das Gemisch aus flüssigem Aktivator (Katalysator) und Acrylpulver mit einem Pinsel so lange aufgebracht, bis ausreichend Kunststoffmasse für die Verstärkung der Nagelplatte und für die neue Nagelspitze vorhanden ist.
- Nach einer Einwirkzeit von mehreren Minuten kann die Schablone vorsichtig entfernt werden.
- Danach lässt sich die künstliche Nagelspitze mit einer weichen Spezialfeile in die gewünschte Form und Länge bringen, und die Oberfläche des gesamten Nagels kann geschliffen und poliert werden.

Als Folge des natürlichen Nagelwachstums ist etwa nach drei Wochen ein „Nachfüllen" anzuraten.

5.3 Verarbeitungssysteme bei der Nagelmodellage

„Nagelmodellage" wird als Überbegriff für die **Erstellung künstlicher Nägel unter Anwendung** unterschiedlicher Materialien – in der so genannten „Selbsthärtung" oder „Lichthärtung" – verwendet.

Verfahren	Was passiert?
Selbsthärtung	Es werden immer zwei Komponenten angemischt, die nur durch die Vermischung aushärten.
Lichthärtung	Es werden keine chemischen Stoffe mehr manuell gemischt, sondern dem Kunststoff sind bereits Photoinitiatoren beigemischt, die auf Bestrahlung mit Licht reagieren. Die Aushärtung (Polymerisation) findet in einem speziellen UVA-Lichthärtungsgerät statt, das in der Regel 4 UVA-Röhren mit 9 Watt hat.

Bei der Nagelmodellage werden folgende Hauptverarbeitungssysteme (2-Komponenten-Systeme) unterschieden:
- **Pulver-Flüssigkeits-System**, auch als Acryl, Porzellan, Porzellon bezeichnet,
- **Gewebetechnik** (Wrap-Coat-System) auch Fiberglas oder Seidensystem genannt,
- **Lichthärtungssystem** (Gel).

Kunststoffe, die durch das Zusammenbringen von zwei chemischen Komponenten reagieren und aushärten, bezeichnet man als selbsthärtende Kunststoffsysteme oder 2-Komponenten-Systeme.

Pulver-Flüssigkeits-Systeme (Acryl)

Diese Technik ist die älteste Methode zur Nagelverlängerung. Sie wurde schon vor über 40 Jahren in den USA in Nagelstudios verwendet. Dabei wird ein Anmischverfahren aus der Zahntechnik eingesetzt, welches sich durch kurze Aushärtungszeit und Materialhärte für die Nagelverlängerung eignet.

Polymer
synthetische organische makromolekulare Verbindung (Riesenmoleküle), die aus vielen kleinen Monomeren bestehen

Katalysator
griech. Stoff, der eine chemische Reaktion beschleunigt oder verlangsamen kann, aber bei deren Beendigung unverändert vorhanden ist.

Aushärtung

Das Pulver-Flüssigkeits-System besteht aus:
- **Modellierflüssigkeit** (Synonym Liquid) → chemisch: Monomer
- **Modellierpulver** (Kombination von gemahlenem Acrylpulver plus Katalysator) → chemisch: Polymer

Der Katalysator beim Nail Design mit Acryl-Technik ist ein flüssiger Aktivator, der dem schnelleren Aushärten von Klebern dient.

Bei der Nagelmodellage mit einem Pulver-Flüssigkeitssystem wird zusätzlich ein säurehaltiger **Haftverbesserer** (Primer, chemisch: Methacrylsäure) benötigt, der zur Vorbereitung auf die Naturnageloberfläche aufgetragen wird.

Set für Acryl-Technik: Liquid, Pulver, Primer, Pinsel

Der Primer reagiert mit den Zellstrukturen der Hornschicht des Nagels, d. h. er ätzt den Naturnagel quasi an. Dadurch vergrößert sich die Nageloberfläche, was für eine Haftverbesserung und starke Entfettung sorgt.

 Primer können Kontaktallergien auslösen.

Arbeitstechnik
- Eine Schablone wird vorn unter den Naturnagel gesetzt. Dabei muss sie die Wölbung des Nagels annehmen.
- Den Nagel mit dem Haftverbesserer bestreichen und gut trocknen lassen.
- Einen Pinsel mit Liquid tränken, kurz abstreifen und anschließend in das Acrylpulver tauchen.
- Das Acryl auf die Nagelspitze aufsetzen und zu jeder Seite hin flach auf den Nagel andrücken.
- An den Übergang eine weitere kleine Acrylkugel setzen, nach beiden Seiten hin gut andrücken und nach vorn ausstreichen. Es entsteht ein glatter Überzug auf dem Nagel. Dieser Arbeitsgang ist bei Bedarf zu wiederholen.
- Nach dem Aushärten ist die Schablone zu entfernen und der Nagel in die gewünschte Form zu feilen.
- Abschließend den Nagel glätten und polieren.

Aufsetzen der Acryl-Kugel

Gewebetechnik (Wrap-Coat System)

Die Gewebetechnik bzw. das Fiberglas/Seidensystem ist wie die Acryltechnik ein sehr altes Verfahren. Hierbei handelt es sich um eine Technik, bei der Gewebematten (Fiberglas, Seide oder Leinen) zur Verstärkung auf den Tip gearbeitet werden.

Das Fiberglas/Seidensystem besteht aus:
- **Gewebe** (Leinen, Seide oder Fiberglas)
- **Fiberglasgel** (dickflüssiger Kleber) → chemisch: auf Cyanacrylbasis
- **Aktivator** zur Aushärtung des Fiberglasgels zum Aufsprühen oder Aufpinseln → chemisch: Katalysator

Fiberglasgewebe

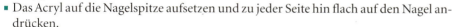

Fiberglas (Cyanacrylat-Basis) + Katalysator **+** **Gewebe** (z. B. Seide, Fiberglas) chem: (**Momomer**) → **Harter Kunststoff**

Monomer niedermolekulare, reaktionsfähige Verbindung

Aushärtung

Zuschneiden der Fiberglasmatte

Aufkleben der Fiberglasmatte

Arbeitstechnik

Der Nagel wurde bereits mit einem Tip verlängert und für die Modellage vorbereitet.

- Auf den Tip und den Naturnagel wird ein Spezialkleber entsprechend der Herstellerangaben aufgetragen.
- Die Fiberglas- oder Seidenmatte wird passend zur Nagelgröße ausgeschnitten.
- Das Gewebe wird auf die Nagelverlängerung plan aufgelegt und mit einem Fiberglasgel (ein dickflüssiger Nagelkleber) benetzt.
- Dieser Vorgang wird in 2 bis 3 Schichten wiederholt, wobei das Ganze an der Luft trocknet.
- Zur Beschleunigung der Aushärtung wird in der Regel ein Sprüh-Aktivator benutzt, der in einem Abstand von ca. 20 cm aufgesprüht wird. Er beschleunigt die chemische Reaktion. Da Erhitzungsgefahr besteht, muss sehr vorsichtig gearbeitet werden.

 Die Fiberglas- oder Seidenmatte sollte nur so groß sein, dass ein Abstand von ca. 1 mm zur Nagelhaut und zum Nagelwall verbleibt.

Lichthärtungssystem – Gel-Technik

Flüssige Kunstharze (Nagelgele) werden mit dem Pinsel auf die Nagelverlängerung und die Nagelplatte aufgetragen und anschließend mittels UVA-Licht in einem **Lichthärtungsgerät** ausgehärtet. Diesem Vorgang liegt chemisch eine „Polymerisation" zugrunde.

Flüssiges Kunstharz (Monomere, Oligomere)	+	UVA-Licht	→	Hartes Gel (Kunststoff/ Polymer)

Polymerisation

Oligomeren
(Harze) bilden das mechanische Gerüst des Kunststoffes und sind für die mechanischen Eigenschaften, wie Elastizität, Konsistenz, Verlaufseigenschaften und Festigkeit verantwortlich

UVA-Licht-härtende Nagelgele bestehen aus lichthärtenden Kunststoffen. Diese Kunststoffe bestehen aus Monomeren, **Oligomeren**, eventuell Verdickungsmitteln und Photoinitiatoren. Damit das Gel während der Lagerung nicht schon von selbst aushärtet, werden **Hemmer** zugesetzt. Hierbei handelt es sich um Substanzen, die eine Polymerisation verhindern. Der **Photoinitiator** wird benötigt, um die Härtung durch UVA-Licht gezielt zu starten. Es ist eine chemische Verbindung, die das UVA-Licht absorbiert und dann Radikale bildet, welche die Vernetzung der einzelnen Bestandteile auslösen.

Arbeitstechnik

Der Nagel wurde bereits mit einem Tip verlängert und für die Modellage vorbereitet.

- Haftgel wird mit einem Gelpinsel dünn aufgetragen und anschließend unter der UV-Lampe ausgehärtet.
- Die erste Gelschicht auftragen. Dabei sollte der Nagelrand bzw. die Seiten frei bleiben.
- Unter UV-Licht aushärten lassen
- Weitere Schichten auftragen und modellieren.
- Abschließend ggf. glätten, ein Finish auftragen und unter UV-Licht aushärten lassen.

5 Nail-Design – Nagelmodellage und Nail Art

Tabelle XI/13 *Typische Fehlerquellen beim Arbeiten mit lichthärtendem Kunststoff (Gel) und mögliche Ursachen*

Gel ist nach der Aushärtung streifig, oder teilweise nicht ausgehärtet	▪ Zu starker Pinseldruck und zu dünnes Applizieren des Materials
Gel löst sich weich ab	▪ ungenügende Leistung des Lichthärtungsgerätes bzw. verstaubte Röhren *Tipp: Röhren nach etwa 300 Betriebsstunden wechseln (entspricht bei vollständiger Auslastung etwa einem jährlichen Wechsel).*
Gel härtet am Daumennagel nicht aus	▪ Daumennagel war nicht im vollen Lichtspektrum bzw. zu schräg im Lichthärtungsgerät
Gel löst sich vom Tip ab	▪ Tip wurde nicht ausreichend anmattiert ▪ Flüssigkeiten (Entfetter, Cleanser usw.) sind auf den Tip gelangt *Tipp: Einige Haftvermittler dürfen ebenfalls nicht auf den Tip, sondern nur auf den Naturnagel aufgetragen werden!*
French Tips sind herausgewachsen	▪ neue Tips setzen oder ▪ beim Auffüllen die Nagelspitze mit einem French White Gel neu modellieren

Abschlusspflege nach der Modellage

Die Arbeit sollte immer mit der Pflege der Nagelhaut enden. Hierzu werden einige Tropfen Nagelöl oder eine kleine Menge Nagelcreme eingearbeitet.

Bei den Lichthärtungssystemen sind die lichthärtenden Kunststoffe genau aufeinander abgestimmt. Haftvermittler, Aufbaugel und Versiegelungsgel enthalten Komponenten, welche nur bei strikter Anwendung aller drei Produkte zu einer optimalen Anhaftung gelangen.

Bildquellenverzeichnis

©Corbis: 13/1; 80/2–3

Agentur FOCUS, Hamburg/Patrick Frilet: 12/1

akg-images, Berlin: 21/1; 22/2, 3; 24/1

AKZENT direkt GmbH, Gelnhausen: 113/1; 213/3; 230/1; 262/4; 300/2–6; 311/1; 312/1; 313/1–10; 315/1–2; 316/1–3; 317/1; 318/1; 322/1–2; 322/1–4; 323/1; 324/1–4; 325/1–3; 326/1–3; 327/1–3; 328/1, 3; 330/1–2; 331/1–3; 333/1–3; 334/1–5

arteria-photography, Eberhard, Dr. M., Kassel: 144/1; 197/1

Beautyfarm-Hirsch, Bad Neuenahr: 280/1

Beiersdorf „eucerin®": 83/1; 108/1; 120/1; 121/1–2; 132/1; 148/1–3; 150/2; 157/1–2; 158/1; 159/1–2; 176/2; 177/3; 179/4; 180/3; 190/1; 191/1; 192/1; 193/1–3; 196/1–3; 207/2; 237/1

BildArt Volker Döring, Hohen-Neuendorf: 105/4

Birker St., Viernheim: 97/2

Büro für Gestaltung Günter Biste, Schwäbisch Gmünd: 87/1; 92/1–2

Bußmann, M. Berlin: 27/1; 49/1; 62/1; 63/1–2; 65/1–2; 66/3–7; &7/1–2; 68/3; 111/1–2; 172/1; 173/1–3; 176/1; 177/1; 178/4–5; 180/1; 181/1–5; 182/3; 183/1; 184/1; 194/2; 199/1; 204/3; 207/3; 211/3; 229/2–3; 240/1–2; 243/1; 247/1; 254/1; 255/1; 256/1–4, 6–7; 257/1; 258/1–2; 259/1–8; 260/1–2; 261/1–6; 262/1–3, 5; 263/1–6; 264/1–7; 265/1–2; 273/1–2; 275/1–2; 276/1

Catherine Nail Collection GmbH, Zierenberg: 211/2; 218/1; 300/1; 307/1; 328/2; 329/1; 332/1–3

Deutsches Hygenie-Museum, Dresden/Sammlung Schwarzkopf: 15/1, 3

Döring, V., Hohen-Neuendorf: 227/1; 266/1–4

Dr. Babor GmbH, Aachen: 41/2; 212/1–3; 213/1–2, 6; 224/2; 229/1

Drucks, U., Stolberg: 57/1; 59/1

Faust, St., Berlin: 77/2–3; 106/1; 107/1; 109/1; 112/1–2; 114/1–2; 115/1; 116/1; 118/1; 119/1; 123/1; 281/1–4; 283/1–3; 310/3; 312/2–3; 314/1–6; 315/3–4; 319/1; 320/1–3

Focke, G., Berlin: 60/2; 61/3; 64/1; 129/1; 137/2; 139/2; 142/1–2; 143/1; 144/2; 145/1; 155/1; 162/1; 162/1; 169/2; 170/1; 178/1

Globus-Infografik, Hamburg: 26/1; 48/2; 50/1

Gütt, Dr., S., Hamburg: 172/2; 177/1–2; 178/2–3; 179/1–3; 180/1–2; 182/1; 185/1; 188/1; 194/1 196/4; 198/1; 199/2; 241/2

Henschel, H., Berlin: 36/1; 38/1; 39/1–2; 48/1; 75/1–3; 76/1–2; 81/1; 82/1; 99/1; 220/1; 222/1–2; 225/1; 226/1; 233/1; 234/1–8; 242/1–2; 272/1; 274/1; 295/1; 317/2–3; 318/2–6

Hildegard Braukmann Kosmetik, Großburgwedel: 213/4–5; 215/1; 217/1; 223/1; 224/1; 228/1

Hoting, Dr., Edo, Hamburg: 60/1; 61/1–2; 189/1–17; 191/1; 192/2; 195/1; 196/4; 286/1; 288/2; 290/1; 292/1–3; 293/1–3; 294/1–3; 295/2; 296/1–2; 297/1–3; 298/1–3; 299/1–7

IFA-Bilderteam, München-Ottobrunn; 102/1

Ionto-comed GmbH, Eggenstein-Lo.: 182/2; 185/2; 186/1; 235/1; 236/1–2; 237/2; 238/1; 239/1–2; 241/1; 242/3; 243/2; 248/1; 256/5, 8; 301/1; 310/1

Jean d'Arcel cometique, Kehl: 9/ 1–3, 5

Klapp Cosmetics GmbH, Hessisch Lichtenau: 9/4;12/2; 41/2; 105/1; 204/1; 211/1; 219/1

Krahe, Anja, Düsseldorf: 72/1; 77/1–2; 78/1; 79/1; 84/1–2;85/1

Krischke, K., Marbach/N.: 71/1; 72/2; 79/2; 85/3; 86/1; 87/2; 88/1; 89/1; 91/1; 95/1; 96/1; 97/1; 98/1–2; 103/1

Kunsthistorisches Museum, Wien/KK 4103: 20/1

MAHA The Nail Company: 320/4

Mair, J., Hersching: 74/1; 100/1

Merk, Dr., H., Aachen: 133/1–2; 134/1–2; 135/1–3; 137/1; 138/1; 140/1–2; 141/1–3; 143/2–3; 145/2; 147/1; 150/1,3; 151/1–2; 152/1–2; 153/1–2; 154/1–2; 156/1; 160/1–2; 161/1; 162/2–4; 163/1–2; 164/1; 167/1–2; 168/1; 169/1

Österreichische Nationalbibliothek, Wien/Co. 2759, fol 174v: 17/1

picture-alliance/dpa/Büttner: 105/3

Rossow, Dr., U., Esslingen: 35/1; 37/2

Sanus Verlagsgesellschaft, München: 287/1; 288/1

Scala Group, Florenz/Fotografica Foglia: 16/1

Schamuhn, A. Berlin: 37/1; 40/1; 41/1; 42/1–2; 43/1; 53/2–3 und die Symbole im Inhalt

Schöneitsfarm Gertraud Gruber, Rottach-Egern: 53/1

Schülke &Mayr GmbH, Hamburg: 59/2; 66/1; 306/1; 310/2

ullstein-bild/Sylent Press: 105/2

Wella-Museum, Darmstadt: 14/1; 15/2; 16/2; 20/2; 21/2–4; 22/1; 23/1–2

zefa visual media GmbH, Hamburg: 80/1

Sachwörterverzeichnis

7. Änderungsrichtlinie 29, 36, 44f
Abfälle 45, 50, 70
Abfallentsorgung 68, 305
Abnutzungsekzem 150
Abrasiva 229, 254f, 261
abrasive Granulatpeelings 272
abrasive Reinigung 272
Abreinigen der Augen 258
Abschminken 228, 271
Absorption (von Licht) 216
absorptive Reinigung 272
Abszess 161f
Abtasten der Hautoberfläche 181
Aceton 230
Achselhaar 111
Acryl 332
Acrylsäurepolymere 213
Adern 96
Adrenalin 96, 97
adsoptive Reinigungsmaske 261, 254, 272
adstringierend 271
Aerosol 34, 222, 225
Aerosolpackungsverordnung 30, 38
Aggregatzustand 205
Ägypten 14
AHA → Alpha-Hydroxy-Acid
AIDS 126
Akne vulgaris 147
Akne 116, 147f, 164f
-, mittelschwer 148
-, schwer 148
Aknebildung 147
Aknetoilette 255, 262f
aktinische Keratose 167
Akut toxisches Kontaktekzem 150
Albinismus 139
Algemeinhygiene 53
Alkalien 109, 208, 217, 227
Alkohol 101, 213, 214, 215, 224
Allantoin216
Allergen 127, 128, 151
Allergie 37, 127f, 149, 151f, 224
Allergiepass 37, 152
allergische Reaktion 149
Alpha-Hydroxy-Acid 216f, 229, 278
Altersblutschwamm 144
Altersflecke 118, 157, 195
Altershaut 195
Alterswarze 135
Aminosäuren 101, 104, 115, 122, 216

amphiphile Stoffe 74, 208–209, 213, 214, 215, 221f, 226
Ampullen 224
Anabolika 80
Analysebogen 200, 281
Anamnese 200, 260, 281
Anatomie 71
Änderungsverordnung 29
Androgene 96, 115
angeborene Hautkrankheit 131
Angiom 289
Anhangsgebilde der Haut 83, 105, 111ff
Anhidrose 147
anionische Tenside/Aniontenside 215, 228
Anomalie 171
Anpassungsrichtlinien 29
Anti-Ageing 216
Antigen 125, 126
Antikörper 125, 126
Antioxidantien 212, 214, 217, 218, 219f, 268
Anti-Pilz-Lack 288
Anwender 251
Aorta 97
Äpfelsäure 216
apokrine Drüsen 146
apokrine Schweißdrüsen 122
apokrine Schweißdrüsen 122
Apparative Kosmetik 24
Apparative Lymphdrainage 242
Arbeits-/Unfall- und Gesundheits- schutz 48
Arbeitsatmosphäre 301
Arbeitshygiene 64
Arbeitsleuchte 235, 300
Arbeitsschutz 49
Arbeitswerkzeug 303
Aromakosmetik 12
Arterie 96, 97
Arzneimittelgesetz 30, 46
Arzneimittelwirkstoffe 32
Ascorbinsäure 217, 220
Ätherische Öle (→ auch Parfumöle) 224
Atmung 96
Atopisches Ekzem 192
Atroph 138
Aufbereitung, sterile 303
Auge 86, 87f
Augenbraue 88, 111

Augenbrauenstift 213, 214, 218
Augenlid 87
Augenlinse 87
Außenohr 88
Autoimmunkrankheiten 153f
Autoimmunkrankheiten 153f
Axon 86
Bakterien 55ff, 71, 125, 145f, 148, 161, 163, 205, 219
Bakterienformen 57
Barock 20
Barrierefunktion der Haut 180
Basalmembran 107, 108, 115, 118, 120
Basalzellen 76
Basalzellkarzinom 168
Basen 103, 208, 230
Basisgeräte 231
Basismaniküre 321
Bauchspeicheldrüse 95, 103
Bedampfungsgerät 236f
Bedarfsgegenstände 31
Behandlungsliege 255
Behandlungsstuhl 255
Behandlungsziel 260
benigne 166
Berufsgenossenschaft für Gesund- heit und Wohlfahrtspflege (BGW) 49, 234, 305
Berührungsreiz 89, 90
Besenreiser 121, 143
Bestandteile, Liste 35, 36
Bestimmungsgemäßer Gebrauch 41f
Bestrahlungslampen 247
Betreiber 251
Beugemuskeln 79
Biedermeier 22
Bienenwachs 214
Bilirubin 116
Bindegewebe 75, 76, 78, 82f, 106, 120, 136f, 154, 210
Bindegewebsschwäche 142
Bindegewebsstörung 136
Bindehaut (Auge) 87
Biochemie 71
Biotechnologie 26
Biozid 47
Biozidprodukt 32, 47
Biozidproduktgesetz 32
Blackheads 263
Bläschen 151, 169

Blasen 155
Blasenbildung 156f
blaue Flecken 124
Blaufilter 244, 247
Blut 99
Blutgefäße 98, 121
Blutkörperchen 78, 99
Blutkreislauf 96–100
Blutplasma 99
Blutschwämmchen 143
Blutstauung 145
Botox 81
Bräunung 157
Brustdrüsen 93
Bullöser Pemphigoid 153
Bürgerliches Gesetzbuch (BGB) 30
Bürstenaufsatz 239
Bürstenmassagegerät 273
Butan 225
Candidosen 164
Carotin 116
Cellulitis 96
Ceramide 109, 216
CE-Zeichen 234
Charge 38
Chargencodierung 35, 38
Chemikaliengesetz 30, 46
chemische Elemente 206
chemische Reaktion 205
chemische Verbindungen 205f, 211
Chronisch venöse Insuffizienz
(CVI) 145f
CI-Nummer 33, 37
Cleansing Creme 228
Coenzym Q 217
Collagen → Kollagen
Comedo → Komedo
Cortison 127
Couperose 144
Creme 213, 221f
CTFA 36
Cutis → Lederhaut
Dampfsterilisation 67f
Darm 71, 84, 103
Decubitus (Druckgeschwür) 155
Deklaration 36, 151
Deliktischer Schadensersatz 43
Dellwarze (Mollusculum
contagiosum) 135
Dendriten 85f
Dermaler Nävus 140
Dermatitis, atophische 151
Dermatomykosen 163
Dermatomyositis 154
Dermatophyten 163, 287

Dermatose 129
Dermatosen, bullöse 153
Dermis (→ auch Lederhaut) 106
Desinfektion 65f, 67f, 70, 303
Desinfektionsmittel 65
Desinfektionsmittelplan 69
Desinfektionsverfahren 67
Desmosomen 109, 110
Detergentien/Detergenzien 75, 209,
214, 215, 226ff, 253
Diabethes mellitus 146, 165
Diabetiker 192
Dickdarm 71, 103f
DIN 77600 47, 55, 252
DIN EN 455 49
Dispersion 221, 223
Dissoziation 207
DNA 72, 93, 211f
Dokumentation 30
Druckgeschwür (→ Decubitus)
155
Druckstellen 155
Drüsen 73ff, 84, 94ff, 104
Duftdrüsen 146
Duft-Öl 128
Duftstoffe 212, 214, 218f
Duftwasser 224
Dünndarm 103, 104
Durchblutungsstörung 156
Duschgel 228
Dyskeartose 133
Effloreszenzen 129, 189
EG-Aerosolrichtlinie 30, 38
EG-Biozidrichtlinie 46
EG-Gefahrstoffrichtlinie 30, 46
EG-Kosmetikrichtlinie 28ff,
EG-Richtlinien 28, 29
EG-Verordnungen 28
EG-Zubereitungsrichtlinie 46
Eichgesetz 30, 39
Eingeschränkt zugelassene Stoffe
33
Einmalhandschuhe 302
Einzeller 71
Eiterbildung 148, 161
Eiterbläschen 264
Eiterpusteln 262
ekkrine Drüsen 146
ekkrine Schweißdrüsen 122f
Ekzem, atophisches 151
Ekzeme 149, 159
Elastin 136
Elastizität 185
Elektron 206
empfindliche Haut 197

Empire 22
Emulgator 115, 209, 212ff, 221ff,
227, 229
Emulsion 208, 221ff, 228
endogen 131
endoplasmatisches Retikulum 73
Entgiftung 100, 104
Entschlackung 100
Entzündung 127, 148ff, 157, 161f
Enzyme 103, 210, 211, 229, 274
Enzympeeling 254, 261, 274f
Enzymschälkuren 274f
Epidermis (→ auch Oberhaut)
106, 107
Epidermolyse 153, 169
Epithel 84
Erbkrankheit 136, 169
Erfrierungen 156
Ernährung 101f
Ernährungsstörungen 165
Erstausstattung 231
Erste-Hilfe-Regeln 235
Erstnutzen 32
Erysipel 161
Erythem 154
Erythrasma 161
essentielle Fettsäuren 101f, 217
essentielle Stoffe 102
Essstörungen 102
Estrogen → Östrogen
Ethanol 213f, 224
Europide 116
Exantheme 149
Exfoliant 261
exogen 131
Eyeliner 218
Fabrikationsfehler 43
Falten 121
Farbstoffdeklaration 37
Farbstoffe 33, 217f
Feiltechnik 280, 315
feindisperse Gemische 208
Fertigpackungsverordnung 37
Fett (als Nährstoff) 101, 102, 104
Fett 209, 211, 212
Fettabsaugen 124
fettähnliche Stoffe 211
Fettalkohol 214
Fettalkohol-Polyethersulfate 215
Fettgewebe → Unterhaut-Fettgewebe
Fettsäuren 104, 214f, 226
-, essentielle 165
Fettzellen 123
Feuchtigkeitsarme Haut (Sebostase)
190

Sachwörterverzeichnis

Feuermal 143
Fiberglasgewebe 333
Fibroblasten 81, 120, 126
Fibrodysplasie 136
Fibrom 137, 289
Fingerbad 311f
Fingerfriktionen 320
Fingermassage 314
Firmensitz 35, 39
Fischschuppenkrankheit 132
Flache Knötchenflechte 169
Flächendesinfektion 66
Flaumhaare 111
Flavonoide 217
Flöhe 60
Follikulitis 161f
Formulierung von Präparaten
    220–225
Fortpflanzung 91–94
Freie Radikale 159
French-Colorfilm-Technik 318
French-Lackierung 318
Friktionen 314
Fruchtsäure 216, 229, 276f
Fruchtsäuren (AHAs) 148
Fruchtsäurepeeling 254, 277
Füllmenge 35, 37
Furunkel 161ff
Fuß 77
Fußpilz 59, 164
Fußsohle 123
Fußsohlenwarzen 135
Galle 104
Ganzheitskosmetik 12
Ganzkörperkosmetik 9
Gefahrstoffverordnung 30, 46
Gefäßlabile Haut 199
Gefäßneubildung 144
Gefäßveränderung 144
Gehirn 85
Gelatine 210
Gele 213, 222ff
Gel-Technik 334
Gemische von Stoffen
    (→ Stoffgemische)
Gen 93f, 130
Genodermatosen 130
Gerätedesinfektion 66
Germanen 16
Geruchssinn 86
Gerüstproteine 210
Geschlechtshormone 91, 93, 96,
    115
Geschlechtsmerkmale 91ff
Geschlechtsorgane 92

Geschmackssinn 86, 89
Gesetz gegen den unlauteren
    Wettbewerb (UWG) 30, 41
Gesichtsmuskeln 80f
Gesichtsreinigung 265
Gesichtswasser 271
Gesundheitsamt 69
Gewebe 71f, 75
Gewebetechnik 333
Gewebezerstörung 156, 161
Glanzlack 230
Glaskörper 87
Glasventousen 244
glatte Muskulatur 81
Gleichgewichtssinn 88
Glucose 104
Glycerin → Glycerol
Glycerol 104
Glycerol 104, 209, 214
Golgi-Apparat 74
Good Manufacturing Practice
    (GMP) 35
Gotik 19
Granulatpeeling 273
Graphit 218
Grenzflächen 221
Grenzflächenspannung 227
Griechen 15
grobdisperse Gemische 208
Große Maniküre 321
Großhirn 85
Gründerzeit 23
Grundgesetz 28
Grundlagen kosmetischer Präparate
    220–225
GS-Zeichen 48, 234
Gummi 209
Gürtelrose 160
Haar 111f, 210
Haarbalgmuskel 106, 112
Haarfollikel 162
Haarfollikel-Sensoren 90
Haarschaft 112
Haarwuchs 91f, 111f
Haarwurzel 89, 111f, 115, 120f
Haarzwiebel 112
Haftung für Schäden 43
Haftung 30, 41
Hamamelis 216
Hämangiome 143f
Hämatom 290
Hämoglobin 99, 116
Hand 77
Handfläche 123
Handcremes 325

Händedesinfektion 66, 70, 302, 306
Handfläche 123
Handgelees 325
Handmaske 324
Handmassage 314
Handreinigungsmittel 324
Handwerkskammer 27
Handwerksordnung (HWO) 27
Harnblase 100
Harnstoff 122f, 216
Haut 83, 86, 89, 105–128
-, Alterung 121ff
-, Farbe 116–118
-, Funktionen 106
-, Regeneration 216f
Hautanalyse 171f, 200f, 235, 260
Hautanhangsgebilde (→ Anhangs-
    gebilde der Haut)
Hautausschlag 149
Hautborreliose 163
Hautcreme 116
Hautdicke 182
Hautdicke 182
Hautdurchblutung 184
Hauterkrankung 129ff, 169
Hautfarbe (→ Mikrozirkulation)
    184ff
Hautfeuchtigkeit 176
Hautflora 161
Hautfunktion 176–186
Hautkrebs 118, 157, 166, 168
Hautpflege 70, 306
Haut-pH-Wert 180, 256
Hautreaktivität 183
Hautreinigung (Präparate)
    226–229, 253, 267
Hautreinigung 70, 257, 306
Hautreizung 157
Hautschälkur 229
Hautschrift 183
Hautschutz 48f, 70, 306
Hautschutzplan 150
Hauttalg 115, 121, 177
Hauttumoren 167
Hauttyp 117
Hautunreinheiten 115
Hautveränderung 129ff, 165
Hautzustand 171, 186ff, 240,f 280
Hefe 55–59
Heißluftsterilisation 67
Hepatitis 126
Hersteller 39, 35, 151f, 158
Herz 71, 81, 97
heterogene Stoffgemische 207,
    221–224

Hilfsstoffe 212, 218–220
Hirnanhangdrüse 85
Hirsutismus 164
HIV-positiv 262
homogene Stoffgemische 207
Hormon 74, 80, 91, 94–96, 98, 137, 164f
Hormonschwankungen 164
Hornbildungsschicht 107
Hornfett 109
Hornhaut (Auge) 87
Hornhautverdickung (Hyperkeratose) 133, 155
Hornhautwucherung 133, 135
Hornschicht 107–110, 132, 134, 210, 229, 277
Hornschichtdicke 182
Hornschichtfeuchtigkeit 177
Hornschüppchen 108
Hornzellen 108, 229
Hühnerauge 134, 217
Hyaluronsäure 216
Hydrogel 221, 223f
Hydro-Lipid-Film 177
hydrophile Reinigungsöle 270
hydrophile Stoffe 208f, 213f
hydrophob 109
Hygiene 137
Hygienemanagement 69
Hygieneplan 63
Hygieneplan 63, 69f, 306
Hygieneschutzmittel 300
Hygiene-Verordnung 54f, 64, 69, 300, 302
hygroskopisch 216
HY-Öle 229, 270
Hyperhidrose 146
Hyperkeratose 133, 155
Hypermelanosen (starke Pigmentbildung) 139
Hyperpigmentierung 195
Hyperplasie 142
Hypohidrose 147
Hypomelanosen (Pigmentstörungen) 139
Hyponychium 114
Hypophyse 91, 95
Ichtyose 132
Immunabwehr 62
Immunreaktion 151, 154
Immunsystem 125–128, 149, 151, 153f
Impetigo 161
INCI-Namen 36, 212, 215
Indirekter Infektionsweg 61

Individualhygiene 53, 63, 257, 302
Industriechemikalien 156
Infektion 54, 62, 136, 150, 160f, 165, 282
-, akut oberflächliche 160
Infektionsgefahr 55, 59, 62
Infektionsprophylaxe 62
Infektionsquellen 63
Infektionsschutz 65
Infektionsschutzgesetz 54
Infektionsweg 61, 64
Infrarotlampe 275
Infrarotstrahler 244
Inkubationszeit 61
Innenhandfriktionen 320
Innenohr 88
Insektenstiche 156
Instruktionsfehler 43
Instrumente 256
Instrumentenaufbereitung 68, 304
Instrumentenhygiene 302ff
Instrumentenlagerung 68
Insuffizienz 145
Insulin 95
Intensivreinigung 253, 260, 272
Intolleranz 149
In-Verkehr-Bringer 39
Ionen 206f
IR-Bestrahlung 245
Iris 87
Isopropanol 213f, 224
Japanwachs 214
Juckreiz 90, 198
Jugendwarze (verruca plana juvenilis) 135
junge Haut 196
Jungendstil 23
Junktionsnävus 141
Kallus 134
Kältewirkung 248
Kaltlicht 247
Kalziumphosphat 212
Kamille 127, 216
Kapillaren 97, 98, 120, 121, 143
Karbunkel 161ff
Karzinom 168
Kationen 207
kationische Tenside/Kationtenside 228
Kaumuskeln 80, 81
Keimdrüsen 91, 95
keimfrei 67
keimtötende Wirkung 214
Keimübertragung 66
Keimverteilung 58

Keimzelle 91, 94
Keloid 137f
Kennzeichnung 30, 35, 37, 39
Keratin 108, 210f
keratinophile Hautpilze 163
Keratinozyten 73, 107–108, 111, 112, 118, 119, 126
Keratose, aktinische 167
Keratose, solare 167
Kieselgel 229
Klavus 134
Kleinhirn 85
Kneiftest 182
Knochen 76, 77, 210
Knochenmark 76, 78, 125
Knorpel 78, 83, 210
Kohlendioxid 99
Kohlenhydrate 74, 101, 104
Kohlenstoff 211
Kolbenhaare 111, 112
Kollagen 76f, 82, 96, 120, 123f, 137, 154, 209f, 216
Kollagenosen 154
Komedo 115, 116, 148, 178, 193, 262f
Kondtionierung der Haut 262
Kongenitaler Nävus 140
Konservierungsmittel 33, 128, 212, 218f
Konsistenz 220
Konstitution 11
Konstitutionstyp 173f
Konstruktionsfehler 43
Kontaktallergie 127f
Kontaktekzem, akut allergisch 151
Kontaktekzem, akut toxisches 150
Kontaktekzem, kumulativ subtoxisches 150
Kontaktindikationen 246
Kontaktinfektion 61
Kontraktion 73
Korneozyten (→ auch Hornzellen) 108f, 217
Körpergeruch 123
Körpertemperatur 122
Kosmetikprodukt 42
Kosmetikverordnung (KVO) 28f, 33, 35ff, 38, 40, 43f,
kosmetische Mittel 28, 29, 30ff, 35, 43ff, 46
Kosmetologie 12
Krampfader 98, 142, 145
Krankheit 129
Krankheitserreger 58, 61, 131, 138, 138

Sachwörterverzeichnis

Kräuertiefenschälkur 276
Kräuterbedampfung 237
Kreislauf → Blutkreislauf
Kundenkarte 307
Kunstharze/Kunststoffe 209, 230
kutan 154
Lackentferner 230
lackieren 314
Lackiertechnik 280, 317
Langerhans-Zelle 119, 125f
Läsionen 293
Latex 128, 209
Läuse 61
Lebensmittel- und Bedarfsgegen-
    ständegesetz (LMBG) 28, 29, 40,
    41, 42, 44, 45
Leber 71, 76, 103, 104
Leberfleck 105, 118, 142
Lederhaut 83, 89, 120–122
Lentigo premaligna/maligna 167
Lentigo seniles 142
Lentigo simplex 142
Lentigo solares 142
Lezithin 74, 213, 214
Lichen ruber 169
Lichtdermatose 158f, 197
Lichtgeschädigte Haut 196
Lichthärtung 332, 334
Lichtschaden, chronisch 157f, 167
Lichtschutz 122
Lichtschutzfaktor 139, 167f
Lichtschutzfilter 33
Lid 87
Linsenfleck (Lentigo simplex) 142
Lipide 109
Lipidose 165
Lipofuscin 118
Lipogel 223f
lipophile Stoffe 208f, 213f
Lippen 80, 81
Lippenherpes 160
Lippenstift 213, 218, 223
Liste der zugelassenen Desinfek-
    tionsmittel 65
Livedo (Blutstauung) 145
Löffelnagel 291
Lösungen 207, 208, 214
Lösungsmittel 213
Lotion 220f, 225
Luftröhre 99
Lunge 71, 96, 97, 99
Lunula 113f
Lupenleuchte 235, 255
Lymphdrainage 99
Lymphe 98f, 121, 126

Lymphgefäße 98f
Lymphknoten 125ff
Lymphkreislauf 243
Lymphozyten 125ff
Lysosomen 74
Magen 71, 103
Make-up 213, 218, 223
Make-up-Entferner 228
Makromoleküle 209
Makrophage 125, 126
maligne 166
malignes Melanom 167f, 284
Mallorca-Akne 159f
Maniküre 113
Maniküre, Zeitplanung 309
manuelle Ausreinigung 235, 242
Mascara 218, 224
Masern 161
Maske 213
Massageöl 213
Massagetechnik 319
Mastzellen 127
Medizingeräteverordnung
    (MedGV) 249, 252
Medizinprodukte-Betreiberverord-
    nung (MPBetreibV) 249, 251
Medizinproduktegesetz (MPG)
    249
Meißner-Tastkörperchen 89, 90
Melanin 107, 117, 140, 142, 157
Melanosen 139
Melanozyten 116f, 140f, 157
melanozytische Nävi 140
Meldepflicht 30, 44
Merkelsche Tastscheibe 119
Merkelzellen 89f, 119, 121
Methylcellulose 213
Mikrodermabrasion 241
Mikroemulsion 222
Mikroorganismen 56, 61, 127, 205,
    219
Mikrozirkulation → periphere
    Hautdurchblutung
Milben 60
Milchsäure 115, 122
Miliaria rubra 147
Milien 136, 262, 264
Milz 100, 125
Mindesthaltbarkeitsdatum „nach
    Öffnen" 35
Mineralöl 213
Mineralstoffe 101f, 211f
missbräuchliche Anwendung 42
Mitesser 148
Mitochondrium 72f

Mitose 72
Mittelalter, frühes 17
Mittelhandfriktionen 320
Mittelohr 88
Mizelle 222, 227, 228
Mogelpackung 39
Moleküle 206
Mund 81, 84
Mundschutz 49, 262, 300f
Muskeln 73, 75f, 78–82, 112
Mutterflecke 164
Muttermal 140
Nägel 113f, 210
Nagelablösung 286, 289, 291f
Nagelbett 113, 114
Nagelbildung, unvollständige 291
Nagelcreme 230, 327
Nageldicke 294
Nagelerkrankung 284
Nagelerscheinung 293ff
Nagelfalz 114, 217
Nagelfarbe 296
Nagelform 280, 307
Nagelhärter 230, 327
Nagelhaut 114, 311f
Nagelhautentferner 312, 326
Nagelhauterweicher 230
Nagelhautfräser 312,
Nagelhautpflege 324
Nagelkauen 284, 286
Nagellack 230, 328
Nagellackentferner 109, 230, 310,
    325
Nagellänge 280, 283, 307, 311
Nagelmatrix 113, 114
Nagelmodellage 10
Nagelöl 230, 312, 327
Nagelpflege 323
Nagelpflegemittel 230
Nagelpilz 126, 287f
Nagelplatte 114, 282f, 286, 289
Nagelpolitur 230, 327
Nagelprobleme 323
Nagelschuppenflechte 286
Nagelsubstanz 285, 291
Nageltrockner 329
Nagelumgebung, Entzündungen in
    der 298
Nagelveränderung 284
Nagelverdickung 287, 290
Nagelverlängerung 281, 331
Nagelwachstum 285
Nagelwall 114
Nagelweißstift 230
Nagelwurzel 113, 114

Nährstoffe 96, 99, 101ff, 121
Nahrungsspeicher 124
Narben 137f, 148
Narben, eingesunkene (atrophe Narben) 138
Narben, verdickte 138
Narbenbildung 137, 138
Narbenbildung 165
Narbenformen 138
Narbengewebe 138
Nasenhöhle 71
Natural Moisturing Factor → NMF
naturidentische Verbindungen 206
Naturkautschuk 128
Naturkosmetik 47
Naturnägel 311
Naturnagelpflege 313
Nävus (Muttermal) 140
Nävus Zellnävi 140f
Nebenniere 95, 96
Negativlisten 32
Negride 117
Nerven 76, 85f, 106, 119, 122
Nervenenden 89f, 119, 121
Nervenzellen 73, 85f
Nesselfieber 152
Netzhaut 87
Neubildung des Bindegewebes 137
Neurodermitis 135, 151, 191
Neutron 206
nicht vererbbare Krankheit 130
Nickel 128
Nieren 100
NMF 216
Normale Haut 187ff
Nukleinsäuren 211f
O/W-Emulsion 221f
Oberflächenspannung 227
Oberhaut 83f, 89, 107–119, 121
Öffentliche Hygiene 69
Ohr 86, 88
Öle 212, 215, 221, 223f, 228, 230
Ölige Haut (Seborrhoe) 187f, 193
Onychomykose 163
Organe 71
Organismus 71
Östrogen 91, 96, 124, 217
O-Verteilungsmuster 178
Ozon, Bedampfung mit 238
Pacini-Körperchen 89, 90
Palpatieren 280
Papelbildung 151
Papeln 159, 170, 193
Papilloma-Viren 134f
Paraffinöl 213f

Parfüm 224
Parfüm -Allergie 128
Parfümöle 218f, 228
Paste 223
Pediküre 113
Peeling 229, 240
Peelinggranulate 260f
Peeling-Suspension 215, 217
Peelingverfahren 274
Pemphigus vulgaris 153
periorale Dermatitis 170
periphere Hautdurchblutung 184
Perlrillung 285
persönliche Hygiene 63
Petrolatum 214
Pflanzenöle 214, 224
Pflegeempfehlung 307
pH-Hautoberfläche 173, 179
Phlegmon 161f
Phosphat 101
Photoageing → lichtgeschädigte Haut
Photodermatitis 158f
Phototoxische Reaktion 159
pH-Wert Haut 179
pH-Wert 103, 179, 208
Physiologie 71
Phytoestrogene 217
Piercing 110
Pigmentbildung 139, 157
Pigmente 217f, 230
Pigmentfleck 140, 157
Pigmentstörung 139ff, 157
Pigmentverschiebungen 276
Pigmentzellen 140
Pilzbefall 287ff
Pilze 58f, 72, 115, 125, 163, 205
Pilzerkrankung 59, 163, 290
Pilzinfektion 288
Plattenepithel 84
Pocken 161
Pollen 127
Polyethylen 209
Polymere 209, 213
Polysaccharide 74, 84, 209f, 212
Porphyrie 165
Positivlisten 32
Präkanzerosen 166
Prävention 53
primäre Geschlechtsmerkmale 92
primäre Hautblüten (Effloreszenzen) 189
Produktfehler 43
Produkthaftungsgesetz 30, 43
Produkthaftungsgesetz 30, 43

Progesteron 93
Propan 225
Propioni-Bakterien 115
Propionsäure 115
Proteine 74, 94f, 101, 104, 108f, 209ff
Proton 206
Prüfzeichen 250
Psoriasis vulgaris 132f
Pubertät 91, 105, 115
Puder 218
Puls 97
Pupertät 147
Pupille 87
Purpurea Pigmantosa 145
Pustel 106, 159, 170, 193,264
Pustelbildung 180
Quaddelbildung 149f, 152
Ranzigwerden 220
Rauchen 122
Regeneration der Haut 216
Regenerationsschicht 107
Reife Haut 196
Reinigung 65
Reinigungsbehandlung 239
Reinigungscreme 269
Reinigungsemulsionen 269
Reinigungsgel 228, 269
Reinigungsmilch 268
Reinigungsöl 228f
Reinigungspräparate 268
Reinigungsschaum 270
Reinigungsverfahren 253
Reinigungswässer 224
Reinstoffe 205
Reizung 149f
Renaissance 20
Retinol 216
Rezeptoren 94f
Riechorgan 88
Riechschleimhaut 88
Riechzellen 88
Rillenfüller 327
Ringmuskeln 81
Rohstoffe für kosmetische Präparate 212–220
Rokoko 21
Romanik 18
Römer 16
Röntgenstrahlen 157
Rosacea 170
rote Blutkörperchen 99
Röteln 161
Rotfilter 244
Rotlauf 162

Rotlicht 247
Rotlichtstrahler 244
Rötung 149, 151, 156, 158f, 162
Rubbel-Creme 223
Rückenmark 86
Salicylsäure 217, 229
Salizylsäure 276
Salze 207
Sauerstoff 96, 99, 206, 211
Sauggeräte 242ff
Saugmassage 243
Säuren 208
Säureschutzmantel 115, 161
Schablone 318
Schablonenform 331
Schablonentechnik 331
Schädel 77
Schadstoffe 100
Schambehaarung 91
Schaum 222, 225
Schilddrüse 95
Schilddrüsenüberfunktion 146
Schimmelpilz 55f, 59, 163
Schlagader 96, 97
Schleifgeräte 239
Schleifmedium 240
Schleifmittel 273
Schleimhaut 84, 127
Schmerz 86f, 90, 121
Schmierinfektion 61
Schnelltrockner 317
Schnelltrockner-Spray 230
Schock, anaphylaktischer 152
Schönheitsideal 105
Schönheitspflegerin 24
Schuppenflechte 290
Schuppung 151
Schutzbrille 49, 262
Schutzhandschuhe 128, 216, 303
Schwammaufsatz 239f
Schwangerschaft 93
Schwangerschaftsflecken 93
Schwangerschaftsstreifen (Striae distensae gravidarum) 155
Schwarzer Hautkrebs 168
Schwarzlicht 235f
Schwefel 211
Schweiß 115, 121ff, 146
Schweißabsonderung 122f
Schweißdrüse 106, 120, 122f, 146f
Schweißproduktion 146
Schwellung 151
Schwiele 134
Schwitzen (→ Schweißabsonderung)

Seborrhoe oleosa 194
Seborrhoe 147, 170
Seborrhoe, ölige Haut 193
seborrhoische Warzen 135
Sebostase 147, 190
Sebum (→ Hauttalg)
Sehnen 76, 78, 83
Seife 109f, 215, 226
sekundär Unfälle 234
sekundäre Geschlechtsmerkmale 91f
sekundäre Hautblüten (Effloreszenzen) 189
Sekundärunfälle 234
Selbsthärtung 332
Sensibilisierung 127
Seoidakne 149
Shampoo 228
Sicherheit 30, 41, 43,
Silikonöl 213f, 224
Sinnesorgane 86–90, 121
Sinneszellen 87f
Skelett 77
Skelettmuskulatur 78–81
Sklerodermien 154
Seborrhoe sicca 188, 194
Sofort-Typ (Allergie) 128
Solluxlampe 247
Sommersprossen 105, 117f, 139
Sonnenallergie 152, 159
Sonnenbrand 117, 157f, 165, 168
Sonnenbräune 117f
Sonnenlicht 117, 167
Sonnenschutzmittel (→ auch UV-Filter) 218, 224
Sonnenstrahlung 157
Spannung 233
Spateltest 178, 183
Speicheldrüsen 71, 103
Spermien 93
Spezialgeräte 231
Spinnenmuttermal 144
Spray 225
Stachelzellkarzinom 168
Stauungsekzem 145
Sterilisation 65, 67f, 70
Steroide 94
Stickstoff 211
Stielwarzen 137
Stoffe - allgemein 205–220
- anorganische 211
Stoffgemische 205, 207f
Stofflisten 33
Stoffwechselerkrankungen 165
Stoffwechselstörung 133

Strahlung 131
Strahlung, ionisierende 157
Streckmuskeln 79
Stromstärke 233
Stromunfall 233f
subakut 154
Subkutis → Unterhaut
Sulfonyl-Bernsteinsäure-Ester 215
Surfactants (→ auch Tenside) 215
Suspension 34, 208, 222f
Synapsen 86
Syndet 227f, 270f
synthetische Stoffe 206
Talgdrüse 106, 112, 115f, 120, 147, 177
Talgdrüsenausgänge 148
Talgproduktion 96, 115f
talgreiche Haut 194
Talgstau 148
Talkum 213, 218, 230
Tarnsepidermaler Wasserverlust (TEWL) 192
Tastorgane 119
Tastsinn 86, 89f, 119
Tätowiertinte 218
Technische Regel Druckgase (TRG 300) 30, 38
Teint 184
Teleangiektasien 144, 199
Temperaments-Typen 174
Temperatur-Sinn 89f
Tenside 45, 215, 227, 265ff
Tensidlösung 311
Testosteron 91, 147
TEWL → transepidermaler Wasserverlust
Theaterschminke 223
T-Helfer-Lymphozyten 126, 127
Thermobehandlung 322
Thioglycolsäure 217
Thixotropie 228
Thymusdrüse 95, 125
Tiefenreinigung 229
tierische Gifte 152, 156
Tierische Gifte 156
Tierschutz 30, 44
Tierschutzgesetz 30, 44
Tinea facei 163
Tip, Sonderformen 330
Tipkleber 330
Tip-Technik 330
Titandioxid 216, 218
Tocopherol 216, 220
Toilettenseife 109
Toilettenseife 109, 227

Tomoren, bösartige 168f
Tonic 224, 271
Tonus (Viskoelastizität) 185
Trägerstoffe 212
transepidermaler Wasserverlust
    (TEWL) 172, 180, 192
Transpiration (→ Schweißabsonde-
    rung)
Treibgas 225
Trichloressigsäure 217
Trockene Haut 187f, 190ff
Trockenschleifen 239f
Trommelfell 88
TröpfcheninfekUrticariation 61
Tumor 121, 140, 166, 168, 289
-, bösartiger 158, 290
-, gutartiger 289
TÜV 234
T-Zone 116, 178
Überempfindlichkeitsreaktionen
    149
Übergewicht 102
Überpigmentierung 142, 164
Überwachung 30
Überwachungsbehörden 45
Uhrglasnagel 294
Ulcus cruris 145
ultraviolette Strahlung → UV-Licht
Umwelt 30
Umwelt-Hygiene 69
Umweltschutz 50
Unfallverhütung 49
Unfallverhütungsvorschrift 49
unreine Haut (Soborrhoe sicca)
    188
Unterhaut 106
Unterhaut-Fettgewebe 83, 91, 123f
Unverträglichkeitsreaktion 131, 149,
    151, 198
Unverträglichkeit 37
Urea (→ Harnstoff)
Urticaria 152
-, chronische 150
-, nicht allergische 150
Usuren 293
UVB-Strahlen 157
UV-Filter 216
UV-Licht 107, 117, 118, 122, 139,
    157ff, 164, 215, 216, 220
UV-Strahlung 159, 167f
Vakuummassage → Zupfmassage
Validierung 45
Varikosen 142f
Varizen → Krampfadern
Vaseline 213f, 228

vegetatives Nervensystem 86
Vene 96ff
Venen 142, 145
Verätzungen 155
Verbindungen → chemische Verbin-
    dungen
verbotene Stoffe 33
Verbraucher, Irreführung des 40
Verbrennungen 156
Verdauung 103f
Verdauungsenzyme 103, 211
Verdauungsorgane 101, 103f
Verdickungsmittel 221, 223f, 269
vererbbare Krankheit 130
Vererbung 93
Verhornung 181
Verhornungsgrad der Haut 181
Verhornungsstörung 132, 147, 167
Verpackungsmüll 50
Verpackungsverordnung 30, 45
Verruca senilis 135
Verteilungsgriffe 258
Verwendungszweck 35
Vibrationsreiz 90
Viren 55, 57, 125, 134, 160
Virenarten 168
Virus 125f
Viruserkrankung 160, 169
Viskoelastizität → Tonus
Viskosität 185
Vitamin A 165
Vitamin-A-Säure 278
Vitamine 101f, 165f, 211, 212, 216,
    220
Vitaminmangel 166
Vitiligo 141f
vorauszusehender Gebrauch 42
vulgäre Warzen 134
W/O-Emulsion 221f, 230
wachsartige Stoffe 115, 214
Wachse 212ff, 224, 228, 230
Wachstumsstörung 166
Wärmebehandlung 244
Wärmeerythem 245f
Wärmegeräte 248
Wärmewirkung 246, 248
Warnhinweise 35, 38, 42f
Warzen 134, 136, 161
WAS 226ff
waschaktive Reinigungsverfahren
    254
waschaktive Substanzen → WAS
waschaktives Reinigungsprodukt
    239
Waschgewohnheiten 307

Waschreinigung 258
Wasser 205, 210, 212f, 221
Wasserstoff 206, 211
Weißfleckenkrankheit (Vitiligo)
    141f
Wellness 10, 12
Werbeaussage 40, 41, 46
Werbung 30, 40
Whiteheads 263
Wimpern 111f
Wirkstoffe 212, 215–221
Wirkungsnachweis 40
Wollwachs 214
Woodlampe → Schwarzlicht
Wrap-Coat-System 333
Wucherung 134, 137
Wunde 138, 155f
Wundheilung 137
Wundrose 162
Xanthan Gum 213
Zähne 78
Zecken 46, 60
Zellatmung 99
Zellen 71–75
Zellkern 72
Zellmembran 72, 74–75, 101
Zellteilung 72
Zellzyklus 72
Zentralnervensystem 86
Zinkmangel 166
Zinkoxid 218
Zitronensäure 216
Zubereitungen 31
Zulassungsverfahren 34
Zunge 80, 86
Zupfmassage 242
Zusatzstoffe 212, 218–220
Zweitnutzen 32
Zwerchfell 71, 99
Zwischenhirn 85
Zyklus 93
Zysten 136
Zytoplasma 72, 74, 108

How to say it in English

Allgemeine Kommunikation

Guten Morgen	Good morning; Hello
Guten Tag	Good afternoon / Good day; Hello
Auf Wiedersehen	Good bye
Kommen Sie gut nach Hause	Get home safely
Ich wünsche Ihnen einen schönen Tag	Have a nice day
Wie geht es Ihnen?	How are you?
Mir geht es gut	I´m OK, I m fine.
Entschuldigung	Sorry; excuse me
Entschuldigen Sie (mich) bitte	Please accept my apologies; Excuse me please
Entschuldigen Sie die Störung	Excuse me for interrupting
Bitte entschuldigen Sie die Verspätung	Kindly excuse the delay
Bitte entschuldigen Sie das Versehen	Kindly excuse the oversight
Bitte entschuldigen Sie die Unannehmlichkeiten	Kindly excuse any inconvinience
Kann ich Ihnen helfen?	Can I help you?
Was wünsche Sie bitte?	What can I do for you?
Wünschen Sie noch etwas?	Would you like anything else?
Wie Sie wünschen!	As you please!
Möchten Sie gerne eine Tasse Kaffee?	Would you like a cup of coffee?
Haben Sie eine Minute Zeit?	Can you spare me a minute?
Woher kommen Sie?	Where are you from?; Where do you come from?
Ist es so angenehm?	Is it right? It is ok?
Haben Sie Probleme mit Ihrer Haut?	Do you have some problems with your skin?
Welchen Hauttyp haben Sie?	What is (What´s) your skin type? Which kind of skin type do you have?
Haben Sie eine Allergie? Sind Sie gegen etwas allergisch?	Do you have any allergies? Are you allergic to something?
Haben Sie eine Unverträglichkeit gegen kosmetische Mittel?	Do you have some incompatibilities to cosmetics? Are there any cosmetics you cannot use?
Wünschen Sie eine Gesichtsbehandlung?	Would you like to have a facial treatment?
Wünschen Sie eine Körperbehandlung?	Would you like to have a body treatment?
Sind Sie in ärztlicher Behandlung?	Are you receiving medical treatment?
Die Wirkung dieses Produktes wurde durch eine spezielle Wirksamkeitsstudie getestet (nachgewiesen)	The efficacy of this produkt has been tested (proofed) by a specific efficacy test
Dieses Produkt wurde speziell zur Pflege empfindlicher Haut entwickelt	This product was developed especially for sensitive skin care

Produktkategorien, Werbeaussagen, Kennzeichnung

Pflege	Care
Hautpflege	Skin Care
pflegend(e)	caring
feuchtigkeitsspendend(e)	moisturising
wohltuend(e), beruhigend(e)	calming; soothing
glättend(e), weich machend(e)	smoothing; softening
regenerierend(e), den Urzustand wieder herstellend(e)	regenerating
erfrischend(e)	refreshing
kühlend(e)	cooling
reinigend(e)	cleaning; cleaning

German	English	German	English
bleichend(e), aufhellende	bleaching, lightening	flüssige Seife	Cream Soap; Liquid Soap
selbstbräunend(e)	self tanning	Lippen(pfege)stift	(caring) Lipstick
hautstraffend(e)	lifting, firming	Lippen- und Augenpflegecreme	Lip & Eye Care Cream
reparieren, wieder herstellen	repair	Nagellack	Nail Colour; Nail varnisch
Schutz	protection	Basis(nagel)lack	Base Coat
Sonnenschutz	sun protection	Nagellackentferner	BNail Colour (varnisch) Remover
schützen(e)	protecting	Nagelhautentferner	Cuticle Remover
alkoholisch(e); alkoholhaltig	alcoholic	Lidschatten	Eye Shadow
flüssig(e)	liquid	Augenkonturenstift	Eye Liner, Eye Pencil
Antifalten …	anti-wrinkle …	Haar(pflege)gel, creme	Hair Care Gel, -Cream
Radikalfänger	free radical scavenger	Frisier-Gel, -Crème	(Hair-)Styling Gel, -Cream
Schutz vor freien Radikalen	protection against free radicals	Frisier-Schaum	(Hair)-Styling Foam, -Mousse
vermindert lichtbedingte Hautalterung	reduces light induced skin-aging	Haar(schnell)kur	Conditioner
Insektenabwehr (Mückenschutz)	Insect repellent	Schampoo und Haarkur in Einem	2 in 1- Shampoo & conditioner
Gesichts(pflege)creme	Facial (Care) Cream	Haarspray	Hair-Spray
Tagescreme	Day Cream	Haarspray mit starkem Halt	Hair Spray strong (hold)
Nachtcreme	Night Cream	Haarspray mit sehr starkem Halt	HairSpray ultra strong (hold)
Getönte (Tages-) Creme	Tinted (Day) Cream	Feuchtigkeitsgel (Haare)	Wet Gel
Körper(pflege)creme, -lotion, -milch	Body (Care) Cream, -Lotion, -Milk	Haarfarbe	Hair Colour
Fuss(pflege)crème, -gel	Foot (Care) Cream, -Gel	Rasierschaum, -gel, -creme	Shaving Foam, -Gel, -Cream
Hand(pflege)creme	Hand (Care) Cream	Rasierwasser	After Shave
Hand- und Nagelcreme	Hand and Nail Care Cream oft auch: Hand and Nail Repair Cream)	Rasierlotion	After Shave Lotion (Balm)
		Peeling Gel	Peeling Gel
Reinigungsmilch, -gel	Cleansing Milk, -Gel	Sonnenschutzcreme, -lotion, -milch	Sun Protection Cream, -Lotion, -Milk, Sun Care Cream, -Lotion, -Milk
Gesichtswasser	Tonic (Water)		
Augen(pflege)creme	Eye (Care) Cream		
Wimperntusche	Eye Lash Tint; mascara	Lichtschutzfaktor	Sun Protection Factor (SPF)
2-Phasen-Produkt	Bi-Phase; 2-step product		
Duschöl, -gel, -bad	Shower Oil, -Gel, -Bath	niedriger Schutz (SPF 2-4-6)	Basic Protection (SPF 2-4-6)
Seife	Soap		